后浪
大学堂 063

BETWEEN NOTHING AND EVERYTHING

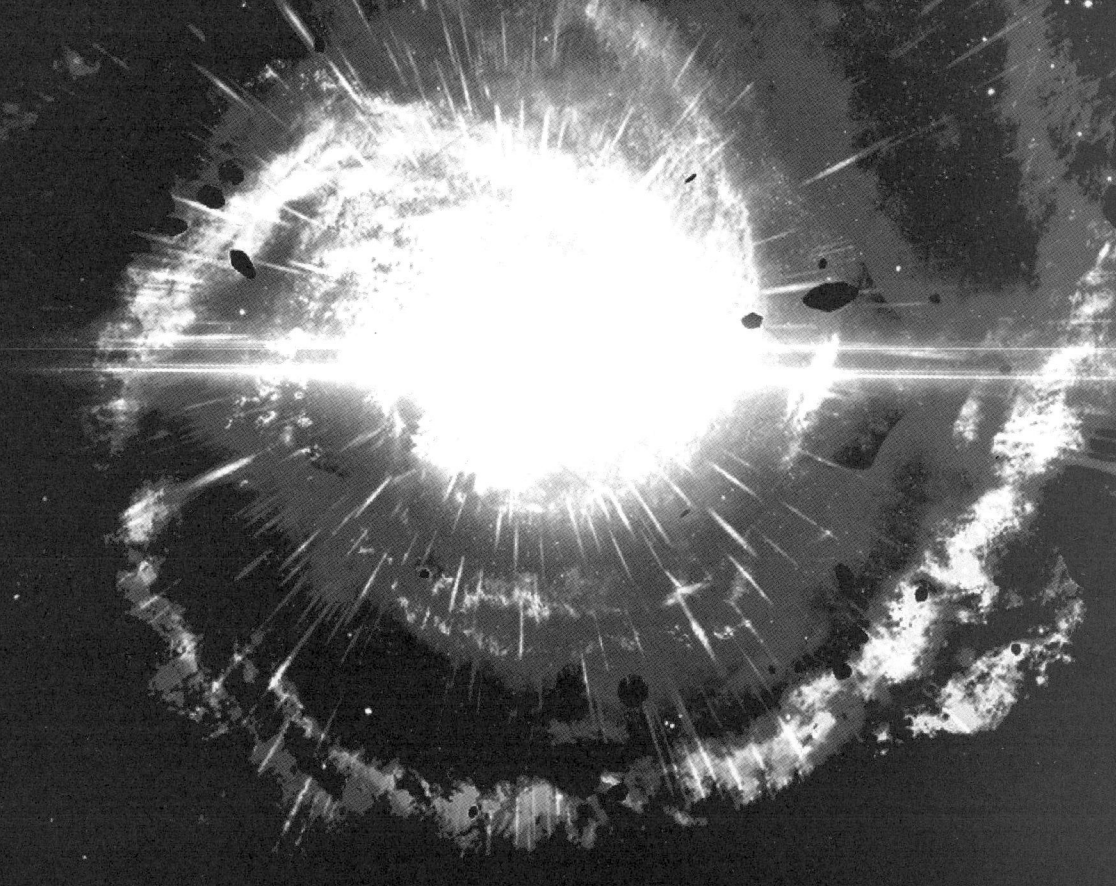

虚无与万物之间
大历史

BIG
HISTORY

[美]大卫·克里斯蒂安 辛西娅·斯托克斯·布朗 克雷格·本杰明——著
BY DAVID CHRISTIAN, CYNTHIA BROWN, CRAIG BENJAMIN

刘耀辉——译

北京联合出版公司

目 录

序　言 ··· 1
作者简介 ··· 7

导论　什么是大历史以及如何研究它？ 1
考察整个过去　2
　精密计时革命之前的历史　2
　精密计时革命之后的历史　3
　自然科学加入历史学一起研究过去　4
什么是大历史？　5
这个故事的基本形态：不断增强的复杂性　6
一个框架：大历史的八大门槛　9
关于年代和日期的说明　10
本章问题　11
关键词　11
延伸阅读　11

第1章　前3道门槛：宇宙、恒星和新化学元素　15
1.1　门槛1：大爆炸宇宙学与宇宙的起源　16
　传统的起源故事　16
　大爆炸宇宙学的起源　19
　大爆炸宇宙学　23
　大型强子对撞机　25
　大爆炸宇宙学讲述的万物起源　25
　支持大爆炸宇宙学的更多证据　27
1.2　门槛2：星系和恒星的起源　30
　最初的星系和恒星是如何形成的？　31

1.3　门槛3：新化学元素的创造　34
　化学元素　34
　恒星的生命与消亡　36
　化学的重要性　41
小结　42
本章问题　42
关键词　43
延伸阅读　43

第2章　第4道门槛：太阳、太阳系与地球的出现　45
2.1　门槛4：太阳和太阳系的出现　46
　太阳系起源的证据　47
　确定太阳系的年龄　50
　太阳：推动我们世界的能量　51
　太阳系的形成：早期阶段　52
　行星的形成：吸积　53
　卫星的形成　54
　今天的行星系　56
　探寻其他太阳系和行星　57
2.2　早期地球简史　58
　地球结构的形成：分化　58
　地球的结构　59
　科学家如何了解地球的结构？　60
　第一个10亿年　60

获得大气层 62

2.3 塑造地球的表面 63
阿尔弗雷德·韦格纳与大陆漂移说 64
现代板块构造论的故事 66
地球的构造板块 68
构造边缘（板块边界） 70
板块构造论——地球科学的核心范式 73

小结 73
本章问题 73
关键词 74
延伸阅读 74

第3章 第5道门槛：生命的出现 77

3.1 生命如何通过自然选择发生变化 78
生命是什么？ 78
达尔文的理论 80
达尔文难题的解决方案 86

3.2 第5道门槛：地球上生命的出现 88
关于生命起源的传统思想 89
关于生命起源的现代思想 90
细胞的化学 92
最早的细胞在何处以及如何出现？ 92

3.3 地球上的生命简史 95
最初四个阶段（38亿年前到6亿年前） 97
后四个阶段（大约6亿年前到800万年前） 101

小结 108
本章问题 108
关键词 108
延伸阅读 109

第4章 第6道门槛：人亚科原人、人类与旧石器时代 111

4.1 人亚科原人的进化：从800万年前到20万年前 113

人类进化的证据类型 113
人亚科原人发展的不同时期 117

4.2 第6道门槛：智人的出现 124
什么让我们显得如此不同？ 125
智人出现于何时、何地？ 128

4.3 旧石器时代：20万年前到1万年前 133
人类史旧石器时代的界定和意义 133
旧石器时代的两大事件 134
旧石器时代生活方式：人类如何生活？ 136
旧石器时代对地球的影响 142

小结 144
本章问题 144
关键词 144
延伸阅读 145

第5章 第7道门槛：农业起源与农业时代早期 147

5.1 门槛7：农业 148

5.2 解释农业革命 149
什么是农业？ 150
一场缓慢的革命 150
过渡到农业 152
气候的角色 153
一种文化和生态适应模式 153

5.3 农业时代早期 160
农业时代早期的技术和生产力 161
农业的传播 162
农业时代早期不断增长的社会复杂性 165
农业时代早期的村庄 165
农业时代早期的性别关系 167
为何一些村落变成城镇？ 168

5.4 共识性权力的出现 172
权力是什么？ 172
阐释权力的出现 173

农业时代早期共识性权力的出现　174

农业时代早期权力的证据　175

农耕与环境　176

小结　177

本章问题　177

关键词　178

延伸阅读　178

第6章　跨越一道小门槛：城市、国家与农耕文明的出现　181

6.1　定义城市、国家和农耕文明　182

6.2　资源和集体知识的积累　183

增长的农业生产力　183

灌溉和其他技术　184

人口增长、等级制度和气候变化　185

6.3　乌鲁克：第一个国家苏美尔的第一座城市　186

乌鲁克城　188

苏美尔背景下的乌鲁克　194

6.4　其他地区的城市和国家　196

尼罗河流域的埃及和努比亚　196

印度河流域　200

中国：黄河流域与长江流域　203

美洲的农业文明　207

早期国家的其他实验　210

小结　214

本章问题　214

关键词　214

延伸阅读　215

第7章　第一部分：农耕文明时代的非洲-欧亚大陆　217

7.1　一种新型人类共同体　218

什么是农耕文明？一种关于人类共同体的分类法　218

7.2　农耕文明时代　220

界定农耕文明的特征　220

能量流以及诸特征间的相互关联　221

农耕文明时代不同类型共同体的共存　223

农耕文明时代的长期趋势　224

7.3　趋势一：农耕文明及其行政机构的扩张、权力和效率　225

第一个扩张和收缩周期：约公元前2000年到公元前500年　227

第二个扩张和收缩周期：约公元前500年到约公元500年　232

第三个扩张和收缩周期：约公元500年到公元1000年　241

小结　246

本章问题　246

关键词　247

延伸阅读　247

第8章　第二部分：农耕文明时代的非洲-欧亚大陆　249

8.1　趋势二：非洲-欧亚大陆农耕文明中重要交换网络的建立　250

交换网络与集体学习　250

以战争为媒介的跨文明联系　251

非洲-欧亚大陆早期的贸易网络　252

丝绸之路的重要性　252

丝绸之路的起源　254

第一次丝绸之路时代　255

非洲-欧亚大陆的交通要道　257

第一次丝绸之路时代的衰落　258

第二次丝绸之路时代　259

8.2　趋势三：不断演进的社会和性别复杂性　261

社会和两性关系的趋势：公元前2000年到公元前500年　261

3

社会和两性关系的趋势：公元前500年到公元500年　265

社会和两性关系的趋势：大约公元500年到公元1000年　270

8.3　趋势四：普遍缓慢的变化发展节奏　273

小结　275

本章问题　275

关键词　275

延伸阅读　275

第9章　第三部分：农耕文明时代的其他世界区　279

9.1　美洲区的农耕文明　280

中美洲的农耕文明　281

安第斯地区的农耕文明　290

北美的农业文明　295

结论　299

9.2　太平洋和澳大拉西亚世界区　300

太平洋世界区　301

澳大拉西亚世界区　304

结论：澳大拉西亚和太平洋世界区　305

小结　306

本章问题　306

关键词　307

延伸阅读　307

第10章　即将跨越第8道门槛：迈向现代革命　311

10.1　现代革命的途径　312

10.2　创新的速度为何增长：创新的驱动力　313

驱动力一：增强的交换网络　313

驱动力二：通讯和运输的改善　314

驱动力三：创新动机的增加　314

10.3　公元1000年的世界　315

驱动力一：交换网络　315

驱动力二：通讯和运输技术　316

驱动力三：创新的动机　318

10.4　后古典时期的马尔萨斯循环：公元1350年之前　321

不断扩张的交换网络　322

通讯和运输的改善　328

不断增长的市场和商业　329

14世纪的危机　330

10.5　现代早期的马尔萨斯循环：公元1350年到1700年　330

创造最早的全球交换网络：公元1500年之前　331

公元1500年之后：一个正在形成的全球交换网络　336

全球交换网络的生态和文化影响　339

10.6　公元1700年的世界　344

创新的影响　344

处于转型的边缘？　345

小结　346

本章问题　346

关键词　347

延伸阅读　347

第11章　跨越第8道门槛：通向现代性的突破　349

11.1　门槛8：现代世界/人类世　350

门槛8的理论基础　350

为什么是英国和西欧？全球背景　351

11.2　英国的社会、农业和工业革命　354

社会关系的变化　354

农业的变化　355

工业中的革命　356

11.3　工业革命的传播　360

西欧　360

美国 361

　　　日本和俄国 363

11.4　政治革命：现代国家的兴起 364

　　　法国：第一个现代国家 365

　　　其他地方的现代国家 365

11.5　两个世界的出现——发达世界和发展中世界 366

　　　正式和非正式的殖民地 367

　　　西方的安抚思想 372

　　　阐释帝国主义和两个世界 373

11.6　工业革命的其他影响 374

　　　工业革命对工业化国家产生的影响 374

　　　工业革命在殖民地的影响 378

小结 381

本章问题 381

关键词 382

延伸阅读 382

第12章　人类世：全球化、发展与可持续性 385

12.1　导论 386

12.2　第一部分：政治和军事变化 387

　　　帝国主义和军事竞争：公元1900年到1950年 387

　　　新的整合、新的发展以及新的冲突形式：1950年到2010年 391

12.3　第二部分：发展——更多人口、更多消费 395

　　　食物 397

　　　健康与寿命 400

　　　消费 401

　　　运输和通讯 402

　　　战争与破坏性技术 403

　　　能源 404

　　　让创新变得系统化：科学与研究 404

12.4　第三部分：发展和工业化对生活方式和社会的影响 405

　　　农民的衰落 406

　　　资本主义的发展 406

　　　人口的变化 407

　　　人权和不断提高的生活水平 408

12.5　第四部分：人类世与人类对生物圈的影响——发展是可持续的吗？ 409

小结 411

本章问题 412

关键词 413

延伸阅读 413

第13章　更多门槛？未来的历史 415

13.1　第一种未来：近期的未来 417

　　　现状 417

　　　不详的趋势 418

　　　充满希望的趋势 426

　　　超越近期的未来 432

13.2　第二种未来：接下来几千年 432

13.3　第三种未来：遥远的未来 435

13.4　结论——故事的结尾：宇宙中的人类 438

小结 439

本章问题 439

关键词 439

延伸阅读 439

词汇表 441

出版后记 455

序　言

《大历史：虚无与万物之间》是大历史这个新兴跨学科领域的第一本教材。

大历史考察的，不仅仅是人类甚或地球的过去，而是整个宇宙的过去。阅读本书，教师和学生都会回溯一段旅程，它始于138亿年前的大爆炸和宇宙出现。大历史吸收了宇宙学、地球和生命科学、人类史的成果，并且把它们组合成关于宇宙以及我们在其中之位置的普遍性历史叙事。

所有社会都建构了普遍性故事，以此帮助人们理解他们在时空中的位置。然而，只有在相当晚近的时候，世界各地的科学家和学者才拼凑出一个基于科学证据之上的普遍性故事。那个故事的一些零星内容——例如，地球或许已经存在了几百万年，或者现代生命形式可能是从更古老的生命形式进化而来的——已经为19世纪的人们所熟悉。不过，这个故事的绝大部分细节是在过去一百年中收集起来的。有幸生活在当下的我们，是能够科学地理解万物如何成为现在这个面貌的第一代人。

本教材的目的

当学生更熟悉这个故事之后，他们就会留意故事的各个组成部分如何结合在一起。他们将了解原子如何形成我们躯体由以构成的分子；原子本身如何在大爆炸或者扩张的星球内部形成；地球如何由那些在轨道旋转的大冰块和尘埃构成；生命如何首次出现在地球上，然后在整个地球表面扩张和变化。他们也会了解到20万年前人类如何首次出现于地球，为何我们与其他生命有机体（我们与它们分享着这个美丽星球）既如此相似又如此不同。最后，我们会探询未来：这个故事会走向何处？人类和地球的可能命运是怎样的？宇宙的最终命运又会如何？

这本教材旨在提高学生的批判思维能力，帮助他们考察和评价那些将这个历史叙事结合在一起的许多联系。

第一版特色

除了迷人的写作风格之外，《大历史：虚无与万物之间》还呈现出一系列特色，它们让大历史故事栩栩如生，也有助于学生学习这个令人兴奋的故事。这些特色如下：

导语 本书用长篇导论界定了大历史概念，勾勒了复杂性和出现的概念，并且介绍了大历史的八大门槛（thresholds）。

考察大图景 阅读新材料的最好准备就是提问。每一章开头都会设置几个问题来激发读者的好奇心，激励他们从大历史的宏大规模进行思考。比如，第6章提出的问题包括：

- 城市是什么？国家是什么？农耕文明是什么？
- 人们如何学会提高农业生产力？
- 哪些技术变化为城市的出现奠定了基础？

每章问题

与每章开头设置一些问题激发读者阅读兴趣一样，每章末尾设置的问题旨在帮助学生整合和评价他们已经阅读和学习过的内容：

- 为何人们开始聚集到城市？
- 最早的城市出现在世界上哪些地方？
- 描述四个不同世界区中城市和国家演进呈现出来的差异。
- 描述用来重构早期文明的各种证据。
- 本章关注早期农耕文明的相似性，那么，它们之间的差异性又体现在哪些方面？
- 宗教在城市和国家的出现中扮演了什么角色？

门槛概述 为了讲述138亿年的历史，本书的作者找出了八大突破，每一次突破都意味着某种全新事物的出现。他们将这些突破称为门槛。当这个故事到达一道新门槛之际，他们都会用一张表格来形象地概括那道门槛的主要成分。下面是第1章和第11章的例子。

门槛1概述

门槛	成分 ▶	结构 ▶	金凤花环境 ＝	突现属性
大爆炸：宇宙的起源	能量、物质、空间和时间。（宇宙中的万物！）	能量与物质，处于一种快速扩张的空间-时间连续体之中。	不确定：可能是多重宇宙之中量子的起伏。	有可能创造出万物。

门槛	成分 ▶	结构 ▶	金凤花环境 =	突现属性
门槛8概述				
现代世界/人类世	全球化；集体学习的飞快加速；创新；化石燃料的使用。	人类社会的全球联系与快速增长的控制生态的能力。	集体学习在全球范围的加速。	人类使用资源的巨大增长→全新的生活方式和社会关系→地球上第一个能够改变生态的物种。

关键术语和词汇

关键术语包括读者希望记住的概念、人物以及地点。为了便于学习，关键术语列在每章末尾。我们也把它们列在本书结尾处，以便它们在后面章节出现时易于查找。

补充性资源

大历史在迅速发展，因此，一些相关网站也随之出现。以下是学习大历史的学生需要了解的三大网站：

- International Big History Association (IBHA)
  http://ibhanet.org/
- Big History Project (BHP)
  www.bighistoryproject.com/Home
- ChronoZoom (a big history timeline)
  www.chronozoomproject.org/

致　谢

《大历史：虚无与万物之间》的写作得到许多人帮助，我们借此机会在此表达谢意。首先，我们非常感谢多年来与我们讨论大历史的所有朋友和同事。他们包括来自不同学科的合作者、朋友和同事，尤其是世界史史学家圈子和快速增长的大历史史学家圈子的同人。

威廉·麦克尼尔是世界史的伟大开拓者之一，他非常支持大历史观念，与我们一样，他也认为，大历史是世界史许多目标的自然延伸。我们尤其要感谢已故的杰里·本特利，他是《世界历史》杂志创刊人和主编。杰里是世界史领域另一位伟大的开拓者。他慷慨地提供他的意见和支持，也相当赞成大历史观念。事实上，他在《世界历史》上发表了论大历史最早的文章之一。我们非常怀念他。

我们有幸与麦格劳－希尔公司的编辑合作。最初的编辑是乔恩－戴维·黑格，他对大历史观念以及在这一领域出版第一本教材充满信心；后来，编辑工作由马修·巴斯布里奇接手，他得到高效的编辑团队——包括阿瑟·蓬波尼奥、南希·克罗基雷、琼·斯塔尔（内容项目经理）、莎伦·奥唐奈（技术编辑）以及戈特弗里德（校对者）等人——的支持，并且见证了本教材的出版完成。出版一本教材是漫长而复杂的过程，我们感谢所有编辑在此过程中提供的支持和建议。

2010年，加州多米尼克大学和伟谷州立大学的师生们使用了本教材的初级版。我们向所有提供很有价值反馈信息的人表达谢意，因为这些反馈在很多方面促进了本教材最终版本的形成。

我们尤其感谢那些对早期版本做出正式评论的教师（最终所有的精确性我们负全责）。他们包括：

> 霍普·贝恩，塞勒姆州立大学
> 托德·邓肯，波特兰州立大学
> 凯文·费恩隆德，密苏里大学圣路易斯分校
> 厄休拉·古迪纳夫，圣路易斯华盛顿大学
> 约翰·米尔斯，南卫理公会大学
> 亚历山大·米尔科维奇，阿肯色理工大学
> 乔尔·普里马克，加州大学圣克鲁兹分校

大卫·克里斯蒂安十分感谢悉尼麦考瑞大学多年来对大历史项目的慷慨支持，尤其要感谢对2010年国际大历史学会成立大会和2012年第一次大历史研讨会的资助。他还想感谢圣迭戈州立大学同事、朋友和学生，他于2002—2008年间在那里讲授大历史课程，这一全新的知识事业得到他们的热情支持。还有比尔·盖茨，这也是我们想要感谢的，他是大历史热情慷慨的支持者，现在正在资助为中学生和普通公众建立免费大历史网络课程，即"大历史项目"（**www.bighistoryproject.com/Home**）。在大历史发展过程中，麦考瑞大学和圣迭戈州立大学的学生所起的作用，远远超出了他们自己的想象，因为他们不断提出问题，这有助于防止大历史迷失在细节之中。他还要感谢沙尔迪、乔舒亚和艾米丽，因为当他再次埋头写作一本著作时，他们表现出了足够的耐心。他还要谢谢第一位启蒙老师，即他的母亲卡罗尔，她在尼日利亚教会了他许多。他始终没有忘记早年的这些令人兴奋的教诲。与辛西娅·布朗和克雷格·本杰明的合作是一次愉快的经历，但愿所有的合作者都会碰到这么机敏、无私而又志趣相投的同事！

辛西娅·斯托克斯·布朗要感谢加州多米尼克大学的学生、行政部门以及很有创造力的教员们，尤其是吉姆·坎宁安和菲尔·诺瓦克，他们与她一起率先开设大历史课程。多米尼

克大学校长玛丽·马西一直十分赞同大历史；多米尼克大学大历史项目负责人摩根·比赫曼德领导了一场不可思议的、十分有效的合作。拉斯·谢丽尔·吉尼特组织了2008年1月召开的进化史诗研讨会，在那次会议上，本书三位作者得以面对面地讨论前3章稿子，他们在会上也碰见了彼此之外的许多大历史学家。她对此项组织工作表示感谢，也向国际大历史学会的同事表示谢意。厄休拉·古迪纳夫、凯瑟琳·贝里以及拉里·戈尼克提供了特别的帮助。最后，辛西娅要感谢杰克·罗宾斯和他的大家庭一直以来的支持。

克雷格·本杰明要感谢密歇根伟谷州立大学的学生、教员以及行政部门过去10年来对大历史的无私支持，尤其感谢学校校长、教务长以及布鲁克斯学院跨学科研究中心主任对这个领域的鼓励和支持，也要感谢他们同意将国际大历史学会的总部"大历史全球研究所"设在布鲁克斯学院。他要谢谢自己的孩子佐伊和阿舍，20世纪90年代，他们都在麦考瑞大学学习大历史课程；感谢他的妻子帕梅拉耐心和坚定的支持，她是国际大历史学会顾问委员会主席，为这一领域做出了极大贡献。克雷格还要感谢他的合作者辛西娅和大卫，他们不仅仅是富有活力的同事，也是亲密的朋友。

作者简介

《大历史：虚无与万物之间》的三位作者是大历史领域的开拓者。大卫·克里斯蒂安是这个学科的奠基人之一，他创造了"大历史"（big history）这个词，用以描述1989年他在悉尼麦考瑞大学开设的一门课程。辛西娅在获悉克里斯蒂安的工作之后，于1993年在加州多米尼克大学开设了同样的课程。克雷格·本杰明从克里斯蒂安那里知悉这门课程，他曾是克里斯蒂安的教学助手。现在，美国和世界其他地方的高校也在讲授大历史课程。

作者渴望这本书得到批判性阅读，即质疑它的假说，指出它的局限性。下面的作者简介有助于读者正确评价他们各自为此项目而贡献的专门知识。

大卫·克里斯蒂安（牛津大学博士）最初的研究领域是俄国和苏联史。他职业生涯的大部分时间是在悉尼麦考瑞大学任教，2001—2008年间，一度在圣迭戈州立大学任教。克里斯蒂安出版了一些论述现代俄国的历史作品，他还研究过19世纪俄国伏特加酒贸易的作用。1998年，他出版了《俄国、中亚和蒙古史》，即"布莱克维尔世界史"丛书第一卷。1989年，他开始在麦考瑞大学讲授大历史课程。1991年，他在《世界历史》上发表题为《为"大历史"辩护》的文章，首次为他的课程取名"大历史"。其他作品包括《时间地图：大历史导论》（2004）、《这个飞逝的世界：人类简史》（2007）。2007年，他为TTC（the Teaching Company）录制了48讲大历史课程。2010年，他与比尔·盖茨一起成立"大历史项目"，这是面向中学的免费大历史网络课程，2013年底启动。克里斯蒂安是澳大利亚人文学院院士，也是荷兰皇家科学和人文学会会员。他同时也是国际大历史学会创会主席。

辛西娅·斯托克斯·布朗（约翰·霍普金斯大学博士）职业生涯的大部分时间是在加州多米尼克大学从事中学教学资格项目的管理工作。她在历史系开设选修课程，出版了关于民权史和教师的著作，其中包括《亚历山大·米克尔约翰：自由的导师》（1981）、《从内部做好准备：塞普蒂马·克拉克与民权运动》（1986）、《连接过去：中学的历史作坊》（1994）以及《拒绝种族主义：白人盟友与争取民权的斗争》（2001）。

2007年，布朗出版了《大历史：从大爆炸到当下》。此后，她一直参与多米尼克大学的大历史项目，自国际大历史学会成立以来就是它的委员会成员，并且通过比尔·盖茨资助的"大历史项目"为高中学生撰写文章。

克雷格·本杰明（麦考瑞大学博士）是密歇根伟谷州立大学梅吉尔荣誉学院历史学副教授。与其他两位作者一样，本杰明频频在国际研讨会上做报告，他出版和发表了许多论述古代中亚历史、大历史以及世界史的著作和文章。此外，他也为TTC历史频道以及大历史项目录制了一些课程。他现在是AP（the Advanced Placement）和SAT世界史考试发展委员会成员，也是世界史学会会长，自2011年1月国际大历史学会成立以来，他就担任这个机构的财务主管。

导 论

什么是大历史以及如何研究它？

考察大图景

- 我们有可能讲述一个关于整个过去的故事吗？
- 理解万物的历史为何重要？
- 为何起源的故事在所有社会都很重要？
- 当前的现代"起源故事"有何不同？
- 什么是复杂性，当前的宇宙看起来为何比它出现之际（138亿年前）更复杂？
- 你如何在本书讲述的大历史中为自己定位？

> "人究竟是什么呢?与无限相比,他是虚无,与虚无相比,他是一切,他介于虚无与万物之间。他完全脱离了思考极端,因此,事物之目的和它们的开端,隐藏在他绝对无法理解的秘密中;他同样无法参透他由以构成的虚无,以及他淹没其中的无限。"[1]
>
> ——布莱兹·帕斯卡尔

考察整个过去

在这本书中,我们会向你们介绍一种看待过去的新视角,它是由众多不同学科的学者在晚近建构起来的,这些学科涉及历史学、地质学、生物学以及宇宙学等。与以往相比,现在我们可以描绘更多的过去,而且可以做得更精确。因此,当前是各种历史研究的革命性时刻。

在我们对过去的理解中,这些变化大多数发生于20世纪中期以后,某种程度上是我们所说的精密计时革命(chronometric revolution)的结果。

精密计时革命之前的历史

精密计时革命的核心内容,是一系列为过去事件定年的新技术。

为过去的事件测定年代的方法,是我们理解过去的基础。事实上,如果没有日期,我们也就不可能有"历史"。如果我们知道过去发生了什么,但是不了解它的序列,不清楚它发生的时间,那么,我们眼中的过去,就是一堆没有意义、没有深度、也没有真实形状的杂乱事件的堆积而已。日期有助于我们理解过去,因为它们允许我们以年代顺序"描绘"过去,在时间中考察它的形状。我们如此绘制的世界能够为我们提供一种强烈的意义感。然而,仅仅几十年之前,我们绘制过去的能力还非常有限。我们只能够为极小一部分过去提供确切的年代,它们要么恰好被人们记住了,要么刚好有文献记载。

20世纪中期之前,书面文献提供了最重要和最可靠的方式以确定过去事件的年代。结果,历史意味着"通过书面文献材料考察的过去"。

很不幸,尽管书面文献为我们提供了许多可靠的日期,但是,它们也让我们对过去的理解局限于过去很小一部分,即它们恰好阐明的那部分。于是,历史仅仅指"人类的历史"。更糟糕的是,在实践中,历史只不过是富有者和有权势者的历史,因为只有这些人能够创作书面文献(或者雇用书记官替他们完成)。由此而来的结果就是,在最近几个世纪大众识字率提高之前,历史的主体是帝王将相、他们发动的战争、他们创作的文学以及他们信奉

---

[1] Blaise Pascal, *Pensées* (1670), No. 72.

的神灵。过去的绝大部分处于黑暗之中，绝大多数人的经历、思想和生活方式没有留下任何文字记载。我们无法讨论没有文字的社会，除非那些能够创作的人（希腊史学家希罗多德或中国史学家司马迁那样的人）恰巧提到了它们。即便如此，有读写能力的社会对那些没有读写能力的邻居做出的思考和讨论，往往有悖事实。面对文字创造之前的时代，我们更是一筹莫展。而那些时代是相当重要的，我们现在已经了解到，那些时代至少涵盖人类在地球上出现以来95%的时间。最后，历史学把人类出现之前的一切事物排斥在外，尽管从18世纪以来，地质学家就着手理解地质事件发生的序列。总而言之，史学家对书面文献的依赖，意味着历史基本上是关于那些会写作之人（他们只占人类很小一部分）的历史。因此，毫不奇怪，历史事实上仅仅是政府、战争、宗教和贵族的历史。

精密计时革命之后的历史

20世纪中期，测定过去事件年代的新方法的出现，改变了我们对过去的理解。此后，我们能够为所有文献都未曾记载的事件提供确切日期，这些事件可以回溯到地球上生命的起源，甚至宇宙的起源。

在这些新技术中，其中最重要的技术建立在**放射性测年法**（radiometric dating）之上。放射性测年技术的依据在于，放射性物质的衰变会遵循一种很有规律的节奏，最终形成新的**子物质**（daughter materials）。这意味着，如果你有一块含放射性元素（比如铀）的材料，你就可以测量有多少子物质（比如铅）已经形成，从而能够估算出这块材料的形成时间。

20世纪10年代，以这种方式使用放射性物质的潜能得到了重视，但是，放射性测年技术在当时还不太可靠，也不便宜，因而无法在20世纪50年代之前得到广泛使用。碳-14纪年法是最早得到广泛应用的放射性测年技术，因为这种测年方法建立在碳的一种特殊形式（或**同位素**，同位素是同一种元素的原子，它们的内核具有不同中子数，因此，它们的原子重量也有点不一样）的衰变之上。碳-14测年由威拉德·F·利比（Willard F. Libby）于20世纪50年代早期开发。利比曾经在核武器工厂工作，工作人员也需要具备能力分离和测量特定元素（就核武器研制来说，是指铀元素）的不同同位素。碳-14测年革新了考古学，促使考古学有可能测定5万年之前的含碳物质（包括生物有机体的绝大多数残留物）。这比文献记载的最早时间要古老10倍。很快，许多其他的放射技术得到开发，从而让我们的年代学在时间上回溯得更久远。这些方法使用了放射性物质，比如衰变很慢的铀元素，这样，人们就可以测定几百万年甚至几十亿年之前形成的物质的年代。1953年，克莱尔·佩特森（Clair Paterson）通过测定陨石中铀衰变产生的铅，从而确定了地球的年龄。

其他非放射性测年法也得到开发。其中最重要的一种就是基因测年。1953年，**遗传密码**（genetic code）的活动方式被发现，此后，人们就可以比较不同物种的DNA之间的差异。（DNA是一种分子，存在于所有活的细胞中，它含有用来形成和维持分子的遗传讯息，并且将那种讯息遗传给子代的分子。更详细的内容参见第3章。）1967年，文森特·萨里奇（Vincent

Sarich)与艾伦·威尔逊(Alan Wilson)指出,大多数DNA会在漫长的时期内发生有规律的变化。这意味着,这种变化也可以被当作时钟来使用。通过比较两种相关物种的DNA,我们可以大致得知它们在何时拥有共同祖先。基因测年改变了我们对人类自身以及对其他物种进化的理解。比如,基因测年表明,黑猩猩和人类在700万年之前有着共同的祖先,这个发现在人类进化史研究中引起了一场革命。与此同时,天文学家和宇宙学家开发新方法来估算恒星的年龄,并进而估算整个宇宙的年龄。通过使用欧洲航天局普朗克卫星——2009年发射升空用以研究宇宙背景辐射——传回的数据,天文学家已经得到了关于宇宙起源时间的更精确数据!宇宙形成于138.2亿年之前;在本书中,我们取一个约数,即138亿年。

为过去事件测定年代能力发生的变化,改变了我们对过去的理解。1919年,当H. G. 韦尔斯(H. G. Wells)尝试写作一部"普世的"历史作品时,他承认,他无法为第一届奥林匹克运动会(公元前776年)之前一切事件提供确切的时间。今天,我们甚至能够为宇宙起源之际的事件提供合理的时间。突然间,我们能够在坚实的科学证据之上建构关于整个过去的历史,这种情况在人类历史上尚属首次。

自然科学加入历史学一起研究过去

一系列科学突破与精密计时革命密切联系在一起,它们使得科学本身对过去更加感兴趣。在20世纪,宇宙学、地质学和生物学都变成历史性学科。

18世纪晚期之前,人们普遍以为,自然世界自诞生以来就很少变化。天文学家认为,恒星和星系始终如一。地质学家认为,即便地貌会发生微小变化,整个地球依然如故。包括现代生物分类体系奠基人卡尔·林奈(Carl Linnaeus,1707—1778)在内的大多数生物学家认为,今天的生物物种与地球诞生之初繁盛一时的物种没什么两样。

然而,早在17世纪晚期,地质学和生物学领域就有人开始提出质疑,其中主要原因在于人们对化石表现出日益强烈的兴趣。像三叶虫(现已不复存在)这类生物的化石表明,物种的混杂随着时间变化而发生变化。高山上(比如阿尔卑斯山脉)海洋生物化石的发现,表明地貌在过去发生了剧烈变化。很显然,在一定程度上,地球和自然世界都有其"历史"。不过,如果没有确切日期,我们也就无法精确地重建这种历史。如此一来,"历史"依旧是"人类的历史",而"科学"的研究对象依然被认为是世界上未曾随时间流逝而发生重大变化的方方面面。

19世纪和20世纪早期,地质学家、天文学家和生物学家开始意识到,过去与现在完全不一样,他们面临的主要挑战之一,在于解释世界如何成为今天的面貌。于是,天文学、地质学和生物学都成为历史性学科。精密计时革命允许我们为生命有机体、地球甚至宇宙的过去创造一张精确的时间表。1953年DNA结构的发现(参见第3章),使得人们可以更精确地(与以往相比)考察和解释自然世界的变化。在地质学领域,20世纪60年代出现的新范式即**板块构造论**表明,地球表面在过去发生了根本变化。同时,它也有助于解释地球如何以及为何变化。最后，同样在20世纪60年代，宇宙背景辐射的发现，让大多数天文学家相信，宇宙本身也随时间的推移而发生演变，这种演变始于一百多亿年前巨大的"爆炸"（参见第1章）。

突然间，我们必须以全新方式思考过去。我们现在能够研究的，不是过去几千年的人类史，而是数亿年前的过去，包括生态圈、地球以及整个宇宙的历史。我们能够着手建构关于整个过去的历史！

什么是大历史？

"大历史"的主要挑战，就是建构上述那种过去。**大历史**试图建构关于整个时间的历史，回溯到宇宙的开端。这就是我们在本书中所做的。我们叙述了从最开始到当下的历史，这种叙述以现代科学知识的各种结论为基础。我们将看到，这种做法是了解我们这个物种——智人（Homo sapiens）——在宇宙中位置的有力方式。这么做也有助于我们更好地理解人类史的内容。

思考整个过去，是整个人类社会想方设法去做的事情。思考的结果可以在**起源故事**（关于万物如何被创造的故事）或者所有重要宗教的主要文本中找到。据我们所知，起源故事在所有的社会中得到讲述；它们叙述了万物、人类、动物、地貌、地球、恒星以及整个宇宙的起源。它们也建立在每个社会最有效的知识之上。因此，它们为理解万物的历史提供了一幅路线图。这些关于过去的"地图"很有影响，因为它们帮助个体理解他们自己如何融入这个关于宇宙和地球上生命的故事之中。

在大多数社会的教育中，起源故事似乎一直扮演着重要角色。当一个社会的年青一代接受最初教育时，起源故事就得到讲授。因此，大多数人都了解他们自己社会对万物起源的解释。据我们所知，即便最古老的社会——从澳大利亚到法国再到美洲——也会在岩洞的墙壁上绘制一些奇怪的形状，或者创作一些雕像，它们意味着起源故事的存在。

不幸的是，今天，我们的中学和大学不再讲述任何类型的起源故事。这也是大历史之所以重要的原因之一：它能够扮演起源故事在大多数早期人类社会曾扮演的教育角色。与其他起源故事一样，大历史也是建立在我们能够获得的最好知识之上。就目前而言，这些知识来自现代**科学**。在现代世界，科学是知识的主要形式。它的根源可以回溯到17世纪科学革命。科学知识的影响是世界性的，其基础在于严格使用经过仔细检测的证据。

因此，把大历史视为一个现代的、科学的起源故事是十分有用的。它还提供了某种宇宙"地图"，你们可以从中找到自己的位置。它与传统的起源故事有所不同。首先，它是科学的。也就是说，它建立在现代科学的最好成果之上。与以往的起源故事相比，它建立在更多的知识之上，这些知识在许多不同社会得到严格的检测，因此，比传统社会可获得的知识更加可靠和精确。当然，这并不等于说，现代起源故事完全超越了所有其他的起源故事；不过，我们可以大声宣称，在当下这个受到现代技术和现代科学改变的全球化世界，它显得卓尔不群。

大历史与传统的起源故事还存在另一个差异，即它的普适性。大多数起源故事是由某个特定社会为自己建构起来的，它们往往强调不同集群之间的差别。大历史试图建构一种普遍适用的起源故事，它利用世界各地的科学知识，期待着在德里或迪拜、都柏林或丹佛都同样合理。今天，建构一个真正具有普遍性的起源故事显得尤为重要，因为我们这个全球化的世界正面临各种挑战，例如核战争威胁和全球变暖问题。这些问题是任何一个社会都无法独自解决的，需要全世界的合作和共同努力。

然而，奇怪的是，现代中学和大学很少讲授普世史（universal histories）。相反，我们在以一种零碎的方式学习这个故事的不同部分。在历史课堂上，我们学习的内容不是人类，而是自己的社会；我们学习美国历史或俄国历史或中国历史，这取决于我们就读的中学在哪儿。我们很少学习人类史如何与自然世界联系在一起。我们可能会学一丁点儿化学或地质学甚至天文学知识，但是，这基本上无助于我们考察这些不同知识形式之间的内在关联。

现在，我们终于可以讲授一门新的、具有科学依据的普世史，这种历史包含所有人类社会，并且将它们的历史置于地球乃至整个宇宙的宏大历史背景中。据我们所知，本书是关于大历史的第一本现代课本。在书中，我们将考察现代科学能够告诉我们的一切：与宇宙、恒星（宇宙中最大的物体）、太阳系和地球、地球上的生命以及我们这个物种即智人的过去相关的一切。

这个故事的基本形态：不断增强的复杂性

研究整个宇宙的历史似乎是一项令人畏惧的工作。不过，我们会发现，从许多方面而言，它并不比讲授一个大国（比如美国或俄国）的历史更艰巨。关键在于，我们一开始就要对这个故事的整体形态有清晰的认识。对我们很有帮助的事实在于，有一条线索贯穿整个故事：那就是宇宙出现138亿年以来越来越复杂的事物的出现。复杂事物具有多种组成部分，它们精确地排列，从而产生新的属性。我们将这些新属性称为**突现属性**（emergent properties）。

我们不会假装要描绘出现的一切新事物，或者宇宙某些部分变得更复杂的所有阶段，我们只是关注这个进程中的一些主要阶段，考察出现的一些最有趣的事物，并且努力弄明白我们是如何融入这个宏大故事之中的。

早期宇宙非常简单。最初，即宇宙学家所说的辐射时代（radiation era），巨大能量流主导着宇宙。整个宇宙有点类似太阳的中心，由于温度过高，复杂的化学结构无从诞生。当时没有原子、没有恒星、没有行星，也没有活的有机体。不过，宇宙在扩张的同时也在冷却，差不多在其诞生40万年之后，它的温度低得足以让氢原子和氦原子（还有其他一些简单元素）在那种热"浆"中凝结。原子是最早出现的复杂物质结构。不过，即便那时候，在几百万年时间里，宇宙还非常简单，仅仅由巨大的氢原子和氦原子云团以及散布其间的能量构成。（另外，还存在大量所谓的暗物质，不过，由于它们似乎永远也不可能构成复杂实体，因此，我们很大程度上忽略了它们。)

于是,通过以原子作为基本成分,更复杂的事物开始出现。不过,只有环境"恰到好处"时,它们才会出现。我们将这种环境称为**"金凤花环境"**(Goldilocks conditions)。首先,大概在宇宙出现2亿年之后,所有的恒星系出现了。在星系中,垂死的恒星开始形成新的原子和新的化学元素,如碳、氧、金和银等,然后将它们散播到周围太空。在条件合适的地方(不太热也不太冷,不太空旷也不太密集),这些元素逐渐以复杂方式结合,形成新的物质。恒星也会将能量散播到附近太空。由此可见,当大部分宇宙依然很简单时(直到今天也是如此),在星系内部,事物变得越来越复杂。当更多化学元素散布到恒星之间的空间时,新的物质——水与冰或灰尘和岩石——开始在新近形成的恒星周围聚集,最终形成最早的行星体系。至少在一个行星上(或许在许多行星上,尽管迄今为止我们还没有直接证据证明这一点),化学元素结合形成更复杂的结构,最后形成简单的活细胞,这种细胞能够以非凡的精确性复制和繁殖,并且缓慢地适应周围环境,同时创造出越来越多不同类型的单细胞有机物。慢慢地,更复杂的细胞开始进化,直到大约6亿年前,一些细胞结合起来形成多细胞有机物。在最近几十万年,我们这个物种进化出来了。我们在后面内容中会看到,在人类历史时期,事物变得更复杂。

在做出进一步探讨之前,我们必须更深刻地考察复杂性这个核心概念。**复杂性**是简单性的对立面。不过,知道这一点并没有什么用。难题在于,根本无人确切地知道解释复杂事物之所以变得复杂的最好方式。以下是大致的界定,或许将对我们有帮助。

首先,复杂实体包含多种成分。原子之类的简单事物包含很少的成分:就氢原子来说,只有一个质子和一个电子。更复杂的事物,如DNA分子,可能含有数十亿个不同原子。因此,我们首先得说,复杂事物包含许多不同的成分。

其次,这些成分以特定方式排列。将一架现代客机的零件堆在一起,然后任意组装起来,你很快就意识到,如果这些部件组装不正确的话,飞机根本无法起飞。不同部分都有特定功能,就好像它们是一个团队的组成部分。同样,构成DNA分子的原子必须以特定方式排列,只有这样,构成DNA分子的许多基因才可能协同工作,否则这些原子什么也干不了。即使一个氢原子也是以精确方式排列的:质子在核心,一个电子以一定距离绕着它旋转。这两个粒子被电磁力结合在一起,因为质子带一个正电荷,电子带一个负电荷。原子则比它的构成成分更复杂。

第三,复杂事物具有新属性或者突现属性。当复杂事物以正确的模式(这种模式能够促使它们的各组成部分协同工作)排列时,它们就能够创造新事物。新的特征"显现"。"把圣保罗大教堂捣成原子,"塞缪尔·约翰逊(Samuel Johnson)说道,"然后观察每一个原子;毫无疑问,它毫无用处;不过,如果将这些原子组合起来,你就得到了圣保罗大教堂。"[1] 一堆飞机

---

[1] James Boswell, *Life of Johnson*..., with additions and notes by J. W. Croker, 1831, vol 1453 [originally published 1763].

零件不可能完成任何有趣的事情。若将它们正确组装起来，它们就能够飞翔。把变形虫的DNA分子正确排列起来，它就提供了生命有机体形成所需要的一切讯息。（这确实给人留下深刻印象，因为我们现在无法在实验室做到这一点，尽管现代科学取得了许多成就。）即便一个氢原子也具有新的属性。比如，它呈电中性（因为正负电荷相互抵消），如果在高速和高温下与其他氢原子相撞，它就能够聚合形成氦原子。这些新特征就是突现属性的例证。这常常显得不可思议，因为它们并不存在于那些构成复杂实体的各种成分中。只是当这些成分以精确模式排列时，它们才显现出来。它们不仅仅源自这些成分，也源自那种模式。我们觉得，模式是非物质的或抽象的，而各种成分是实实在在的和物质的，这个事实解释了突现（emergence）之神奇特性。

第四，复杂实体似乎只出现于存在必不可少的金凤花环境的地方。即使今天，宇宙的绝大部分依旧很简单。不过，世界上一些地方出现了合适的环境，我们也在那里观察到了更复杂事物的出现。例如，地球表面就是复杂化学反应的理想场所。这里存在大量不同的化学元素，有非常适合化学反应的固体、气体、液体和温度。

第五，复杂实体似乎与有助于它们维持自身结构的能量流联系在一起。如果你将一些大理石从小山头滚到山脚一个洞中，它们还是会停留在一起，因为那种组合对能量的需求最少。这是一种静态的、不那么特别令人感兴趣的复杂形式。那些最吸引人的复杂形式是动态的。它们更像熟练的变戏法者所创造的复杂模式。维持它们的存在需要稳定的能量流。此外，广泛而言，以下说法似乎是正确的，即这些结构越复杂，它们也就需要更多能量维持自身。这是天文学家埃里克·蔡森（Eric Chaisson）的观点。蔡森表明，如果计算一下的话，结果显示，大致而言，行星似乎比恒星更复杂，因为在行星上，每秒钟流经每克物质的能量流，要多于恒星上相同时间流经相同质量的能量流。同样，活的有机物似乎比行星更复杂，而现代人类社会或许是我们所知道的最复杂事物之一！对人类尤其是历史学家而言，这是一个非常重要的结论。它塑造了我们在本书中讲述的故事的形态。

概括而言，以下是复杂事物的五大关键特征：

1. **它们由多种成分组成**：复杂事物是由各种各样成分构成的。
2. **它们被组合在一种精确的结构中**：它们的成分以一种十分明确的方式结合在一起。
3. **它们具有新的或突现的属性**：事物得以建构的方式赋予它们某些特别的属性。
4. **它们只出现在环境合适的地方**：只有当创造更复杂事物的完美的金凤花环境存在时，它们才会出现。
5. **它们通过能量流结合在一起**：引起我们最大兴趣的各种复杂形式，都依赖能量流。一旦能量流不复存在，它们就会丧失那些让它们与众不同的突现属性。这不仅适用于恒星，也适用于人类和汽车。恒星若没有内核的聚变反应，它们就会暗淡无光；人类若缺少来自食物的能量，就会死亡；汽车若耗完了汽油，就会停止不前。

一个框架：大历史的八大门槛

在我们宇宙的历史中，尽管出现了许多新的复杂形式，不过，我们只关注那些与人类利益关系最大的复杂形式。下面表格列出了八道**复杂性渐增的门槛**，以及新的、更复杂的实体出现的时间点。这些实体具有新的属性，为整个宇宙的多样性做出了贡献。这些门槛会为本书提供一个框架。从字面意思来说，门槛（threshold）就是指门口（doorsill）；在那里，你可以从一座房子外面进入到房子里面，因此，门槛就是指你可以在此碰到许多新事物的地方（参见下表）。

复杂性渐增的八道门槛

门槛	成分 ▶	结构 ▶	金凤花环境 =	突现属性
1. 大爆炸：宇宙的起源	能量、物质、空间和时间。（宇宙中的万物！）	能量与物质，处于一种快速扩张的空间－时间连续体之中。	不确定：可能是多重宇宙之中量子的起伏。	有可能创造出万物。
2. 恒星	原子物质，存在的形式为氢原子和氦原子以及/或者它们的原子核。	内核（聚变）；外层储有氢和氦+其他元素，直至铁。	早期宇宙中密度和温度的变化率+引力创造出足以发生聚变的高温。	新的、局部的能量流；星系；有可能通过聚变创造新的化学元素。
3. 较重的化学元素	氢原子核与氦原子核（即质子）。	强核力将日益增多的质子数结合成更大的原子核。	即将消失的恒星或（甚至更极端）超新星中创造出的高温+强核力。	化合作用（主要通过电磁）有可能创造出几乎无限多的新物质。
4. 行星	恒星周围轨道上新化学元素和化合物。	引力和化合作用把各种物质结合成通常绕恒星旋转的巨大球状物。	恒星形成区域出现更多较重元素。	新天体，具有更多物理和化学复杂性，有可能创造出更高程度的化学复杂性。
5. 生命	复杂的化学物质+能量。	复杂的分子通过物理和化学作用结合成可以繁殖的细胞。	大量复杂的化学物质+适度的能量流+液态媒介（比如水）+合适的行星。	新陈代谢（能够提取能量）；繁殖（几乎完美地自我复制的能力）；适应（在自然选择的作用下，缓慢地变化和新形式出现）。

（续表）

门槛	成分 ▶	结构 ▶	金凤花环境 =	突现属性
6. 智人	与其他生命一样+高度发达的控制、感知和神经能力。	由人类DNA控制的非常具体的生物结构。	进化的漫长预备期创造出高度发达的控制、感知和神经能力。	集体学习，即精确和迅速分享知识的能力，这样，知识能够在社会和物种层面上积累，最终引起长远的历史变化。
7. 农业	日益增长的集体知识→创新增强了人类控制和获取来自环境以及其他有机物的资源的能力。	人类社会共享信息，这种信息是以新的方式控制它们周围的环境所不可或缺的。	集体学习前的漫长时期；更暖和的气候；人口压力。	人类获取能量和食物的能力增强→更庞大、更稠密的社会→增加的社会复杂性→不断积累的集体知识。
8. 现代世界/人类世	全球化；集体学习的飞快加速；创新；化石燃料的使用。	人类社会的全球联系与快速增长的控制生态的能力。	集体学习在全球范围的加速。	人类使用资源的巨大增长→全新的生活方式和社会关系→地球上第一个能够改变生态的物种。

一旦具备了导论中提出的那些观念之后，我们就准备讲述宇宙的历史。从许多方面来说，这是一个激动人心、关于我们周围一切事物如何形成的故事。它是20世纪的起源故事，有助于我们更好地理解自己如何融入万物的整体方案之中。

关于年代和日期的说明

在本书前面部分，日期和年代以BP形式（before the present，即"距今"）表示。这是古生物学家和考古学家使用的纪年方式。严格地说，它意味着"1950年之前"，即放射测年技术开始使用的时候，不过，在处理距今几千或几百万年之前的日期时，这并不会导致什么不同。从第5章开始——大致最近1万年（大约距今1万年前后）——我们会使用世界史学家的纪年体系，日期以BCE（before the Common Era，公元前）和CE（Common Era，公元）形式表示。Common Era（公元）始于大约2000年之前，因此，这种纪年体系与以前BC（before Christ）和AD（in the year of the Lord）纪年法在时间上一致，不过，它的优势在于，它在文化上没有那么明显的特指性。

让我们先来感受一下这些纪年体系：距今5000年（5000 BP）也就是公元前3000年（3000 BCE），距今500年（500 BP）也就是公元1500年（1500 CE）。

本章问题

1. 什么是大历史，它与传统的史学类型有何不同？
2. 与20世纪早期相比，为何今天更容易讲述一个以科学为基础的起源故事？
3. 大历史故事的主题是什么？
4. 解释复杂性和突现这两个概念。
5. 为什么将自然科学、社会科学和人文科学放在一起研究至关重要？这么做为什么很困难？

关键词

big history　大历史
complexity　复杂性
emergent properties　突现属性
Goldilocks conditions　金凤花环境
isotopes　同位素
origin stories　起源故事
plate tectonics　板块构造论
science　科学
thresholds of increasing complexity　复杂性渐增的门槛

延伸阅读

大历史

Bighistoryproject.com——为高中生和自学者提供的大历史课程，于2013年上线。

Brown, Cynthia Stokes. *Big History: From the Big Bang to the Present*. 2nd ed. New York: New Press, 2012. First published in 2007.

Chaisson, Eric J. *Cosmic Evolution: The Rise of Complexity in Nature*. Cambridge, MA: Harvard University Press, 2001.

Christian, David. *Maps of Time: An Introduction to Big History*. 2nd ed. Berkeley: University of California Press, 2011.

Christian, David. "Big History: The Big Bang, Life on Earth, and the Rise of Humanity." *The Teaching Company*, Course No. 8050 (2008). **www.thegreatcourses.com/tgc/courses/course_detail.aspx?cid=8050** [April 4, 2012].

Spier, Fred. *Big History and the Future of Humanity*. Chichester, West Sussex, UK; Malden, MA: Wiley-Blackwell, 2010.

普通科学

Angier, Natalie. *The Canon: A Whirligig Tour of the Beautiful Basics of Science*. New York: Houghton Mifflin, 2007.

Hazen, Robert M., and James Trefil. *Science Matters: Achieving Scientific Literacy*. 2nd ed. New York: Anchor Books, 2009.

一般世界史

Christian, David. *This Fleeting World: A Short History of Humanity*. Great Barrington, MA: Berkshire Publishing Group, 2008.

McNeill, William H., and J. R. McNeill. *The Human Web: A Bird's-Eye View of World History*. New York: Norton, 2003.

Big History

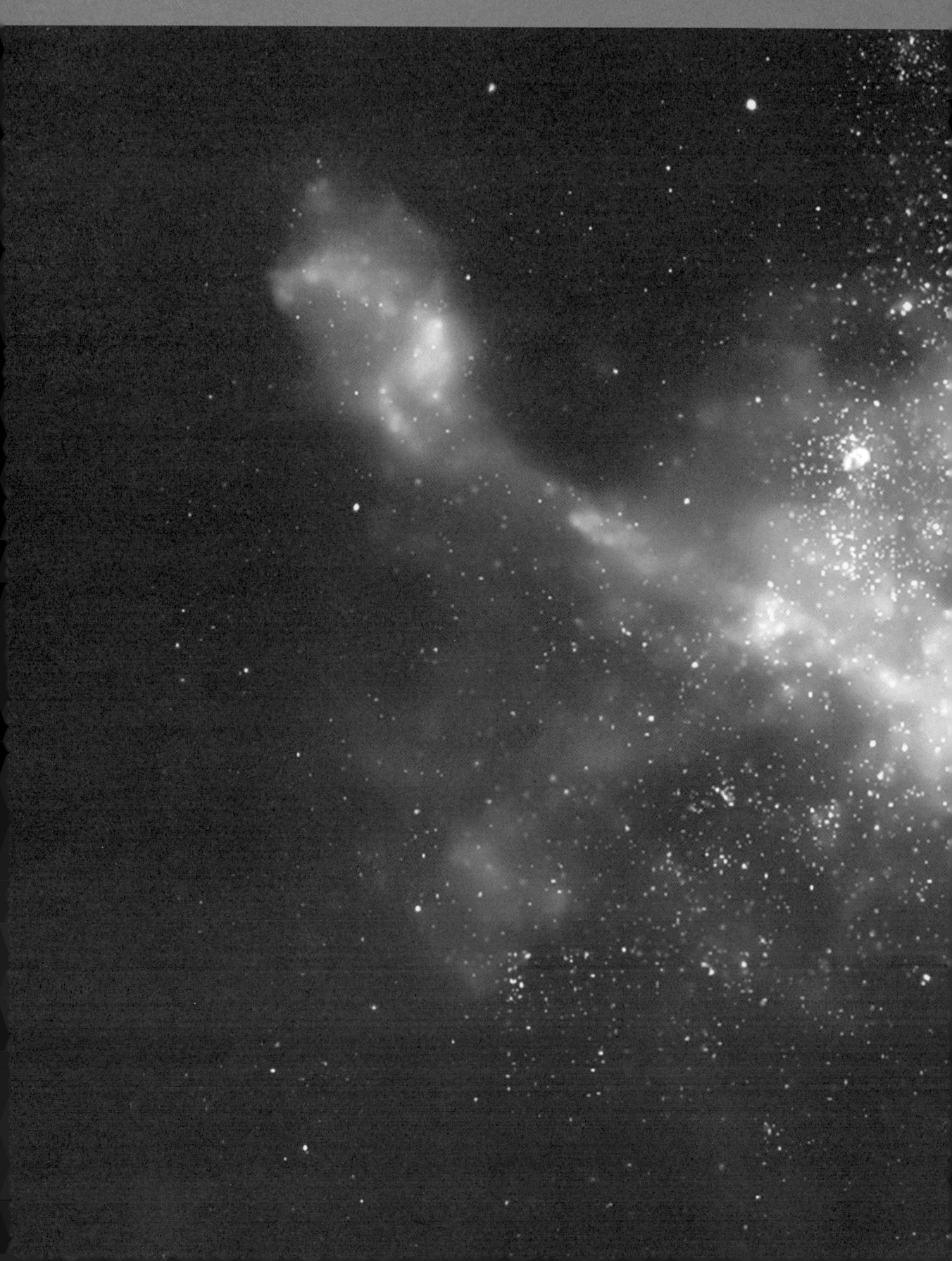

前 3 道门槛

宇宙、恒星和新化学元素

考察大图景

从 138 亿年前到 46 亿年前

- 我们在大历史中使用的"门槛"一词是什么意思?为何这些转折点如此重要?
- 为何把宇宙的出现作为第 1 道门槛?在这道门槛之后出现了哪些前所未有的事物?
- 如果你想说服别人相信大爆炸就是关于宇宙起源的真实故事,那么你能够提供哪些证据?
- 为何把恒星的出现作为复杂性渐增的第 2 道门槛?
- 为何把垂死恒星中出现的新化学元素作为复杂性渐增的第 3 道门槛?

1.1 门槛1：大爆炸宇宙学与宇宙的起源

宇宙的形成是我们面对的第1道门槛，因为据我们所知，那一刻见证了我们周围万物的起源。那一时刻也是万物历史的开端（参见门槛1概述）。

因此，我们的第一个问题就是：历史是如何开始的？这或许是我们能够提出来的最深刻、最重要的问题之一。无论你生活在什么社会，了解这个问题的最佳答案是十分重要的，不管你是否赞同它。

门槛1概述

门槛	成分 ▶	结构 ▶	金凤花环境 =	突现属性
大爆炸：宇宙的起源	能量、物质、空间和时间。（宇宙中的万物！）	能量与物质，处于一种快速扩张的空间－时间连续体之中。	不确定：可能是多重宇宙之中量子的起伏。	有可能创造出万物。

传统的起源故事

就人类史的大部分内容来说，关于万物起源的叙述，基本上都取决于富于想象的猜测或直觉，或取决于许多人体验到的"启示"——神灵的窃窃私语或内在的"声音"（参见图1.1和图1.2）。不过，宇宙是如何形成的这个问题如此重要，以至于所有社会的人们似乎都会提到它。在提出这个问题之后，人们也就得出了各种各样的答案。

表1.1的文字摘自一些传统起源故事的开头。尽管彼此存在差异，不过，这些关于万物起源的叙述，也具有一些重要的共同点。

首先，从局外人的角度看，其他社会的起源故事通常显得天真和简单化。它们也缺乏情感力

图1.1 一些岩洞壁画暗示着所有人类社会似乎都会讲述的起源故事，这幅画来自澳大利亚北部阿纳姆地（Arnhem Land），描述的是一条"彩虹蛇"

图1.2 上帝赋予亚当生命（《创造亚当》），西斯廷教堂，梵蒂冈。这幅艺术作品表述了西方一个很有影响的起源故事。作品描述上帝正在赋予亚当（即人类）生命

表1.1 不同起源故事对万物起源的叙述

摘自亚利桑那州东北部霍皮人的起源故事	"第一个世界是Tokpela（无尽的空间）。据说，一开始只有创世者，即塔洛瓦（Talowa）。剩下的，就是无尽的空间。没有开始、没有结束、没有时间、没有形状，也没有生命。只有一个无垠的空间，它的开始和结束、时间、形状和生命存在于创世者塔洛瓦的头脑中。"
摘自盘古传说的某个版本	"天地混沌如鸡子，盘古生其中。万八千岁，天地开辟，阳清为天，阴浊为地。"
摘自公元前1200年前后印度《梨俱吠陀》	"那时既没有'无'也没有'有'， 既没有空界，也没有空之外的天界。 什么覆盖着？在哪儿呢？谁给予庇护？ 是无垠而深不可测的水吗？ 那时没有死，也没有不死。 既没有夜的标志，也没有昼的标示。 '那'以自己的自然之力无风呼吸，此外没有任何其他东西。" （出自《梨俱吠陀》第10卷第129首《创世颂》，译文采用复旦大学出版社2008年出版的《梨俱吠陀精读》第213页。——编者注）
摘自索马里的伊斯兰起源故事	"时间之前，有神在。他既不会生，也不会死。若他渴望某物，只需说'在'，于是它就存在了。"
摘自《旧约·创世记》1:1	"起初神创造天地。地是空虚混沌；渊面黑暗；神的灵运行在水面上。"

量打动外人。然而，我们不要忘记一点，即在讲述这些故事的社会中，这些故事可能具有强大的、几乎不可思议的力量，就像基督教社会中基督诞生的故事，或者佛教社会中**佛陀涅槃**或**觉悟**的故事那样。

其次，我们所摘录的文字都是诗性的。无论何时，当人类试图描绘难以形容的事物时，他们必定会诉诸比喻、故事和寓言，诉诸那些能够比简单直接的散文传达更多内容的表达。因此，仅仅从字面意思来理解起源故事是错误的做法，这些故事的讲述者可能并非总是把它们当作严格的事实。起源故事试图描述的，乃是言语永远无法充分表达的事物，用佛教的隐喻来说，就是"指月示人"。请注意这个表述是如何激起好奇心的。它就像宇宙本身一样神秘，尽管我们能够了解很多事物，但是永远不可能充分了解万物。这就解释了为何人们在打算解释像宇宙起源这类神秘的事物时，他们往往使用复杂的、诗性的和比喻性的语言。

第三，所有这些故事的核心是一个悖论，关于起始（beginnings）的悖论。所有这些故事一开始都打算描述一种时间，那时，我们所知道的一切还不存在。于是，它们解释一些事情如何从虚无中显现。许多故事坚持认为一位创世者创造了世界，但总会留下一个恼人的问题：创世者本身是如何被创造出来的？或者更宽泛地说，一些事物如何从虚无中出现？

我们会发现，现代**大爆炸宇宙学**包含的起源故事（一种对宇宙起源的现代的、科学的解释）也具备这些特征。从外部来看，它似乎很疯狂。它也具有诗性或比喻性特点，因为现代科学在描述难以形容的事物时，也得使用诗性语言。例如，"大爆炸"这个表达就是一种比喻，现代天文学家并不会真正认为宇宙出现时存在一次"大爆炸"。

最后，即便现代**宇宙学**（对宇宙演化的研究）也无法解决起始悖论。尽管宇宙学家通常热衷于思考大爆炸之前存在什么，但是，事实上，我们现在根本不清楚宇宙为何从虚无中出现。我们甚至不知道大爆炸之前是否空无一物。一个晚近受到重视的推测认为，此前存在一个宇宙，这个宇宙收缩成为虚无，然后再次爆炸形成一个新的宇宙（参见第13章）。另外还有一个现在受到更严肃对待的推测，它认为存在一个庞大的多维度的"多元宇宙"（multiverse），在其内部，宇宙不断出现，每一个都具有明显的特征，这样，我们的宇宙或许只是无数宇宙中的一个。

这个现代起源故事也在一些重要方面与其他起源故事有所不同。首先，它对万物的起源做出了实事求是的叙述。它渴望人们认真对待它，把它当作对大约138亿年前真实发生的事情的描述。它完全不是为了弥补无知而做出的诗意尝试。它宣称对历史的开端做了准确的叙述，因为它建立在经历许多世纪而产生、得到反复检验的众多证据之上，也建立在严谨的、经过仔细检验的科学理论之上。它是唯一一个受到全世界科学家认可的起源故事。不过，由于它建立在证据之上，而新的证据又会不断涌现，因此，这些科学家也很清楚，它的许多细节在未来会发生变化。它不是固定不变的、绝对的故事，也不会宣称自己是完美的。

大爆炸宇宙学的起源

如果我们了解现代大爆炸宇宙学在过去许多世纪的演化,那么,我们就很容易理解它。世界各地科学家现在都赞同的一些宇宙学观念,形成于现代欧洲科学革命传统之中。不过,这些观念的根源,可以回溯到起源于古代美索不达米亚、埃及、印度、古典希腊和罗马以及穆斯林世界的数学、科学和宗教思想。现代宇宙学利用了来自非洲-欧亚大陆大多数地区的思想、技术和传统。

早期宇宙学

在中世纪欧洲,对宇宙起源的解释主要基于两大传统。其一是基督教神学。与犹太教一样,基督教也是一神论宗教。它承认一位至高无上的上帝的存在,它认为宇宙是上帝的作品。到公元3世纪,当基督教在罗马帝国广泛传播的时候,一些基督教神学家试图确定上帝创世的日期。他们的努力是"科学的",因为这种努力建立在他们所知道的最权威的书面文献即《圣经》之上。通过使用这种资料,一些早期基督教学者试图通过计算《旧约》所记载的世代来推定创世的时刻。这些估算表明,上帝在公元前4000年创造了地球和宇宙。这意味着,在罗马帝国全盛期,宇宙只存在了4000多年。(更多内容参见第2章的"塑造地球的表面"。)

中世纪基督教宇宙学依据的第二个传统,乃是罗马-埃及天文学家、亚历山大的托勒密(Ptolemy,大约公元90—168年)的作品。托勒密是一位地理学家、数学家和天文学家。他最伟大的天文著作以希腊语创作,不过,当穆斯林学者将其翻译成阿拉伯语时,他们把它译成 *al-Majisti*("伟大的工作")。中世纪基督教翻译者将其译成《天文学大成》(*Almagest*),在基督教世界,它是天文学思想和宇宙观念的基础(参见图1.3)。托勒密拒绝了更早的希腊宇宙模型,那种模型认为,地球和行星围绕太阳旋转。相反,托勒密认为,地球是宇宙中心,其他天体都围绕它旋转。基督教神学

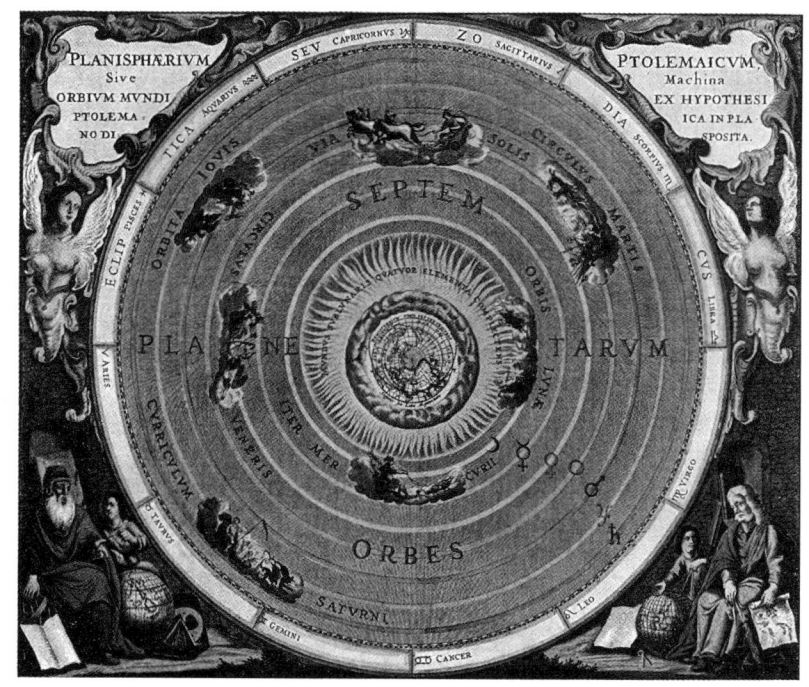

图1.3 托勒密的宇宙。 在中世纪欧洲,大多数学者接受古埃及天文学家托勒密提出的宇宙观:地球是宇宙的中心,四周是旋转的载有天体的透明圆圈

家声称，地球是一个有罪的和不完美的地区；不过，在托勒密的模型中，围绕地球旋转的是一个完美的区域。天层由一些完美无瑕的、晶莹剔透的圆圈构成，其中有恒星、太阳、行星和其他天体。这些圆圈以不同速率旋转，由此解释了从地球上看到的天体运动。

在基督教世界，大多数学者接受托勒密模型长达1500多年。部分原因在于，它得到天主教会的支持。不过，它也很好地解释了天体运动。它也十分符合我们的强烈直觉，即地球是静止不动的。毕竟，如果地球是运动的，你难道不该感觉到这种运动吗？

科学的挑战

然而，到了16世纪，托勒密的模型在几个方面受到批评。宗教改革削弱了天主教会的权威。更重要的，乃是托勒密天文学受到科学批判。尼古拉斯·哥白尼（Nicolaus Copernicus，1473—1543）是波兰天文学家，他复兴了一个古老观念，即宇宙的中心是太阳而不是地球。他也能够证明，这个观念可以解决托勒密体系中一些重大的异常现象。比如说，托勒密天文学对行星的"反向"运动——行星的轨道每年似乎有一点点改变——做出了某种不自然的解释。哥白尼表明，如果地球与其他行星都绕太阳旋转，那么，那种反向运动就是意料之中的事情。此外，德国天文学家约翰内斯·开普勒（Johannes Kepler，1571—1630）证明，行星的轨道并不是托勒密宇宙学所要求的那种完美圆圈，而是椭圆或受到挤压的圆圈。

最后，意大利学者伽利略·伽利雷（Galileo Galilei，1564—1642）终结了天上地下截然有别的观念。伽利略是最早通过望远镜观察天空的天文学家之一。这样，他就能够指出，太阳的表面根本就不是完美无瑕的，而是带有一些黑点，而木星有着自己的卫星。这两个事实都与托勒密模型相悖。伽利略还解释了我们为何不能感觉到地球运动。他指出，如果地球上所有事物都向着一个方向运动，我们就觉得它像没有运动一样。如果你坐在飞机上，然后将一颗球抛向空中，它不会以每小时800千米的速度射向后方；而是落到你手中，因为你们共享着飞机的向前运动。因此，尽管地球以每小时112000千米的速度在太空运动，我们却感觉不到它在动。

临近17世纪末期，英国物理学家和数学家艾萨克·牛顿（Isaac Newton，1642—1727）表明，理解宇宙根本就不需要托勒密那种复杂的、虚构的天体体系。相反，人们只需要依据少数简单方程式，就能够解释天上和地上物体的运动，不管是行星运动还是苹果落地。他指出，宇宙间存在一种普遍的力，他称之为引力。这种力将所有实物彼此拉近，它的强度与物体的质量成正比，与它们之间的距离成反比。在所有的科学成就之中，牛顿运动法则是最伟大的成就之一，它们提供了极其简单的方式解释一切运动。许多人认为，这些法则似乎是理解宇宙的关键。

到1700年，很少有科学家把托勒密的宇宙模型当回事。他们都承认，地球绕太阳旋转。他们也相信，整个宇宙可以用牛顿阐述的那种简单科学法则来解释。

绘制宇宙地图

现在宇宙学家面临着新的挑战。更好地理解宇宙意味着需要绘制宇宙地图。你能够像地理学家开始绘制地球那样绘制宇宙吗？要做到这一点，就得确定恒星的确切位置和运动。这项工作并不容易。直到19世纪，宇宙学家才开发出更可靠的手段来测量地球到附近恒星的距离，以及探索它们在太空的运动。关于宇宙及其起源的现代思想，就来自绘制宇宙地图的这种努力。下面我们会交替讨论恒星的位置及其运动这两个问题。

如何知道地球到恒星的距离呢？这值得你在某个夜晚出门仰望星空，并且看看你是否能做到这一点。它是一个微妙而复杂的问题。理

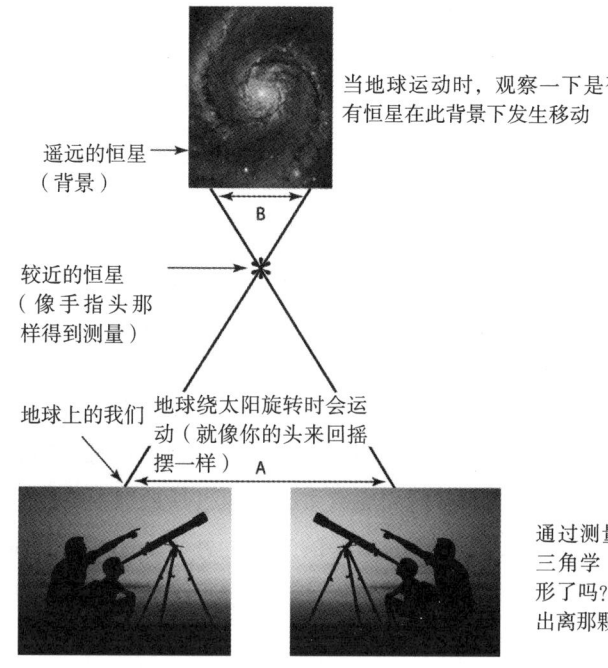

图1.4 视差是如何运作的，展示可以进行三角学计算的三角形。视差取决于如下事实，即当你移动时，中间位置的物体（比如一颗附近的恒星）似乎在更远物体（比如更遥远的恒星或星系）的背景下移动。从理论上来说，我们可以确定移动的范围，然后利用三角学（注意图中的三角形）计算出附近恒星离我们的真实距离。实际上，即便最近恒星的运动也非常小，因此，19世纪之前，我们根本无法使用这种方法确定地球到附近恒星的距离

论上说，古希腊人已经知道该如何做。你可以使用**视差**（parallax）：观察者位置的移动导致两个固定物体之间关系的明显变化（参见图1.4）。

为了更好地了解视差是如何运作的，可以将一根手指头放在眼前靠近鼻子的位置。先不要移动手指头，只是来回摆动头部。这种情况下，你的手指头似乎在移动；它移动的距离取决于它与眼睛的距离。（让手指头远离鼻子，然后摆动你的头来检测一下。）希腊人意识到，这条简单原则使得人们能够测量地球到最近恒星的距离。当地球每年绕太阳旋转时（记住，一些古希腊天文学家接受了太阳中心的宇宙模型），一些最近的恒星肯定会在更遥远恒星的背景下运动，就好像你在摇动头部时，手指头的运动那样。通过测量较近恒星在较远恒星的背景下移动了多远，并且通过使用初等三角学（结合对地球轨道的尺寸、地球到太阳之距离的大致估算），你就能够估算出这些恒星有多远。

希腊人持有正确的观念。不幸的是，即便最近的恒星都非常遥远，你根本无法以肉眼观察到任何运动。直到19世纪中期，探测和测量一些最近恒星位置发生微小变化的精密望远镜和测量仪器才被研制出来。不过，这些仪器足以让天文学家估算一些恒星离我们

的距离。当这么做的时候,他们意识到,宇宙比他们大多数人曾经认为的要大许多。我们现在知道,即使最近的恒星,即比邻星,也有4光年之遥,40万亿千米之遥。如果乘坐商业喷气式飞机以每小时880千米速度前往那里的话,也得花上大约500万年。记住,还有几千亿颗恒星在更遥远的地方,比邻星是离我们最近的;用天文学术语来说,比邻星是我们的邻居。

测量更遥远的恒星需要使用不同的技术。其中之一由美国天文学家亨利埃塔·莱维特(Henrietta Leavitt, 1868—1921)开发。19世纪末期,她研究了一种特殊的恒星,它的亮度似乎呈现周期性变化。这种恒星就是**造父变星**(Cepheid variables,又译仙王星座的变光星),它们最早被发现于仙王座(Cepheus)星群,故得此名。莱维特意识到,它们亮度的变化速度取决于它们的大小,这意味着,我们可以计算出它们的大小。因为恒星的尺寸与它们的亮度密切联系在一起,这也意味着我们可以估算它们真实的("固有的")亮度——也就是说,当你近距离观察时,它们到底有多亮。通过从地球上来计算它们的亮度,我们也就能够估计出它们有多远,因为一颗恒星的光抵达另一个遥远的天体时,随着光线在更广阔空间的传播,光的总量会以一种数学方式减少。莱维特认识到,通过这种间接方式,我们就可以估算出造父变星的真实距离。

埃德温·哈勃(Edwin Hubble)——我们后面还会讨论他——于1924年指出,一些造父变星位于我们的星系(银河系)之外。这第一次证明宇宙中还存在许多其他不同星系,这也再次表明,宇宙比大多数天文学家所认为的要大得多。

天文学家也想知道恒星和星系是否在太空中运动。引人注目的是,从事这种工作的技术在19世纪出现了。这些技术最终会带来更重大的发现。

19世纪早期,德国一位玻璃制造者约瑟夫·冯·弗劳恩霍夫(Joseph von Fraunhofer, 1787—1826)发明了一种被称为**分光镜**的装置。观察者通过分光镜(或光谱仪)就能够把来自恒星的光分成不同频率。简单的玻璃棱镜所做的是同一件事情。它们将光分成不同频率,也就是我们看到的不同颜色,这也解释了棱镜为何看上去似乎创造了人工彩虹,从一端的红色(频率较低)到另一端的蓝色(频率较高)。不过,弗劳恩霍夫从他的分光镜所创造的光谱("光线彩虹")中看到了某种奇特的事物。他发现了能量减弱的暗线,即现在所说的**吸收线**(absorption lines,参见图1.5)。实验室的实验表明,这些暗线的存在,要归因于一些具体的元素,这些元素往往会吸收不同频率的光能。如果你知道那些频率,那么,经由吸收线,你就可以得知发射这些光的恒星内部含有哪些元素。稍后,当天文学家开始探究恒星的形成及其所含物质时,上述看法被证明是至关重要的。

19世纪末,亚利桑那州弗拉格斯塔夫市洛厄尔天文台(Lowell observatory)的维斯托·斯里弗(Vesto Slipher)发现了吸收线的另一个奇异特征。在遥远天体的光谱中,吸收线似乎偏离了它们的预期位置。因此,代表氢元素的吸收线可能是蓝移的(在光谱线上移向更高频率的蓝端)或红移的(移向低频率的红端)。斯里弗认为,这种移动是恒星向我们移动(蓝移)或远离我们(红移)造成的。它们是由**多普勒效应**(Doppler effect)引起的,这种效应似乎

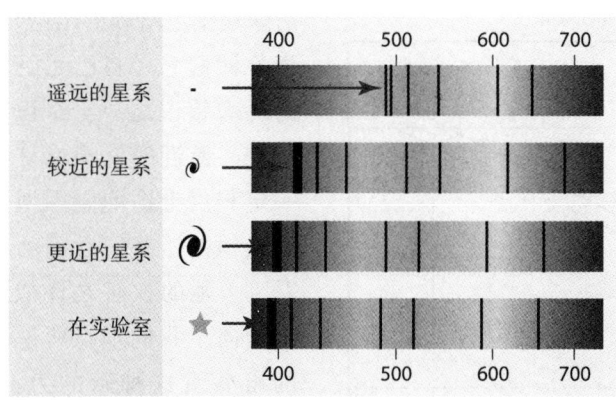

图 1.5　多普勒效应与吸收线。吸收线，即恒星光线之光谱上的暗线，体现了特定频率上特定元素的存在。不过，吸收线通常会稍微偏移它们的预期位置（即它们的频率）。这要归因于多普勒效应。来自恒星的光波要么扩散，要么收缩，因为它不是离我们远去（当频率红移时），就是向我们移动（当频率蓝移时）。通过使用这种方法，哈勃发现宇宙中所有遥远的物体似乎都在离我们而去，离得越远，它们离开的速度就越快

也引起警笛的声音在向我们移动时频率上升，在远离我们时频率降低。这种效应产生的原因在于一个事实，即当发出声音的物体向我们移动时，我们感觉声波正在聚集起来，当它远离我们而去时，声波似乎扩散开了。如果斯里弗是正确的（我们现在知道他是正确的），那么，我们就可以确定遥远的物体（比如遥远的星系）是向我们移动还是离我们远去。我们甚至能够计算出它们运动的速度有多快。这是一个非凡的技术成就。

我们较详细地讨论了测量恒星距离和运动的技术，因为它们为现代大爆炸宇宙学奠定了基础。

大爆炸宇宙学

20世纪20年代，美国天文学家埃德温·哈勃（1889—1953）对那些发现进行了综合。哈勃在加州帕萨迪纳威尔逊山天文台工作，那里有一架当时世界上最大的望远镜之一。他利用我们前面所说的技术来绘制宇宙全景，由此得到的图景完全出乎人们意料。第一个奇特之处在于，宇宙似乎是不稳定的。宇宙中大多数遥远的天体似发生**红移**（red-shifted）。换句话说，它们似乎正在远离地球而去。这一点是人们没有料到的，因为自牛顿生活时代以来，大多数天文学家认为宇宙是稳定的。哈勃把对这些天体的运动评估和它们的距离估算结合在一起，发现了更加不同寻常的现象：天体离得越远，红移就越大；换言之，天体似乎在以更快速度远离我们（参见图1.6）。

这意味着什么呢？这意味着，当在非常大的尺度上观察时，宇宙不同部分似乎正在彼此分离。我们现在知道，引力强大到足以将不同星系团汇聚在一起。就包括银河系和仙女座星系在内的星系团来说，确实如此，因此，仙女座星系没有离我们远去。不过，哈勃观测的天体更加遥远，在这种更大规模上，星系团彼此之间的距离似乎越来越远。这表明宇宙似乎正在扩张。宇宙各部分就好像手榴弹爆炸产生的碎片一样。

没有天文学家曾预想到这些。哈勃的结果深深震惊了爱因斯坦——他的相对论要比哈勃公布的观测结果早几年发表——爱因斯坦一度认为，事情肯定出错了。爱因斯坦为了回避不稳定宇宙的可能性，甚至修改了自己的理论，宣称存在一种平衡引力的新类型的力。（他

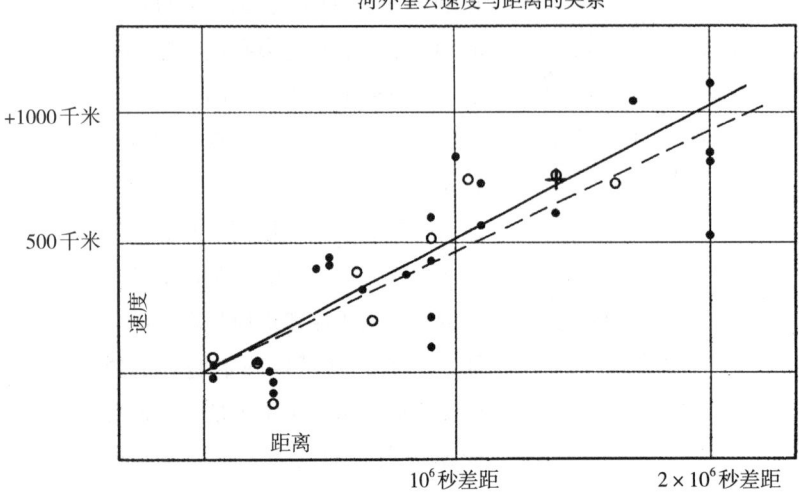

图1.6 哈勃关于遥远星系的距离和运动图表。哈勃使用加州帕萨迪纳威尔逊山天文台的望远镜研究遥远的星系。他发现，天体离我们越远，它似乎更快地离我们远去。这是一项重要发现，证明我们的宇宙正在扩张

后来接受了哈勃的结论，声称回避它是自己犯下的最大错误之一。奇怪的是，最近的发现或许一定程度上证明爱因斯坦是对的，我们后面会看到，他的权宜之计似乎指向了我们现在所说的暗物质这种新的力。暗物质是一种能量，它似乎在分裂空间，它也弥漫在整个宇宙。）

托勒密的宇宙是微小而稳定的，牛顿的宇宙是庞大和稳定的，而哈勃所描绘的宇宙是十分不稳定的。哈勃的宇宙最初极小，然后不断膨胀，直到它变得非常巨大。不过，我们现在知道，它并没有真正膨胀成为一切事物，尽管它在膨胀的同时创造了时空维度。这就让我们很难想象它的形态。千万不要认为宇宙存在一个核心或边缘。它根本就没有，就好像地球表面没有中心和边缘一样。

哈勃对宇宙做出现实的描述了吗？或者他的结论只不过是一种光学幻觉？最初，没有人能够给出确定的回答。不过，如果他的描述是现实的，那么，它对我们理解宇宙的历史有着重要影响。1927年，比利时天文学家、天主教教士乔治·勒梅特（Georges Lemaître，1894—1966）指出，如果宇宙正在扩张，那么，这意味着它有历史。宇宙学不是对宇宙的静态描述；它是一门历史性学科，就像人类史那样。他进一步指出，我们还可以就那种历史的形态表达一些重要看法。如果宇宙正在扩张，那它过去肯定比现在小很多。在某个遥远的过去时刻，宇宙中的一切事物都被压缩在原子大小的空间中。勒梅特称之为原始原子（primeval atom）。

在天文学家看来，这绝对是一个令人震惊的结论。勒梅特描述了宇宙如何发端于无法想象的一小束能量。如果宇宙的确在膨胀，那么他无疑是正确的。

尽管哈勃的研究为现代大爆炸宇宙学奠定了基础，不过，直到几十年之后，大多数天文学家才接受他的观点。部分原因在于，他的结论初看上去肯定是疯狂的。事实上，英国天文学家弗雷德·霍伊尔（Fred Hoyle，1915—2001）于1950年不怀好意地将那种观点描述为**大爆炸**。霍伊尔从来没有接受大爆炸宇宙学，他只是在一次电台采访中讽刺性地使用了"大爆炸"这个术语。

一开始，很少有天文学家了解哈勃的发现所包含的内容。早期宇宙是什么样的？20世

纪40年代，为建造原子武器而进行的研究，导致逐渐对基本粒子的本质以及它们在极端压力和高温下的活动产生了一些新想法。如果哈勃和勒梅特的模型是对的，那么，那种环境在宇宙历史上肯定早就存在过。

大型强子对撞机

今天，宇宙学家在研究宇宙起源时，使用庞大而昂贵的机器在极端高温下将粒子捣碎，进而观察它们的构成成分。大型强子对撞机（the Large Hadron Collider，

图1.7 大型强子对撞机，欧洲核子研究组织。大型强子对撞机是迄今为止设计出来的最庞大、最昂贵的科学实验。它由日内瓦机场下面一条巨大隧道构成，亚原子粒子在那里以接近光速的速度被击碎，以便发现它们的构成。这好像将汽车一起捣碎以观察它们的内部构成，不过，这是我们用来确定宇宙构成基本成分的本质的唯一方式。白圈标出了LHC的位置。前面是日内瓦机场。红线标示的是瑞士和法国之间的边界

简称LHC；参见图1.7）位于日内瓦机场下面的环形隧道内，在那里，粒子被猛烈地捣碎，这样，科学家实际上在重新创造类似于宇宙诞生第一秒时的环境。这有点类似于把两辆法拉利一起捣碎来观察它们的构成！正因此科学才会令人兴奋！事实上，2012年7月4日，参与LHC工作的科学家宣称，他们发现了一种粒子即著名的"希格斯玻色子"存在的证据。这种粒子解释了为何所有物质都有质量。英国物理学家彼得·希格斯（Peter Higgs）在1964年率先提出这种粒子的存在，稍后，其他一些物理学家也表达了这种看法。世界上确实存在一种与希格斯的创造性观念相一致的粒子，这项发现被认为是现代科学重大转折点之一。

20世纪40年代，一些科学家，包括弗雷德·霍伊尔和俄裔美国物理学家乔治·加莫夫（George Gamow，1904—1968）在内，以哈勃的结论为前提，开始探究早期宇宙的面貌以及它是如何活动的。引人注目的是，他们发现建构一种合理的故事是可能的。事实证明，此后几十年，我们可以非常详尽地解释宇宙从其诞生到现在的各个不同阶段。

大爆炸宇宙学讲述的万物起源

我们无从知晓宇宙诞生之前存在什么。因为完全没有证据，因此，也不可能就宇宙出

现之际表达任何科学的意见。事实上,"之前"这个想法可能是毫无意义的,时间本身或许也是在大爆炸中与空间、物质和能量一起被创造出来的。天文学家将来可能会找到一种方式来处理这个终极问题,不过,当下大爆炸宇宙学并不打算解释宇宙出现的那一时刻。然而,在宇宙出现之后一秒钟内一个极小的时间里,大爆炸宇宙学能够讲述一个详细的故事,该故事基于大量证据之上。下面对这个故事的某些部分做一个简洁的、非技术性的叙述。

大约138亿年之前,某种事物出现了,它似乎开始创造空间、时间、**物质和能量**(物质是由具有质量、占据空间的实体构成;能量是由移动和形塑物质的力构成)。太空一开始可能不会比一个原子更大。它也不可思议的炽热。这一点并不奇怪。毕竟,这个原子大小的空间包含了今天宇宙中所有能量。它的温度如此之高,以至于物质和能量可以相互转化。能量不断聚集形成物质粒子,它们也不断地再次转变成能量。爱因斯坦的相对论证明,物质和能量实际上是同一种物质的不同形式;宽泛而言,我们可以将物质视作静止的能量。在极端高温下,比如一颗氢弹内部或恒星中心,物质能够再次转化为能量。因此,在最初的时候,宇宙是由某种能量和物质汤构成。不过,当它膨胀时,就会迅速冷却下来。当它冷却时,这种汤就开始分化为不同的力和不同的物质。科学家将这些变化称为相变(phase changes)。这有点类似于蒸气冷却时的情形;在大约100摄氏度时,蒸汽突然发生一种相变,即转变为液态水。

在某一个时刻(宇宙出现之后$1/10^{27}$秒),早期宇宙极速扩张。在这种"膨胀"——天文学家的称呼——结束之际,宇宙很可能与今天宇宙中一个星系的大小相当。

在一秒钟的极小一部分时间内,作为相变的结果,四种基本的能量形式得以出现。它们是引力、电磁力以及"强"核力和"弱"核力。(后面再讨论引力和电磁力;我们很熟悉这两种力,它们在我们的故事中扮演了重要角色。我们不会花很多时间讨论其他两种力。它们活动的范围甚至小于一个原子,它们有助于控制原子以及质子和电子之类的亚原子粒子的活动。因此,对它们感兴趣的主要是核物理学家。)除了这四种力之外,物质的基本成分也出现了,包括暗物质(我们真的不了解它)和我们由以构成的物质,即**原子物质**(atomic matter)。

在最初的20分钟时间里,物质和能量开始呈现出更稳定的形式。质子——氢原子的带正电荷的原子核——已经出现,大约25%的质子发生核聚变,并且与中子(它们与质子的质量相同,但不带电)结合形成氦原子核。数量极少的质子聚变形成锂原子核,不过,由于宇宙冷却的速度太快,以至于无法发生更多聚变。物质现在以一种**等离子**(plasma)的形式存在,那是一种炽热的、气体般的状态,在那种状态下,质子和电子(带负电荷)还没有结合在原子中。今天,相同的状况(等离子)也存在于恒星的核心。由于质子和电子带有电荷,因此,宇宙中大多数原子物质发出电流的噼啪声,也不断受到强烈的电磁能的撞击。质子——我们可以把它们视为电磁能的小型储藏所——肯定会与这些带电荷的粒子相互作用。

等离子几乎存在了38万年（这大约是人类在地球上生活时间的两倍）。于是，宇宙大爆炸38万年之后，出现了一种重要的新变相。当宇宙温度冷却到接近我们太阳的表面温度时，光子开始丧失能量，亚原子粒子的活动不再那么猛烈。最终，在一个温度更低的、更柔和的宇宙中，带正电的质子和带负电的电子之间的电荷非常强大，足以把它们结合在一起。突然间，一个临界温度值被跨越，宇宙中质子和电子结合起来形成呈电中性的原子（因为质子和电子的相反电荷相互抵消）。这样，整个宇宙似乎一下子丧失了它的电荷。电荷网络——电磁辐射出现的地方——消失了，光子现在可以在宇宙中自由运动。

20世纪40年代晚期，乔治·加莫夫指出，在这个故事中的那一刻，当光子脱离物质之际，肯定存在一种巨大的能量闪烁，或许我们现在还可以探测到那一闪烁。然而，当时大多数宇宙学家似乎并没有认真探寻古代那次能量闪烁的残留物，这表明他们对大爆炸观念持怀疑态度。

支持大爆炸宇宙学的更多证据

直到20世纪60年代早期，宇宙起源于一次大爆炸的观念依旧只不过是一种令人感兴趣的假说而已。（假说是指尚未获得足够多的证据从而没有得到广泛接受的科学思想。理论则相反，是指具有大量证据足以使其得到普遍接受的科学思想。）大多数天文学家怀疑它是对过去发生之事的真实描述。另一个假说，即当时著名的稳态理论（steady state theory）——之所以称之为理论是因为它为时人广泛接受——在20世纪20年代被首次提出，后来被不断修正和改善。它得到许多人的支持，其中包括弗雷德·霍伊尔，他终其一生都是大爆炸宇宙学的批评者。稳态理论宣称，尽管宇宙一直在扩展，不过，新物质和能量不断产生的速度抵消了扩展的速度。因此，依照稳态理论，最终的结果就是，从宏观来看，宇宙看起来始终跟今天的宇宙没什么两样。

这两种假说都宣称对哈勃发现的红移做出了解释，那么，我们如何检测它们呢？哪一种是正确的？

1964年，答案突然出现了。天文学家阿尔诺·彭齐亚斯（Arno Penzias，生于1933年）与罗伯特·威尔逊（Robert Wilson，生于1936年）在新泽西贝尔电话实验室工作，他们正努力为卫星传输建造一种超敏感的接收器（参见图1.8）。为了改善设计的号角式天线，他们试图消除所有的背景信号。他们

图1.8 宇宙背景辐射。彭齐亚斯和威尔逊于1964年率先用来探测宇宙背景辐射的无线电探测器

发现了一种微小的、持续存在的以及均匀的背景噪音，并且根本无法清除它。很显然，这种噪音存在于天线指向的任何方向，因此，它似乎并非来自太空中某个特定天体。他们一开始怀疑自己的装备出现了问题，一度将天线上的鸽子粪便清理一番，以防鸟粪散发的微小热量是噪音的来源。最后，他们与附近普林斯顿大学物理学教授罗伯特·迪克（Robert Dicke, 1916—1997）取得联系。迪克很清楚那些预测，即大爆炸释放出了巨大能量，而且他当时正在设计一种能够探测这种背景能量的射电望远镜。他马上断定，彭齐亚斯和威尔逊检测到了加莫夫和其他人预测到的古老能量的片羽吉光。

彭齐亚斯和威尔逊发现了一种极其微弱的信号，它的能级相当于零下270摄氏度，只稍稍高于绝对零度（即零下273摄氏度，是可能存在的最低温度）。这非常接近加莫夫和迪克等宇宙学家预测到的能级。最引人注目的，乃是背景辐射的均匀性。它来自宇宙四面八方。简而言之，即便这种信号很微弱，但是它所体现的是庞大的能量，它似乎在每一个地方都具有几乎相同的密度。稳态理论无法解释这种宇宙背景辐射（CBR）的来源。不过，如前所述，宇宙大爆炸理论已经预测到了它。

所有科学假说最有效的检验之一，就是奇怪的预测变成了事实。这也解释了一个现象，即宇宙背景辐射被发现以来，大多数宇宙学家和天文学家最终都承认大爆炸理论对宇宙起源做出了正确叙述。因此，我们现在也可以将大爆炸称为一种确定的理论，把稳态理论视为一种假说。另外，自从被发现以后，宇宙背景辐射就得到密切研究，因为它能够就它发射之际（大爆炸发生约38万年之后）宇宙的本质向我们提供很多信息。

支持大爆炸宇宙学的进一步证据

尽管宇宙背景辐射和红移可能是支持大爆炸宇宙学的最有效证据，不过，还存在其他许多有力证据。我们下面只讨论三种比较重要的证据，它们都相对容易理解。

首先，宇宙中似乎不存在超过130亿年的物体。我们在本章后面会了解到，天文学家现在很好地了解了恒星从幼年演进到老年再到塌缩的全过程。这表明，就好像根据一个人的姿势、肤色以及活动，我们就能够大致猜出年龄一样，天文学家通过测量一颗恒星的温度、化学成分和质量，就能够估算出其年龄。这些计算并不容易，不过，它们都没有表明有哪颗恒星比130亿年更古老。如果宇宙有几千亿年古老，或者如果它是无限古老的（稳定理论这么认为），那么，不存在更古老的恒星（指超出130亿年）就显得有点不可思议了。如果大爆炸理论是正确的，那么，这种年龄分布正好是我们所预期的。

其次，与稳态假说不同，大爆炸理论暗示着宇宙具有自身的历史。因此，就像人类社会那样，它会随着时间的推移而发生变化。我们认为1万年之前的人类社会与今天人类社会完全不同（到底有多么不同，可以参见第4章），同理，宇宙学家认为，100亿年之前的宇宙与现在的宇宙也是完全不一样的。他们所发现的，就是这一点。最强大的现代望远镜能够探测距离地球几十亿光年的天体（1光年是指光在一年时间里走过的距离，大约为9.6万亿千米）。在这么做的时候，它们事实上是在观测几十亿年之前的天体，因为天体发射出来的光需要经过几十亿年才能够到达地球。强大的望远镜就像时光穿越者，其中一些强大的望远镜能够向我们展示大爆炸之后不久的真实宇宙。这些望远镜表明，早期宇宙确实与现在宇宙完全不同。它非常拥挤，包含了今天宇宙中极其罕见的类星射电源（即Quasar，"quasi-sterllar radio source"的缩写，当恒星被吸进似乎处于所有星系核心的巨大黑洞时，它就形成了）。这种研究支持了大爆炸宇宙学的结论，即宇宙像人类社会那样，具有随时间推移而发生变化的历史，同时驳斥了稳态假说的结论，即宇宙在过去一直没什么变化。

第三，大爆炸理论的早期理论家认为，当宇宙在最初几秒钟快速冷却时，短暂的时间只允许最简单的化学元素的原子核形成。最简单的元素是氢（其中心有一个质子以及一个围绕它旋转的电子）和氦（有两个质子和两个电子）。从氢到铀（92个质子和92个电子）的化学元素，其原子核都有特定数量的质子。因此，大于氢或氦的元素想要形成的话，原子核必须聚合在一起，以便形成带有更多质子的更大原子核。这就需要极端高温来克服质子之间的相互排斥力，因为它们都带有正电荷，然而，当最初的原子形成之际，没有哪个地方的温度高到足以做到这一点。这意味着，大部分宇宙是由氢原子和氦原子构成。这本身就是一个出乎意料的预测，因为氢原子和氦原子在地球表面比较罕见。不过，当天文学家使用光谱仪观测恒星内部和恒星之间的空间存在何种元素时，他们发现，宇宙中75%的原子物质由氢原子组成，剩下的大部分由氦原子构成。由此可见，大爆炸宇宙学再次提出了一个最终成为事实的奇怪预测。

大爆炸宇宙学存在的问题

今天，大多数天文学家和宇宙学家都承认，大爆炸理论对宇宙的起源做出了合理而正确的叙述。不过，它远非完美。其中最突出的异常现象之一，即不久的将来很可能得到修正的异常现象，就是暗物质和暗能量的存在。如前所述，这些是我们能够探测到的、但迄今为止还无法理解的物质和能量形式。

天文学家首先意识到，当研究星系中恒星的运动时，实际存在的物质远远超出我们所能看到的。通过使用引力法则，我们就可以估算恒星以多快速度绕庞大的星系旋转。恒星的实际运动表明，宇宙中存在的质量可能是天文学家探测到的质量的20倍。其中一些质量由**暗物质**构成。另外，到20世纪90年代晚期，越来越明显的是，宇宙正在加速扩张，大多数宇宙学家相信，这种加速的动力是一种新形式的能量，即**暗能量**（dark energy），它是一种反引力，将事物分离开而不是把它们吸引到一起。

暗能量大约占宇宙总质量的70%，它与空间的总量联系在一起，因此，这种能量的重要性随着宇宙扩张而增加。事实上，宇宙扩张的速度似乎在加快，这要归因于越来越强大的暗能量，这种情况发生在大爆炸90亿年之后，也即地球形成之际。宇宙质量的另外25%是暗物质。剩下4%~5%由原子物质构成。大多数原子物质是以氢和氦的形式存在，其中只有大约1%~2%是由从碳到铀等较重化学元素构成。甚至大多数原子物质都是不可见的，由此可见，我们真正能够探测到的，是宇宙中不到1%的物质。我们并不真正了解宇宙中绝大多数物质和能量，这个事实让许多天文学家深感不安。在暗物质和暗能量的本质得到说明之前，这个疑问会一直困扰整个大爆炸理论。

不过，天文学家和宇宙学家显得很乐观，他们相信，大型强子对撞机（LHC）这种实验或许很快就会提供一些答案。我们前面已经了解到，LHC已经发现了希格斯玻色子。当它开始以更高的能级活动时，许多人希望它能够发现其他形式的、有助于解释暗物质和暗能量构成的能量和物质。那将是物理学家或宇宙学家激动人心的时刻。

尽管存在这些困难，不过，当前并不存在真正能够与大爆炸宇宙学相媲美的理论，它成功地解释了与宇宙相关的大量问题。针对"宇宙是如何开始的"这一基本问题，大爆炸理论提供了迄今为止最权威、最具说服力的答案。

1.2　门槛2：星系和恒星的起源

依照今天的标准衡量，在大爆炸发生几十万年之后，宇宙是非常简单的。大多数原子物质以氢原子和氦原子构成的巨大星云的形式存在，而这些星云镶嵌在由暗物质构成的更庞大的星云之中，并受到后者引力的塑造。当时，没有星系，没有恒星，没有行星，当然也没有生命有机体。除了来自宇宙背景辐射的微弱光亮，整个宇宙漆黑一片。不同地区之间基本上是一样的。威尔金森微波各向异性探测器（WMAP）对宇宙背景辐射进行的惊人考察表明，整个宇宙的温差不超过0.0003摄氏度。宇宙各地似乎是一样的，没有变化，没有多样性，事实上也没有令其变得有趣的任何事物。

然而，几亿年之后，宇宙包含了巨大的光带：最初的星系。每一个星系都由几十亿个光点组成，那些光点就是最初的恒星。星系和恒星的演化是更复杂事物——包括行星、细菌以及人类——演化的第一步。因此，要想了解宇宙中更复杂事物的出现，我们首先得考察恒星和星系的演化。在我们的教材中，第一批恒星的出现被当作第2道主要门槛，因为它们的存在让宇宙变得更明亮、更复杂和更多样化。从某种意义上来说，这道门槛一直在被跨越，甚至今天也是如此，因此从那时开始，恒星就在不断出现（参见门槛2概述）。

门槛2概述				
门槛	成分 ▶	结构 ▶	金凤花环境 =	突现属性
恒星	原子物质，存在的形式为氢原子和氦原子以及/或者它们的原子核。	内核（聚变）；外层储有氢和氦+其他元素，直至铁。	早期宇宙中密度和温度的变化率+引力创造出足以发生聚变的高温。	新的、局部的能量流；星系；有可能通过聚变创造新的化学元素。

最初的星系和恒星是如何形成的？

为了解释最初的恒星是如何出现的，我们就得回到引力，即大爆炸所创造的四种基本力之一。引力是牛顿在17世纪发现的。他认识到，促使苹果落地的力也能解释太阳周围行星的运动。引力是在各种物质形式之间起作用的吸引力。

20世纪早期，爱因斯坦指出，引力也会影响能量。我们前面了解到，爱因斯坦证明了物质和能量是本质相同的"事物"的不同形式。在极端高温下，物质能够转化为能量，反之亦然。因此，我们毫不奇怪，引力不但影响质量，也会影响能量。英国天文学家阿瑟·艾丁顿（Arthur Eddington, 1882—1944）——他是著名的和平主义者，拒绝服兵役——在"一战"结束后不久（1919年）就证明了这一点。艾丁顿断定，通过观察太阳的引力是否让光线弯曲，我们就可以检验爱因斯坦的观点。他认识到，当太阳在一颗恒星前面运行时，通过观察恒星的位置，就可以进行这种检验。如果太阳的引力弯曲了恒星发射出来的光线，我们就能够短暂地看到太阳运行到其前面的那颗恒星，因为它的光束会因为太阳引力的作用而发生轻微弯曲。然而，太阳是如此明亮，我们通常无法观察太阳附近的恒星。不过，在日食发生时，我们可以这么做，这也解释了为何艾丁顿要等到1919年。当艾丁顿在非洲普林西比岛上研究那次日食时，他发现的也正是爱因斯坦所预测的。当恒星接近太阳边缘时，它们会盘桓一小会儿，然后迅速消失。即使在绕到太阳另一侧之后，恒星弯曲的光线也足以让它们一度可见，这个事实带来了盘桓效应。这个例子（这里指爱因斯坦）再次证明，出色的科学所创造的奇怪理论最终会被证实是正确的。

引力、宇宙背景辐射与温度

引力在我们的故事中扮演着一个重要角色，因为它能够把简单宇宙变得更有趣。引力随着质量的增多而增强，随质量（物质）之间距离的扩大而减弱。这意味着，它的影响因地而异，取决于所涉及的物体质量以及它们之间的距离。很显然，如果宇宙是完全同质的（也就是说，如果宇宙中所有原子之间的距离是相等的），那么，就会出现一种停滞状态，每一事物对其他事物施加的引力都是一样的。一旦早期宇宙的密度出现细微差异，那么，引力在质量稍多的区域会更强大，从而能够在质量相对空旷的地带创造出物质块。这是迈向新的复杂形式的第一步，因为随着物质聚集成密度更大的星云，星系和恒星最终由此形成。因此，早期宇宙是否同质这个问题，对天文学家来说显得至关重要。

幸运的是，宇宙背景辐射研究正好提供了天文学家所需要的信息，因为它简洁地呈现了早期宇宙在密度和温度上的差异。20世纪60年代，当天文学家开始研究早期宇宙时，他们对宇宙的同质性感到震惊。宇宙中似乎不存在重大的差异。不过，后来更精确的研究表明，宇宙存在温度上的细微差异。1992年，美国天文学家乔治·斯穆特（George Smoot）利用一颗特意为探测宇宙背景辐射而设计的卫星研究了这些差异。结果表明，他发现的那些差异足以解释星系是如何形成的。在看到斯穆特为早期宇宙绘制的图表时，宇宙学家约瑟夫·西尔克（Joseph Silk）惊呼："我们正在观察宇宙的诞生！"

在物质碰巧稍多的地方，引力也就更强大，它将这些区域向内挤压。当由暗物质和原子物质构成的巨大星云向内部塌缩时，它们的温度就开始上升。一条基本原则就是：把更多能量压缩到一个更小空间，温度就会上升。（这里所说的更小的是相对而言的，我们现在讨论的，乃是星系大小的区域！）因此，在密度增加的区域，温度也开始增高。这是年轻宇宙生命中的新现象，因为在此之前宇宙一直在冷却。现在，我们可以想象，在整个早期宇宙中，巨大的暗物质星云缓慢地向内部塌缩，嵌入其中的，还有由原子物质构成的较小星云，它们在塌缩的时候，温度也相应升高。这些星云内部的原子因高温而获得能量，它们开始以更快速度运转，并且更频繁和更猛烈地相互撞击。最终，在极端的高温之下，电子再次脱离质子，从而重新创造出早期宇宙中的等离子，这种宇宙充满了游离的、带电荷的质子和电子。

然后，在大约1000万摄氏度，一道关键的门槛被跨越。质子碰撞得如此猛烈，以至于它们聚合在一起。质子带有正电荷，因此，它们通常相互排斥，不过，如果碰撞足够强烈，它们就可以克服这种排斥力，一旦两个质子足够接近，它们就会通过强核力（强核力只在非常微小的、亚原子的距离起作用）结合在一起。结果就是氦原子核的出现，它由紧密结合起来的两个质子和两个中子组成。质子碰撞形成氦原子核的过程，就是**核聚变**。质子溶解时，它的少量质量转化为大量能量。（我们之所以知道这一点，乃是因为氦原子核四个粒子的质量，稍轻于四个质子质量之和。）这就是一颗氢弹的核心发生的变化。爱因斯坦的著名方程式 $E=mc^2$ 表示：这种过程所释放的能量总量（E），相当于转化为能量的质量总和（m）乘以光速（c）的平方。光速大约是30万千米/秒，因此，那将是一个巨大的数字。这也说明了氢弹为何有如此大的威力。1952年，第一颗氢弹在太平洋埃内韦塔克岛试爆，它的威力几乎是1945年8月9日在长崎爆炸的原子弹威力的500倍。

当新的氦原子经过聚变而形成时，正在塌缩的原子星云的核心产生了巨大热量。每个星云核心的这种大熔炉，阻止了星云进一步塌缩，并且让它稳定下来。在早期宇宙中，当这个过程在巨大的、不断塌缩的物质星云中不断重复出现时，最初的星系就出现了，它们由几十亿颗恒星组成，宇宙也逐渐变得明亮。

"于是有了光！"

恒星本质上是氢元素（还有一些氦元素）的巨大储藏库，中心的温度极高，当氢原子核（即质子）落入中心时，它们就会聚变成氦原子核。位于每颗恒星核心的熔炉产生的热和光缓慢地穿过恒星，最终逃逸到空旷的太空。每颗恒星都能够持续发出光和热，只要它有足够多氢元素来维持核聚变反应即可。我们的太阳也是以相同方式在45亿年前形成的，它可能会存在80亿年或90亿年（参见图1.9）。因此，它已经度过了生命的一半历程。

因此，我们可以想见，黑暗的宇宙随着星系出现而变得明亮起来，当新的恒星形成时，数十亿微小的光点联结在一起。新兴的恒星成为炙热的场所，能量由之倾泻到广袤寒冷的太空。从恒星流入周围空间的能量流，最终会创造出包括人类在内的新的、更复杂的实体。星系体现了复杂性的新层级。它们是数十亿颗恒星之间的引力相互作用形成的天体，它们相对稳定，大多数星系存在的时间与宇宙一样古老。每一颗恒星有其自身的结构，其炽热的核心发生聚变，外层的压力维持着核心的高温，并且为内核提供更多氢元素。恒星相对稳定；其中一些只会存在几百万年，另一些会存在几十亿年。与所有其他复杂事物一样，恒星会呈现出一些突现属性，比如，通过内核聚变产生能量的能力，这些能量流能够维持它们的存在，并且让它们变得稳定。

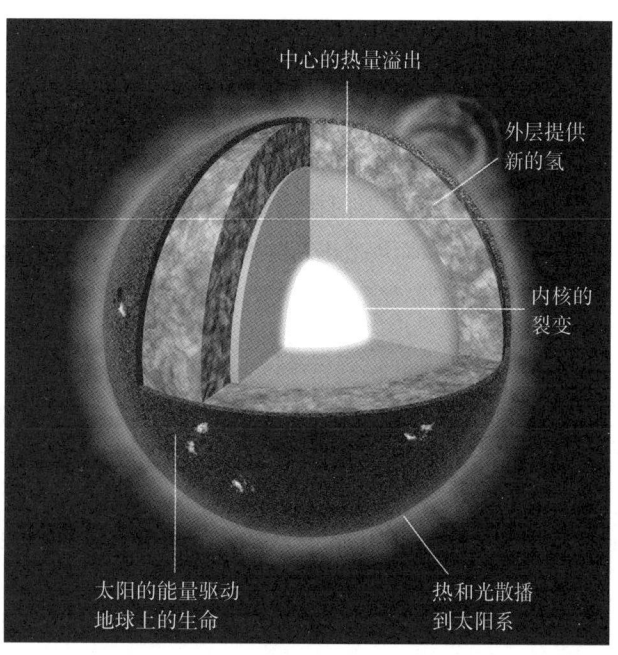

图1.9 **太阳的结构**。太阳结构简单，聚变发生在内核，氢元素储存在外层。不过，它比此前存在的任何事物都要更复杂，恒星产生的能量会创造新的、局部的能量流，这种能量流有助于创造更复杂的实体，如行星乃至生命有机体

星系和恒星也为新的复杂形式的出现奠定了基础。星系内部有一个甜蜜的位置，它是复杂事物的理想场所。它离核心以及大量"超新星"爆炸（本章后面会讨论）不是太近，也没有位于能量太少的边缘，而是处于两者之间。同样，复杂事物也无法在恒星内部被创造出来，那里的能量过多，以至于复杂事物一出现就很可能被摧毁。因此，我们要想找到更复杂的事物，既不是在恒星的核心，也不是在能量不足的空旷太空，而应该在恒星周围区域去寻找。那也是大历史大部分内容发生的地方：恒星的附近。

因此，大爆炸发生大约2亿年之后，我们可以想象数十亿物质星云塌缩形成数十亿新的恒星，它们被结合在数十亿新的星系中。引力将星系结合成庞大的星系群，从而形成巨大的网状结构，这是我们宇宙中最庞大的组织结构。在比星系群更大的规模上，引力减弱，当扩张力占据主导地位时，我们发现的结构也越来越少。在这些非常宏大的规模上，宇宙各部分彼此渐行渐远。这就是哈勃于20世纪20年代观察到的扩张现象。

1.3 门槛3：新化学元素的创造

恒星不但在其周围区域创造出巨大的能量流，也创造新物质，新的化学元素。对下一层级的复杂性而言，这些化学元素至关重要。这就是我们把正在消亡的恒星中新化学元素的创造视为第3道主要门槛的原因。有了新的化学元素，就有可能以新的、更复杂方式将原子结合起来，从而创造出新的物质。在跨越第3道门槛之后，宇宙在化学上变得更复杂（参见门槛3概述）。

门槛3概述

门槛	成分 ▶	结构 ▶	金凤花环境 =	突现属性
较重的化学元素	氢原子核与氦原子核（即质子）。	强核力将越来越多的质子数结合成更大的原子核。	即将消失的恒星或（甚至更极端）超新星中创造出的高温+强核力。	化合作用（主要通过电磁）有可能创造出几乎无限多的新物质。

我们已经了解到，在早期宇宙中，原子物质基本上是由氢和氦组成。我们很难想象，两种元素可以创造出我们这种复杂的世界。之所以这么说，部分原因在于氦元素是惰性的；它不会与其他任何元素发生反应。行星、细菌以及人类要想出现的话，就需要更多样化的化学元素。今天，我们拥有的不只是那两种元素，而是92种不同的稳定元素，另外还有一些，它们很容易分解，因为它们庞大的原子核会因为大量质子之间的排斥力而分裂。

创造新的化学元素是中世纪炼金术士的梦想。许多人认为，通过锻造新化学元素或将铅转化为金，他们就能够炼出生命的仙丹，即逃脱死亡的灵丹妙药。我们现在很清楚，在垂死的恒星的熔炉中，新化学元素正在宇宙中形成。通过创造这些元素，恒星留给宇宙的，不是长生不老仙丹，而是生命本身的可能性。

化学元素

今天，原子呈现为92种不同形式或元素（还有更多的元素，比如钚，它们非常不稳定，我们一般很难见到）。正如前面所说，原子主要由原子核构成，原子核包含带正电荷的质子。大多数原子核也包含被称为中子的粒子，它们类似于质子，但是不带电荷。带负电荷的电子远远地绕原子核旋转；用纳塔莉·安吉尔（Natalie Angier）的话来说："如果原子核是位于地球核心的篮球场，那么电子就像樱桃核那样在大气最外层嗡嗡地旋转。"[1] 电子的质量只有质子的1/1800，但是，它们的负电荷与质子的一样，因此，正负电荷通常相互抵消，从而大多数原子也就呈电中性。当处于原子边缘的电子与相邻原子结合在一起时，就会形成

---

[1] Natalie Angier, The *Canon: A Whirligig Tour of the Beautiful Basics of Science*（New York: Houghton Mifflin, 2007）, 86.

分子和化合物，通过把这92种原子结合成更复杂的结构，如分子或化合物，就创造出了我们周围的各种物质。化学的主要任务，就是详尽地解释化学元素如何结合起来创造出更复杂的材料。

19世纪化学家最伟大的成就之一，就是明确区分了化学元素（化学反应的基本建构单元）与无数的材料（它们通过把这些构件结合成不同化合物而形成）。关于化学元素及其属性的现代表格，建立在俄国化学家德米特里·门捷列夫（Dmitrii Mendeleev，1834—1907）的开拓性工作之上。1869年，门捷列夫率先编制了一张不完全的化学元素表。现在，化学元素的这种表格被称为**元素周期表**，因为（正如门捷列夫所发现的）相似的化学属性似乎随着质子数增加而有规律地重复出现（参见图1.10）。比如，一些极端惰性的气体——氦、氖、氩、氪、氙以及氡——都被排列在元素周期表最右侧。它们就是稀有气体。它们之所以被排为一组，部分因为它们具有相似的化学属性，部分因为它们包含的质子数在规则地增加（氦有2个质子、氖有10个、氩有18个、氪有36个、氙有54个，氡有86个）。

为了解释新化学元素的锻造，我们就得回到氢原子（宇宙中大多数原子依旧是氢原子）上去，同时，我们需要考察某种非常基础的化学。因为氢原子核中只有一个质子，氢原子的

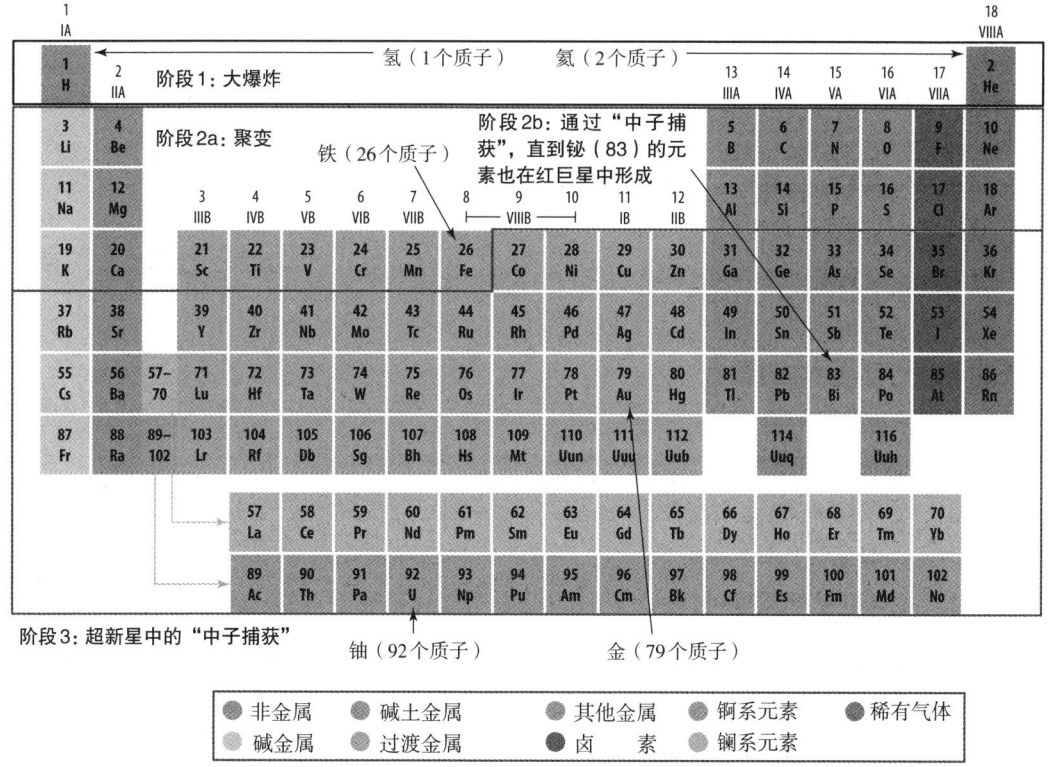

图1.10 元素周期表。 现有元素周期表中的元素，是经由三个阶段被创造出来的。氢和氦在大爆炸之后不久就出现了。其后直到铁元素，乃是在巨大的垂死的恒星内部通过核聚变形成，其他直到铅的元素是在垂死的恒星内部通过中子捕获而生成。最后，所有其他元素都是在超新星中形成的

原子数也是1，它是元素周期表中第一个元素。极小一部分氢原子（大约占0.02%）的原子核有一个中子。我们将这种形式的氢称为氘。它的重量是普通氢原子的两倍，因为中子质量与质子质量相当。化学家将原子的这种异常形式称为同位素。我们后面会了解到，大多数元素呈现出标准形态，但是也可能作为同位素——中子数多于或少于标准形态的元素——而存在。（我们在导论中得知，碳-14是碳的同位素，有6个质子和8个中子；碳-12是最常见的形式，质子和中子数都是6个。）

氦是元素周期表中第二个元素，有2个质子和2个电子。它在地球上很少见，直到19世纪中期才被发现，当时天文学家使用光谱仪发现它大量存在于太阳上。氦最常见的形态包含2个中子和2个电子，不过，也存在只有1个中子的同位素，当然，同位素的重量大约是普通氦原子的3/4。

因此，每一种元素的明确特征，取决于其核内的质子数，这决定了元素的原子序数。不过，每一种元素或许也会以稍微不同的形态或同位素形式存在，这取决于核内的中子数，因此，同一种元素的不同同位素的原子重量可能有细微差异。其他重要的元素有碳（原子序数6）、氧（8）、铁（26）以及铀（92），铀是所有稳定元素当中最大的元素。所有比锂（原子序数3）重的元素都产生于垂死恒星的内部。

恒星的生命与消亡

我们已经知道，早期宇宙中的原子物质几乎完全由氢和氦组成。为了创造新元素，就必须将质子聚在一起猛烈捣碎，以便它们聚合形成具有更多原子数的较大原子核。那么，宇宙中哪些地方的温度高得足以做到这一点呢？答案是正在消亡的恒星。因此，为了理解化学元素如何在这种恒星中被创造出来，我们就需要了解恒星的生命周期。

即使寿命最短的恒星，也会持续燃烧几百万年。因此，我们从地球上永远也无法观察到一颗恒星的生命周期，即它的诞生、成熟和消亡。事实上，天文学家已经研究了几百万颗恒星，每一颗都处于生命周期的不同阶段。他们利用19世纪以来积累起来的庞大数据库，缓慢而又辛苦地建构了恒星生存和消亡的集体肖像。

长期以来，研究恒星最重要的工具是分光镜。我们前面了解到，来自恒星光光谱上的吸收线，可以告诉我们一颗恒星包含哪些元素，它们的强度使我们可以大致估算恒星包含的每一种元素的多少。（一个特定元素吸收特定频率的光越多，吸收线就越暗。）

恒星的表面温度可以根据它的颜色估算出来。通常而言，红色恒星的表面温度低于蓝色恒星的。一颗恒星的真实（或固有）亮度或其发射出的总能量，取决于它包含的物质总量。因为质量更重的恒星，其内核也更密集和更炽热，它们也就能够产生更多能量。我们将看到，大型恒星一般具有更高的表面温度和更大的质量，不过，也存在一些例外，这些例外情况最终被证明是非常有意思的。

通过使用分光镜和强大的望远镜，天文学家就可以告诉我们大量关于恒星质量、温度和化学成分的信息。通过使用这些信息，他们建构了关于恒星生命和死亡的普遍性叙述。

科学领域的一种常见现象是，当某个人找到一种简单方法来了解复杂信息时，理解就出现了。牛顿利用当时关于恒星运动的庞大数据资料所做的，正是这种事情。他从信息中提炼出了几条与引力活动相关的简单法则。门捷列夫在编制第一张化学元素周期表的时候，也在做相似事情。1910年，丹麦天文学家埃纳尔·赫茨普龙（Ejnar Hertzsprung）与美国天文学家亨利·拉塞尔（Henry Russell）发现了一种方法可以精简迅速增长的关于恒星的知识，这种方法逐渐对恒星的生命周期做出大量解释（参见图1.11）。他们将关于许多不同恒星的知识汇集在一张简单图表上，在一条轴线上标出每一颗恒星的真实亮度（我们已经知道，亮度能够说明恒星的质量，或者它所包含的物质总量）；在另一条轴线上，他们标出了恒星的表面温度。他们绘制的这幅图表就是著名的**赫罗图**（Hertzsprung–Russell Diagram）。

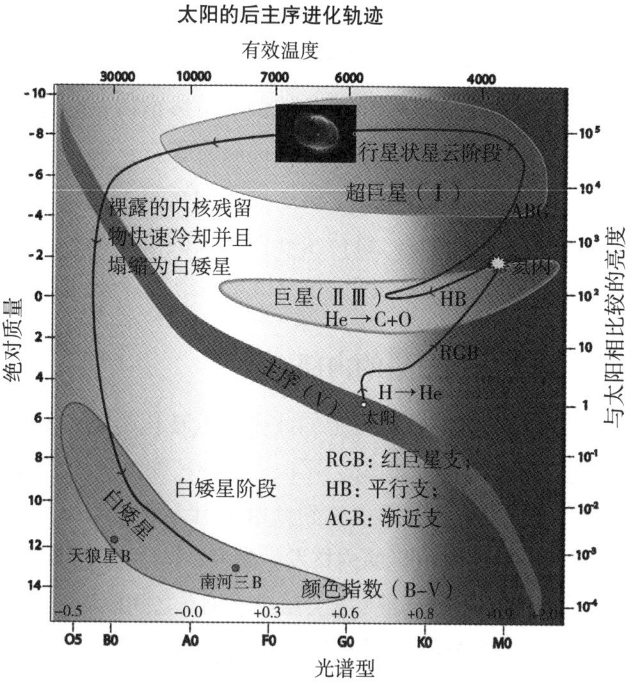

图1.11　简化版赫罗图。赫罗图依照恒星的基本属性——比如表面温度和绝对亮度——绘制它们的位置。通过绘制许多恒星的位置，天文学家逐渐建构了不同大小恒星的生命周期图景。从右下到左上的主序所显示的，是大多数恒星的位置，它们正处于把氢转化为氦的阶段，更巨大和更明亮的恒星位于左边。太阳大致位于主序的中间位置。红巨星位于右上角，白矮星位于左下角

在赫罗图中，需要指出来的第一件事情就是，大多数恒星出现在一条从右下延伸到左上的带子上。右下角是红色恒星，这意味着它们表面温度较低，释放的能量较少，也比较小。左上角是蓝色恒星，意味着它们表面温度很高，释放的总能量更多，也拥有巨大的质量。参宿七位于猎户座的一个角上，它就是蓝超巨星。这条恒星带从左上角延伸到右下角，呈对角线型，这就是天文学家所说的**主序**（the main sequence）。主序上所有恒星都处于成熟期，它们所做的，是大多数恒星在绝大部分时间做的事情：在核心将质子聚变成氦原子核。它们在主序的位置取决于一件事情：它们包含质量的大小，因为更大的质量意味着内核更高的密度和温度。因此，顺着主序向左上观察，你就会发现更庞大、更炽热和更亮的恒星。这些表面温度很高的恒星看起来是炽热的，那是因为它们本身就是炽热的，之所以如此，原因在于它们质量很大，可以在内核中创造大量压力。在主序中，表面温度与真实亮度联系在一起，因为它们都由恒星的质量决定。太阳大致处于主序的中间；它是中等规模的恒星，可能只是稍微大于平均大小。

不过，并非所有恒星都出现在主序上。右上角有一些发射出巨大能量的恒星，这表明它们非常大。然而，它们的表面温度相对有点低，因此，它们看起来是红色恒星。这些就是**红巨星**。一个著名的例子是参宿四，它是位于猎户座一个角上的庞大红色恒星。在晴朗的夜晚，我们很容易用肉眼看到它。在赫罗图左下方，是一些表面温度很高的恒星，尽管它们似乎非常小。这些就是白矮星。天狼星的伴星天狼星B就是一颗白矮星，也是夜空中最亮的恒星。红巨星和白矮星的活动都有点异常，因为它们处于生命的末期。它们开始耗尽氢原子核，即质子，恒星在绝大部分生命当中，都是由质子维持着它们的存在。

垂死的恒星的内部

当一颗恒星把如此多的氢转化为氦，从而开始耗尽原料时，会发生什么呢？剥夺一个人的食物，他就会死亡。剥夺一颗恒星的燃料，结果可能更为壮观。

我们前面了解到，由于引力的作用，巨大的原子星云向内部塌缩，恒星得以形成。不过，一旦恒星的内核发生聚变，中心的热量就会阻止塌缩。引力（倾向于促使恒星向内塌缩）与中心的热量（它会阻止塌缩）之间取得了平衡。那时，恒星就开始在主序上居留漫长时间，通常持续几十亿年之久。如果中心的温度稍微下降，恒星可能会略微收缩；如果温度升高，它可能略加扩张。这就解释了造父变星之类的恒星在亮度和大小上的微小变化。

当一颗恒星燃烧时，它会逐渐用完氢原子核存货，在内核创造出越来越多的氦。最终，恒星的内核会堆满氦，它也会耗尽氢元素，聚变戛然而止，因此，内核也会塌缩。如果这颗恒星很小，它就会将外层投入到附近太空，它的核会持续收缩，可能直到它的大小不超过地球时才停止，同时，它中心的温度会升高。这时，它就成了白矮星，比最初那颗恒星小很多，不过非常亮，因为它的内核含有大量热量。它已经离开了赫罗图的主序，移动到图表较低位置。现在，它的热量来当它还是一颗真正的恒星时所创造的能量。不过，这种热量会逐渐消散，它也会冷却，最终变成一颗恒星冰冷的、惰性的灰烬。天文学家将这种燃尽的恒星称为黑矮星。它就停留在那里，毫不起眼，在几十亿年时间里什么都不做，同时，有越来越多其他的死亡恒星加入进来，这座巨大而不断增长的恒星公墓会持续扩大，直到时间的尽头。

然而，如果这颗恒星非常大，那么，它垂死的挣扎就会更复杂，耗时更长，对我们来说，也会更有趣。当一颗巨大恒星由于不再有足够多的氢元素燃烧而塌缩时，它的外层温度可能会上升到非常高的程度，以便氢聚变能够继续下去。最终，这颗恒星会扩张，转变成红巨星。同时，它内核的收缩会提升中心的温度。如果这颗恒星足够大，那么，内核的温度会高到足以让氦原子发生聚变。这些过程促使恒星离开主序，不过运动方向与白矮星相反。当它扩张时，表面温度会降低，不过，随着内核温度的升高，它发射出的光的总量会增多。在40亿或50亿年之后，我们的太阳会变成一颗红巨星。当这种情况发生时，它会扩张，最终会包容（以及消除！）水星、金星和地球等内部行星。

在非常巨大的恒星内部，中心塌缩产生的温度如此之高，以至于氦开始聚变形成碳。

碳是宇宙中大量存在的元素之一，也是生命进化的重要元素。氦在更高的温度燃烧，燃烧速度也快于氢的燃烧，因此，这颗恒星也就会更快地耗完氦元素（与氢的消耗相比）。当这种情况发生时，恒星的内核会再次塌缩。

接下来会发生什么呢？当我们的太阳到达这一时刻时，会抛出它的外层，将碳散布到周围空间。然后，它就会塌缩，变成一颗白矮星。它会从赫罗图主序中间位置（右上）移到其他白矮星所在的左下位置。与许多白矮星一样，它最终会冷却下来，变成一颗黑矮星，此后，它就什么也不干了。

不过，比我们太阳大的恒星，拥有更多技巧来利用外壳。当耗完氦元素时，它们的内核就会塌缩，不过，它们还有足够多的质量，因此，塌缩会让温度升得很高，足以让碳发生聚变，在极端的燃烧中创造出氧和硅之类元素。这种模式会一再重复。当每一种新的燃料被用完时，内核再次塌缩，温度变得更高，垂死的恒星开始燃烧新的原料。这种过程变得越来越暴烈，恒星的不同层使用不同的燃料。最终，当它们的内核达到约40亿摄氏度时，恒星开始创造出大量铁元素（原子序数26）。切萨雷·埃米利亚尼（Cesare Emiliani）对一颗巨大恒星极端的最后岁月做出了描述："一颗质量为太阳25倍的恒星，会在几百万年内耗尽其中心的氢元素，在50万年内燃尽其氦元素，并且——当它的内核不断收缩、温度不断上升时——在600年之内燃完碳元素，6个月用完氧元素，1天耗尽硅元素。"[①]（参见图1.12）

这种通过聚变创造新元素的过程结束于铁的创造。不过，另一个被称为中子捕获的过程，能够在垂死的庞大恒星内部形成大量更重的元素。在这个过程中，原子核捕获离散的中子，中子衰变形成质子。更多的质子会提升原子核的"原子序数"，将它变成一种更重的元素。这种过程最终会形成像铋（原子序数83）那样的重元素。

一旦一颗庞大的恒星的中心充满了铁元素，聚变就会停止，这颗恒星也会在被称为超新星（supernova）的一次巨大爆炸中发生最后一次塌缩。这颗恒星的亮度一度相当于整个星系的亮度，它的大部分质量会被抛向太空，同时，它的中心会塌缩成为密度非常高的物质，从而形成一颗中子星甚至黑洞。中子星是物质的一种形式，它的密度与原子的原子核相当；由于

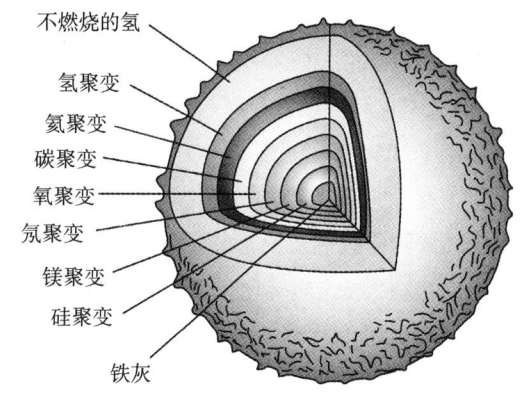

图1.12 正在消亡的大型恒星内部新元素的形成。庞大的恒星在其生命最后阶段，开始燃烧氦和其他元素。它们逐渐发展出层级结构，最终会在内核创造铁元素。此后，它们要么塌缩，要么（如果足够大的话）在超新星中爆炸

---

① Cesare Emiliani, *The Scientific Companion: Exploring the Physical World with Facts, Figures, and Formulas*, 2nd ed. (New York: Wiley, 1995), 61.

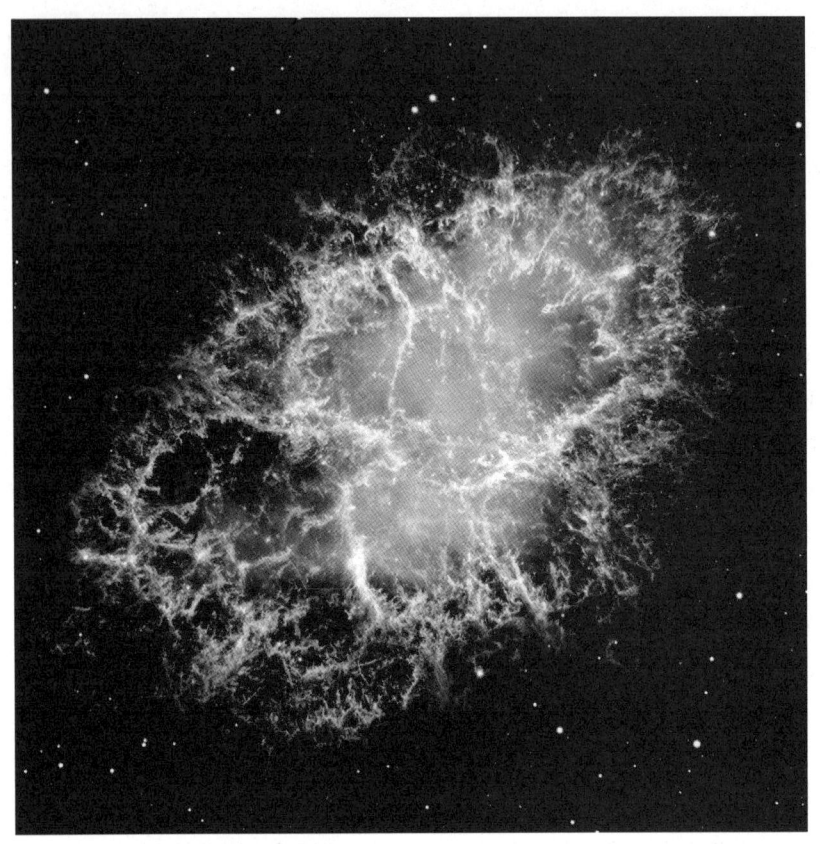

图1.13 **巨蟹星云残留物**。巨蟹星云由一颗超新星爆炸的残留物构成,中国天文学家在1054年观测到这个爆炸

密度如此之高,一颗小山大小的中子星的重量,可能与地球重量差不多,中子星每秒钟旋转几次,从而形成天文学家所说的脉冲星(pulsar),即一种周期性发出电波的天体。如果最初的恒星足够大,它就会塌缩形成黑洞,黑洞密度极高,没有什么东西可以逃开它的引力,即便光也不可能。黑洞是非常奇怪的天体,我们会在本书结尾处再次提到它。

在超新星爆炸中,另一件事情发生了。仅仅在几秒钟之内,元素周期表中从铁(原子序数26)到铀(原子序数92)的所有其他元素,通过中子捕获被创造出来,然后被投入太空。(排在铀之后的一些元素也被创造出来,只是它们很不稳定,在不到一秒钟时间内就会分解。)我们可以从一颗超新星爆炸的残留物即巨蟹星云中看到这种爆炸的结果,中国天文学家于1054年观测到了这次爆炸(参见图1.13)。

因此,元素周期表中的化学元素,也就是物质的基本成分(我们由它们组成),乃是在三个主要阶段被制造出来的。大部分宇宙空间是由氢(大约占75%)和氦(大约占23%)组成,而它们是在大爆炸中创造出来的。这是第一阶段。第二阶段发生在恒星内部。在那里,大量的氢通过聚变形成氦,在更大的恒星中,部分氦转变成碳、氧、硅以及直到铁(原子序数26)的其他一些元素。在红巨星中,中子捕获能够创造直到铋的重元素。当这些恒星死亡时,它们创造的新元素被抛入周围太空。第三个阶段发生于超新星,即超大恒星生命最后几秒钟的巨大爆炸之中。超新星的极端高温创造出大量中子,元素周期表中其他所有元素在短短几秒钟之内经由中子捕获被创造出来,这些新元素随后被散播到太空。

今天,氢和氦差不多仍然占所有原子的98%。在剩下的2%中,最常见的,就是在垂死恒星中通过聚变创造出来的元素。它们包括氧、碳、氮、铁和硅等,在地球以及地球生命的化学反应中,扮演着至关重要的角色。其余的元素通过中子捕获的方式在垂死恒星或超新星中被创造出来；不过，它们存在的数量少得多。

化学的重要性

最初的大型恒星可能是在大爆炸2亿年到3亿年之后作为超新星而死亡或爆炸的。此后，星际间星云中漂浮的新元素逐渐增多。一开始，并不存在较高级元素（higher elements），不过，我们已经知道，它们现在可能占宇宙中原子物质的2%。它们的存在增加了宇宙的多样性，因为每一种元素的质子和电子数不一样，因此，它们的活动彼此稍有不同。

在大部分宇宙空间，这些新元素没什么不同，不过在某些区域，高级元素的数量更多，它们扮演了更重要的角色。青年期的太阳从早期地球轨道上带走了绝大部分氢和氦，以至于地球外壳现在

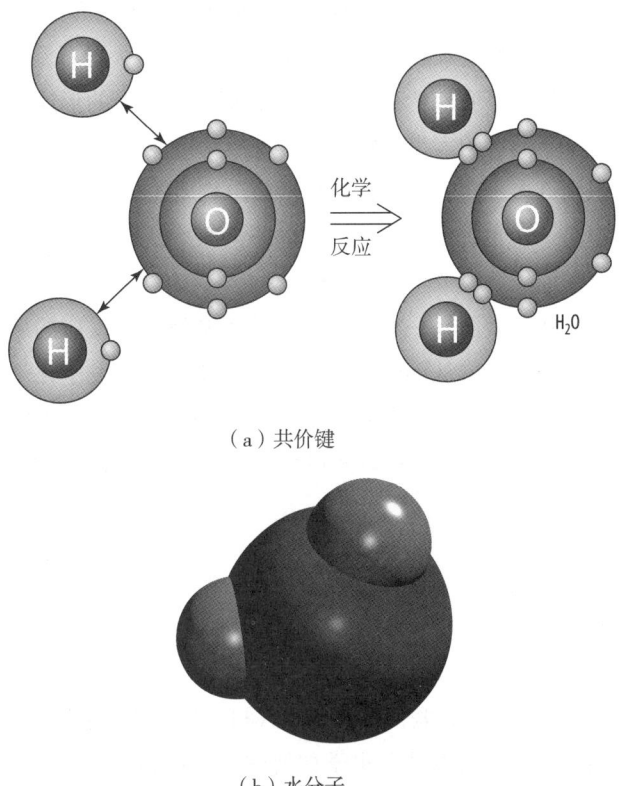

（a）共价键

（b）水分子

图1.14 共价键与水分子图。（a）一个共价键，在共价键中，电子共享；（b）一个水分子，两个氢原子与一个氧原子通过共价键结合在一起

主要由氧和硅之类重元素主导，其他许多元素，包括铁、碳、铝和硅，也比较常见。这也解释了地球的化学成分为何完全不同于宇宙的一般构成。

原子能够以许多不同方式结合，从而形成具有全新的突现属性的新物质。如果你将两个氢原子与一个氧原子结合，就会得到与这两种无色无味的气体完全不同的事物：水（参见图1.14）！我们后面会了解到，水对于生命极为重要。

原子以不同方式结合形成分子，一些分子只包含少数原子，而另一些含有几百万甚至几十亿个原子。原子之间的所有化学键，都取决于绕原子核旋转的最外层电子的活动。在共价键（比如形成水分子的共价键）中，两个或多个原子可以在它们的外层共享电子。电子被几个原子核的正电荷吸引，这种电磁键（eletromagnetic bond）将原子紧紧聚合在一起。在离子键中，比如形成盐（氯化钠）的键，电子会从一个原子转移到另一个原子。这就使得一个原子带负电荷，另一个带正电荷，这些电荷将原子紧紧结合起来。在金属键（将大多数金属元素紧密结合在一起的键）中，几乎所有原子都会失去它们的外层电子，大量游离的电子会流经单个原子和原子之间。由于每个原子都失去一个电子，因此，它就有一个

微小的正电荷，从而对它周围游动的大量电子产生吸引。

化学就是研究原子如何形成新物质：从岩石到钻石再到DNA，当然也包括人类在内。这也解释了我们为何将恒星内部新化学元素的形成作为本课程的一道基本门槛，它使得具有全新属性的大量新物质的出现成为可能。今天，我们可以研究遥远恒星周围的物质星云，识别许多不同的分子，既包括简单物质（比如水），也包括生命的一些基本成分。不过，太空是一个更严酷的环境；那里非常寒冷，能量有限，因此，我们发现，在太空中，分子包含的原子数很少会多于100个。

地球表面是一个更有利于发生有趣化学反应的场所，这里有许多元素，它们能够以不同方式结合，从而创造出全新的物质。它是发生化学反应的金凤花环境。在本书每一次做出的门槛概述中，金凤花要素所指的，乃是那些允许门槛出现或被跨越的因素。在下一章，我们讨论地球的形成以及最终让生命的出现成为可能的金凤花环境。

小　结

在本章中，我们描述了现代科学如何解释我们宇宙出现和演化过程的3道重要门槛。我们也考察了大爆炸宇宙学如何解释宇宙的起源；最早的星系和恒星如何在简单的早期宇宙中形成；大型恒星如何在它们痛苦死亡过程中创造化学元素：这些化学元素提供了原料，从而使得新材料和新物体（比如行星以及生命本身）的建构最终成为可能。

在我们生活的这部分宇宙中，一颗超新星在45亿年前爆炸，它将新的化学元素抛入周围太空。这次爆炸产生的冲击波，就像震动的鼓面一样，传遍这颗超新星附近的物质星云，并且引起缓慢的引力塌缩。慢慢地，在我们现在应该很熟悉的一种模式中，物质星云——几乎完全由氢和氦构成，不过也含有少量其他的化学元素——开始在恒星形成的早期阶段塌缩。最终，我们的太阳和太阳系在这种塌缩中形成。这个故事会把我们带到复杂性的另一道门槛，我们将在下一章讨论它。

本章问题

1. 传统起源故事和现代科学的起源故事的主要区别在哪里？
2. 让埃德温·哈勃相信宇宙在膨胀的新证据是什么？那种证据有多大可信度？
3. 大爆炸之后3分钟时间里发生的最重要的事件有哪些？
4. 什么是宇宙背景辐射？为何它的发现对现代宇宙学如此重要？
5. 恒星是如何被创造出来的？
6. 新化学元素是如何在垂死的恒星内部被创造出来的？
7. 恒星的出现和死亡让宇宙变得比大爆炸之后一瞬间更复杂，为什么？

关键词

absorption lines　吸收线
atomic matter　原子物质
big bang　大爆炸
big bang cosmology　大爆炸宇宙学
black hole　黑洞
Cepheid variables　造父变星
cosmic background radiation (CBR)　宇宙背景辐射
cosmology　宇宙学
dark matter and dark energy　暗物质与暗能量
Doppler effect　多普勒效应
energy　能量

fusion　聚变
Hertzprung–Russell (H-R) diagram　赫罗图
light-year　光年
matter　物质
molecules　分子
parallax　视差
periodic table　元素周期表
plasma　等离子
red giants　红巨星
red shift　红移
spectroscope　分光镜

延伸阅读

Angier, Natalie. *The Canon: A Whirligig Tour of the Beautiful Basics of Science*. New York: Houghton Mifflin, 2007（特别是关于校准，物理和天文学的章节。）

Bryson, Bill. *A Short History of Nearly Everything*. New York: Broadway Books, 2003.

Delsemme, Armande. *Our Cosmic Origins: From the Big Bang to the Emergence of Life and Intelligence*. Cambridge, UK: Cambridge University Press, 1998.

Duncan, Todd, and Craig Tyler. *Your Cosmic Context: An Introduction to Modern Cosmology*. San Francisco: Pearson Addison-Wesley, 2007.

Emiliani, Cesare. *The Scientific Companion: Exploring the Physical World with Facts, Figures, and Formulas*. 2nd ed. New York: Wiley, 1995.

Greene, Brian. *The Fabric of the Cosmos: Space, Time and the Texture of Reality*. London: Penguin Books, 2005.

Primack, Joel, and Nancy Abrams. *The View from the Center of the Universe: Discovering Our Extraordinary Place in the Cosmos*. New York: Penguin, 2006.

Sproul, Barbara. *Primal Myths: Creation Myths around the World*. San Francisco: Harper, 1991.

Big History

第 2 章

第 4 道门槛

太阳、太阳系与地球的出现

考察大图景

46 亿年前到 38 亿年前

▶ 太阳和太阳系的诞生如何引导我们跨过复杂性的又一道门槛?

▶ 太阳星云理论是如何解释太阳系以及地球的形成的?

▶ 地球历史最初 10 亿年(即冥古宙时期)的环境是怎样的?

▶ 什么是板块构造理论,为何它成为现代科学的核心范式之一?

随着我们的恒星即太阳以及包含地球在内的太阳系的诞生，宇宙史在一个微小区域跨越了复杂性的一道新门槛（参见门槛4概述）。太阳系包括太阳、行星群以及围绕它旋转的其他天体，它是形成地球的宇宙环境，地球得以形塑的地点和方式，使得生命有可能在地球上第一次出现。太阳位于银河系中心到边缘的2/3处，或许只是银河系4000亿颗恒星之一。众多科学家——包括天文学家、物理学家、化学家和地质学家——都在努力建构一种连贯而令人信服的叙述，来讲述太阳、太阳系、地球以及可以回溯到宇宙诞生之际的各种力（它们使得地球呈现出特定结构和外形）的出现。本章首先概述这些科学叙述以及支撑它们的证据材料，结尾讲述了通过形成最初的生命有机体而几乎跨越第5道复杂性门槛的地球。

门槛4概述

门槛	成分 ▶	结构 ▶	金凤花环境 =	突现属性
行星	恒星周围轨道上新化学元素和化合物。	引力和化合作用把各种物质结合成通常绕恒星旋转的巨大球状物。	恒星形成区域出现更多较重元素。	新天体，具有更多物理和化学复杂性，有可能创造出更高程度的化学复杂性。

2.1 门槛4：太阳和太阳系的出现

自人类历史开端以来，我们这个物种就展现出对周围环境非同一般的好奇心。对周遭环境的兴趣，驱使着无数探险家探索地球上的大山、丛林、沙漠和海洋。早期人类也表现出对夜空的强烈兴趣，尤其对占据宇宙一个小小角落的恒星和行星的兴趣。古代文明就我们的宇宙环境发展出了详细的解释框架，建构了复杂的、往往出乎意料地准确的模型以解释它的运行。

17世纪10年代，望远镜在欧洲被创造出来，肉眼观察（眼睛只能对有限的光波和颜色做出反应）被放大工具取代，这样，早期天文学家就可以更详细地研究附近的天体，也可以发现此前无从知晓的更遥远的目标。从伽利略开始，17世纪的观测者很快就发现了木星和土星的卫星。18世纪和19世纪，更强大的望远镜被制造出来，天文学家在1781年首次直接观测了天王星，1846年又观测了海王星。

到19世纪晚期，新的摄影技术被用于天文学。胶卷经过长时间曝光（通常几个小时），就能够存蓄来自天体的光线，因此，胶卷的使用，使得我们可以永久性地记载比肉眼（即便使用了望远镜）所能见到的更暗淡的恒星和星云（反射附近恒星之光线的发光气体或尘埃云团）。正如我们在第1章了解到的，天文学家也学会了使用分光镜，它能够将来自遥远地方（比如恒星）的光线分解成不同的颜色或"频率"。

毫不奇怪，我们的太阳系对所有文化和所有时代的人类都具有巨大吸引力，因为它简直是我们的宇宙社区。在不断扩张的宇宙的整体框架中，尽管我们的宇宙环境相当模糊不清，不过，它对于生活在其中的我们有着相当大的魅力，正如我们着迷于自己所在的地区、大陆和地球的物理环境那样。我们不断尝试解答宇宙环境的一些重要问题，比如太阳和其他行星是如何以及何时形成的，科学家已经发展了日益精密的一系列技术，它们为建构本章的叙述提供了证据。

太阳系起源的证据

三种观测工具尤其有助于科学家积累大量证据来证明当下行星形成的理论。它们是地基望远镜、轨道望远镜以及无人驾驶航天器。另外，放射测年也让研究者能够精确地确定太阳系和地球历史上许多事件的年代。

地基望远镜

从17世纪早期到相当晚近，科学家主要依靠地基望远镜来建构关于太阳系起源的令人信服的描述。尽管可信度强，而且精密度也在增加，但是地基望远镜在处理一些问题时显得很吃力，比如光污染（即人类创造的多余的、干扰的光线）。

轨道望远镜

20世纪后半期，新技术发展起来，天文学家由此可以深入宇宙最遥远的角落。如同20世纪的其他技术进步一样，火箭技术也是为了在"二战"中占有军事优势而发展起来的，它使得人类首次能够直接访问太空。到20世纪60年代，火箭被用来将望远镜发射到太空。这些"移动的天文台"被送到绕地球飞行的卫星上。通过摆脱地球表面的光和其他大气污染，这些飞翔的望远镜让我们可以观察到电磁辐射的光谱全景：从最长的无线电波到最短的伽马射线。高度精密的传感材料（尤其是硅，一种耐热的惰性元素）被用来探测最广泛波长范围的辐射。把大型硅相机安置在巨大的轨道望远镜上，人类就可以直接观测宇宙许多地区的真实面貌，这在人类历史中尚属首次。

1970年发射的乌呼鲁号X射线探测卫星是刺透宇宙最幽暗角落的早期重要探测卫星之一。通过绘制X射线的天空图景（换言之，通过展示天空在X射线频率上看起来是什么样的），过去发生爆炸的数百颗巨大恒星的残留物被发现，另外还发现了黑洞的第一个直接证据。现在，天文学家通过利用钱德拉X射线望远镜（the Chandra X-ray observatory）和欧洲航天局发射的多镜面牛顿射线天文望远镜（XMM-Newton）收集的信息，来构建宇宙的高分辨率X射线图像。

在所有的轨道望远镜中，最突出的是美国航空航天局（NASA）的哈勃太空望远镜（HST），

图 2.1　哈勃太空望远镜。卫星天文学已经改变了我们的太空知识。非凡的哈勃太空望远镜已经收集了大量关于太阳系和宇宙的数据资料

它于1990年4月25日由一架航天飞机送上太空，大小与一辆校车相当，每97分钟绕地球旋转一周。然而，在发射成功后数日内，哈勃太空望远镜传回地面的图像非常模糊。美国航空航天局的科学家很快找出了原因——主镜出现了一个主要失误，它的一条边不平，偏差是人类一根头发宽度的1/50！ 1993年，"奋进号"太空飞船追上哈勃太空望远镜，增加一架照相机来修正镜面出现的问题。1997年2月，哈勃太空望远镜得到第二次维修，上面安装了红外线摄谱仪（参见图2.1）。当在地球大气层之外运行时，它记录了超清晰的图像，我们的太空知识也彻底改观。哈勃太空望远镜向天文学家传回的图像，能够达到0.1弧秒分辨率（1弧秒是1度的微小部分，是测量分辨率的标准单位）。科学家相信，在未来几十年，巨大的轨道干涉仪可以将分辨率精确到十亿分之一弧秒。

无人驾驶航天器

过去40年，许多无人驾驶航天器被送入太空，基本上它们永远都不会返回地面。通过这些航天器发回来的数据，科学家就能够更详细地探究我们的太阳系。无人驾驶航天器提供的讯息不但可以驳斥旧理论，也有助于创建新理论。

长期存在的理论认为火星表面存在人工运河，一些从事探索的无人驾驶航天器驳斥了这些理论，证明这些沟渠是自然形成。航天器对火星的探测，开始于1965年美国航空航天局发射的"水手4号"探测器。1971年，"水手9号"被送入围绕火星旋转的永久性轨道，在一年之内，它有效地拍摄了这颗行星整个表面的图片。这种摄像考察发现了火星上的奥林匹斯山（Olympus Mons），即太阳系最巨大的火山，也发现大量看起来像干涸河床的地形。1976年，为了探测火星上是否曾经存在过生命，美国航空航天局让宇宙飞船的两个分离舱在火星表面不同地点着陆，不过，它们没有发现任何有机物质的痕迹。

20年之后，火星"探路者号"也在火星表面着陆，很快又有火星"全球勘探者号"的发射，

后者被送入火星周围的轨道,并且在十年间向地面输送了大量清晰的图片。之后,火星漫游者"勇气号"和"机遇号"也在这颗行星表面着陆。自2003年以来,在这些艰苦地形上面工作的探测器就将图像从火星表面传送回来,并且在那里进行地质实验。迄今为止,它们还没有在那里发现残留水的任何迹象。不过,火星表面有关于腐蚀的证据,包括大洪水和河流网络的痕迹,这证明,在过去某个时候,火星上存在某种液体。尽管液态水是显而易见的候选答案,不过,也存在其他解释,包括在液态二氧化碳爆炸的推动下,气体、尘埃和岩石发生干冷的喷发。

2008年5月25日,"凤凰号"探测器在火星最北端一个地方登陆,开始在那里探寻微生物生命和水的证据。"凤凰号"收集的数据表明,在火星的历史上(一直到现代),液态水一直与火星表面相互作用,同时,火星上的火山活动一直持续到相对较近的地质时代,即几百万年前。2012年8月6日,美国航空航天局将"好奇号"成功地送入巨大的盖尔坑(Gale Crater)。就大小和重量来看,"好奇号"分别是"勇气号"和"机遇号"的2倍和5倍,它的目的在于考察火星在过去和当下有多宜居。它已经开始研究这颗行星的气候和地质,尤其考察火星表面河流流过的证据,它现在收集的一些数据,或许有助于未来载人宇宙飞船登陆的计划。

金星的大小与地球最接近,它也成为太空探测器探测的目标。第一个探索金星的太空探测器,是美国航空航天局于1962年发射的"水手2号",它记录了金星的表面温度:高达300摄氏度。1965—1975年间,苏联发射了15个不同的金星太空探测器,大部分未到达目的地或者在金星表面坠毁。不过,尽管金星温度极高,还是有5个平稳登陆(通过使用石棉降落伞),并且记载了表面温度:达到令人震惊的460摄氏度! 1990—1992年间,美国航空航天局的"麦哲伦号"探测器观察了金星的两次完整自转(每一次自转需要243天),同时绘制出金星整个表面的地形图,从中可以看到上面有很多火山口和火山体系。

美国航空航天局"航海家1号"和2号的探索,完成了无人驾驶航天器两次最重要的太空考察。这两个探测器于1977年发射,并且利用了我们太阳系中四大气态行星——木星、土星、天王星和海王星——罕见地出现在一条直线的时机,这种现象每175年才会出现一次。这样,两个探测器就能够获得来自每颗行星的引力场的速度帮助,这意味着,它们能够以高达56000千米/小时的速度从一颗行星飞向另一颗行星!即便如此,"航海家2号"抵达天王星花了9年,抵达海王星花了12年。到2010年,航海家探测器已经抵达太阳系边缘,依照计划,2020年之后,它们会从那里不断将数据送回地球。

无人驾驶太空探测器的使用,可以持续提供关于我们在太阳系的近邻的信息,它们是基地观测技术无法提供的。2007年12月,围绕土星旋转的"卡西尼号"无人太空飞船证明,土星环与太阳系一样古老,即45亿年。这就驳斥了早先提出的理论(一定程度上基于"航海家号"提供的数据),即这些光环可能形成于最近1亿年,其成分是陨石猛烈撞击月球产生的碎片。

确定太阳系的年龄

正如我们在导论中了解到的，自20世纪50年代中期以来，天文学家在尝试理解太阳系的时候，就已经使用了放射测年法。**放射测年法**通过测量放射衰变的速度，来断定岩石之类物质的年代。这种技术为科学家提供了关于过去的确定日期，它已经成为我们所说的精密计时革命的核心。放射测年表明，地球存在了大约45亿年，地球历史上（从其形成到现在）其他重要的日期在年代学上也得以确定。结果表明，太阳系中大多数天体的形成时间与地球差不多。

当科学家对同位素中原子核的自发性分解或衰变——这种过程被称为**放射性**——了解得越来越多时，放射测年的原理就被发现。我们由第1章得知，一个原子的原子核由质子和中子构成；在同位素中，原子核丧失的是中子，而不是质子或围绕原子核旋转的电子。科学家把不稳定的、具有放射性的同位素称为母体（parent），把通过衰变而形成的同位素称为子体产物（daughter products，又称为衰变产物）。比如，当放射性母体铀-238衰变时，它会经历许多阶段，最终形成稳定的子体产物铅-206。

这个衰变过程是有规律的，也可以进行统计学上的测量。20世纪50年代，科学家意识到，放射性提供了一种可靠的方式可以用来测量含有放射性同位素的岩石和其他矿物的年龄。放射测年之所以变得可能，是因为许多同位素的衰变速度可以得到精确测量，在正常环境下，这种速度显然不会发生变化。

科学家以**半衰期**（half-life）这个单位来表示放射性衰变的速度，半衰期是指一个元素的放射性原子衰变至原来数量一半所用的时间。本质上而言，当母体和子体产物一样时，就经历了一个半衰期。当母体原子剩下1/4，3/4衰变为子体产物时，母-子比率1:4告诉我们，两个半衰期已经过去了。当一个样品中母-子比率达到1:15时，四个半衰期过去了。因此，如果一个特定同位素的半衰期是100万年，那么比率1:15告诉我们，已经过了四个半衰期，而样品必然有400万年古老。许多放射性同位素存在于自然之中，其中五种尤其有助于测定与地球史联系在一起的事件的年代。铀-238半衰期为45亿年，衰变形成子体产物铅-206。铀-235半衰期为7.13亿年，衰变形成子体产物铅-207。钍-232半衰期为141亿年，衰变形成子体产物铅-208。铷-87半衰期非常长，为470亿年，衰变形成锶-87。最后，钾-40半衰期为13亿年，衰变形成子体产物氩-40。

事实证明，在上述五种放射性同位素中，钾-40衰变形成氩-40的用途最广，尽管钾-40的半衰期长达13亿年，它在测定10万年以内的矿物年代上仍然很有帮助。然而，它的使用存在一些问题，因为除非矿物自形成以来整个时期都处于一个封闭系统中，否则就无法获得正确的年代。如果岩石一生中都暴露在高温之下，那么，它就会丧失氩气，我们因而无法获得正确的年代。科学家通过使用新鲜的、未风化的样品来避免这个错误的发生。

在测定晚近事件的年代方面，最有用的同位素是碳-14，它是碳元素的放射性同位素。碳-14的半衰期比较短，只有5730年，这使得它非常适合用来测定人类史和最近的地质史的年代。碳-14存在于高层大气中，这个同位素能够结合在二氧化碳中，二氧化碳又能被生命有机体吸收。当植物或动物死亡时，碳-14逐渐衰变形成氮-14，衰变的速度可以统计测量出来。尽管碳-14只是在测定包括树木、骨头和棉花纤维在内的有机物质的年代上非常有用，不过，事实证明，对于考古学家、人类学家、历史学家和地质学家来说，它是一种十分可靠的纪年方案，因此，发现碳-14用途的化学家威拉德·F·利比（Willard F. Libby）在1960年获得了诺贝尔奖。

这些非常可靠的原理和技术已经产生了许多年，放射测年成为许多领域科学家必不可少的工具。天文学家、宇宙学家和地质学家都用这种技术来测定月球岩石、小行星以及地球岩石的年代，通过这种方法，他们为太阳系和地球的历史提供了精确的年表。

太阳：推动我们世界的能量

太阳对我们极其重要，不过，它只不过是一颗非常普通的恒星。天文学家已经发现了一些庞大的恒星，它们的质量大约是太阳的100倍，这些恒星往往在几百万年内就耗尽它们可以利用的原料，然后在超新星大爆炸中经历灾难性的死亡（参见第13章）。相反，太阳已存在约100亿年。这种相对的"常态"，或许意味着可能有能够维持生命的其他行星的存在。也就是说，如果太阳及其行星的形成过程没什么特别之处，那么，这种过程可能很常见，适用于其他几十亿颗恒星和太阳系。

我们知道，和所有恒星一样，太阳也是在一个巨大的分子星云塌缩中形成的。塑造了我们太阳系的星云，出现于大约50亿年之前，它或许非常类似于天文学家一直在观测的另一个星云，即更晚近出现于银河系猎户座的星云（参见图2.2）。这个星云与地球的距离大约是1600光年，宽度达几百光年，这样，它很容易被现代天文学家发现。对猎户座星云的分析表明，它的成分大约为氢70%、氦27%、氧1%、碳0.3%以及氮0.1%。天文学家认为，该星云总共

图2.2 猎户座星云。 哈勃太空望远镜观测到的猎户座星云。这就是我们太阳系形成的方式吗？

包含大约92种自然化学元素，它们混合在一起，这非常类似于在太阳及其行星中发现的化学元素的混合。1993年以来，在这个星云中已经发现了几百颗正在形成的恒星，大部分恒星周围是可能形成行星的尘埃光圈（吸积盘）。猎户座星云提供了一个极好的视角，我们由此可以观察可能导致我们太阳系出现的过程。

我们的行星（译者注：地球）围绕太阳旋转，这两个天体的构成成分是一样的，尽管元素比例完全不同。太阳光到达地球需要8分钟，穿越15000万千米，不过，它温暖了地球，使得液态水和生命有机体的存在成为可能。如果没有太阳，地球温度将是零下240摄氏度，生命也不会存在。地球临近太阳至关重要，太阳的庞大体积（地球的100万倍）同样如此。宇宙学家布莱恩·斯威姆（Brian Swimme）说道：

> 这个巨大的火球让地球上所有生命的存在成为可能。我发现，真正令人着迷的，乃是太阳发出这种光的方式。在它的核心，它正在将氢转变成氦。在那种变化中，它把自己一部分质量转化为能量。每一秒钟，400万吨太阳质量被转化成这种光。[1]

太阳系的形成：早期阶段

许多世纪以来，科学家都尝试着解释太阳系的起源。18世纪，德国哲学家伊曼努尔·康德（Immanuel Kant，1724—1804）和法国数学家皮埃尔·西蒙·拉普拉斯（Pierre Simon Laplace，1749—1827）分别独立指出，肯定有一个太阳星云（由气体和尘埃构成的扁平而旋转的圆盘，就像前面猎户座星云中观察到的一样）在太阳周围凝聚起来，行星由此得以创造。这个理论经受住时间的考验，现在已经成为广为接受的解释，尽管就行星的形成过程来说，还有一些问题依旧悬而未决。

这个理论认为，太阳星云形成于一个分子星云的高密度内核，分子星云在引力的压力下塌缩，这个过程也可能是一颗超新星的冲击波触发的。当塌缩开始时，分子星云温度升高，旋转并自转，然后物质落入到一个圆盘——它形成于正在发展的原太阳（proto-sun）的周围。旋转的圆盘释放出大量能量（由碰撞的原子产生），圆盘中心的温度或许高达1700摄氏度！接近中心的尘埃微粒会蒸发，不过，在太阳星云的外部区域，星际分子、微粒和冰状物会保留下来。最终，太阳星云开始冷却，分子和固体微粒重新形成，尽管旋转的圆盘依然由98.5%的气体和只占1.5%的尘埃组成。不过，最近对一些陨石——现在我们已经知道，它们形成于太阳系出现的最初300万年以内——成分的分析表明，在太阳形成之后100万年到200万年之间，太阳系附近一颗超新星所创造的大量的铁涌入太阳系。

在太阳星云的后续故事中，固体微粒和气体的分布十分重要。太阳星云内部包含硅酸盐和铁化合物，外层则是大量二氧化碳、水和原来的分子星云残留下来的其他星际微粒。

---

[1] Brian Swimme, "The Fire of Creation", from *The Sacred Balance*（TV documentary series）2002.

当下行星的构成和位置也反映了这种分布，靠近中心的类地行星主要由硅酸盐和金属之类坚硬矿物构成，外部行星（从木星开始）主要由氢、氦和水构成。

最终，内部区域的物质旋转速度逐渐变慢，这样，它就被吸引到离原太阳中心质量更近的一个漩涡中。这个向心流动由大大小小（从1厘米到1米）的物体碎片组成而凸显出来，这些碎片可能以100万千米/年的速度向原太阳靠近。一些物质会落入太阳，不过，大多数幸存下来形成了坚硬的类地行星。为何不是所有物质都落入太阳呢，这是太阳星云理论未能解答的问题之一，尽管这个问题可能与旋转圆盘的离心力（离心力倾向于让物质远离中心）有关。

这个过程开始10万年之后，太阳可能达到它最终的质量，塌缩结束，圆盘内的动荡也平息下来。这个时刻就是太阳系的零纪元（age zero）。球粒状陨石（chondrites，来自小行星带的原始矿物）放射测年已经为此确定了一个精确的年代。2007年12月，加州大学戴维斯分校的研究者通过对一颗碳质球粒状陨石（carbonaceous chondrite）的取样分析，指出太阳系已经存在45.68亿年。

在过去的10年左右，银河系其他区域也发现了大量质量相对较小的年轻恒星，它们周围仍然有尘埃光圈（最初的吸积盘的残留物）。天文学家也发现暴风从许多这类恒星逃逸出来，它们比当下从太阳逃逸的太阳风更强劲。科学家现在意识到，恒星不仅仅散发辐射，也源源不断地释放粒子，这或许是恒星的膨胀压力引起的；这些粒子喷射就被称为恒星风。被发现发射这种强大星风的第一颗恒星是金牛座的T星，此后，这种风也就被称为金牛座T型星风。当吸积盘不再直接供养恒星时，星风似乎就出现了；它们是如此强劲有力，以至于在几百万年内驱散了大量恒星风。当星风与圆盘内部边缘发生碰撞时，太阳的增长过程也就结束了。只有圆盘内最重的物体未受到T型星风的影响，因为它们的质量大得足以抵制星风。

地球地壳的氢和氦含量极少，而巨大的气体行星的轨道上含有大量氢和氦，这个结果也是金牛座T型星风导致的。这种强烈的太阳风将较轻的元素（比如氢和氦）吹向木星和土星轨道。这不但解释了地壳主要由重元素组成，也解释了气体巨星的巨大体积。

当太阳的增长过程被金牛座T型星风终结之时，太阳也已经吸收了原来太阳星云的几乎所有物质。未被吸收的只是微小一部分，大概占0.1%。这些微小的残留物与我们后面的内容相关，因为它们被用来创造我们太阳系中包括地球在内的所有其他天体。

行星的形成：吸积

天文学家怎样解释太阳星云中的残留物是如何形成行星的呢？以某种方式成功地避免卷入太阳的较大物体（直径达到10千米），被称为星子（planetesimal）。星子之间的引力促使许多星子以椭圆形轨道旋转，这样，它们之间就会定期发生猛烈碰撞。尽管这些猛烈撞击导致许多星子的崩溃，不过，其他一些星子经由引力凝聚在一起，这个过程被称为**吸积**

（accretion），这个词语所描述的，乃是星体通过粒子碰撞和聚集而体积增大的过程。迄今为止，天文学家还没有完全理解最终导致星子形成的吸积过程。主要的问题在于，当微小的粒子（直径只有几厘米）相互碰撞时，它们往往碎裂或反弹起来，这意味着必定有其他某种机制促使这些相互撞击的粒子凝结在一起。最新研究的关注点在于，到底是太阳星云的动荡创造了高密度的区域（它们增强了引力），还是运动速度放缓的气体创造的牵引力引起了物质的堆积（它们可以凝结成为稳定的星子）。

巨大的天体获得了更强大的引力场，并且清扫了轨道上更多的残余物，就像滚雪球一样，这些实体的大小一直在增长（或发生吸积现象）。计算机模型表明，大约经过1万年之后，几百万颗较小物体通过持续不断的撞击，就会形成几百个星子，其中一些与我们月球差不多大小。这些星子会在巨大的薄光圈（就像土星环那样）中绕太阳旋转，它们周围则是厚厚的气体星云。

在接下来1000万年到1亿年之间，持续不断的星子碰撞导致数量更少的原行星的出现，这些行星的大小与今天我们太阳系的类地行星相似，每一个都在自己的轨道面运行。这样，在经过1亿年的激烈碰撞之后，最终带来了引力和轨道的平静，这就是今天太阳系的特点。然而，来自月球的证据表明，在41亿年到38亿年前之间，月球和靠内部的行星可能曾受到偏离轨道的小行星或彗星的灾难性撞击。

这个模型解释了靠近太阳的类地行星的形成，但是，在解释我们太阳系外层的大型气体行星时，它没有那么成功。在比较外部的区域，温度非常低，以至于主要由氢和氦构成的星子也包含了大量的雪水（water snow）。星子（它们最终形成巨大的外部行星）能够以某种方式从星云收集大量其他物质，其中包括较轻气体和固体。

对这种活动做出的标准解释就是，像类地行星一样，这些巨大行星的内核可能是通过撞击而形成，当内核变得越来越大时，它们就把周围星云的气体和冰凝结起来。这些巨大行星不断增加的质量导致失控的吸积（runaway accretion），即增长一直持续，直到每颗行星轨道上的气体被一扫而光才停下来。另一个理论——引力不稳定模型——认为，这些巨大的行星或许在几千年中直接从那个圆盘中形成，在圆盘中，一些区域由于引力作用而塌缩。

卫星的形成

早在1610年，伽利略就利用自己新发明的望远镜发现了木星的四颗卫星。现代望远镜已经发现，木星周围实际上有好几十颗小卫星，它们构成类似于太阳系行星体系的微型行星体系。太阳系内侧行星之间只有少数的卫星，而那些巨大的行星有它们自己的光环体系。其中土星环（也是伽利略发现的）是迄今为止发现的最大、也是最著名的。这些光环由固体粒子构成，粒子大小不等，包括尘埃粒子、大石块乃至小卫星（参见图2.3）。

20世纪70年代之前，地球卫星（即月球）的形成是一个谜，此后，科学家开始提出各种解释。今天，标准的理论认为，大约44.5亿年之前，地球与火星大小的天体发生碰撞。

图2.3 "航海家2号"与土星环。当天文学家设法让无人驾驶太空探测器"航海家2号"穿过土星环时,他们对早期太阳星云的面貌有了清晰的认识。他们一度认为,土星环是由气体构成的,当这个微小的无人驾驶航天器离土星足够近时,他们意识到,土星的主环是由紧紧挤压在一起的不断撞击的物体(小到尘埃微粒,大到小卫星大小的物体)构成,这类似于吸积阶段太阳系的早期状态。在紧要关头,它们能够改变"航海家2号"的航道,从而让它在宇宙碰撞中免于毁坏

撞击力如此之大,以至于一股巨大的蒸汽和熔岩喷射而出,其中一些落入地球周围轨道上。吸积过程说明这些物质凝聚形成月球的形状。一开始,月球的轨道可能非常靠近地球,不过,距离后来慢慢扩大,直到今天这副模样。现在,由于月球轨道速度非常缓慢地增加,月球以每年5厘米的速度远离地球。

月球并没有大气层,这意味着,与地球表面相比,它的表面更不容易遭到侵蚀。结果,与其他天体碰撞造成的伤痕,即月球上众多的陨石坑,实际上自月球外壳稳固以来就原封不动保留在那里。通过对宇航员从月球带回的岩石进行放射测年,它们大约有44.5亿年历史。布满陨石坑的月球表面证明,太阳系形成的最后阶段是十分暴烈的。残留的碎片和残余的星子击打着行星及其卫星的表面,直到大多数物质被吸收到我们今天所见的行星体系之中。

近来,美国航空航天局和世界上其他一些政体(包括中国、欧盟和俄国)宣布,在月球上实施更多载人飞船登陆计划是可能的,这或许是在月球建立某种永久性人类定居点的前奏。月球最南端将是最理想的着陆点,因为那里不仅有可能存在冰,而且是月球表面最可能常年有阳光照射的地方。

月球曾经对地球产生了重要影响,它还会继续产生这种影响。地球在其形成的早期阶段,地轴发生倾斜,因为在形成过程中,地球与大型天体发生了多次碰撞(或许这种碰撞也导致了月球的形成)。月球的存在阻止这种倾斜变得更明显。这种倾斜导致了地球上比较稳定的四季。如果没有地轴的倾斜,那么,温带和热带之间的温差会更大,四季也会变得更加严酷;然而,如果倾斜得太厉害,气候环境就会变得毫无秩序。在月球的影响下,地轴倾斜的幅度恰好使得生命可以在地球出现。

月球也引发了海洋潮汐,由此形成湿润和干旱地区的交替,古代四足动物,或者说有四肢的脊椎动物,如棘螈(Acanthostega)和鱼石螈(Ichthyostega),在3.8亿年前开始从海洋生活向陆地生活的演进(在第3章讨论)。潮汐力延缓了早期地球的快速自转,这样,每

一天的时间由12小时延长到24小时。月球与地球以多种方式密切联系在一起,这种关系深刻而又积极地(从人类的视角来看)影响了地球的环境。

今天的行星系

行星系的构成:四个类地行星,即水星、金星、地球和火星;外层四大行星,即木星、土星、天王星和海王星;以及其他较小天体,如卫星以及无数颗小行星(参见图2.4)。

长期以来,冥王星被当作距离太阳最远的行星,不过,2006年8月,冥王星丧失了行星名号,当时,国际天文学联合会(IUA)将它降格归入"矮行星"行列。依照这个组织的新规则,行星必须满足如下三个标准,一个行星是这么一个天体:(a)处于绕太阳运转的轨道上;(b)质量足够大,使得它的自引力(self-gravity)足以克服刚体的各种力(rigid body forces),从而呈现出流体静力学的均衡状态(接近于球体);(c)清除了轨道附近的区域。第三个标准致使冥王星降级,它在柯伊伯带(the Kuiper Belt)与许多其他天体一起运转,柯伊伯带是海王星之外的一条彗星环,也是一个未能形成行星的吸积盘的残留物。20世纪90年代晚期,数百万颗微小的、冰封的星子在柯伊伯带上被发现。

外层巨大的行星周围的卫星系统,是微型吸积盘形成的产物,这个过程类似于太阳系

图2.4 **我们太阳系的行星**。太阳系的行星形成于太阳周围原来太阳星云的不同轨道环上。由太阳中心往外看,地球是太阳的第三颗行星(图片左边)。未按比例绘制

形成过程。太阳系内侧的类地行星主要由硅酸盐构成，内核主要是铁。事实上，地壳的90%是硅酸盐，它们是形成岩石的矿物，主要成分是硅和氧（下一部分我们将讨论地球形成目前这种结构的过程）。金星和地球的质量非常接近，不过，金星的大气层更厚，也没有遭受地球受到的那种猛烈撞击（这种撞击形成了月球）。火星要小很多，质量只有地球的1/10多一点，水星的质量还不到火星的1/2（参见图2.5）。

图2.5　行星的相对大小。比较地球与土星或巨大的木星的大小

探寻其他太阳系和行星

20世纪90年代之前，天文学家始终有所怀疑，认为太阳系的形成或许是恒星周围很常见的现象，但是他们无法对这种过程进行直接观测。在过去20年，这种怀疑被证明是正确的，他们已经可以直接观察数量众多的恒星，它们周围有尘埃和物质环，也具有自身的太阳系。我们太阳系之外被观察到的第一颗行星，被称为系外行星（exoplanet），它是瑞士职业天文学家于1995年发现的。业余天文学家也为这种探究做出了重要贡献：仅仅在2002年，对我们太阳系之外的宇宙进行探究的后院天文学家，发现了大约31颗新的系外行星。不过，对这些发现做出最重要贡献的，还是像美国航空航天局之类的大型太空机构。

美国航空航天局的哈勃太空望远镜的发现表明，距离地球极其遥远的恒星有大量行星围绕它们旋转。美国航空航天局用来探索行星的开普勒探测器于2009年发射升空，它无疑会提供更多的相关信息。开普勒探测器的任务就是对天鹅座附近超过15万颗恒星进行观测，寻找凌日行星（planetary transits）的证据。迄今为止，被发现的系外行星超过1000颗，其中大多数与木星体积相当。它们离我们的距离以数光年计，因此，科学家无法观测它们表面的细节；他们至多能够探测与它们的存在、质量以及轨道宽度等相关的间接证据。不过，通过把这些观测到的证据与我们太阳系的理论模型和知识结合起来，这些遥远行星更复杂的图像就显现出来了。最新的研究表明，这类行星许多物理上很活跃，拥有可以支撑生命的大气和气候。

加利福尼亚（尤其圣何塞附近的里克天文台）、夏威夷、智利以及澳大利亚等地探寻系外行星的天文学家也一直使用基地望远镜进行观测，他们相互合作，密切监测着大约2000颗恒星。这些研究者发现了许多系外行星，不过，通过基地望远镜寻找行星仅仅是个开始。长期计划包括为智能航天器（比如开普勒探测器）装备数字照相机，然后派遣它们进行远程考察，为那些绕遥远恒星旋转的行星拍照。不过，实际上，将航天器送到10光年至12光年之外的太空所需要的技术，可能还需要好几个世纪才能开发出来。在此之前，地球上专业、业余天文学家以及智能航天器还将继续努力探索，以期发现与我们太阳系相近的太阳系和行星。

2.2　早期地球简史

20世纪60年代，阿波罗号宇航员首次传回了颗粒状地球黑白照片，1970年1月，《时代》杂志刊载了从太空拍摄的第一张地球彩照，惊讶无比的人类立刻面临两个明显的事实。首先，地球是一个极其美丽的宇宙天体，在漂浮的白云下，深蓝的大海与褐绿相间的大陆相互作用。其次，地球这颗行星看起来非常孤独和脆弱，它是一个挤满生命的、微小而自足的天体，与周围广袤、"空虚"的太空形成鲜明对比（参见图2.6）。正如我们后面还会讲到的，当前许多科学家将地球视为一个连通的体系，在那里，所有化合物（有机的和无机的）和谐一致地运作，以便维持这颗行星和生物圈。在这一部分和下一部分，我们会考察当前科学理论对地球如何最终成为目前形态做出的解释，在20世纪60年代，地球的这种图景深深吸引了首次看到它们的宇航员和肃然起敬的人类。

地球结构的形成：分化

在考察地球历史的各个阶段之前，我们需要解释的第一个过程，就是早期地球（来自太阳的第三块石头）的形成。我们都知道，早期地球十分炽热，原因在于它与星云残余物不断的激烈碰撞、内部放射性物质的衰变、引力的挤压效果带来的内部压力的不断增加。在热量增加、温度升高的情况下，地球所含有的铁和镍开始熔化，由此发生**化学分化**（chemical differentiation）过程。由于引力作用，熔融的重金属沉入地球中心，很快（从地质时间来说）形成了高密度的铁核。

同时，地球的熔化促使质量较轻的熔岩上升到地球表面，然后它们在那里凝固形成原始地壳，即地球表面薄薄的一层（类似于蛋壳）。地壳的岩石物质包含大量硅和铝；较少的钙、钠、钾、镁和铁；还有一些重金属元素，如金、铅以及铀。自化学分化开始以后，原始地壳由于侵蚀作用而不复存在或发生剧烈改变，因此，我们很少获得关于它的最初构成的直接证据。即使使用放射测年方法，早期大陆地壳形成的确切年代还有待地质学家不断研究。不过，通过测定迄今为止所发现的最古老岩石的年代，我们得到的数据大约是40亿年，因此，我们的推测就是，原始地壳至少形成于40亿年前。

图2.6 从太空看到的地出。1968年"阿波罗号"宇航员拍摄的美丽的"地球生命船"

地球的结构

地质学家使用两种标准描述地球的结构。地层可以通过它们的化学成分和物理属性得到界定。地球由地壳、地幔和地核构成。地壳又分为海洋地壳和大陆地壳。较薄的海洋地壳主要由黑色火成岩构成，这种岩石是熔融的矿物质凝固形成的。它的厚度大约是8千米。更厚的大陆地壳的平均厚度是40千米，不过，在大山地区厚达64千米。大陆地壳含有不同类型的岩石。一般而言，上层大陆地壳的成分主要是花岗岩，下层主要是玄武岩。

到目前为止，我们发现，地幔占地球体积的绝大部分（超过80%）。地幔是固体岩区域，厚度达2900千米。在地壳和地幔结合处，地质学家发现了化学成分的重要变化。上地幔主要由橄榄岩组成，这是一种粗糙的火成岩，富含镁。更深处地幔被挤压形成密度更大的晶态结构。地核的化学成分被认为是铁和镍，以及少量其他元素，它们与铁形成合金。在地核的极端压力之下，这些元素的密度大约是水密度的14倍。

地球结构的物理属性受到更深处不断增强的压力的影响，同时也受到地球由外向内急剧上升的温度的影响。尽管还没有收集到直接证据，不过，最好的估计就是，在96千米深处，地球温度大约处于1200到1400摄氏度之间，而地核的温度超过6700摄氏度。地核的极端高温表明，地球保留了它在形成时期（通过吸积方式）获得的大量热能。依据物理属性，地球主要被分为五层：岩石圈（地壳和上地幔顶部）、软流层（更深和更热的地幔层）、中间圈（介于软流层与外核之间的区域）、外核和内核。

岩石圈（lithosphere）和软流层（asthenosphere）是地球最外层，构成地壳和上地幔。

这些地层就像一个冰凉而坚硬的整体那样活动。岩石圈平均厚度为96千米，不过，在更古老的大陆下面，它要厚一点；软流层贯穿上地幔，厚度大约640千米。软流层顶部有一个相对高温区，那里会发生熔融现象，从而使得上面的岩石圈可以单独活动。就板块构造理论来说，这个事实非常重要，本章后面会对此进行讨论。

中间圈是指下地幔，尽管那里的温度依然很高，不过，逐渐增强的压力让更不稳定的软流层下面的岩石变得更坚硬。更加刚性的中间圈的厚度，在660千米到2900千米之间。更深处是外核和内核，它们有着完全不同的物理属性。外核是一种液体层，厚度大约为2260千米。外核中液态铁的流动创造了地球磁场。球形内核（半径1206千米）温度极高，不过，由于巨大压力的作用，它活动起来更像是固态的（参见图2.7）。

科学家如何了解地球的结构？

或许很多人都想知道，科学家是如何了解地球的内部结构的。他们当然不可能为了直接观察而在地球上挖一个足够深的洞；事实上，世界上最深的矿井（位于南非境内）也只有4千米，而迄今最深的钻孔位于俄国科拉半岛，1992年，它深入地下大约12千米。近来，加州科学家正在打一个预计深度为3.2千米的钻孔，目的在于建造世界上第一座地下观测台来观测活跃的圣安德烈亚斯断层（San Andreas Fault）。

由于不存在直接观测到或受到检验的证据，因此，我们当前对地球结构的理解，只是通过间接证据推测的结果。科学家能够测量到的，就是在地球内部传播的地震波。这些地震波穿透地球内部，在经过具有不同化学和物理属性的区域时，会改变速度或发生弯曲。通过使用现在全球各地都安装的测震仪——1880年被制造出来的一种仪器，用于测量在地球上传播的能量波——计算机就能够对地震波进行分析，并且建构地球层级结构图。

地质学家也使用从地球表面收集的、最初形成于地幔的岩石，来论证地球的内部成分。实验室所分析的含有钻石的岩石样本表明，只有在地球深处190千米以外那种高温环境下，它们才能够形成。在世界各地，包括塞浦路斯、纽芬兰和阿曼在内，我们也发现了伸出海平面之上的部分地幔。地表尚不存在地核的样品，不过，所有间接证据（尤其是磁力学原理）都表明，地核主要是由铁元素构成。陨石提供了辅助性证据，因为它们是形成类地行星的物质样品。陨石的成分主要是铁、镍和硅酸盐，它们是在太阳周围形成的太阳星云的残留物。与地壳和地幔相比，陨石所含的铁要多很多，因此，唯一可能的结论就是，在发生化学分化时，大量的铁沉入地球的核心。

第一个10亿年

地质学家把45亿年的地质史分为不同的时间单元。宙（eon）的时间跨度最大，它又被细分为不同的代（era）。代又被分为更小时间单位纪（period），纪再次细分为更小的世

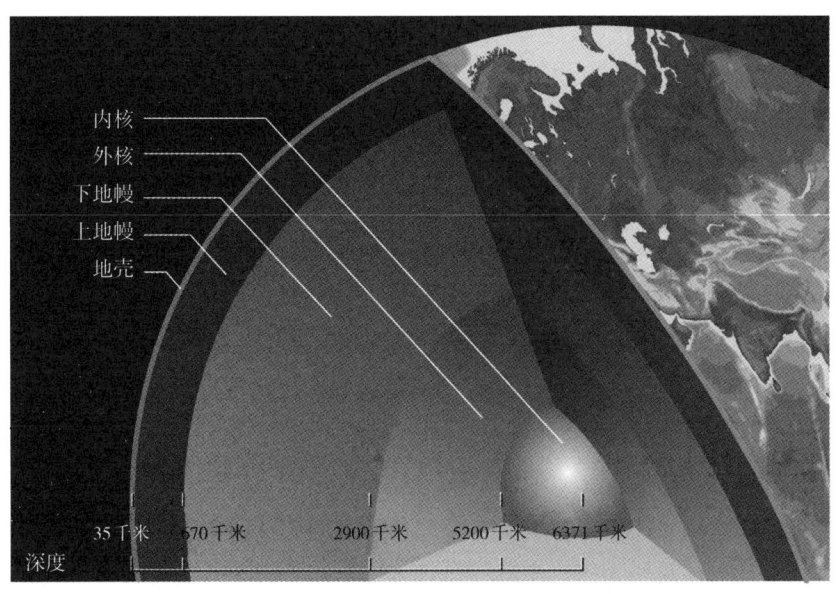

图 2.7　地球的结构。地球的结构包括内核、外核、下地幔、上地幔以及地壳

(epoch)。不过，详细的地质学时间表只是开始于寒武纪，即大约5.4亿年前，寒武纪是多细胞生物形式出现的标志（参见下一章）。此前40亿年被分为三个宙：冥古宙、太古宙以及元古宙。

冥古宙（the Hadean eon）：大约从45亿年前延续到38亿年前。这个名称来自古希腊人的冥界，即亡灵居住的地方。地质学家将我们地球历史的这个最早阶段称为冥古地球，因为它是十分"可怕的"一个地方。在冥古宙，这颗行星的主要成分都形成了，并且也各有其位，不过，它们与今天的面貌完全不同。对地球学家来说，由于不可能进行直接观察，因此，地球历史的第一个10亿年是一段"失去的时期"，科学对冥古宙的重建工作，很大程度上依靠设想和推断。

即便如此，科学还是能够对大约40亿年前的地球（也就是大约在它形成5亿年之后）做出很有说服力的描述。那时的天空很可能是红色，因为大气中含有大量二氧化碳。太阳昏暗、月球离地球更近，每天只有15个小时，地球表面不断被从天而降的陨石和彗星撞击。

与今天相比，冥古地球的大气完全不同。它有更多乌云，也更厚，从而可以保护地面，并且防止快速的冷却。没有自由氧，不过，存在许多对今天生命形式有害的气体。其中可能包括二氧化碳（80%）、甲烷（10%）、一氧化碳（5%）以及氮（5%）。地球这颗行星也可能存在温室效应，因为大气中大量二氧化碳将太阳热量截留在地表，带来长期的全球变暖。冥古宙早期，海洋也不存在。地表及其上空的温度很高，地表水完全蒸发（水蒸气停留在大气的浓密乌云中），大地多火山，处于熔融状态。在任何旁观者看来，这种环境下生命出现的可能似乎微乎其微！

不过，大量持续不断的火山活动表明，地球在地质学上是活跃的，因此，也会发生变化。事实上，在第一个10亿年，冥古地球的物理和化学特征是稳定的。当这颗行星冷却下来，地面温度降到水的沸点以下时，大气云层中储备的水蒸气得以释放出来，这场暴雨持续几百万年之久。从天而降的雨水注满了地球表面低洼之处，最早的海洋就此形成。连续不断的暴风雨（因含有大量二氧化碳而酸化）很可能洗刷和溶解了大量硅酸盐（它们是原始地壳的成分），这也解释了地质学家为何无法获得来自冥古宙的直接证据。

原始海洋之水的最初来源，依然是天体物理学家和地质学家思考的对象。人们一般认为，构成原始大气的气体和水蒸气是通过火山活动从地球内部喷射出来的，不过，这种观点绝对没有被普遍接受。另一种理论认为，这类物质大多是由彗星撞击地球带来，在最初5亿年这种撞击很常见。月球陨石坑证明了撞击的强度，地球很可能也遭到那种击打。在月球和地球上，直径从5千米到500千米不等的彗星撞击所产生的热量，很可能熔化了地球表面的硅酸盐，破坏了冥古宙的化石证据。

在太阳系最初2亿年历史中，尽管大型原行星之间的冲撞逐渐减少，不过，彗星撞击的几率要5亿年之后才近乎为零。由此可见，太阳系的行星和其他稳定的天体需要花那么长时间来捕获临近区域的绝大部分残留物。我们前面已经提到，20世纪60年代，"阿波罗号"宇航员从月球带回了撞击熔岩碎片，其放射年代表明，在大约41亿年前到38亿年前，月球——也意味着地球和其他类地行星——遭到陨石和彗星的大量撞击。如果这些彗星含有大量水和气体，那么，地球（与月球不一样）的质量足以使它们留在大气中。

然而，冥古宙晚期，并非一切事物都稳定下来了。大气中仍然含有大量二氧化碳和其他对人类有害的气体，也没有任何氧气。没有臭氧层来保护地面免遭来自太阳紫外线的伤害，因为臭氧（由三个氧原子构成的氧分子）是氧气的副产品（参见第3章和术语表）。到冥古宙晚期，地球变得更冷，基本上被地表水覆盖，受到的撞击少了许多，此时，它已经为太古宙和元古宙时期活的有机物的出现和繁荣做好了准备（参见第3章）。

获得大气层

地球现在被一层气体包裹，这就是**大气层**。大气层50%处于海拔5.6千米以下，90%处于16千米以下。这层薄薄的气体毯子为我们提供了呼吸的空气，保护我们免遭太阳热量和危险辐射的伤害。科学家把地球大气的历史分成4个阶段。

阶段1：没有大气层。在地球形成的早期阶段，这颗行星太小，没有强大的引力场。任何自由气体（没有发生化学结合）都无法聚在它的周围，而是飘散到太空。

阶段2：早期大气层——来自排气还是彗星？ 形成地球最早大气层的气体，可能来自火山喷发，或者是由彗星带来的。前一个过程——被称为排气（outgassing）——的支持者通过对今天火山喷发的气体（主要为二氧化碳和氮气）进行分析，从而对地球早期大气层做出了精确的化学描述。另一种理论认为，彗星供应了气体和水蒸气，这种理论的支持者声称，彗星为地球带来的水是现在的海水的10倍，提供的气体是今日大气层气体的1000倍。（形成月球的那次碰撞，必定产生了大量热能，最终导致地球完全丧失了到那时为止聚集起来的所有气体和水蒸气。）

阶段3：氧气革命。我们下一章会了解到，在超过30亿年时间里，海洋中漂浮的单细胞生物缓慢进化，最终获得光合作用的能力，光合作用是指太阳光、水和二氧化碳转化为氧气和富含能量的碳水化合物。当光合作用发生时，这些活的有机体吸收大气中大量二氧化碳，将它们转变为氧气，这样，大气的化学成分被慢慢改变。一开始，氧气与铁结合形成红色的、带有铁锈的岩石带；只有当大部分露天的铁元素变成铁锈之后，自由氧才开始在大气中积累起来。

阶段4：今日大气层。因此，光合作用造成了今日大气层，它的构成为：氮气78%，氧气21%，氩气、二氧化碳和其他气体占1%。这个令人惊奇的事例证明了活的有机体塑造地球表面的能力。没有生命存在的行星的大气完全不同，由于缺乏能够不断改变表面化学成分的光合作用过程，因此，它们仅仅受到物理和化学进程的塑造。火星大气的密度只有地球的1%，主要由二氧化碳和少量水蒸气构成。木星大气由淡云区（气体在那里上升和冷却）和乌云区（气体在那里下降）交替主导。这就导致高速飓风和大暴风，比如1974年先驱者11号从42000千米高的太空观测到的红巨斑。自工业革命以来，尤其自20世纪后半期以来，地球大气层不断受到化学物质的攻击，造成灾难性全球变暖有出现的可能，本书结尾处会讨论这个问题。人类对今天大气层的影响，再次让人想到生命如何塑造了我们的地球。

由此可见，在塑造物理地球的那些进程中，活的有机体显然扮演了至关重要的角色，这意味着，地质进程和有机进程是密切联系在一起的。尽管我们意识到它们之间的这种联系，不过，本章内容主要关注地质进程以及少量有机进程，如生命有机体的沉积，这种沉积有助于创造对地球历史非常重要的沉积岩层。

2.3 塑造地球的表面

18世纪之前，人们普遍认为，地球只有几千年历史，而且一直没有什么变化。这是包括基督教在内的大多数宗教的观点。17世纪50年代，爱尔兰阿马（Armagh）大主教詹姆斯·厄谢尔（James Ussher，1581—1656）在《世界编年史》中宣称，地球是在公元前4004年10月23日（星期日）早上9点钟被创造出来的。厄谢尔是当时的一位重要学者和教会领袖；他给出的日期不完全是猜测，而是基于对伊斯兰、地中海以及《圣经》历史之间相互关系仔细而复杂的计算。1701年，这个日期被纳入权威版《圣经》中。

然而，不管厄谢尔的计算如何细致，公元前4004年这个日期很快就面临许多难题。造山运动之类进程极其缓慢，这意味着，地球必定非常古老。19世纪早期，攀登欧洲阿尔卑斯山的登山运动员开始在靠近高山顶峰处发现海洋生物化石，这表明，这些大山曾经位于海底。（晚近，海洋生物化石在喜马拉雅山5500米高处被发现，这证明即便地球上最高的山脉一度也是某个原始海洋的海底。）19世纪中期，查尔斯·赖尔（Charles Lyell，

1797—1875）等科学家宣称，地球比以往认为的古老许多，它的表面也发生了巨变。

让早期观察家很着迷的是，各个大陆能够像拼图游戏的拼块那样拼在一起。早在1596年，荷兰绘图师亚伯拉罕·奥特柳斯（Abraham Ortelius，1527—1598）在地理学著作中指出，美洲大陆肯定由于地震和大洪水而被迫与欧洲和非洲大陆"分离"。1620年，英国哲学家弗朗西斯·培根（Francis Bacon，1561—1626）指出，大西洋两岸海岸线的完美契合绝对不是一种巧合，尽管他没有就此做出解释。1750年，法国博物学家乔治·德·布丰（George de Buffon，1707—1788）宣称，南美洲和非洲以前肯定是连在一起的；1858年，法国地理学家安东尼奥·斯奈德–佩莱格里尼（Antonio Snider-Pellegrini，1802—1885）绘制了首批"之前和之后"系列世界地图，表明美洲曾经与欧洲、非洲是一个整体。

其他一些证据也支持上述观点。19世纪早期，德国地理学家亚历山大·冯·洪堡（Alexander von Humboldt，1769—1859）证明了巴西的岩石与刚果的非常类似，他认为，这些大陆曾经连在一起，直到一次巨大海啸开凿出大西洋。在同一个世纪（即19世纪），旅行到其他大陆的博物学家开始注意到，南美洲和非洲存在相同类型的海洋生物和爬行动物。化石发现揭示了欧洲和北美洲动植物化石的许多相似性，从而深化了上述联系。然而，博物学家也无法解释这种证据，他们甚至推测，以前可能存在把两个大陆联结在一起的巨大陆桥，后来沉入大西洋。

1885年，奥地利地质学家爱德华·瑟斯（Edward Seuss，1831—1914）公布了首次得到充分论证的大陆漂移理论。瑟斯在《地球面貌》一书中认为，在遥远的过去（他给定的日期是1.8亿年前），地球上所有大陆都被挤压成两个超级大陆。他把南面的超级大陆称为冈瓦纳古陆（它衍生出澳大利亚、南极洲、非洲和南美洲），把北面的称为劳亚古陆（它包含欧洲、亚洲和北美洲）。在20世纪第一个十年，美国地质学家弗兰克·泰勒（Frank Taylor）和霍华德·贝克（Howard Baker）分别指出大陆发生过移动。但是这些科学家无法提供任何证据来支持这个非凡的理论，他们的见解被地质学界拒绝了。德国一位气象学家的假说也遭受了同样的命运，这个人就是现在被视为大陆漂移说"奠基人"的阿尔弗雷德·韦格纳（Alfred Wegener，1880—1930），他的思想已经成为现代地球科学主要范式板块构造论（plate tectonics）的核心。

阿尔弗雷德·韦格纳与大陆漂移说

韦格纳是一位气象学家，他对气象科学做出了不少重要贡献，不过，他主要以**大陆漂移**（continental drift）学说而为人熟知，大陆漂移这个术语被用来描述大陆的运动、形成和再形成。1911年，韦格纳偶然发现一篇论文，它论述了大西洋两岸相同的动植物化石的发现。他对中龙（Mesosaurus）化石尤其感兴趣，中龙是一种古老的爬行动物，它们的遗迹只发现于南美东部和南非二叠纪黑色页岩中。韦格纳表示，如果这种爬行动物能够横穿海洋的话，它们的遗迹就会在更多地方被发现，然而事实并非如此，那么，这两个大陆以前肯定是结合在一起的。韦格纳拒绝流行的陆桥理论,转而关注南美和非洲海岸线拼图似的契合性,尽管他本人也意识到,这种契合是相当粗糙的(参见地图2.1)。

直到20世纪60年代,爱德华·布拉德(Edward Bullard,1907—1980)和他的助手才证明了这两个大陆之间明显的契合性:如果将每一块大陆真正的外部边界,也就是大陆架的海洋边缘结合在一起,那么,它们相当吻合。不过,这种观测精度韦格纳无法使用,于是,布拉德开始收集其他证据来"证明"这两个大陆曾经是一体的。布拉德注意到,巴西的古老火成岩与南非的古老岩石非常类似。他还指出,北美阿巴拉契亚山脉的年龄和结构类似于格陵兰岛山脉、苏格兰高地以及斯堪的纳维亚高海拔地区。他也表明,当这些大陆在一个金属模具中重组时,各个环节形成一个几乎连续的系列。

作为一名气象学家,韦格纳也能够使用古气候(paleoclimate)证据。通过梳理大量化石资料,他发现了地质历史上气候剧烈变化的证据。他指出北极斯匹次卑尔根群岛岩石中热带植物的化石,以及现今在热带澳大利亚和非洲发现的冰河时代冰碛物,这表明,这些大陆是从不同(更冷的!)纬度漂移到当前位置的。通过指出北半球同期存在的热带沼泽,韦格纳否决了全球气候变冷的观点。与全球变冷的观点相比,这种观点——认为南方的大陆曾经联结在一起并且位于南极附近——更合理地解释了此前冰川地区冰雪的扩大。

在掌握了这些很有说服力的证据之后,韦格纳在1915年的著作《大陆和海洋的起源》中,

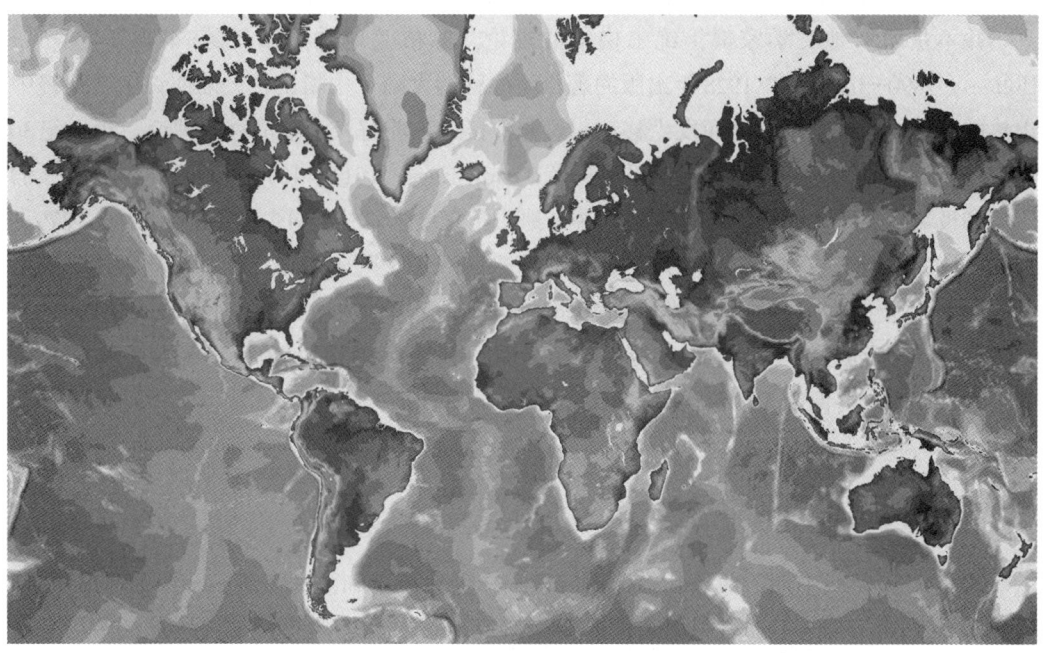

地图2.1　地球的大陆架。阿尔弗雷德·韦格纳通过关注南美和非洲海岸线之间拼图式的契合,来支持他的大陆漂移说,尽管他意识到,这种契合还比较粗糙。后来的地质学家认识到,如果以大陆架的边缘(它们是大陆的真正边界)来衡量的话,这种契合更完美

公布了激进的大陆漂移假说。他论证说，对这证据做出解释的唯一方式，就是假设地球上所有大陆在几亿年前结合成一个超级大陆，他称之为泛大陆（Pangaea，希腊语"整个地球"的意思，来自古希腊大地女神盖娅的名字）。在中生代（Mesozoic era，大约2亿年前），泛大陆逐渐分裂为较小的大陆，然后它们逐渐漂移到现在的位置。

韦格纳的观点一开始不受关注，1924年，他的著作被翻译成英文、法文、西班牙文和俄文，从1924年到1930年他去世为止，大陆漂移学说几乎受到普遍一致的敌视和反对。美国地质学家R. T. 张伯伦（R. T. Chamberlain）大肆抨击这一理论，因为它"相当随意地对待我们的地球"，美国哲学学会前主席W. B. 斯科特（W. B. Scott）宣称它"荒唐透顶"！

这种批评产生的原因，基本上在于韦格纳无法找出能够推动整块大陆在地球表面移动的力。韦格纳寻找这种机制的所有努力都遭遇挫败。他的一个设想，即或许潮汐力将大陆从内部分开，遭到物理学家哈罗德·杰弗里斯（Harold Jeffries）的反驳。杰弗里斯正确地指出，那种强度的潮汐力也会阻止地球转动！不过韦格纳并没有放弃自己的理论，他于1929年出版了那部著作的第四版，并且补充了一些新的支撑材料。

在最后一次考察格陵兰岛时，韦格纳试图以经度测量来证明格陵兰岛向西漂移，但是，荷兰工作人员在1927年、1936年、1938年和1948年进行的测量并没有发现这类证据，这进一步增强了反对大陆漂移说观点的力量。当然，今天所用的现代全球定位系统为大陆漂移提供了无可争议的证据，但是韦格纳不可能掌握这种技术，1930年11月，他因心脏衰竭死于格陵兰岛的冰川上。他的理论显然超越了时代，并没有随着他的死亡而消失。

并不是所有地质学家都拒绝韦格纳的理论。苏格兰地质学家亚瑟·霍姆斯（Arthur Holmes，1890—1965）在1928年出版的著作《漂移的大陆》中指出，大陆或许由于地幔中炽热的、半熔融的岩浆流动而发生移动，这非常接近当前解释大陆漂移的理论。20世纪30年代晚期，美国地质学家戴维·格里格斯（David Griggs，1911—1974）证明，在足够大的压力和极端高温下，固态岩石会流动。瑞士地质学家埃米尔·阿尔冈（Emile Argan，1879—1940）认为，我们或许可以用大陆之间的碰撞来解释瑞士阿尔卑斯山区的皱褶地层。韦格纳去世后30年时间里，这些科学家和南非地质学家亚历山大·杜托特（Alexander Du Toit，1878—1948）形成了一个坚定地支持大陆漂移说的小圈子。然而，20世纪50年代和60年代的大量发现才最终促使大多数科学家承认，韦格纳一直是正确的。

现代板块构造论的故事

20世纪50年代中期，两条新的证据线索——古地磁学和海底考察——开始结出硕果。**古地磁学**（paleomagnetism）利用磁性矿物来研究地球磁场的历史，如前所述，磁场是地核液态铁流动的产物。16世纪，英国科学家威廉·吉尔伯特（William Gilbert，1544—1603）尝试解释磁罗盘的运作，他一度指出，地球就像一块巨大磁铁一样活动，尽管他没有说明地球如何以及为何这样。今天，我们都知道，无形的磁力线从地球一端穿到另一端，自由摆动的罗盘针（它本身就是小磁铁）与这些电磁力的方向保持一致，并且指向磁极。同样，一些含有矿物的熔岩会逐渐磁化，磁性与主要磁力线的方向一致，当熔岩固化时，磁性也固定下来，并且与它们形成时的磁极保持一致。因此，这些岩石记载了地球历史上不同时期磁极的方向。这些磁性记录也指出了岩石磁化时期岩石所处的纬度，从而也记载了它们在磁化时期离两极的距离。

在欧洲，S. K. 朗科恩（S. K. Runcorn, 1922—1995）20世纪50年代对岩石磁性的研究表明，在地球历史上，曾经存在许多不同的古地磁磁极。在过去5亿年，北磁极似乎慢慢从夏威夷"漂移"到西伯利亚，再到今天北极附近。这意味着，要么磁极发生了移动，要么大陆发生了某种漂移，这促使地质学家再次回到韦格纳的假说。到20世纪50年代末期，古地磁学家能够证明北美和欧洲曾经是连在一起的。当北美的磁极移动路线被绘制出来后，它与欧洲的移动路线非常相似，但是，这两个大陆在纬度上大约相差30度。如果这两个大陆一度结合在一起，作为同一个超级大陆的组成部分发生了与磁极相应的运动，那么，以上现象就得到了最好的解释。

第二条证据线索是海洋学家在"二战"结束后几十年里进行的探索，他们使用了新的航海技术，比如声呐技术。最初，美国海军研究署资助开发这种技术来探测敌人的潜舰，通过利用声呐和深海潜水艇，海底"地图"得到仔细绘制，这种地图揭示了横贯地球海底的巨大海岭火山体系。首先被发现的，是漫长的中央海岭，然后是其他海底山岭，最终，它们构成了一幅绵延58000千米的水下山脊体系。

海洋学家也发现了惊人的海底深沟，有一些深达9.6千米。最初是在大西洋中央发现了一条巨大裂谷，其长度与中央海岭的长度相当（平行）。随后，更多海沟在主要海洋——包括太平洋和印度洋——被发现。研究者认为，这些裂谷表明，地壳在很深的地方被有力地撕开，同时，海底深处存在强烈的热流和火山活动（就像它们在地球表面活动那样）。这些发现完全出乎人们意料，而且也很难被纳入现存的地球形成理论之中。1960年，普林斯顿大学地质学家哈里·赫斯（Harry Hess, 1906—1969）尝试对这些迷人的现象做出统一叙述，他在当时提出一个假说，即后来的**海底扩张理论**，并且用它来描述新的海底形成的过程：来自地幔的熔岩从板块之间涌出来，然后四处铺开，从而形成新的海底。

赫斯认为，本质上而言，从地幔喷涌而出的熔岩向两边扩散，将巨大海岭上的矿物携带到更远处。这种相关的力撕裂了海洋地壳，允许岩浆涌出并且创造新的海洋地壳，而原来的海底远离了海岭，新的地壳取而代之。在其他区域，海洋地壳被吸入地球内部。这样，海洋地壳因来自地幔的熔岩而不断得以更新，这也解释了一件事情，即对海底的挖掘还从未发现任何海洋地壳的年龄超出1.8亿年。相反，大陆地壳——通常比海洋地壳轻——更古老，它几乎一直处于地球表面，其中一些有几十亿年古老。

赫斯提供了一种关键性要素，它正是韦格纳最初的假说所缺乏的，即合理地解释大陆是如何移动的。赫斯指出，各大陆就像消极的路人，随着地壳下面半熔融岩浆一起运动，他的观点比韦格纳的更有说服力——韦格纳认为，巨大的大陆以某种方式在海底费力地运动。尽管赫斯的假说富有逻辑，也可以得到检验，但是，海底扩张说还是引起大量争议。几年之后，剑桥大学学生弗雷德·瓦因（Fred Vine，1939—）与他的导师D. H. 马修斯（D. H. Matthews，1931—1997）在古地磁学研究领域发现了确凿的证据。

到20世纪60年代早期，地球物理学者越来越确信，地球磁场曾屡次出现磁极颠倒的现象。通过测量世界不同地区不同时代的熔岩和沉积岩的磁性，研究者发现，相同时代的岩石（不管发现于何处）具有一致的磁性。不过，这种磁性通常会颠倒过来。积累得越来越多的数据建构了一张过去几百万年的磁性时间表。在每一百万年的时段（称为一个chron，即时代），会发生几次短暂的磁极颠倒，每一次的时间不超过20万年。因为海洋地壳的磁极与它被创造时主要的磁极相一致，因此，这些磁极颠倒的情况，在海底呈现为高强度和低强度的磁性交替带。

1963年，瓦因和马修斯尝试将这种证据与赫斯的海底扩张说结合在一起。他们指出，当海底扩张时，磁性颠倒现象就会建构一种关于正常磁性带和颠倒磁性带（从海底深沟体系两侧向远处辐射）的模式。如果事实如此，那么，山脊两侧的磁性带就会互为镜像。20世纪60年代中期，对冰岛南部大西洋中央山脊两侧的考察，确实揭示了非常对称的交替磁极带模式。1965年，加拿大物理学家和地质学家J. 图佐·威尔逊（J. Tuzo Wilson，1908—1993）为板块构造游戏提供了最后一块拼图。威尔逊认为，地球表面被划分成几个刚性板块（根据不同类型的边缘来分割），他找出了其中三个。威尔逊的假说对来自海洋学、地球物理学、地质学和古生物学等领域貌似毫无关联的大量观察做出了统一解释，到1968年，他的假说成为今天著名的板块构造论（plate tectonics），它是地球科学的核心范式，也是理解绝大多数基本地质进程（从造山运动到板块漂移）的一把钥匙。

地球的构造板块

板块构造模型把岩石圈理解为一种由最上面的地壳组成的刚性层。就像鸡蛋壳一样，岩石圈是易碎的，已经分裂成为被称为板块的碎块，"漂浮"在地幔上部不太稳固的软流层上面。我们在前面已经了解到，上软流层的温度和压力使得岩石接近熔点，从而使得岩石圈可以与下面的地层分离，实际上漂浮在它们上面。

岩石圈碎裂的板块经常处于活动中，并且持续不断地改变它们的形状和尺寸（参见地图2.2）。岩石圈的七大板块为：南极洲板块、澳大利亚-印度板块、亚欧板块、非洲板块、太平洋板块、南美洲板块和北美洲板块。其中最大的是太平洋板块，它包括太平洋盆地的绝大部分。许多中等规模的板块也被标识出来了，包括胡安德富卡板块、斯科舍板块、科科斯板块、阿拉伯板块、菲律宾板块、纳斯卡板块和加勒比板块。岩石圈的这些板块平均以5厘米/年的速度相互靠近。

板块移动速度可以通过航天时代的技术得到非常精确的测量。当前使用两种方法来进行测量。其一是甚长基线干涉测量技术（VLBI），这种方法利用射电望远镜记录来自遥远类星体的信号（类星体是固定的参照点）。通过相距较远的两台射电望远镜来对十几个类星体分别进行5到10次观测，这两个天文台之间的距离就能够得到测定，精确度可达2厘米。此后多次重复这种测量，当天文台下面的板块运动时，天文台的相对速度以及直接运动就得到确定。

其二是全球定位系统（GPS），即以众多卫星精确测定地球上不同地点的位置。全球定位系统接收器尤其有助于测量发生于活跃断层带的微小地壳运动。使用这些方法获得的数据无可争辩地证明了板块正在运动。它们表明，夏威夷群岛正在以8.3厘米每年的速度向西北方向的日本移动。

地球内部热量的分布不平衡，推动了巨大板块的运动，尽管迄今为止还没有哪一个具体模型能够解释所有板块活动。现在的普遍看法是，来自地球核心的热能不断熔化2900千米厚地幔的某些部分，促使它通过内部对流活动向上运动。在其他一些地方，更冷、密度更大的岩石圈地层（位于海底）下沉到地幔。这些运动导致岩石圈大型地壳板块的运动，从而造成地震、火山爆发以及造山运动。

这种内部热能是多种因素带来的结果：早期地球所遭受的陨石撞击；放射现象；地球形成时期吸积和引力造成的压力。因此，恒星形成的方式、我们太阳系演化的方式以及引力

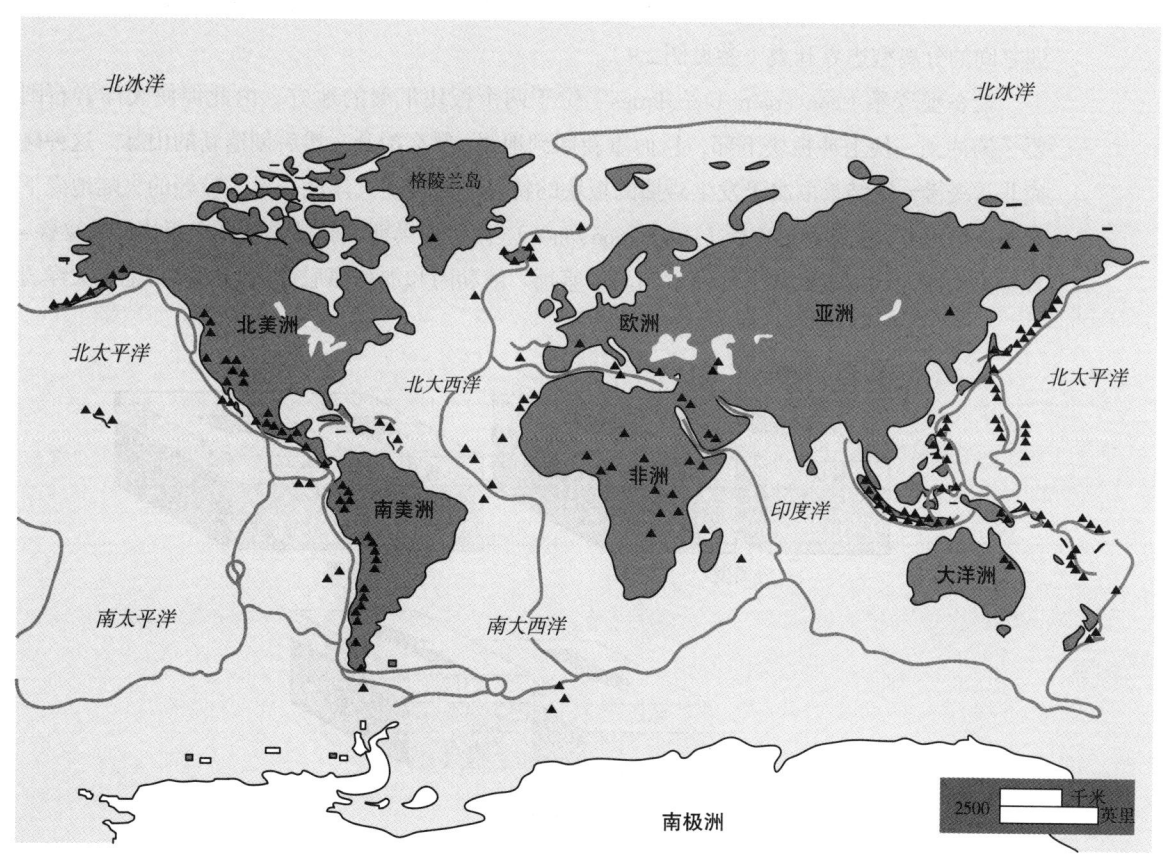

地图2.2 地球的构造板块

的作用，导致了地球内部的热量，这种热量反过来成为板块运动的动力。由此可见，这种热量是整个宇宙诞生和演化过程中所产生能量的直接产物。

构造边缘（板块边界）

由于岩石圈的各板块是作为整体在运动，因此，板块构造引起的大多数活动和变形，都发生在板块边界。依照板块活动的类型和它们导致的地质现象，地质学家区分了三种不同的边界——分离型、聚合型和转换型。板块通常由好几种边界结合在一起（参见图2.8）。

分离型边界（divergent boundaries）处于两个板块彼此分离之处，地幔的矿物由此处涌出并创造新的海底。分离型边界也被称为扩张中心，因为海底扩张就发生在这些地方。当板块分离时，由此出现的裂缝由熔岩浆填补，熔岩浆冷却之后，新的海底就形成了。这个过程创造了浩渺的大西洋——它从今天欧亚大陆和美洲之间最初的狭小海湾变成现在的样子。事实上，在过去2亿年，分离型边界的海底扩张造就了地球上大多数海洋盆地，其中以太平洋盆地最为古老。分离型板块也可以在大陆内部形成。大陆会在被称为大陆裂谷的漫长凹陷带分裂，东非大裂谷就是很好的例子。这条裂谷有可能发展成为扩张中心，将非洲大陆一分为二。红海也是一条裂谷，大约2000万年前，它开始沿着阿拉伯半岛和非洲之间的分离型边界开裂（参见图2.9）。

聚合型边界（convergent boundaries）位于两个板块汇聚的地方，由此促使大洋岩石圈要么俯冲到一块上冲板块下部，从而重新回到地幔；要么抬升，然后创造新的山脉。这种碰撞非常缓慢，其结果取决于发生碰撞的板块的特性。高密度大洋地壳滑入较轻的大陆地壳下部形成的边界，被称为俯冲带（subduction zones）。南美安第斯山脉就是纳斯卡板块沿着秘鲁–智利海沟俯冲到南美大陆下部造就的。华盛顿、俄勒冈和加利福尼亚地区的火山也是大洋岩

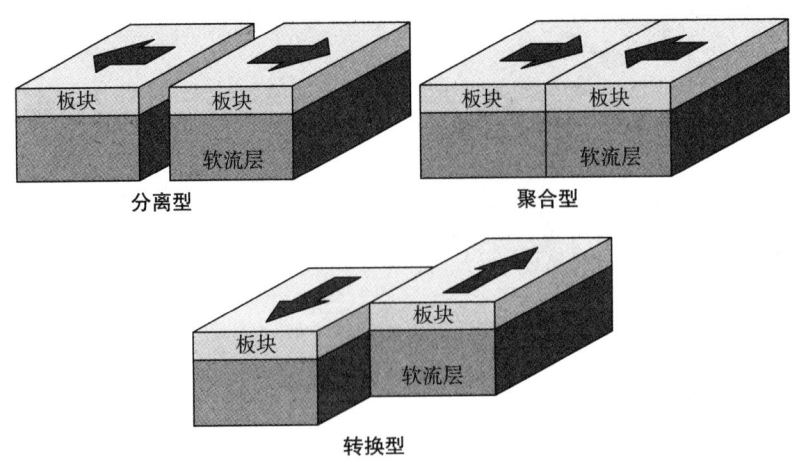

图2.8　构造边界。三种构造边界：分离型、聚合型和转换型

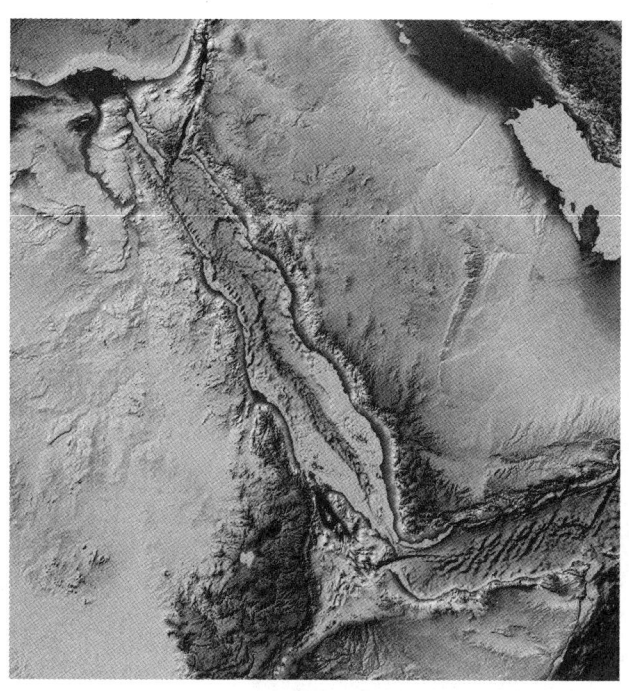

图2.9 红海。红海是人类历史上一条极其重要的航道,事实上是一条裂谷,位于阿拉伯和非洲之间分离型边界之上

石圈俯冲导致的产物。

在两个大洋板块聚合处,一个板块通常俯冲到另一个板块之下。世界最深的海沟——太平洋马里亚纳海沟——是由移动速度较快的太平洋板块与移动速度较慢的菲律宾板块相互碰撞形成。如果俯冲持续发生,那么,就会形成一系列火山岛。阿留申群岛、马里亚纳群岛以及汤加岛就是这种火山弧结构,它们附近都有一条深海沟,距离它们96千米到290千米不等。

大陆板块的聚合会产生壮观的景象。每一块大陆板块的岩石圈都是漂浮的,这就防止了任何深度的俯冲,因此,两个板块的边缘就会隆起或弯曲,从而形成巨大的山脉。地球上最高的喜马拉雅山脉就是大约5000万年前印度次大陆板块与欧亚大陆板块碰撞造成的(参见图2.10)。其他由汇聚型板

图2.10 喜马拉雅山脉。这条世界上最高的山脉是大约5000万年前印度次大陆板块与欧亚大陆板块之间缓慢碰撞造成的

图2.11 圣安德烈亚斯断层。容易引发地震的加利福尼亚圣安德烈亚斯断层，位于向西北移动的太平洋板块与北美洲板块边缘发生摩擦的断裂带上

块边界创造的主要山脉还包括：阿尔卑斯山脉、阿巴拉契亚山脉以及乌拉尔山，这也解释了为何这些山脉的顶峰会发现海洋化石。

转换型板块边界（transform plate boundaries）位于两块板块发生摩擦同时又没有创造或毁坏岩石圈地壳的地方。大多数转换型边界形成了两块大洋地壳之间的断层，这些地方被称为断裂带（fracture zones）。当相邻板块发生摩擦时，位于这两块板块边界的海底就会向相反方向移动。在大陆地壳上面，我们可以发现一些重要的转换型板块边界。最著名的（可能也是最具破坏性的）是加利福尼亚的圣安德烈亚斯断层，它是太平洋板块向西北方向移动与北美板块边界发生摩擦形成的（参见图2.11）。这种活动持续了大约1000年，如果继续发生的话，这条断裂带以西的加利福尼亚地区最终会成为一座海岛。新西兰阿尔派恩断层（the Alpine Fault）是转换型板块边界的另一个生动事例。

板块构造论——地球科学的核心范式

板块构造论已经成为现代科学最重要的范式之一。就像大爆炸理论解释了宇宙的起源、自然选择的进化论解释了生命的变化和演进一样，板块构造论有助于我们理解地球发生的变化。它们解释了随着时间推移而发生的变化，因此，这三种重要的科学理论也是历史的范式，正因为如此，我们把它们纳入到这本论述大历史的教材之中。板块构造论解释了许多与人类息息相关的现象，并且把许多此前被认为毫无关联的地质进程结合在一起。板块构造论解释了造山运动、火山和地震现象、大陆的运动、海洋的形成、矿物的不同形成方式以及现代世界的面貌。像所有主要的科学范式一样，板块构造论也是一个不断发展的模型，尽管如此，它依旧是现代地球科学的核心范式。

小 结

本章探究了关于太阳系起源的太阳星云理论，这个理论认为，太阳系的行星和其他天体是从原初太阳周围一个由气体和碎片构成的扁平状圆盘演变而来。基地望远镜和轨道望远镜、无人驾驶航天器以及放射测年为这个理论提供了证据。我们还考察了其他一些进程，它们有助于形成和塑造地球，包括赋予地球层级结构的分化。我们关于地球内在结构的证据，主要来自地震仪。我们也对地球最初10亿年的历史（冥古宙和太古宙早期）做了描述，尤其考察了地球如何获得水和大气。最后，我们探究了现代地球科学的核心范型——板块构造论，该理论提供了一种统一范式来解释许多发生在地球表面的地质进程。我们在下一章考察大约38亿年前的故事，那时候，在冥古宙凶险而混乱的海洋中，一个惊人的现象正在发生：生命开始在地球上出现！

本章问题

1. 科学家用来了解太阳和太阳系诞生的重要观测工具有哪些？
2. 我们如何知道太阳系和地球的年龄？
3. 什么是吸积，它如何解释行星的形成？
4. 为何国际天文学联合会认为冥王星不再是一颗行星？

5. 地球科学家如何了解地球内部的面貌？
6. 地球大气是如何形成的？
7. 为何板块构造论是现代科学的核心范式之一？
8. 科学家有何证据表明大陆在地球表面运动？
9. 地球上最高山脉——喜马拉雅山脉是如何形成的？

关键词

accretion　吸积
atmosphere　大气
chemical differentiation　化学分化
continental drift　大陆漂移
Hadean eon　冥古宙

half-life　半衰期；
paleomagnetism　古地磁学
radioactivity　放射性
radiometric dating　放射测年
seafloor spreading　海底扩张

延伸阅读

Bally, J., and B. Reipurth. *The Birth of Stars and Planets*. Cambridge, UK: Cambridge University Press, 2006.

Bryson, Bill. *A Short History of Nearly Everything*. New York: Broadway Books, 2003.

Cloud, P. *Oasis in Space: Earth History from the Beginning*. New York: Norton, 1988.

Condie, K. C. *Earth: An Evolving System*. Amsterdam: Elsevier, 2005.

Delsemme, Armand. *Our Cosmic Origins: From the Big Bang to the Emergence of Life and Intelligence*. Cambridge, UK: Cambridge University Press, 1998.

Fortey, R. A. *Earth: An Intimate History*. New York: Knopf, 2004.

Hazen, Robert M. *The Story of Earth: The First 4.5 Billion Years, from Stardust to Living Planet*. New York: Viking, 2012.

Lunine, J. I. *Earth: Evolution of a Habitable World*. Cambridge, UK: Cambridge University Press, 1999.

McSween, H. Y. *Stardust to Planets*. New York: St. Martin's Press, 1993.

Morrison, D., and T. Owen. *The Planetary System*. New York: Addison-Wesley, 1988.

Sasselov, D. M., and D. Valencia. "Planets We Could Call Home." *Scientific American*, August 2010, 8-45.

Swimme, B. "The Fire of Creation." From *The Sacred Balance*（TV documentary series），2002.

www.sacredbalance.com/web/portal/.

Tarbuck, E. J., and F. K. Lutgens. *Earth: An Introduction to Physical Geology*. Upper Saddle River, NJ: Pearson Prentice Hall, 2005.

Taylor, S. R. *Solar System Evolution*. Cambridge, UK: Cambridge University Press, 1992.

Ussher, J. *The Annals of the World*. London: E. Tyler, for F. Crook and G. Bedell, 1658.

Ward, P., and D. Brownlee. *The Life and Death of Planet Earth*. New York: Henry Holt, 2002.

Big History

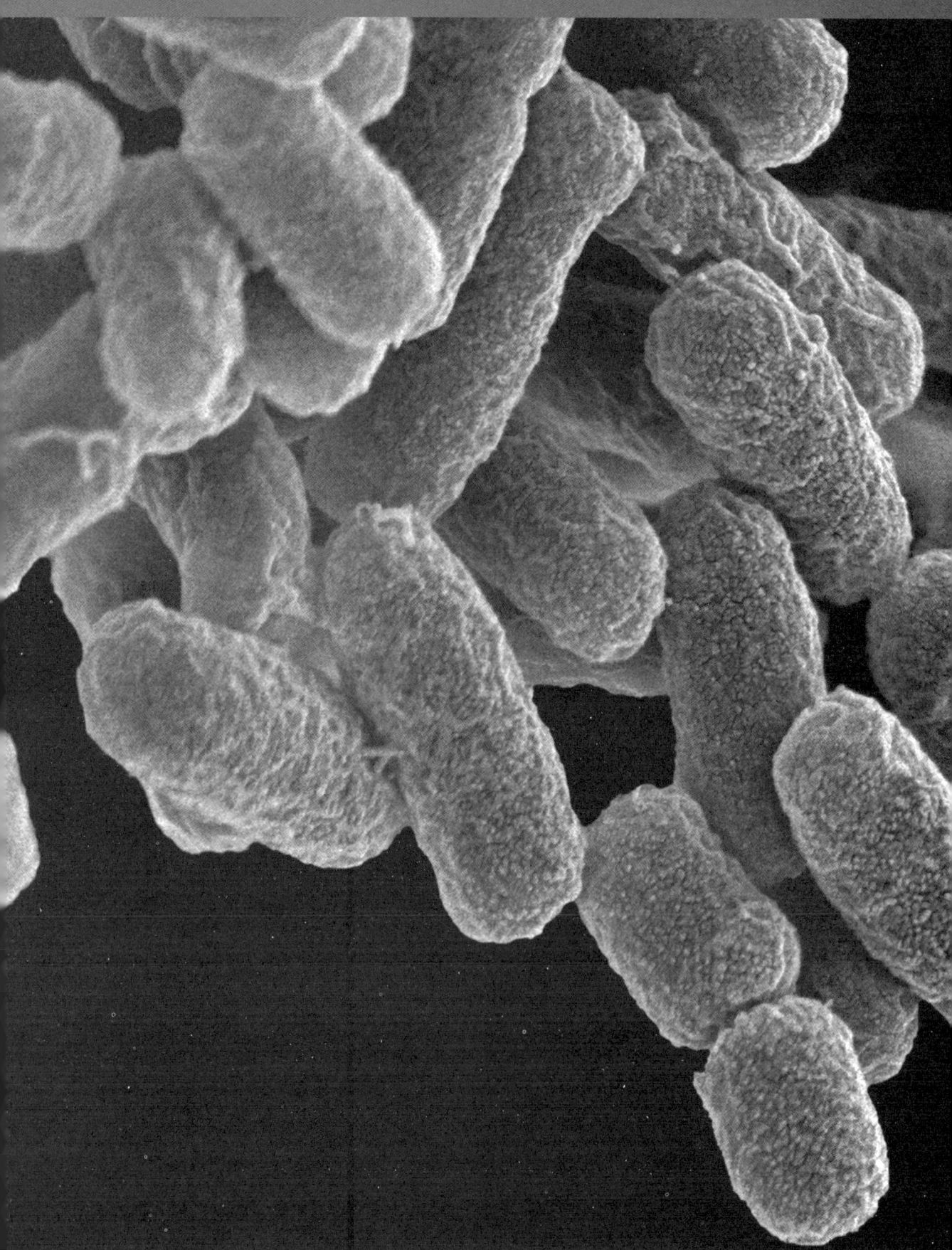

第 3 章

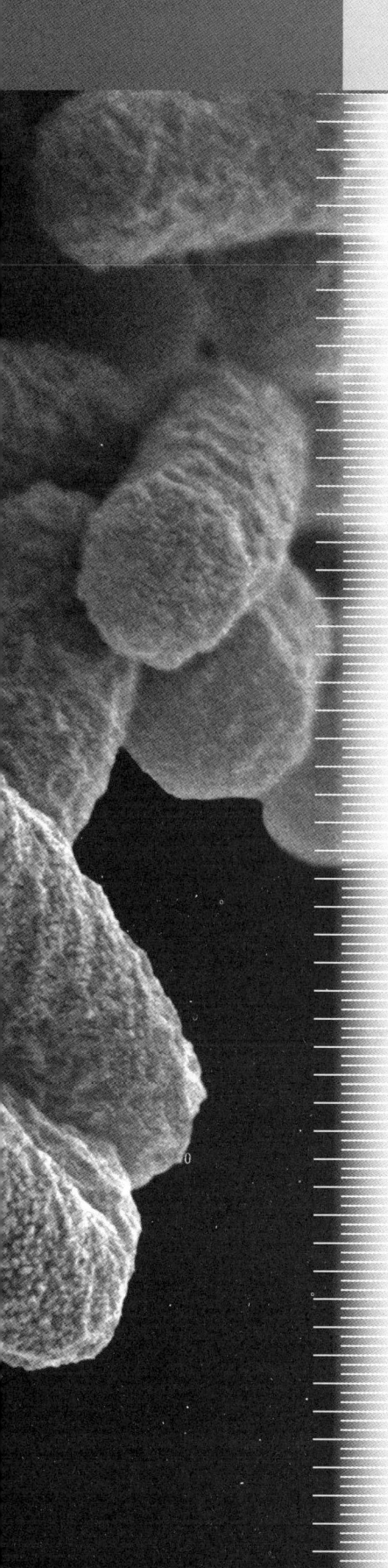

第 5 道门槛

生命的出现

考察大图景

从 38 亿年前到 800 万年前

- 科学家如何定义生命?这种定义与你对生命的看法一致吗?
- 查尔斯·达尔文是什么样的人,他是如何提出当代生物学的核心原则的?
- 为何把生命的出现当作一道新门槛?
- 最初的活细胞是如何出现的?
- 细菌在生命史中起什么作用?
- 灭绝在生命进化过程中扮演了什么角色?

在地球形成之后10亿年或20亿年的某个时间，出于某种原因，海洋中的一些化学物质开始形成生命。我们将生命的出现作为复杂性的第5道门槛，即从早期地球酝酿的相对简单的原子和分子向更复杂的活细胞转变。在活细胞中，薄膜内部相互依存的分子构成富有生机的体系，随着时间推移，这种体系能够自我繁殖和调适，当发生新陈代谢时，能量也流动起来。

首先需要指出的是，科学家依然不知道生命究竟是如何出现的。他们不可能在实验室重新创造出生命，尽管一些人认为他们已经很接近了。如果他们做到了这一点，那么，这（而不是原始条件下生命的出现）将成为现代生物学和基因工程的一项壮举。

然而，科学家已经学会在实验室制造生命的构件，现在，我们可以绘制出惰性物质如何转变为生命有机体这个奇妙故事的框架。在前面几章中，我们利用众多学科——天文学、宇宙学、物理学、化学以及地质学长期积累起来的知识，来描述宇宙和太阳系的起源。在本章中，除了物理学、化学和地质学，我们还需要生物学，即研究生命的学科。

我们首先要讨论两个基本问题：生命是什么？它如何随时间的流逝而发生变化？只有通过描述生命如何在时间推移中经由自然选择（进化）发生变化，我们才能够讲述生命是如何出现的，因为生命的出现取决于无生命的化学物质通过自然选择形式发生的演化。最后，我们会简述生命如何通过多样化过程从细菌演化而来，直到进化为大型类人猿。下一章我们将讲述最近800万年的进化故事。

3.1　生命如何通过自然选择发生变化

生命似乎是不可思议的，因为它具有令人赞叹的多样性，具有许多无法想象的、新奇的和相互依存的物种。纵观整个地球的历史，这些新兴的生命物种似乎创造了更多样和更复杂的形式。也就是说，它们在日益精致的结构中把更复杂的要素组合起来，同时也要求更大的能量流。生命在玩耍、跳舞、变异、融合、变种、完善、合作以及持续形成引人入胜的新形式，与此同时，旧物种也会随时间的推移而灭绝。

生命是什么？

要想界定生命，我们就得将它与非生命区分开，但这并非易事，因为它们之间存在连续性。长期以来，思想家们就在想方设法界定生命。以下是一些传统的答案：①与非生命事物相比，生物是由不同材料构成，是单独被创造出来的；②生物拥有非生命事物所不具备的生命力或精神。

现代科学宣称，生物和非生命事物由相同的物质元素构成，这些元素的原子以化学方式结合成分子。生命物质的一个基本特征就是，从化学层面而言，它不是平衡的；也就是说，它并不处于一种稳定的、平衡的状态，而是一直伴有相应的反应。事实上，在活细胞中，当细胞膜对一些化学物质的进出做出限制的时候，就出现了能量的流动。

生命的其他特征更模糊。比如，繁殖能力通常被认为是生命的一个特征。但是，一些生命体——比如骡子——不能繁殖。（骡子是驴和马杂交的产物，但骡子不能生育。）另一方面，被认为无生命的恒星也能够繁殖，这是指它们爆炸形成粒子，粒子重新形成新的恒星。

我们不打算考察更多的细微差别和例外情况，而是以三个通常得到普遍接受的因素作为**生命**特征:（1）通过进食、呼吸或光合作用（新陈代谢），它以从环境中汲取能量;（2）它进行自我复制（繁殖）;（3）经过许多世代，它可以改变特征以适应变化的环境（适应性）。

生命是物质复杂性的延伸；单个原子结合形成分子（由几千甚至几百万个原子构成），分子结合形成细胞（由几亿个原子构成）：这就是最早的生命有机体。随着时间推移，分子复杂性逐渐增长，这些单细胞生物也就自发地从非生命物体进化而来。新陈代谢、繁殖和适应开始进入反馈循环过程，并且相互强化。生命有机体能够找到更多方法从周围环境汲取能量、更多数量的自我繁殖以及适应周边的环境。

病毒正好体现了生命与非生命之间的连续性，它们介于两者之间。病毒（比如流感病毒）比一个典型的现代细胞小许多；它们含有蛋白质（大多数生命形式的基本构件）以及DNA或RNA（即每个病毒所包含的分子，它携带关于如何维持自我和复制其他病毒的化学指令），然后再也没有其他了——没有多余的分子用于获取能量、进行繁殖或从事修复工作。当单独存在时，病毒不具有生命的特征。当它通过注射自己的遗传物质（DNA或RNA）而嵌入其他生命有机体之中时，它就获得了生命的所有特征。病毒的DNA或RNA会控制被它感染的有机体的细胞，然后利用细胞机制制造自己的蛋白质，从而实现增长和繁殖。一些病毒繁殖非常快，最终会杀死被它们入侵的有机体，其他一些病毒会消极地寄居在寄主内，不会造成直接威胁。因此，病毒的生命和非生命状态取决于它的环境因素。

最近几十年，我们思考整个生命界的方式发生了急剧变化。在此前几个世纪，欧洲人谈论着"存在巨链"。他们把生命想象成由各种独立形式构成的等级体系，他们所想的，乃是从最不完美的事物到几近完美的事物，从岩石到地球上最高级的生命形式——人类（man，这个术语以前用来指人类）。在存在巨链中，每一种形式都不同于相邻形式，垂直延伸到天堂，在那里，天使和上帝完善了这种等级体系。

最近以来，生物学家认为，生命由居住在较大环境中的有机体构成。任何有机体都没有与其他有机体以及环境分离；更复杂的形式来自各部分的组合和再次组合，正是这种结合创造出新的形式。因此，从整体来看，生命更像是一个相互作用的团体，而不是单独物体构成的链条，所有生命有机体都生活在地球的生物圈之中。

生物学家也对不同生命形式的排列体系进行了重新分类，这种体系被称为**分类学**，即依据共同特征来命名和分类的体系。以前的生命树区分了五界：无核细胞被称为原核生物，有核的单细胞生物被称为原生生物，而植物、真菌和动物（多细胞有机体，每一个细胞都

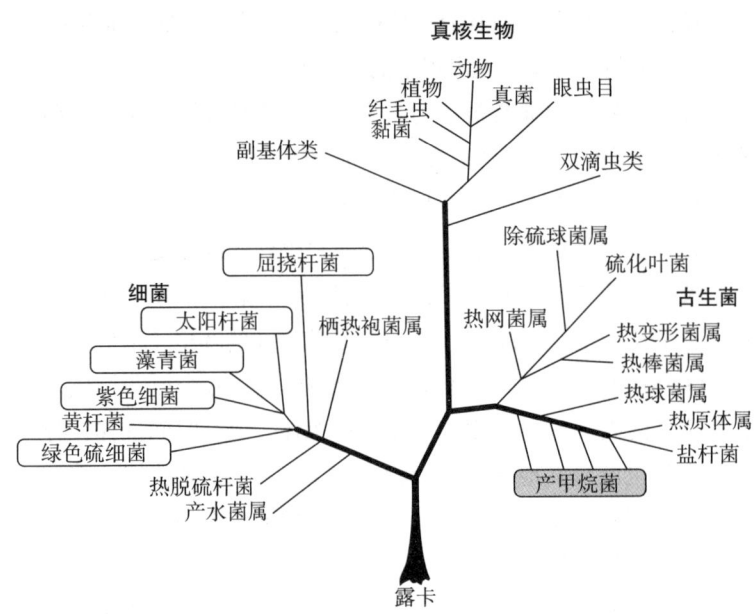

图3.1 生命树。这是建立在基因分析之上的现代生命树的版本之一。对于如何排列最后的共同祖先（LUCA）之后的各分支，研究者还没有取得一致意见，因为很难找到几十亿年前的证据。例如，他们对以下问题持不同看法，即真核生物到底是作为LUCA的直接支系，还是作为古生菌的一个分支。一些研究者认为，这不是一棵树，而是一个网络，因为细菌也会交换遗传物质

具有一个内核）被认为是生命的主要组成部分。

自20世纪70年代晚期以来，生命树被重建，它表明，生命的纵深历史是微生物，大多数生命形式无法用肉眼观察。现在，所有的主要分支都是微生物，每一种都来自**最后的共同祖先**（last universal common ancestor, LUCA），即现在地球上所有生命有机体由之而来的最近生物或生物群。其中三大分支分别是细菌、古生菌和真核生物。（细菌和古生菌都是无核的单细胞微生物，不过，它们各自的基因和酶不一样。最早的真核生物是单细胞微生物，与其他两类相比，它拥有内核和更复杂的化学成分。）植物、真菌和动物从单细胞真核生物发展而来，它们只占庞大的有机体群（它今天依然包含单细胞有机体，比如面包酵母）中的微小部分（参见图3.1）。

细菌和古生菌并没有灭绝。它们大约占地球生物量的50%，重量相当于生命物质和最近死亡的物质的总和。在过去，生命主要是微生物，现在依然如此。一个人体所包括的微生物细胞是动物细胞的10倍，每个人的肠道大约有1000种微生物，它们含有差不多300万个基因，相较之下，人的基因大概是18000个。所有人类细胞都通过线粒体形式（线粒体制造了细胞所需要的大部分能量）与细菌永久相伴。我们和周遭的生命主要由单细胞微生物构成。

达尔文的理论

我们以多种形式体验生命。想一想蜘蛛、果蝇和人类眼中的多样性吧。这种惊人的视觉多样性是如何出现的呢？英国博物学家查尔斯·达尔文（Charles Darwin，1809—1882）的理论，为现代理解这种多样性奠定了基础。

达尔文思想出现的背景

卡尔·林奈是对生命有机体进行编目的第一个欧洲人，他依据有机体的外部特征进行分类。林奈紧随亚里士多德（他的思想被托马斯·阿奎那纳入基督教），他认为，有机体不会变化，因为创世者上帝让所有生物适应它们的环境，它们自从被造出来之后，就再也没有发生过变化。

亚里士多德和林奈的这种思想出了什么差错呢？为何它无法经受住科学的审视？事实在于，物种（而不是单个样本）会随着时间的流逝而发生变化。以下两类无可争议的证据证明了这一点：化石以及动物育种产生的结果。

许多世纪以来，人们就已经发现了**化石**，即死亡有机体的石化遗骸。只要相信生物没有发生变化，他们就无法理解这些化石。欧洲人创造了关于食人兽和狮鹫的神话；早期中国人很可能通过他们所发现的恐龙骨骼而创造了龙的观念，但是他们并不知道这些骨骼是什么。

到了19世纪，欧洲生物学家开始认识到，化石代表了更早的生命形式。在他们的收藏品中，有许多不复存在的有机体的证据——恐龙骨骼（1842年首次被命名），三叶虫（2.5亿年前就灭绝了的无脊椎动物，它们的化石占所有已知化石的50%），早就消失了的植物的石化叶子，以及保存在琥珀（树脂化石）中的蠓蝇。生物学家当时依然不清楚这些遗骸到底有多古老，不过，他们证明了生命形式会随着时间推移而发生变化。

与此同时，人们忙着改良被他们驯化了的动植物。多个世纪以来，驯化的植物已经被农民改变（第5章会对此进行讨论）。通过选择要进行繁殖的动物，畜牧者在漫长岁月中改变了驯养动物的体格和行为。更显著的是，在19世纪，育种家培育出了许多品种不同的狗。所有的家养狗都起源于15000年前的亚洲灰狼，它们的基因非常接近，完全可以相互交配繁殖，这意味着它们仍然属于同一个物种。不过，人们可以控制育种；育种家从一群狗仔中挑选他们所需要的进行配对，以便培育出他们想要的特征。例如，育种家培育出一种体长脚短的达克斯狗用来猎獾，正如同他们培育其他品种用于其他目的一样。这就是所说的人工选择，即人为地选择由哪些生物进行繁殖。

到19世纪，欧洲科学家不得不面临一个事实：大量生命有机体确实会发生变化并且适应它们的环境。因此，有机体是如何做到这一点的，就成为现代科学生物学的根本性问题。特定地区特定物种的大量个体是如何发生变化的呢？固定的特征如何在未来发展出了适应性呢？欧洲科学家无法解决这个难题，部分原因在于，他们依旧认为，上帝是在相当晚近的时候创造了地球和地球上的生物。

达尔文与进化论

英国博物学家查尔斯·达尔文解答了这个问题。达尔文的父亲是一位富有的医生，母亲是乔赛亚·韦奇伍德（Josiah Wedgwood）的女儿。韦奇伍德经营的陶瓷生意在工业革命早期取得巨大成功。

地图3.1　加拉帕戈斯群岛。 这些岛屿是地质学上年轻的火山岛，位于赤道上，现在属于厄瓜多尔。当达尔文到访时，它们有英文名字，不过，现在都是西班牙文名字。你认为达尔文为何如此坚定地进行这次航行呢？

达尔文在22岁时，搭乘"贝格尔号"对南美洲海岸进行科学考察。这次航海原计划为期3年，结果延长到将近5年。达尔文在返回英国之后就发表了他的航行日记，并且与表姐爱玛·韦奇伍德结婚，在他父亲的安排下，他成为伦敦以南26千米处肯特郡唐恩村（Down）的乡村绅士（我们现在依然可以参观他的故居），此后，他就在那里从事研究，并且完成了几本著作。

达尔文的航海所提供的观察资料，使得他能够发展他的进化论，尤其他在封闭的加拉帕戈斯群岛——位于赤道，离南美大陆约840千米——所见到的一切（参见地图3.1）。

在大约14个火山岛上，达尔文发现了许多完全陌生的奇怪物种；他收集标本，并且在笔记本上做了记录。他尤其注意到至少有大约一打几乎一样的雀，但是，就每一座岛屿的雀来说，它们的头和喙稍有差异。在离开加拉帕戈斯群岛时，达尔文仍然认为自己所看到的是雀鸟的变异，而不是新物种。

返回伦敦后，通过与受人尊敬的鸟类学家的讨论，达尔文意识到，那些雀鸟是完全不同的物种。通过阅读英国人口研究先驱、可敬的托马斯·马尔萨斯（Thomas Malthus, 1766—1834）——我们后面章节会多次提到他——的作品，达尔文得出了另一个重要的见解。马尔萨斯认为，所有物种在数量上的增长速度，远远超出可供应的食物的增长，这意味着，每一世代会有大量后代在繁殖之前就会死亡。这就为达尔文阐发他的自然选择理论提供了一个线索。他得出结论：①个体中微小的随机变化，意味着一些个体比其他个体做得更好；②那些足够幸运、能够很好适应特定岛屿环境的雀鸟，就可以繁盛和拥有更多后代；③不同岛屿上的雀鸟总数会逐渐发生变化和分化；④不同岛屿上雀鸟之间的差异变得非常大，以至于它们之间不再能够杂交繁殖，这也是通常的新物种的定义。

达尔文前往加拉帕戈斯群岛时，随身携带了查尔斯·赖尔（Charles Lyell, 1797—1875）的一部著作，即《地质学原理》的早期版本。这部三卷本作品在赖尔有生之年就出了12版，对地质学思考的影响一直持续到20世纪80年代。赖尔证明了地质学以及生物学进程是在漫长时间段发生的。他反对灾变论，主张均变论，前者认为地球由突发的灾难性事件所塑造，后者认为地球上的变化是经过漫长时间缓慢发生的。达尔文在加拉帕戈斯群岛的发现，支持了赖尔的均变论。

1842年，即返航（1836年）6年之后，达尔文完成了理论的大纲，不过，他直到1859年才公布自己的思想，这就是《物种起源》。达尔文很清楚，自己的思想会引起惊慌和反对，因此，他等到自己在科学同行中确立了声望之后才发表这一思想。在收到在马来西亚和印度尼西亚考察的年轻博物学家阿尔弗雷德·拉塞尔·华莱士（Alfred Russel Wallace, 1833—1913）的论文之后，达尔文决定发表自己的见解。华莱士也独自得出了关于物种起源的相同结论。这样一来，这种思想到底归谁所有，就成为一个难题，在1858年7月1日林奈学会的一次会议上，两人都递交了论文，这个难题也就迎刃而解。

在《物种起源》中，达尔文声称自己的思想是"自然选择"理论，把它与人工选择进行对比，达尔文指出，人工选择通过动物育种（现在被称为"选择性育种"）而为人们所知。他把**自然选择**界定为"保存有利的变异，拒绝有害的变异"，由自然在时间流逝中做出选择。达尔文以"选择"这个积极词汇来称呼他的理论；他同样可以称之为"自然灭绝"。以下是他的核心原则。

（1）一个物种是个体的集合（一个种群），这些个体非常相似，足以相互配对繁殖；物种可以适应，个体不能。
（2）一个物种会发生偶然变异；一些个体与另一些有差异，但差异不会很大。
（3）一个物种的变异很可能遗传给个体的后代。（达尔文观察到了这一点，但是不知道是如何发生的。）
（4）事实证明，一些变种比另一些能更好地适应，或更适合它们的独特环境；因此，它们可以获取更多资源和繁衍更多后代。
（5）适应性更强或更适合的个体会拥有更多后代，后世的种群更像它们，也会继承它们的适应性特征。
（6）具备这些特征（从性的角度而言，它们很有吸引力）的个体，很可能也拥有更多后代（性选择）。
（7）这种进化过程导致永无止息的变化，因为环境在不断变化。

达尔文的自然选择理论解释了加拉帕戈斯群岛雀鸟的变异。在每一座岛屿上，一些雀的喙最适合当地的食物资源，它们可以获得更多食物，也拥有更多后代（它们的喙与父辈的相似）；在经历漫长时间之后，新物种就会在每座岛屿上进化出来，它们与其他岛屿上的雀鸟很不一样，无法与那些雀鸟交配繁殖。

在人工选择中，变化很快就会发生，育种家选择由哪些个体繁殖，以获得他们想要的特征。在自然选择中，筛选出最适合的个体并且创造出新物种，所需要的时间依情况而定。像病毒那样繁殖很快的物种，只需要几个月或几年时间，对于育种很慢的物种，比如灵长类动物，则需要几万年时间。

由于长期的环境（包括食物资源、水分以及地貌等）发生变化，比如冰期与暖期的交替，适应性的定义也会发生相应改变。达尔文认为，对变化环境做出反应的自然选择，乃是生物多样性的源泉，也解释了地球上存在了将近40亿年的有机体的无限多样性。

正如达尔文所预测的，他的理论引起激烈反对，尽管大多数有见识的生物学家和地质学家很快接受了他的理论。对于初学者而言，他的理论意味着，所有活的生物都是联系在一起的，来自某种原始的形式，这也意味着，人类与类人猿关系非常密切；我们现在知道，从生物学来说，我们在不远的过去拥有共同的祖先。传统基督教徒认为，更糟糕的事情在于达尔文的理论显然含有这么一层意思：如果盲目的过程重复几百万年就能够创造出精致复杂的有机体，那么，根本就不需要用创世者上帝来解释地球丰富的多样性。为了消除这种暗示，达尔文在著作结尾处表明，他的理论也符合传统信仰，即我们可以把自然选择理论视为上帝确保复杂世界中出现进步的最好方式；达尔文从来没有言明他那时候到底信仰什么。

达尔文的自然选择理论建立在三类证据之上：①化石，它们表明了物种的变化；②地理分布，就像他在加拉帕戈斯群岛收集到的数据一样，地理分布表明，物种是当地祖先的后裔，而不是某位创世者有意设计的产物；③同源现象，或者说物种之间出乎意料的相似性。在达尔文与对手辩论时，这些证据都为他提供了论据，而他的对手认为，创世者上帝分别创造了每一个物种。

1. 化石：前面已经提到，到19世纪早期，欧洲生物学家意识到，化石体现了更早的生命形式。达尔文很清楚英国运河工程师威廉·史密斯（William Smith，1769—1839）命名的化石层序律。史密斯发现，不同时代的岩石保存了不同的化石，这些化石以很有规律的序列排列。史密斯无法解释这一点，不过，达尔文用这个证据来支持他的自然选择理论，这个理论对上述发现做出解释：随着生物体的进化、变化和灭绝，它们的化石保留在代表不同时代的地层中。这种论证证明了生物体在时间推移中会发生变化，而不是以不变的形式被创造出来的。

让人焦虑的是，在达尔文生活时代，化石记录很不完整；而现今，一些化石谱系非常完整，比如远古马匹到现代马匹的化石，鲸鱼陆生祖先到它们水生后代的化石。达尔文解释道，一些过渡性物种未被找到是可以想见的，因为任何有机体的石化现象都极其罕见。有机体在死亡之后很快就分解了，要想成为化石，它们就得掩藏在沉积物之中，尽快在无氧环境下冷冻、干燥或沉淀下来。只有具备坚硬躯体和分布广泛的有机体，才有机会留下化石记录。

《物种起源》出版两年后，一种重要的化石在德国南部被发现，那就是始祖鸟的骨架。它的特征介于现在鸟类与古代爬行动物之间，似乎是缺失的一个环节，尽管"环节"这个词现在已经被认为过时，而且也被中间类型所取代。始祖鸟的大小与乌鸦差不多，它有鸟一样的羽毛、翅膀和大眼睛，同时具有爬行动物的牙齿、脚爪和长长的尾巴（参见图3.2）。这种证据以最有力的方式证明了达尔文的理论，表明爬行动物和鸟类有共同祖先。后来，人们又发现了更多始祖鸟化石。另外，有翼恐龙化石也被发现（大部分发现于中国）。

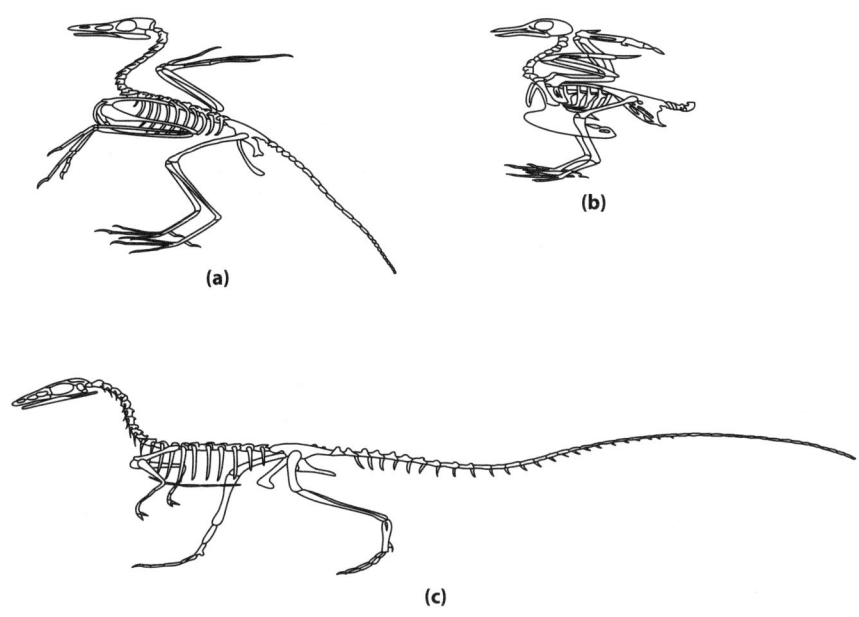

图3.2 鸟类与恐龙之间的相似性。(a)始祖鸟(b)现代鸽子以及(c)秀颚龙的骨架图。你能够追溯从恐龙到鸽子的变化吗?

2.地理分布: 在思考动植物的地理分布时,达尔文指出,单凭气候和环境还不足以解释生物的相似性和差异。南纬25°~35°之间澳大利亚、南非和南美洲地区具有相似的环境,但是各地的动植物却完全相异。通过这些以及其他观察,达尔文断定,每个物种都产生于同一个地区,然后迁徙到其他地区,只要它们能够适应那里的环境。

3.同源现象: 同源现象是指动植物所体现出来的形式相似性。在进化生物学领域,同源现象是指任何源自共同祖先的相似性。猫、鲸、蝙蝠以及人类都有趾头,这意味着,这些物种是有联系的,尽管相互之间存在巨大差异(参见图3.3)。我们现在知道,鲸(以及海豚)可能是河马类生物的后代,在大约5000万年前某个温暖期,它们返回海洋纳凉,并且待在那里不断呼吸空气。鲸鱼和蝙蝠的趾骨是无用的残留物,它们是鳍或者翅膀的组成部分。如果我们认为设计师上帝从零开始创造了每一种生物,那么,我们就无法理解这种残留物的存在,如果每个物种是从其他物种进化而来,那么,这种残留物就显得合情合理。

不同物种在胚胎阶段出人意料的相似性,更令人惊讶。人类胚胎早期阶段的特点,也发现于鱼、两栖动物以及未进化出哺乳动物特征的爬行动物身上。达尔文解释说,适应性变异通常发生在成长的后期,初期的进化模式并不变化,这揭示了物种间的自然关系。自达尔文以来,生物学家已经认识到,这些祖传结构是后续发展阶段的组织者。

达尔文意识到了另一种形式的相似性,他称之为**趋同性进化**(convergent evolution),即不同谱系获得的相同生物特征。当动物变得彼此类似时,这种情况就发生了,这不是因为它们在基因上有关联,而是它们进化出相似的才能以应对相似的环境,这可能发生在彼此毫无关联的地方,也可能出现在完全不同的时代。比如,以下四种动物在蚂蚁丰富的地区

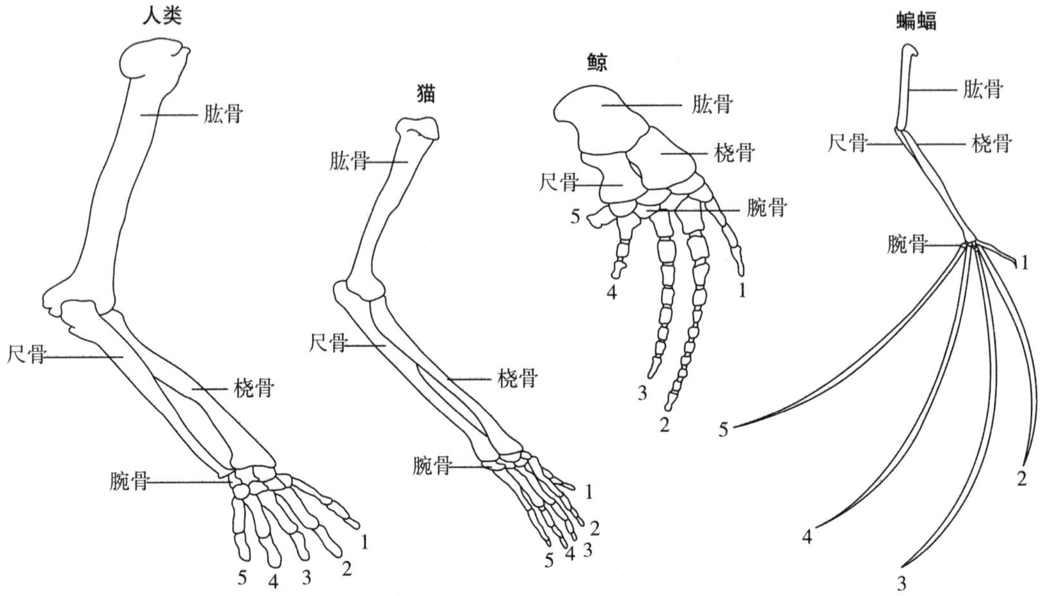

图3.3 四种哺乳动物的趾头。通过对环境和功能做出反应，自然选择塑造了这些相似的骨骼。我们人类不仅与猫，也与蝙蝠和鲸联系密切。自然选择理论如何解释这些骨骼的差异和相似性呢？

都进化出来，它们彼此相似，然而又没有密切联系：南美大型食蚁兽；非洲土豚，亚洲和非洲穿山甲以及澳大利亚针鼹鼠。达尔文的理论认为，不同的谱系会出现在不同地区，虽然它们最终都趋向相似的解决方法。

达尔文难题的解决方案

达尔文在捍卫自己的理论时，不仅仅要面对宗教上的反对意见，当时的知识鸿沟也对他造成了阻碍。他的难题在于：①他认为，自然选择进展缓慢，无法在个人一生时间予以观察；②他不明白特征是如何遗传的；③他无法证明物种是联系在一起的；④他不清楚地球有多古老。在《物种起源》第一版中，他估计地球的年龄大约为3亿年，而他同时代博学者认为地球要年轻许多。

现代科学解决了达尔文的上述难题，以有力的证据证实了他的自然选择理论。生物学家发现，他们确实能够观察到进化。他们注意到，大多数果蝇在几十年时间就能够抗拒DDT。一些细菌，比如金黄色葡萄球菌，它们的祖先在20世纪40年代被青霉素杀死，但是，它们现在已经能够抵抗青霉素。生物学家乔纳森·韦纳（Jonathan Weiner）恰好也一直在研究加拉帕戈斯群岛的雀，他发现，它们喙的平均大小在湿冷或干燥时期会出现1毫米到2毫米的变化，这比预想的快很多。它并没有这么快就变成新物种，而是一种新的品种，种群的基因结构发生了微小变化。

达尔文的第二个难题在于，他不知道遗传如何运作；在他生活的年代，人们都不清楚特征由父母遗传给后代的具体方式。达尔文接受了泛生论，自希腊医生希波克拉底以来，这种思想就广为流传。达尔文相信，动物躯体的每一部分都会生发出微小的粒子，他称之为"泛生粒"；每个泛生粒能够发展成为相应的器官。达尔文认为，泛生粒在血管中循环，最后汇聚到性器官中。来自父母的泛生粒在受精卵中混合在一起，胚胎的成长就源自泛生粒的发育能力。这种理论意味着，亲本性状（parental traits）是结合在一起的，而不是作为单独的单元传递给后代的，这样一来，该理论将削弱个体有可能出现的成功的变异，并且破坏整个自然选

图3.4　沃森、克里克与他们的DNA棍枝模型。注意，沃森和克里克非常年轻；当时，沃森在做博士后，而克里克还在念博士。为了取得重大进展，他们利用了另一位年轻研究者罗莎林·富兰克林的一些数据。富兰克林死于癌症，不然她可以在1962年与沃森和克里克分享当年的诺贝尔医学/生理学奖

择理论。在《物种起源》出版两年后，奥地利奥古斯丁派修士格雷戈尔·孟德尔（Gregor Mendel，1822—1884）发表了他的豌豆研究成果，他的研究表明，后代所体现出来的许多特征，要么是父亲的，要么是母亲的，而不是两者的混合。然而，孟德尔的成果很多年都没有引起关注，不过，事实最终证明，它是全新的遗传理论的基础。

遗传是如何运作的呢，这个问题直到1953年才得到解决，当时，美国人詹姆斯·沃森（James Watson，大约生于1928年）和英国人弗朗西斯·克里克（Francis Crick，1916—2004）发现了DNA分子结构（参见图3.4）。DNA（deoxyribonucleic aid，脱氧核糖核酸）是每个细胞中的大型分子，它携带着如何构造和维持细胞的化学指令，并且负责把信息传递给后代的细胞。DNA结构是一种双螺旋线；两条相辅相成的链条相互盘旋，形成连接。在繁殖的时候，链条会解开并且自我复制，或者（在有性繁殖中）找到另一链条并与之结合起来。DNA存在于所有活细胞中，这证明了所有生命起源于一个共同的单细胞祖先，即露卡（LUCA）。（下一节内容对DNA有更详细的讨论。）

与DNA相关的知识，明确支持达尔文的自然选择理论。要想自然选择发挥作用，个体就得接近完美地（但又不能极度完美地）进行繁殖以保存它们物种的基本结构。必须有少许差异出现，它们可以提供变种，当环境改变时，自然就会从中做出选择。这种情况发生

于DNA分子分解之际；酶通常会完全一致地复制出每条双螺旋链，不过偶尔也会出错，即发生变异。

DNA知识和遗传学也解决了达尔文的第三个难题，即如何证明物种是相互联系在一起的。对每一种物种来说，基因突变会定期发生，生物学家现在可以依据该事实创造分子钟。通过测量两种物种各自发生了多少次突变，他们就能够估算出它们在多久之前分道扬镳。这种方法表明，香蕉和人类在10亿年前拥有共同祖先，蚂蚁、黑猩猩和人类的共同祖先分别存在于大约6亿年前以及大约500万年前到800万年前。

现代科学也解答了达尔文的第四个难题，它所提供的答案也支持达尔文的理论。现在我们都知道，依据放射测年，我们地球大约形成于45亿年前。这是达尔文所认为的地球年龄的15倍。这样一来，自然选择就拥有足够的时间来创造达尔文和我们身边的生命奇迹。

总而言之，在达尔文生活的时代，自然选择理论的证据主要是化石、地理分布以及同源现象。后来的证据毫不含糊地证明了他的理论；生物学家密切观察了物种根据它们生存环境做出的相应变化，发现并解释了DNA的结构和功能，他们通过遗传学研究揭示出所有物种彼此相关，并且通过放射测年证明了地球比达尔文所想象的更古老。

现在，我们获得新证据来支持达尔文的理论，与此同时，他的理论的某些方面也得到不同解释。例如，斯蒂芬·杰伊·古尔德（Stephen Jay Gould，1941—2002）与奈尔斯·埃尔德里奇（Niles Eldredge）很有说服力地论证道，进化变迁的速度可能会呈现出巨大差异，而达尔文认为，变化的速度始终是循序渐进和缓慢的。此外，当代一些思想家（马古利斯和古迪纳夫等）觉得，达尔文以及他学说的普及者过于强调生存竞争，忽视了如下一点，即对竞争来说，最有效的策略常常在于种群之内的合作以及种群之间的相互依存。在这些思想家眼中，伙伴关系似乎是所有存活下来的生命形式的本质特征（这更多来自马古利斯的思想）。社会生物学家E. O. 威尔逊（E. O. Wilson）宣称，表现出更多利他主义和合作精神的人群多于较少这么做的人。不过，所有这些修正都没有破坏达尔文的核心观念，它今天依旧是生物学思想的灵魂。

达尔文认为，在自然选择的作用下，生物物种做出与它们周围变化环境相适应的改变，这一观念已经成为当代生物学的核心原则。这观念对生物学的重要性，就像大爆炸理论对天文学、板块构造论对地球科学那般重要。到1882年达尔文去世时，英国科学家和国会承认了他做出的重要贡献，他们把他安葬在威斯敏斯特大教堂牛顿墓旁边。科学家现在依然会参考进化论，因为在科学领域，理论是指拥有大量证据、受到广泛支持的观念，今天，几乎所有的职业生物学家都接受进化论。

3.2 第5道门槛：地球上生命的出现

生命是我们地球上的奇迹，或许也是迄今为止我们所不知道的其他行星上的奇迹。生命呈现出了新层次的复杂性，因此，我们把跨越生命当作宇宙历史中不断增加的复杂性的第5道门槛。生命是物质复杂性的延伸，也意味着从惰性化学物质向活的有机体的飞跃，活的有机体以更复杂的方式组织起来，能够从周围环境汲取能量，能够繁殖和自我调适，以便创造出包括我们人类在内的令人震惊的全新复杂形式（参见门槛5概述）。

门槛5概述

门槛	成分 ▶	结构 ▶	金凤花环境 =	突现属性
生命	复杂的化学物质+能量。	复杂的分子通过物理和化学作用结合成可以繁殖的细胞。	大量复杂的化学物质+适度的能量流+液态媒介（比如水）+合适的行星。	新陈代谢（能够提取能量）；繁殖（几乎完美地自我复制的能力）；适应（在自然选择的作用下，缓慢地变化和新形式出现）。

达尔文的自然选择理论解释了活的有机体如何在时间流逝中适应环境。不过，生命本身是如何从无生命物质进化而来呢？一种能够进行新陈代谢、繁殖和适应环境的活的有机体，如何从惰性化学物质进化而来呢？达尔文并没有尝试回答这个问题。但在1871年写给一位朋友的一封迷人信件中，他勾勒出来的一个观念指导了此后的科学思考：与现在相比，早期地球环境很可能更有利于简单生命形式的创造。

> 人们常常说，第一次产生一个活的有机体的所有条件现在已经具备，这种条件或许以往也存在过。然而，如果（哦！这是一个多么大的假设！）设想一个温暖的小池塘，里面含有氨、磷盐、光、热和电等元素，一种蛋白〔原文如此〕化合物通过化学方式形成，为更复杂的变化做好了准备；在今天，这种物质会立刻被吞噬或吸收，它不可能存在于活的生物形成之前。①

在讨论当前关于生命起源的科学思想之前，我们打算概述一些传统的思想，以便为后面的讨论提供一个背景。

关于生命起源的传统思想

长期以来，许多文化和社会都假定，诸神或上帝通过对自然进行不可思议的干预，创

---

① Janet Browne, *Charles Darwin: The Power of Place*, vol. 2 (New York: Knopf, 2002), 392.

造了各种生命有机体和人类。在犹太教－基督教传统中，这种观点在米开朗琪罗为罗马西斯廷教堂所绘的天顶画中得到淋漓尽致的体现。在《创造亚当》这幅画中，上帝从天堂伸出手触摸人类的手。由于没有客观可靠的证据为这种观点提供确切日期，并且也无法验证，因此，科学家把这种观点视为信仰或比喻。相反，他们探寻一些能够得到客观证据支撑的自然主义解释。

直到19世纪中期，博物学家依然相信一种被称为自然发生说的古老观念。这种观念断定，新生命能够突然和自发地从旧生命腐烂的残骸中出现。例如，我们都发现，蠕虫或蛆似乎突然出现在垃圾中。人们以亲眼所见现象为证据，还没有认识到只能用显微镜观察到的整个微生物世界的存在。

法国化学家和细菌学家路易·巴斯德（Louis Pasteur，1822—1895）是达尔文同时代人，他证明，生命的自然发生说是错误的。通过在灭菌环境下进行实验，巴斯德证明了这一点。他表明，空气中包含了微生物，如果与无菌水接触，就给人一种生命自发产生的错觉。巴斯德设法升高空气的温度，利用高温杀死所有微生物；他指出，一旦空气被杀毒消菌和密封之后，里面就不再有生命存在，这就证明生命不可能自发地从无生命的物体产生。生命只能来自生命（用拉丁文表达，就是 omnevivum ex viva）。

关于生命起源的第三种理论，被称为胚种论或"无所不在的微生物"。这个古老的观念可以回溯到希腊科学家阿那克萨戈拉，现在还得到一些人的信奉。宇宙学家弗雷德·霍伊尔（Fred Hoyle，1915—2001）就是胚种论最著名的支持者之一。这种理论认为，生命来源于太空，由早期撞击地球的陨石和彗星带来。这一理论很容易得到进一步发挥，从而产生外星人为地球带来生命这种激动人心的故事。大多数太空科学家认为，生命无法在外太空环境生存，也不可能在穿越地球大气层的烈焰旅程中幸存；另一方面，微小的生命如果在外来岩石内部受到保护的话，那么，它有可能存活下来。胚种论面临的一个基本难题在于，它并没有解释生命的起源，仅仅是将这个问题转移到了其他地方。

当前一些科学家接受了一种弱化版胚种论，这种理论认为，生命的一些基本组件或构成要素可能是那些未在地球大气层燃烧殆尽的彗星（脏脏的冰球）或陨石（撞击地球的陨星或岩石）带到地球上来的。我们在第2章已经了解到，地球上大量的水被认为是由彗星提供的；因此，人们很容易认为，这种水包含了形成生命的化学成分。众所周知，一些陨石含有创造活细胞所需的某些化学物质，比如1969年掉落在澳大利亚默奇森的一块陨石。其他一些陨石，比如2000年年初就落在加拿大育空领地（Yukon Territory）的那块，含有泡状有机小球体。这些发现至少证明，生命所需要的分子也存在于太空中；它们激发了科学家对外星生命的探究，同时也提出了一个基本问题，即宇宙中生命的分布到底有多广。

关于生命起源的现代思想

如果像巴斯德所证明的那样，生命只能源自生命，那么，生命最初究竟是如何源自非生命的呢？大多数科学家接受一个假定：在漫长的时间里，分子逐渐变得更复杂，最终，生命从非生命进化而来。现存最原始的生命形式是单细胞微生物，它们非常微小，上千个才能组成一个小句号（小黑点）。它们使人联想到地球上最早的、最简单的生命形式的模样。

很容易理解的是，生命开始的确切日期模糊不清。一些生物学家认为，嵌在岩石中的生命有机体的最古老化石大约有35亿年，比如南非克鲁格国家公园以及澳大利亚西北部岩石化石。其他一些人——如伦敦大学学院研究人员尼克·莱恩（Nick Lane）——认为，那些所谓的微化石事实上是自然产品，生命有机体最早的可靠化石大约为24亿年古老。如果他是正确的，那么，生命进化所花的时间可能比我们预想的要多许多（20亿年而不是10亿年）。还有一些人指出，35亿年的化石属于那些尚未进行光合作用的生命有机体。这一争论还在继续。

那么，第一个活细胞——类似于当前存在的最简单细胞——是如何具有生命的呢？现今，**化学进化论**假说得到生物学家的支持，这种假说认为，经过自然选择，分子缓慢进化为氨基酸（蛋白质的基本构成元素）和核苷（核酸的基本构件）长链。就像生命有机体世界的自然选择一样，一些适应环境的化学链生存下来，另一些消失，最后造就了第一批活的有机体。这一进程的细节还不明确，不过，实验室的实验已经提供了一些线索。

20世纪20年代和30年代早期，一位生物化学家和一位物理学家通过各自的工作，分别构想了化学进化假说。莫斯科的亚历山大·奥巴林（Alexander Oparin，1894—1980）和伦敦的霍尔丹（J. B. S. Haldane，1892—1964）提出了相似的生命起源方案。这个方案认为，早期大气富含氢化合物（甲烷和氨）和少量自由氧，这种环境有助于日渐复杂的有机分子的合成。霍尔丹强调指出，正在发展的生命必定来自无氧环境，因为氧气极具活性（火就是氧化反应的例子），很可能会摧毁早期地球进化出来的一切简单生命形式。我们由第2章可知，直到25亿年前能够进行光合作用的细菌兴起，氧气才成为大气的重要组成部分。

现在的地球大气和表面与早期地球的完全不同，因此，我们只得通过在实验室模拟早期地球环境来研究早期生命是如何出现的。1952年，在诺贝尔奖得主哈罗德·尤里实验室工作的芝加哥大学研究生斯坦利·米勒（Stanley Miller）进行了一次重要实验。米勒一直在思考，穿过早期大气（一个没有自由氧的世界）的闪电能否合成生命的原料。米勒在管子中充入他认为与早期大气很接近的气体，再将管子与装了消毒水的长颈瓶接在一起，然后通电轰击气体，为了加速这一进程，轰击的强度超过他所估计的早期地球上存在的冲击。在一周之内，试管变成暗红色，内壁有一层很薄的软泥。经过分析，软泥由很多种有机分子组成（这些分子包含碳–氢键，也存在于活的有机体之中）。这些分子至少含有6种氨基酸，而蛋白质就是由氨基酸组成（参见图3.5）。

实验室的这些实验表明，简单的氨基酸和核苷很容易在无氧的大气中形成，下一步要做的，就是证明这些简单化合物能够自我组合形成更复杂的蛋白质和核酸。进一步的实验已经证明，只要条件合适，简单氨基酸就能够形成由成千上万原子构成的长链。许多生物学家认为，生命的出现，就需要这些原始原子中的一个碰巧发生化学进化，在这种进化过程中（至少经过5亿年），这个原子逐渐演变成为一个充分的活细胞。不过，这种现象还没有在实验室中得到演示，它是这个故事最大的未解之谜之一。

细胞的化学

为了理解生命出现之际发生的化学进化，了解一下最简单的活细胞的成分（基于最基础的化学和物理学）会很有帮助。原子是化学元素的最小单位，永远也不可能在化学反应中分裂为更小的粒子，尽管原子由更小的粒子组成。第1章已经做了说明，地球上存在92种化学元素或不同原子，它们是自然出现的。

生命的化学建立在碳原子的独特结构之上，碳原子最常见的同位素有6个质子、6个电子和6个中子。它能够与其他碳原子形成长链，不过，每个碳原子还留有两个位置给其他原子来依附，从而促使碳链折叠形成非常多样和复杂的稳定结构。碳原子与以下五种化学元素（它们形成生命的常见蛋白质）的原子结合在一起：氢（质子和电子各1个）、氮（质子和电子各7个）、氧（质子和电子各8个）、磷（质子和电子各15个）

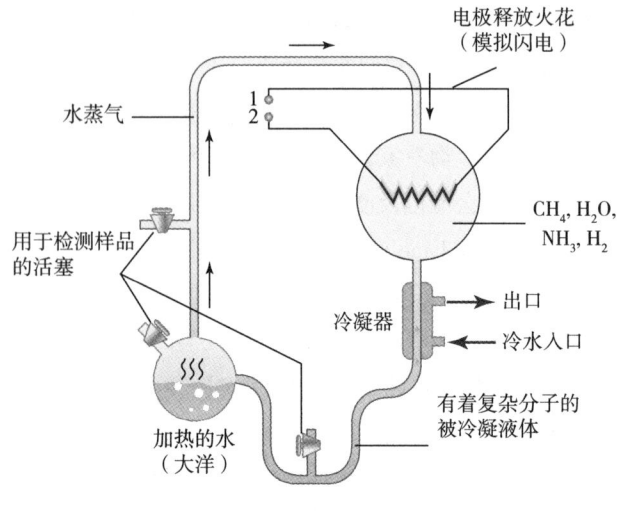

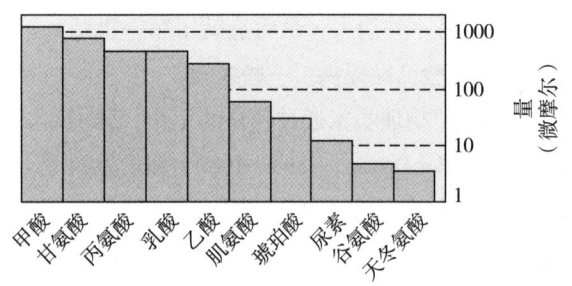

图3.5 斯坦利·米勒的实验，1952年。米勒是诺贝尔奖得主哈罗德·尤里的研究生，他尝试在实验室模拟地球的早期大气。达尔文在22岁时前往加拉帕戈斯群岛，就科学进步而言，年轻人似乎显得非常重要

以及硫（质子和电子皆为16个）。

以上对细胞做了概述；下面的内容会更详细。最简单的活细胞被称为**原核细胞**，即没有细胞核的细胞（参见图3.6）。即便没有细胞核，一个原核细胞还是相当复杂。一层细胞膜把它的所有内容包裹起来，同时控制分子的进出。除了遗传物质之外，原核细胞的内容被称为细胞质；主要由蛋白质构成，而蛋白质是折叠成三维形状的氨基酸长链。新蛋白质在被称为核蛋白体的细胞质的特殊结构中合成。在原核细胞中，遗传物质，即DNA分子，漂浮在可能形成细胞核的细胞膜周围，而不是包裹在细胞膜之内。

最早的细胞在何处以及如何出现？

地球上什么地方的环境适合最早细胞的出现呢？水似乎是最有可能的场所。达尔文已经想到，细胞可能出现于一个"温暖的小池塘"。液态水对生命来说似乎至关重要，因为原

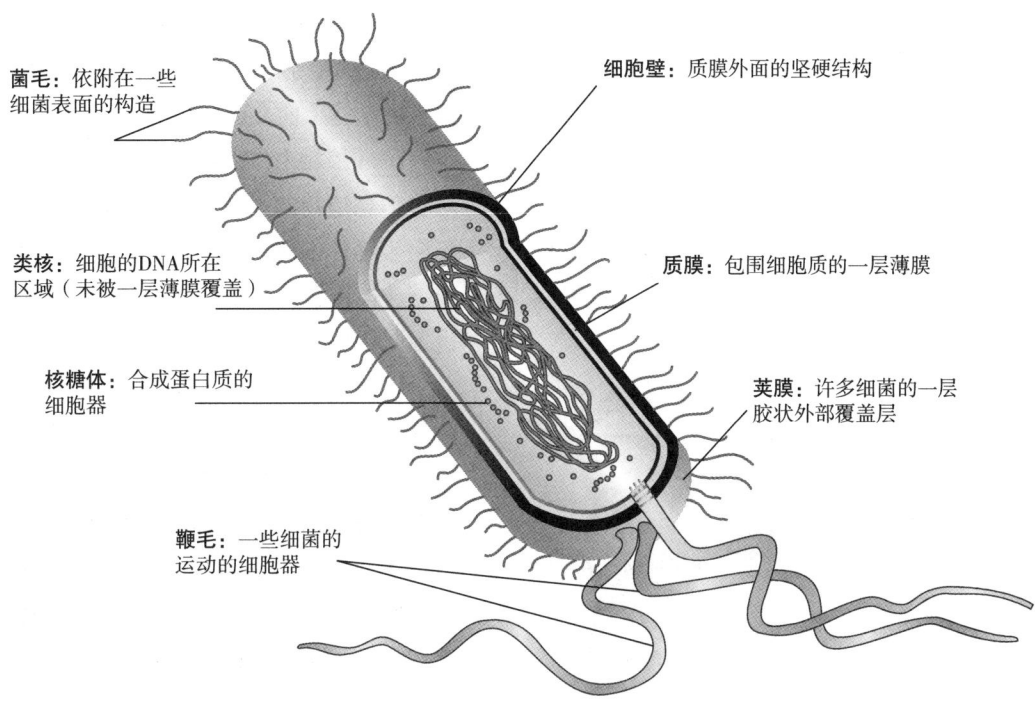

图3.6　一个原核细胞的结构。 信使核糖核酸（图中没有展示出来）从DNA进入核糖体，后者依照信使核糖核酸的指令制造蛋白质

子在气体中运动速度很快，只会短暂接触，在固体中则很难运动。但在液体中的运动却恰到好处：原子慢慢相互接触，足以连接形成更复杂的分子。水可以在凝固点（即零摄氏度）以上到沸点（即100摄氏度）以下的温度区间保持液态。水是由氢和氧两种大量存在的原子构成，它也不会影响碳和其他原子形成的键。

现代生物学家通常认为，海岸浅水区是最有可能的场所，那里的环境很适合生命出现。最近进行的海洋重大研究表明，另一个可能的地点是大洋深处被称为"黑烟囱"的排气口，它们位于海底活动板块边缘的火山附近，那里存在液态水、大量热量、能量、化学物质以及不太多的氧。喜热的细菌（它们不依赖氧气或阳光）在这些出气口被发现。其中有古生菌（arhaea），即1977年发现的生物领域，它可以回溯到某些最古老的生命形式。一些生物学家认为，这些排气口的热量太多，以至于最初的细胞难以生存，或者生命的基本成分太稀少。生命最有可能起源于哪里呢？人们现在还没有就此达成一致。

在思考活细胞如何出现的同时，科学家也在构想更复杂的分子，它们的构成元素与活细胞一样，结合在一起形成一层有保护膜的细胞状球体，通过吸收其他原子和分子获取能量，也通过分裂实现自我复制。这些原始细胞是如何精确地自我繁殖，从而保持它们已经获得的非常有用的适应性并且进化成生命呢？这个问题还没有得到充分回答，它也是我们理解生命出现这个问题上的一段空白。

不过，我们已经取得了一些成就，其中第一个是在1944年取得的，当时，有人发现遗

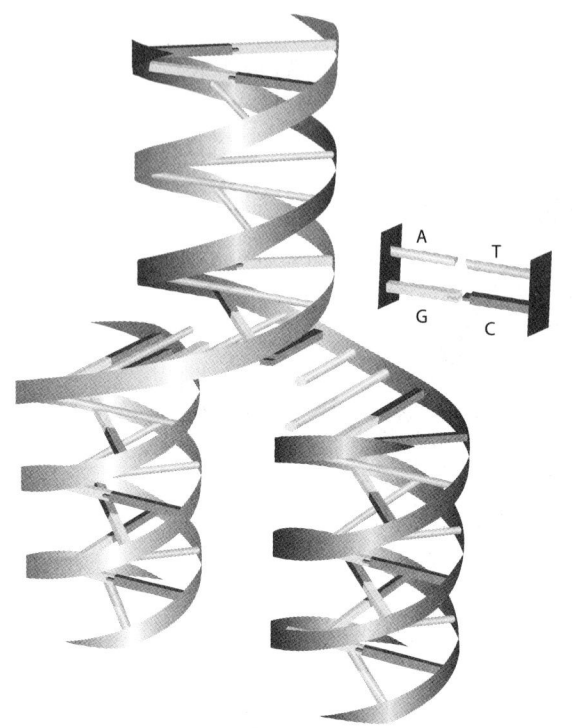

图3.7 DNA双螺旋结构。在每个分子中，DNA的形状是一种双螺旋结构，有性生殖细胞除外，在那里，DNA分裂成单螺旋，等待与另一个相应的有性生殖细胞配对

传物质的构成成分是核酸而不是蛋白质。1953年，沃森和克里克解释了DNA分子的结构（前文有描述）。

DNA控制着细胞的组合和维护，同时将信息遗传给子代细胞。DNA存在于每个生物体的每一个细胞中，它是核苷长链，核苷不同于形成蛋白质的氨基酸，也不同于形成细胞膜的磷脂。

DNA分子是活细胞中最大、最复杂的分子；在人体中，大约2米长的DNA被压缩在每个细胞中。DNA聚合成染色体，含有一段DNA的染色体被称为基因。基因在蛋白质中对氨基酸进行编码。被称为信使RNA的分子把基因指令输送到核糖体，在那里，依照基因指令，氨基酸在细胞质中合成蛋白质。

DNA结构就像一架长长的旋转梯（参见图3.7）。梯子的垂直骨架（外侧）由磷酸分子和核糖分子的长链交替联结。横档由被称为碱基的配对分子构成：胞核嘧啶（C）与鸟嘌呤（G）配对，腺嘌呤（A）与胸腺嘧啶（T）配对。

当DNA自我复制时，两条互补的横档就会从中间断裂。每一种碱基只能与另外一种结合，因此，每条螺旋就可以通过另外一条推断出来。每条螺旋从它周围收集分子，直到精确实现自我复制，不过，偶尔也会发生错误或变异，这就产生了多样性。（还会存在其他的错误来源，比如辐射或化学元素、基因活动以及其他变化。）DNA的形象图可以参见如下网页：www.apod.nasa.gov/apod/ap120821.html。

DNA的近亲RNA（核糖核酸）的骨架所含核糖稍有不同，它通常以单链形态存在。前面刚刚提到，在现代细胞中，一条信使RNA是从部分DNA复制而来，然后进入细胞质，向核糖体传达如何合成新蛋白质的指令。RNA早先的形状或许可以被早期细胞用来制造蛋白质，同时它（RNA）又能够将指令传递给子代细胞。如果确实如此，那么RNA很可能就是DNA的先驱。

RNA先于DNA存在的观念，已经成为当前生物学家的主要假说；他们称之为RNA世界假说（RNA World theory）。这种假说认为，储存遗传信息的是古代RNA而不是DNA，古代RNA能够像现代DNA那样复制，古代RNA具有与现代蛋白酶一样的催化作用。如果这种假说被证明是正确的，那么，第一个生命形式很可能使用了RNA的自我复制链（或许位于一层保护性细胞膜之内），新陈代谢后来才出现。

为了生命的出现，两种不同的分子必须进化出来：核酸（用于为繁殖编码）和蛋白质的先驱氨基酸（用于新陈代谢和保养）。有待解答的问题是：它们如何相互作用以确保彼此的生存？它们发展的序列是怎样的？

以下是一些可能的假说。或许蛋白质（新陈代谢）和DNA是同一时间、相互合作发展起来的。或许RNA率先发展，蛋白质后来才出现；或者相反。又或者RNA和蛋白质各自出现在单独的原始细胞中，然后融合形成整体。无论如何，遗传密码（具有令人吃惊的复杂性）的起源，至今依旧是一个谜。大多数生物学家认为，最早的生命涉及到的化学现象似乎是可能的和可以预料的，如果他们能够弄清楚它到底是什么的话。

尽管这个问题——生命是如何出现的——依然是一个未解之谜，不过，我们由遗传证据得知，所有生命都是从一个最初的细胞群（LUCA，露卡）进化而来，露卡促使化学现象新陈代谢和精确复制它所开创的化学优势。我们人类与地球上所有活的有机体联系在一起，因为我们与它们分享着相同的遗传密码，自从第一个活细胞出现以来，这种遗传密码就在维系和繁殖生命。这或许是我们所知道的与地球生命有关的最特别的事实。

我们也很清楚，要想有生命出现和生存，地球上的环境必须恰到好处。地球从早期的熔融状态冷却下来，产生一些方式驱散内部热量。自海洋在大约43亿年前到20亿年前形成以来，地球再也没有冷得让整个表面封冻，或热得把所有的水都蒸发掉。相反，在与地球最邻近的金星和火星上，生命或许曾经出现过，但是，环境的急剧变化让生命难以为继。金星变得炽热，因为太阳发出的热量比最初大约增加了30%，同时，金星大气中的二氧化碳进一步提升了它的温度。火星太小，不足以维持它的大气和液态水，这些缺失很可能杀死了火星上一度存在的所有生命，如果有的话。

3.3 地球上的生命简史

现在，我们已经准备好讨论一个新的问题：生命如何经历大约38亿年进化，最终形成我们今天所看到的生命有机体的多样性？如果我们是小鸡或者螳螂，我们就会把这个问题聚焦到小鸡或螳螂形成的历程。由于我们是人类，我们就会穿过多样性迷宫而探寻通向人类的曲径。

我们现在关注复杂的生命形式，不过，这并不意味着更复杂的事物必然比不那么复杂的事物更重要或更好。所有生命形式都是相互依存的；更复杂的实体依赖不那么复杂的实体。细菌依然是地球上各种元素所有重要循环的媒介。自20世纪中期以来，我们人类极大地扩大了人口数量，以至于我们往往认为，人类已经掌控一切，或者完成了对其他生命的某种夺权行为。然而，我们仍然要依赖不太复杂的生命形式。在这本教材中，我们之所以关注人类，不仅仅因为人类在当下似乎处于主导地位，也在于我们（作为人）是在为其他人写作，根据推测，他们最感兴趣的，乃是他们自己物种的故事。

在描述生命进化时，很难做到同时讲述这个故事的两条支脉——生物学支脉和地质学支脉。活的有机体发生变化时，地球也在变化，它们相互影响。在关注生物学变化时，我们也会考察活的有机体对地球成分的影响以及地球对生物体的影响。

为了简化地球上生命的历史，我们将其分为八个阶段（参见图3.8）。前四个阶段关注30亿年时间里单细胞有机体的发展。这四个阶段为：

1. 原核生物的出现；
2. 光合作用或来自阳光的能量；
3. 呼吸作用以及真核生物的出现；
4. 有性繁殖。

这四个阶段涵盖我们故事的6/7时间。在这段时期，生命由单细胞微生物组成。如果人类在地球以外的地方发现生命的话，也是有可能的。

后四个阶段涵盖剩下的1/7时间，大约为6亿年。这四个阶段如下：

5. 多细胞有机体的出现；
6. 脊椎动物；
7. 生命来到陆地；
8. 恐龙和哺乳动物（直到800万年前）。

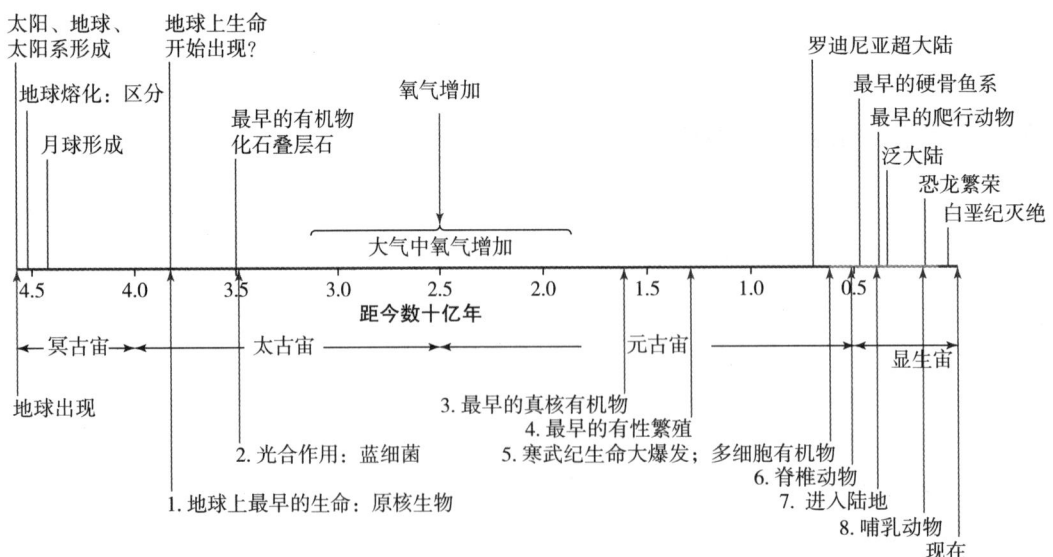

图3.8　地球生命时间表。注意一下大气中氧气比例增长所花费的时间。在这个时间尺度上进行思考对你理解人类有什么帮助？

最初四个阶段（38亿年前到6亿年前）

生命的最初四个阶段只进化出单细胞微生物，它们开始了生命的基本进程：发酵、光合作用、呼吸、真核生物的出现，以及有性繁殖。这大约花了30亿年时间。

第1个阶段：最早的生命（大约38亿年前）

最初的活有机体可能类似于原核生物：无细胞核的单细胞微生物（前面已经描述过）。最小的细菌和古生菌的直径是氢原子直径的1000倍；1000个这种细菌才能填满铅笔留下来的一个点。这个微小的空间挤压着数百万分子；细菌和古生菌是纳米技术的行家。

最简单的微生物通过分裂进行复制；因此，它们通常不会死亡。利用饥饿、高温、盐、干燥或抗生素等，可以将它们杀死，否则它们就会不断分裂和繁殖。

早期有机体，包括深海排气口的古生菌和其他地方的细菌，通过食用自己周围简单的分子来获取能量和食物。早期细菌利用了发酵，即一种无氧的新陈代谢形式。（氧气最终成为新陈代谢的重要组成部分，是在大约10亿年后，也就是它成为大气主要成分之后。）细菌分泌出酸和乙醇——它们包含的能量少于食物所吸收的能量。直到今天，一些细菌还扮演着发酵槽的角色，比如，那种促使乳制品发生代谢反应从而制造出奶酪的细菌。与细菌相比，古生菌更适合在极端环境中生存，不管是温暖的水域还是咸水区域。细菌通常以氨基酸和糖之类的有机化合物（含碳的分子）为食，而古生菌进化出了一种能力，即在进行新陈代谢时，可以利用较简单的无机化合物，比如深海排气口释放出来的硫。

第2个阶段：光合作用（大约34亿年前到25亿年前）

在生命的早期阶段，微生物最后逐渐耗尽它们周围的氨基酸和蛋白质，因此，它们必须找到其他方式来获取能量。其中一些微生物进化出通过**光合作用**从阳光处获得食物的能力，光合作用是指一些细胞设法利用空气中二氧化碳（其他一些细胞通过发酵排放出来的废物）的过程。这些进行光合作用的微生物实际上在食用空气，尽管它们还得从别处获取氢和硫之类的元素。

在光合作用中，叶绿素分子的原子排列就像一块太阳能板，阳光一旦照射到表面，就会被分子吸收。太阳能促使水中氢原子与氧原子分离。氢原子，再加上吸附在上面的太阳能，与来自空气中二氧化碳的碳原子结合形成碳水化合物（糖），同时将氧气释放到大气中。糖把来自太阳的化学能储藏起来。

叶绿素分子呈绿色。它首先出现在被称为蓝绿细菌或蓝藻细菌的原核生物中。它们原来被称为蓝藻，不过藻类是由更复杂的细胞——具有细胞核的真核细胞——形成的。

光合作用或许体现了历史上重要的新陈代谢的发展。这意味着，进行光合作用的细菌能够像它们所有后代即植物那样，直接以太阳能为生。植物可以直接获得太阳能，并且替那些食用植物的动物储藏起来。光合作用也意味着这些细菌把氧气作为废弃物排放到大气中。经年累月——从大约30亿年前到20亿年前——大气中氧气的比例发生变化,从大约1%增加到现在的20%到21%(参见第2章)。

人类大大受惠于进行光合作用的细菌,过去如此,现在依然如此。每天大约有3630亿公斤二氧化碳与大约1810亿公斤水结合制造出大约2720亿公斤有机物质和2720亿公斤氧气。每天,一半的光合作用是由单细胞海洋浮游生物完成,它们生活在海洋顶层,大量阳光穿透海水支持它们的生长。

为何进行光合作用的细菌能够存在如此之久,同时变化又如此至少呢?没有人知道答案;或许因为它们对于生命的运作是不可缺少的,又或者它们能够很好地适应环境,因此根本不需要发生变化,也就是说,它们并没有面临巨大的选择压力。

早期的蓝藻细菌在浅水区肆意蔓延,形成高达半米的一层垫子,被称为叠层(stromatolites),它为细菌提供了广阔的栖息地。这些草垫的表面吸附着精细的沙粒或泥浆,细菌在草垫深处消费死亡的细胞,碳酸晶体由此得以形成,最后堆积成石灰石。这些草垫中的每一个细胞都独自工作;没有证据表明存在更复杂的细胞或细胞间的任何互动。许多化石叠层已经被发现,今天,在巴哈马浅滩和澳大利亚西部的鲨鱼湾,一些叠层正在形成,因为那里没有食草动物吞食它们(参见图3.9)。

通过开发光合作用,蓝藻细菌度过了一场危机,不过,随着时间流逝,它又引起另一场危机:它们排放出来的氧气改变了大气和海洋的成分。氧气最初与铁结合形成大片红色岩石。大量氧气也在海洋中溶解。渐渐地,到了大约25亿年前,空气和水的氧化作用具有普

图3.9 叠层。这些是细菌草垫所创造的结构,单个原核细胞组成的最古老社会。这幅图所描绘的,乃是晚近在澳大利亚西部鲨鱼湾形成的叠层。在35亿年时间里,这些有机体自我繁殖而没有消亡——它们怎么会这么长寿呢?

遍的重要性。由于最初的细菌无法利用氧气，因此，它们当中的许多渐渐消亡，取而代之的，是一些进化出某种方式利用氧气的细菌。这种转变并不完全是一场大屠杀，今天，一些不需要利用氧气的（厌氧的）细菌依旧在生态系统中占有一席之地，不过，利用氧气的（喜氧的）细胞现在主导着世界。

第3个阶段：呼吸作用与真核细胞（大约25亿年前到15亿年前）

在大约25亿年前到15亿年前之间的某个时期，生命发展的第三大步得以迈出。一些细菌发展出某种方式利用氧气，这被称为**呼吸作用**，与光合作用相反的一种过程。发生呼吸作用时，分子吸收和消耗氧气来消化碳水化合物，释放被分子利用过的能量，同时将二氧化碳和水作为废物排放出来。光合作用利用二氧化碳来制造和释放氧气；呼吸作用则消耗氧气、排放二氧化碳——就是这样！细菌设计了一套循环系统来保持生物圈的平衡，经典的均衡或得失平衡。

大约同一时期，即25亿年前到15亿年前，一定程度上由于正在发展的呼吸作用的结果，一种新细胞在叠层的草垫中出现。这种新细胞的最早证据，来自于大约18亿年前。它或许出现得更早，不过，由于基因在三个领域的转移以及难以找到证据，生命的早期历史一直处于争论状态。事实最终证明，这种新细胞是复杂事物的重大增长，此后，再也没有出现其他的细胞革新。

这种新细胞被称为真核细胞，与原核细胞有大约30种不同之处，不过，对于我们的目的来说，只需要讨论三到四种就足够了（参见图3.10）。真核细胞比原核细胞大10倍到1000倍。它们的DNA包含在一层保护膜之中，保护膜构成一个发育良好的细胞核。真核细胞的大小足以让细胞质发展出细胞骨架，即一种蛋白质纤维网络，这种纤维维持着细胞，允许它移动，也允许它的各种物质在细胞内部运动。此外，这些新细胞含有细胞器，即单独起作用的结构，就像人体的各种器官。两个最重要的细胞器是线粒体（细胞进行新陈代谢的有氧呼吸场所）和进行光合作用的叶绿体（存在

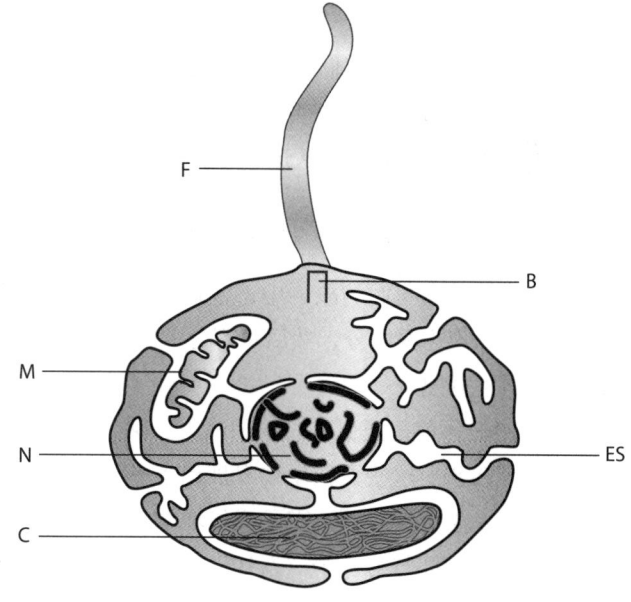

图3.10 真核细胞的结构。这幅图表明，与原核细胞相比，真核细胞更加复杂。深色区域是细胞质。不但有外膜，也有内膜（ES），它们划定了包含细胞核（N）和细胞质的空间。叶绿体（C）和线粒体（M）位于这个空间之外。（F）是真核细胞的鞭毛，由一个基体（B）所固定

于植物中)。

现代对真核细胞的基因组进行的分析表明,它们可能是从古生菌和细菌的共生关系中发展出来的。随后,这些真核细胞捕获其他细菌,如线粒体(一种有氧呼吸的细菌),以及叶绿体(限于植物。一种藻青菌)。较大的细胞显然吞食了线粒体和叶绿体,不过并没有消化它们。直到1967年生物学家琳恩·马古利斯(Lynn Margulis)提出真核细胞的这个特征之后,它才被人们理解,这种现象有力地证明了一点:进化不仅仅源自竞争,也出于合作。生物学家现在基本上都接受她的观点,部分原因在于线粒体自身携带DNA。

一些真核生物是单细胞的,比如硅藻或微藻。其他的是多细胞的,比如,人体中所有的真核细胞。科学作家比尔·布赖森(Bill Bryson)对真核细胞做了如下描述:

> 如果你观察一个真核细胞,你并不会喜欢它。把原子放大到豌豆大小,那么,一个真核细胞就是直径大约半英里的球体,由一种被称为细胞骨架的梁架结构支撑。细胞内部,有千百万物体,有的篮球般大小,有的汽车般大小,它们发出子弹那种呼啸声。你站在任何一个地方,每秒钟都会遭受好几千次来自四面八方的击打和撕扯。即便对细胞中的长期居住者而言,那里也不是一个安全之所。每一股DNA螺旋平均每8.4秒就会受到一次攻击和破坏,每天多达几千次伤害,化学物质和其他介质会击打和切断它,如果细胞不想死亡的话,那么,这些伤口就得马上被缝合起来。①

蛋白质非常活跃,它们旋转着、有节律地跳跃着,每秒钟会发生多达10亿次撞击。酶也是一种蛋白质,它们四处冲撞,每秒钟完成上千次的任务,就像加速工作的工蚁一样,它们忙于建造和再建分子,从这个分子拽下一个碎片,为那个分子补上一个碎片。

第4个阶段:有性繁殖(大约10亿多年前)

迄今为止,在我们的故事中,包括原核生物和真核生物在内的所有生命形式在自我繁殖时,首先分裂为两部分,然后每部分克隆出原来的分子,这两个分子在基因上是相同的,除非DNA发生突变。

大约10亿年前甚至更早时候,藻类、阿米巴变形虫类以及黏液菌等早期真核生物迈出了重要的第四步。这些真核生物发展出了一种新的繁殖方式,即有性繁殖,这时候,负责繁殖的细胞发生分裂时,不需要成倍增加它们的DNA。子代细胞已经准备好从受精中找到它们的另一半,即与另一个"亲代"有机体的子代细胞结合起来。其他所有细胞最终都会死亡,这一点与所有细胞继续存活下来的无性繁殖不一样。在有性繁殖的最早形式中,真核生物被认为在匮乏时期相互吞食;它们的细胞核有时候会融合,有时会制造出DNA(各自出一半);有性繁殖很可能源自同类相残。有性繁殖的代价就是,除了成功制造出新机体

---

① Bill Bryson, *A Short History of Nearly Everything* (New York: Broadway Books, 2003), 377–378.

的细胞之外，其他细胞都会死亡。

没有人知道到底是哪些优势促进了有性繁殖的不断增长。不管怎样，它是自然选择作用于其上的多样性的一个主要来源。当每个亲代的基因在有性繁殖中重新结合起来时，子代中出现了更多样化的基因组合，而突变无法独自完成这项工作。我们都不是父母当中某一位的复制品；我们是父母的混合体。子代更大程度的复杂性逐渐推动了进化的速度。

当然，当生命进化时，地球上的环境也在发生变化。如前所述，细菌开发出光合作用之后，更多氧气开始在大气中聚集。经过大约20亿年时间，即大约6亿年前，大气中氧气含量达到了当前水平，即21%。

大量氧气在大气中汇集起来之前，太阳的紫外线充分地照射在大地上。这些射线分解了带有两个氧原子的氧分子，自由氧原子在大气上层重新结合，形成具有三个氧原子的**臭氧**。这种臭氧在离地面48千米处形成覆盖整个地球的一层薄壳，保护地表和上面的生命免遭来自紫外线辐射的伤害。更多氧气意味着更多臭氧和生命更容易生存。臭氧大约在25亿年前逐渐形成，或许只是在大约5亿年前，才成为有效保护层。

同时，其他一些重大事件也在地球上发生了。大约25亿年前，碳循环中似乎出现一种目前尚不十分清楚的、不同寻常的失衡现象，碳循环是一种生物化学循环，即碳在生物圈及其所有有机体中的循环。20亿年之后，即大约6亿多年前，地球出现了极端严酷的冰河时代，冰雪覆盖了地球大部分海洋和它的大多数大陆架。这些变化导致大量动植物的消亡，也导致此后时期生物形式显著的快速变化。活的有机体正在改变生物圈，与此同时，环境也在改变生命。

后四个阶段（大约6亿年前到800万年前）

在最近6亿年，各种形式的多细胞有机体才进化出来。

第5个阶段：多细胞有机体（大约7亿年前到6亿年前）

一些真核细胞聚集起来过一种集群或群居生活，不过，一开始，它们依然是独立的细胞。例如，一个黏液菌含有数百万阿米巴变形虫，它们并没有进化成为一个有机体。

在一些集群中，细胞逐渐变得更专门化，把细胞结合在一起的大型分子也发展起来。细胞设法互相交流，也进化出遗传方案来控制细胞分化，这样，不同的细胞就能够担当不同角色。这种现象大约8.4亿年前（或许更早）发生在海洋中。最早的多细胞生物开始出现，它们类似于海绵管（tube sponge），不过没那么复杂。（丝盘虫是迄今为止所知的最简单的多细胞动物生命，它是一种无头无尾的生物，1965年在费城一家水族馆被首次发现。它与大型阿米巴虫类似，不同之处在于，它过着有性生活，它的胚胎最初是一个由细胞构成的空心球。）

在6亿年前到5.5亿年前之间，几乎所有多细胞有机体的躯体都是柔软的、凝胶状的。

它们是最早的生命有机体,大到肉眼足以看到。它们生活在海洋中,以微生植物为食,或者相互吞食,一些依附在海底斜坡上,一些四处漂浮。由于它们躯体柔软,因此,这一时期的化石保留下来的很少。被找到的第一块化石是管状蠕虫的砂岩印记,发现于东南澳大利亚阿德莱德北部的埃迪卡拉(Ediacara)。现在,世界各地所发现的这一时期的化石都被称为埃迪卡拉系。

随着地质年代的更替,动物突然发展出了令人惊讶的、丰富多彩的结构形式或形态。生物学家称之为**寒武纪生命大爆发**(the Cambrian explosion),这次大爆发出现于大约5.42亿年前,涵盖的时段为1500万年到2000万年。寒武(Cambria)是英国西南部威尔士的旧称,其中的一些化石是在那里被首次发现的。现在,这种化石被在世界各地发现:加拿大不列颠哥伦比亚省一座高山上的伯吉斯页岩化石群(the Burgess Shale collection);中国云南澄江生物化石群;格陵兰岛北部天狼星观测点(Sirius Point)化石群;亚利桑那大峡谷化石群。没有人能够对进化速度的急剧变化做出解释,除了观察到这一时期的化石可能会越来越多,因为当时的动物已经形成了能够留下印记的坚硬骨架,或者说,这种现象是对严酷冰河时代之后突然出现的暖期做出的反应。

在世界上所发现的所有化石中,几乎有一半是三叶虫化石,三叶虫是大约5亿年前广泛分布的一种无脊椎动物群。它们突然毫无预兆地出现在化石记录中,大约2.42亿年前,又大规模死亡——该物种75%~95%消失(更多细节参见后面内容)。现代龙虾和马蹄蟹属于它们的后代。

伯吉斯页岩化石中也有皮卡虫,它是最早为人所知的脊索动物门成员,人类和其他脊椎动物也属于这个群。皮卡虫是类似于蠕虫、可以游泳的生物,由软骨组织构成的一条坚实脊索贯穿全身;它很可能是所有鱼类、两栖动物、爬行动物、鸟类、哺乳动物以及我们人类的祖先。

第6个阶段:脊椎动物(脊索动物)(大约5亿年前到4亿年前)

最早的脊椎动物是从有脊柱、无骨头的生物(比如皮卡虫)进化而来。脊椎动物,或者脊柱由骨头构成的动物,会逐渐进化出主要的背脊骨、颌、正面和背部以及保护神经系统的头部。早期的无颌鱼大约30厘米长,它吸吮海水及其包含的任何物质。到4亿年前,一种类似鲨鱼的生物进化出来了,它们的颌比现今任何海洋生物的都更强劲有力。最近,人们在德国发现了一只2.4米长海蝎的颌化石,这种海蝎最终被有牙齿和颌的大型鱼类消灭。

脊椎动物进化出了相似的眼睛结构。当前争论的焦点在于,结构非常复杂的哺乳动物的眼睛是如何通过自然选择的方式进化出来的,因此,对那种进化做出简单描述似乎是合乎情理的。正如达尔文所认识到的,在活的有机体中,存在一系列感官器官,从最简单的眼点(单细胞中色素的汇聚)到复杂的眼睛(有眼部肌肉、眼球晶体和视觉神经)。眼睛的每一步发展,都满足了眼睛主人的功能需求。即使在软体动物中,我们也会发现从鲍鱼的简单视杯到章鱼和水生螺复杂透视眼睛的发展。所有眼睛都有一种色素(视网膜色素),它对于捕获光辐射而言至关重要。分子生物学家现在认为,所有有眼生物都是某种海生蠕虫的后代,这种蠕虫生活在5亿年前,它们为最初的色素进化出了一种基因。不过,眼球晶体和眼睛的其他成分似乎是在许多不同世系中分别进化而来的,这是趋同进化的一个宏大例子。

在我们的故事中,目前为止所有生物都居住在海洋中。生命无法在陆地存活;所有生命的化学性质是在水中发展起来的。生命离开水就像人类搬迁到太空一样,需要有精妙的支持系统——水的便捷供应、防止水分蒸发的坚韧皮肤、对卵和幼体的保护以及内部的承重支撑体系。即使进化出这些系统之后,当前所有的陆生有机体首先还得在潮湿的地方发展,就像人在胎液中生长一样。

第7个阶段:生命来到陆地(大约4.75亿年前到3.6亿年前)

大约4亿年前,一些生物开始了从海洋到陆地的危险旅程。植物和真菌类可能是先锋部队;昆虫同样是率先进行陆地冒险的动物。

真菌通常被踢出生命的故事,然而,在植物和动物之外,它们构成了一个非常重要的群体。真菌依靠土壤而不是太阳,有时候生活在完全的黑暗中。一颗伞菌揭示了连成一片的地下生命世界。(在密歇根的克里斯特尔福尔斯附近,有一种覆盖面积约37英亩〔15万平方米〕的地下真菌;它已经生长了大约1500年。)现在已经知道的真菌大概有6万种;据估计,存在150万种真菌。真菌通过空气传播的孢子繁殖,一些掉落在面包上,从而制造出面包霉。真菌循环利用死尸,把它们转化为肥料。它们还可以制造出蓝纹奶酪霉、蘑菇和青霉素。煤炭就是种子蕨类植物和树木(在真菌能够分解它们之前)在受到压缩后形成的。因此,这个故事需要为真菌留一席之地。

5亿年前,随着潮汐的起起落落,两种不同的真核生物吸附在海滨。一种食用阳光,另一种食用土壤;它们发现了彼此,并且携手进化成为最早的陆地植物和真菌。如果没有真菌,现代植物的祖先就不可能在陆地拓殖,真菌现在依旧与植物共生,在95%以上的植物物种根部,都可以发现真菌的存在。它们为植物提供来自土壤的化学元素。

最早的植物只有笔直的茎干,没有根和种子,不过拥有用于繁殖的孢子。到了大约4.1亿年前,在一段不同寻常的温暖期,这些茎干进化为马尾,一种中空而有节的茎干植物,高达14米。到3.45亿年前,它们已经成为热带地区的种子蕨类植物,然而,看起来更像生长茂盛的菠萝而不是蕨类。在大约2.45亿年前的大灭绝中,它们未能幸免,不过,至少有一种进化成为耐低温的针叶树。这样,陆地表面第一次绿意盎然。在此之前,大陆表面要么是灰色岩石,要么是红色岩石。

走出海洋的最早动物,很可能是两栖动物和不会飞的昆虫。经过自然选择,一些鱼类的鳍变成短粗的蹼状足。肺鱼是一种过渡性物种;在必要时,它可以在陆地上短暂生存。它的祖先现在还存在,不过只生活在澳大利亚。

在界定两栖动物时,主要考虑它们在水陆两种环境中的生存能力。已知最早的两栖动物化石,乃是于1948年发现的鱼石螈(Ichthyostega)化石,这种动物生活在大约3.7亿年前,

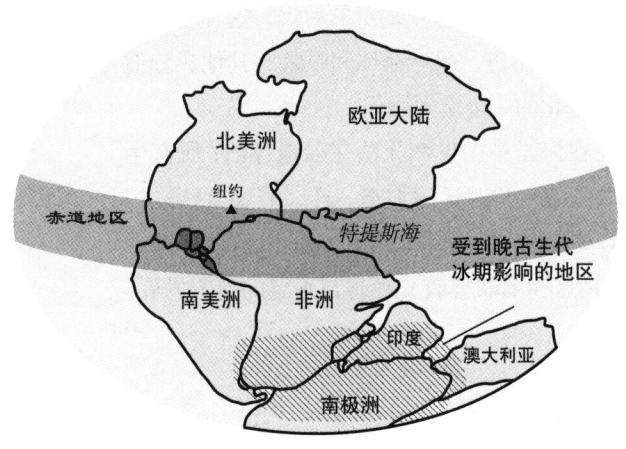

地图3.2 泛大陆（Pangaea）。这块超级大陆大约在3亿年前开始形成，到2亿年前开始分裂。它的名称来自希腊语——Pan的意思是"全部"，gaea指"地球"。在1927年召开的阿尔弗雷德·韦格纳大陆漂移理论（参见第2章）研讨会上，这个名称被创造出来。韦格纳是德国气象学家，1915年，他提出假说，认为所有大陆一度形成了一个超级大陆，他称之为原始大陆（the Urkontinent）。哪一块大陆毗邻当前纽约市的位置？

或许已经生活在陆地，不过，它们还需要返回水中产卵。那时候，树木高达18米。

爬行动物出现于3.5亿年前到3.1亿年前。它们比两栖动物更适应陆地生活；它们的干性皮肤能够留住水分，卵有一层坚韧的外壳，在陆地上可以得到保护。为了离开水域进行繁殖，爬行动物必须进化出插入式性行为；雄性发展出一种附器，可以在雌性体内（而不是水中）为卵子受精。在人类看来，爬行动物向前迈出了一大步。最早的爬行动物可能类似于海龟或鳄鱼，除了其他海龟和鳄鱼之外，它们并不是可以想象到的最性感的生物。

生物迁移到陆地的可能原因之一，乃是不断运动的大陆对它们造成挤压，迫使它们向陆地进军。第2章已经讲过，在地质时间里，地幔的运动也带动了大陆的活动。当植物、真菌和动物迁移到陆地时，所有的大陆板块正在汇聚成一块全球超级大陆，即**泛大陆**（参见地图3.2）。测年技术已经证明，大约2.5亿年前，泛大陆成为一块单一的大陆。在汇合之前几百万年时间里，海洋浅水区和海岸线出现收缩，食物竞争变得异常残酷。

达尔文认为，生命的进化是缓慢的，循序渐进的；在更好的测年技术帮助下，我们知道，生命偶尔会经历一场失败，一次大规模灭绝，渐进的进化被中断。在这种大规模消亡之后，进化会做出反应：新物种大量涌现，它们填补了处于空白的环境生态龛。

自寒武纪（开始于大约5.42亿年前）以来，已经发生了五次大灭绝，其间还有许多次小型灭绝事件（参见图3.11）。在4.4亿年前和3.65亿年前，生物物种减少了70%到80%。3.65亿年前的灭绝事件或许是促使生命有机体迁居到陆地的因素之一。没有人知道死亡到底是持续了几百万年，还是几千年，或者几年，甚或在一天之内完成。

大约2.45亿年前，出现了一次最严重的灭绝，即二叠纪末生物大灭绝，这次事件几乎使得生命消失。它导致95%的海洋物种消亡，75%的陆生物种不复存在。（请记住，没有人知道现在和当时到底有多少物种存在，这些数字只是大致的估算。）在这次灭绝中，三叶虫消失不见了，三分之一昆虫物种也随之消亡。不过蟑螂存活了下来。

我们的祖先也幸存下来，那是一种微小的爬行动物，后来进化成为小型原始哺乳动物。银杏树和马蹄蟹也存活下来；它们在最近1亿年基本上没有发生什么大的变化。

没有人确切地知道这些大规模物种灭绝的原因是什么，不过，它们是生命的组成部分。至少有二十几种理论被提出来，其中包括：全球变暖、全球变冷、大规模火山爆发、陨石和彗星撞击、大陆板块位置的不断改变、太阳耀斑的巨大变化、细菌瘟疫、磁场倒转、海平面变化、海洋中氧气损耗、海底甲烷泄漏和（或）地球倾斜度、抖动和轨道的改变（米兰科维奇循环——参见第4章和词汇表）。物种灭绝是进化史诗必不可少的组成部分，它们定期为新型有机体的大量涌现扫清了道路。

第8个阶段：恐龙与哺乳动物（大约2.45亿年前）

2.45亿年前的生物大灭绝留下了一片真空地带，小型爬行动物乘机进化成恐龙，它们是迄今为止最庞大的陆地生物（海洋中蓝鲸更大）。大约2亿年前，泛大陆开始分裂，当时，恐龙无处不在。它们统治世界达1.5亿年之久，直到又一次灭绝将它们全部消灭。

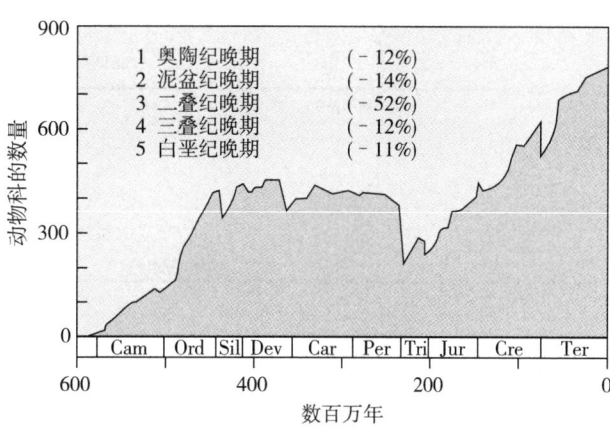

图3.11　漫长时期脊椎动物和无脊椎动物科数量表。这张图表所体现的，乃是寒武纪（开始于大约5.42亿年前）生命大爆发以来五次主要的生物灭绝以及其他一些灭绝事件，其中标明了动物科在数量上的减少。物种损失惨重，因为科（families）包含了属（genera）和种（species）。在每次重大灭绝之后，都会出现新物种的快速发展，通常会有不同的种群居主导地位。（图中的Cam、Ord、Sil、Dev、Car、Per、Tri、Jur、Cre和Ter分别是寒武纪、奥陶纪、志留纪、泥盆纪、石炭纪、二叠纪、三叠纪、侏罗纪、白垩纪、第三纪的缩写。——编者注）

恐龙这个名称来自希腊词汇deinos（恐怖的）和sauros（蜥蜴）。它们基本上是陆地生物，有些重达22000公斤。它们发展出了交配模式和早期育儿技巧。一些古生物学家认为，它们可能有四腔室心脏，足以供应充分的血液，因而它们可以算作温血动物。恐龙灭绝之前，其中的一支进化为鸟，即始祖鸟，前面已经提及这种鸟的化石。

进化为恐龙的爬行动物的一支近亲演化为另一种生物，即哺乳动物，这种生物用由汗腺进化而来的乳腺哺乳幼仔。最早的哺乳动物可能出现在2亿年前，作为一种过渡性物种，它们是多毛发的温血动物，但是像爬行动物一样产卵。今天的鸭嘴兽就是这种原始哺乳动物（单孔类动物）的一个例子。

稍后，另一种哺乳动物也进化出来，它们不再产卵，而是直接将幼仔生下来，不过，由于幼仔很不成熟，它们还得回到母亲腹部一个口袋里生活，直到它们能够在外部世界生存。这就是有袋类动物，现代袋鼠和树袋熊就是它们的后代。

第三种哺乳动物，即有胎盘类哺乳动物也出现了；它们能够在母体子宫中滋养后代，等到后代不再需要袋子生活时，就将它们生下来。在这类动物中，迄今最古老的化石是在北京附近发现的攀援始祖兽化石，距今大约1.25亿年。有胎盘类哺乳动物的现代近亲可能是鼩鼠；现代人类也属于这一类。

在恐龙生活时代，这些早期哺乳动物形体小，在地面生活。它们趁恐龙夜间休息时采集食物，并且开发出了嗅觉和大脑。作为温血生物，这些小型哺乳动物发展了大脑的一些

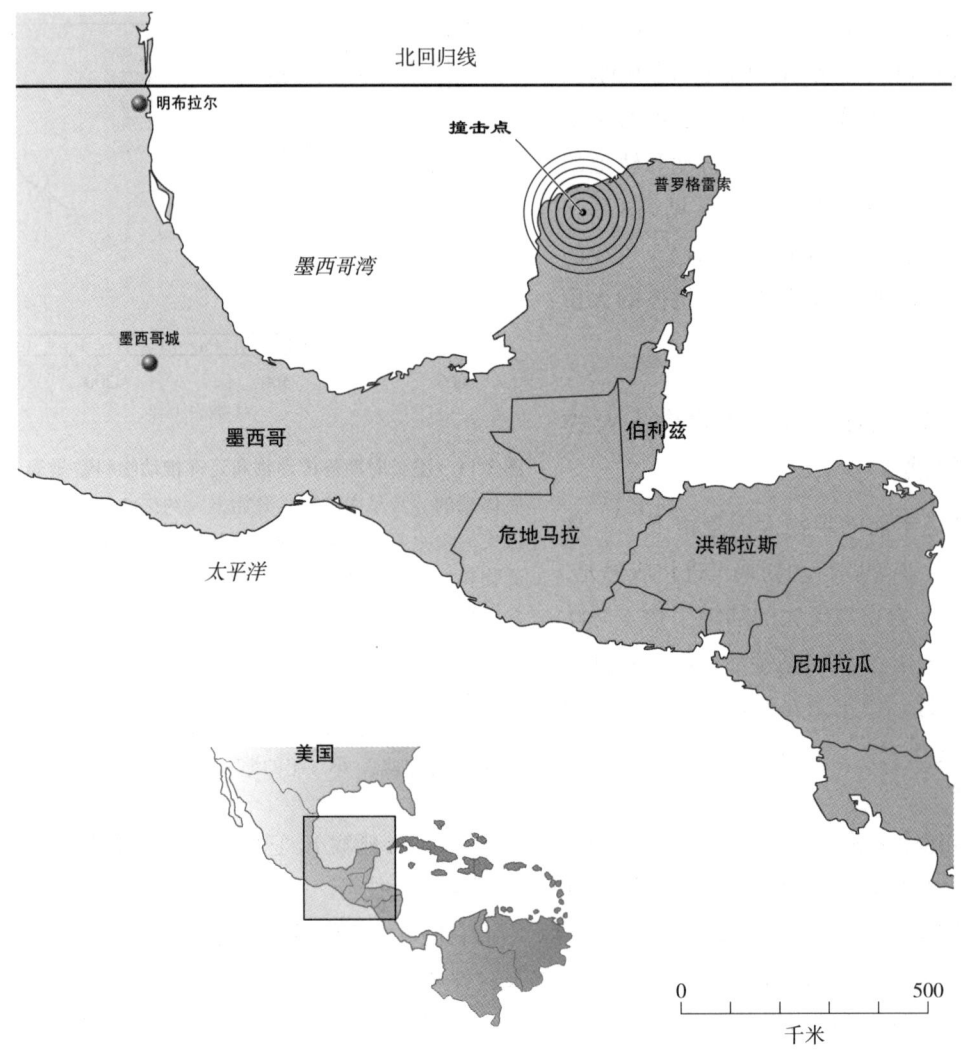

地图 3.3　小行星撞击点。这幅图展示了小行星撞击地球表面，不过，陨石坑现在已经被水掩盖。这种情况延缓了对它的发现，20世纪90年代早期，沃尔特·阿尔瓦雷茨领导的地质学家根据一些线索找到了它

区域，以便在各种外部环境中保持体温的一致性。它们也进化出了一些早期机制，以调节所有哺乳动物都具有的情绪反应。

然后，在6500万年前的某一天，一颗直径9.6千米的小行星从太空呼啸而来（研究者并不清楚，它到底是一颗陨星即石块碎片还是一颗彗星即冰块残骸）。这颗小行星与地球迎面相撞，砸在尤卡坦半岛北部海滨希克苏鲁伯村附近地区（参见地图3.3）。这次冲击的力度相当于1亿颗氢弹爆炸的威力，就像珠穆朗玛峰从天而降，砸出一个比利时大小的坑洞。冲击导致的碎片和伴随熊熊大火出现的烟雾直冲云霄，遮蔽地球，或许至少在几年时间里使得来自太阳的能量大大减弱，光合作用一度停止，许多植物死亡。这次撞击可能也导致火山在世界范围喷发，从而把更多碎片和烟雾释放到大气中。地球突然变得极其寒冷（这个故事最近得

到了证实，不过，仍然有少数科学家认为，恐龙灭绝仅仅是火山喷发的结果）。

小行星撞击地球是地球史上一次意外事故，或者说偶然发生的事件。这颗小行星似乎只有7分钟的时间间隙与地球相撞，因为地球在7分钟之后会离开那个位置。（我们还见到了其他的意外事件：地球的大小刚好适合拥有板块和大气；它刚好被一颗火星大小的早期陨星重重砸了一下，导致它的轴线倾斜，由此形成四季；宇宙正好有引力法则允许它存在，如此等等。）

6500万年前的这次撞击产生重大影响，大约90%陆地物种灭绝，50%的植物物种消失。恐龙全部消亡；它们的唯一后裔是至今存在的鸟类。体重大于32公斤的动物都死去。只有小型哺乳动物和蟑螂存活下来，它们以冰冻的恐龙尸体为食。比尔·布赖森（Bill Bryson）在《万物简史》中说道："如果我们进化得更快的话，我们可能早就灭绝了。"①

这颗小行星为哺乳动物开辟了道路，它清除了恐怖的食肉动物，提供了生态空间。化石表明，到5000万年前，大多数哺乳动物仍然是小脑袋、大爪子、笨拙而低效的足和牙。不过，在随后1000万年左右，出现了大量哺乳动物：马、鲸、骆驼和大象的祖先以及猫和狗的共同祖先（一种可以爬树的动物，类似鼬鼠的小古猫）。

大约6000万年前，一些小型地面哺乳动物开始搜寻开花树木的果实。在经历一代又一代之后，其中一些适应了在高处生活，并且在新环境中繁盛起来。渐渐地，自然选择筛选出最优基因，它们的脚爪变成手，爪子变成手指头，可以用一只手的拇指与手指抓取树枝，另一只手采摘果实。它们的眼睛开始向前看，视野得以交叠，为它们在树上攀吊提供了三维视野。这些小型哺乳动物类似猴子，这是一条新的进化道路。

最终，一些猴子物种回到地面寻找食物，这时，它们有更好装备：双眼视力和灵巧的手。尽管它们在地面采集食物，不过，它们夜间回到树上睡觉休息。它们长得与大型猫一般大小，进化出较大的大脑和类人猿那种初步的双腿行走（指关节拄地行走）。

我们现在回顾一下哺乳动物的进化过程。它们在2.45亿年前物种大灭绝之后很快出现，一开始是小型的鼩鼠般的生物，在6500万年前恐龙消亡之前一直生活在地面。此后不久，其中一些爬到树上寻找果实，树上的果实变得稀少之后，有一些再次回到地面采集食物，不过，它们把窝安在树上。我们继承了这些历经几千万年产生的改进——手指、拇指、三维视野以及较大的大脑。

本章叙述到我们的祖先，即在树上筑巢以及在树上和地面觅食的类人猿。下一章我们会跨越复杂性的第6道主要门槛，那时，类人猿的一个群体进化为智人，或者说现代人。

---

① Bill Bryson, *A Short History of Nearly Everything* (New York: Broadway Books, 2003), 347.

小 结

在本章中,我们对生命的定义如下:具备新陈代谢、繁殖和适应环境的能力。生命经由自然选择而发生变化或适应环境,在此过程中,不断变化的环境选择那些有益于有机体生存和繁殖的突变基因。活的有机体最开始通过化学进化的方式产生,这种进化创造了第一个能够进行新陈代谢、繁殖和适应环境的细胞。通过使用这个细胞的化学体系——由蛋白质和核酸构成,包裹在一层薄膜之中——更多的细胞进化出来了。经过大约20多亿年时间,它们创造出了当前生命的基本体系:发酵作用、光合作用、有氧呼吸、真核细胞以及有性繁殖。在最近5亿年,活的有机体进化出各种形式:从多细胞生物到脊椎动物,到植物、真菌和陆地动物,再到恐龙和哺乳动物,再到类人猿。最近5亿年的进化潮都出现在五次物种大灭绝之后。最后一次大灭绝消灭了恐龙,为哺乳动物的繁荣清除了道路。在这些哺乳动物中,就有我们的祖先,即栖居树上的灵长目动物。物种灭绝事件消灭了比较复杂的生命形式,不过,在每一次灭绝之后,生命以更复杂的形式出现。

本章问题

1. 达尔文的自然进化论是什么?
2. 自达尔文生活时代以来,有哪些证据证明了他的理论?
3. 最简单的活细胞——原核细胞的成分是什么?
4. 单细胞有机体进化的主要阶段有哪些?
5. 真核细胞与原核细胞有何不同?
6. 追溯多细胞有机体进化过程中的重大事件。

关键词

Cambrian explosion　寒武纪生命大爆发
convergent evolution　趋同性进化
DNA　脱氧核糖核酸
eukaryotes　真核细胞
fossils　化石
last universal common ancestor (LUCA)　最后的共同祖先
life　生命
natural selection　自然选择
ozone　臭氧
Pangaea　泛大陆
photosynthesis　光合作用
prokaryotes　原核细胞
respiration　呼吸作用
RNA　核糖核酸
taxonomy　分类学
theory of chemical evolution　化学进化理论

延伸阅读

Alvarez, Walter. *T. rex and the Crater of Doom*. Princeton, NJ: Princeton University Press, 1997.

Browne, Janet. *Charles Darwin: The Power of Place*. Vol. 2. New York: Knopf, 2002.

Bryson, Bill. *A Short History of Nearly Everything*. New York: Broadway Books, 2003.

Chaisson, Eric. *Epic of Evolution: Seven Ages of the Cosmos*. New York: Columbia University Press, 2006.

Dawkins, Richard. *The Greatest Show on Earth: The Evidence for Evolution*. New York: Free Press, 2009.

Erwin, Douglas H. *Extinction: How Life on Earth Nearly Ended 250 Million Years Ago*. Princeton and Oxford: Princeton University Press, 2006.

Goodenough, Ursula. *The Sacred Depths of Nature*. New York and Oxford: Oxford University Press, 1998.

Hazen, Robert M. *Genesis: The Scientific Quest for Life's Origin*. Washington, DC: Joseph Henry Press, 2005.

Margulis, Lynn, and Dorion Sagan. *Microcosmos: Four Billion Years of Evolution from Our Microbial Ancestors*. Berkeley: University of California Press, 1986.

Smith, Cameron M., and Charles Sullivan. *The Top Ten Myths about Evolution. Amherst*, NY: Prometheus Books, 2007.

Weiner, Jonathan. *The Beak of the Finch: A Story of Evolution for Our Time*. New York: Knopf, 1994.

Wilson, Edward O. *The Social Conquest of Earth*. New York and London: Liveright Publishing (division of Norton), 2012.

Big History

第 4 章

第 6 道门槛

人亚科原人、人类与旧石器时代

考察大图景

从 800 万年前到 1 万年前

- 早期人亚科原人在哪些方面与我们相似？它们又有何不同？
- 你如何看待与黑猩猩拥有共同祖先？
- 为何我们这个物种与其他物种如此不同？
- 我们可以用什么证据来说明我们这个物种的成员最初出现的时间？
- 什么是集体学习？它有多重要？
- 如果你生活在旧石器时代，生活会是什么样子的？
- 旧石器时代社会如何为后来直到今天的人类历史奠定了基础？
- 旧石器时代集体学习的证据是什么？

在本章中，我们会带领你们考察又一道门槛：我们自己的物种即智人的出现。

我们从三个阶段来描述对这道重要门槛的跨越。本章第一部分描述以人亚科原人（Hominine）著称的一群类人猿在最近800万年的进化，以及这个种群内一些物种如何变得与我们越来越像。它们是我们的祖先，与30年前相比，我们现在对它们了解得更多。就那一时期来说，更加清楚的是，尽管它们与我们更加相似——直立行走、进化出更大的大脑、开始制造石器工具，但是它们并没有发生革命性变化。人们不会轻易宣称，这个物种的出现标志着地球历史上一道新的门槛。

我们找到了新物种即智人在大约25万年前到20万年前出现的证据，可以说，**智人**的出现确实是生物圈历史上的一次革命。我们是智人，智人是现代人的生物学名称。本章第二部分描述这次重要的变化。如果我们打算宣称我们的出现标志着一次革命的话，那么，我们就得知晓为何如此。从某种意义上说，我们仅仅是人亚科原人的一个种群，与其他人亚科原人种甚至其他类人猿的差异没有那么大。另一方面，如果我们把差异例举出来，就会发现存在很多不同之处。不过，即使黑猩猩和大猩猩之间也有很多差别。那么，到底是什么让智人变得如此具有革命性呢？只有当思考这个物种的历史时，我们才可能发现它的革命性本质。在这个物种生存于地球上的漫长时期，它不断创造与环境相一致的新方法，最终，它制造了革命性变化，这种变化不仅影响到该物种的成员、它们居住的环境，最后也影响到整个生物圈。智人对周围环境的深远影响，就是革命性所在。

这个物种开启了一种与地球上其他大型物种完全不同的历史，原因何在呢？我们认为，关键在于语言上的变化。与其他所有物种相比，我们物种的成员相互之间能够更精确地、以更大的"带宽"（bandwidth）进行交流。这意味着个体可以相互交换了解的信息，这样，信息就在每一个人类社会积累起来，随着时间推移，在一代代人当中越积越多。新信息的缓慢但越来越快的积累，塑造了人类的历史。我们把信息共享的过程称为集体学习。**集体学习**（Collective Learning）意味着，人类——与其他物种不一样——不但通过基因变化、也通过文化变化来适应周围环境。并且，文化变化快于基因组变化，这有助于解释最近20万年人类历史中变化速度的加快。在把集体学习当作人类历史关键因素之后，我们就需要提出一个问题：是什么时候我们意识到自己正在讨论一个具有集体学习能力的物种呢？是什么时候我们能够确信讨论的就是我们自己这个物种呢？这是很棘手的问题，古生物学家还没有就最优答案达成一致。

一旦人类出现，具备一种新的、更强有力的语言形式，并由此获得集体学习的能力，人类历史就启动了。本章第三部分描述人类历史上最古老而漫长的时代、这个时代人类的生活方式以及这个时代包含的一些主要变化。我们将之描述为人类历史上的旧石器时代。它开始于最早人类的出现，结束于大约11000年前到10000年前农业的出现。农业的出现是另一道门槛的标志，我们将在下一章讨论。

4.1 人亚科原人的进化：从 800 万年前到 20 万年前

上一章我们提到了赤道非洲地区栖居树上的类人猿（great apes）。到了大约 800 万年前，除了亚洲猩猩（orangutan）之外，早期类人猿在非洲之外的世界其他地区都灭绝了。

人类是从类人猿的一支进化而来的。长期以来，我们都不清楚这支类人猿是大猩猩（gorilla）还是黑猩猩（chimpanzee），直到遗传研究表明，人类更接近黑猩猩，人类与黑猩猩的基因相似度达 98.5%，从而确定了它们是人类最近的亲属。现代黑猩猩和现代人类是从一个共同祖先进化而来，大约 800 万年前到 500 万年前，我们人类才分离出来。通过估算两个物种基因出现差异所需时间（基于遗传变化的大致速度），就可以得出这个结论。

与黑猩猩从共同祖先分离出来的那支猿人的各个种（其中也包括人类），我们称之为**人亚科原人**（hominine）。人亚科原人这个词可能有点让人困惑，因为直到最近被使用的词汇是原人（hominid）。不过，与以前所想的一样，遗传研究已经表明，黑猩猩和倭黑猩猩（bonobo，黑猩猩的另一个种）更接近人类，而不是更接近大猩猩。因此，分类体系需要做出调整，不过，科学家还没有在如何调整上取得一致。这样，原人的含义就取决于所使用的是哪一种分类体系。所有生物分类学都使用了相同的总体层次，比如界、纲、科（参见词汇表），然而，在亚群的内容上，生物学家出现了分歧。我们使用的体系如表 4.1，其中所有类人猿都被纳入一个总科；同属一科的类人动物（hominoids）——包括大猩猩、黑猩猩、倭黑猩猩以及人类——称为人科（hominids）；亚科中人类的所有后代被称为人亚科（homininae）或人亚科原人。人们就这些分类应当如何排列争论不休。

人类进化的证据类型

最近 60 年，我们在理解人类进化方面取得了巨大进展，因为测年技术得到极大改进，

表 4.1　人亚科分类

以下关于我们物种的分类，展现了我们人类慢慢出现的各种特征。 人类属于 ·真核生物总界（由真核细胞构成）； ·动物界（非植物或真菌） ·脊索动物门（具有脊骨的动物） ·哺乳纲（哺乳幼仔的脊索类动物） ·灵长目（大型的、栖息树上的哺乳动物） ·人猿总科（人类和所有类人猿，包括黑猩猩、倭黑猩猩、大猩猩、长臂猿和猩猩） ·人科（包括大猩猩、黑猩猩、倭黑猩猩和人类） ·人亚科（两足猿〔双脚直立姿态〕，与黑猩猩分离以后人类的所有种） ·人属（双足猿，大脑大于 800 立方厘米） ·智人种（解剖学上的现代人，人亚科唯一幸存的种群）

同时也存在其他类型的证据。我们简要描述来自以下四个领域的证据：史前考古学（研究骨骼化石和石器工具）、灵长类学（研究现代灵长类动物）、遗传学（研究基因）以及气候学（研究气候变化）。

化石骨骼与石器工具

19世纪中期，欧洲科学家开始研究人亚科原人的化石骨骼和石器工具。1850年，西西里和法国北部发现的石器工具的绘图得以公布。1857年，尼安德特人（Neandertals）的最早化石在德国尼安德山谷被发现，不过，第一批古代人类骨骼（从解剖学而言，也是现代人类骨骼）是在1868年发现于法国莱塞济附近克罗马农山洞，因此，它们被称为克罗马农人（CroMagnon）。

20世纪早期，绝大多数欧洲科学家认为，直到大约6万年前，智人才在欧洲进化出来。"二战"之后，史前考古学家开始在非洲寻找骨骼；其中著名的有路易·利基（Louis Leakey，1903—1972）与他的妻子玛丽·利基（Mary Leakey，1913—1996）以及儿子理查德·利基（Richard

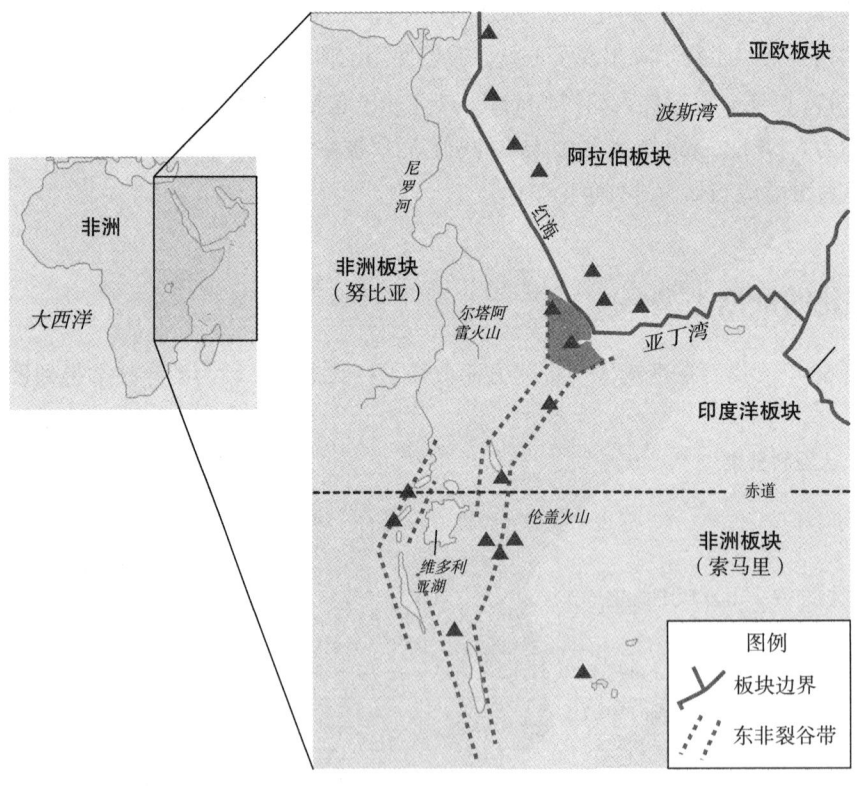

地图4.1　东非大裂谷的研究地点。东非大裂谷是由非洲大陆板块的一条裂缝形成；裂谷东部正在分离，有朝一日会漂浮在印度洋上。阿法尔三角带处于三个相互分离的板块——阿拉伯板块和非洲板块的两块碎片（努比亚和索马里）——的结合部。大裂谷导致了历史上很活跃的火山（三角地区），它们洒落的火山灰掩盖了尸体，也保存了骨骼

Leakey，1944— ），他们在东非大裂谷地区坦桑尼亚奥杜韦峡谷（the Olduvai Gorge）从事考察工作（参见地图4.1和第2章）。理查德·利基扩大了他的考察活动，1967年，身在埃塞俄比亚的他发现，路易·利基所说的骨骼，正是非洲最早的智人骨骼。到20世纪90年代早期，许多考古学家承认，智人肯定是在非洲进化出来的。达尔文在他的著作《人类的由来》（1863）中就做出了类似推论，他的依据在于，非洲存在我们的近亲，即大猩猩和黑猩猩。

非洲还出现了比智人更早的人亚科证据。1960—1963年间，利基一家找到了一些遗迹，他们称之为能人（homo habilis，意指"巧手人"，因为它们似乎制造了石器工具）。能人生活在大约250万年前到175万年前。1974年，唐纳德·约翰松（Donald Johanson，1943— ）在埃塞俄比亚的阿法尔三角地带（the Afar Triangle）找到了更古老的骨骼，他把其中一幅不太完整的著名骨架称为露西（Lucy），露西大约生活在320万年前。两年之后，玛丽·利基在坦桑尼亚利特里（Laetoli）的火山灰中发现了人亚科原人的足印，年代大约为350万年前。1994—2004年间，8种新的早期人亚科原人种被发现，这10年也成为人类古生物学成果丰硕的时期之一。

化石遗迹能够告诉我们大量关于我们祖先的信息。这类化石不但可以告诉我们它们的形体以及它们如何行走和移动，也可以告诉我们它们大脑的容量、居住的环境，甚至它们是素食者还是肉食者，如果我们仔细研究它们的牙齿的话。

现代灵长类动物

对现代灵长类动物的研究，能够为我们提供间接证据来了解我们祖先可能是如何生活的，尽管在这类证据能够告诉我们多少关于祖先的信息方面，人们还存在争议。直到20世纪60年代之前，我们对野生灵长类动物知之甚少；大多数专家只是在动物园进行研究活动。此后20年，灵长类动物学兴盛起来，尽管受到重重阻碍。热带雨林正在消失，随之消亡的，还有雨林中大量的猴子和类人猿。研究者常常发现，他们不但很难研究自己的研究对象，同样也很难保护它们。

简·古多尔（Jane Goodall，1934— ）最初与利基一起工作，1960年，她前往坦桑尼亚坦噶尼喀湖（Lake Tanganyika）地区的贡贝河野生动物保护区（Gombe Stream Game Reserve，目前已经成为国家公园），并且与黑猩猩住在一起，由此开始了对野生黑猩猩的开拓性研究。她的报告震惊了世人，因为她发现黑猩猩使用工具：用棍子捕集白蚁窝中的白蚁、用石头砸开果实、用树叶擦掉粪便。让古多尔感到惊讶的是，医学研究者早就认识到了黑猩猩和人类在生理学上的相似性——比如，我们能够相互输血——但是，他们却忽视了两者之间在情感和社会方面的密切相似。通过揭示人类行为多么符合动物世界的行为，古多尔引起人们态度的变化。1965年，西田利贞（Toshisada Nishida）开始研究坦桑尼亚马哈尔山的黑猩猩，他也做出了重要贡献。

基因比较

20世纪60年代以来,一种新证据出现,即科学家学会比较不同物种的基因。我们由第3章得知,当两个物种彼此分离时,中性突变(neutral mutations)就会在每一支中累积起来。中性突变是指基因中非编码DNA的改变,这部分DNA不会提供制造蛋白质的指令,也不会被自然选择清除。目前为止,我们还不能理解基因组中非编码的、中性的或沉默的基因的功能。在每一个物种中,中性突变的积累速度非常稳定,因此,中性突变的数量可以揭示物种有多古老。研究者通过计算两个现代物种DNA序列之间的差异,就可以估算出它们何时从共同祖先那里发生分离,或者他们通过计算一个基因中中性突变的数量,就可以估计出那个基因盛行于何时。

1967年,基因测年首次被用来估算人类与非洲类人猿的共同祖先,得出的结论是,这一祖先生活在大约700万年前,大多数古人类学家表示强烈反对,他们认为,更有可能的年代是2000万年前到1500万年前。然而,进一步的研究不断表明,人类与类人猿的分离时间发生在800万年前到500万年前,大多数古人类学家现在已经接受了这些年代。

气候变化

20世纪早期,科学家们认为,全球气候在几千年时间里只会发生缓慢变化。20世纪50年代,少数科学家利用碳-14测年获得的证据表明,过去一些气候变化只发生在几千年时段。20世纪80年代和90年代,有证据显示,全球气候可能在一个世纪甚至短短十年之内就发生改变。这种证据主要来自对大块冰原的冰核钻探研究——深入3.2千米。钻探取样的一块典型冰柱,直径大约10厘米,长度为30.5厘米,这样,用强大的显微镜就能够分析冰块的年层。每一层都含有形成时期的微型空气泡,通过分析空气泡,就能够确定当时大气的构成以及地球表面的平均温度。

气候变化的证据不但来自冰核样品,也来自海底沉积物的样品。海底样品讲述了一个更久远的故事,远至100万年前,而冰核样品则提供了一幅更详细的、每一年的图景。通过使用来自格陵兰岛冰核的高分辨率证据,气候学家差不多能够以十年为单位标绘出过去80万年的气候变化,能够以月为单位标绘出过去3000年的气候变化。对大量存在的耐寒花粉进行研究,也有助于我们理解气候变化。因为不同植物物种的花粉不同,由此可以重建整个植物生态系统。

在过去70万年,地球的气候随着每10万年一次的冰期和其间夹杂的长约1万年的短暂的温暖期(或"间冰期")而波动。冰核证据表明,在最后一次冰期的最后1000年,暖冷频繁更替,剧烈的变化会在数年或数十年发生(参见图4.1)。如果这个模式适用于今天的话,那么,最近1万年的温暖期正在结束,我们会再次进入一个冰期。这些模式表明,人类是在气候很不稳定的一段时期进化的,这种不稳定性或许有利于适应能力很强的物种的进化。

在过去一代人的时间里,科学家已经学会了把气候的改变与地球公转轨道的变化联系在一起。轨道的变化影响了每年不同时刻太阳辐射抵达地球的总量。这种变化有周期性,

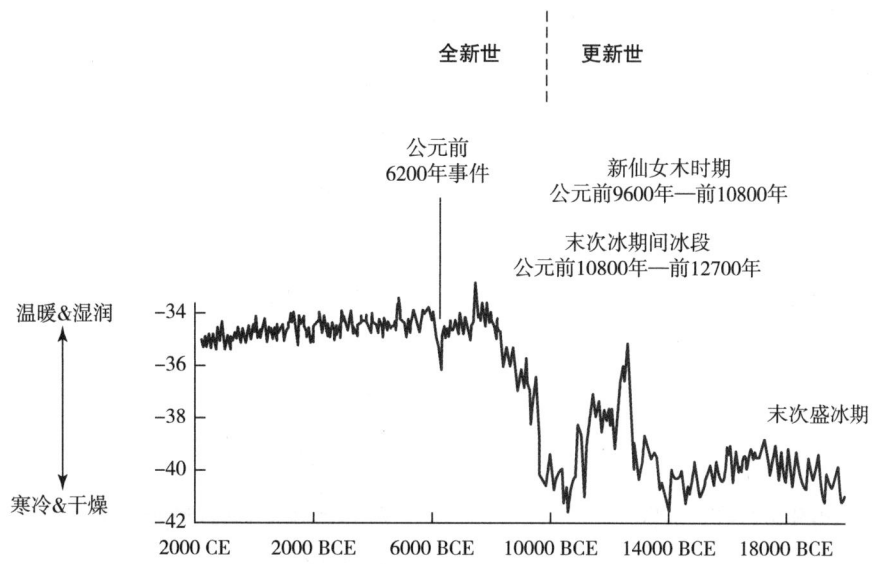

图4.1　公元前2万年至今的全球气温。这幅图表的依据，基于取自格陵兰岛的一块冰核之化学成分的变化。被检测的是氧的两个同位素氧16和氧18的相对存量。请留意，最近1万年与此前1万年相比，气候更暖和也更稳定

被称为**米兰科维奇循环**（Milankovitch cycles），因为正是塞尔维亚天文学家米卢廷·米兰科维奇（Milutin Milankovitch, 1879—1958）发现了这个循环。地球轨道有三种不同变化。第一种是地轴所指方向的改变，即地轴的摆动，变化周期大约为21000年。第二种是地轴倾斜度的变化，倾斜角度介于22.1度到24.5度之间，变化周期为41000年。第三种是地球公转轨道不是一个完美的圆，这是地球附近其他行星引力作用的结果，变化周期为10万年和40万年。自大约3500万年前以来，这些米兰科维奇循环就构成了我们的行星时钟；它们的影响现在还可以在岩层中发现。

人亚科原人发展的不同时期

一想到人类与黑猩猩有共同祖先并由此进化而来，是不是觉得很别扭呢？许多人确实如此感觉，可能他们没有把推算出来的进化所需的700万年，即大致28万代人的时间考虑在内。

表4.2概括了现代黑猩猩与现代人类之间的主要差异。我们后面会探讨几百万年时间内发生的这些变化，我们分三个时期——雨林、稀树热带草原、灌丛热带草原进行讨论，每个时期都出现了标志性的环境变化。

表 4.2　现代黑猩猩与现代人类的一些差异：700 万年发生的变化

黑猩猩	人类
指关节拄地行走	两足动物
脑容量小（大约 1/3）	脑容量大
牙齿、颚、嘴较大	牙齿、颚、嘴较小
毛发黑，肤色浅	毛发少，肤色深（现在多变）
合群	更合群
喉位高	喉位低
无须协助的独自生育	协助下的社会分娩
男性体型比女性大 25%~30%	男性体型比女性大 15%~20%
男女等级制	配对结合
独自进食	群体进食
不使用火（生吃）	用火（熟食）
简单工具	复杂工具
发声与姿势	完全的句法表达
24 对染色体	23 对染色体

雨林

现代黑猩猩生活在赤道热带雨林，即此前所说的丛林（jungle，印地语森林的意思）。雨林炎热、潮湿，布满了快速生长的植物。这些黑猩猩的食物有果实、坚果、种子、树叶、蚂蚁、毛虫、蜂蜜和蛋，一旦有机会，它们也食用猴子、丛林野猪以及丛林小鹿的肉。

我们人类是这些现代黑猩猩的后代吗？显然不是，因为并不存在我们可能由之进化的时间。那种想法只是误解而已。事实上，现代人类和现代黑猩猩都是从大约 700 万年前的共同祖先进化而来，那个祖先或许更像黑猩猩而不是人类，因为自那时以后，黑猩猩似乎没有什么变化，而人类以及我们的祖先却发生了巨变。

在 700 万年时间里，自黑猩猩与人类从共同祖先那里分离之后，黑猩猩支系进化出两个物种：普通黑猩猩和倭黑猩猩。人类支系至少出现了 18 种不同物种，其中一些可能一直生活到 5 万年前，尽管只有一个种（智人）存活到了现在（参见图 4.2）。

后面会提到，这两种黑猩猩彼此可能存在很大差异。灵长类动物学家在激烈地争论，到底哪一种更像共同祖先，不过，他们一致认为，与人类相比，这两种动物可能更类似于共同祖先。这个立场的证据在于，人类支系的早期化石很难与现代黑猩猩的化石区分开，而黑猩猩和倭黑猩猩在过去150万年变化甚少。一个可能的原因是，这两种黑猩猩生活在雨林，而人类支系则适应了新的环境，即凉爽、干燥气候所创造的开阔的热带稀树大草原。通过研究我们的近亲黑猩猩，我们就能够想象黑猩猩和人类最后的共同祖先是什么模样，只要我们记着他们也发生了某些变化即可。

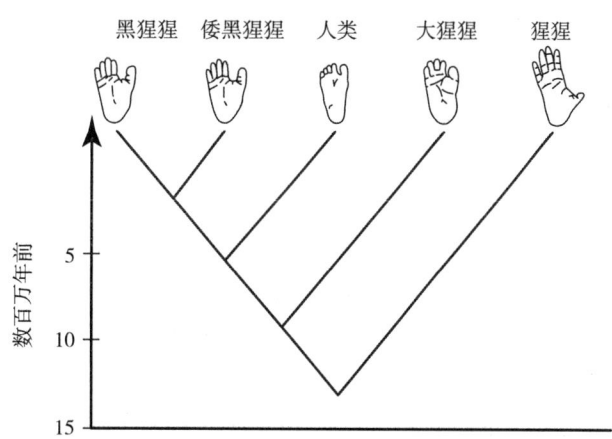

图4.2　我们的系谱。你能找出人类与黑猩猩的共同祖先吗？

普通黑猩猩过集群生活，每群15到80只不等，以具有血缘关系的雄性为中心，每只雄性有众多配偶。雄性确立自己领地的边界，建立边界巡逻兵，并且以武力捍卫自己的领地。雌性通常在青春期之后不久就离开出生的群，加入附近的群；这样就避免了近亲繁殖。人类学家将这种情况称为从夫居（patrilocality），与从母居（matrilocality）相对，后者指雄性移居另一个群。从夫居为雄性提供了血缘优势，而雌性就没有这种亲属支持网络。

雌雄两性都有自己的等级制度，不过，所有雌性都低于雄性。黑猩猩的性关系比较混乱，在配偶和孩子抚养上不存在永久的忠诚，养育幼仔的工作主要由雌性独自承担。多配偶制似乎有利于雌性，因为这样一来，父亲身份就模糊不清了；这正是雌性所想要的，因为一旦雄性黑猩猩知道雄性幼仔不是自己所生，有时会杀死它们。

1960年之前，人类被认为是唯一使用工具的动物。然而，正是在1960年，简·古多尔发现了一个现象：一只黑猩猩把树枝的叶子去掉，然后将它捅进白蚁窝，当树枝被抽出来时，上面沾满了白蚁。此后，研究者观察到，黑猩猩制造和（或）使用了超过半打的工具用于不同目的。每个集群有自己的一套工具，幼年黑猩猩通过观察成年黑猩猩的动作来学习使用这些工具。在整个非洲，黑猩猩集群在使用工具方面各不相同。（现在，我们知道其他一些物种也使用工具，包括一些鸟类和海豚。）

经过10年研究，古多尔相信，尽管黑猩猩在行为上非常类似人类，不过，它们大体上更加友好。然而，1971年，贡贝（Gombe）的研究者观察到了前所未有的行为——对来自相邻集群一只离群雌性的凶残攻击。他们还发现，一位位高权重的雌性与她的女儿（当时没有后代）杀死了自己集群中的许多幼仔。20世纪70年代中期，一群黑猩猩为了拥有自己的领地而从原来的集群中分离出去；此后四年时间，原来的集群对分离群体发动攻击，杀死所有成员（除了三位年轻的雌性），夺回了领地。古多尔只得接受这种结论，即黑猩猩在特定情境中具有强烈的攻击倾向，这些环境包括争夺食物、配偶和领地，或者处于强烈的嫉妒、恐惧和复仇的情绪下。

不过，黑猩猩群体也不断体现出分享、互助、同情以及利他主义。母子和兄弟姐妹之间常常发展出深厚的、一生一世的情谊。兄弟们在成年后成为亲密朋友，在社会冲突中经常同仇敌忾。年长亲属会在年幼黑猩猩丧母后收养它们。非亲属甚至也会收养那些没有年长亲属保护的孤儿。黑猩猩不能游泳；当它们被圈养在四周都是水的动物园时，溺亡事件时有发生。通常情况下，当一只黑猩猩掉进水中，其他的黑猩猩都会冲过去尝试救援。

每一只黑猩猩都可以发出独特的声音，它们拥有丰富的声音、姿势和面部表情，这有利于信息交流。它们的姿势包括伸手讨要食物以及举起双臂要求搭载，9~15个月大的人类婴儿也经常使用这两个动作。黑猩猩的问候姿势包括拥抱、握手、亲吻和拍打背部。古多尔列举了34种不同的发声，它们是咕哝、咆哮、尖叫和叫嚣的不同变化。

黑猩猩的喉——一种由肌肉和软骨组成的结构——位置偏上，有助于防止进食的食道与输送空气的气管交叉。由于这些管道没有交叉，黑猩猩就不会被食物呛到。人类的喉位偏下，这样，我们就获得了一个共振发声的气腔；人类以被呛到的小小风险换来了语言使用的可能。黑猩猩没有共鸣腔和人类那种灵巧的舌头。不过，在人工驯养师的帮助下，黑猩猩能够学会一些基本的符号语言，一些7岁大的黑猩猩能够以手势表达150个词，沃肖（Washoe，第一只会手语的黑猩猩）能够表达200~300个词。黑猩猩可以使用2~3个词正确地造句，不过，更长的句子往往有语法错误。（相反，6岁大孩童掌握的词汇量大约为1万个，他们能够说出长句。）在夜间，野生黑猩猩会从树上栖息地不断发出叫声，似乎在确定大家是否安全。即便得到训练，众多黑猩猩也不能同时发声或保持一种节拍。

黑猩猩的另一个种类即倭黑猩猩是在700万年前分离出去的，当时，刚果河（1971—1997年被称为扎伊尔河）阻隔了一群黑猩猩。由于只在群内繁殖，这群黑猩猩发展出了一些明显的特征，这也使得它们变成一个单独的种。今天，它们生活在刚果民主共和国境内，活动范围与英格兰差不多大小。

与黑猩猩较大的胸腔、肩膀和头相比，倭黑猩猩体重比普通黑猩猩稍轻，上身纤细，肩膀较窄，头部较小。倭黑猩猩的腿更长，当站立时，也站得更直；它们更喜欢栖居树上和运动，因为它们生活在浓密而潮湿的沼泽森林地带。潮湿的森林有利于大树生长，这些树木一年四季产出大量果实。由于食物丰富，倭黑猩猩群的数量也更庞大，雌性形成了一种牢固的、安全的纽带关系，尽管它们在成年后会离开最初的集群。一些研究者指出，这也解释了为何倭黑猩猩似乎没有那么刚猛的暴力和攻击性——人们没有观察到强迫性交配、杀婴、边界巡逻队或者对邻居的攻击（参见图4.3）。

倭黑猩猩有时也会狩猎；雌性通过团结一致实施统治，鼓励集群所有成员之间频繁的、多样化的性活动（异性的和同性的），以此防止大多数攻击行为的爆发。刚果民主共和国爆发内战之后，对野外倭黑猩猩的研究变得困难重重；趁着倭黑猩猩还在野外存在，研究者希望对它们有更多了解。

倭黑猩猩和黑猩猩都以权力和性作为主要关注点。这两个群体对社会地位和其他成员的情感反应表现得很敏感，不断推测谁与谁是同伙。它们的行为在许多方面是人类行为的写照，由此可见，我们的祖先在这些方面肯定与这三个物种都非常相似。

稀树热带草原

在1500万年前到500万年前，东非的气候发生了剧烈变化。地壳的板块过去和现在继续沿着从莫桑比克到埃塞俄比亚的一条漫长裂缝分离（参见地图4.1）。非洲东部这块地方最终会与非洲大陆分离，漂浮到印度洋上。同时，这种地壳结构运动导致高地出现，阻断了雨林模式，东非由此拼出不同的栖息地。断裂带两侧的高山和深谷可能隔离了人亚科黑猩猩与它们雨林地区的亲戚。

1000万年前到500万年前，全球气候处于冷却期，650万年前到500万年前，气候尤其严酷。水大量结成冰块，地中海一再干涸。当气候变得更寒冷更干燥时，

图4.3　雌性倭黑猩猩（P. panicus）。据估计，野生倭黑猩猩不足1万只

赤道雨林收缩，外围分裂成许多块林地。历经几百万年的这种气候变化强化了人亚科原人的第一个特征：直立行走。

1994年，埃塞俄比亚阿法尔三角地带的考古活动取得一项突破性发现：人亚科原人最早种群的骨骼被发现，距今440万年。这些不是最后的共同祖先（即露西）的骨骼，不过是迄今为止已知的最接近它的，它们比露西的骨骼早100万年，露西的骨骼于1974年在离这些骨骼74千米以外的地方被发现。这个新发现的种被称为地猿始祖种（Ardipithecus ramidus），这个名称源自阿法尔语，意思为"地面"和"根"。骨骼被发现的个体被通俗地称作"阿蒂"（Ardi）。

阿蒂是雌性，重50公斤，高122厘米。她生活在林地，能够直立行走，也能用四肢攀援树枝。其他36具骨骼也在附近被发现，雌性和雄性都有较小的犬齿。通过对阿蒂的研究，科学家们断定，最后的共同祖先并不像他们原来所想的那样类似于黑猩猩，直立行走的出现不是由于树木稀缺而是别的原因造成的，小犬齿表明，雄性争夺雌性的冲突减少了，成对结合更常见，这比人们以往所认为的要早。

著名的露西属于南方古猿阿法种，这个种的大多数化石年代介于350万年前到180万

年前。除了一个例外情况，**南方古猿**化石都来自南部非洲或东部非洲，骨头在那些地方的火山区更容易石化，通过掩埋骨骼的火山灰，也更容易测定它们的年代。不过，史前考古学家认为，南方古猿可能生活在整个非洲地区。它们的特征在于：大脑比黑猩猩的稍大（大约400~500立方厘米）、两性异形（雌雄形体大小不一样，雄性比雌性大50%）以及直立行走。

人类进化为何首先进化出直立行走这个特征呢？当前的解释各种各样。直立行走曾经被认为是为了适应大草原环境，因为那里树木稀少，必须行走才行。然而，1994年以来，许多早期直立行走的人亚科原人化石在森林地区被发现，这就反驳了早先提出的假说，即直立行走仅仅是为了适应草原环境的需要。当下大量理论认为，黑猩猩发展出直立姿态是为了更有效地从一个林地走到另一个林地，这种姿势使得雄性可以把食物带回给雌性，或者让雄性展示阴茎来吸引配偶。不管这种姿势最初承担的功能是什么，在非洲东部和南部不同居住环境中进化出来的人亚科原人几个种群，因直立行走而获得了繁殖优势。

伴随直立行走而来的，或许是体毛的逐渐消失，尽管没有直接证据证明这一点。毛发减少被认为是在热带大草原保持凉爽的一种适应过程；人亚科原人保留了头顶的毛发，因为头部会受到太阳的直接照射，身体上的长毛逐渐减少，它们还发展出其他纳凉方法，这些都有助于它们在白天采集食物。另一个可能的解释是：雌性会选择毛发较少的雄性，因为它们确信这种雄性身上的寄生虫更少。当然，现代人类也并不是完全没有毛发；我们保留了体毛的痕迹和鸡皮疙瘩。鸡皮疙瘩促使我们毛发竖立，以增加绝缘或作为一种威胁的姿态。

对于早期人亚科原人来说，开阔地带的生活极具挑战性，即便那里还存在少数树木可以用来逃避地面肉食动物的威胁。直立行走是这些早期人亚科原人最早的适应行为，当时还不存在脑容量的快速增长。

灌丛热带大草原

另一段急剧变冷的时期大约开始于250万年前，即人属（genus homo）的早期形式出现之际。（这些名称是人类学家起的；Homo是路易·利基提出来的称呼，他仍然认为制造工具是对人的定义。）这些化石来自脑容量更大、手臂更短、内脏和牙齿更小的生物，这些特征表明，它们吃更多的肉、更少的素食。在这些早期形式中，有鲁道夫人、能人和匠人。这些早期人类——在许多方面类似于类人猿——的头骨与最早的石器工具一起被发现，比如将石块边缘敲掉而形成的简单砍砸器。而那些锐利的石片可能被当作刀片使用。这些石器工具发现于奥杜韦山谷，它们被称为奥杜韦文化（Olduwan）；这些工具至少被毫无变化地使用了100万年。被称为人（homo）的物种的特征在于：使用工具、离开了树林、脑容量快速发展——在随后100万年时间，脑容量从苹果大小扩大到葡萄柚大小。

到200万年前，南方古猿和其他各种人属动物以更大的集群生活在开阔地带，同时，它们也食用一些肉（以腐肉为主）。少数人属物种的发声和姿势可能与类人猿的相似，它们使用完整的信息而不是单个词汇影响其他成员的行为。

大约180万年前到170万年前,一个新物种从多样的人属物种中进化出来,那就是**直立人**,它们看起来更像人类而不是类人猿。除美洲外,75具直立人的骨骼已经在世界各地被发现。这个种属到底源自非洲还是亚洲,至今没有定论。一些专家喜欢将早期直立人的骨骼称为匠人。

直立人的骨架几乎与现代人一样高,脑容量是我们的70%左右。它们展现出充分的直立行走,双臂较短,不再用来攀援树木。它们的内耳有三个半规管,为跳跃、奔跑和跳舞提供了平衡。与黑猩猩相比,它们(不管雄性还是雌性)的骨盆变得更窄、更扁平,这为充分站立和奔跑奠定了基础,也缩短了盆骨内产道的直径。

对前面所说的两类黑猩猩而言,生育很轻松,雌性能够独自完成这项工作。但对直立人来说,产道变小了,幼儿的头却增大了,这使得生育变得更困难。这样,幼儿就得更早出生(事实上没有发育成熟),即在头部增长得太大之前就出来。一个现代婴儿的大脑在出生时只是成年人的23%,黑猩猩的是45%。直立人的盆骨表明,雌性无法生育出大脑为成人大脑45%的幼儿;因此,出现了出生后大脑快速发展的模式。

更多无助的新生儿需要更长期和更精细的照料;雌性需要雄性的帮助,以便喂养幼仔以及保护母亲和幼儿免遭其他雌性和肉食动物的伤害。人亚科原人以某种方式改变了黑猩猩那种非长久的雌雄结合模式,在儿女的父母之间发展出了一种至少暂时性的配偶关系。为了在照看孩子上获得保护和帮助,或许雌性和雄性都放弃了性自由,以便增加它们后代的存活机会。不管怎样,直立人发展出了持久的合作和互助模式。

成对结合的间接证据在于,这一时期雄性骨骼比雌性的只大25%,而南方古猿的这一数据是50%。两性异形的缩减表明雄性争夺雌性的竞争变得更少。(现代男性体型平均只比女性大15%~20%。)

除了成对结合之外,直立人可能也学会了使用火,它们用火烹调和保存食物——或许包含了高比例的肉以及一些块茎或根。熟食减少了撕咬和咀嚼的时间,肠道也可以缩短,这很可能是大脑扩大的前提条件,理查德·兰厄姆(Richard Wrangham)在他的著作《生火:烹饪如何造就人类》(2009)中就是这么认为的。

火的使用是人亚科原人迈出的最重要步伐之一;它也是把我们与其他动物区分开的一个特征,并且为随后的各种发展奠定了基础。围绕火展开的社会活动领域可能促进了语言的发展,也推动了更高层次的工具制造技术,即阿舍利文化(the Acheulian),其典型工具是大型的、刃缘规整的双刃手斧,这种工具至少持续使用了100万年(一直用到25万年前)。火的使用增加了能量在人亚科原人社群中的流动。

直立人是第一个走出非洲的人亚科种群,这也使得它与众不同,尽管最近的研究指出,做到这一点的,很可能是更早的亲属——匠人。直立人的一些集群至少在180万年前来到欧洲边缘高加索地区的格鲁吉亚。在冰河期环境下,它们在那里进化为**尼安德特人**,即智人的近亲,一直生活到大约3万年前到2万年前。存在多少交流呢?没有人知道答案。主流观点认为，直立人说一种原始语言，使用简单名词和动词，这种语言在语速、词汇和复杂性方面逐渐得到增强。

在直立人生活时期，另一个可能出现的变化是肤色变深。黑猩猩的黑色毛发掩盖着浅色皮肤。当早期人亚科原人失去它们的毛发时，苍白的皮肤致使它们很容易遭到紫外线辐射的伤害，导致皮肤癌和一种叫叶酸的重要营养物质被摧毁，从而降低生育能力。遗传学家认为，到120万年前，有利于深色皮肤的基因突变可能席卷整个非洲。在非洲之外地区，早期人类的皮肤颜色再次变浅，以便帮助它们合成足够多的维生素D，而深色皮肤一定程度上会妨碍这种物质的合成。在当前世界每一个民族中，女性皮肤比男性浅3%~4%，没有人知道为何如此。这种现象的原因到底是性别选择，还是出于对维生素D的更多需要，抑或其他因素呢？

最近发现了直立人的两条支脉。其中之一是鲁道夫人的骨骼，于2003年在爪哇东部一个海岛发现。所发现的9具不完整骨骼属于人亚科一个种群，身高1米多一点，通常被称为"霍比特人"。它们或许是直立人，或许不是。2010年，在俄国、蒙古、中国和哈萨克斯坦交界处阿尔泰山地区的丹尼索瓦洞（Denisova Cave）发现了一些手指和脚趾骨骼。这些丹尼索瓦人距今41000年，与尼安德特人和现代人不同。

我们对人亚科原人的进化做了简要考察，描述了黑猩猩和人类共同祖先的各种特征如何演化为现代人的特征。在大约700万年时间里，脊骨变得更直、骨盆更窄、脑容量更大、手臂更短、成对结合、交流和合作增强、火得到利用、手斧得以铸造——所有这些都发生在气候急剧变化的环境中。

直立人的后代散布到整个欧亚大陆，并且以几种不同的方式演化。在亚洲，它们变化很少，还是同一种群；在欧洲，它们适应了冰期环境，转变为尼安德特人；在非洲，它们进化为现代人（智人）。尼安德特人是否是不同于智人的单独种群，它们在何种程度上是智人的祖先，这些问题一直备受争议。当尼安德特人生活在欧洲和中东时，智人正在非洲进化，因此，接下来我们会考察智人。

4.2　第6道门槛：智人的出现

如何知道我们种群出现的时刻呢？本章中间部分的内容会避开比较宏观的叙述，转而提出如下问题：什么让我们不同于其他类人猿（表4.2列出了其中一些特征）？什么让我们全然不同于其他所有大型动物？一旦找到答案，那么我们也就更清楚地知道，应当寻找哪些特征来判定我们自己种群出现以及人类历史真正开始的时刻。我们会留意到，尽管这是能够就人类历史提出来的最重要问题之一，不过，它也是难以捉摸的。我们必须小心地处理它。

什么让我们显得如此不同？

从身体轮廓甚至基因来说，我们非常接近黑猩猩，甚至更接近我们的祖先，比如直立人或尼安德特人，因此，把我们与它们截然分离的做法似乎有点武断。不过，由前面的内容可知，我们可以轻松地列举一系列特征来彻底区分我们与最近的亲属以及地球上其他所有大型动物。

我们断定，当微小的变化引发一系列进一步的变化，即它们创造了新的突现属性时，又一道门槛被跨越了。如果我们所属物种的出现确实算得上一道重要门槛，那么，我们应当能够找出一些微小而深刻的变化，它们促使这一物种的历史走上新的道路。我们可以避开这个问题的哲学复杂性，以历史学家的身份探究它，不去关注单个的人，而是关注整个物种，以及这一物种在地球上出现以来是如何变化的。这个历史问题揭示了人类和其他所有大型动物物种（包括我们的人亚科原人亲属）的深刻差异。

只要比较一下现代人类社会与当今黑猩猩或者任何其他大型物种的社会，上述差异就清楚地显现出来了。差异是巨大的。最大的差异在于我们与环境的非凡关系。大多数物种具备一些独特的行为，不过，自这些物种在地球上存在以来，这些行为变化不大。当不同的社群以稍微不一样的方式适应环境变化时，可能会发生一些细节上的变化。不过我们不要想着会找出根本性变化。例如，我们知道，不同的黑猩猩集群以稍微有区别的方式生活，但是没有证据表明，黑猩猩的行为在几百年甚至几千年时间里发生过重大变化。它们都没有像我们物种那样的"历史"。

相反，自我们物种首次出现以来，人类的行为就已经发生了变化，而且是激烈的变化。当最早的人类在最近25万年的某个时刻出现时，他们的数量不可能比今日黑猩猩的多很多。他们无疑是食物采集者，可能在热带草原环境中进化。就当时而言，很难说这些社群为一个新物种的出现奠定了基础；富有想象力的简·古多尔考察了25万年前的人类，它们似乎只是在细微方面与它们的近亲有所不同。不过，从今天来看，我们可以清楚地观察到不同之处。人类学会了如何开发新环境，从林地到海滨再到热带丛林和北极苔原。到13000年前，人类遍布南极洲以外的所有大陆，每一次迁徙都需要新的行为和新的对待环境的方式。其他大型生物都无法如此有效地适应这么多不同的环境，迁徙范围也不可能如此广阔。由于有众多不同环境可供使用，我们祖先在数量上可能增长到了好几百万。

1万年前以来，变化的速度加快了。人类开始重塑他们的环境，以便增加他们能够食用或以其他方式使用的动植物产量（玉米、小麦、绵羊和牛），同时消除他们无法使用的动植物（杂草和老鼠等）。我们将这种变化称为农业（农业是第5章的主题）。随着农业的出现，人类社会的规模和复杂性也增加了；他们使用的能量和资源也增加；人口数量同样如此，今天几乎达到70亿，我们现在正在重新安排生物圈和改变大气。在不到25万年时间，我们成为地球上处于主导地位的大型生物体，也是地球历史上对生物圈进行如此控制的第一个物种。事实上，现代科学家保罗·克鲁岑（Paul Crutzen）指出，我们造成的冲击如此之大，以至于地球进入到一个新的地质时代，即**人类世**（Anthropocene），或者说人类主导生物圈的时代（参见第12章）。

这些前所未有的变化何以能够发生呢？如果我们能够回答这个问题，那么，我们也就界定了以智人出现为标志的那道门槛。

我们祖先与众不同之处在于，与技术有限的其他物种不同，他们不断寻找新方式来适应自己的环境。结果，他们开始掌握越来越多的能量和资源。大多数物种拥有一套固定的技术和方法适应环境，而人类似乎有一个无穷无尽的生态技巧库，这个技巧库似乎还在不断扩大。即使我们的人亚科祖先——比如直立人或匠人——拥有智慧和许多技巧（包括使用火的能力），但是，它们的技术也是有限的；它们的工具阿舍利文化石斧在100万年内几乎毫无变化。如此显著而强大的，正是人类不断以新方式适应环境的惊人能力。我们不断发现新方法来适应环境以及适应彼此的能力，乃是人类历史的基础，也是我们这个物种的力量之源。

团队合作

这种惊人的生态和社会创造力的源泉是什么呢？简单地说，就是团队合作。人类非常善于协同工作。这不仅仅是指男女共同养育幼儿（尽管这已经是人类和黑猩猩之间的一个巨大差异）。人类还能够在不同社群和代际之间进行有意识和无意识的合作，他们能够比其他所有大型生物更出色地做到这一点。

你可能会记得，在前面内容中，我们看到了有点类似的事情。事实上，所有的复杂形式中都存在某种合作。我们一再看到，当曾经独立存在的实体以新方式结合起来创造出新的突现属性时，就会出现新层级的复杂性。当原子以新方式结合时，就有化学反应发生。当复杂的化学物质在DNA控制下组合起来，进而通过自然选择适应环境时，生命就出现了。当单个原核细胞结合形成更大、更复杂的细胞时，真核细胞就进化出来。当真核细胞结合形成巨大的有机体（每个细胞含有相同的DNA，从而形成一个统一体）时，多细胞有机体就出现了。白蚁和蚂蚁之类的群居昆虫表明，单个有机体也可以汇聚形成超级有机体。我们物种似乎也发生过类似现象。当我们祖先开始以新方式合作时，人类历史就开启了。

在何种意义上，我们的物种是独一无二地善于协作呢？毕竟，我们似乎也很擅长冲突，这两种能力肯定相互抵消了。不过，即使把现代人类社会的政府体制、贸易、生产和遍布全球的信息交换与最庞大、最复杂的黑猩猩社群做一简单比较，也足以证明以上观点（人类善于合作）。我们能够在极其复杂的团队中进行合作。当然，在这些团队中，也存在大量冲突，其中一些冲突对个人来说是残忍的和痛苦的，而且单个个体只能控制团队很小的一部分。然而，这种合作的最终结果——即使对一些个体来说是痛苦的，不以他们的意志为转移的——导致了一种惊人的集体能力，即为了我们自身利益而控制环境的能力。甚至战争也依赖精密合作！

符号语言

与生物学上最近的亲属相比，人类为何能够更加有效地合作呢？现在，有充分的理由认为，我们物种的革命性事件是新的、更有影响力的语言形式的出现，这种形式的语言让人类能够比地球上其他物种更高效地分享信息和思想。这样，人类通过分享已经学会的信息来进行合作。值得指出的是，这种现象非常不同寻常。许多物种能够交流：猫头鹰可以，黑猩猩也可以。但是，它们信息交流量受到巨大限制。尤其明显的是，其他物种不能非常高效地交流，从而让分享的信息一代代积累和增加。美国灵长目动物学家雪莉·斯特鲁姆（Shirley Strum）的研究很好地证明了这种局限性。斯特鲁姆研究了一群倭黑猩猩，她称之为"泵房帮"（Pumphouse Gang）。这群倭黑猩猩不太一样，因为它们善于狩猎，因此，人们很容易认为，狩猎信息在这群动物中得到分享。不过，斯特鲁姆也指出，狩猎的头领是一位尤其擅长打猎的黑猩猩。当它死后，这群黑猩猩高效的狩猎能力也随之消失。它们曾经掌握的信息很容易再次逐渐消失。[①]

我们可以确信一点，即这种文化泄漏现象（cultural leakiness）是其他所有物种的特征，因为如果存在一个能够更有效保存信息的物种的话，那么，它的成员肯定会积累越来越多的信息，包括如何控制它们环境的新信息；它们的数量也会增加，最终会产生重大影响，并反映在考古记录中。简而言之，它们的行为很可能有点类似于我们物种。

相反，现代人类能够进行非常精确、快速和复杂的交流，从而让个体贡献出来的信息更加牢固地保留在群体记忆中。我们甚至能够谈论那些不在眼前的事物。我们可以讨论过去和未来；我们能够描述在大块岩石后面小溪出现的老虎（并且告诫你不能去那里）；我们甚至可以讨论并不存在的事物，比如粉红色的大象或者箭尾羊角怪物。这是因为我们拥有特伦斯·迪肯（Terrene Deacon）所说的**符号语言**。我们不是用声音或姿势来指称一个特定事物，而是把声音当作概念集合，用来谈论整个思想和事物范畴。另外，通过句法，或依照语法规则对词汇进行仔细排列，我们就能够表达不同人物、事物和思想之间多种可能的关系。（我们可以区分"我踢了你"和"我被你踢了"两种表述之间存在的差异。）这样，我们分享的信息是如此之多，以至于每个社会共享的信息总量在一代代人中间不断积累。这种共享知识的持续增长，乃是人类历史的基础，好似一个普遍的准则，它会确保后代比前辈拥有更多知识，他们的行为也会在时间长河中慢慢改变。这些缓慢的行为变化就是我们所说的"历史"。

符号语言也解释了我们通过集体学习而达到的出众的合作能力，或者通过符号语言详细而精确地分享个体学会的知识的能力。我们与那些无法如此高效交流的物种之间的差异，有点类似于未联网计算机与联网计算机之间的区别，前者只能利用它们内存所存蓄的信息，后者可以使用储存在其他几百万台计算机中的信息。正如斯蒂芬·平克（Steven Pinker）所

[①] David Christian, *Maps of Time: An Introduction to Big History*, 2nd ed. (Berkeley: University of California Press, 2011), 146.

说的,在可以高效分享信息的物种中:

> 一个群体能够储存其成员来之不易的发现,不管是过去的还是现在的,最终,他们会比独居的动物更聪明。狩猎采集民族积累关于制造工具、控制用火、智取猎物以及祛除植物毒素的知识,能够以这种集体的创造性为生,即使个体无法从零开始重新创造这些技巧。通过协调他们的行为(比如,驱赶猎物或在其他人外出采集食物时轮流照看幼儿),他们就可以像一头巨大的多头、多肢体的野兽那样活动,并且得到顽固的个体无法取得的业绩。众多相互联系的眼睛、耳朵和头脑的组合,比个体(具有他自身的一些缺点和特性)更加强大。①

这种绵延了大约20万年之久的积累过程,就是人类历史的全部内容。这也解释了我们为何将集体学习作为理解第6道门槛的关键(参见第6道门槛概述)。

门槛6概述

门槛	成分 ▶	结构 ▶	金凤花环境 =	突现属性
智人	与其他生命一样+高度发达的控制、感知和神经能力。	由人类DNA控制的非常具体的生物结构。	进化的漫长预备期创造出高度发达的控制、感知和神经能力。	集体学习,即精确和迅速分享知识的能力,这样,知识能够在社会和物种层面上积累,最终引起长远的历史变化。

智人出现于何时、何地?

我们物种何时第一次出现?当前所有证据表明,我们物种出现于考古学家所说的旧石器时代中期,即大约25万年前(旧石器时代中期的开始)到5万年前(旧石器时代晚期的开始)之间某个时间。

我们能够更精确地确定人类历史开始的时间吗?

回答这个问题的办法之一,或许在于确定符号语言和集体学习最早出现的时间。但是,这项工作并不轻松,因为口头语言很少留下直接痕迹。可能存在人类使用符号语言相互交谈的间接痕迹吗?毕竟,人类语言要求许多不同的技巧:需要大量脑力;需要快速有效的方

---

① Steven Pinker, *The Blank Slate: The Modern Denial of Human Nature* (New York: Penguin, 2003), 63.

式来处理如何发出和聆听声音；需要直观感知交谈对象内心活动的能力。很不幸，这些技巧也没有留下什么直接证据。许多这些能力可能有限地存在于我们的近亲即人亚科原人身上；现实的实验已经证明，一些技巧存在于类人猿身上，一些类人猿在经过训练后，能够十分有限地说话。不过，某种事物显然恰好把所有这些能力结合为一种很有效的交流形式。事情在最近20万年相对突然的变化表明，汇聚过程从进化角度而言非常迅速，或许只花了几万年时间。

我们掌握了一些关于语言之门如何开启的有趣线索。英格兰有这么一个家庭，其中许多家庭成员似乎不能正确地使用语法，对这个家庭的研究表明，该家庭所有成员都有一个基因发生了突变，这个基因叫作FOXP2。这个基因在人类身上呈现出来的特殊形式，不同于它在我们亲属即类人猿身上的呈现。事实上，据估计，人类的FOXP2基因是在最近20万年出现的。所有这些强烈地暗示了一点：符号语言很可能相当突然地出现在进化时间表上。然而，很少有人宣称这个基因足以解释我们独特的符号语言能力，尤其当一些证据表明尼安德特人的FOXP2基因形式与人类的一样时，更是如此。这个故事的细节还有待进一步梳理。

如果我们不能直接探测人类语言的存在，那么，我们可以用不太直接的方法吗？在这方面，我们可以求助于两个很有前景的选项：化石证据和遗传证据。不幸的是，考古记录很零散，在非洲地区尤其如此，与欧洲相比，对非洲这一时期的考古研究逊色许多。事实上，我们会认识到，这也是存在众多不同解释的原因之一。

我们物种从哪里进化而来？

就最近100万年而言，我们掌握了许多不同的人亚科种群出现的证据，它们显然都源自直立人。不过，我们物种即智人何时与这些物种分离的呢？当下主要有两种关于智人起源的解释。第一种通常被描述为非洲起源说，第二种被称为多地域起源假说。20世纪60年代以来，一些学者主要以整个亚欧大陆的化石遗存为依据，提出各种直立人或匠人经过漫长时间在非洲–欧亚大陆大部分地区缓慢进化为我们自己的物种。这就是多地域起源假说。它认为，整个欧亚大陆的人亚科种群之间存在的联系如此之多，以至于从遗传学而言它们还是一个物种。

然而，20世纪80年代以来，考古学和遗传研究领域的新证据往往支持另一种理论，即非洲起源说。这种理论认为，现代人是最近25万年到20万年间在非洲进化而来的。20世纪90年代晚期，从尼安德特人的遗骨提取足够多的DNA变得切实可行，由此可以证明它们不是我们自己物种的一个变种，而是截然不同的一种物种，这两个物种肯定在大约50万年前从晚期直立人那里分道扬镳。尽管近来更多的证据表明，两者之间存在少量的杂交（参见图4.4）。遗传研究也指向其他两个重要结论。首先，从遗传学角度来说，所有现代人都非常相似，因此，在最近20万年，他们可能拥有一位共同祖先。其次，非洲存在不同寻常的遗传多样性，这有力地暗示非洲是我们物种首次出现的地方，因为微小的遗传差异在那里有足够多的时间积累起来。

图4.4 尼安德特人头骨素描。从身体上来说,尼安德特人与现代人在好几个方面存在差异。就头骨而言,他们的特征为:更突起的眉脊、更宽更扁平的鼻子、中面部突出、下巴短或者根本没有下巴。尼安德特人在欧洲以及西亚和中亚生活了大约20万年。遗传研究表明,欧洲和亚洲血统的民族的DNA有1%~4%与尼安德特人相同。8万年前到5万年前,当现代人从非洲迁移到欧洲时,他们与尼安德特人之间可能有过杂交。在35000年前到30000年前这段时间,尼安德特人灭绝

最近的化石发现进一步巩固了支持非洲起源说的遗传证据。例如,20世纪中期在埃塞俄比亚奥莫河谷(Omo)发现的头骨,与现代人的头骨完全一样,根据最近的年代测定,他们差不多生活在20万年前,这比最初认为的早许多。现在,非洲已经发掘出许多骨骼残骸,年代大约为125000年前,它们显然属于我们自己这个物种。也就是说,它们在一系列的骨骼特征上与我们物种相关。为了更好地理解这一点,以下列举了古生物学家在现代人头骨中找到的一些主要特征。

颅容积常常超过1350立方厘米(尽管这个数值有变化)
相对垂直的额骨(前额)
颅穹隆高而扁平
圆枕骨区域(后脑勺)缺少一个显著的水平隆起部分(枕骨圆枕),有一个相对平坦的颅底角⋯⋯
非连续性眉脊,男性更明显
相对扁平的、不突出的面部,"隐藏"在脑壳正面前突部分下方
独特的下巴[①]

---

① Chris Scarre, ed., *The Human Past: World Prehistory and the Development of Human Societies* (London: Thames & Hudson, 2005), 132.

这些新的证据形式带来的一个结果就是，现在大多数学者都承认，我们物种是最近25万年某个时候在非洲进化出来的。不过，在如何以及何时进化问题上，大家争论不休。主要的困难在于，骸骨证据和遗传证据似乎指向一个方向，而人造工具的证据却指向另一个方向，因此，人类的行为似乎是在人类的躯体之后出现的。

欧亚大陆和非洲的考古遗址明确表明，从大约5万年前以来，也就是旧石器时代晚期开始以来，出现了技术革新。工具变得多样化，有针和鱼叉之类的精细器具（有时候是按照标准模式制造的）；也有用象牙和骨头之类的新材料制造的工具；艺术品也出现了，包括有雕花的贝壳、骨骼以及岩洞壁画；有更多证据表明物品（包括有用的石头）交换正发生在广大地区；也有证据表明了对更多动植物物种的开发利用；人类开始进入更艰苦和更难接近的地区，包括澳大利亚和西伯利亚；人口也开始增长。

以上正是我们想要从一个具备集体学习能力的物种中看到的各类证据。似乎突然间，技术变得更加多样化；种群开始在广大地区交换物品（大概还有基因和信息）；创新加速了；当人类学会了处理更多样化的环境之后，他们的数量也增加了。艺术品的出现同样至关重要，因为艺术活动表明这些人类在使用象征性思维，这或许也意味着，他们正在以符号语言交谈。这一系列发生在大约5万年前的变化，被考古学家称为"旧石器时代晚期革命"。许多考古学家——比如理查德·克莱因（Richard Klein）——声称，尽管看起来很像我们的生物在10万年前就进化出来了，不过，旧石器时代晚期为那些行为举止也像我们的生物提供了最早的证据。

不过，故事到这里还没有结束。萨莉·麦克布里雅蒂（Sally McBrearty）和艾莉森·布鲁克斯（Alison Brooks）在一篇长文（它占据了2000年《人类进化研究》杂志的全部篇幅）中指出，显著的人类行为的出现，是一种更加缓慢的过程，或许在20万年前起源于非洲。[①] 她们提供的细致证据表明，我们这个物种确实在30万年前到20万年前就出现了，不过，关于他们特性的更加强有力的证据，很久后才会出现在考古记录里。（这解释了她们文章的题名为何是《非革命的革命》。）她们声称，主要的问题在于，非洲地区的考古研究相当少，这样一来，证明人类行为独特性的证据不是被遗漏了，就是被忽视了。因此，她们的文章对考古证据做了详细评述，最后得出结论：旧石器时代晚期革命中几乎所有的变化，都能够在非洲记录的更早时期找到。图4.5概括了她们的证据。

如图4.5所示，人类早在28万年前很可能已经使用了赭土颜料，即一种含有氧化铁的黄色或红色土壤。这些颜料被用来创作人体画，而人体画又是一种艺术形式，她们由此断定，这种现象间接证明了非洲在几乎30万年前就存在象征性思维，或许存在符号语言。数据也表明石器工具和食物的更广泛应用在很早就出现了，也出现了跨地区交换，如此等等。一些重要的非洲考古遗址——比如南非的布隆伯斯洞（Blombos cave）——有力地证明了一点，即我们物种进化得更早，时间为旧石器时代中期，而不是5万年前旧石器时代晚期开始之际。

---

① Sally McBrearty and Alison S. Brooks, "The Revolution That Wasn't: A New Interpretation of the Origin of Modern Human Behaviour," *Journal of Human Evolution* 39 (2000): 453–563.

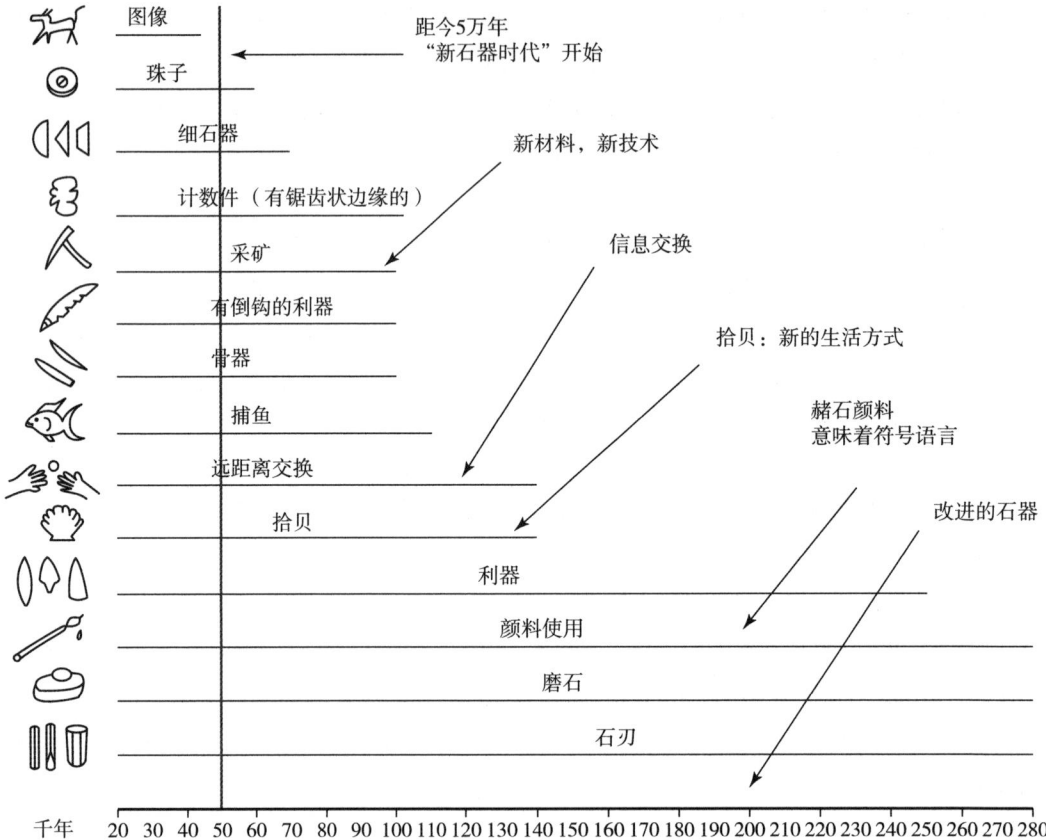

图 4.5 非洲中石器时代的行为革命。在这幅图中，两位非洲考古专家标出了一些行为形式（似乎是人类独有的）可能出现的最早时间。这些数据表明，这些行为的大多数似乎是在人类走出非洲之前就已经出现了。这意味着，通过集体知识分享和交换信息以及使用符号语言之力量的过程，可能始于20万年前的非洲，即使革新一开始十分缓慢

我们现在可以概括迄今为止我们所了解的内容。首先，我们不断开发新行为形式和与环境相联系的新方式的能力，让我们成为一个与众不同的物种。这种生态的、技术的和艺术的创造力解释了为何只有我们拥有一种长期变化的历史。其次，这种创造力的根源似乎是人类语言的特殊效力，即我们能够很好地分享思想，因此，它们可以保存在集体记忆之中，并且慢慢积累起来。这就是我们所说的集体学习。第三，大多数古生物学家认为，我们这个物种或许在最近25万年从非洲某处进化而来。自大约10万年前以后，这类证据变得更有说服力，即我们祖先不但看起来像现代人类，而且行为举止也像他们（换言之，它们正通过集体学习来适应环境）；自大约5万年前以后，这种证据已经不容置疑。

4.3 旧石器时代：20万年前到1万年前

本章最后部分带领大家进入人类史。不过，我们这里所探究的人类史时代，并不是在大多数主流历史课程或教材中占突出位置的人类史。这有点遗憾，因为绝大部分人类史是在旧石器时代发生的，我们希望每个人都不要忘记这个时代的重要性。

人类史旧石器时代的界定和意义

Paleolithic一词来自两个古希腊词汇，意思是"旧石器时代"。这个称呼源自三段论历史分期体系，即把整个人类历史分成年代上前后相继的三个时期，每个时期以当时主要的工具或武器材料（石头、铜和铁）命名。1865年，考古学家约翰·拉伯克（John Lubbock）首先使用了旧石器时代这个术语，指称以石器使用为特征的历史时期。如果把我们的人亚科原人祖先——由前面内容可知，它们也使用石器工具——包含在内的话，旧石器时代的时限就是从大约250万年前到大约12000年前。不过，在本书中，我们明确地把旧石器时代界定为确定无疑的人类历史的第一个时代，时限大致从20万年前智人出现到大约12000年前农业的开始（参见图4.6）。

至少从两个重要的方面来说，把旧石器时代纳入世界史叙述是非常关键的。首先，正是在这个时期，我们变成了我们自己，也开始认识到我们物种在身体、社会、技术和语言上的潜能。考察这段时期有助于解答一个基本问题，即人是什么。其次，旧石器时代是随之而来的一切世界历史的基础，它占整个人类历史的95%，如果忽视这个时期，那么，后面5%的人类史（包括农业时代和现代时期）就难以理解。

当然，这种观点即认为某件事情仅仅因年代久远就意义非凡可能有点不坦诚。旧石器时代或许是迄今为止最漫长的时期，但是，生活在那一时期的人类却很少。我们可以采取现代人口统计学家的观点，假定自最早人类出现以来，总共有大约800亿人在地球上生活

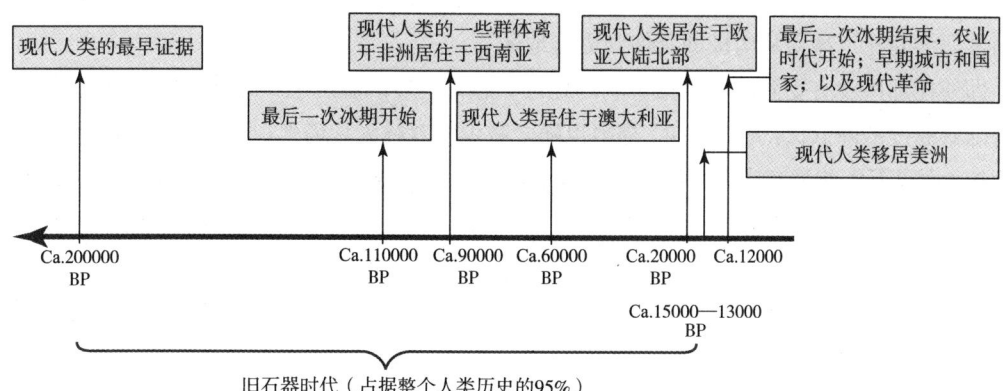

图4.6　过去20万年的时间线

过和生活着，其中20%只是生活在最近250年，大约68%生活在农业时代。生活在旧石器时代的人只占总人数的12%。以人口数量来衡量，农业时代和现代更加重要，这或许在一定程度上解释了大多数历史著作和课程对旧石器时代的忽视。

旧石器时代的两大事件

我们现在准备考察旧石器时代的两大"事件"。其一是气候变化，尤其是最后一次冰期对人类历史的影响。另一个是扩张化（extensification），这个词是指人类在世界各地的扩张，这种扩张是人类开发出新技术来应对不同环境而导致的结果。

气候变化：冰河时代的幸存者

到20世纪早期，地质学家已经能够精确绘制冰川期冰冻的程度，并证明了冰期不止出现一次，而是许多次。旧石器时代的人类经历了两次明显的冰川期。大约20万年前，气候相对温和，环境宜人。然而，从大约195000年前开始，环境开始恶化，地球进入一次漫长的冰期，一直持续到大约123000年前。第二次寒冷期——也是地球历史上最近的冰期——大约开始于110000年前，最近一次间冰期大约始于11500年前。这意味着，旧石器时代人类生活方式主要是在冰川环境下发展起来的。

从大约123000年前到110000年前（上一次间冰期期间），地球温度与今天的相似。全球各地的沉积物样品显示出，从大约11万年前开始，气候经历了一次长期的、相对突然的转变过程，即变得相当寒冷。最近对大西洋沉积物进行的高分辨率分析表明，从温暖的间冰期向冰川环境的转变，可能只花了不到400年时间。北方的森林迅速变得支离破碎，急剧缩减，冬天变得漫长而寒冷，巨大的冰盖开始覆盖高纬度地区。冰川留下了与它们最初位置相关的大量证据，因此，我们就有了一幅清晰的冰川作用地理图。现在，地质学家能够就最近一次冰期做出估算：冰川大概影响了陆地面积的30%，包括北美约1000万平方千米、欧洲500万平方千米、西伯利亚400万平方千米。北半球的冰川差不多是南半球的两倍，因为南部海洋阻止了冰盖从南极洲延伸到更远地区。

即使在那些没有受到冰冻直接影响的地区，越来越冷的温度也让地球气候变得更干燥，因为随着温度的降低，水蒸气更少，降雨也随之减少。森林大片消失，干旱的草原取而代之，草原在大约7万年前又变成大片沙漠。在60000年前到55000年前之间，气温再次变得暖和，然而，在大约距今3万年前，地球再次进入干冷时期，在21000年前到17000年前这段时间，温度降到最低点（参见地图4.2）。这些日期标志着最大程度的全球冰冻时刻，在这种严酷环境中求生的人类所面临的，是森林面积的缩小以及大片未被冰雪覆盖的广阔沙漠和半沙漠地区。

接着，大约14000年前，地球在全球范围快速变得暖和与潮湿。大冰原开始退却，森林重现出现。经过1000年到2000年恢复期，地球又进入一次新的、尽管短暂的冰期，即新

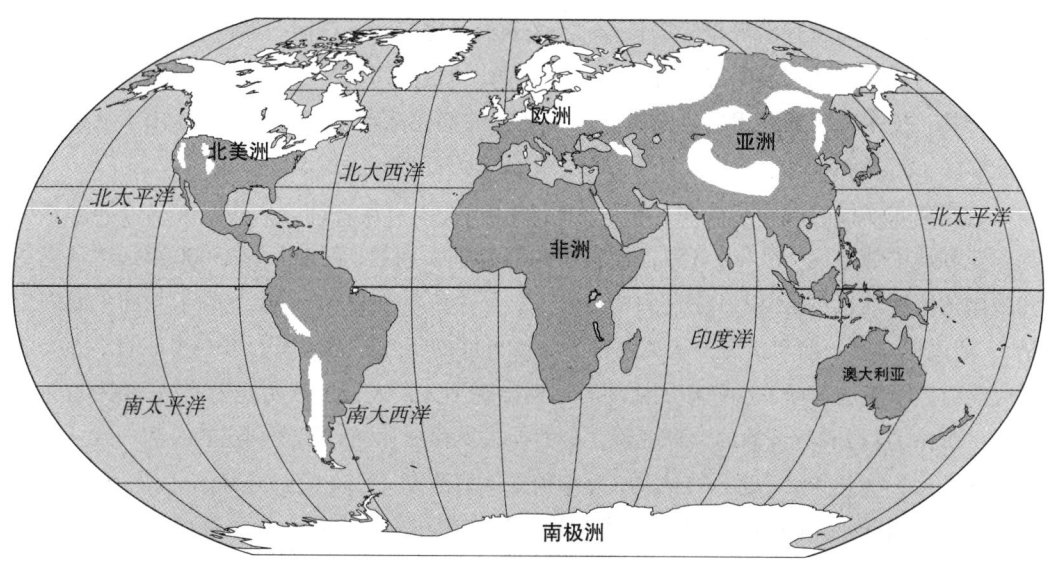

地图4.2　末次冰期的范围，大约21000年前，正值末次盛冰期的时候

仙女木时期（the Younger Dryas）。这次冰期出现得很突然，发生于短短100年，然后在大约11500年前突然消失，可能只花了短短几十年甚至更短时间。这次事件标志着地质学家所说的**全新世**（the Holocene epoch）的开始。距今11500年以来，地球变得温暖而湿润，冰盖逐渐融化（尽管花了2000年时间），植被葱绿，覆盖非洲-欧亚大陆大部分地区。9000年前到5000年前这段时间，就是地质学家所说的全新世气候最佳适宜期（the Holocene Optimum），下一章我们会了解到，这种环境对农业革命时期各种动植物的驯化至关重要。

集体学习促生的知识和技术，足以让人类走出非洲，移居其他日渐寒冷和荒凉的地区。对火的控制和使用是在寒冷气候中生存的关键。生活在冰河时代的人类也提高了狩猎技巧，缝制了暖和的衣服，建造了坚固的住所（通常以动物皮毛骨骼和冰块为材料），也发展了精细的技术来捕获草原上大型食草动物（如猛犸象）。一些具体的遗址为这些适应性策略提供了证据，我们将在随后的"旧石器时代生活方式"部分对此加以讨论，不过，这些遗址明确无误地证明，人类在面临毁灭性气候变化时表现出了惊人的适应能力。这能够为未来提供一种借鉴吗？

扩大化：人类的扩张

无可争议的考古学和遗传学证据表明，大约9万年前，现代人的一些小群体开始迁出非洲。小群体从他们原来占领的土地迁移到临近的新土地上，这种迁移活动是缓慢而零星的现象。小部分智人迁出非洲，在新家园定居下来，随着人口增长，一个亚群就会分离出来，然后移居别处。人类通过这种过程散布到整个地球（南极洲除外），尽管全球人口总数依然比较少。

大卫·克里斯蒂安（David Christian）用**扩大化**（extensification）来描述这种全球殖民过程。克里斯蒂安将扩大化界定为一种创新形式，它允许"人类在地域上的扩张，同时人类社会在规模或密度方面没有出现相应增长"。① 这个术语意味着，在旧石器时代移民活动期间，人类社会的规模或社会复杂性没什么增长。然而，旧石器时代人类社群远非原始的，因为在新工具、技术和精妙艺术的创造、向冰川地区的移民活动以及新技术的应用（从而让人类能够居住在各种环境生态龛中）等方面，集体学习都得到了鲜明的体现。

这些全球移民的编年史表明，距今大约10万年到9万年之间，人类已经离开非洲移居到西亚和地中海地区；距今6万年已经移居东亚和澳大利亚；距今大约35000年到达乌克兰和俄国的寒冷地区；距今2万年达到西伯利亚；至少在距今13000年已经到了美洲（或许更早）。通过将这些日期与最后一次冰期各种气候事件的年代联系起来，进一步证明了人类的适应能力，可能也解释了这些移民活动。冰期出现不久，人类也开始迁出非洲。60000年前到55000年前这段时间开始的全球变暖，显然与人类移居亚洲和澳大利亚的时间一致。值得注意的是，一些人群似乎选择在大约2万年前末次盛冰期（Last Glacial Maximum）移居荒凉寒冷的西伯利亚！相同的环境也让人类移居美洲变得更容易，因为海平面的下降在西伯利亚和阿拉斯加之间留下了一座陆桥。最后，在大约14000年前全球开始变暖时，具有东亚基因起源的一些人群发现，由于海平面上升，他们被阻隔在美洲。

因此，在旧石器时代，人类已经居住在地球大部分地区；直到距今1万年，与人类的广泛分布相近的，只有狮子。与此同时，尽管人口数量有所增长，但是，人类社会的规模和复杂性没有发生显著增长。

旧石器时代生活方式：人类如何生活？

人类历史的95%没有留下书面证据，因此，渴望重建旧石器时代生活方式的人类学家和史学家只得依赖其他形式的证据。这类证据主要是关于考古遗存（包括骨骼、工具和生活遗址）的研究以及与现代社会（最接近旧石器时代的社会）的类比。我们在解释这类证据时，需要小心谨慎，因为这两类证据有可能会误导我们。

作为一种生活方式的采集

采集（Foraging，事实上可以与hunter-gathering互换）是指为了生存而从环境中收集食物和其他生活必需品。初看起来，这似乎也是其他许多大型动物的生活方式，那么，采集生活方式有何特别之处呢？答案在于团队合作的水平。一些动物当然也会结伴狩猎。人类的不同之处在于，他们在收集或猎取所需的资源时，已经掌握了许多世代以来积累起来的信息。因此，与其他物种相比，人类的采集活动更精确、更多样化，也更依赖信息。毫无疑问，这种采集活动也更高效和更有创造性。在这里，我们再次回到我们物种独具特色的特征：与其他任何物种相比，我们在开发环境的时候，使用了更多知识，也更加高效。这

---

① Christian, *Maps of Time: An Introduction to Big History*, 2nd ed. (Berkeley: University of California Press, 2011), 190.

种差异也解释了我们物种的影响力为何随着时间流逝而稳定增长。

采集活动可以采取许多不同的形式。一些采集者专注于某些特定的物种，而其他一些是"多面手"。一些采集者进行大范围的活动，另一些常年只在大本营附近。不过，所有采集者都具有一些基本特征。比如，对现代采集者做出的人类学研究表明，每一个采集社会都需要大块土地来维持自身，这意味着种群规模不能太大。在全新世早期的欧洲，采集生活方式供养一个人需要大约10平方千米土地，在早期农业社会，同样大小的土地可以养活50人到100人。

由于需要在大片土地上收集食物，因此，采集者常常四处流动，根据食物的季节变化而四处迁徙。为了成功地过一种迁移生活方式，人类社会需要把人口数量控制在很小规模，因为迁徙的群体不可能供养太多需要供养的婴儿或老年人（他们降低了流动性）。因此，旧石器时代的生存需要采取一些措施，比如自然节育、杀婴和杀死老年人。一位研究者声称，史前社会的杀婴率高达50%。其他比较人类学家也指出，在旧石器时代，50%的新生女婴都被他们的父母杀死。这些活动带来的一个结果，就是迁徙型采集民族的人口增长十分缓慢。

现代采集民族主要食用采集到的食物，包括植物、根茎、坚果、小型动物和昆虫，有时候也搜寻腐肉和狩猎。来自南非克莱塞斯河入海口的证据表明，大约10万年前，人类通过把大羚羊驱赶到陷井中来猎取它们。在法国拉昆塔遗址（La Quinta site），早期狩猎者很可能把马群和驯鹿群赶到悬崖边。这些实例意味着，更具对抗性的大型狩猎活动是在旧石器时代晚期发展起来的。另一方面，搜寻腐肉是一种投机取巧行为，更安全也更轻松，旧石器时代早期人类的大多数肉类食物可能主要来自偷窃：偷窃肉食动物杀死的动物尸体，把它们拖拽到安全之处，然后使用工具宰割肉和骨髓。

与狩猎的证据相比，我们更加难以找到与植物采集相关的考古证据，因为骨骼和工具可以保存下来，而植物遗存通常难以保存。赞比亚的卡兰博瀑布遗址（Kalambo Falls site）是一个重要的例外，那里发掘出大量与采集的树叶、坚果、水果、种子以及木质工具相关的证据，它们距今18万年。对现代采集社会的人类学研究证明，对于生存而言，通过采集获得的食物的重要性远远超过肉类。的确，现在大多数史前史学家普遍认为，狩猎是旧石器时代一种漫无目的的策略，在所有热带或温带环境中，收集并消耗植物和小型动物为人类提供了大部分热量。

多种采集技术的实例

在现代人看来，旧石器时代人类使用的各种采集技术乍看起来似乎十分简单。然而，为了生存，旧石器时代的采集民族需要掌握与他们环境相关的大量详细知识，以及具备把最合适、最有效的技术和技巧应用到特定环境生态龛的能力。尽管所有旧石器时代的人类都过一种采集生活方式，不过，随着人类移居到各种不同的环境，他们的技巧和技术也显得千差万别。正如前面已经提到的，寒冷气候下的生活需要一套专门技术，数千年来，阿拉斯加和加拿大北部因纽特人就证明了这一点。在毛皮衣服、独木舟和其他渔猎工具（由石头、骨头、尖牙和鹿角制造）的帮助下，因纽特人在我们物种其他成员难以生存的地区取得了成功。

旧石器时代人类适应寒冷气候环境的另一个证据，来自乌克兰基辅附近的美热里奇（Mezherich）遗址。1965年，一位农夫在挖自家地窖时，碰到了一头猛犸象的下颚骨，随着进一步的发掘，一座完全用猛犸象骨骼建造的半永久性住所浮现出来。36根弯曲的大长牙被用作拱座来支撑屋顶，其他骨骼被连在一起创造出墙体结构，甚至通常用来拴住猛犸象外层毛皮的"帐篷桩"也是骨头。据估计，这座建筑可能一共使用了95头猛犸象的骨头，它距今大约2万年。住所内部有琥珀装饰、贝壳化石、一面似乎用骨质鼓槌敲打的猛犸象头鼓，以及猛犸象骨骼的碎片（用来制作缝制衣服的针具）。

还有另外两个看似简单的技术和材料事例，它们足以证明旧石器时代狩猎－采集民族的创造性。在距今11500年到距今11000年之间，北美土著民族使用了一种锋利而坚硬的碎石工具，即克罗维斯矛尖（因为最早的物件发现于新墨西哥的克罗维斯，故有此名称）。这些矛尖是一些纤细的、带有凹槽的投掷利器，曾经被安装在木质梭镖上（或者装上手柄）。这样，这些梭镖就能够通过手或被梭镖投手投掷出去（就像澳洲土著民的标枪那样）。从大约公元前1万年开始，福尔瑟姆矛尖（Folsom points）取代了克罗维斯矛尖（Clovis points），并且在北美地区得到广泛使用，一直用到大约公元前8000年。这两种矛尖常常在猛犸象骨骼附近被发现，很可能的是，这种致命的投掷利器促使北美猛犸象和其他大型动物的灭绝。

非洲南部卡拉哈里沙漠的山族（the San Bush people）很可能从旧石器时代早期以来就一直过着狩猎－采集生活，尽管20世纪90年代以来，其中一些群体采纳或被迫接受农作。对山族进行的遗传学和人类学研究，为我们了解旧石器时代提供了非常有价值的见解。尽管山族传统的狩猎和采集工具似乎十分简单，不过足以支持他们生存了数千年。山族妇女使用的工具主要有：一条毯子、一根皮革绳索、一件用来装食物和柴禾的斗篷、一些小的手提袋以及一根用来挖掘的棍子。山族男人使用简单的弓箭（浸泡过毒药），外加一支梭镖，在卡拉哈里沙漠猎取小型动物。通过使用这些基本的工具，再加上对生活环境的充分了解，山族人展示了旧石器时代人类所创造的可能生存区间。

旧石器时代的生活水平

史前史学家就旧石器时代采集民族的身体和精神健康水平展开了激烈争论，山族人在这种争论当中扮演了一个重要角色。20世纪60年代以前，当时对早期人类的研究认为，他们的一生"卑贱、残酷而短暂"。然而，20世纪60年代在山族当中进行的田野调查工作（当时山族被认为是原始质朴、未受腐蚀的采集民族），促使人类学家对上述观点做出大幅修正。一个新观点出现：采集民族几乎过着一种田园牧歌式的生活，除了采集食物之外，他们有大量闲暇时光花在兴趣爱好上，他们的饮食也能确保很好的营养健康。对其他处于旧石器时代的社会——比如澳大利亚土著民，他们被认为生活在封闭的世界，未受到现代文明的污染——做出的研究，强化了这种新观点。

到1972年，人类学家马歇尔·萨林斯（Marshall Sahlins）准备把旧石器时代社会称为"最早的富裕社会",其特征为充足的、多样化的食物供应,因饮食平衡和经常锻炼而取得的高水平健康状态,没有流行疾病(它们后来杀死定居社会的大批人口),甚至享有充分的"闲暇时光"。萨林斯的结论或许故意夸大其词,并且富有挑衅意味,自20世纪80年代以来,他的观点受到越来越多的挑战。在卡拉哈里沙漠考察的年青一代人类学家指出,山族人常常生活在饥饿边缘;他们并不想继续选择这种生活,但是又别无选择;人类学家研究的那些所谓质朴原始的社会,没有一个未受现代社会的影响。关于旧石器时代生活水平的争论还在继续,这场争论提醒我们,要警惕通过现代狩猎-采集民族来理解旧石器时代所面临的各种难题,同时也提醒我们,把人类历史视作一个持续不断的"进步"故事是一种危险的做法。

小群体中的生活:一种自己动手的生活态度

食物采集者通常以大约10个人到20个人的小群体为单位生活。在农业出现之前,家庭是基本的社会单元,血族关系是把所有人类社群凝聚在一起的基本组织原则。对现代采集社会的研究表明,在必要时,一个核心的共同体会分成众多承担专门工作的更小群体,也存在与其他迁徙共同体的定期聚会(大规模的聚集),它们通常只持续几天。这些事件(澳大利亚的歌舞会就是一个很好例子)发生在资源丰富的地区,比如澳大利亚阿尔卑斯山山脚,每年9月到12月,大量博贡蛾子在那里汇集。当地土著民举办蛾子节,人们汇集在一起交换礼物、思想观念和信息;订立婚约;作为个体从一个群体前往另一个群体;举行礼仪;以及玩一些游戏。在这些比较大型的网络之中,送礼物是巩固社会关系尤为重要的一种方式,人们通常采取礼尚往来(或者相互交换)的原则维持良好关系。生活在世界其他地区的旧石器时代人们也举行相似的集会,也通过交换物品和思想来确保不断发展公共关系。尽管这种群体间的大型聚会很重要,不过,导致大规模集体学习这一现象出现的机会却非常有限;据人类学家估计,在旧石器时代,大多数人一生中碰到的人不足500个。

小团体中的生活,需要对生活的方方面面采取"自己动手"的态度。在旧石器时代,既没有政府,也没有警察和法庭;所有事情必须在"家庭内"完成。在必要时,正义和惩罚的施行是私下的活动。人类学家理查德·李(Richard Lee)对卡拉哈里沙漠山族的"自己动手型"正义做了描述,我们从中可以管窥旧石器时代的死刑:

> 特维杀了三个人,其群落采取了罕见的共同行动,在光天化日之下伏击他,让他受到致命的伤害。他奄奄一息地躺在地上,所有男子将毒箭射向他,直到"他看起来像一头豪猪"(一位告密者的说法)。在他死后,所有男子和女子走到他身边,用梭镖戳他,象征性地为他的死共同承担责任。[①]

[①] Richard Lee, *The Dobe !Kung* (New York: Holt, Rinehart and Winston, 1984), 75.

旧石器时代的两性关系

就旧石器时代两性关系而言，传统的看法认为，男子狩猎，女子采集食物。然而，这种模式受到最近的学术知识的挑战。尤其灵长目动物学家指出，雌性黑猩猩通过狩猎可以负担整个群体35%的食物需求，在没有雄性帮助下，雌性灵长目动物完全可以供养自己和孩子。人类学家也在现代的石器时代文化中发现了一些例子，其中男性采集植物（卡拉哈里沙漠的山族），女性从事渔猎（菲律宾吕宋岛的阿格塔文化）。今天，更流行的模式认为，这些活动是灵活的，到底由谁采集、由谁狩猎，往往取决于能力、知识、必要性以及女性的生理周期，而不是刻板的性别区分。

旧石器时代的世界观？

旧石器时代生活方式留下的证据稀少而模糊不清，因此，我们对旧石器时代人类思想意识和信仰体系的评论，肯定具有高度的推测性。对现代小型社会做出的研究也强烈表明，采集民族可能认为他们是自然世界的一部分。许多人认为，他们的灵魂会以其他动物或自然地貌的特征轮回。他们信仰一个充满各种灵魂的世界，在特定条件下，他们可以进入其中。不过，旧石器时代的这种灵魂世界观是具体的和地方性的，与特定地区而不是任何意义上的普世神灵联系在一起。我们通过三个不同的例子来论证旧石器时代的"宗教"信仰，尽管史前史学家还没有就这些例子的确切含义达成一致意见。

山族洞室艺术：非洲南部发现了大约15000个山族岩石艺术遗址，最古老的距今7万年。这些艺术似乎并不是简单用来装饰岩石居所的墙壁，或描述每天的狩猎场景和动物，它们似乎具有一种强烈的仪式意义，或许与山族的萨满教宗教活动联系在一起。那些萨满教僧人——他们

图4.7 山族洞室艺术，津巴布韦东部。山族的日常生活场景

可能因食用药物而意识反常——经由某种方式激发当地动物身上的超自然力量，从而进入一种精神世界，随后又把这些精神体验描绘出来。在绘画中，最频繁出现的动物是大羚羊和大弯角羚。并非所有山族艺术都具有超自然和魔幻特征；其中许多描述了日常生活以及在严酷环境中求生所需要的技巧（参见图4.7）。

维纳斯雕像：从大约距今25000年以来，从比利牛斯山到顿河流域的欧亚大陆广大地区，逐渐出现了一些怀孕女性的陶土小雕像。这些塑像是迄今为止所

图4.8 维纳斯雕像。这种小型女性雕像的意义和目的是什么？

发现的描绘人类形象的最古老的雕刻作品，人们对它们的意义和目的做出了各种解释。一些历史学家声称，这些怀孕女性雕像的大量出现，证明了以母神（她与大地丰产联系在一起）崇拜为基础的古代宗教活动。其他一些人认为，它们差不多是男性制造出来用来抚摸和把玩的色情产品。还有一些人认为，它们可能是玩具和女性自画像（参见图4.8）。

澳大利亚土著居民的岩洞艺术：澳大利亚土著民的岩石艺术（参见图4.9）至少可以回溯到距今4万年，或许更久远。最近的研究表明，艺术技巧并不是逐渐发展起来的，而是相当突然和迅猛地出现的。尽管专家可以依照年代顺序来梳理数千个已知的例子，但是，土著民的岩石艺术遗址往往是动态的，呈现的是数千年累积起来的形象。在西阿拉姆地（Western Arnlem Land），当地的环境和气候变化在艺术中得到了清晰的呈现。干旱年代体现在对袋狼（一种类似狼的食肉有袋动物）灭绝的描绘中；随后的港湾河口湿润年代，则由河水上涨、肺鱼、咸水鳄以及非比寻常的彩虹蛇（Rainbow Serpent）体现出来；接下来的淡水期，以鹅和鹅的羽毛装饰为主题。在最近3000年，土著民绘制了淡水动物群的X射线形象，展示了各种鸟类和爬行动物的内部结构。

西阿拉姆地的土著民为岩石艺术赋予了独特的序列，这种艺术更多地充满了精神性。他们认为，最古老的形象是米米族（Mimi people）创作的，他们相信，在彩虹蛇创造土著民之前，米米族于梦幻年代生活在这块土地上。米米族教会土著民如何在这个地区求生，随后，他们化作精神存在。距今更近的艺术则全部是由土著民自己创造的。金伯利地区万第纳岩画（Wandjina paintings）描绘了一些十分强大的创世神灵，他们控制着基本的自然力量，比如风、风暴和洪水。这些神灵以人形显现，不过，他们身躯庞大（轮廓呈红色）、眼睛大而黑、没有嘴巴，并且周身带着云和雷电的光晕。

旧石器时代对地球的影响

旧石器时代的采集者们对环境有很大影响吗？传统观点认为，他们与自然和谐相处，然而，现代证据表明，尽管他们人数相对较少，但是旧石器时代的人类确实对环境产生了重大影响。

对人口数量做出的估算非常不确定，根据大多数估计给出的数据，在最后一次冰期末期，人口总数为500万到1000万，最高的估计数字是1500万。意大利人口统计学家马西姆·利维－巴茨（Massimo Livi-Bacci）更加保守，他给出的数据如下：第一次冰

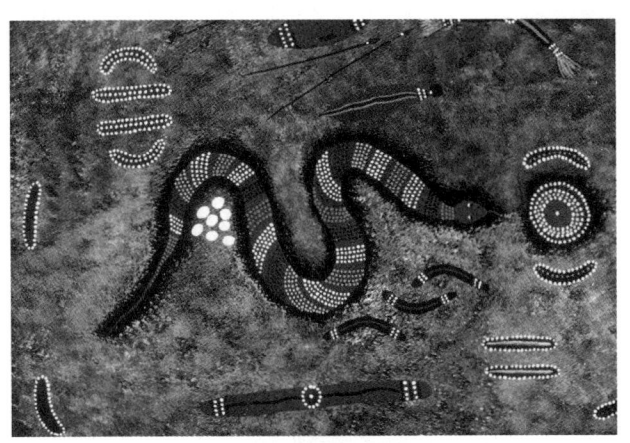

图4.9 土著居民岩洞艺术。这种图画所赞美的，是蛇和巫蛴螬（Witchetty grub），它肯定具有精神意义

期开始时，人口为1万；旧石器时代早期为50万；最后一次冰期末期（大约1万年前）只有600万。这些数据让我们对人口密度有一个大致认识，即在距今1万年，大约1人/25平方千米。不管所有数据和密度有多低，大量证据支持了一个假说：通过**火棒农业**和消灭其他大型动物，早期人类对生物圈产生了显著影响。

火棒农业

我们前面已经讨论过，在旧石器时代，受到控制的火的使用显得极其重要，那是人类历史上第一次能源革命。尽管我们人亚科原人的一支祖先即直立人可能"发明了"火的使用，不过，这种使用只是在旧石器时代才得到重要开发。火显然有利于烹调（让食物更容易消化），也能够提供温暖，不过，通过火棒农业（fire-stick farming，严格而言，这并不是农耕的一种形式），火也被用于大规模狩猎活动。

数万年以来，澳大利亚土著民就放火烧山驱赶猎物，或者促进用于采集和狩猎的新植物的生长。澳大利亚考古学家里斯·琼斯（Rhys Jones）于1969年创造了火棒农业这一术语，用来描述这种实践活动，这种活动产生

图4.10 巨型短面袋鼠，世界上最高的有袋动物。这种短面袋鼠高达3米，有一对非常长的爪子，可能用来获取高高的枝头上的树叶。大约在人类到达澳大利亚时，这种袋鼠也绝种了

了长久的影响，将灌木丛林变成草地，抑制了某些物种的连续性。尽管一些研究者认为，土著民对火的使用对环境造成的影响微不足道，但是，在许多地区，这种活动通过改变植被（比如，促使喜好火的桉树生长），让土著民所需要的食物产量最大化，从而明显地改变了自然生态系统。火棒农业也是欧亚大陆一些地区、新西兰以及北美的实践活动，也体现在旧石器时代人类对环境产生的另一重大影响中——大型动物的灭绝。

图4.11 澳大利亚灭绝的大型动物。 这幅图描绘了人类来到澳大利亚之际当地灭绝的大型动物。这种灭绝部分是气候变化的结果，部分是人类狩猎活动的结果。人类使用的石器狩猎工具和其他的活动证据出现在一些动物的骸骨旁边

大型动物的灭绝

随着早期人类移居全球各地，他们也进入人亚科原人此前未曾到达的大陆，尤其澳大利亚和美洲。到20世纪60年代，保罗·S·马丁（Paul S. Martin）等古生物学家开始收集证据来证明这些移民活动所产生的剧烈影响。坦率而言，通过带来一波又一波的灭绝潮，人类证明了他们的适应能力和技术威力，其中包括生活在这些大陆的大型动物的灭绝，在此之前，它们还没有碰到过这种新来的肉食动物（即人类）。自从人类到达美洲之后，所有体重超过45公斤的动物差不多消失了75%，在澳大利亚，这一数据高达86.4%。

最大型的物种受到的威胁也最大，因为它们行动和繁殖都十分缓慢。猛犸象、长毛犀牛、巨型麋鹿在欧亚大陆消失；马、大象、巨型犰狳和树懒从北美绝迹；在澳大利亚，几十种大型有袋动物不复存在，一些消失在人类到来之前，一些是在人类到来之后不久灭绝的（参见图4.10和图4.11）。气候变化显然起了重要作用，不过，大多数科学家都承认，通过机会主义的狩猎活动和火棒农业，四处拓殖的人类至少对这些灭绝事件负有部分责任。在美洲和澳大利亚，被驯养的大型动物的灭绝，很有可能在人类采纳农业的可能性和时机方面扮演了重要角色，我们下一章会对此进行考察。

小　结

人亚科原人是从我们与黑猩猩的共同祖先那里进化而来的，在考察了人亚科原人长达六七百万年的进化之后，我们跨越了我们宇宙故事的第6道门槛——人类物种即智人的出现。我们认为，人类的革命性特征是语言，人类进行精确交流的能力引发了集体学习，极大地推动了人类历史的变化速度，也影响了地球历史的变化。本章最后描述了一些非凡的生活方式，它们是在人类历史上最漫长时代发展起来的，这个时代大约长达25万年，它始于智人的出现，结束于下一道门槛，也就是大约1万年前农业开始的时候。

本章问题

1. 我们祖先即两足人亚科原人，在几百万年时间里是如何进化的？
2. 我们利用什么证据来讲述人亚科原人的历史？
3. 什么是符号语言，它如何保证只有人类才具备集体学习的能力？
4. 集体学习这个观念如何解释如下现象：在所有物种中，为何只有人类才拥有长期变化的历史？
5. 如何讲述我们物种即智人首次出现的时间和地点？
6. 旧石器时代最重要的两件事情是什么？
7. 我们所说的食物采集生活指什么？
8. 我们掌握了哪些与旧石器时代人类世界观相关的证据？
9. 旧石器时代人类对环境产生了怎样的影响？

关键词

Anthropocene　人类世
Australopithecines　南方古猿
Collective Learning　集体学习
extensification　扩张化
fire-stick farming　火棒农业
foraging　采集
genus *Homo*　人属
Holocene epoch　全新世

hominines　人亚科原人
Homo erectus or *Homo ergaster*　直立人或匠人
Homo sapiens　智人
megafaunal extinction　大型动物的灭绝
Milankovitch cycles　米兰科维奇循环
Neandertal　尼安德特人
Paleolithic era　旧石器时代
symbolic language　符号语言

延伸阅读

Brantingham, P. J., S. L. Kuhn, and K. W. Kerry. *The Early Upper Paleolithic beyond Western Europe*. Berkeley: University of California Press, 2004.

Deacon, Terrence W. *The Symbolic Species: The Co-evolution of Language and the Brain*. Harmondsworth, UK: Penguin, 1997; New York: Norton, 1998.

Dunbar, Robin. *The Human Story: A New History of Mankind's Evolution*. London: Faber and Faber, 2004.

Gazzaniga, Michael S. *Human: The Science behind What Makes Us Unique*. New York: Ecco/HarperCollins, 2008.

Goodall, Jane. *Through a Window: My Thirty Years with the Chimpanzees of Gombe*. Boston: Houghton Mifflin, 1990.

Green, R. E., et al. "A Draft Sequence of the Neandertal Genome." *Science* 328, no. 5979 (May 2010):710-22.

Hardy, Sarah Blaffer. *Mother Nature: A History of Mothers, Infants and Natural Selection*. New York: Pantheon, 1999.

Klein, Richard. *The Dawn of Human Culture*. New York: Wiley, 2002.

Lewis-Williams, D. *The Mind in the Cave: Consciousness and the Origin of Art*. London: Thames & Hudson, 2002.

Lee, Richard. *The Dobe !Kung*. New York: Holt, Rinehart and Winston, 1984.

Markale, Jean. *The Great Goddess: Reverence of the Divine Feminine from the Paleolithic to the Present*. Rochester, VT: Inner Traditions, 1999.

McBrearty, Sally, and Alison S. Brooks. "The Revolution That Wasn't: A New Interpretation of the Origin of Modern Human Behavior." *Journal of Human Evolution* 39 (2000): 453-563.

Pinker, Steven. *The Blank Slate: The Modern Denial of Human Nature*. New York: Penguin, 2003.

Ristvet, Lauren. *In the Beginning: World History from Human Evolution to the First States*. New York: McGraw-Hill, 2007.

Scarre, Chris, ed. *The Human Past: World Prehistory and the Development of Human Societies*. London: Thames & Hudson, 2005.

Stix, Gary. "Human Origins. Traces of a Distant Past." *Scientific American*, July 2008, 56-63.

Tattersall, Ian. *Becoming Human: Evolution and Human Uniqueness*. New York: Harcourt Brace, 1998.

Wrangham, Richard. *Catching Fire: How Cooking Made Us Human*. New York: Basic Books, 2009.

Big History

第 5 章

第 7 道门槛

农业起源与农业时代早期

考察大图景

从公元前 10000 年到公元前 3500 年

- 人类为何从食物采集过渡到农耕？
- 采集生活与农耕生活的区别是什么？
- 农业时代早期是什么意思？
- 过渡到农业之后的几千年时间，人类是如何生活的？
- 为何权力首先出现于早期农业时代？
- 过渡到农业对环境产生了什么影响？

我们在上一章考察了我们的人亚科祖先、现代人类的起源以及旧石器时代，本章关注的可以说是人类历史上最重要的革命——农业的起源，抑或提高那些最有益于人类的动植物物种的生产率。随着散居全球各地的小型人类群体逐渐从流动的采集生活转向定居的农耕生活，历史变化的速度也开始加快。事实证明，这场革命在全球范围显得意义非凡，它跨越了复杂性的第7道门槛（参见门槛7概述）。为了描述农业革命的重要性，本章将考察一些基本的问题：农业的本质、一些人类共同体为何采纳农业、农业如何对生物圈产生深远影响，以及新的权力形式如何出现。

门槛7概述

门槛	成分 ▶	结构 ▶	金凤花环境 =	突现属性
农业	日益增长的集体知识→创新增强了人类控制和获取来自环境以及其他有机物的资源的能力。	人类社会共享信息，这种信息是以新的方式控制它们周围的环境所不可或缺的。	集体学习前的漫长时期；更暖和的气候；人口压力。	人类获取能量和食物的能力增强→更庞大、更稠密的社会→增加的社会复杂性→不断积累的集体知识。

5.1 门槛7：农业

我们首先简要概述一下12000年前的状况。从地理上来看，除了南极洲，人类已经生活在地球的其他所有大陆上。不管身在何处，地球上每一个人都过着采集食物的生活，尽管采取的方式各不相同。我们在前面一章已经了解到，人类共同体创造了大量与特定环境——从非洲热带大草原到澳大利亚沙漠再到极地冰雪地带——相适应的采集技术。通过这些令人吃惊的多种适应方式，我们物种清楚地表明了它所独有的集体学习能力。不过，大多数人类群体规模很小，相互之间的交流非常有限，因此，这就意味着，与人类历史稍后的时代相比，集体学习在旧石器时代的进展速度相对缓慢。

事情后来发生了改变。考古记录显示，在12000年前到10000年前之间，新技术开始出现在地球上某些地区。这些技术让人类可以获得更多能量和资源。由于可以利用的食物和能量越来越多，人口开始快速增长，他们逐渐居住在更庞大、人口更稠密的社会，比如农业村庄甚至被称为城镇的更复杂的共同体之中。这些进程导致了人类社会中新层次的复杂性。因此，农业的采纳是那场彻底改变人类社会经济和文化革命的第一步。

我们可以通过考察人口密度的变化来论证上述看法。表5.1所显示的，是在特定食物产生技术之下，每平方千米土地大致可以养活的人口数量。

表5.1　不同生活方式决定的人口密度（人数/平方千米）

食物采集民族	0.01~0.05人/平方千米
游牧民族	0.2~1.0人/平方千米
自给自足的农耕	0.2~12人/平方千米
前工业社会	40~60人/平方千米
近代美国	30人/平方千米
印度	300人/平方千米
孟加拉	900人/平方千米

并非所有的人类社会在同一时间采纳了农业，有些社会后来在入侵者和外来移民的强迫下才不得不接受农业。这种多样化的经历意味着，不同地区之间的变化速度呈现出巨大差异，这种现象在人类历史上尚属首次。一般而言，在接受农业和人口稠密的地区，变化速度快很多。在仍然以食物采集为主要生活方式、人口数量少而分散的地区，变化通常缓慢许多，当然，我们并不是在贬低食物采集民族的创新策略，他们在努力控制自然资源时，也在不断创造。不过，这些不同状况确实导致世界上不同地区开始走上相异的历史发展道路。

为了理解这一点，我们可以假设1万年前的世界被分成了四个不同的空间区域或"世界区"——非洲-欧亚大陆、美洲、澳大拉西亚（Australasia）以及太平洋世界区。非洲-欧亚大陆的部分地区以及澳大拉西亚的一个很小区域很早就采纳了农业，美洲和太平洋的一些地区很晚才接受农业，而澳大拉西亚绝大多数地区根本没有采纳农业。农业革命的时机和地理分布对此后人类历史的影响，是本书考察的主要问题之一。（关于世界区的更多内容，参见第6章和词汇表。）

在出现人口较为密集的农耕社会的地区，集体学习的速度开始加快。一些地区及其人口逐渐发生了根本性改变，一种历史上的"换挡"加速出现了。农业革命让人类迈上了一条大道，这条道路将直接通向现代世界的令人吃惊的复杂性。

5.2　解释农业革命

如前章所述，采集民族很擅长通过扩张到新生态龛和新环境来寻找新能源，我们将这个过程称为扩张化。相反，农民想方设法从一个既定地区获取更多能源，我们把这种过程称为**集约化**（intensification）。采集民族"收获"和赖以为生的，是自然选择所提供的各种不同动植物。农民收获的动植物种类少许多，不过，他们学会了人为地增加这些食物的产量。采集民族和农民都有能力以重要的方式控制自然，但是，后者是以一种前所未有的规模在这么做。

什么是农业？

为农业下定义并没有看起来那么简单。最好的办法，或许就是把它视为一系列方法，通过控制动植物及其周围的景观，这些方法可以增加人类可资利用的能量和资源。因此，农业取决于植物和动物（包括人类）之间双向互动关系的建立。这种相互作用可以演化成一种**共生**（symbiosis）形式，共生是一个生物学术语，用来描述物种的相互依存。在自然界，许多有机体因食物或保护的原因而相互依赖。随着时间推移，这种关系逐渐影响到每一个物种的进化方式。一些物种在进化过程中变得越来越相互依赖，最终，它们无法独自存活。这就是共生现象，这种例子在人类之外的世界不胜枚举。

非洲的栽培蚁就是其中的一个例子，栽培蚁会悉心照顾和收获真菌，以此作为饮食的一部分。没有栽培蚁的干预，真菌就会死亡，反之亦然。蜜罐蚁也学会培育另外一个物种，即蚜虫。它们保护蚜虫、培育它们、帮助它们繁殖，然后从中吸取蜜汁。经过许多世代之后，这两个物种的进化适应了这种共生的生态龛。

与栽培蚁和蜜罐蚁一样，农民学会了牧养和控制有用的物种（比如玉米和牛），以及提高被他们驯化的物种的产量。从这种**驯化**（domestication）中获益的，不仅仅是人类。被驯化的物种也获得了好处，因为农民会保护它们免遭食肉动物伤害，帮助它们繁殖，确保它们的存活。（这也解释了今日世界为何有这么多绵羊、奶牛、狗以及稻米和小麦。）在时光飞逝中，人类和被驯化的物种最终都十分依赖这种关系，以至于一方消失的话，另一方的生存会受到严重威胁。

这种共生关系对每个所涉物种的长期影响，会呈现出差异。人类因驯化而发生了文化上的变化，最终发现了新的技术和生活方式。比如，人类共同体从1万年前小型的采集群体发展成大约5000年前复杂的、相互依存的城市和国家。被驯化的物种发生了基因变化，最后导致了新物种的出现。现代玉米的祖先蜀黍，就是被驯化作物的进化的典型例子。野生蜀黍是一种细小的、瘦长的、没有太多营养的植物，尽管在没有人类的帮助下，它可以在野外生存。现代的各种玉米不但大很多，也更有营养，但是失去了野外生存的能力；没有人类的积极干预，它们无法繁殖。这些对驯化做出的不同反应，证明了人类史（主要的动力是文化变化）与生物史（主要的动力是遗传变化）之间的根本差异。

一场缓慢的革命

农业革命一开始发生于地球上少数几个分散的地区，然后扩张到其他地区，这个过程一直延续至今（参见地图5.1）。直到20世纪晚期，大多数考古学家依然认为，农业的出现是一个非常迅速的过程，是突然从采集生活中分离出来的。然而，在过去十年，研究者认为，充分发展的驯化可能花费了几千年时间才出现，而不是此前所认为的几个世纪。新的数据表明，从采集野生植物、培育它们再到驯化它们，是漫长而曲折的过程。年代上的这种修正，部分是植物基因组研究——寻找作为驯化结果的物理变化的遗传学证据——的产物。比如，

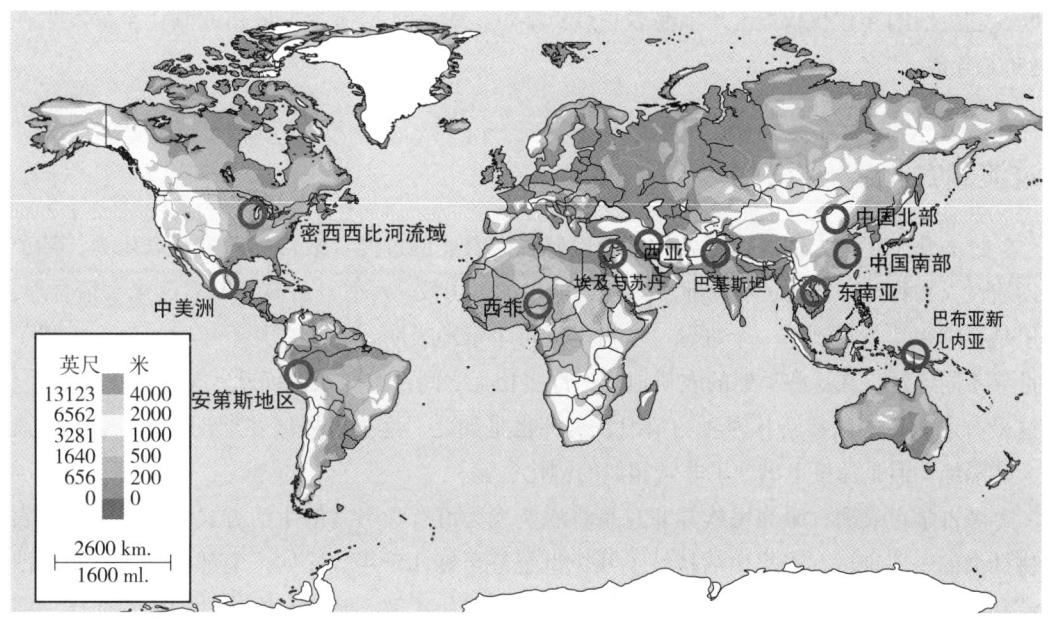

地图5.1 早期农业地址分布

在谷物因成熟的驯化而出现一些遗传变化之前,人类使用这些野生谷物已达几千年之久。

奥哈罗二期(Ohalo II)考古遗址位于以色列加利利海西南海滨,这个村庄有小屋、炉膛和墓葬,该遗址的证据证明人类采集和利用野生谷物的时间有多么漫长。这个定居点的年代大约为公元前23000年(比植物驯化的出现早了1万年)。挖掘者发现了9万多种植物的证据,它们是当时居民的食物,其中包括野生橄榄、阿月混子、橡子以及大量野生小麦和大麦。尽管没有遗传学证据表明当时存在任何驯化这些植物的尝试,不过,研究人员确实发现石器工具上残留着小麦和大麦,这意味着居民将谷物磨成面粉,或许还在炉膛烘烤生面团。这表明,在尝试驯化野生谷物之前,人类已经使用和收获它们达数千年之久。

农业最早出现的地点和时间依然尚无定论,专家们分歧很大。如表5.2所示,考古学家在世界各地找到了最早进行驯化尝试的证据及其大致日期。毫无疑问,与最早的农民相比,采集民族很早就实现了第一次成功的驯化——狗的驯化。尽管根据迄今所知最早一只家养狗的残骸来推

表5.2 农业出现的地点和时间(公元前)

地点	时间
西南亚(新月沃土)	9000
埃及和苏丹(尼罗河流域)	8000
中国(长江和黄河流域)	7000
澳大拉西亚(新几内亚高地)	7000~4000
撒哈拉以南非洲	3000~2000
印度河流域	2200
中美洲(墨西哥中部)	3000~2000
南美洲(安第斯山区和亚马孙地区)	3000~2000
北美洲(美国东部)	2000~1000

断，它生活的年代仅仅是1万年前多一点，不过，DNA证据显示，最初的驯化至少发生在15000年前。

过渡到农业

过去几十年，人们提出了各种理论以解释向农业的过渡。最初的一个观点认为，某个创造性人物肯定"发明了"农业，其他人随之加以仿效。尽管这种观点初看起来合情合理，但是，它很快就遇到了一个难题。考古学无可争辩地表明，农业在几千年时间分别出现于世界不同地区。在这些早期的农耕地区，许多相互之间没有联系，因此，模仿也无从发生。这最有可能是中国和新几内亚的情况，美洲也是如此，这个世界区在地理上与非洲-欧亚大陆隔绝，但是那里也出现了非常相似的驯化过程。

考古学也表明，采集民族并非总是将农业视为更有吸引力的生活方式。在邻近早期农耕社会的一些地区，采集生活持续了几个世纪甚至好几千年。比如，南部非洲卡拉哈里沙漠和澳大利亚北部约克角的食物采集社会对农耕有所了解，甚至与农耕社会毗邻而居，但是它们显然没有采纳农业。这两个地区存在诸多不利于农业生产的环境，此外，似乎并不是所有人都想成为农夫，原因或许在于，与采集生活方式相比，农业生活方式通常更需要体力、更不利于健康、压力也更大。（还记得我们在上一章所讨论的最早的富裕社会吗？）对骨骼残骸的分析表明，早期的农业民族也遭受新疾病的困扰，其中许多由驯化的动物传给人类，他们同时也承受着更大的压力。甚至有证据显示，在早期农业社会中，人类寿命缩短，婴儿死亡率上升。最早的农民的生活十分艰辛！

澳大利亚大陆虽然比塔斯马尼亚岛大许多，不过，它很大程度上还是与其他人类群体处于隔离状态，农业也从未在那里发展起来。我们可以做出一个合理的假定：在当地，没有一个地区能够证明农耕比采集更有利。总而言之，澳大利亚土地贫瘠，人口密度小。当欧洲人在18世纪末到达澳大利亚时，这块大陆的总人口可能只有区区几十万，尽管某些地区（尤其海滨地区）人口密度比内地大很多。还有一个与此相关的事实，即与美索不达米亚不同，澳大利亚没有进化出易于驯化的植物物种。当地唯一一种在近代被驯化的植物，是马卡达姆坚果，尽管存在其他一些有可能被驯化的植物，包括各种甘薯和芋头——它们在巴布亚新几内亚得到种植，但在澳大利亚只是被采集的对象。

这些证据表明，用来解释农业出现的"卓见"理论——认为存在一位旧石器时代的爱因斯坦——是行不通的。另一种观点在今天得到更广泛的接受，它认为，农业革命是一种渐进过程，有意识的人类规划在其中扮演的角色十分有限。这种"演化而非革命的"解释所关注的，乃是气候变化和有利于从采集向农耕转变的环境，以及某些地区不断增长的人口密度带来的人口压力。

气候的角色

最近一次冰期的最后一次循环大约开始于11万年前，当冰原扩张、海平面下降时，全球气温在21000年前到16000年前这段时间降到最低水平（参见第4章）。在所谓的盛冰期，气温非常低，大片森林消失，寒冷的冻原覆盖地球许多地区。这些严酷的环境，再加上大幅度的气候波动，意味着农业不可能在更新世确立起来（更新世是一个地质时代，大约从180万年前持续到13000年前）。由于动物迁徙路线变化频繁，不同的植物物种出现又消亡，因此，对更新世的人类社会来说，狩猎-采集是更好的生存策略。

随着一个新的地质时代，即大约开始于13000年前的**全新世**（参见第4章）的来临，地球经历了一次快速的全球变暖过程，最后一次冰期结束，尽管地球在新仙女木时期（从大约距今12800年持续到距今11500年）又经历了一次短暂的寒冷期。最近，叙利亚幼发拉底河流域阿布胡赖拉（Abu Hureyra）遗址的发掘表明，新仙女木时期很可能消灭了大量野生谷物作物，人们不得不驯化黑麦来应付食物短缺。其他一些考古学家令人信服地指出，只有更加稳定的全新世取代新仙女木时期之后，农耕才出现在大多数遗址的考古记录中。

随着全新世的到来，环境不但变得更温暖、稳定和友好，而且整个地貌也由于更加可靠的降雨而发生了改变。降雨量增加，因为全球气温的回升也意味着海洋中更多的水被蒸发，现代气候变化科学家在预测未来全球变暖的可能影响时，也考虑到了这个因素。全新世早期降雨增多，森林扩大到曾经寒冷的大草原，因而，那里的许多物种（如猛犸象和野牛）也被其他物种所取代。由于旧石器时代人类非常依赖的大型动物群向北迁徙，或者被人类赶尽杀绝，人类社会只好转而依赖较小动物，如野猪、鹿和兔子，以及新的根茎和种子植物。旧石器时代晚期的食物采集群落能够尝试大量野生动植物物种，饮食十分多样。这种试验最终导致了成熟农业的出现。

一种文化和生态适应模式

美国考古学家彼得·里彻森（Peter Richerson）及其同事认为，在全新世，采纳农业不但成为可能，而且从长远来看也是必然之举。当不同的集群试验驯养物种时，它们的规模逐渐超过采集群体。里彻森指出，随之而来的群体间的竞争，多多少少迫使许多共同体采纳农业，农业的扩张也成为必然。

里彻森之类的研究者尝试将环境因素和社会学因素结合在一起，与那些依靠单一因素的分析相比，他们的努力为农业起源提供了更有说服力的解释。我们所采纳的，是一种结合文化和生态适应性的多因论模式，其核心是气候角色的关键性（气候是一切解释的基础）。我们以如下5个步骤来描述这个过程。

步骤1（前提条件1） 人类已经掌握了与农业相关的大量必不可少的知识和技能

步骤2（前提条件2） 作为潜在的"驯化物种"，一些植物和动物物种已经"预先适应"

步骤3 在世界上一些重要地区，人类已经采取一种不太显著的流动生活方式，至少开始了"部分时间"的定居生活

步骤4 由于气候变化和人口压力，这些社会发现他们陷入到"定居陷阱"（trap of sedentism）之中。为了避免在日益增长的人口中出现饥荒，他们的定居生活方式，或者一年大部分时间居住在同一个地方的生活方式，致使进一步的集约化变得完全必要。由此导向步骤5

步骤5 农业成为唯一的选择

步骤1（前提条件1） 人类已经掌握了大量与农业相关的必不可少的知识和技能。

农业取决于驯化过程，驯化不但适用于单个植物和动物物种，同样也适用于整个地貌。为了供应、保护和繁殖我们物种，人类已经驯化了地球的大片土地和整个生物圈。今天，地球表面大约50%的土地被驯化，以便用来放牧和耕作，在这种转变过程中，地球上超过一半面积的森林消失了。[①] 这并不是一种新现象；自从20万年前我们在地球上出现以来，人类就掌控了物种和地貌来增加他们的食物供应，并且减少暴露在捕食者面前的危险。可以说，为了了解动植物和掌控自然环境，采集民族从文化上进行了"预先适应"。食物采集民族也展现了他们通过实践快速改变环境的能力，比如火棒农业以及导致大型动物灭绝的狩猎策略（参见第4章）。随着农业的出现，这种控制在规模上得到了极大提升。

步骤2（前提条件2） 作为潜在的"驯化物种"，一些植物和动物物种已经"预先适应"

与此同时，纯粹出于偶然，一些动植物物种的进化方式使得它们比其他动植物更适合驯化。并非所有动植物都能够得到驯化。只有大约100种植物已经成为有价值的驯化物种。在地球上148种陆地哺乳动物中，农耕民族只能驯化其中14种，因为潜在的可驯化动物必须满足一些条件，包括快速成长、稳定的出生率、合群以及温顺。

在大约100种驯化植物中，小麦是物种在遗传上预先适应驯化的典型例子。尤其西南亚三种谷物作物——单粒小麦、二粒小麦和大麦——的驯化，标志着从采集向农业过渡的开始（参见图5.1）。通过利用野生的和驯化的单粒和二粒小麦之间的遗传关系，植物遗传学家指出，土耳其东南部迪亚巴克尔（Diyarbakir）西部地区最有可能是它们最早被驯化的地方。如果事实如此，那么被驯化的单粒和二粒小麦就是从那里传播到非洲-欧亚大陆其他地方，最终遍及世界各地。现在，世界上每年生产的小麦产量超过5624.5亿公斤，在世界67亿人口消耗的热量中，小麦差不多提供了其中的1/5。

确实存在大量很有前景的、潜在的驯化物种。在西南亚，被称为新月沃土（Fertile

[①] Peter Kareiva, Sean Watts, Robert McDonald, and Tim Boucher, "Domesticated Nature: Shaping Landscapes and Ecosystems for Human Welfare," *Science* 29 (June 2007):1866–69. doi:10.1126/science.1140170.

Cresent）的地区的气候、肥沃性和土壤都很适合农业，那里也生存着大量野生动植物。新月沃土是一块拱形高地，北抵地中海东岸，东达土耳其东部和伊拉克北部山区，向南沿着高地绵延至底格里斯河和幼发拉底河流域东部。很显然，新月沃土的巨大潜力是农业在此发端的一大原因，这是环境世界史家贾里德·戴蒙德（Jared Diamond）在其著作《枪炮、病菌与钢铁》中提出的观点。

相反，美洲缺乏很容易驯化的谷物作物。我们前面已经讲过，玉米的祖先蜀黍并没有很大的玉米穗（不同于二粒小麦和单粒小麦的穗）。蜀黍粒不但小而坚硬，而且分布在众多枝丫多须的小球

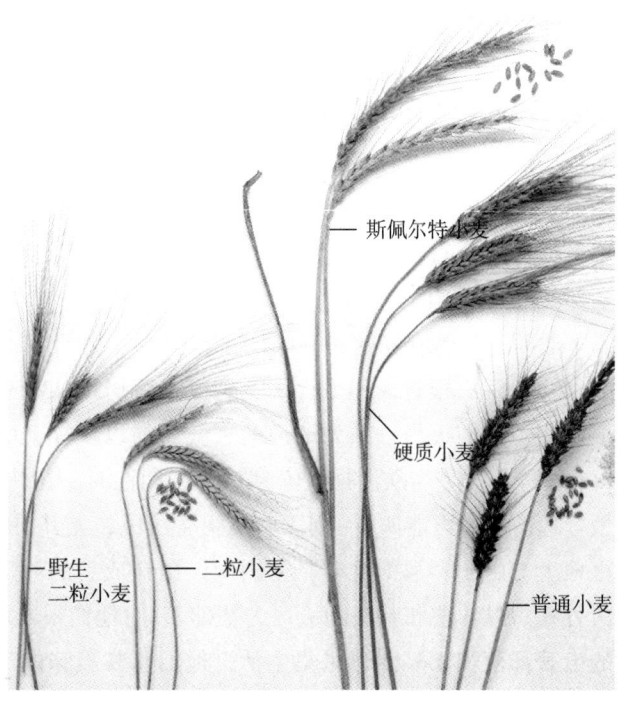

图 5.1　早期驯化的小麦。 西南亚对二粒小麦和大麦的驯化，是从采集生活向农业过渡的关键

上。早期美洲农民花了许多世代来培育蜀黍，以便造就遗传变化，从而获得更大的玉米穗、行数更多的玉米粒以及更柔软的外壳。这就延缓了一种富有营养的、成功的粮食作物在美洲世界区的广泛传播。

步骤 3　在世界上一些重要地区，人类已经采取一种不太显著的流动生活方式，至少开始了"部分时间"的定居生活

考古证据显示，大约 15000 年前以来，定居人口在世界部分地区增多。气候变化和人口压力解释了这种现象。在最后一次冰期末期，气候变得更温暖和湿润，大量人口在自然资源丰富的地区定居下来。由此可见，圣经中"伊甸园"位于西南亚并不是一种巧合。居住在那里的人们一开始并不从事农耕，他们只是以当地丰富的自然果实为食。最终，他们的定居生活导致人口过剩，因为定居民族并不像流动民族那种限制人口增长。

移民进一步促成了人口过剩的压力。许多资源丰富的地区，也是移民的天然通道。西南亚是一个典型例子，因为它是人类在非洲和欧亚大陆之间来回迁移的主要通道。同样，两块大型的美洲大陆之间的移民活动要经过中美洲，这或许有助于解释最后在那里定居的密集人口。很显然，到大约 1 万年前，越来越多的考古遗址表明，这种跨地区的移民最终导致了人口压力局部化。

作为气候变化的结果之一，人类社群放弃迁徙生活，转而采纳定居生活，同时继续着他们的狩猎–采集生活方式，这种社会被描述为"富裕的食物采集者"——他们可以获得

充足的资源，因此，他们能够安顿下来，成为"定居者"。比如，在澳大利亚，一些土著部族放弃"完全的"迁徙生活，构筑鱼梁，在附近村庄住下来。澳大利亚东南部贡第杰玛若人（Gunditjimara people）可能几千年来一直在"饲养"鳗鱼。他们并不是四处迁徙的部族，而是居住在大型的永久性村庄，有强有力的首领。换言之，虽然他们不是农民，但是他们采纳了农业社会的许多社会和政治特征。考古学家发现了一些证据：几百个永久性村庄遗址、用来饲养鳗鱼的116平方千米的人工沟渠和池塘、用来熏制产品（便于运送到澳大利亚东南部其他地区）的树木。

然而，尽管存在这种富裕的采集生活，并且澳大利亚北部与新几内亚以及附近海岛的农耕者距离很近，但是，澳大利亚土著居民从没有超越富裕的采集生活，从来没有从事农业。人们提出一系列地理的、气候的以及社会的理论（它们都不是很有说服力）来解释一个事实：当欧洲探险家到达澳大利亚时，这块大陆上的居民完全过一种采集生活。最合理的解释可能如下：澳大利亚土著居民，尤其沿海地区居民，生活在一块相对富足的土地上，由于资源如此丰富，因而，抛弃成功的流动生活，接受更匮乏、压力更大的生活方式（以甘薯和芋头的培育为基础），对他们根本就没有吸引力。时至今日，一些传统的土著部落依旧享受着采集生活，他们喜欢美味的"丛林美食"而不是商品化的、经过加工处理的食品。

在中美洲、波罗的海沿岸、埃及和苏丹、东地中海地区，人们也发现了与富裕食物采集生活方式相关的证据。生活在中美洲太平洋沿岸和墨西哥湾的人们，享用着丰富的海洋资源，因此，他们在5000年前就定居下来了。由富裕采集民族构成的基本定居的社会，也出现在波罗的海沿岸，从公元前1500年到公元前300年一直有人居住的一些遗址表明，那里的人们发展出了丰富的捕鱼、狩猎和采集技术。在阿斯旺附近的尼罗河流域，关于富裕采集民族的更早证据被发现，在当地定居点（距今15000年）发掘出了捕鱼、狩猎和收获谷物的工具。①

大约14000年前以来，西亚新月沃土西部地区（今日以色列、约旦、黎巴嫩和叙利亚）也发展出了重要的富裕采集社会。这方面的最早证据源自多萝西·加罗德（Dorothy Garrod）于1928年在以色列北部纳图夫（Wadi en-Natuf）的考古发现。因此，这种文化被称为"纳图夫"（Natufian）。这些人居住在村庄，收割野生谷物，猎取瞪羚。纳图夫人使用的工具并非必然比他们前辈的更精致复杂，尽管他们对镰状刀片的更频繁使用证明食物采集活动发生了一次普遍性变化（参见图5.2）。与以前相比，他们的谷物也得到了更高级的加工处理。除了标准的臼和石磨，还有用来碾磨谷物的容积更大的石板臼，即岩石层或岩板的凹陷部分。

普通墓地的修建进一步突出了纳图夫人的特征，为那种可能具有领袖人物和社会等级的复杂社会提供了证据。一些墓葬人物身上的装饰品——帽子、手镯和吊袜带——可能是

---

① David Christian, *Maps of Time: An Introduction to Big History*, 2nd ed. (Berkeley: University of California Press, 2011), 229.

身份的象征。尽管与社会等级制相关的直接证据可能很少,不过,考古学家一直都无法解释一个事实:只有很少一部分人被明显地"挑选出来"在定居点或附近举行丧葬仪式。①

叙利亚艾因马拉哈(Ain Mallaha)的考古发掘表明,纳图夫人的饮食主要是收获的并经过处理的谷类作物。骨骼残骸显示,由于吃了太多大麦粥和小麦大饼,大多人数都有蛀牙。与纳图夫文化的其他遗址一样,艾因马哈拉遗址也清楚地体现出了定居生活方式以及人口密度的增加(纳图夫人富足的采集生活的集约化所致)。

图5.2 纳图夫人。艺术家描绘的新月沃土西部纳图夫文化的富裕采集者,这些人正在收割野生谷物

据估计,艾因马哈拉常年人口大概为200~300人,以今天标准衡量,这个数字非常小,不过,这可能是到那时为止所出现的最大的人类共同体之一。② 纳图夫人或许建造了世界上最古老的城市杰里科(Jerico),凯瑟琳·凯尼恩(Kathleen Kenyon)于20世纪50年代晚期对该城进行了挖掘。在挖到有人类居住的前陶器层之后,放射性碳测年表明,杰里科自公元前9600年以来一直有人居住。更重要的是,纳图夫人在这个遗址居住的更早证据被发现了,时间可以回溯到公元前12000年。我们会在本章后面再次讨论杰里科。

最终,定居带来的人口压力、地方性人口增长以及持续不断的外来移民,迫使人类社会生活在越来越小的区域。到公元前10000年,食物采集民族已经散布到世界大部分地区,一些地方的空间不足以让他们全部安顿下来。由于每一个群体只能以更小块土地谋生,由于没有可供进一步迁移的空间,因此,这些人类共同体发现他们陷入我们所说的定居陷阱之中。

步骤4 人类社会陷入"定居陷阱"

一旦人类群体可以通过富裕的采集生活方式在一个地方安顿下来之后,流动性对人口施加的约束也就消失了。共同体不必抛弃年老的人,同时也能够供养更多小孩。较大规模的人口也提供了更丰富的劳动力资源。定居生活的结果之一,就是富裕的采集群体中人口

---

① Chris Scarre, ed., *The Human Past: World Prehistory and the Development of Human Societies* (London: Thames & Hudson, 2005), 209.
② Lauren Ristvet, *In the Beginning: World History from Human Evolution to the First States* (New York: McGraw-Hill, 2007), 41.

的增长（纳图夫人的村庄就是很好的例子），最终会导致人口过剩问题。

所有纳图夫文化遗址都证明了定居生活以及当地人口的增加，这意味着，人口数量最终可能变得太多，以至于富裕的采集活动最终无法全部养活他们。约旦首都安曼郊区艾因盖扎尔（Ain Ghazal）遗址的发掘表明，大约公元前7000年，由于人口的自然增长以及来自附近地区的移民，这个定居点的人口快速增加了3倍。在人口压力下，当地人们做出了各种不顾一切的、不利于环境可持续发展的努力来增加谷物产量，包括过度耕作和砍伐森林（增加了水土流失），以及过度放牧山羊（阻碍树木再生）。在艾因盖扎尔，一些群体远走他乡，前往湿润的大草原地区过游牧和农耕生活。

在日益增加的人口面前，富裕的采集民族可供选择的生存策略并不多。由于气候的持续变化、空间的缺乏以及经历了许多世代的富裕采集生活之后，迁徙的狩猎-采集民族的技能或许已经丢失，回归到迁徙、采集的生活方式不太可能。另一个办法就是专注于提高共同体可以获得的动植物的产量，为此就得清除多余的树木或植物（除草和砍伐森林），种植、照看和收获合意的植物物种（驯化），照料、控制合意和有用的动物物种（放牧）。换句话说，当面临人口过剩的压力和气候变化时，富裕的采集民族唯一的选择，就是加强培育和采纳农耕。

步骤5 农业：剩下的唯一选择

检验第5步所描述的普遍进程的方法之一，乃是将西亚向农业的过渡（这个模式似乎非常适用于该地区）与世界其他地区（比如中国和美洲）发生的事情进行比较。在中国中部地区，新仙女木时期结束之后出现的温暖湿润气候，为狩猎-采集民族提供了成群的野生牛羊、丰富的野生禾本科植物，尤其是绿色的粟。汾河流域挖掘出来的薛关遗址和柿子滩遗址清楚地表明，当地居民过着富裕的采集生活方式，尽管依然通过狩猎和采集来过活，不过已经定居下来。虽然还没有发掘出过渡性遗址，不过，公元前6000年以来，这个地区已经出现了大量农业时代早期定居的农耕村庄的证据，最著名的是磁山遗址和裴李岗文化遗址，这意味着，早在8000年前，这些人类共同体基本上通过驯化的粟谷生存。

在中国南部长江中游地区，公元前8000年之后不久出现的温暖气候，使得沿长江两岸的湖泊扩大，由此便利了野生稻谷的传播。两个考古遗址尤其清楚地揭示了从食物采集生活向农耕生活的过渡。吊桶环洞穴遗址发掘出了稻米化石层，其中包括野生、半野生以及驯化的稻米种类。（phytolith意思为"植物化石"，是在许多植物中发现的相当坚硬的微粒。无机的植物化石不会随着植物的其他有机物质一起腐烂，因此，它们可以向古生物考古学家提供重要证据。）对植物化石的放射性测年表明，公元前11200年之后不久，野生稻谷可能就被食物采集民族收集起来，不过，在一度相当寒冷的新仙女木时期，它从这个遗址消失，当时，这种植物本身很可能已经南移。当气候再次变暖时，野生稻谷又回到长江流域，至少在公元前6000年，这种植物显然已被当地居民驯化。吊桶环遗址无可争议表明，随着气候变化以及富裕采集民族采纳定居生活方式（由此导致不可避免的人口压力和稻米的最终驯化），一种驯化的谷物物种日益普及。①

在北美、中美洲和南美洲，相同的趋势也体现在考古记录中。由于气候变化，可供人类食用的各种食物资源也得以增加，随之而来的，是定居生活的增多，人口压力的增强，这样一来，人类不得不采取程度更高的劳动密集型的耕作方法，并最终全面采纳农业。例如，在墨西哥，大约公元前9500年到公元前2500年的这段时期以高度流动性的采集生活为特征，直到公元前2500年或者更早时候，当地人们才生活在许多农业村庄（考古学家已经发掘和测定了它们的年代）。最早的农作物是南瓜，稍后是菜豆和辣椒。墨西哥佐哈皮儿科（Zohapilco）遗址和圣安德烈亚斯（San Andreas）遗址似乎长期居住着富裕的采集民族，他们最终转向农业，尽管我们很难确定这种转变以及最早的驯化的确切日期。

在北美洲，据保守估计，新墨西哥州莫戈隆高地大约在公元前1500年就驯化了玉米。密苏里州的菲利普斯普林（Phillips Spring）遗址表明，早在大约公元前2500年，从采集野生葫芦到培育并最终驯化这个物种的过渡过程就开始了。在南美洲，秘鲁中部高地的三窗岩洞（Tres Ventanas caves）提供了当地富裕采集民族食用马铃薯、葫芦和甘薯的最早证据。马铃薯的食用可以回溯到公元前5500年，尽管我们不是很清楚马铃薯驯化的情况，因为在这块有利的环境生态龛，这种物种也生长在野外。从食物采集生活向全面农业生活的过渡一旦发生，南美每一个遗址都显示出复杂定居社会的快速发展和人口密度的增加，太平洋沿岸尤其如此。②

通过考察当代的半农业社会，我们能一窥本章所描述的那种进程的早期阶段。亚马孙流域雅诺马马人（the Yanomami）长期以来都从事一种简单的火耕农业（或刀耕火种农业）。他们"清除"多余的树木和灌木丛，以便为他们的田地和作物提供更多阳光和营养。雅诺马马人处于一种相对封闭的状态，居住在巴西-委内瑞拉边界的亚马孙雨林，自20世纪"被发现"以来，他们是现代人类学研究得最多的部族之一。他们的游耕农业活动的基础，乃是大蕉和木薯的培育（参见图5.3），不过，他们也捕鱼、狩猎和采集林中食物。他们居住在人口50到400人不等的村庄，每一两年就会迁移到另一块土地上，原来的村庄也就废弃了。这种较大的人口密度促使社会变得更复杂。尽管存在许多一夫一妻制家庭，不过，大型一夫多妻制家庭也很常见。在雅诺马马人中间，内部暴力和战争时有发生，男人往往为了女人、地位甚至奴隶而争斗。雅诺马马人过着一种混合型生活，介于迁徙采集和农业定居之间。我们必须认识到，雅诺马马人已经受到现代世界的影响，不过，他们提供了一幅生动的素描，我们从中可以察觉到人类生活方式和社会出现的剧烈变化，这些变化是从采集向农业过渡导致的一种结果。

---

① Chris Scarre, ed., *The Human Past: World Prehistory and the Development of Human Societies* (London: Thames & Hudson, 2005), 235–243.
② Chris Scarre, ed., *The Human Past: World Prehistory and the Development of Human Societies* (London: Thames & Hudson, 2005), 313–347.

图5.3 雅诺马马人。亚马孙盆地一处雅诺马马人的"农场"。雅诺马马人采取的是一种刀耕火种农业,他们"清除"多余的树木和灌木丛,以便为他们的田地和作物提供更多阳光和营养

5.3 农业时代早期

随着农业的出现,人类历史在那些采纳农耕的地区进入到一个新阶段。我们称之为**农业时代早期**。世界史著作通常会忽视这个时代,这些作品基本上都具有一个不言而喻的假定:农业的采纳直接通向城市、国家和文明。本章这部分内容想提醒大家注意一个事实,即这些大型权力结构直到几千年后才出现。事实上,农业时代早期很漫长,几乎和第一批城市出现到今天的整个时期一样长!那么,早期农民是如何生活的?最早的农业社会是什么样的?在人口密度大致增加到要求大量人口集中到复杂的城市和国家之前,农业是如何不断扩展的?

当我们使用农业时代早期这个表述时,我们所讨论的社会,显然建立在农业之上(即每个人以农业为生)。这些社会的运作不需要城市、国家或通常所谓的"文明"。在今日世界的某些地区,早期农业社会依旧存在(比如,雅诺马马人和巴布亚新几内亚高原地区的人们),不过完全被边缘化了。然而,就最近1万年而言,在其中5000年时间里,这种社会主导着人类的生活方式,也是所有人类共同体中最庞大和最复杂的社会。

在全球不同地区,这个时代开始的时间很不一样。在世界某些地区,比如西南亚,农业时代早期大致始于11000年前(大约公元前9000年),一直持续到大约5200年前第一批城市和国家的出现。在另一些地区,农业、城市和国家出现的时间更晚,而在其他一些地区,

城市和国家从来没有出现过。在本章中，我们准备考察大约6000年的人类历史，大致公元前9000年到公元前3000年这段时期，即从农业的最早迹象到最初的城市和国家的出现。

某些地区对农业的采纳意味着，那些世界区的人类历史开始走上一条完全不同的发展轨迹。自农业在非洲-欧亚大陆首先出现以来，它随之养活了最庞大的人口，也包含了最丰富的被驯化的动植物。美洲——农业在那里出现得较晚——拥有的人口数量位居第二，也具备相当可观的生态多样性，尽管潜在的可驯化植物不如非洲-欧亚大陆野生禾本科植物那么有营养，而且潜在的可驯化动物也很少（早期的人类捕猎者可能已经把它们赶尽杀绝了）。

在澳大拉西亚，农业很早就出现了，但是规模有限。那里的人口很少，部分原因可能在于，农耕者面临着有限的生态多样性，以及缺乏潜在的可驯化动物。真正的农业只存在于巴布亚新几内亚，当地的主要作物是芋头。农耕从未在澳大利亚站住脚跟，直到两个世纪之前欧洲人到来之际，那里的土著居民一直过着成功的采集生活。在太平洋世界区，乘坐独木舟穿越大洋的移民很晚才把农业传播到那里，尽管相似的生态环境限制了潜在的可驯化物种的范围，尽管许多岛屿的脆弱环境限制了人口密度。

农业时代早期的技术和生产力

早期农民在他们所能够生产的食物总量方面，面临着一系列限制。这些限制因素包括：能源短缺、肥料和（或）养分不够以及水资源缺乏。

在农业时代早期，绝大多数能源和劳动来自人类本身，因此，孩童作为潜在的农场劳动力变得越来越重要。显然，直到所谓的次级产品革命之前（我们在下一章将会讨论），人类几千年都没能了解动物粪肥的好处。在这个时代大部分时间，人们很少使用灌溉。任何大规模的灌溉活动，或许需要动用国家的强制性权力，随着气候的持续变化和人口的不断增长，这种强制变得更有必要。

早期农民采取的三种主要耕作技术（或方法），反映了上述局限性。这三种技术是园艺农业（horticulture），火耕或刀耕火种农业，以及奇南帕农业（Chinampa agriculture）。**园艺农业**类似于一种商品蔬菜栽培，在20世纪，许多社区花匠还在使用这种方法。它使用传统的技术和工具，比如用装有木柄的石斧来开辟土地；用脚犁和锄头种植；用带有木柄的骨头或石头镰刀收割；用石头来碾磨谷物。由于所有能源由人力提供，因此，这些工具的效率就显得十分关键（参见图5.4）。当考古学家尝试了解农业时代早期人类的生活方式并测定其年代时，这些工具提供了重要的证据。

中国的一个遗址提供了农业时代早期园艺农业社会发生技术革新的一个例证。在黄河流域的磁山遗址中，农业时代早期的土层被发掘出来，年代为公元前6000年到公元前5700年之间。那里发现了数以百计的地窖，它们显然是用来储存过冬的谷物。用来种植和加工小米的石铲、石臼和杵也被发现，另外还有用来盛食物的圆碗和三脚大浅盘。

图5.4 园艺农业。在17世纪的秘鲁,人们用园艺农业的工具(脚犁和锄头)和技术收获马铃薯。人类劳动是能源的基本来源

火耕农业——也以刀耕火种农业著称——现在依然是亚马孙盆地雅诺马马人采取的活动。从事火耕农业的早期农人面临着广阔的森林,他们要"清除"过多的树木和矮灌木,这样,他们的土地、庄稼和放养的动物才能够获得充足的阳光和养料。他们先选择一块林地,用手斧或焚烧的方式来清理草木,然后在这些土地上耕作1年到5年不等。一旦某块土地的肥力耗尽之后,他们就迁移到另一块林地,开始新一轮的刀耕火种过程。在北美和欧洲的温带地区,农民基本上抛弃了火耕农业,但是,它在热带雨林地区一直持续到今天,雅诺马马人就是证明。

奇南帕农业——由中美洲的农民创造,是指以木料和泥土于湖中建造漂浮的地皮,然后在上面种植作物(参见图5.5)。奇南帕农业与阿兹特克人联系密切,因此,我们将在第9章做出更详细的讨论。

与后来的农业技术相比,农业时代早期的这些技术效率很低。不过,它们比旧石器时代的技术更加高效,随着它们逐渐提高效率和生产力,人口开始以更快速度增长。根据人口学家的估计,在旧石器时代末期,人口可能将近1000万;据他们估算,在农业时代早期,全球人口大约5000万,即在6000年时间内增长了4倍。

农业的传播

我们不要忘记一点,即农业是在地理上相互隔绝的几个地区独立发展起来的,其基础在于当地存在合适的、潜在的驯化物种。农业一旦在这些"起源中心"确立之后,它必然会向全球传播。这种传播在一些地区非常迅速,在非洲-欧亚大陆尤其如此,因为这个世界区大体上的东西走向,有利于驯化物种在相同气候环境中的传播。在其他地区,由于需要适应不同纬度的气候,这种传播缓慢许多。

农耕的传播,要么因为狩猎-采集民族采纳了农业,要么因为正在扩张的农业社会取代了狩猎-采集民族,尽管考古证据难以辨别在不同地区到底哪种因素更重要。耕作无疑比采集更有利于人口增长,然而,随着人口的逐渐增加,农业社会面临可持续发展问题。

图 5.5　奇南帕（人造湖田）。奇南帕农业由中美洲的农民创造，是指在以木料和泥土于湖中建造漂浮的地皮，然后在上面种植作物

当数量有限的动植物物种需要喂养的人口越来越多时，一些家庭被迫迁移和开垦新土地。这不仅意味着原有的共同体变得更庞大，也意味着新的农业共同体的不断出现。研究人员安默曼（Ammerman）和卡瓦利-斯福尔扎（Cavalli-Sforza）通过借鉴群体生物学来论证**前进波模式**（wave of advance model）。他们认为，农业社会边缘地区的人口增长，再加上地方移民模式，必然导致农业人口范围的扩大（农民稳定地向环境合适的外围迁移）。

就这种扩张的原因和速度而言，考古证据显得模糊不清，因此，两种有助于史学家考察农业传播的新方法出现了：语言分布和遗传研究。语言证据表明，在太平洋世界区，大约公元前3000年，说南岛语（Austronesian languages）的民族将稻谷种植从中国大陆传播到台湾岛，1000年之后，又传播到菲律宾。他们在那里驯化了新的谷物，然后在接下来2000年时间，通过令人惊讶的独木舟移民活动（关于这种移民的更多内容，参见第9章），他们将这些谷物传播到太平洋遥远的群岛。语言的传播，尤其跟随移居新地区的农民一起传播的"稻米"的同源词，证明了农业移民取代了东南亚原有的狩猎-采集民族。

在撒哈拉以南的非洲，班图语民族在公元前一千纪的移民活动，促进了牧牛业、高粱和小米种植在非洲大陆的传播。这些班图语民族的故土，可能位于现代喀麦隆的热带稀树大草原。或许在一段干旱时期，他们可从那里顺着大草原走廊穿越森林，向南迁移。语言证据证明，这些班图语民族促进了农耕在非洲的传播。

遗传研究人员认为，农耕共同体迁徙时，它们可能带有某种显著的遗传印记，现代人身上或许还可以找到这种印记的蛛丝马迹。然而，这项工作的结果模糊不清，对线粒体DNA（mtDNA）、Y染色体DNA（Y-chromosome DNA）和细胞核DNA的研究表明，在早期西南亚农民对欧洲基因库的贡献值上，这些研究得出的结论并不一致。一些mtDNA研究显示，西亚农民的贡献值大约为20%，而Y染色体DNA研究显示的数值高达65%。我们可以对mtDNA（由母系遗传）研究数值与Y染色体DNA（由父系遗传）研究数值之间的差异做出如下解释：它证明男性农业移民移居欧洲，并且与当地妇女结婚。最近利用mtDNA、Y染色体DNA以及常染色体标记的研究表明，农业时代早期对欧洲基因库的贡献值在一些地区超过20%，由东向西逐渐减少（从希腊的85%到法国的15%），我们从源自西亚的扩张可以预料到这一点。

2010年的一项研究比较了农业时代早期土耳其和北欧的居民点，它进一步支持了前进波模式。对驯化动物和早期农民骨骼的遗传分析表明，大约公元前8000年，大量农民开始从西南亚移居欧洲。这些农耕者带去了他们驯化的牛和猪。由于基因突变的缘故，这些农民可以饮用和消化大量生牛奶（早期智人最初无法做到这一点），这使显著的人口增长成为可能。有迹象表明，在一些地方，当地采集民族和农业移民之间发生了冲突（例如，在德国城市塔尔海姆附近发掘出了34具被棍棒打死的骸骨），同时也存在偶尔的物品交换和贸易往来。定居者推进到巴尔干半岛，然后北上抵达今天的奥地利、匈牙利、德国和斯洛伐克，这种不间断的移民潮最终导致采集民族在整个北欧消亡。①

2010年另一项时间更近的研究——从8000年前的人体骨骼中抽取mtDNA进行研究，而这些骸骨发现于德国德伦堡一处墓地——也支持前进波模式，不过，它证明采集民族和农民之间的杂交，而不是相互冲突和取代。从骸骨抽取的mtDNA与生活在现代土耳其和伊拉克的人们的mtDNA很匹配，这进一步证明，农耕很可能是由移民传入欧洲，而不是被当地的采集民族采纳。与上面一段提到的考古证据不同，德伦堡的mtDNA证据表明，采集民族并没有因为农民移民的进入而"消亡"，而是与后者混居，共同创造了具有混合基因血统的后代。②

不管农业传播的主要动力是什么，一个无可争辩的结果就是，农业时代早期，农耕共同体的数量越来越多，大约到5000年前，地球上大多数人都以农业为生。大约1万年前，农业只出现在西亚，或许还有巴布亚新几内亚。到7000年前，农耕已经出现在今日巴基斯坦境内印度河流域的丘陵地带，以及中国的黄河和长江流域。到了早期农业时代末期，即大约5000年前，农业已经成为欧洲、巴尔干半岛、撒哈拉以南非洲、或许还有中美洲和南美洲部分地区的主要生活方式。这些地区人口密度的增加，也为集体学习提供了更多机会，因此，农业时代早期为人类历史注入了一股新的社会活力。

---

① Matthias Schulz, "Neolithic Immigration: How Middle Eastern Milk Drinkers Conquered Europe," *Spiegel Online International*, October 15, 2010.
② R. Robinson, "Ancient DNA Indicates Farmers, Not Just Farming, Spread West," *PLoS Biology* 8, no. 11 (2010):e1000535, doi:10.1371/journal.pbio.1000535.

农业时代早期不断增长的社会复杂性

居住在永久性住所的农民，在各种村庄汇聚起来。当时还没有城市和国家，村民居住的共同体大小不一，从十几户到几千户家庭不等。对农业时代早期的人来说，村庄就是整个世界！不过，这并不是说农业时代早期是一个整齐划一的时代，因为并不存在一个模版来规定村庄应当是什么样的。由于村庄之间差异巨大，因此，不同村庄村民的生活也千差万别。

永久地居住在同一个定居点的生活方式，对人类社会产生了重要影响；大型的、人口密集的共同体的生活，彻底改变了居民的日常生活。这些村落肯定会存在紧张和冲突，这就需要一些机制来化解冲突，因为现在的家庭基本上不得不与邻居和睦相处。人类学家将这种情况称为各种离心倾向（有利于整个共同体）或向心倾向（有利于单个家庭）之间的张力。农业时代后来出现的政府和法律制度，可以回溯到早期村庄的这种张力。这些关系也导致社会复杂性的增强，因为更大的集群和私人财产的出现，致使人类历史上首次出现了权威、性别差异和身份问题。基本的人类学理论认为，集群规模越大，需要更明确地行使权力和权威；这样，在整个农业时代早期，旧石器时代平等的血亲关系逐渐被财富和权力的垂直等级制所取代，世界各地墓葬中随葬品数量和价值的巨大差异证明了这一点。

农业时代早期的村庄

尽管所有的农耕共同体都显示出社会复杂性的增加，不过，农村的实际日常生活经历却千姿百态，它们取决于村庄的各种条件和地理环境。村庄的出现本身就是一个演化过程，简单地在一个地方居住下来，与创造一个组织良好的村庄并不是一回事。幼发拉底河流域最早的村庄阿布胡赖拉（Abu Hureya）是由一些陷入泥浆的圆形小茅草屋组成，它们显然是富裕的采集民族的住所。大约公元前9600年，这个社区被抛弃了，大约在公元前8800年，早期的农民在此定居下来。这个定居点很快发展成为一个大型村庄，建造了泥砖结构的矩形房子（与圆形结构不同，这种形状更有利于增加房间）；房子底层是储藏室，上面楼层住人。

20世纪70年代，南亚地区挖掘出了一个重要的早期农耕村庄，即巴基斯坦西部的梅赫尔格尔（Mehrgarh）遗址。从公元前6500年到公元前2800年，梅赫尔格尔一直有人居住，它是迄今为止在南亚发现的最早的农业时代村落。它离博兰河不远，也毗邻博兰山口——将印度-伊朗高原的高地与印度河流域的平原连接起来的一个主要通道。在最早的居住层，住房主要是矩形的泥砖建筑，分成好些房间和隔间（可能用来存放谷物）。种植的主要作物是大麦和小麦，辅以椰枣树以及瞪羚和瘤牛的猎取。在前陶器阶段，墓葬中有一些实用的和奇异的器物，包括镰刀、涂有沥青的篮子、海贝以及绿松石。在公元前6000之后，墓葬中出现了陶器；也有驯化瘤牛的遗传证据，或许还有驯化棉花的最早证据。梅赫尔格尔遗址是一次十分重要的发现，因为它为南亚地区从富裕采集生活向最终的城市化的漫长过渡提供了罕见的证据。

在中国南部，湖南省的八十垱遗址位于长江和洞庭湖之间一处低洼的平原地区。考古学家发掘出的最早地层（年代大约为公元前7000年）显示出了一些深达泥炭层的柱坑，它们被用作村庄住房的基座，因为这些住宅需要搭建在洪水泛滥的平原之上。八十垱是中国最古老的、年代得到测定的农耕村庄之一，它证明了一种需求，即住房建造的方式和地点必须有利于农业的成功，就八十垱遗址而言，房屋的建造必须以稻谷的驯化为基础。

在中国北部地区，农业时代早期的证据是仰韶文化，黄河流域已经出土了许多仰韶文化遗址。仰韶文化是一种精致复杂的农业定居文化，从大约公元前5200年到公元前3000年，持续了2000多年。仰韶文化最重要的遗址是半坡遗址，一个由很深的壕沟保护起来的令人印象深刻的村庄。住宅区位于壕沟保护范围之内，而村庄的墓地则位于壕沟之外（参见图5.6）。通过中国的几个遗址，我们粗略窥见了东亚农业时代早期的演化过程中日益复杂的乡村生活的变迁，以及特定的环境所扮演的角色。

在辽阔的美洲世界区，那里的考古学家也发掘出了农业时代早期村庄生活的证据。北美的科斯特（Koster）遗址位于伊利诺伊河下游涝原边缘的绝壁处，最初是采集民族的临时营地，后来发展成为复杂的、适合长期居住的定居点，尽管居民可能是富裕采集民族而不是农民。住房呈矩形，建造在4.8×4.25平方米的平台上，室内有火塘。食物储藏在地窖中，还有用来蒸蛤贝和烤肉的盆子。死者似乎埋葬在特定坟场，五具被埋葬的狗的残骸（年代为公元前6500年）也被发现。

南美的一个主要村庄遗址拉帕洛马（La Paloma）建造在秘鲁海岸，大约公元前6800年到公元前3700年之间，那里一直有人类居住。在其最繁盛时期，村庄有50座圆形拱顶住房，它们都建在平底坑上面。墙面上部由藤条编制，屋顶盖以茅草。发掘出来的物件证明，居民的食物包括收集的海洋资源以及早在公元前6000年以来就驯化的葫芦、南瓜和豆类作物。死者的尸体保存在海盐中并被芦苇席卷起来，墓穴上方架起的火帮助尸体变干以便于保存。人工制品——包括颜料、鱼钩、黑曜石以及奇异的贝壳的分布表明，这个遗址当时还是一个平等社会，不存在农业时代早期其他遗址中发现的权力和财富的垂直等级制。

我们现在准备考察来自英伦三岛北部的一个村落，以此结束对农业时代早期村庄的概览。

图5.6 半坡。仰韶遗址的发掘，位于中国北方的半坡。这一早期农业村庄中的房屋被一条很深的防卫沟环绕

这个村落叫斯卡拉布雷（Skara Brae），位于苏格兰北部奥克尼岛西海岸。在1850年一场风暴吹出少数几座石砌房子的大致轮廓之前，该村落一直为泥沙掩埋。1928年，考古学家戈登·柴尔德（Gordon Childe）开始发掘这个遗址，发现了七座房子；后来又发现了三座。放射性测年表明，在公元前3100年到公元前2500年之间，该村落一直有人居住，这个遗址是迄今为止在欧洲发现的最完整的农业时代早期村落。

该村落最初可能离海岸有一定距离，居民是一些农民，不过，这些人也狩猎和捕鱼。奥克尼群岛缺少木材，早期居民只能使用其他的建造材料，比如石头。当地居民需要建造坚实的石砌房子来防御严寒，因此，他们的房子地基都打在由此前的生活垃圾构成的土丘（考古学家称之为垃圾堆）之中。墙体所使用的，是海水自然冲刷塑造过的大块石板，墙面和屋顶铺设木料、泥煤、土和草料来防风雨。不但房子由石头建造，里面的家具也是如此。遗址中发现了石床、梳妆台、储物柜以及罐子、骨针、珠子项链、神秘的刻有图案的石球、盛有红赭石的容器（参见图5.7）。其中一所房子可能是作坊，它被分成小间，里面发现了骨头、石头和鹿角碎片，这些可能是制造工具留下的副产品。我们对这个村子的社会结构知之甚少，不过，我们很清楚，大约公元前2500年，由于气候恶化，这所农业时代早期环境最恶劣的村子不再适合人类居住，因为它看上去好像被居民完全抛弃了。

农业时代早期的性别关系

考古学在一定程度上揭示了农业时代早期共同体的性别关系，但是，这种证据是模糊的，至多只是部分地回答了如下问题：农业和定居的村落生活对妇女地位造成了什么影响。这种变迁显然改变了男人和女人的相对地位，不过，并不存在一个标准模式来规定这种变化应当如何发生。部分难题在于，我们通常很难从考古记录中将男性遗留物与女性遗留物区分开，被发现的许多器物并没有明确地表明它们专属于某个性别。人类学家和性别史学家经常将当时社会与现代的农业时代早期社会进行比较，希望由此重建那种变迁过程中可能发生的事情。其中一个假

图5.7 **斯卡拉布雷**。斯卡拉布雷位于苏格兰北部奥克尼岛上，年代大约为公元前3100年到公元前2500年。这些住房和里面的家具都是石头建造，石头是该岛最容易获得的建筑材料

定认为，由于20世纪园艺农业社会所使用的石器工具通常由男性制造，因此，农业时代早期的情况可能也是如此，但是，这种观点很难成为定论。

通过研究非洲南部山族采集民族，一些研究者指出，定居生活降低了妇女的地位。迁徙部落往往更加平等，男人和女人扮演的角色对部落的生存同样重要。这种观点认为，定居生活改变了这一切，因为妇女被局限在相对封闭的家庭之中，男人得到解放，他们担任更多的公共角色，包括牧牛和参与"政治"。这种变迁最终意味着，妇女的一些工作，包括打水和其他家庭琐事，被认为是地位低下的。

另一种对农业时代早期性别角色的解释认为，在促使共同体放弃流动生活、转向定居生活（通过积极地、有意识地致力于植物的培育）方面，妇女或许起到了领头的作用，因为流动采集的生活方式对妇女而言尤其艰辛。通过考察苏丹的富裕采集民族，人类学家找到了支撑这种观点的证据。[1] 另一方面，对叙利亚阿布胡赖拉遗址的骨骼残骸进行的分析表明，相对于食物采集，农耕对妇女提出了更多体力要求。许多女性骨骼也得到分析，她们的脚趾骨发生了变形，上臂粗壮，可能是成天碾磨谷物导致的，而男性骨骼则没有这种变形。

有证据显示，与食物采集民族相比，农业时代早期生活水平最初都下降了（对男性和女性都一样），这就使得上述模糊的解释更加复杂。生活水平之所以下降，原因或许在于，农民依赖的食物种类不如采集民族那么丰富，他们的饮食更单调、也更没有营养，这也解释了一些早期农民的骨架不如相邻地区采集共同体成员的骨架那么高。如果主食歉收，那么饥荒很可能随之而来，而且成为常在的威胁；与食物采集者相比，农民的工作更辛苦、花费的时间更长、身体承受的压力更大（骨骼研究可以证明这一点），他们想尽办法摆脱农业时代早期共同体所面临的各种威胁。可以肯定地说，在这些共同体中，男人和女人的角色以及随之而来的地位都逐渐得到明确的界定。

为何一些村落变成城镇？

并非所有村落都会发展成城镇和城市。我们现在关注的，乃是一些村落规模增大、最终成为城镇的具体原因。在第6章，我们会进一步分析这些早期城镇如何发展成为城市和国家。

考古证据提供了一些引人注目的例子，即某些特定的村落发展壮大，最终达到城镇规模。然而，我们并不清楚这些特定中心增长的原因。其中一些可能是重要的仪式中心，对周围村落具有精神上的重要性。另外一些显然拥有很有价值的资源，比如稳定可靠的水资源。另外一些成为重要的商业中心，或许由于它们控制着有价值的货物的贸易，或者位于重要的贸易或移民路线的交通要道上。在本节最后部分,我们考察农业时代早期两个不同的遗址，即杰里科（Jericho）和恰塔霍裕克（Catalhoyuk）。第9章将考察第3个遗址，即北美的查科峡谷（Chaco Canyon）。

---

[1] Randi Haaland, "Sedentism, Cultivation, and Plant Domestication in the Holocene Middle Nile Region," *Journal of Field Archaeology* 22, no. 2 (Summer 1995):157–174.

杰里科：世界上最古老的城镇？

今天的杰里科位于现代巴勒斯坦境内约旦河谷地，南距死海约16千米。杰里科低于海平面263米，是世界上最低的永久性定居点。对这一遗址的考古勘查开始于1868年，这项工作也在20世纪前半期断断续续进行。1952年到1958年间，凯瑟琳·凯尼恩（本章前面已经提到过她）利用现代考古技术对遗址进行了广泛勘测。凯尼恩尤其感兴趣的，是发掘出希伯来《圣经》上记载的"棕树城"，在犹太教-基督教传统中，这座古城被尊奉为以色列人摆脱埃及奴役之后的回归之地。随着挖掘工作的展开，她很快发现了一些早于《圣经》记载好几千年的证据。最终，她挖掘的壕沟抵达一处农业时代早期定居点的遗存，这处遗址占地大约2.4公顷，年代大概在公元前9600年。后来还发现了更早的土层，它表明，纳图夫文化的富裕采集民族早在约公元前12000年就居住在杰里科，这样，杰里科成为人类历史上一直有人类居住的最古老的定居点。

有助于解释杰里科的起源和长久存在的关键性资源，就是水，在那种严酷的沙漠环境居住，水绝对是必不可少的。这座城市位于切尔干河（Wadi Qelt）一块绿洲上，令人惊讶的是，它有可靠的地下水供应，即著名的埃内斯-苏丹泉（the Eines-Sultan spring），在人类连续居住的14000年时间里，泉水显然从来没有干涸过。在圣经中，这处自然水资源被称为以利沙泉（Elisha's Spring），根据《列王纪下》（2:19—22）的一则故事，先知以利沙让杰里科（圣经中为耶利哥）的水变得有益于人的健康。每分钟从这口泉中涌出的淡水超过3800公升，一套精妙复杂的灌溉系统将这些水分配给大约1011公顷的农田。土壤本身是冲积而成，非常肥沃，自采集生活向农业过渡开始以来，土壤、阳光和水的结合就使得这块土地深深吸引着富裕的采集民族和农民（参见图5.8）。

杰里科的最早居民为纳图夫人，农业居民随后取而代之，他们驯化了二粒小麦和大麦，在村落周围建造了石头围墙，墙外是一条石砌壕沟，由此体现了令人印象深刻的合作。在大约公元前8350年到公元前7350年期间，村落发展成一个城镇，很可能有3000多农民居住在圆形的泥砖房子中，从这些房子的排列来看，当时不存在任何明显的城市规划。后来的居民学会了驯养绵羊，也发展出一种保存人类头盖骨的崇拜仪式，其中包括将贝壳放在眼眶位置。

更晚的居住层不太明显地展现了日益增强的社会复杂性，这意味着杰里科已经从一个大型村落发展成一座城镇。通过对这些前青铜时代地层的勘探，考古学家发现了狩猎和耕作工具，比如箭头、镰状刀片、斧头和磨石；食器包括石灰石制作的碟和碗；锭盘和织坠；以及必定与某种宗教或礼仪活动联系在一起的真人大小的灰泥像。在经过几千年的连续定居之后，公元前1700年到公元前1550年间，杰里科的规模给人留下了最深刻的印象，当时，这个地区出现了快速的城市化，城市之间充满冲突，一个驾驭战车的精英阶级为杰里科组织了强大的防御力量。

图5.8 杰里科。杰里科位于现代巴勒斯坦境内约旦河谷,是世界上最古老的城市。人类在此连续居住了大约14000年

恰塔霍裕克、黑曜石与伟大的母神

恰塔霍裕克是农业时代早期的一个定居点,位于现代土耳其境内科尼亚平原上,大约建于公元前7300年。20世纪60年代早期,英国考古学家詹姆斯·梅拉特(James Mellaart)发现这个遗址并展开挖掘工作,该遗址占地13公顷,分成12"层"。尽管科尼亚平原是土耳其降雨最少的地区之一,不过,在农业时代早期,这里河流纵横交错,河水、冲积土壤以及芦苇沼泽使得这块土地非常有利于农耕。考古学家认为,当地一些小型的、先前存在的村落发展成为一个人口密集的共同体,比如恰塔霍裕克,大约到公元前6200年,居民可能多达8000人。

该城镇的住宅很紧凑。每一所房子基本上呈矩形,四边与其他房子相连,房子之间没有巷子或道路。屋顶是平的,木梯可达屋顶,由上面的活板门可以进入屋内。据考古学家估计,每一所房子的寿命大概为70年,当屋顶塌陷之后,就可以在原址上重新修建房子(参见图5.9)。居民以驯化谷物和蔬菜以及放牧绵羊维持生计。恰塔霍裕克的居民也交易火山玻璃,即著名的黑曜石,这种石材产自大约128千米之外的卡帕多西亚。通过敲打这种有用的石材,就可以得到一些边缘坚硬、锋利的石片,然后把它们制成非常有效的狩猎和耕作工具。在恰塔霍裕克发现的工具,几乎都用黑曜石制造。

在恰塔霍裕克遗址,房子的白墙和地板上绘制了一些醒目的红色艺术形象。已经挖掘出了现实的人物形象和抽象的几何图案。其中一个主题,就是描述人类与一系列围绕一头

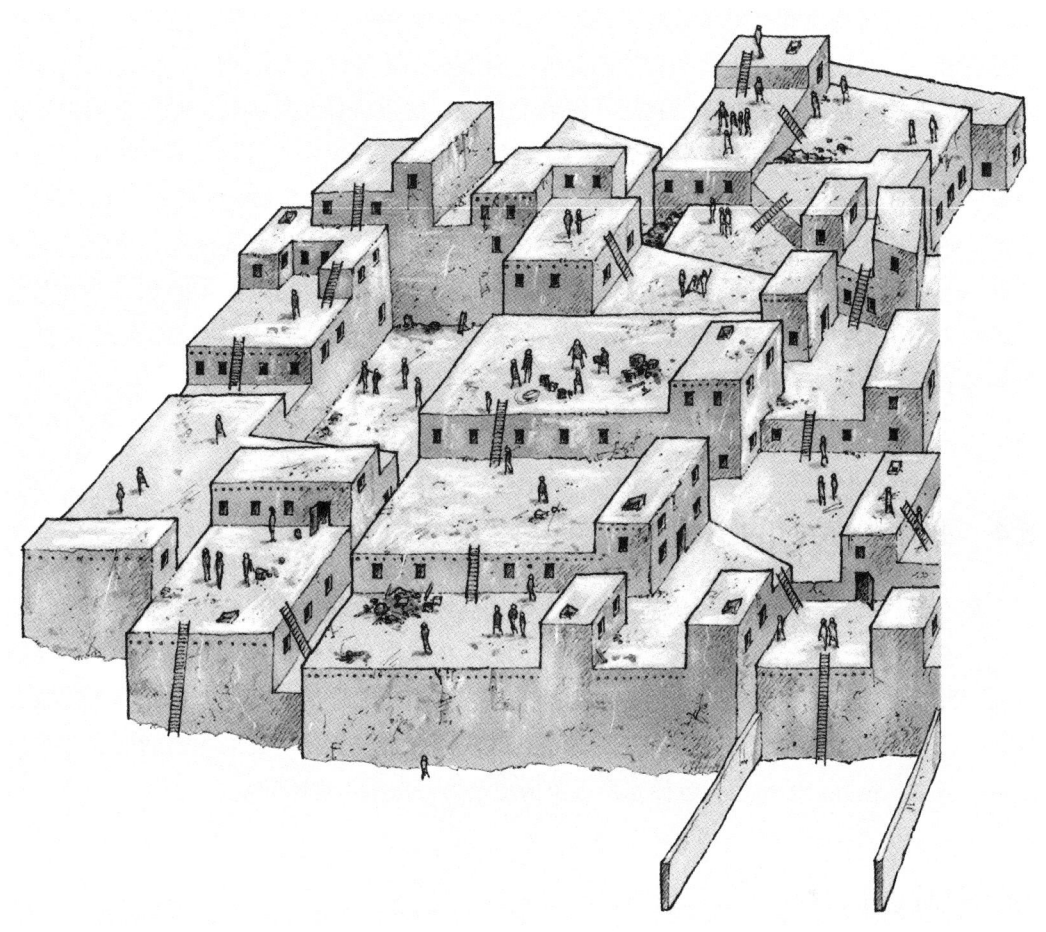

图5.9　恰塔霍裕克。一位艺术家对恰塔霍裕克（位于现代土耳其境内）的印象。恰塔霍裕克大约建于公元前7300年，这座城市人口很密集，居民以耕作和交易重要的自然资源——黑曜石（一种很有价值的火山玻璃）维持生活

巨大野公牛展开的活动。最近的发现（2008年）进一步强化了野公牛的重要性：几组野公牛角设为柱子，从排列方式看，它们似乎在保护葬在地下的死者。另一幅图画所展示的，乃是秃鹰环绕的无头人。最让人迷惑不解的是，这些图案对人物的描绘都以程式化的女性形象和一系列女性雕像来表现。梅拉特最初认为，恰塔霍裕克是一个重要的祭祀中心，用来祭拜一位伟大的母神，不过，不管崇拜的对象是什么，非凡的绘画、墓葬活动以及女性肖像，证明存在一种丰富的、富于象征意义的宗教信仰，或许也解释了这个农业村落为何会发展到如此庞大的规模。正如这些例子所表明的，我们需要认识到一点，即从村落向城镇的演进，是一系列变量结合在一起的结果，其中包括可靠的水资源、肥沃的土壤、很有价值的自然资源以及神圣或象征的意义。

尽管存在密集的人口、令人印象深刻的建筑以及日益复杂的神圣信仰体系，不过，就上述定居点以及农业时代早期大多数社会的居民而言，他们依然生活在一个相对平等的社

会世界。恰塔霍裕克和杰里科的住宅在大小和占有方面基本没什么区别，这表明，当时还不存在社会等级制。尽管男性和女性的墓地有时候有一些性别专属的物件，不过，这些东西本身没什么价值，妇女似乎得到相同份额的食物，这意味着，虽然农业时代早期男女之间的文化差异得以确立，但并没有导致妇女在经济上的从属地位。最后，即使在农业时代早期这些最令人印象深刻的城镇，也没有真正的证据表明一个宗教或领袖精英阶级出现了。因此，本章要提出来的最后一个问题是，**共识性权力**（指领导人在共同体的一致同意下进行统治）的早期形式如何出现于早期农业时代的晚期。第6章将讨论这个问题，并且考察这种权力在后来如何转变为**强制性权力**（领袖以武力威胁进行统治），最终导致富人和穷人、精英和农民以及国王和皇帝的出现。

5.4 共识性权力的出现

在本章的最后一部分中，我们将考察上述共同体中出现的早期权力形式。本章以及下一章打算回答两个棘手的、然而至关重要的问题：在这个相对平等的世界，一些人最终如何得以统治另一些人？统治者如何扩大他们的权力，直到农业时代晚期开始时，大多数人发现自己受到国王和皇帝这种强力统治者的控制？很明显，就像与此联系密切的农业革命一样，权力在世界上的出现，也标志着人类历史上另一次根本性的转变。

权力是什么？

快速查阅一下词典，我们就会得到大量令人困惑的关于**权力**的定义。不过，它们有共同之处，即都提到了个人或团体对人和资源的控制以及权威（指行使那种控制的能力）。所有这些定义都假定，少数人将控制多数人，以及控制大量的人力和物质资源。因此，我们可以看到，在大量人力和物质资源于早期农业时代后期积累起来之前，权力相对不太重要。在漫长的旧石器时代以及农业时代早期大部分时间，人口太少，资源也太少，权力的重要性难以体现出来。追逐权力的个体最终只能够控制很少的人，也控制不了什么物质财富。另外，在小型的食物采集群落以及所有村落——我们本章讨论过的最大的村落和城镇除外——大多数活动都不需要领袖人物。行政和司法意味着家庭政治起主导作用，各种问题在大家庭内部解决，或者在村落集体解决。

考古学家和史学家怎么知道特定共同体中的个人是否行使了控制和权威呢，权力结构是否出现了呢？他们可以寻找墓葬结构的差异：在一个共同体中，一些个人的墓葬比大多数人的更奢华，陪葬品更多。考古学家也考察个人住房中财物数量和质量的差异，并且比较共同体中一些特定房子的大小和位置。最后，不管他们在哪里发现纪念性建筑的证据，如金字塔之类的庞大陵墓，或金字形神殿，或类似于拉帕努伊岛（复活节岛）上的雕像，他们都可以自信地宣称,这种结构证明,共同体的某个人或某个团体具备向其他人行使巨大权力的能力和权威。

阐释权力的出现

人们最终同意社会中少数人取得支配他们的权力,即修建陵墓、大型建筑和纪念性建筑所需要的权力,为了解释这种现象,人类学家提出了两种不同的、然而相互重叠的理论。第一种理论相当于所谓的"自下而上的权力"。它关注的是同意概念,以及权力最初来自社会底层的观念。与自下而上的权力相一致的进程如下:生活在较大和较复杂社会的人们,最后渴望或需要某种协同管理机制,因此,他们同意服从统治者。这个理论带来的问题就是:在经过几千年几乎没有或完全没有领袖的生活之后,人类为何同意由他人来统治自己?第二组理论关注的是强制概念,以及来自上层的权力或"自上而下的权力"观念。这种理论认为,个体或团体学会了如何将自己的意志强加于他人身上。这种解释引出来的问题是:统治者如何将其意志强加给共同体?人们为何能够忍受它?

来自下层的权力或许可以被有效地描述为基于认同的权力,即共识性权力(consensual power)。这个标签似乎是恰当的,因为它描述了一种过程,人们由此自愿放弃一些个人和家庭自治权,同意领袖人物获得控制他们的生命和资源的权力。来自上层的权力或许可以被理解为基于武力的权力,或强制性权力(coercive power)。在这种模式中,领袖人物获得了控制民众和资源的能力,必要时可以动用武力。

群居昆虫的世界有助于我们了解权力的出现。与蚂蚁以及一些蜜蜂、黄蜂一样,白蚁是真正的群居性动物。大型白蚁窝的组织方式类似于人类社会。多达百万的白蚁居住在热带草原的大型蚁丘中,这种土丘就是它们的家园、繁殖室和真菌花园。蚁丘的建造材料是泥土、泥浆、唾液和白蚁的排泄物,一些非洲蚁丘高达9.1米,它们以直达地面的热气柱确保整个聚居地的空气流通。蚁窝的社会结构同样很复杂。在一个典型的蚁窝,所有的白蚁被分成不同等级,从幼蚁(半成熟的白蚁)到工蚁和兵蚁,再到繁殖蚁(包括雌蚁和雄蚁),它们都由产卵的蚁后控制。

很明显,白蚁社会中的一些成员拥有比其他成员更大的权力(比如兵蚁),最有权势的是蚁后!这看起来像自下而上的权力模式,因为所有白蚁都从蚁丘体制中获益,如果蚁丘管理不善,它们都会死亡。蚁后也要确保蚁丘的凝聚力,它能够创造和传播信息素(即可以引起社会反应的化学分泌物),这种物质经过共同传递而散布整个蚁丘,从而增进群体的团结一致。不过,这也是一种自上而下的权力,与"臣民"相比,蚁后和其他精英群体获得更多资源,它们利用富于自我牺牲精神的兵蚁来控制(常常使用武力)其他白蚁的行为。因此,这种社会结构既是自上而下的,也是自下而上的,而非仅仅属于其中一种。

在昆虫和人类世界,权力都是自上而下和自下而上两种类型的结合。权力本质上是一种关系,双方都会从中得到某种东西。正因为如此,它通常得到下层的支持,尽管其中一方所得往往多于另一方。这意味着，上层有时候需要动用武力来维持他们的权力。因此，在所有权力关系中，自上而下的权力与自下而上的权力相互交织。

白蚁的社会世界与农业时代早期不断演化的人类社会之间，存在紧密的相似性。当人类社会变得更庞大和更复杂时，任务就得被细分，个体要学会更多地依赖他人，整个结构则需要更有效的管理和控制形式。就像群居昆虫经由遗传而适应大型聚居地那样，人类经由文化而适应定居的、集体的以及相互依赖的生活（紧随向农业的转变而出现）。

以上的讨论表明，我们需要分两步来解释人类社会中权力的起源。人类社会最初和最简单的权力形式建立在同意之上（自下而上的）；领袖人物一旦以这种方式出现之后，他们最终会掌握居高临下地（自上而下地）强加他们的个人意志所需要的资源。为了证明这种理论解释，史学家、人类学家，尤其考古学家一直在搜寻证据，他们力图表明，在农业时代早期的某个时刻，自下而上的权力首次出现，后来被自上而下的权力取代。本章剩余部分将关注自下而上的（或共识性）权力的出现。下一章将考察早期城市和国家中，向自上而下的（或强制性）权力的过渡。

农业时代早期共识性权力的出现

农业时代早期，随着人口的增加，协调各种行动的需求必定显得更加突出。由少数几个家庭组成的小型共同体，人们能够面对面解决自己的问题和协调共同体的各项任务，但是，在由几百人组成的村庄，甚至几千人组成的城镇，这类工作就需要某些领袖人物来完成。我们已经了解到，当农业从起源中心四处传播时，更多的村庄开始出现，其中一些规模很大，足以称为城镇。这些城镇反过来开始对小型村庄加以控制。后面我们会看到，当真正的大型共同体即城市出现时，它们很快就会支配城镇和村庄并且向它们征税。

早期农业社会的居民需要领袖人物承担什么任务呢？他们在以下事务方面需要领袖：防御（与相邻村落发生冲突时领导他们）；宗教（与神灵协调，尤其当共同体非常依赖农业的成功时，更是如此）；法律问题（解决纠纷）；管理（比如，维持日益复杂的灌溉系统）。换言之，人类历史上首次需要领袖来处理这些问题，因为在没有协调机制的情况下，共同体已经无法解决它们。那么，哪些个体应当被选出来呢？领袖需要什么品质呢？答案再明显不过了：那些具备特殊才能的人，比如祭司或萨满教僧人、武士或外交官或集体项目的组织者。但是，选举通常与才能无关，更多地与家世联系在一起，酋长选举尤其如此。

农业时代早期许多村庄所采取的统治形式是酋长制，即复杂的人类社会由酋长领导，酋长或一个精英贵族集团被选出来为共同体做决定。当农民在工作上表现更出色之后，共同体就可以创造农业剩余，这样，领导者们从粮食生产中解放出来，这种精英集团也由此浮现出来。一般而言，酋长是这些共同体（共同体仍然以家庭为单位进行思考）当中显赫的家庭的长子，因此，出生的偶然性决定了一个人是平民还是贵族，以及未来的前景。

我们仍然不清楚，农业剩余到底是如何在这个过程中逐渐积累起来的，人类学家甚至指出，在现在的许多原始村落，村民觉得种植超过自己的生存所需的谷物的想法，是滑稽可笑的。储存食物过冬的需求，常常因考古证据而变得不太可信，因为这些富余的粮食往往霉烂或者被害虫毁坏。

另一种解释认为，酋长兴起的原因，在于一些人向其他人提供剩余食物或其他物品，从而促使接受者产生了一种义务感。正如第4章所述，在旧石器时代，赠送礼物是维持集群之间和谐关系的根本方式，它在农业社会早期也很重要。向潜在的支持者显示慷慨大方，为权力之路开启了一扇大门，波利尼西亚社会的所谓头人（Big Men）就是这么做的。在所有小型社会，慷慨大方（以赠送礼物的方式展现）受到高度评价。头人通过赠送礼物创造根深蒂固的互惠关系来获取权力。现代人类学研究展现了潜在的头人如何积累和储存重要资源（猪、毯子以及其他有价值和有用的物品），并且在大家需要时把它们重新分配出去。通过积累这种互惠性的借据（IOUs），头人获得了巨大的社会影响力，受惠者最后别无选择，只得支持他。爱斯基摩人的谚语生动地描述了这种权力之路："礼物创造奴隶，正如鞭子创造出狗一样。"①

农业时代早期权力的证据

上述对权力起源的简单理论探讨表明，生物学的趋同性进化原理（参见第3章）或许也适用于这一进程，因为面临相似问题和需求的、不断发展壮大的共同体，最终都找到了十分相似的解决方法，即创造出酋长制，即使人们之间没有任何联系。这种最初的统治形式——建立在农业剩余、等级和世系以及互惠规则之上——呈现出明显的地方差异，下面三个例子证明了这一点。

在现代保加利亚黑海沿岸的瓦尔纳（Varna），考古学家考察了公元前五千纪中期的一个巨大墓地。他们的发现被用来证明墓葬的一种用途，即有可能被当作促进社会整合的一种手段：让一切与死亡相关的仪式退出单个的家庭领域，让丧葬成为一种公共的和集体的事务。考古学家发掘了211座墓葬，陪葬品显示了死者在财富和地位上的巨大差异：170座墓穴的随葬品在10件以下；18座墓穴中包含了更多有价值的物件；其中一座墓穴的主人是一位40~50岁的男子，陪葬品达1000多件，其中980件由黄金打造。由此可以推测，这个墓穴的主人具有很高的社会地位，或许在他的共同体中掌握很大权力。

在中国，大约到公元前3000年，龙山文化（前面讨论过的仰韶文化的后继者）控制了大部分中原地区。在长子遗址和陶寺遗址中已经发掘出龙山文化的一些主要墓葬，它们随葬品的鲜明反差体现了日益增长的社会复杂性。陶寺遗址中的大部分墓穴埋葬穷人，随葬品很少；其中大约80个墓穴中出土了玉斧和耳环；少数富人墓穴中有多达200件的有价值物件。其中有玉耳环和玉斧，不过，令人好奇的是，另外还有两架蒙以鳄鱼皮的木质鼓。中

---

① Lauren Ristvet, *In the Beginning: World History from Human Evolution to the First States* (New York: McGraw-Hill, 2007), 78.

国古书将鼓当作忠诚的象征!

最后,我们将目光转向波利尼西亚,人类学家对当地的酋长制度和其他早期权力形式展开了广泛考察。波利尼西亚的社会包括各种社会政治结构,从马克萨斯群岛和复活节岛上战乱频繁、四分五裂的部落政治,到新西兰松散的等级制部落社会,再到汤加、萨摩亚和夏威夷的严格的等级制酋长制度。尽管这些群岛的大小、富饶程度以及闭塞程度在社会复杂性问题上扮演了重要角色,不过,人类学家认为,所有波利尼西亚社会都赞同世系等级和男性继承权。因此,那里的酋长血统纯正,负责食物生产、共同体建设以及宗教礼仪的监管,因为人们认为他们继承了超自然的权力。

对人类学家而言,波利尼西亚是社会复杂性演进的最重要的"实验室",当权力和身份的概念逐渐出现时,我们可以窥见在大多数早期农业社会中起作用的那些因素。很显然,任何细微的模式都包含了一系列主要的动力,其中有环境角色、继承身份、互惠关系、群体内部的竞争和一致,以及宗教。

这种简单的概述,展示了农业时代早期权力出现的一些例子,同样也呈现了与权力演进联系在一起的模糊性和复杂性。当我们结束对农业时代早期的考察之际,有必要指出的是,这些早期的权力结构受到诸多限制。领导者基本上是男性,他们很大程度上是在人们的同意下进行统治,他们也能够在很高的程度上控制大量人力和物力资源。与此同时,他们也很容易被推翻,因为他们的权力仍然基于同意之上。早期领导者还没有学会持续以武力来强加他们的意志。下一章会指出,5000年前,在一些地区,这种通常脆弱而有限的权力形式被更持久的权力形式(其基础在于不断使用强制)取代。

农耕与环境

这本大历史教材的一个重要主题,就是人类与生物圈之间的关系。我们在第4章已经讨论过,即使在旧石器时代——当时的人口很少而且分散,人类群体基本上过一种可持续的生活——我们物种通过火棒农业和赶尽杀绝大型动物而产生了深远影响。

当人类从流动的采集生活转向定居的农耕文化时,养活更庞大、更稠密的人口的需求,必定对通常十分脆弱的地区环境造成压力。供养人们的村庄和城镇以及农田和牧场,乃是建构的、人为的、驯化的和以人类为中心的环境,那里的一切要素都服务于人类的生存。无意的或者可能是有意的,早期的农民经常追逐一种不可持续的农业实践。这些活动包括在贫瘠的土地上过度耕作和过度放牧(导致土地沙化);过于依靠灌溉(带来盐碱化);大面积清除林地和灌木(导致水土严重流失)。此外,驯化导致动植物物种的基因发生改变,这样,新物种往往更容易遭受疾病和虫害。除此之外,还有持续的气候变化和常规的自然灾害,因此,我们很容易理解克里斯·斯卡里(Chris Scarre)所说的话,即"关于实现长期的环境可持续性的问题,4000年来一直困扰着复杂社会",正如本章所展现的,在此前4000年也是如此。[1]

　　学者们一般不怎么考虑农业时代早期环境恶化问题，不过，美国古气候学家威廉·拉迪曼（William Ruddiman）最近指出，农业时代早期集约化产生了非常深远的影响。为了便利耕作和放牧，非洲–欧亚大陆和美洲的大片森林相继被清除。由此导致的结果就是，在过去几千年，大气中二氧化碳和甲烷的含量大大增加，从而引起全球气温上升，这反过来又延迟了地球重新回到更寒冷的气候甚至冰川环境。[2] 拉迪曼的观点引起了争议，不过，最后一次冰期结束以来盛行全球的更稳定、更温暖的环境，肯定有利于大规模的集约化农业耕作和人口的快速增长。在后面章节中，我们会多次回到人类对环境的影响这个主题，不过，在我们结束对农业时代早期的探究之前，重要的不仅仅是记住向农业过渡带来的社会和政治影响，还要记住因此带来的环境影响。

小　结

　　本章探讨了对复杂性的第7道门槛——采纳农业的跨越，这个跨越是由5个步骤构成的过程。我们描述了早期农业村落，包括发展成大型城镇的杰里科和恰塔霍裕克；考察了性别和环境变化；最后分析了新形式的权力关系如何从一些大型村落的酋长制中显现出来。

本章问题

1. 什么是驯化？
2. 农民和驯化物种之间的关系为何被称为共生关系？
3. 农业最早是在何处以及何时出现的？
4. 简单勾勒五步模式来解释农业的出现。
5. 农业是如何传播的，我们以哪些证据来证明这种传播？
6. 比较和对比园艺农业、火耕农业和奇南帕农业。
7. 在不断演进的社会和性别关系问题上，农业时代早期的考古证据为我们提供了什么信息？
8. 为何一些村落变成了城镇？
9. 农业时代早期共识性领导者需要承担什么工作？

---

[1]　Scarre, *The Human Past: World Prehistory and the Development of Human Societies* (London: Thames & Hudson, 2005), 718.

[2]　William Ruddiman, *Plows, Plagues, and Petroleum: How Humans Took Control of Climate* (Princeton, NJ: Princeton University Press, 2005).

关键词

agriculture　农业
chinampa agriculture　奇南帕农业
coercive power　强制性权力
consensual power　共识性权力
domestication　驯化
Early Agrarian era　农业时代早期
Holocene epoch　全新世
horticulture　园艺农业
intensification　集约化
power　权力
sedentism　定居生活
swidden agriculture　火耕农业
symbiosis　共生现象
wave of advance model　前进波模式

延伸阅读

Ammerman, A. J., and L. L. Cavalli-Sforza. *The Neolithic Transition and the Genetics of Populations in Europe*. Princeton, NJ: Princeton University Press, 1984.

Bellwood, Peter. *First Farmers: The Origins of Agricultural Societies*. Oxford/Malden (MA): Blackwell, 2005.

Bellwood, Peter, and Colin Renfrew. *Examining the Language/Farming Dispersal Hypothesis*. Cambridge, UK: McDonald Institute for Archaeological Research, 2002.

Carneiro, R. L. "A Theory on the Origin of the State." *Science* 169 (1970):733-38.

Catalhoyuk Research Project, Institute of Archaeology, University College London (2008). www.catalhoyuk.com/.

Diamond, Jared. *Guns, Germs, and Steel: The Fates of Human Societies*. New York: Norton, 1997.

Hodder, I. "Women and Men at Catalhoyuk." *Scientific American* 290, no. 1 (2004):76-83.

Johnson, A. W., and T. Earle. *The Evolution of Human Societies: From Foraging Group to Agrarian State*. 2nd ed. Stanford, CA: Stanford University Press, 2000.

Kenyon, Kathleen M. *Digging up Jericho*. London: Ernest Benn, 1957.

Kitch, Patrick V. *The Evolution of the Polynesian Chiefdoms*. Cambridge, UK: Cambridge University Press, 1984.

Lewis-Williams, D. "Constructing a Cosmos-Architecture, Power, and Domestication at Catalhoyuk." *Journal of Social Archaeology* 4, no. 1 (2004):28-59.

Richerson, P., R. Boyd, and R. L. Bettinger. "Was Agriculture Impossible during the Pleistocene but Mandatory during the Holocene? A Climate Change Hypothesis." *American Antiquity* 66, no. 3 (July 2001):387-411.

Ristvet, Lauren. *In the Beginning: World History from Human Evolution to the First States*. New York: McGraw-Hill, 2007.

Robinson, R. "Ancient DNA Indicates Farmers, Not Just Farming, Spread West." *PLoS Biology* 8, no. 11 (2010):e1000535. doi:10.1371/journal.pbio.1000535.

Ruddiman, William. *Plows, Plagues, and Petroleum: How Humans Took Control of Climate*. Princeton, NJ: Princeton University Press, 2005.

Scarre, Chris, ed. *The Human Past: World Prehistory and the Development of Human Societies*. London: Thames & Hudson, 2005.

Smith, Bruce D. *The Emergence of Agriculture*. New York: Scientific American Library, 1995.

Big History

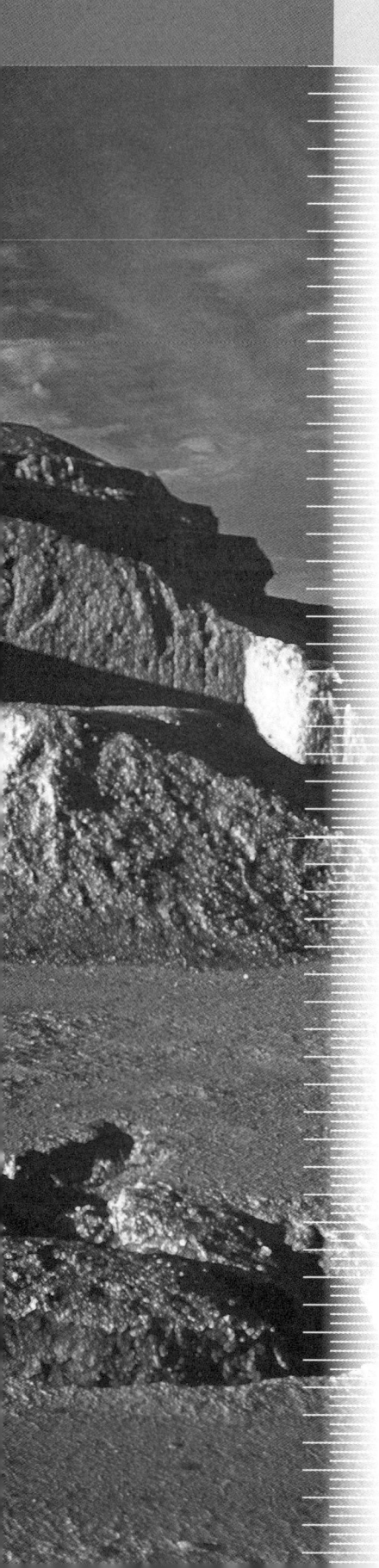

第 6 章

跨越一道小门槛

城市、国家与农耕文明的出现

考察大图景

大约开始于公元前 3500 年

- 什么是城市？什么是国家？什么是农耕文明？
- 为何城市和国家的出现有资格成为一道小型门槛？
- 人们如何学会提高农业产量？
- 什么样的技术变化为城市出现奠定了基础？
- 国家如何获得足够权力来压制人们？人们为何允许这种情况发生？
- 城市为何在大致相同的时间出现在世界许多不同的地区？

今天，几乎所有人都生活在某种"国家"之中。此外，当前世界上超过半数的人生活在城市或城市地区。这个基准是在2008年达到的，它是大约5000年前开始的进程的延伸，这进程或许始于两河流域的美索不达米亚，即现在的伊拉克。随着最初的城市和国家的出现，人类历史跨入一个新时代，即农耕文明时代。本章探讨这个时代的早期阶段，即大约公元前3500年到公元前2000年这段时间，接下来三章考察的时间段为大约公元前2000年到公元1000年。

6.1 定义城市、国家和农耕文明

尽管我们认为最早的城市和国家大约于公元前3200年出现在美索不达米亚，不过，一个重要的事实在于，当我们从宏大的时段来观察时，城市和国家几乎同时出现（或许独立地出现）在世界上至少其他七个不同的地区。在尼罗河流域的埃及和努比亚，公元前3100年就有了国家。到了大约公元前2000年，印度北部出现了国家，中国也有证据表明国家的存在，到大约公元前1000年，中美洲和秘鲁也形成了国家。

为了思考城市的含义，我们可以想象一下公元前3000年一个人从城镇来到城市。这个人会发现，她或他自己处于城市中更多的人中间，那里有几万人，而不是城镇的几千人或村庄的几百人。然而，城市不仅仅规模更大，它们还有更复杂的内部劳动分工，大多数人全职干着某种专门职业：金属制造工、啤酒工人、制陶工、织工、祭司、石匠、乐师、艺术家或士兵。

随着城市的出现，基本的斗争一如既往，即为每个人提供充足的食物，不过，在城市中，合作形式变得更复杂。通过使用像陶工和金属制造工这类专门工匠制造的工具，城市外围偏远地区的农民就可以生产出足够多的剩余粮食来供养城市居民。大致而言，在现代以前，大约九个农民才能养活一个城里人。

如果城市是从事专门职业的几万人的汇聚，那么国家又是什么呢？**国家**是由一个或好几个城市及其周围城镇和乡村构成的、在地域上组织起来的社会，人口从几万到几十万甚至几百万。国家具有政治、社会和经济等级制度，或者说权力结构，它们基于系统的、制度化的强制，也基于大众的认同。国家不是政府的同义词；政府只是国家的一个层面。城市和国家大约同时兴起，因为城市人口密度的增加需要领导层，也使掌权者可以获得的资源成倍增长。

当城市和国家相互贸易时，一些被另一些吞并，国家体制的规模也随之扩大，最终被称为帝国或帝国制度，那时，一个统治者控制着由许多城市和国家构成的大片领土。第一个帝国制度或许由尼罗河流域的美尼斯（或纳尔迈）于大约公元前3100年建立。阿卡德的萨尔贡（统治年代约公元前2334—前2279年）在两河流域建立了一种帝国体制。到了大约公元前1500年，商朝或许在中国北部建立了一种帝国制度。

国家和帝国地域庞大，那里拥有相同的文化特征，其中也包括国家赖以存在的纳贡的农民。我们采纳了美国著名人类学家埃里克·沃尔夫（Eric Wolf，1923—1999）的观点，将**贡赋**（tribute）界定为各种资源，可能包括物品、劳动、现金甚至人们，它们很大程度上由国家以威胁使用强制的方式来控制。奴隶制是最明显的贡赋形式，不过，在收取贡赋的社会，资源的许多流动是通过武力威胁来控制的，在许多情况下，武力被认为是令人钦佩的。

这些复杂的安排有时候被称为文明，文明一词源于拉丁语 civilis（civis 的所有格形式），意思是"属于一个城市"。文明这个术语在许多不同的意义上得到使用，常常意味着进步的阶段，或者更"先进的"社会相对于其他社会形式的优越性。为了回避进步的含义，考古学家经常以复杂社会替代文明。我们以**农耕文明**来指称庞大的国家和帝国制度；其中"农耕"一词旨在提醒我们一个事实，即文明始终依赖于它们周围的农业环境。我们并不想表达农耕文明比此前各种社会形式更优越或更"先进"；不过，它们更复杂，控制着更多的人力和物质资源。

更复杂的社会安排由不太复杂的安排演化而来，这种进程类似于复杂性不断增长的其他例子（我们在本书中已经见过很多）。它似乎特别类似于多细胞有机体的进化：曾经独立的实体相互联结，从而形成更大的统一体。

6.2　资源和集体知识的积累

在本节中，我们将概述一种缓慢的积累，它最终导致城市、国家和文明的出现。这种积累包括生产力和人口密度的增长，以及一种变幻不定的气候。

增长的农业生产力

人们在定居下来从事农耕之后，还需要学习很多东西。很显然，在最初几千年，农民食用他们驯化的动物，一旦这些动物长大到成年体型，就把它们吃掉；为什么要更长久地喂养它们呢？（通过动物骨骼的残骸，考古学家能够判断出它们被宰杀时的年龄。）

农民逐渐意识到，他们能够以更多方式来利用他们的动物，而不仅仅是获取它们的肉和皮毛。如果他们让这些动物活得更长久，他们就能够以它们的奶为食，以它们的毛缝制衣服，以它们的粪便为肥料，以它们的肌肉力量来拉犁和负重。

牛津大学考古学家安德鲁·谢拉特（Andrew Sherratt）将这种对驯化动物的广泛利用称为"次级产品革命"。他宣称，大约从公元前4000年以来，非洲－欧亚大陆的农民就开始更加有效地利用它们牲畜的次级产品：在不宰杀动物的同时可以使用的产品。不过，他的这种观点引起了争议；驯化一些动物（比如山羊）的最初原因，可能是为了挤奶。

尽管山羊奶可能很早就得到了利用，不过，奶牛的奶给人类造成了困扰。即使在今天，世界上大多数人也无法忍受牛奶中的乳糖；许多成年人喝牛奶的时候，会产生令人不舒服的肠胃胀气和腹泻。为了以牛奶为食，早期农民（或许是他们的妻子）要想办法对它们进行加工处理，以便牛奶更易于消化和储存；这样，他们就创造出了含糖较少的酸奶酪和干酪。牧牛人的后代最终进化出一种消化乳糖的基因能力。

为了生产合意的羊毛（既不是太硬，也不是太软），人们就得选择绵羊进行繁殖和培育，在此过程中，他们发现被阉割的雄性老绵羊的羊毛最好。在使用羊毛之前，人们以植物纤维来制作衣服——地中海和近东的亚麻、中国的大麻、中美洲的仙人掌以及印度的棉花。事实证明，羊毛更暖和，也更容易染色；它成为一种很有价值的商品。

次级产品的发展促进了妇女工作本质的变化。从现代农耕社会的证据来看，加工酸奶和干酪以及编织工作，似乎常常由妇女承担。妇女为何获得这些工作呢？人类学家朱迪丝·K·布朗（Judith K. Brown）于1970年给出了一个很有说服力的答案；她声称，在一个社会中，妇女是否成为某种特定工作的主角，取决于这种工作与照料小孩的兼容性。她指出，妇女的工作有如下特征：容易中断也容易重新开始，不会将小孩置于潜在的危险之中，不会要求劳动者远离家门。

在非洲-欧亚大陆，犁铧和轮子大约出现于公元前5000年，那时，人们逐渐意识到，他们可以给动物套上轭，以便更多地利用它们的肌肉力量。阉牛（即被阉割的公牛）能够牵引大型犁铧耕地，耕地面积是人力推动犁铧耕地的四倍。到大约公元前4000年，人们很可能在乌克兰驯化了马，在埃及驯化了驴子，把它们用于耕地和运输。

在美洲，除了美洲驼、羊驼和秘鲁的骆马之外，不存在其他可以驯化的大型动物。其他有可能被驯化的大型动物——马、大象和骆驼——因狩猎或气候变化的缘故早就灭绝了（参见第5章）。美洲地区历史发展的不同方式，可能主要取决于这个事实。其他生存下来的动物，包括野牛、麋鹿、驼鹿、鹿以及美洲狮，无法被驯化。

就这样，非洲-欧亚大陆的农民逐渐提高了使用驯化动物的效率。与此同时，其他族群创造出新的游牧生活方式，几乎完全以他们畜养的动物的产品为生。这就允许人们居住在不适合农耕的干旱地区，这些地方有足够多的草料喂养他们的动物，只要他们定期迁徙即可。这种地区包括欧亚大陆大草原、西南亚沙漠以及东非热带大草原。一旦人们学会主要以他们动物的产品为食，他们就可以迁移到这些干旱地区。迁徙的游牧民族能够以他们畜群的产品生活，不过，他们往往需要定居的农耕民族的谷物和其他物品，为了获得这些物品，他们要么洗劫农民，要么与他们进行贸易。他们成为历史上一股主要力量，将非洲-欧亚大陆的不同定居区联结在一起，比如，把轮车、马匹和青铜冶炼术传播到中国。

灌溉和其他技术

在公元前5000到公元前3000年间，人们发展出了另一项新技术，即灌溉，或者说用于耕作的水资源管理。这种技术可能始于农民在适当时候把溪水引入田间灌溉庄稼。灌溉包含挖掘渠道、疏浚沟渠以及在适当时机打开和关闭它们。随着岁月更替，大规模的运河、堤坝和浸水浆轮体系得以发展起来。这些技术在土壤十分肥沃而异常干燥的地区产生了重大影响。那里的农业在灌溉的帮助下非常高产，快速的人口增长随之出现。

然而，灌溉会导致不可持续的、长期的副作用。就像所有的农业那样，灌溉也会把不受控制的生态系统转变为可控的体系。灌溉使得地下水位升高，常常导致土壤的水无法排干，形成水涝土壤。由于蒸发作用，灌溉也会增加土壤的盐分。来自山区的水在流过岩石时，会融化大量无机盐。这种水在用于灌溉时，会蒸发而不是逐渐排尽，从而将无机盐留在土壤中。几百年之后，这种日益严重的盐碱化会让谷物减产。

另一些技术革新为城市的出现铺平了道路。陶器的发明解决了储存、液体运输和烹食等一系列问题。陶器可能是日本绳纹文化时期狩猎和采集民族首先发明的，经放射性测年，最早的陶器碎片大约为公元前14000年的产品。大约公元前6500年，美索不达米亚也有了陶器。到大约公元前5500年，美索不达米亚加工了一些软金属（金、银和铜）；硬金属（青铜和铁）出现的晚一些，因为它们需要更有效的窑炉来提高温度。青铜是铜与锡按照10∶1的比例冶炼而成；锡非常罕见，对这种金属的需求极大地促进了贸易。在大约公元前4000年和公元前2000年，青铜分别出现在美索不达米亚和中国。随着陶器和冶金术的发明，掌握了这种技术的专门人才甚至在村庄和小城镇中都大受欢迎；因为似乎不可能每个家庭都自己制造壶罐或者冶炼青铜。

人口增长、等级制度和气候变化

随着岁月更替，人口得以增加，这要归功于农业向新地区的传播，以及提高了生产力的技术进步。我们在第5章已经讨论过，人口密度的增加导致对领导层的需求；在大型共同体中，决策不再能够以人人参与的方式达成。（人们认为，一种平等制度可以管理的最大人口数是300人。）依赖谷物的大型共同体必须储存剩余粮食，因为谷物是在同一时间成熟，另外，它们还得设计一些方法来分配储存的谷物；钱币在当时还没有被发明出来。储存增加了以控制为中心的冲突；领导者由此出现，他们能够处理这种冲突以及储藏粮食以备不时之需。这种领袖也会利用这些额外资源增强他们的权力。随着人口增长，财富和权力等级制度开始发展起来。城市化一旦启动，它就是一种自我强化的过程；城市吸引人们，他们创造更多资源，从而吸引更多的人。

男女之间出现的权力等级制度，或许是最早出现的等级差别之一。早期农耕家庭的成功，取决于尽可能抚养更多的小孩，因为劳动是农民家庭某种程度上可以掌控的一种资源。前面已经讨论过，妇女承担一些工作的前提条件，乃是这种工作应当与照看小孩可以并行不悖。在家庭内部，她们可以分享工作和权力，这取决于个人品质；然而，一旦更密集的人口使得公共领域的政治和经济活动成为必要时，大多数妇女因为承担照料孩子的重任而无法担负公共领域的权力。

同时，气候，即地球上生命存在于其中的变幻不居的环境，也在发生变化。公元前10800年到公元前9500年之间突然出现了一段寒冷期，即新仙女木时期，此后，大约在公元前8000年，地球达到了普遍稳定的温暖期。约公元前6000年之后，突然出现了又一次寒冷干燥的时期，随后就是北半球的湿润期。不过，一种普遍的倾向开始出现，即气候变得越来越干燥，同时，北半球季风带缩小和南移，这或许是地球轨道变化所致（参见词汇表中的米兰科维奇循环）。在这种普遍倾向中，显著增强的干旱期不时显现，时段从几十年到几个世纪不等。大约公元前4000年，一段加速的干旱期出现，或许伴随着北大西洋温度的下降，大约公元前3000年，这种时期又出现过一次。

以最近关于气候变化的数据为依据，许多专家现在指出，干旱的环境至少是一些城市、国家和文明出现的背景。另一些人认为，日益增强的干旱是它们出现的主要动力，文明的核心就是对环境变化的适应——以昂贵的代价，即不平等加剧和疾病增多，也获得了巨大利益。

公元前4000年到公元前3000年间，非洲-欧亚大陆的气候越来越干燥，在了解到这一点之后，我们很容易想见人们从高原地区涌向低地，因为前者丧失了种植谷物所需的雨水，而后者拥有河流为灌溉农业提供水源。这或许部分解释了河谷地区人口的快速增长，当然，河床土壤农业生产力的提高也有助于人口的增加。

许多因素促进了城市和国家的出现。从宏大视角而言，城市和国家之所以出现，原因在于生产力长期缓慢增长之后人口密度的增加、集体知识创造新技术的力量，以及人们对变幻气候做出的反应。

下一节要描述的，乃是世界上第一座城市乌鲁克，以及或许是世界上第一个国家的苏美尔，我们将详细探究它们的出现所包括的进程，然后简要地探讨城市和国家在尼罗河流域、印度河流域、中国黄河和长江流域、美洲、撒哈拉以南非洲以及太平洋岛屿等地的出现。我们并不需要记住大量的日期，它们只是被用来理解事件展开的顺序。

6.3 乌鲁克：第一个国家苏美尔的第一座城市

为了进入我们想象的时光机器，先让我们将钟表针盘拨到大约公元前3600年，然后放大美索不达米亚南部地区。美索不达米亚这个希腊词的意思是"河流之间的地方"。这里所说的河流，是指西边的幼发拉底河和东边的底格里斯河，它们分别发源于土耳其库尔德山区以及土耳其托罗斯山脉和亚美尼亚，流经现在的伊拉克，最后注入波斯湾（参见地图6.1）。

公元前3600年，美索不达米亚南部或苏美尔的环境似乎非常不利于创造世界上第一个农耕文明。两条河流在抵达波斯湾时，形成三角地带，这片平坦的涝洼地上长满了枣椰树和白杨，沼泽中有大量鱼类和鸣禽。除此之外，这块平坦的土地上没有其他树木，也几乎

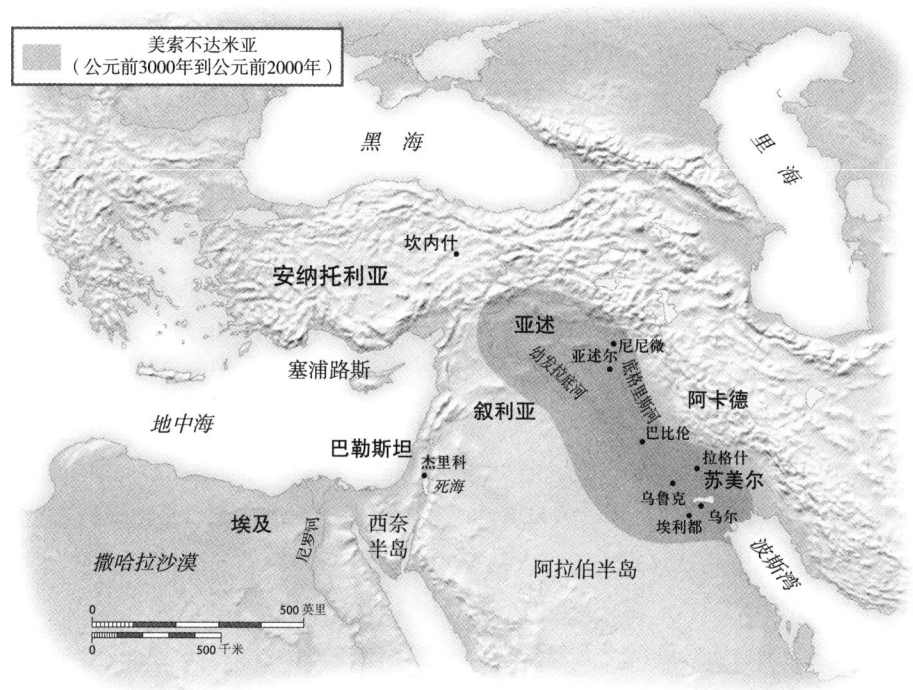

地图6.1 早期美索不达米亚，公元前3000年到公元前2000年。 用来指称这个地区的术语往往让人感到困惑，因为政权的名称和中心在历史上发生过变化。美索不达米亚是指两条河流之间肥沃的谷地，包括整个伊拉克以及土耳其东南部和叙利亚东部地区。苏美尔（大约包括12个城邦）指从今天巴格达以南到波斯湾的两条河流之间及其附近地区。美索不达米亚南部是苏美尔的另一个称呼。乌鲁克（《圣经》中的以力，今日的瓦尔卡）是苏美尔一个重要城邦，大约在当今巴格达以南240千米处。前面章节中提到的新月沃土是指一条拱形高地，北抵地中海东部，向东越过土耳其和伊拉克北部山区，然后沿着两条河流东面的高地向南延伸。阿卡德是指萨尔贡（统治年限为公元前2334—前2279年）统一的地区；它位于美索不达米亚北部，不过它的首都阿卡德的位置还没有得到确定。巴比伦城位于今天巴格达附近；巴比伦尼亚是指阿卡德和苏美尔的统一体，即南北美索不达米亚，汉谟拉比（统治时期大约为公元前1792—前1750年）和其他人完成了这种统一。后来的亚述帝国位于底格里斯河上游，首都为尼尼微（今天的摩苏尔）

没有石头和矿石。

不过，在灌溉的帮助下，经过许多世纪淤积起来的丰富土壤可以产出大量小麦、大麦和亚麻，亚麻是一种开花植物，可以用来制造亚麻制品。在河水灌溉的土地之外，乃是半沙漠地带，可以放牧绵羊和山羊。更远处是完全的沙漠和大山。从公元前4000年到公元前3000年，气候变得更干燥，年均降雨量不足250毫米，5月到10月间根本没有降雨。苏美尔的资源包括泥浆、芦苇、谷物、绵羊、椰枣、白杨木以及人们。

沙漠限制了这个地区，正因为如此，带有灌溉体系的定居区发展起来；人们不可能移居到附近地区，在日益干旱的气候条件下，更是如此。对其他资源——木材、石头、金属以及宝石——的需求，推动了贸易网络的发展；苏美尔人可以用来贸易的物品有亚麻制品、皮毡、谷物和陶器，以此换取其他物品，比如阿曼或埃兰的铜、阿富汗的天青石、阿拉伯的坚硬石头（用来碾磨谷物）以及叙利亚的木材。

乌鲁克城

公元前3000年之前，苏美尔出现了少数几个城市，**乌鲁克**是其中的第一个。乌鲁克坐落在幼发拉底河岸边，不过，这条河流当前的河道位于原来河道以西约16千米处。Uruk（乌鲁克）是巴比伦语的表达，其对应的苏美尔语为Unug。大多数考古学家认为，将乌鲁克视为世界上第一座真正的城市是公平合理的。

全盛期的乌鲁克废墟占地556.5公顷；还有大约101公顷没有发掘，1990年联合国对伊拉克的制裁致使挖掘工作中断。公元前3500年的乌鲁克，面积相当于公元前5世纪的雅典以及公元100年罗马城的二分之一，人口大约为1万。它是当时为止人口最密集的人类共同体。

发掘工作发现了两处仪式中心，大约建于公元前3500年到公元前3200年间。我们还不知道修建它们的最初目的何在；它们或许被用于储存物品、接待、举行仪式、游行或者决策集会。它们的台阶和庭院是开放式的。考古学家通常认为它们是神庙。较小的建筑被称为白庙，它最后与天空之神安（An）联系在一起，安是众神之父，代表家长制权威。较大的建筑被称为埃安纳建筑群（Eanna Complex），包括许多建筑物，它与安的女儿伊南娜（Inanna）联系在一起，伊南娜最初是丰收之神，后来被视为天之女王和爱神，也被认为是巴比伦的女神伊什塔尔（Ishtar）。白庙立于13米高的平台之上，是此后数世纪苏美尔文化中富有特色的金字形神塔（上面修建小神庙的阶梯金字塔）的一个原型。这些神庙是**纪念性建筑**的早期例子。我们在第5章已经提到，在强大的领导者出现的地方，似乎就存在大型建筑物，它们是所有农业文明的一大特征（参见图6.1）。

礼仪中心的建造表明，某个领导阶层必定在指挥着一群有组织的、有技能的劳动力。根据学者们的计算，1500个劳动力每天工作10小时，连续工作5

图6.1 乌尔的金字形神塔，大约公元前2100年。这座挺拔的神庙是纪念性建筑的杰作；它耸立在美索不达米亚平原地区，远方的人四面八方都可以看见它。国王们为何要修建这种建筑呢？

年才能完成埃安纳建筑群的修建。公元前3000年之前，没有建筑物证明皇家宫殿的存在；我们只好进行如下想象，与早期"神庙"联系紧密的祭司负责一系列活动：建造这些神庙、丰收之际储存谷物、监管向神灵的献祭仪式、公正地分发谷物、储存谷物以备不时之需。只要谷物丰收，祭司向神灵请求的有效性就得到证实。宗教、政治、经济甚至军事力量或许也一度掌握在祭司手中。

早期美索不达米亚人敬畏自然力量，他们最早的神话透露了这一点，这些神话以鲜活的口头语言保存了下来，最后被付诸文字。（在这里，我们首次窥见了人们的内心世界，因为美索不达米亚人最早将他们的口头神话以文字记载了下来。）美索不达米亚人认为，风暴、江河、山川、太阳、风和火是有生命，它们充满了精神或活力。各种自然力量逐渐被人格化，成为有名有姓的神灵，它们就像人类那样行动，唯一的例外在于，他们是永生的；或许美索不达米亚人以这种方式与诸神建立富有意义的联系。当人类社会开始出现不同的层级、阶层或阶级时，美索不达米亚人开始把他们的神灵视为他们社会中最强大的、至高无上的阶层。

美索不达米亚人非常恰当地将水奉为生命之源。他们认为，世界是经由淡水和海洋咸水混合而创造出来的。他们以一男一女两位神灵的名字来称呼两种不同的水。那些最初的神灵演变为天空之神安，安与女神纳穆（Nammu）生出水神恩奇（Enki）。（一种更古老的传说将纳穆视为自我繁殖的原始物质，不需要与男性结合。）从后来的文献可以看出，公元前3500年到公元前3000年间，一张神灵名单已经建立起来。

美索不达米亚的每一座城市都建立了自己特有的神庙或宅院，以此吸引它所选定的神灵来城市居住、保护它，为它带来繁荣。神灵就好像一位人类居民，一群扈从为它的巨大塑像提供居所、食物和衣服。人们认为，神灵创造了人类作为自己的仆人，以照顾他们。人们也认为，神灵创造了宇宙法典（me），这个苏美尔词汇的意思是指制度、各种形式的社会行为、情感以及职务符号，总的来说，人们认为它们对世界的平稳运行来说必不可少。

公元前2500年到公元前2000年间创作的赞美诗和史诗，为上述观念提供了证据。较早时期的证据包括来自乌鲁克埃安纳神殿的一只条纹大理石花瓶，又被称为瓦尔卡花瓶，大约为公元前3200年到公元前3000年间产品（参见图6.2）。在这个早期城邦，宗教似乎有助于增强社会凝聚力和证明统治者权威的合法性，地方宗教让位于统治者接受和宣传的**国教**。

早期乌鲁克的农业生产力可能基于土壤的自然肥力（洪水会在农闲期间到来），也可能基于某种形式的灌溉。有证据显示，由国家控制的大规模灌溉体系直到公元前三千纪才发展起来。那时，个人和小群体已经无法管理灌溉体系；只有政府权威才能够征调劳动力、分配水资源以及解决争端。

从乌鲁克考古足印的规模估算，到大约公元前3000年，这座城市人口为4万人到5万人。它的人口快速地从公元前3500年的1万人增长到公元前3300年的2万人；到公元前2500年，乌鲁克达到了全盛期，它的人口可能在8万到10万之间。到那时为止，80%的苏美尔人居住在面积超过10公顷的不同城市。大约公元前3000年，有闪族名字的许多人从阿拉伯半岛

图6.2 瓦尔卡花瓶。这只花瓶发现于乌鲁克废墟的伊南娜神殿,是一只有雕刻的条纹大理石容器,大约属于公元前3200年到公元前3000年间的产品。它高100厘米,瓶身有四圈浅浮雕。最下面一圈雕刻着规整的波浪线,可能象征水。相邻的上面一圈的下部,雕刻着大麦麦穗和椰枣,上部图画为雄性和雌性绵羊。再往上的浮雕带所展示的,乃是剃光毛发的光头裸体男子队伍,他们每个人都端着一只水罐或器皿。最上面的浮雕带受到部分损坏,描绘了一位女性(被认为是伊南娜)在接受贡品,并且受到一位男性祭司-统治者的监督,这位男性配有符号EN,这个词代表最高男性官员。花瓶呈现的是一个秩序井然、管理有方的世界,它沉稳地应对着集体生活的各种挑战。2003年美国入侵伊拉克时,花瓶被从伊拉克国家博物馆抢走,后来又被还回伊拉克

来到苏美尔,或许因为他们无法在干旱的气候环境中继续生活下去,这些移民的涌入,也增加了苏美尔的人口。

乌鲁克包括三个区域:围墙内是神庙、宫殿(公元前3000年之后才出现)和市民的住宅;外面是农田、牧场和花园;还有一个外国商人汇聚的商业区。城墙内的居民并不务农;他们从事专门职业,是文书、祭司、官吏、面包师、厨师、陶工、银器匠和耍蛇人,这些职业记载在一张标准的职业表上,即一块在乌鲁克发现的泥板上,上面列举了100多种不同职业,它的最早版本出现在公元前四千纪末期。

乌鲁克的社会差别逐渐比农村或城镇地区更明显。统治和祭司精英阶层出现了。大多数人不是自由的平民就是依附他人的受保护者,前者从事专门职业或种植自己的土地,后者没有地产,他们为那些有地产的人工作。自由平民和这种依附者按照权力部门的要求纳贡和提供劳役。还有一些人并不自由,他们是奴隶;奴隶来自战俘、罪犯和背负沉重债务的人。大多数奴隶是富人之家的仆人。这种复杂的经济结构及其职业的专门化,以及由此导致一

些劳动形式在单个家庭的消失,就是这座世界第一城的主要特质,它与第5章描述的村庄生活方式相去甚远。

宫 殿

在乌鲁克,人们似乎将越来越多的权力赋予祭司,以此换取某个掌权人物来控制谷物分配、筹集剩余谷物以备急需,以及为了获得好收成而与神灵交流。还有一种可能,人们之所以出让这种权力,乃是因为他们没有土地,只能依赖祭司或其他人为他们提供工作。在征集剩余粮食的同时,祭司逐渐增强他们的权力,征收贡赋,扩大地产和建立国家企业(比如织布作坊和进行大规模生产的陶器厂)。国王究竟是如何出现在这个舞台上呢?

随着难民从干旱地区涌入苏美尔,乌鲁克这种城市就得保护自己储存的谷物免遭袭击者、盗匪和其他城市的洗劫。市民需要修建城墙以确保他们农田和住宅的安全。安全感要求领导阶层承担防卫;军事领袖应运而生。

不过,在乌鲁克早期岁月中,没有证据显示国王已经出现。一个假定认为,早期国王最初是将军,由神庙在紧急状况下选出,任职短暂。他们最终长期担任职务,并且安排他们的儿子接任。通过指定亲属担任神庙的祭司或女祭司,他们延续着神庙的影响力。统治者及其家族最后可能拥有神庙地产。一个贵族阶层出现了,其成员基本上来自王室家族。公元前2800年到公元前2600年间,即王位开始世袭时,乌鲁克修建了最早的、奢华的非宗教住宅或宫殿。

另一种关于苏美尔地区国王出现的假定,提出了更加民主的模式。一些早期神话间接表明,每一座城市由一个政务会统治;根据这些神话的描述,神灵和女神以政务会进行自我统治,这种方式或许在模仿早期苏美尔人的自我统治。在这种假说中,早期政务会选择祭司担任行政官员或将军来负责军事行动,一些人逐渐设法将这些职位长期把持在手中。早期领导者如何从共识性权力转向强制性权力的问题,一直显得棘手而模糊。

世界上第一部书面文献**《吉尔伽美什史诗》**讲述了吉尔伽美什的故事,这个人物据说是乌鲁克第五任国王。大约公元前2000年的一份苏美尔王表显示,在大约公元前2750年,确实有一位名叫吉尔伽美什的国王统治着乌鲁克,他成功地领导了该城市与邻邦基什(Kish)的战争。他统治的故事被一再口头相传;留存下来的最早文本的年代,大约为公元前2100年。在史诗中,超级英雄吉尔伽美什被描述为具有2/3神性和1/3的人性,他是女神宁荪(Ninsun)之子,乌鲁克的高级祭司-统治者。吉尔伽美什有一位名叫恩奇都(Enkidu)的男性朋友,恩奇都一开始是荒野猎手,后来变成城市居民。他们一起冒险,挑战神灵,寻求永生,也哀叹他们的肉体凡胎。《吉尔伽美什史诗》对一位英雄人物的游历做出了最早的文字叙述,根据《史诗》的描述,吉尔伽美什最终返回乌鲁克,他变得更加英明睿智,也前所未有地珍惜这座城市。

服 装

在纺织品发明之前，人们在必要时身穿兽皮取暖。在美索不达米亚地区驯化了绵羊和山羊之后，人们将绵羊或山羊皮披在身上；男人使用的是一条类似于裙子的带状羊皮，而女人穿在身上的羊皮类似于一件长袍。

作为农业最早发展的一部分，地中海东岸的农民驯化了亚麻：一种高而纤细的植物，叶子深绿，绿色花瓣。亚麻可以长到1.2米高，农民学会了从这种植物的茎干纤维中制造一种被称为亚麻织物的织品。这种植物需要浇水、除草、收割和晒干。然后让干燥的茎干受潮，以便将纤维从茎干上面剥下来，接着用唾液（含有一种酶，能够轻微地分解纤维质）打湿纤维，再将它们拧在一起。最后，纤维被纺成纱线用来编织衣服，为一个人缝制够用一年的衣服，大约需要57个工作日！

由于将亚麻变成亚麻制品很费劳力，因此，在乌鲁克，亚麻制品是专门为祭司和神庙的塑像准备的。绵羊的毛可以更容易地转变为毛织品：先将羊毛纺成纱线，然后将其编织成织物。在经过育种培育出更多毛的绵羊之后，100只绵羊能够为40个人提供一年用的衣服。来自乌鲁克的设计图案表明，男人穿的裙子长及膝盖以下，这种穿着在夏天或许让他们感觉不那么舒服。国家的发展取代了家庭妇女对亚麻和羊毛的控制。缴纳贡赋（参见词汇表）可能迫使穷人家庭将妇女作为债务奴隶卖到雇用好几千人的城市纺织厂。

文 字

世界上最早的文字来自乌鲁克的埃安纳神殿，年代大约为公元前3500年；稍后，它出现在从叙利亚到伊朗的广大地区。对我们来说，很幸运的是，苏美尔人用芦苇秆在湿润的黏土上面书写，黏土很快就硬化形成泥板，历经岁月的洗礼而保存下来。其他一些早期民族在更容易腐烂的材料上进行书写——埃及人用纸莎草、中国人用竹简、其他民族用树皮或木头——因此，我们无法像追溯苏美尔的**楔形文字**（cuneiform，拉丁语 cuneus 意思是"楔形的"；参见图6.3）那样清晰地考察任何其他文字的长期发展。

进出城市统治者仓库的农田的谷物和牛羊家畜需要备案登记，因此，这就促进了乌鲁克文字的发展。事实上，在发现于乌鲁克的早期泥板中，85%的泥板记录的，乃是人们或神庙提供的货物、食物和动物；其余15%所记录的，是官职、商品和动物表单。

文字经历了漫长时期的缓慢发展。早在公元前7500年，乌鲁克附近的农民就用弹珠大小的陶筹来表示特定物件：一个圆锥代表一篮子谷物，一个圆筒表示一只绵羊。这些陶筹日渐变得更抽象，上面刻有线条和图形，包括动物的头。考古发掘者发现了一些代表油、蜂蜜、鹿、布匹和谷物的标记。

与此同时，圆筒形图章也得到使用，以便保证货物的包装不被撕破。通常的做法是，在包装上的湿黏土上面滚动刻有个人独特设计图案的黏土或石头图章，湿黏土很快就会变硬，因此，如果私自开启货物的话，就会损坏印章图案。

最初的时候，陶筹和圆筒形图章上的符号描绘的是物体（象形文字）；它们并不代表口头文字,仅仅表示物体本身而已。因此,它们常常可以通过苏美尔地区使用的两种语言来解读,其中一种是苏美尔语,它与任何其他至今鲜活的或已经消亡的语言都没有联系,另一种是阿卡德语,这是一种与希伯来语和阿拉姆语有关联的闪族语言。早期的乌鲁克泥板包含约1200个不同的符号。

随着国家发展,行政官员最终把一组陶筹装入圆形黏土信封中,将它们整理起来,确保没有人会乱动它们。一开始,行政官员在包装表面刻画了其中所有陶筹的图案,因为当时还没有抽象数字的概念。后来,有人觉得标记本身是多余的,包装从而转变为扁平的泥板,上面刻有物件的图案。

到公元前3100年,抽象数字首次在历史上出现,它们被印在代表商品的

图6.3 楔形文字泥板,公元前2900年到公元前2600年之间。这块泥板发现于苏美尔城邦乌尔,上面记载的,乃是向一座神庙奉献大麦

象形文字旁。最早的数字符号如下:一个小楔形代表1;一个小圆圈代表10。一个大楔形表示60,一个大楔形里面加一个圆圈表示600,一个大圆圈表示3600。因此,三个小楔形加三个小圆圈表示33,而不用把物件画33次。同时,与小数字打交道的普通老百姓,直接使用最初的陶筹来记录他们的绵羊和谷物,在所发现的陶筹中,最近一套大约使用于公元前1600年,也就是发明文字近2000年之后。

早期象形文字发展成为观念符号。例如,表示脚的图案可能也代表"站立"或"行走"观念。苏美尔语言中含有许多单音节词,其中相当多是单个元音词。比如说,字母a(发glass中的"a"音)意思是水。所以表示水的图形也代表着"a"音,即语音符号的第一个,在书写人名时,尤其需要它。

书写工具也得以演进,一开始使用的,只是从沼泽地砍来的芦苇秆。通过将芦苇斜着砍断,就形成了各种形式的斜尖或尖笔,最终定型的是楔形,这就是苏美尔文字被称为楔形文字的原因。

大约在公元前3300年到公元前3200年间,当乌鲁克的文书通力合作时,记账方法很可能快速地向真正的文字转变,在此过程中,代表声音、音节、观念和实物的各种符号复杂地结合在一起。抑或这种转变是缓慢发生的,一直持续到大约公元前2500年,那时,可以称为现代意义上的完整文学的文本开始出现。最早的文学包括咒语、颂歌、英雄史诗以及葬礼曲。通常,有文字可考的历史被认为从公元前2700左右开始。

文字的发明促进了对人类社会方方面面的阐述。当整个社会创造的知识被记载和保存下来时，集体学习开始加速。在美索不达米亚，识文断字的能力带来知识的快速传播，在天文学（历法）和数学（测量）领域，尤为明显。苏美尔人使用了一套复杂的计数系统，这种系统部分基于数字10，部分基于数字60。（他们以数字10来计算他们的动物和零碎的物件，以数字60来计算他们的谷物，或许因为60能够以11种不同方式分割。）他们设计了一种历法，每年分12个月，每天24小时，每小时60分钟，每分钟60秒。他们将一个圆分为360度。这些听起来是不是很熟悉呢？通过巴比伦尼亚这个中介，希腊数学家也使用苏美尔的思想观念。巴比伦尼亚将这种成功的文化习俗传给西方文明，最终传播到整个现代世界。

人们通过苏美尔楔形文字来记载从叙利亚到伊朗西南部的埃兰所使用的好几种语言。即使在苏美尔权势衰微之后，楔形文字依然是广大地区的外交语言；在公元前7世纪到公元前6世纪之间，阿拉姆语取而代之；不过，直到公元纪元的最初几个世纪，保守的祭司和学者一直在使用楔形文字。

苏美尔背景下的乌鲁克

大约公元前3600年到公元前3100年间500年时间，在苏美尔的城市和国家发展过程中，乌鲁克人一路领先，他们拥有专门的职业，有强制性和保护性制度，有雄伟壮观的神庙和宫殿，还有国家宗教和用来计数的文字。由于乌鲁克是当地唯一一座大型城市，因此，它的产品遍及整个美索不达米亚地区，从叙利亚北部、黎巴嫩、巴勒斯坦和阿曼传播到安纳托利亚（土耳其），也传播到伊朗，这证明了乌鲁克广泛的商业联系。

在大约公元前3100年，这段令人惊讶的发明创造期结束了，因为乌鲁克文化产品从遍布各地的遗址中消失了。随着新兴城市在整个苏美尔地区的发展，在乌鲁克迅速发展起来的官僚制度明显地退缩到更局部的层面。每座新兴城市都控制着自己的领地和水资源，每座城市都采纳了乌鲁克的社会制度，不过，它们各自尊奉万神殿中某一位不同的男神或女神。

到公元前3000年，乌鲁克仅仅是美索不达米亚南部十几个城市之一；其他城市包括埃利都、乌尔、拉什、尼普尔、温马以及基什等，每座城市都由一位国王统治，他们宣称在自己王国拥有绝对权威，不过，他们没有宣扬自己是神，直到公元前2254年到公元前2218年间统治阿卡德的纳拉姆－辛（Naram-Sin）才以神自居。据估计，每座城市的神庙大约拥有全国1/3可耕土地；我们不清楚统治家族占有多少土地，或许也是1/3。

战　争

至少自公元前4000年以后，苏美尔地区就有了**战争**；被复原的最早圆筒形图章描绘了战争和战俘。吉尔伽美什死后，战争变得频繁，在乌尔国王于公元前2560年推翻乌鲁克国王之前，乌鲁克又经历了七位国王的统治。在接下来200年时间，苏美尔城邦的人们几乎常年都在参加战斗。冲突常常因争夺土地和水资源而起。那时，苏美尔的国王们控制着职业化军队，士兵们戴着金属头盔、配备专门武器、穿着统一服装。一些士兵乘坐驴拉的四轮战车战斗，不过，大多数是手持长矛的步兵。持续不断的军事冲突为军事领袖扩大地产和支配政治生活提供了合法性。职业士兵也会获得土地来供养自己和家人。

根据卡伦·内梅特-内扎特（Karen Nemet-Nejat）在《古代美索不达米亚的日常生活》中的描述，苏美尔城市的生活水准经常跌落到仅仅高于勉强糊口的水平，只有当国王和军队征服其他城市并且向士兵和官僚们分配战利品和贡品时，才会出现繁荣。那时，神庙和宫廷变得富有；进口奢侈品也成为可能。但是，这种繁荣往往只是昙花一现。人们很快就生活在他们城市的废墟中，在门户洞开的家园，他们成为入侵的敌人和其他劫掠者的盘中餐。

乌鲁克的城墙后来被再次摧毁，当时，阿卡德的萨尔贡（统治年代为公元前2334—前2279年）征服整个苏美尔以及远至幼发拉底河的源头地区，在底格里斯河—幼发拉底河流域建立了第一个帝国。萨尔贡的帝国存在时间不到100年。帝国崩塌的原因是什么呢？我们只知道大约公元前2250年发生了一场前所未见的干旱，美索不达米亚北部泰勒雷兰（Tell Leilan）遗址证明了这一点，遗址的土样显示了扬尘和大量减少的降雨。这个遗址在被突然抛弃后，300年时间里一直无人居住过。

除了干旱之外，苏美尔人还面临土壤盐分增加导致农业生产力下降的问题。土地因灌溉而变成涝地，盐分浮现在土壤表面。小麦能够容忍的土壤盐分比为0.5%，不过，大麦在盐分占1%的土壤也能生长。学者们通过考察小麦产量减产比例，就能够推算出盐碱化程度。公元前3500年，小麦占苏美尔谷物产量的一半；到公元前2500年，只占15%。在公元前2400年到公元前2100年间，谷物总产量下降了40%，到公元前1700年，这一数据变为66%，此后，苏美尔变得无足轻重，只是其他帝国的一个贫穷落后地区。公元前2400年到公元前2000年间，美索不达米亚的记载提到了过度灌溉导致的盐碱化和土壤肥力的丧失；人们很清楚正在发生的一切。长期的可持续性发展以及过度开发环境的问题，4000年来一直困扰着各个复杂社会。

乌鲁克和苏美尔人发明的技术——比如灌溉和文字——大大促进了他们的食物供应和人口增长。然而，这些革新——面临土壤和气候的限制——无法阻止人口下降，人口数量在增长期结束之后，迅速回落。这种循环在人类历史上频繁发生，现在被称为"**马尔萨斯循环**"；它们以英国牧师和经济学家托马斯·马尔萨斯（Thomas Malthus，1766—1834）的名字命名，马尔萨斯在19世纪早期宣称，人口增长始终快于食物供应的增长，由此会导致饥荒和人口急剧下降。马尔萨斯影响了达尔文的思考（第3章讨论过），后面的内容还会提到他。

6.4 其他地区的城市和国家

乌鲁克人可能率先创造了一座城市,不过,他们不是创造城市的唯一民族。各种起作用的因素——迫使人们迁往河谷地区的干旱气候、源自灌溉和犁耕的日益提高的生产力、冲积平原上肥沃的土壤、成功的生育和移民导致的密集人口——致使许多城市在纬度大致相同的其他地区(即尼罗河流域和印度河流域)独立出现。大多数现代学者声称,其他那些城市是独立出现的,而不是像早先认为的那样,是(从苏美尔地区)扩散到那里去的。不过,新的证据可能会随时推翻这种理论。

尼罗河流域的埃及和努比亚

大约公元前3100年,埃及出现了一个王朝的统治,这仅仅比乌鲁克人创造国家晚几百年。直到晚近,埃及都被认为是一个"没有城市的文明",不过,近来越来越多的考古挖掘表明,乌鲁克发展成为城市的时候,埃及可能已经存在重要的城市中心。这些中心的规模与美索不达米亚的城市一样大小吗?考古学家无法给出确切答案。

大约公元前9000年,撒哈拉沙漠的温度比现在低,降雨也比现在多。草原上湖泊密布、河流纵横,野生谷物可以供养人们和野牛。在接下来4000年,这片草原上的人们驯化了牛,也开始独立地培育高粱、葫芦、西瓜和棉花。绵羊和山羊来自美索不达米亚,或许取代了已经被驯化的较小的绵羊和山羊。到大约公元前5000年,酋长制在这片草原上发展起来,它们的基础不是城市,而是繁荣的村庄,村庄的首领是那些已经被认为是神圣或半神圣的世袭酋长-国王。

随着气候变得更干燥,撒哈拉地区变成了沙漠,人和动物被迫迁徙,要么南下进入乍得湖周围,要么前往尼罗河流域(尼罗河发源于维多利亚湖,自南向北注入地中海)。尼罗河流域出现了两个繁荣的地区,它们之间被六大瀑布或者说无法航行的激流和瀑布所阻隔(参见地图6.2)。一个地区被称为埃及,从地中海绵延700英里抵达阿斯旺附近的第一瀑布;另一个地区从第一瀑布延伸到第六瀑布,包括今天苏丹北部。它在公元4世纪之后被称为**努比亚**;此前被称为库什(Kush)。

当人们迁徙到尼罗河流域时,他们发现了极其肥沃的土壤,每年的洪水会在合适季节浇灌他们的庄稼。水利灌溉一开始似乎并无必要,不过,快速的人口增长迫使人们迁居冲积平原以外的地区;因此,就得修建水库和运河以提供灌溉。到公元前4000年,农业村庄在从地中海到第四瀑布的尼罗河两岸兴旺起来,它们相互之间定期贸易,在水利灌溉方面进行合作。埃及避免了土壤的盐碱化,因为尼罗河每年的泛滥冲走了所有堆积起来的盐分。

大约公元前3500年,撒哈拉地区的降雨突然减少,埃及和努比亚的村落变成小型的酋长领地,尽管存在某种较大规模的组织机构和行政部门,不过,依然没有大型城市中心。当地的国王在组织他们的地区时使用了一种传统，其中包括让仆人为国王陪葬。不过，最近在上埃及定居点（科普托斯、涅伽达以及阿拜多斯）的考古发掘表明，那里的人口比早先认为的多很多，这意味着一些大型城市可能已经出现。

统　一

公元前3500年之后，政治和经济竞争变得激烈，这或许是对更干旱的环境做出的反应。努比亚的塔塞特（Ta-Seti）王朝（公元前3400—前3200年）将其疆域扩大到第一瀑布以北。与努比亚人相比，埃及人生活在更肥沃土地上，他

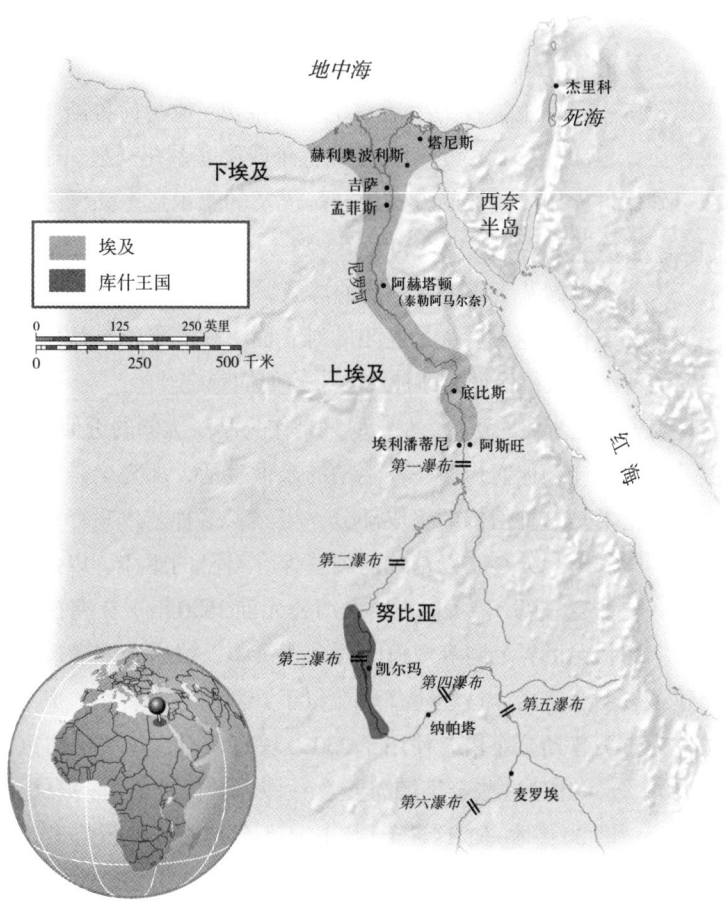

地图6.2　尼罗河流域，公元前3000年到公元前2000年。埃及比库什大很多。埃及国家拥有哪些地理优势呢？

们予以反击；上埃及的三大中心——涅伽达、希拉孔波利斯和阿拜多斯——第一次被统一起来。依据传说，大约在公元前3100年到公元前3000年间，一位名叫美尼斯（有时候又称纳尔迈）的领袖统一了两个埃及，即三角洲地区的下埃及以及从三角洲到第一瀑布的上埃及。与国家控制相关的证据，主要是壶罐、印章和标记上刻写的第一王朝国王的名字，这暗示着，当时存在一种收取贡赋的国家体制。

这一时期，埃及最大的城市是上埃及（埃及南部）的希拉孔波利斯，人口大约1万。为了促进统一，美尼斯建造了孟菲斯城，它邻近今天尼罗河三角洲南端的开罗。当时，埃及已经出现极端的贫富分化（墓葬品体现了这一点），也发展出一种从三角洲延伸到第一瀑布的标准化物质文化。人们可以顺尼罗河北上，一周抵达地中海，也可以借强劲的南风溯流南下。

宗教信仰

埃及很早就确立了神圣的王权，其基础是这个地区早期农业社会的各种传统。在官方意识形态中，国王被视为生活在尘世的神灵；他与荷鲁斯（Horus）或"那位高高在上者"联系在一起，也与象征荷鲁斯的金黄色隼或鹰联系在一起。国王的角色在于维持创造的平衡，在于确保世界按照应然的方式运转。埃及的意识形态强调过去的连续性，以及在睿智虔诚的国王统治下取得的稳定性和繁荣。

埃及的道德基于对普遍平衡的尊崇，女神玛特（Ma'at）就是这种平衡的化身，玛特是一位青春飞扬的少女，也是混沌的对立面，代表平衡、秩序和真理。埃及人从每年泛滥的尼罗河河水中获得保证，即神灵会带给他们稳定。

美索不达米亚人认为，人死后只是作为暗淡虚弱的近似生命生活在恒久的深渊（冥界），埃及人不一样，他们相信一种生动的来世生活，那完全是尘世生活的继续。埃及人创造的木乃伊艺术是这种信仰的组成部分，当然，这种艺术只存在于干燥的气候环境下。他们的国王，即法老十分喜欢以精致的陵墓保存自己的躯体，以此确保他们的来世生活。第三王朝第一位法老左塞尔（Djoser，大约公元前2650年）在塞拉加（Saqqara）建造了一座阶梯式金字塔，在世界上同等规模的石砌建筑中，这座金字塔最古老。大约75年后，三位法老修建了大型金字塔。这些陵墓现在位于开罗附近的吉萨。其中最大一座是胡夫金字塔，也被称为吉奥普斯金字塔，使用了230万块石灰石，每块平均重2300公斤，最大的一块重达13600公斤。建造这些金字塔需要有一种国家行政机关；据估计，大约84000劳力每年工作80天，耗时20年才完成这种工程；这还不包括工程师、监工、厨师及其家人。

埃及人使用一种每年365天的历法，每年12个月，每个月30天，每个月又分为3周，每周10天。每年剩余的5天时间用来祭祀他们最重要的神灵。

文 字

在早期埃及，陵墓显得十分重要，这个文明被恢复的最早文字残片之一，就是从一座陵墓出土的一个标识符，其年代为公元前3100年之前某个时候。与美索不达米亚地区一样，在埃及，发明文字的动力主要来自计数的需要。到美尼斯时代（大约公元前3100年），富有特色的埃及文字已经得到充分使用。目前，我们对这种文字的缓慢发展历程知之甚少；晚近在阿拜多斯的发现，可能揭示了文字在埃及的出现早于美索不达米亚地区。

就像美索不达米亚人那样，埃及人一开始也使用简单的象形文字，不过，他们很快就补充了代表声音和观念的符号，最终发展出几千个符号。埃及人以刻写的符号来装饰包括神庙在内的建筑，以至于希腊造访者称之为"神圣的铭刻"，或象形文字（hieroglyphs）。这些符号也书写在莎草纸上面，将尼罗河两岸繁茂的纸莎草内径切成薄片，然后将它们胶结起来，就可以制成莎草纸；莎草纸记录因埃及干旱的气候而得以保存下来。

大约公元前2800年到公元前2600年间，一种简化的手写体**象形文字**被书写在草纸上，这就是"僧侣体"（hieratic）；后来又出现一种更简化的地方文字，即"世俗体"（demotic）。埃及的书记官享有一种特权生活。我们从一小段被称为"行业讽刺"的文字中了解到这一点，根据描述，一位身为书记官的父亲逼迫儿子努力学习以便成为书记官，因为其他所有行业都伴有某种痛苦（参见第7章）。然而，即使这些拥有特权的书记官，也没有创作出发现于美索不达米亚的那种丰富而多样化的文学传统。

埃及象形文字的使用一直持续到公元4世纪，此后被阿拉伯文字所取代。它们的意义随之成为谜团，1824年，法国人让-弗朗索瓦·商博良（Jean-François Champollian）公布了他对罗塞塔石碑的破译（参见图6.4）。

努比亚人也使用象形文字，不过，他们最终将这些符号转变成一种字母文字，这就是他们自己的语言，即麦罗埃语（Meroetic），该语言以他们的首都麦罗埃（今天苏丹的贝格拉维亚）命名。他们的碑文也保存了下来，但是学者们无法理解这种与其他语言完全不同的语言。

贸易与联系

埃及人以某种方式从苏美尔人那里借鉴了他们的文字吗？由于语言和文字基本上没有相似性，因此，学者们认为，埃及文字很可能是独自发展起来的。不过，埃及人很早就与苏美尔建立了联系。尼罗河三角洲地区发现了滚筒印章和美索不达米亚式建筑装饰，它们大约为公元前3500年到公元前3000年间的产物，尽管确切的贸易路线至今仍不为人知。

与南方的贸易更容易得到探究。由于黄金、象牙、乌木和宝石产自努比亚，因此，埃及人想方设法控制那种贸易。公元前3100年到公元前2600年间，埃及国王对努比亚至少发动了五次军事征服活动；公元前3000年到公元前2400年间，他们征服了第一瀑布到第二瀑布之间的大片土地。到公元前2500年，努比亚领袖建立了强大的库什王国，其首都是第三瀑布附近的凯尔玛（Kerma）。相互交流在继续：努比亚男性大量加入埃及军队，也通

图6.4 罗塞塔石碑。罗塞塔石碑是一块不规整的玄武岩石头，1799年，拿破仑的士兵在亚历山大附近的城镇罗塞塔（今日的拉希德）发现了它。碑文是由祭司起草的诏令，旨在确认对年方13岁的托勒密五世的崇拜。碑文以象形文字、世俗体和希腊文刻写，从而使得商博良能够解读象形文字。石碑目前保存在大英博物馆

过与埃及妇女结婚而融入埃及社会。

衰 落

大约公元前2200年以后，埃及经历了差不多两个世纪更加干旱的环境以及洪水水位的下降，尼罗河流域由此出现饥荒。国王的中央权力萎缩，地方酋长权力增大。经由叙利亚的贸易衰落；邻邦入侵；直到大约公元前2020年才重新完成统一。这种马尔萨斯循环短暂地中断了埃及文明显著的稳定性。此后，一种独立的埃及文明一直延续到公元前332年亚历山大大帝的征服。

最近对古埃及产生的强烈兴趣在于，埃及人的皮肤到底是什么颜色的？在美国，埃及人常常被描述为闪族人（来自巴勒斯坦和叙利亚）而不是黑皮肤的非洲人。20世纪80年代中期，有一些观点认为，埃及人主要是非洲黑人，这是一种必要的修正，也是一种夸大其词，尽管在公元前一千纪早期的一个世纪里，埃及法老都是黑皮肤的努比亚人。

在对这个问题做出诸多研究之后，学者们得出了如下结论：埃及相当于非洲和亚洲之间的一座桥梁，这种地位赋予它独具特色的特性。埃及人是各种肤色和发型的民族的混合。对埃及人的自我形象做出的研究表明，他们认为自己介于非洲黑人和皮肤较白的亚洲人之间。埃及的早期法律并没有限制外来移民的条款；不但努比亚人来了，闪族人也来了。埃及人——他们意识到了民族差异，也表现出宽容态度——似乎更关注外来移民在文化上能否表现得像埃及人。

印度河流域

印度河发源于兴都库什山脉和喜马拉雅山脉，从高山奔腾而下，形成大片冲积平原，它有时候完全偏离原有河道，从冲刷出的新河道注入大海。另一条河流，即瑟勒斯沃蒂河（也被称为克格尔－哈克拉河）原来与印度河并行，其支流因喜马拉雅山区的地震而汇入印度河，它也因此干涸。这两条河流的古老冲积平原大于美索不达米亚和埃及面积之和，覆盖现代巴基斯坦大部以及印度北部大片土地。在那些地区，印度河的冲积平原创造了由高地、沙漠和海洋环绕的丰富的农耕土地（参见地图6.3）。

与其他两处文明相比，我们对印度河流域城市和国家的早期兴起所知甚少，因为当地最早的物质遗存现在被水淹没了。沉积的淤泥抬高了土地的海拔，地下水位也随之升高。现在可以接触到的最早遗迹的年代，大约为公元前2500年；那时为止，城市结构已经建立起来，不过，我们似乎没法了解它们在更早时期的发展。

另一个难题在于，印度河流域的文字还没有被解读出来。现在已经发现了数千件黏土印章、铜板以及其他有铭刻的物件，其中一些为公元前3000年的物品，但是这种语言已经消失了。大家对这种语言莫衷一是；所有碑文都不超过26个字；也没有发现罗塞塔石碑那样的双语文本。基于这些原因，许多学者相信，这些文字很可能无法被解读，尽管人们一

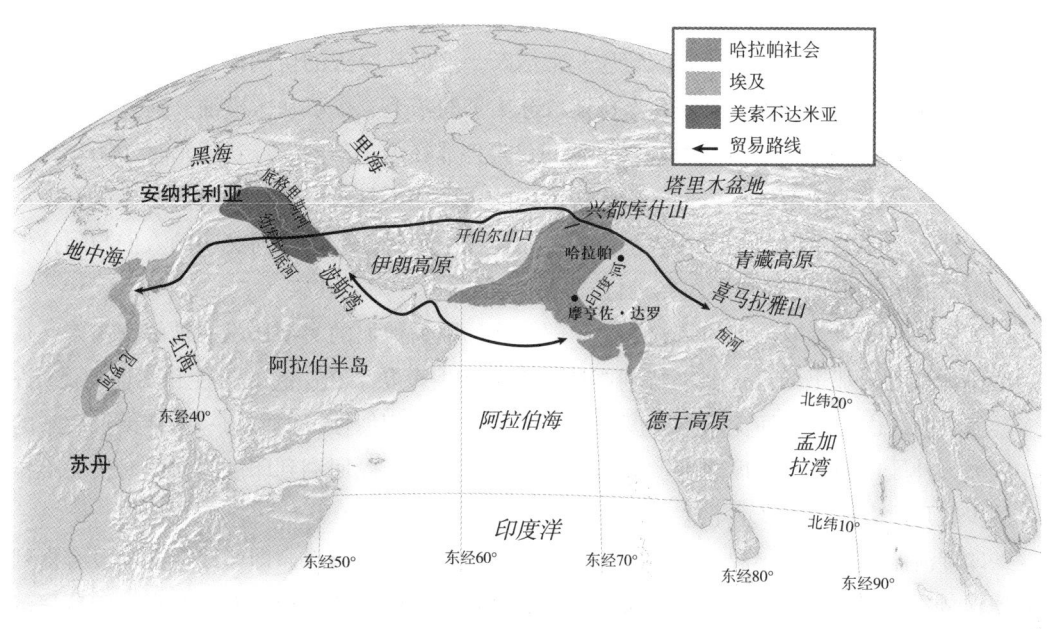

地图6.3　印度河文明，大约公元前2000年。比较印度河文明的规模与美索不达米亚和埃及文明的规模。什么样的环境和技术使得印度河流域与美索不达米亚之间的贸易成为可能呢？

直在努力破解它们。

到公元前7000年，印度河流域的谷物栽培稳固下来，这或许是美索不达米亚影响下的结果，尽管在巴基斯坦的俾路支斯坦和附近高原也发现了所有早期驯化谷物（小麦除外）的野生种。小麦、大麦、小扁豆和粟在洪水退去之后的秋天播种，春天收割。印度河流域的农民照看着家牛、水牛、绵羊、山羊和小鸡。在公元前5000年之前，他们已经种植棉花，留下了世界上种植棉花的最早证据。

到公元前3200年，印度北部的哈拉帕（喜马拉雅山麓附近）和南面约402千米处的摩亨佐·达罗出现了最早的城市。有证据表明，公元前四千纪（公元前3999—前3000年），气候变得日益干燥，这意味着印度次大陆的人们涌向河谷地区，就如同美索不达米亚人和埃及人可能会采取的举措那样。当地似乎发生了向城市化的快速过渡；据估计，在公元前3000年到公元前2600年间，那里的人口增加了两倍。

大约公元前2500年到公元前1900年间，摩亨佐·达罗达到全盛期，其人口数量大概为35000到40000人，哈拉帕的人口稍微少一点。这两座城市都修建了城墙，有一个坚固的堡垒，一座巨大的仓库，以及一个收集和重新分配谷物税款的场所。城市街道呈格子型，体现出了良好的城市规划，还修建了市场、小型神庙和公共建筑。住宅各不相同，有兵营式建筑的单间，也有房间众多、庭院几处的深宅大院。几乎所有房屋都有室内沐浴设施（摩亨佐·达罗有一座大型浴场），街道下面埋有下水管道排放污水，这是对公共资源的重要投资。很显然，印度河流域出现了各种形式的标准化：度量衡、建筑风格以及砖块尺寸。专门化的职业包括金匠、陶工、织工、建筑师、宝石匠以及商人。

印度河流域的人们与其邻居的贸易非常活跃。他们从今天的伊朗得到金、银、铜和次等宝石。他们以玛瑙珠子、象牙和木材换取苏美尔的羊毛、皮革和橄榄油。到公元前2300年（如果不是更早的话），印度河流域的船只已经停靠在苏美尔港口。到公元前2000年，哈拉帕人与中亚早期城市进行贸易，这些城市中的居民还不具备完全的读写能力，尽管他们与印度北部、苏美尔以及中国有联系。到公元前二千纪早期，印度河文明的人们与阿拉伯半岛南部沿海和非洲东海岸的民族进行贸易，换回熏香、高粱和粟。

我们对印度河流域人们的宗教思想了解不多，因为他们的文字还没有被解读出来。从一些画像来看，那里的人们似乎特别尊崇与创造和生育联系在一起的男性和女性神灵；许多学者认为，由于印度河流域与印度教丰产神灵之间的相似性，他们的一些神灵在后来的印度教万神殿中找到了一席之地。古老的瑜伽活动或许可以回溯到印度河文明时代，哈拉帕的少数几件瑜伽塑像暗示了这一点。

印度河流域城市的兴起有何不同呢？大家有没有注意到一点，即印度河文明没有提到武器、战争、国王、宫殿或大型神庙？政治等级制度或中央政权似乎并不存在。印度河流域看上去就像一块没有大规模冲突的乐土。它的艺术未曾描述士兵或战争；一些箭头、矛和匕首已经被发现，不过，没有找到剑、狼牙棒、战斧、头盔、盾牌或战车等物件的踪影，尽管与以往人们所认为的相比，最近的考古挖掘展现了更多的军事堡垒和经济分化。

没有人知道印度河流域社会的凝聚力是什么。一些学者认为，这个社会堪比一个国家。另一些人则相信，非集权化的政务会肯定在实施统治。还有人猜想，印度后来富有特色的种姓制度肯定早在公元前三千纪（公元前2999—前2000年）就发展起来了。**种姓制度**——人们按照出身严格地组织在不同等级的群体中——可能解释了印度河文明如何在没有战争的情况下传播到如此广大的地区。人们只能在自己所属种姓内通婚，不过，由于地方社区往往很小，安排婚姻的人只得将眼光投向其他社区，由此将相距甚远的城镇联结在一起。

不管印度河文明的凝聚力是什么，它最终失败了。在公元前1900年之后的某个时间，河谷进入衰落期；到公元前1700年，哈拉帕和摩亨佐·达罗的人们放弃这些城市，前往小城镇；到公元前1500年，整个印度河流域的城市几乎完全衰落，它们丧失了城市特征，回归到地方性传统。

衰落可能是一系列因素相互作用的结果。大约公元前2200年的气候变化，导致了长期干旱，虽然这场干旱似乎在公元前1900年至公元前1700年间就结束了。为了清理土地和获取柴禾而进行的森林砍伐，似乎带来了水土流失和降雨减少，尽管学者们对此提出质疑。前面已经提到，瑟勒斯沃蒂河在公元前2000年到公元前1000年间干涸，因为喜马拉雅山地区的地震致使其支流汇入印度河。当污水污染饮用水时，疟疾和霍乱可能在城市肆掠。随着食用稻米和粟，印度河流域的农民可能迁徙到别处，因为这些谷物在夏天而不是冬天种植，它们不适合在夏季被洪水淹没的地区生长。

与埃及和美索不达米亚相比，印度河文明最引人关注的特征，或许在于那里没有暴力和军事活动,也在于它更加平均地分配财富。在有文字记载的印度历史中,非暴力和尊重生命一直是印度宗教和哲学的主题;以此作为印度河流域早期城市的遗产是不是有点离谱呢?研究印度农业文明的一位学者(麦金托什)认为,这种联想肯定有一定道理。其他一些人(比如科宁厄姆)断定,印度河流域的人们经历的暴力与苏美尔人一样多,只不过他们不以同样的方式来颂扬或膜拜而已。

中国:黄河流域与长江流域

由于科学考古在中国只有几十年历史,因此,那里浮现出来的,还只是早期国家形态的大致轮廓。我们希望在接下来几十年有更多考古发掘。

长期以来,考古学家和史学家都认为,中国最早的城市兴起于黄河流域,因为考古工作是在那里进行的。长江流域的发掘工作只是晚近才展开。这些考古挖掘出土了大型城市和精美的墓葬品,因此,考古学家现在声称,中国农业文明在相同时期独立出现于这两条伟大的河流地区。

黄河流域

黄河是指"黄色的河流"。之所以这么称呼它,乃是因为河水夹带的粉粒状黄土让它变成了黄色。黄河发源于青藏高原的大山,向东蜿蜒4700千米注入黄海。与印度河一样,黄河也并非一成不变,它会定期泛滥甚至改道,从而带来巨大破坏,因此也被称为"中国的悲伤"(参见地图6.4)。

大约距今15000年到12000年之间,冰川将岩石磨成尘土,冰川退却之后,黄土在中国平原上沉积下来;来自戈壁沙漠的狂风把这种土壤吹到黄河流域。这种黄土有许多好处:富含各种有机物质、不怎么需要犁耕,能够保存稀少降雨中的水分。

我们在前面一章已经了解到,到公元前7000年,黄河流域的人们已经栽培粟,这种谷物耐旱性强,营养价值高,比硬质小麦含更多蛋白质。到公元前5000年,大量村庄在黄河流域涌现,它们以粟的种植为基础,到了公元前2000年,又栽种小麦和大麦,这两种作物或许传自美索不达米亚。除了粟之外,当地人们还培育大麻来缝制衣服,种植油菜和大豆来压榨食用油,驯化猪(它们以人类的垃圾作为部分食物)来获取肉产品。

龙山文化时期(公元前3000—前2000年),黄河流域出现了向城市生活的重大迈进。到公元前2700年,有证据表明,人们学会了从他们驯养的一种吐丝蚕虫的茧中抽取蚕丝,学会了将蚕丝织成衣服。到公元前2500年,围墙环绕的定居点和转轮制作的陶器出现在考古遗存中。很显然,大多数年份的降雨足以满足作物生长,不需要复杂的灌溉体系,不过,人们还是会疏浚河道、开挖运河来控制洪水泛滥。这一时期,精美的陶器和玉器装饰品以及冶金术都出现了,这表明当时已经存在专业化工匠。社会差别变得明显,战争也随之增多。

在那段时期,温暖湿润的气候变得更加寒冷干燥。有证据显示,公元前2500年到公元

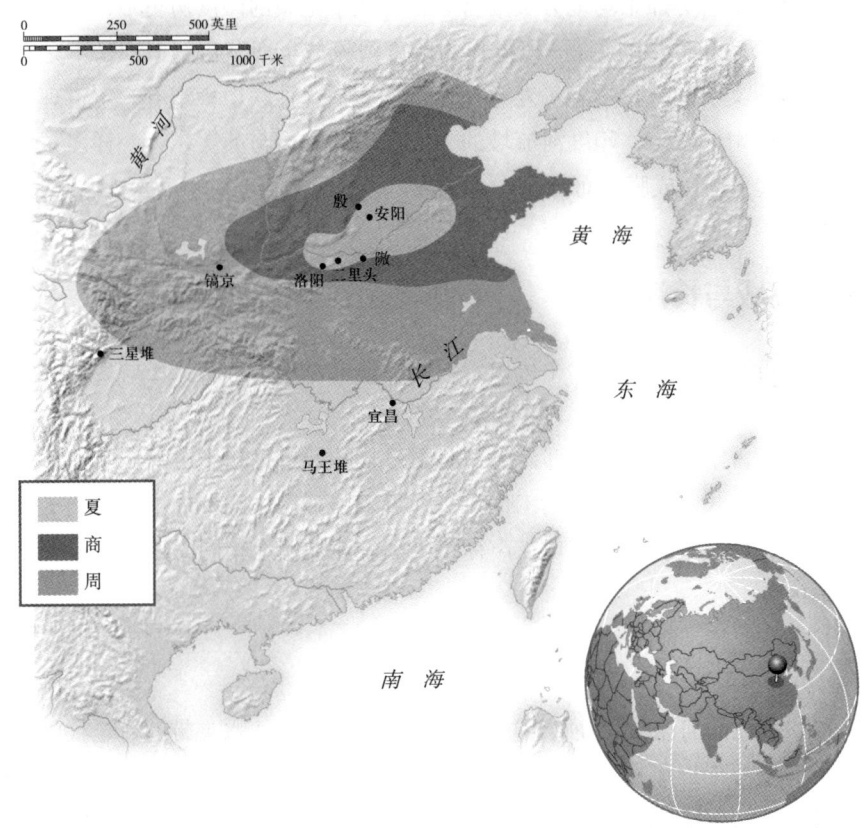

地图6.4 夏商周三朝，公元前2200年到公元前256年。注意每个朝代如何在岁月更替中扩大其疆域。如何解释中国这些早期国家之规模的扩大呢？

前1500年间出现了最干燥的气候。随着气候变得越来越干燥，附近地区的人们迁居到河谷地带，在公元前3000年到公元前2000年间，黄河流域的人口数量增加到原来的3倍。

到了大约公元前1700年至公元前1500年间，黄河流域出现了一个叫作夏的王朝。对夏朝的研究还处于早期阶段。在中国考古学家看来，晚近二里头（洛阳附近）考古发掘表明，它很可能是夏朝首都。那里的考古发掘包括：一座宫殿、许多大小适中的房间、一家陶器厂以及一家青铜制造厂。二里头的发现证实了中国伟大史学家司马迁（大约公元前145—前86年）对中国早期历史的叙述。

随着商朝的建立（大约公元前1500年），中国的城市生活和文化迅速发展起来，商朝在黄河流域大大拓展了夏朝的疆域。商朝以现在河南省为中心，控制黄河下游大片土地，其国运一直持续到公元前1045年，它为中华文明的进一步发展奠定了基础。

在商朝统治期间，富有特色的农耕文明在中国北方出现。宣扬神圣血统的世袭国王实施统治，他们得到一个贵族集团的支持。迄今还没有发现任何法典；不过，国王们显然颁布了各种诏命或法令。农民没有自己的土地，他们提供服务换取耕种的土地、安全和部分收成。他们应召入伍和参与公共工程。还有一个规模庞大的奴隶阶层,他们几乎全是战俘;在葬礼和城市祭祀期间,数百奴隶成为陪葬品或祭品。

商朝统治者垄断了黄河流域的青铜器生产;他们雇用工匠大量生产青铜斧、矛、刀和箭头;马拉战车的青铜装备也出现了。印欧语系的移民将这种战车传入中国西北部的新疆,因为古代汉语中表示轮、轮辐、车轴和战车的词,都具有印欧语词根。

商朝国王们迁都五六次。在最后几个世纪,他们以殷(安阳附近)作为礼仪上的都城。众多城市之间连年混战;根据记载,军队人数多达13000人,俘虏士兵30000人,这或许是夸大其词。与美索不达米亚和埃及不一样,这里很少留下与大型灌溉体系或国教有关的线索。

殷墟的发掘已经出土了一座王宫建筑、文字档案、住宅区、两家大型青铜工厂、工艺作坊以及11座奢华的陵墓,在其中一座墓葬中,300人成为国王的殉葬品。1976年发现的一座墓葬此前没有受到盗墓贼的注意,因为它位于宫殿而不是墓地。这座墓葬的主人是商王武丁(大约公元前1189年)的妻子妇好。墓葬中的文献表明,妇好管理她自己的领地,主持祭祀仪式,能够动员和指挥3000甲士(关于妇好墓的更多内容,参见第8章)。

在商朝,男人拥有公共权威,不过,直到商朝末期,他们都是经由母亲的家族获得这种权威;中国的精英社会是母系制的。与其他早期文明中的妇女相比,中国妇女似乎更加频繁地行使权力。然而,随着父权制家庭在商朝末年成为主导性制度,中国社会最终丧失了它的母系制特征。

在中国,规模越来越大的家庭变得很有影响,因为家庭都崇拜自己的祖先。他们认为,祖先的灵魂会进入另一个世界,并且能够在那里保护活着的家族成员,只要后代对祖先表示适当的尊敬即可。家庭团结的伦理包括对生者与死者同心协力的认识。有组织的宗教或官方祭司阶层并不存在;每个家庭最年长的男性主持仪式敬拜祖先的灵魂。商朝的文本和铭文表明,商朝贵族感觉自己在与祖先不断交流,不过,他们没有虚构干预人世事务的人格化神灵。

商朝商人从事广泛的贸易,尽管我们并不了解他们输出的物品是什么。他们从东南亚马来半岛输入锡,从缅甸和印度洋的马尔代夫群岛输入贝壳——他们把贝壳当作一种原始货币使用。到公元前2000年,他们拥有装备了船桨的大型船只;商朝时期,一些船只去往朝鲜。我们不清楚这些船是否有帆。

沿着通往中亚的路线进行的贸易,是最笨重的,中国人从中亚获得珍贵的玉石。大约公元前2000年,中亚出现了许多贸易城市,这就是阿克瑟斯文明(Oxus culture),它与苏美尔、中国和印度北部都有联系,也与亚洲内陆的游牧民族有来往。我们可以把这种相互联系(当时已经是公元前2000年)称为非洲-亚欧大陆世界体系吗,换言之,可以称之为一种由资本积累所推动的、系统地联系在一起的交往网络吗?史学家在这个问题上争论不已。

在公元前16世纪早期的商朝,中国文字得到广泛使用。文字的起源或许早得多,但是留下来的证据很少。陶器上发现了被用作身份证明的单个字符,它们可以回溯到公元前三千纪,不过,大多数美国学者认为,这些单独的字符并不是一种多字符文字体系的组成部分。我们知道，商朝（或许还有更早的统治者）在竹简和丝帛上记载重大事件，但是，在岁月更替中，这些物件会发生生物降解。

不同于美索不达米亚和埃及，中国最早的文字（我们现在所掌握的）服务于统治者的利益，而不是用来计数。我们知道这一点，因为文字的一种媒介保存了下来，这种介质就是所说的甲骨，即公牛或绵羊的肩胛骨或乌龟壳，它们是进献给朝廷的贡品。大多数复原的甲骨来自王家档案，中国的文字也可能是为了经济或行政管理目的而创造出来的，不过，那些记录已经从容易腐烂的材料上消失了。

在19世纪最后几年，在安阳附近田间耕作的农民发现了骨头，他们称之为"龙骨"。他们把骨头卖给药剂师，后者将它们磨成药粉，这些骨头很快引起史学家和文学学者的关注。此后，被发现的此类甲骨超过10万片。2008年，在中国的一场拍卖会上，20块甲骨以4800万人民币（大约700万美元）的价格成交。

在公元前二千纪（公元前1999—前1000年），中国的卜官将一些问题刻在甲骨上，它们基本上与朝廷有关：粮食会丰产吗？王后会生出王子吗？国王应当攻打邻国吗？接下来10天有灾祸吗？在把这些问题刻在龟甲或贝壳上之后，卜官将它们加热，直到有裂纹出现，然后根据裂纹回答，他们常常也将答案刻在骨头上。

甲骨上大约使用了2000个文字，大多数能找到可以识别的现代对应物。与楔形文字或埃及象形文字不同，中国早期文字被连续使用了4000年。它最初是一些图画（象形文字）；后来，图画结合在一起代表复杂或抽象的思想，比如，母亲和孩子的图画结合在一起，意味着"好"。与绝大多数其他语言不一样，中国文字从来没有采纳字母或语音结构。有证据显示，在周朝（开始于公元前1045年）早期，文字扩展到文学领域。

长江流域

长江的长度超过黄河，它流经中国南部。长江发源于青藏高原的山区，总长6300千米，向东注入中国东海。中国南部属于亚热带气候，比北方更湿润、更暖和，稻子一年两熟。长江不会像黄河那样泛滥，不过，居民也需要在适当时候引长江水灌溉作物。大约到公元前8000年，稻谷就在长江中游的湖区得到种植，为那里庞大的人口提供了稳定的食物供给。

20世纪90年代，城头山考古挖掘出了一座大约公元前4000年建有城墙的城市，出土的奢侈品暗示了社会分化。不过，最轰动的发现，乃是1986年四川省三星堆遗址的挖掘，那座带有围墙的城市建于公元前1400年。其中两个坑堆满了引人注目的玉器、金器和铜器工艺品，它们与商朝的器物处于同一时代，但风格迥异。三星堆还没有发现王室陵墓，不过，这个遗址的发现让考古学家相信，中国南方创造出了一种堪与安阳文明相媲美的文明；这种文化最近被称为长江文明。

公元前3世纪，秦朝和汉朝统一了中国，此后，中国政治上的中央集权和农业生产力一直支撑着大约20%的世界人口。农民在同一片土地上耕作了4000多年。在许多人看来，今日中国文化似乎源于4000多年前开始的文明，这种连续性与当代所有其他文化都不一样。

美洲的农业文明

美洲农业文明的启动远远晚于非洲－欧亚大陆，这主要是由于地理上的原因。农业文明从未在北美形成，仅仅局限于中美洲和安第斯山区。这些文明引起了人们极大的兴趣，因为它们的演进非常类似于非洲－欧亚大陆的文明，尽管它们的发展慢很多，因此，当非洲－欧亚大陆居民在15世纪末来到美洲时，那里的文明正处于发展中。

在前面的内容中，我们主要讨论非洲－欧亚大陆。不过，我们在第5章中已经提到，大约1万年前以来，在最后一次冰期末期，海平面的上升将世界划分为四大互不相连的区域。这四个世界区如下。

1. 非洲－欧亚大陆（非洲和欧亚大陆，以及英国和日本之类的近海岛屿）
2. 美洲（北美、中美洲和南美洲，以及一些近海岛屿）
3. 澳大拉西亚（澳大利亚、巴布亚新几内亚岛，以及一些邻近岛屿）
4. 太平洋海岛社会（新西兰、密克罗尼西亚、美拉尼西亚以及夏威夷）

在这四个世界区，人们发展出了独具特色的生活方式，他们致力于自身的人类文化实验，直到16世纪早期世界被欧洲水手的航海活动联系在一起。

中美洲的实验

中美洲（Mesoamerica）是一个文化区，包括墨西哥中南部、巴拿马、危地马拉、伯利兹、萨尔瓦多、洪都拉斯部分地区、哥斯达黎加以及尼加拉瓜（参见地图6.5）。这些定居的农耕社会大约形成于公元前2000年，其基础在于种植玉米、豆类和南瓜，除了狗和火鸡之外，没有其他驯化动物。在一些丰产的地区，不断增强的社会复杂性随之出现，生产力、集体知识以及人口增长的结合，再次成为社会变化的主要动力。

到了大约公元前1200年，一个新兴社会——奥尔梅克文化在今日墨西哥湾低地出现，它也临近现在的韦拉克鲁斯。奥尔梅克人创造了纪念性建筑和辉煌的艺术；他们组织战争、贸易和贡赋网络，修建仪式中心和用作陵墓的高达33米的金字塔，这些是等级制度的恰切象征。（为何几乎所有早期农业文明都修建金字塔？或许对于能够承载自己重量的纪念性建筑而言，金字塔可能是最容易建造的形状。抑或他们试图通过人造大山更加近距离地接近神灵？）考古学家在奥尔梅克文化遗存中发现了一种早期文字体系的痕迹，它不同于玛雅文明的文字，可能是中美洲人采纳的计算日期的体系。

奥尔梅克人留下了一些几近不朽的自画像：以大块玄武岩雕刻的巨型头像，一些石块超过18000公斤，它们来自59千米外的采石场。现在已经发现这类头像17个，其年代可能介于公元前1400年到公元前400年之间（参见图6.5）。

大型头像是奥尔梅克酋长行使权力的无可争辩的证据。这权力究竟属于哪一种？是象

地图6.5 中美洲早期社会，公元前1200年到公元1100年。描述中美洲这些早期社会不同的地理环境。地理和环境状况如何影响这些社会的发展？

征酋长制的共识性权力呢，还是标志着农业文明（具备国家结构）的强制性权力？到公元前800年，奥尔梅克领袖能够通过协调的方式，在沿海沼泽的一座岛上建造壮观的拉本塔仪式中心。拉本塔遗址已经发现了一把御座、一座精美的陵墓和丰富的随葬品，这表明一位世袭的奥尔梅克领袖控制着人们和资源。

一些人认为，奥尔梅克社会是酋长领地而不是一个国家；一些人将其视为中美洲的"母体文化"；另一些人则认为，墨西哥存在众多地方性社会，它们快速地发展出更复杂的经济和社会制度，奥尔梅克社会仅仅是其中之一。到公元前300年，奥尔梅克文化衰落，玛雅文化在滨海的低地兴起，最终发展成为一种充分的农业文明（参见第9章）。

图6.5 奥尔梅克头像。这尊头像的材质是玄武岩，年代为公元前1000年到公元前600年之间。这种头像激起了许多猜想。一些不大不小的头盔可能是球员戴的帽子；许多面孔上的嘴唇很宽、鼻子扁平，以至于研究非洲语言文化的史学家伊万·范·塞普蒂马（Ivan Van Septima）宣称，奥尔梅克文化曾有非洲人造访，或者起源于非洲，这种观点没有得到普遍接受。或许头像代表统治者或萨满-统治者；没有人知道

图1.7 大型强子对撞机,欧洲核子研究组织。大型强子对撞机是迄今为止设计出来的最庞大、最昂贵的科学实验。它由日内瓦机场下面一条巨大隧道构成,亚原子粒子在那里以接近光速的速度被击碎,以便发现它们的构成。这好像将汽车一起捣碎来看它们的内部构成,不过,这是我们用来确定宇宙构成基本成分的本质的唯一方式。白圈标出了LHC的位置。前面是日内瓦机场。红线标示的是瑞士和法国之间的边界

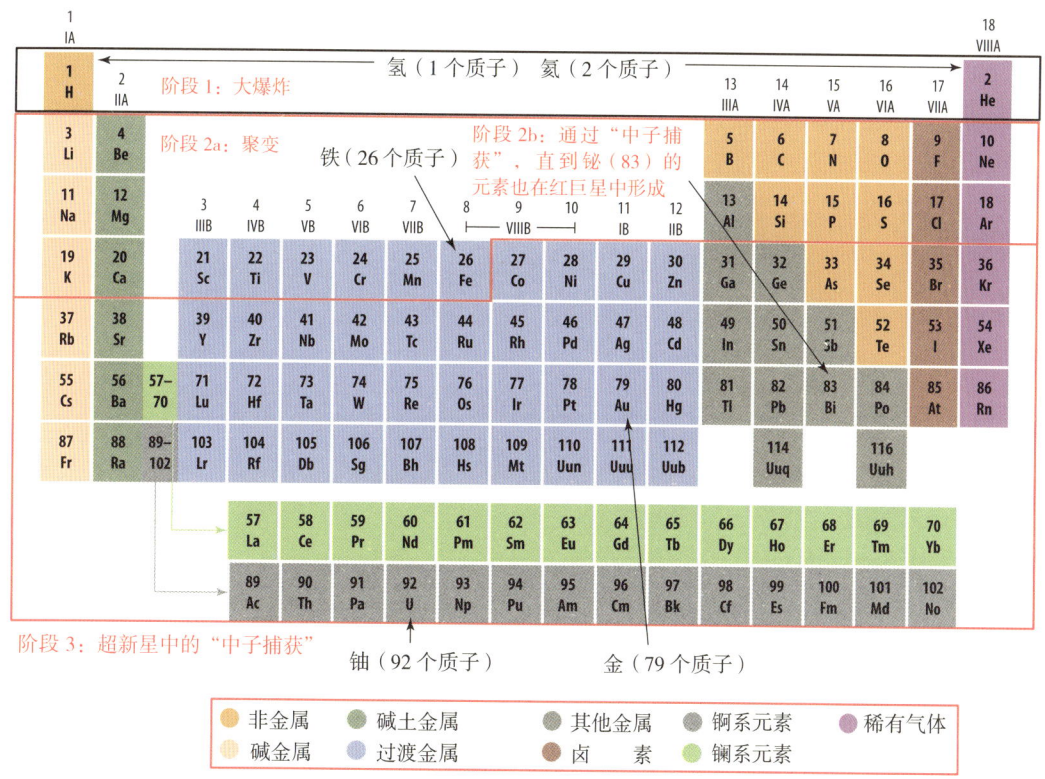

图1.10 **元素周期表**。现有元素周期表中的元素,是经由三个阶段被创造出来的。氢和氦在大爆炸之后不久就出现了。其后直到铁元素,乃是在巨大的垂死的恒星内部通过核聚变形成,其他直到铅的元素是在垂死的恒星内部通过中子捕获而生成。最后,所有其他元素都是在超新星中形成的

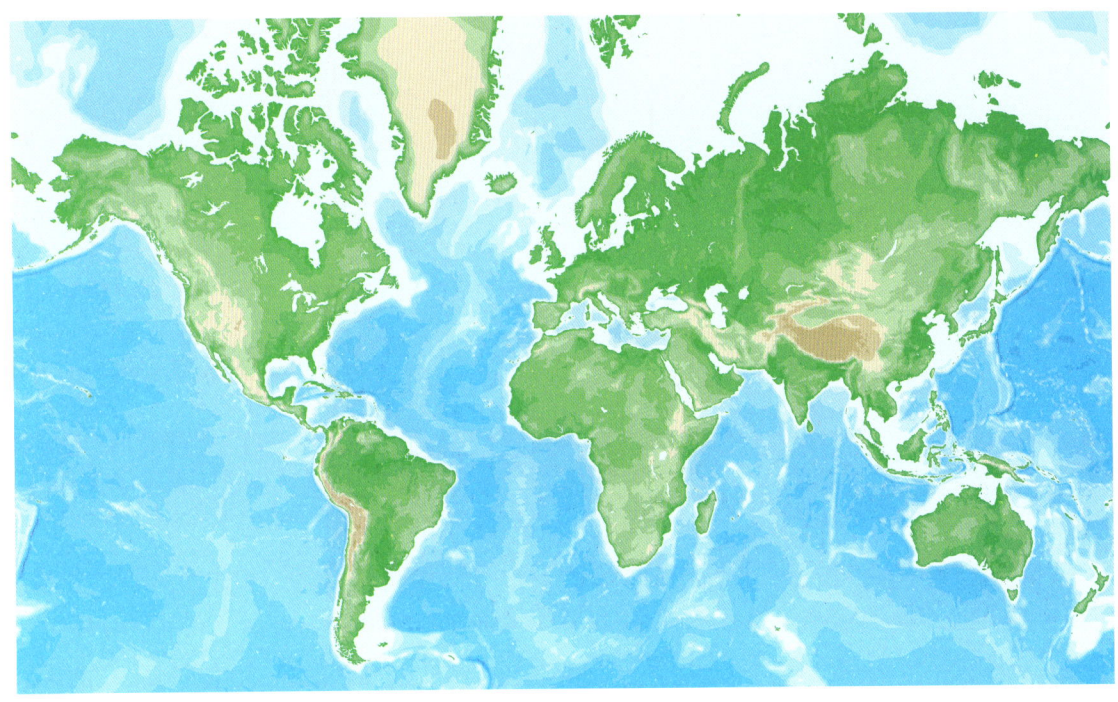

地图 2.1　地球的大陆架。阿尔弗雷德·韦格纳通过关注南美和非洲海岸线之间拼图式的契合,来支持他的大陆漂移说,尽管他意识到,这种契合还比较粗糙。后来的地质学家认识到,如果以大陆架的边缘(它们是大陆的真正边界)来衡量的话,这种契合更完美

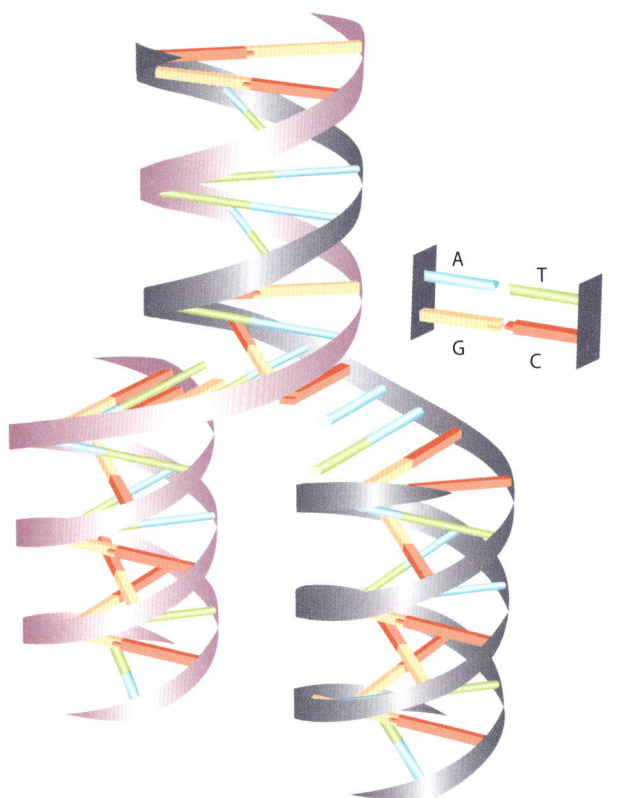

图 3.7　DNA 双螺旋结构。在每个分子中,DNA 的形状是一种双螺旋结构,有性生殖细胞除外,在那里,DNA 分裂成单螺旋,等待与另一个相应的有性生殖细胞配对

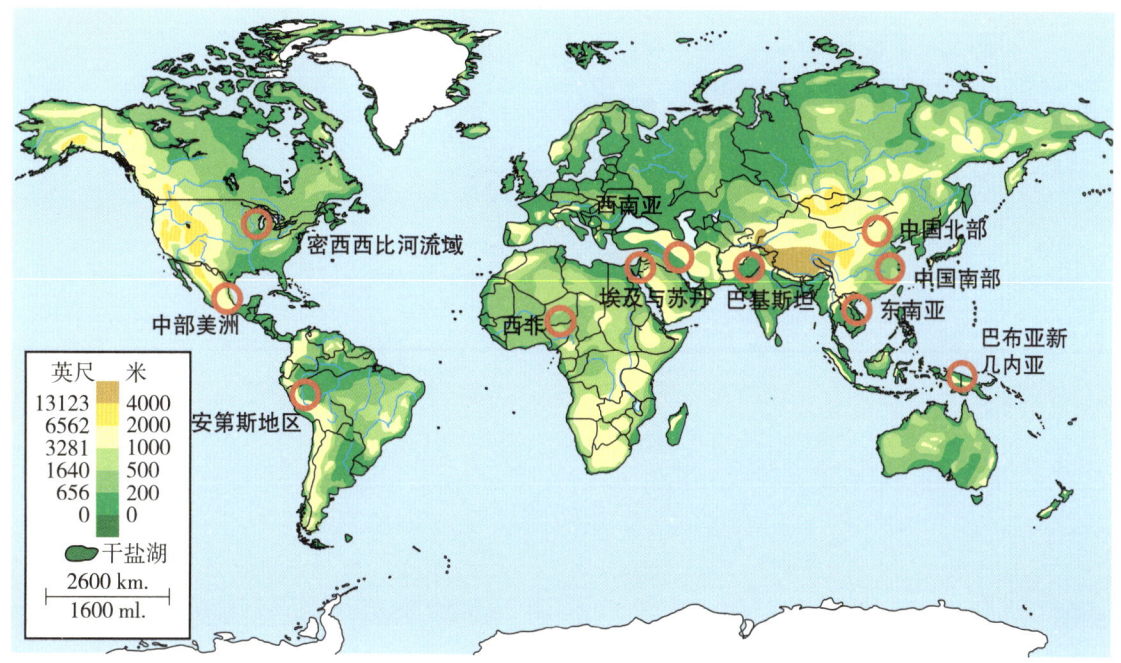

地图 5.1　早期农业地址分布

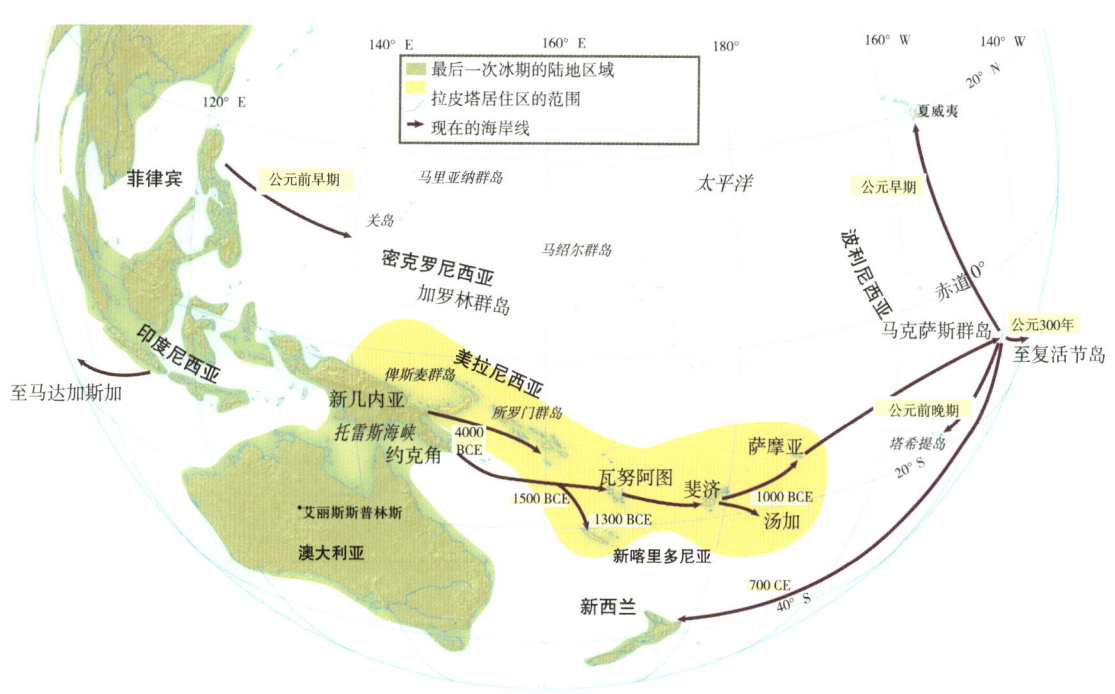

地图 6.8　太平洋群岛的早期社会，公元前 1500 年到公元 700 年。想象一下这些航程所需要的航海技术（参见第 9 章）。为何太平洋岛屿是人类拓殖的最后一块宜居地？

地图 6.5　中美洲早期社会，公元前 1200 年到公元 1100 年。描述中美洲这些早期社会不同的地理环境。地理和环境状况如何影响这些社会的发展？

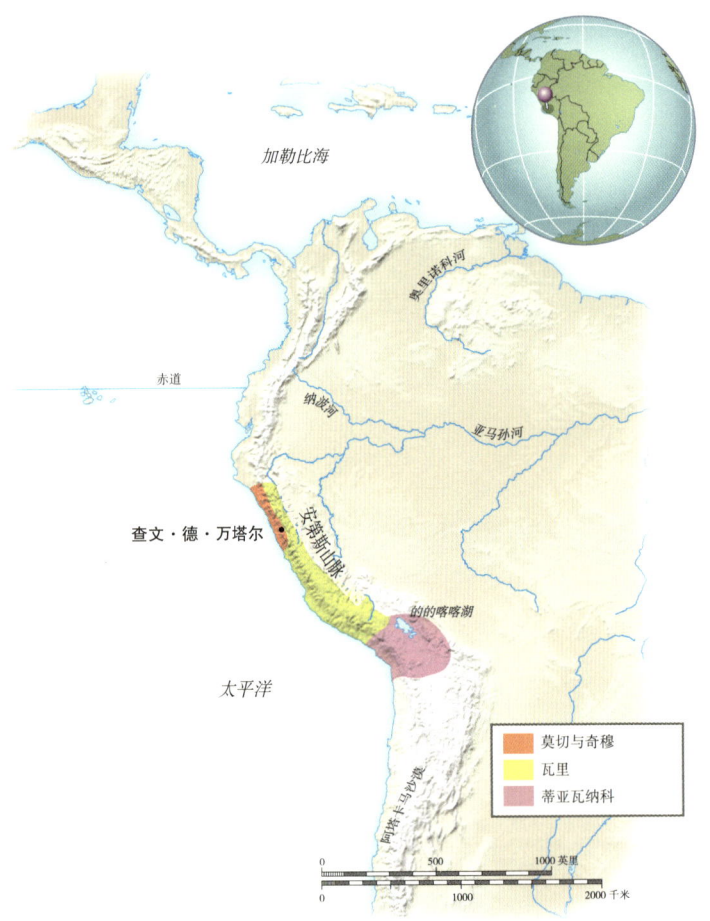

地图 6.6　安第斯南部地区的早期社会，公元前 1000 年到公元 700 年。注意它们与中美洲交往存在的各种困难。为何这些山区社会没有向东扩张？

地图 7.1 东地中海地区，大约公元前 1500 年。与米诺斯和迈锡尼文明联系在一起的重要地区和地点

地图 7.2 欧亚大陆中部和西部，大约公元前 4 世纪到公元前 3 世纪。注意阿契美尼德波斯帝国以及取而代之的塞琉古帝国令人印象深刻的辽阔版图

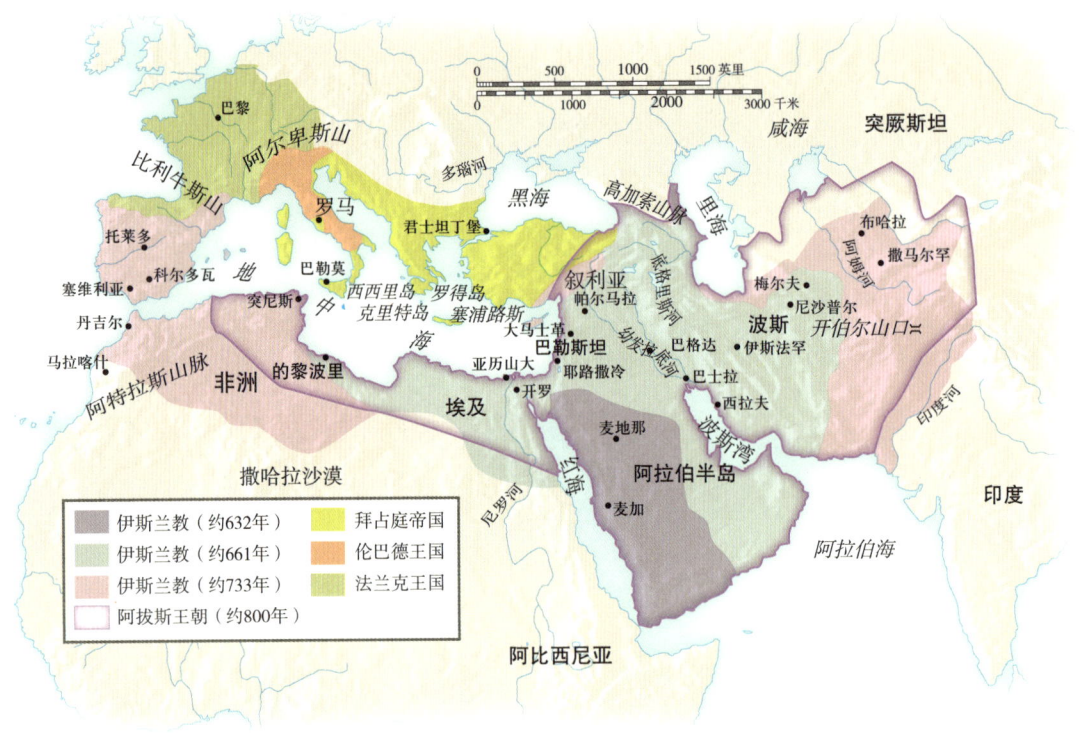

地图7.5 非洲-欧亚大陆中部和西部。这幅图所展示的,乃是伊斯兰王国在7世纪和8世纪的惊人扩张

地图8.1 欧亚内陆的游牧和定居国家。这幅图所展示的是,大约公元前200年到公元前100年间,这个地区一些主要的游牧部落联盟和农耕文明

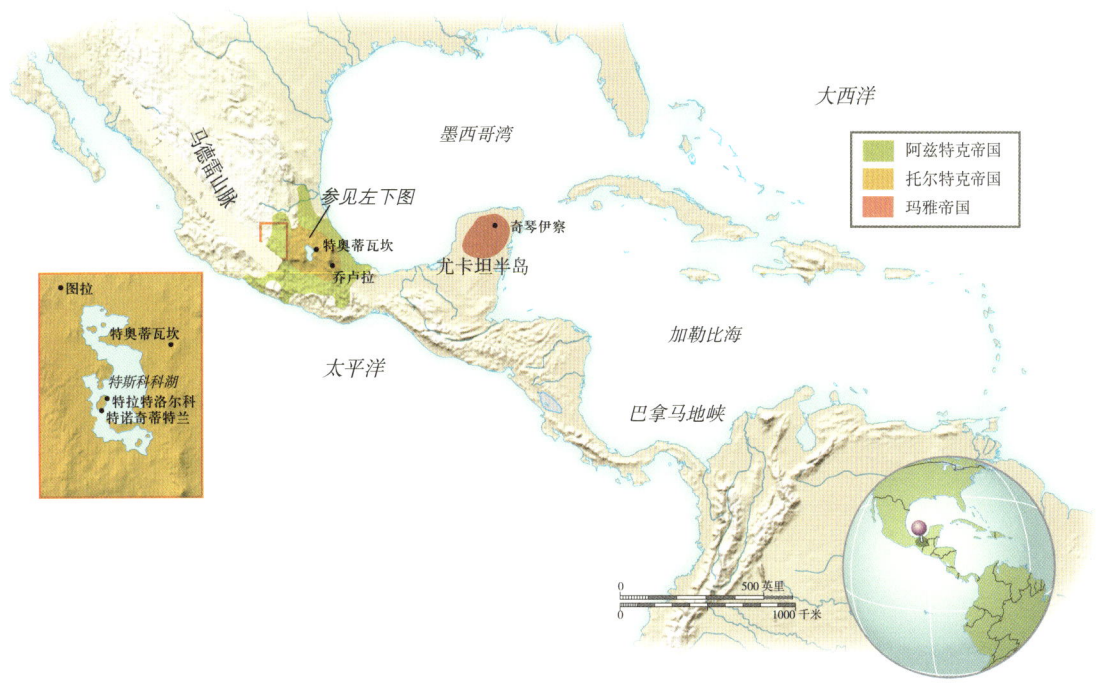

地图 9.1 托尔特克帝国和阿兹特克帝国，公元 950 年到 1520 年。留意一下玛雅帝国收缩的程度。阿兹特克帝国的统治者如何在他们的领地上征收贡赋呢？

地图 9.4 北美洲，公元前 500 年到公元 1200 年。最频繁的交换和交流发生在密西西比河流域

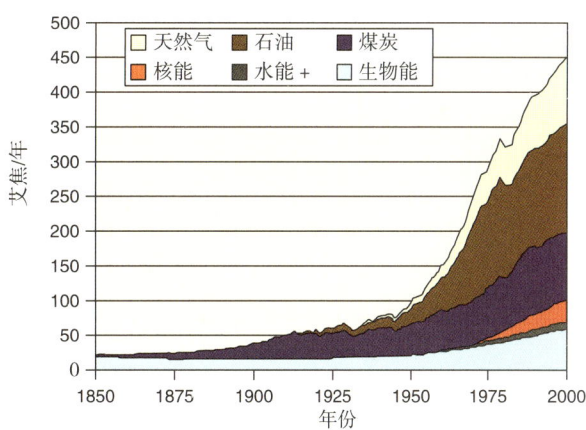

图 10.1 世界能源消费，1850 年到 2000 年。1850 年，人类使用的能源绝大部分仍然来自传统能源：人力和畜力、水力和风力以及木材中储藏的能量。到 2000 年，人类使用的能源增加了许多倍，能源基本上来自三种化石燃料：煤炭、石油和天然气

*世界能源消费以艾焦（exajoules）计算。一焦耳相当于一秒钟内产生一瓦特功率所需的能量。一艾焦相当于 1018 焦耳

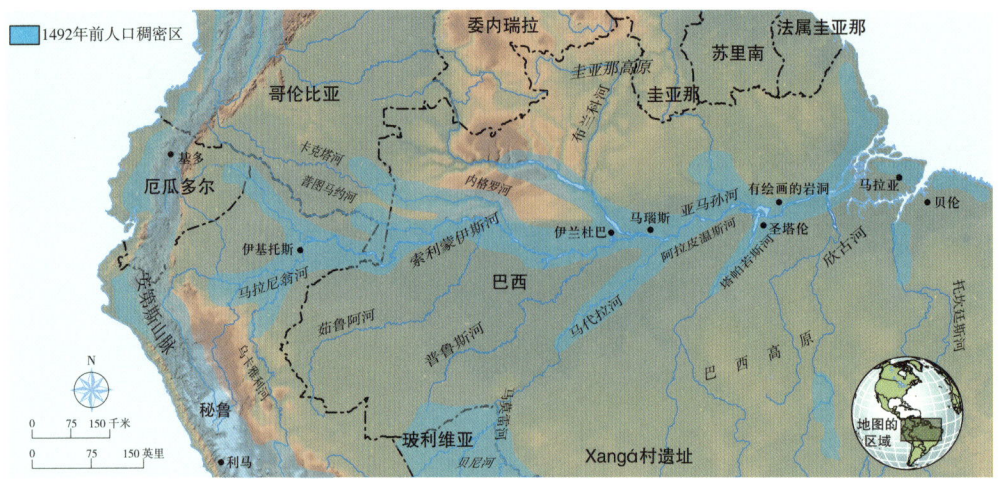

地图 9.3 亚马孙地区,或亚马孙河流域。亚马孙流域面积占整个南美面积的 40%,西抵安第斯山区,北达圭亚那高原,南至巴西高原

地图 11.1 工业的欧洲,大约 1850 年。到 19 世纪中期,工业在英国和中欧地区涌现

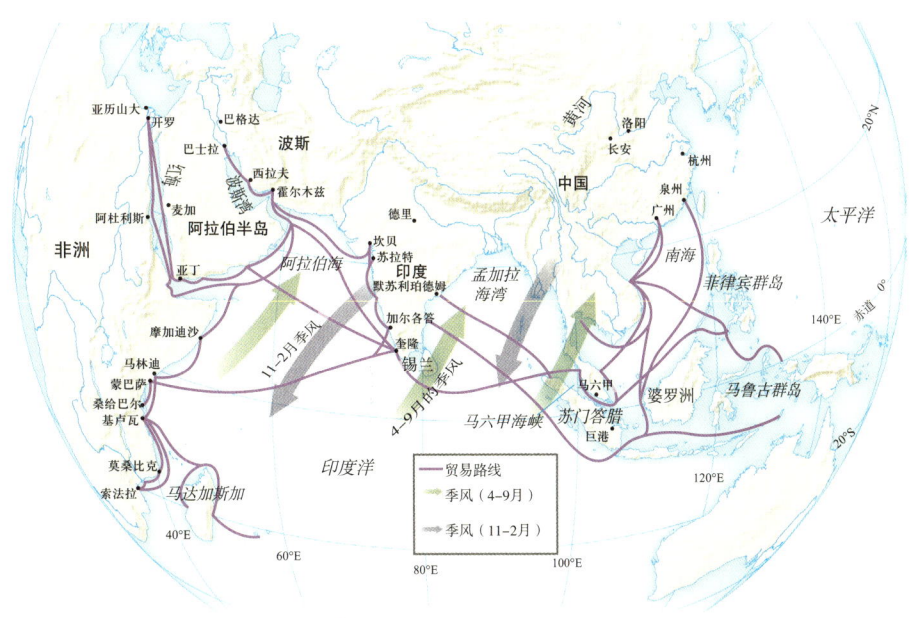

地图 10.1　印度洋贸易网络，公元 600 年到 1600 年。印度洋海上通道和陆上丝绸之路相联结，使非洲–欧亚大陆世界区成为到当时为止世界上联系最密切的地区

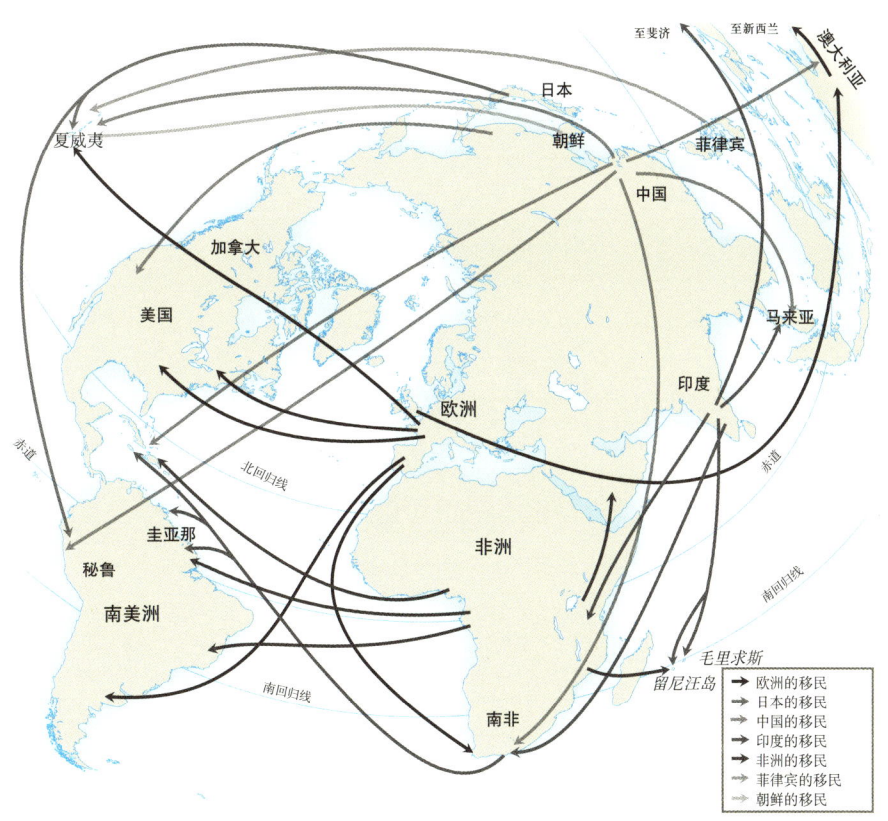

地图 11.2　帝国主义和移民，19 世纪和 20 世纪早期。来自英国的主要移民促进了世界各地温带地区移居殖民地的人口增长，特别是加拿大、澳大利亚、新西兰和南非地区

地图 10.6 中国和欧洲的航海，公元 1405 年到 1498 年。15 世纪，欧亚大陆世界区两端都进行了重要的海外探险。这些探险旨在抵达印度洋丰富的贸易路线。这幅地图表明，为何一些欧洲航海家试图向西航行穿越大西洋抵达印度洋的做法是合理的，正是这种尝试使得哥伦布到达了美洲

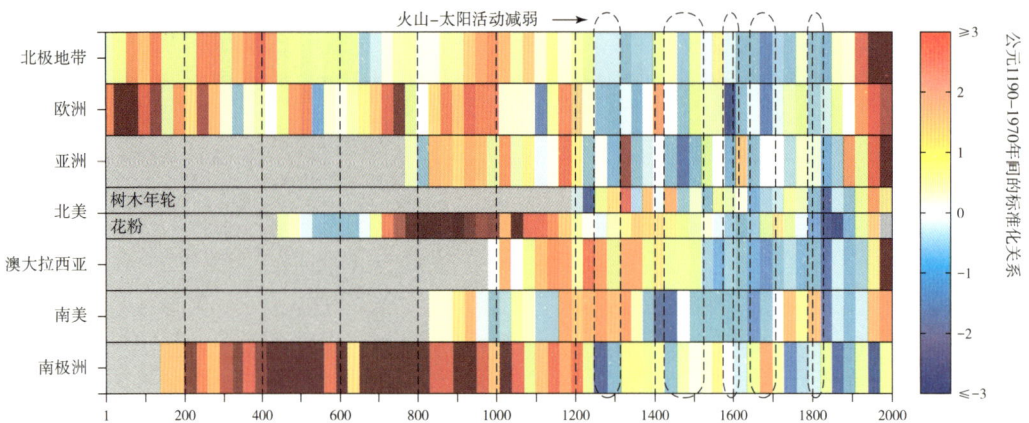

图 11.1　各地区在长达 2000 年时间的气温变化。这幅图表以 30 年为周期显示了不同地区在 2000 多年时间的气温变化。图表以 24 个国家专家的研究为基础，使用了许多不同类型的资料，包括冰川、花粉以及树木年轮，它是当前可以获得的最全面的解释。突出的特征在于：（a）2000 年前温暖的气温；（b）过去 1000 年长期的寒冷期；（c）最近一个世纪气温突然上升。（由于缺乏充分的数据，因此，包括非洲在内的一些地区没有考虑在内。）

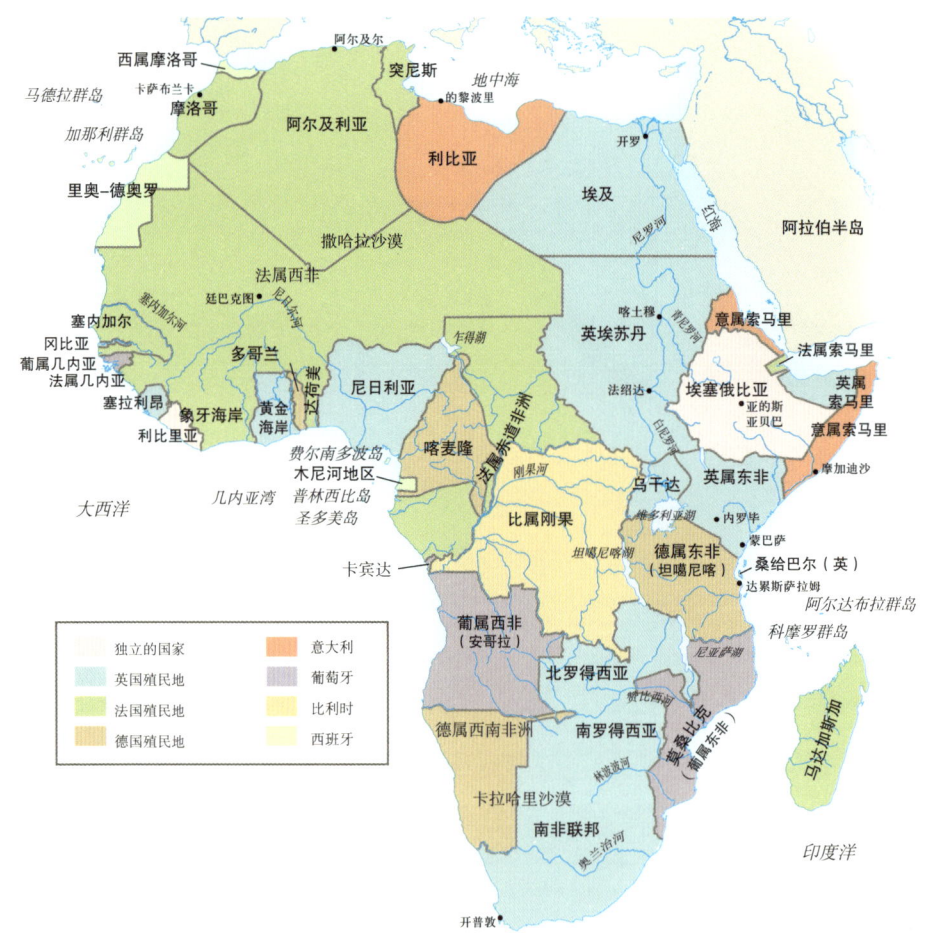

地图 11.3　非洲的帝国主义，大约 1914 年。到 1914 年，非洲几乎完全被欧洲列强所控制

安第斯山区的实验

安第斯山区独特的地理，是该地区一切文明实验的主要挑战。太平洋底部纳斯卡板块向东移动，俯冲于南美板块之下，由此创造了两条平行的南北走向山脉，它们离太平洋海岸只有96千米（参见地图6.6）。山脉高达6705米，它们阻挡东风抵达这片狭窄的海岸区，在大部分时间里，这块地区都是沙漠，年降雨量大约为50毫米，而且基本上来自雾气。大山东部是热带雨林，从海岸到雨林开始的地方，存在各种小气候。由于板块活动，那里时常发生地震。另外，人们还面临海洋表面温度的冷暖交替，即现在所说的厄尔尼诺/拉尼娜现象，它们会导致暴雨，杀死鱼类或改变鱼类的供应。

在秘鲁南部的智利海岸，有一块地球上最干旱的地区，即阿塔卡马沙漠。一些地方根本就没有降雨的记载，尽管许多河流流经沙漠。当地部族新克罗人（Chichorro people）创造了世界上已知的最早木乃伊，时间比埃及木乃伊大约早2000年。那里已经发现了约公元前5800年的250具木乃伊。尽管滚烫干燥的沙子可以很自然地把躯体制成木乃伊，不过，新克罗人还是以火烘干内脏，以木架固定脊骨和四肢，以彩色黏土涂抹躯体，以便更长久地将躯体用于仪式场合。

公元前2500年到公元前2000年间，大多数安第斯山区的内陆地区——现在的秘鲁和玻利维亚——已经从事耕作。海岸附近农民的主要作物有豆类、花生和甘薯，他们也种植棉花来织布和编织渔网。海洋生物补充了食物供应，有助于促成一种更复杂的社会。至少到公元前2000年，沿海共同体修建了运河和灌溉体系、制作陶器以及建造神庙和石砌金字塔，这些技能表明，当地已经发展出国家。公元前2000年之后，农业共同体在高原地区也能够生存，当地人们培育烟草和各种土豆。他们牧养美洲驼和羊驼，以便食用前者的肉和剪取后者的毛。如果食用足够量的话，土豆能够提供人体所需的所有营养。

安第斯山区早期社会与中美洲社会同时期兴起，这就引出一个问题，即它们之间有何联系。很显然，它们之间的地理障碍阻碍了传播和交流；两大社会都没有大量的驮畜或掌握一种航海技术。（即便到了今天，泛美铁路还未贯通巴拿马–哥伦比亚边境，推土机无法穿过沼泽和大山。）不过，还是存在一些联系，玉米和南瓜种植慢慢从中美洲传播到安第斯山区，金、银和铜冶炼术以及烟草向北传到中美洲。

大约公元前1000年，一个叫查文–德万塔尔（Chavin de Huantar）的城镇开始出现在安第斯山区914米高的莫斯纳河（Mosna River）岸边；到公元前300年，这座城镇衰落了。在全盛期，城市居民大约为2000到3000人。它或许是一个宗教礼仪中心，有一些纪念性场所、货仓和半人半兽的雕像（人的一半变形为美洲虎或其他动物）。查文也是来自雨林地区的货物的分配中心，影响了安第斯山区其他定居点，它似乎因为规模太小而没有被当作一个国家。它消亡之后不久，几座人口1万左右的城镇出现在安第斯山区，它们建造了大型公共建筑、仪式性广场和广阔的居民区。

随着大型城镇的兴起，地区性国家也出现了，它们在从沿海到中部再到高原的广大山谷地区被组织起来。沿海地区提供鱼类、棉花和甘薯；中部地区有玉米、豆类和南瓜；高原出产

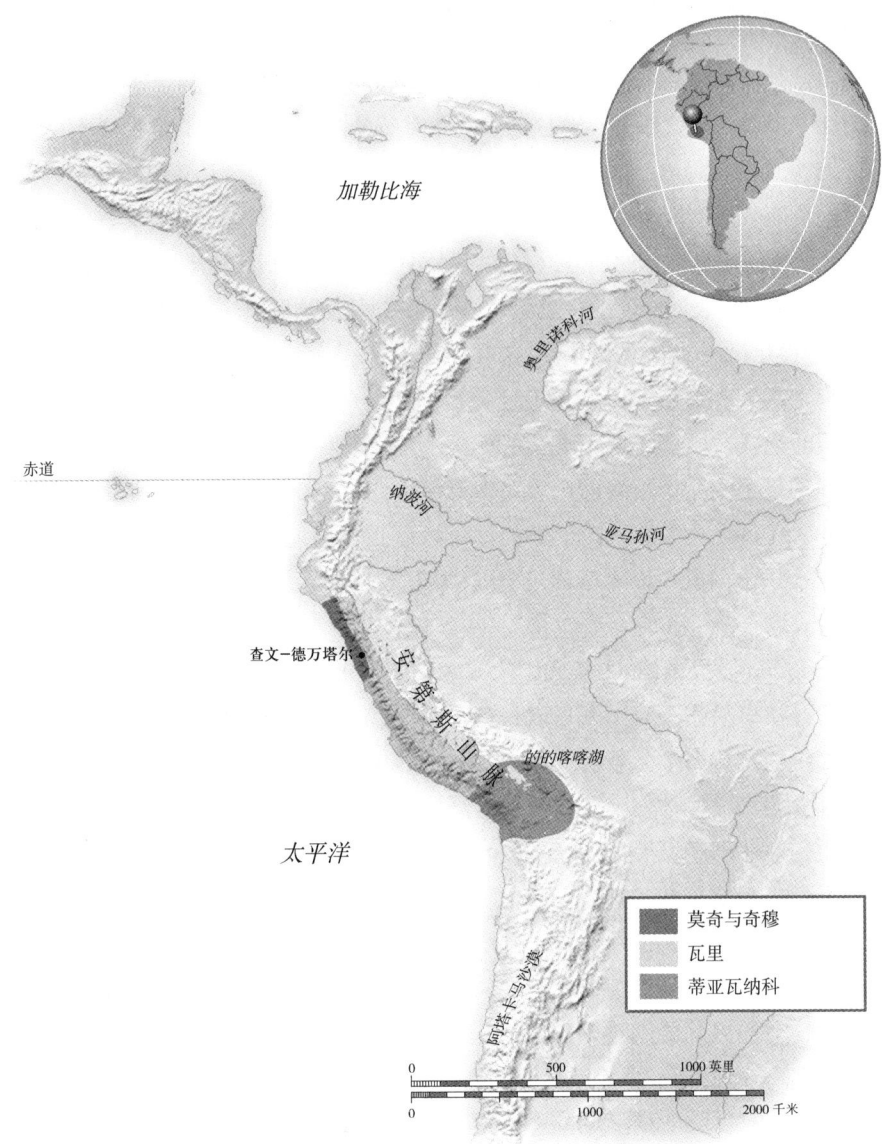

地图6.6　安第斯南部地区的早期社会，公元前1000年到公元700年。注意它们与中美洲交往存在的各种困难。为何这些山区社会没有向东扩张？

土豆、美洲驼肉和羊驼毛。这种生态多样性足以维持不断增长的人口和复杂的社会组织。

早期国家的其他实验

世界上一些地区只出现小型国家，撒哈拉沙漠以南非洲和太平洋岛屿就属于这种情况。这些小国家是令人感兴趣的，因为它们不符合标准的农业文明——这些文明能够提供一些线索来说明完全文明的出现需要哪些必不可少的要素。

撒哈拉以南非洲

与安第斯山区的人们一样，撒哈拉以南非洲的人们也在与异常艰苦的环境做斗争。一片荒无人烟的沙漠分割了撒哈拉以南非洲与非洲北部沿海地区。一半的非洲河流都没有流入大海，或者河流从高原奔腾而下，形成一系列不可通航的奔流，最后再注入大海。风沿着许多海岸线吹向海滨，航海变得困难。稠密的森林和布满瘴气的雨林覆盖大片地区；其他热带疾病也大量存在。

第5章已经提到，随着班图人从现在尼日利亚东部和喀麦隆南部向非洲其他地区的移民，农业缓慢地传播到整个撒哈拉以南非洲。班图人种植薯蓣和油椰子，后来又种植粟和高粱，另外，他们也牧牛。大约公元前1000年，他们掌握了制造铁器工具和武器的技术。到公元前最后几个世纪，除了稠密的森林和沙漠地区之外，农业遍布整个撒哈拉以南非洲。在森林地带，巴特瓦人（Batwa people）——通常被称为俾格米人（Pygmies）——是丛林专家，他们以丛林产品与班图人进行贸易（参见地图6.7）。

公元300年之后，骆驼取代马匹和驴子，成为穿越撒哈拉沙漠的交通工具，由此也提供了一些贸易和交流，同时增强了一些游牧部落的力量。跨越撒哈拉沙漠的商队可能包含5000匹骆驼和好几百号人。为了避开炎热的高温，商队通常在夜间赶路，穿越沙漠需要70天时间，每天行走24千米到40千米。

到公元4世纪或5世纪，西非出现了一个小国家，即加纳王国。这个王国——与现代加纳没什么关联——位于塞内加尔河与尼日尔河之间，领土横跨今天马里和毛里塔尼亚的边界，当农耕者（向加纳统治者）寻求保护以免遭撒哈拉沙漠驼背上的游牧部落劫掠时，加纳随即发展成一个国家。

非洲跨大陆交流的唯一真正轴线，乃是撒哈拉沙漠以南的一条绿色走廊，这就是著名的荒漠草原，它东起东非，西至尼日尔河流域。公元800年，穆斯林商人通过这条路线来到加纳，加纳从而成为一个贸易中心，向南部地区收集和征取黄金，并且提供象牙和奴隶。这样，加纳在9世纪到12世纪之间繁盛起来，即便如此，它的首都昆比萨利赫（Koumbi-Saleh）的居民也只有15000到20000人。来自北方的入侵者削弱了加纳，13世纪早期，加纳王国瓦解。

马里帝国是加纳王国的后继者，从13世纪到15世纪晚期，它一直控制西非地区的贸易，并且从中抽取税金。总而言之，这种地区性国家以及大大小小的王国，也是公元1000年之后撒哈拉以南非洲的特征。这块地区从来没有成为重要的农业文明中心。

太平洋岛屿

在世界上所有宜居的地区中，太平洋岛屿是人们较晚到达的地方；最东边一座岛屿，即**拉帕努伊岛**（复活节岛），直到大约公元900年才有人定居下来。（更多关于波利尼西亚人迁

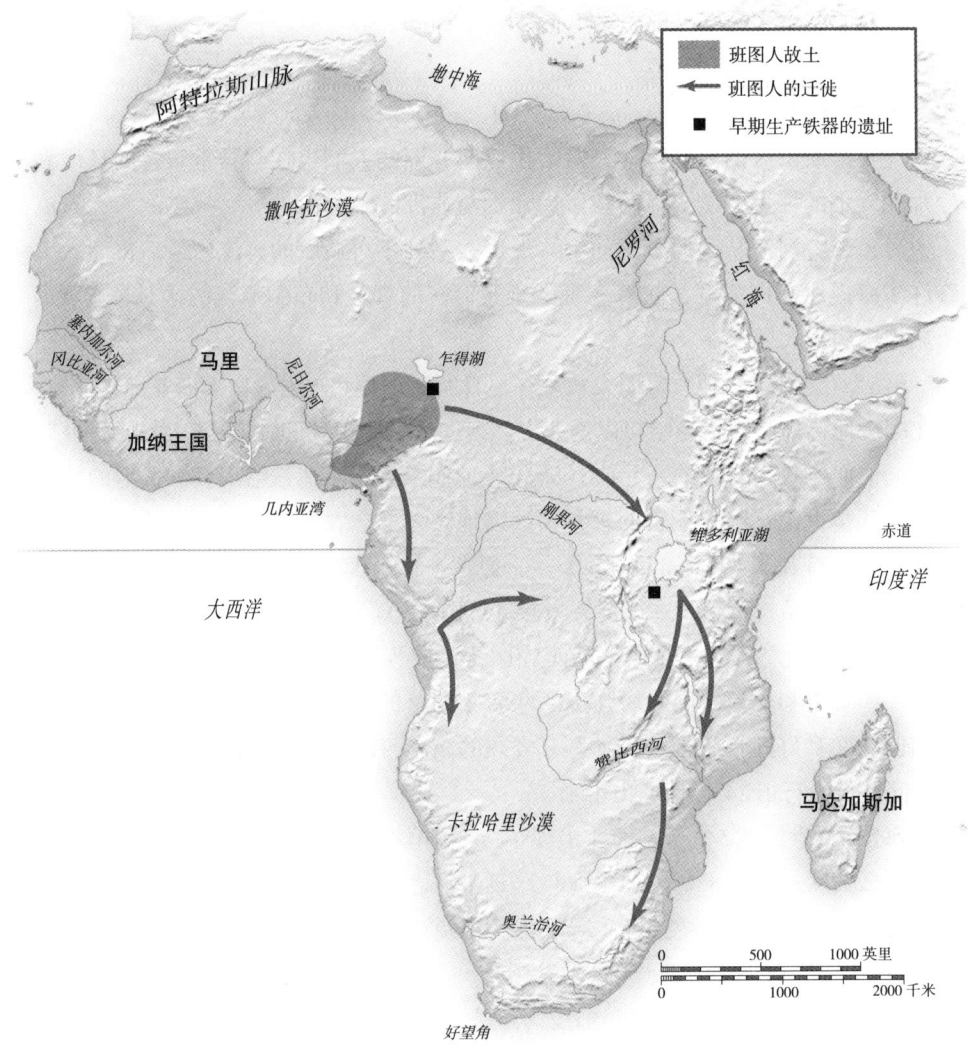

地图6.7 班图人的迁徙,公元前2000年到公元1000年。注意,铁器生产场址只有两处。为何撒哈拉以南非洲从未发展出早期农业文明呢?

徙的知识,参见第9章。)波利尼西亚航海者有可能偶尔到过南美洲西海岸,然后带回甘薯种植。(智利发现了波利尼西亚的鸡骨头残骸,其年代为公元1304年到1424年之间,这证明波利尼西亚人在欧洲人之前到达了南美洲。)大约公元1200年,有人乘风破浪前往新西兰,即地球上最后一块较大的宜居地区,对于这些移民而言,甘薯尤其重要。这些移民发现,在热带太平洋地区的主要农作物(芋头、香蕉、椰子、面包果以及甘薯)之中,只有甘薯能够在新西兰寒冷的气候环境中生存下来,这也迫使他们主要以采集食物维生(参见地图6.8)。

到公元12世纪和13世纪,随着岛民学会开发岛上生态资源,太平洋群岛的人口也快速增长。拉帕努伊岛出现了居民无法解决的人口过剩问题。到公元1500年,当地社会堕落,变得嗜食同类,居民形成自相残杀、相互对立的派系(参见图6.6)。

其他太平洋岛屿经营得更好，它们组织社会的模式与我们在其他地区看到的一样。那里有统治精英和平民百姓，有一位强大的酋长，专门的工人也出现了。汤加和夏威夷的酋长可以征调劳动力、组织军事力量、与祭司密切合作，以及使用武力开疆拓土，但是通常都不太成功。

海岛土地狭窄、资源有限，也比较闭塞，它们无法提供人们能够用以创造充分农耕文明的庞大资源。即使如此，当地人还是创造出了多产的农业经济和组织良好的社会，它们的基本特色与世界上其他国家的并无二致。只要环境和人类的独创性生产出足够多剩余粮食来支撑日益增加的人口，那么，就会出现一个惊人的事实，即相似的组织模式会遍布世界任何地方。

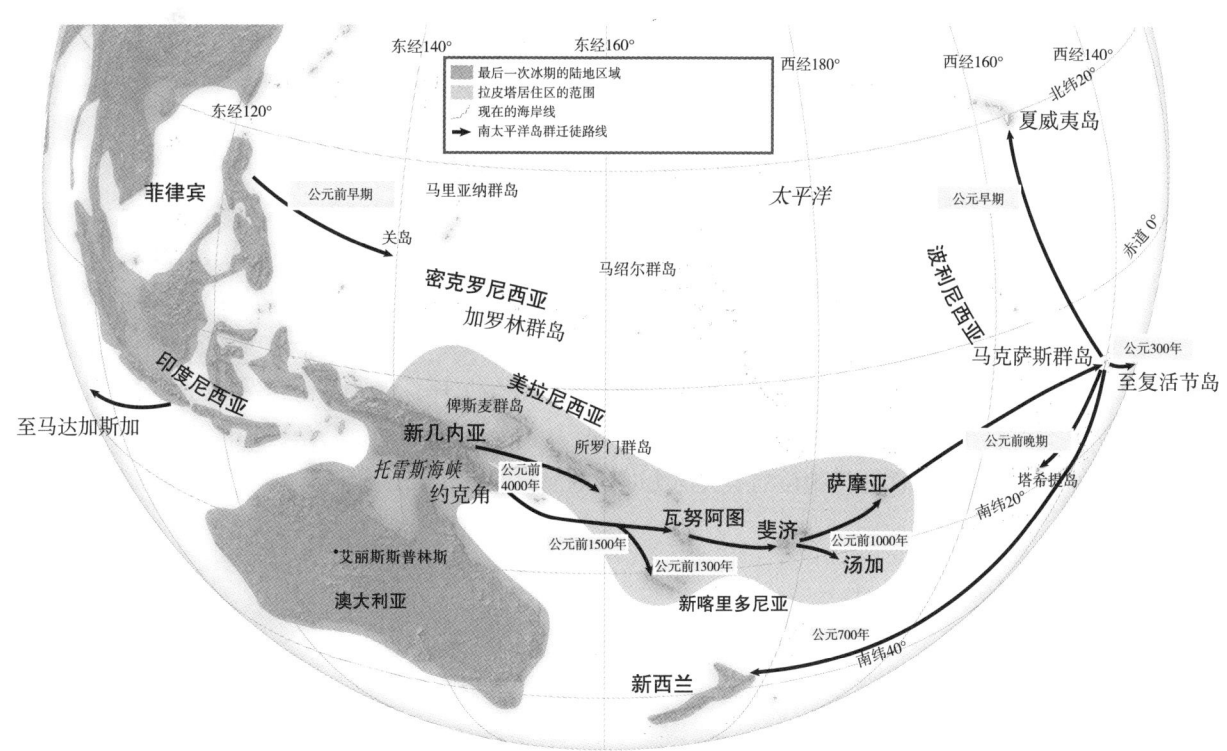

地图 6.8　太平洋群岛的早期社会，公元前 1500 年到公元 700 年。 想象一下这些航程所需要的航海技术（参见第 9 章）。为何太平洋岛屿是人类拓殖的最后一块宜居地？

图6.6 拉帕努伊岛的摩艾石像群。摩艾石像是公元1250年到1500年间在拉帕努伊岛（复活节岛）雕刻的石头人像。最高的几乎达到10米，重82000公斤。它们如何被运到哪里的呢，这至今仍然是一个谜，或许岛上居民以树木为工具，把这些石像撬动到现在位置。这幅图展示的，是20世纪90年代智利考古学家恢复的15尊石像中的6尊。这些石像都面朝内陆

小 结

本章一开始界定了城市、国家和农业文明。我们比较详细地介绍了世界第一城——美索不达米亚的乌鲁克的出现，然后简略描述了农业文明在埃及、努比亚、印度河流域、中国黄河和长江流域的出现。接着我们考察了中美洲正在出现的两个国家以及秘鲁海岸的两个国家，最后探讨了撒哈拉以南非洲和太平洋群岛的国家，尽管这两个地区国家的形成比非洲-欧亚大陆晚许多。我们最后的结论是，不管环境怎样，当人口达到一定密度时，世界各地都会出现一种复杂性日益增强的相似进程。下一章考察的，乃是这些日益复杂的国家向大型农业文明占主导地位的人类历史时代的演进。

本章问题

1. 城市和国家的明确特征是什么？
2. 人们为何开始汇聚到城市？
3. 最早的城市兴起于世界上哪些地方？你如何解释它们在那些地方的出现？
4. 描述四个不同世界区中城市和国家演进的差异？
5. 叙述一下重建早期文明所使用的各类证据。
6. 本章关注早期农业文明之间的相似性，它们之间的差异有哪些？
7. 宗教在城市和国家的出现过程中扮演了什么角色？

关键词

agrarian civilizations　农耕文明　　　　caste system　种姓制度

city 城市	Rapa Nui 拉帕努伊岛
cuneiform 楔形文字	state 国家
Epic of Gilgamesh 《吉尔伽美什史诗》	state religion 国教
hieroglyphics 象形文字	tribute 贡赋
Malthusian cycles 马尔萨斯循环	Uruk 乌鲁克
Mesoamerica 中美洲	warfare 战争
monumental architecture 纪念性建筑	world zones 世界区
Nubia 努比亚	

延伸阅读

Barber, Elizabeth Wayland. *Women's Work: The First 20,000 Years: Women, Cloth and Society in Early Times.* New York: Norton, 1994.

Brown, Judith K. "Note on the Division of Labor by Sex." *American Anthropologist* 72 (1970):1075-76.

Burroughs, William James. *Climate Change in Prehistory: The End of the Reign of Chaos.* Cambridge, UK: Cambridge University Press, 2005.

Coningham, Robin. "South Asia: From Early Villages to Buddhism." In Chris Scarre, ed., *The Human Past: World Prehistory and the Development of Human Societies.* London: Thames & Hudson, 2005.

Johnson, Allen W., and Timothy Earle. *The Evolution of Human Societies.* 2nd ed. Stanford, CA: Stanford University Press, 2000.

Kemp, Barry J. *Ancient Egypt: Anatomy of a Civilization.* 2nd ed. London and New York: Routledge, 2006.

Leick, Gwendolyn. *Mesopotamia: The Invention of the City.* London: Penguin, 2001.

McIntosh, Jane R. *A Peaceful Realm: The Rise and Fall of Indus Civilization.* New York: Westview, 2002.

Mitchell, Stephen. *Gilgamesh: A New English Version.* New York: Free Press, 2004.

Nemet-Nejat, Karen Rhea. *Daily Life in Ancient Mesopotamia.* Westport, CT: Greenwood Press, 1998.

Ristvet, Lauren. *In the Beginning: World History from Human Evolution to the First States.* New York: McGraw-Hill, 2007.

Schmandt-Besserat, Denise. *How Writing Came About: Handbook to Life in Ancient Mesopotamia.* Austin: University of Texas Press, 1996.

Sherratt, Andrew. *Economy and Society in Prehistoric Europe: Changing Perspectives.* Princeton, NJ: Princeton University Press, 1997.

Wolf, Eric. *Europe and the People without History.* Berkeley: University of California Press, 1982.

Big History

第 7 章

第一部分

农耕文明时代的非洲–欧亚大陆

考察大图景

公元前 3000 年到公元 1000 年

- 人类为何开始居住在农耕文明这种巨大而相互联系的共同体中?
- 把农耕文明与此前的人类社会区分开的主要特征是什么?
- 在几千年的演进中,农耕文明最重要的长期变化是什么?
- 大约公元前 3000 年到公元 1000 年间,非洲–欧亚大陆农业文明扩张的主要阶段有哪些?

7.1 一种新型人类共同体

第6章描述的各种变化,标志着一种新型人类共同体的出现,这种共同体就是农耕文明。本章以及接下来两章考察农耕文明几千年的发展,这些内容前承第6章所描述的早期国家时代,一直讲述到第10章将要介绍的现代早期的开端。人类历史在这个时代变得如此复杂,以至于很有必要避开世界史上严格的编年体叙述。不过,我们也会发现,世界各地存在一些非常相似的倾向,不同的共同体都想方设法以相似的方式来处理许多相同问题,我们在前面已经讨论过这种方式,它就是生物学家所说的趋同性进化。

本章以及下一章关注农耕文明时代(尤其关注非洲-欧亚大陆世界区)农业文明富有特色的主要趋势和模式。我们将农耕文明视为一种独特的人类共同体,它们的各种特征一再显现。世界史领域最近一个世纪的研究创造了丰富的知识,在此基础上,我们利用非洲-欧亚大陆的历史发展来阐明整个世界中十分明显的大趋势。对最大的世界区——非洲-欧亚大陆——的关注,将允许我们描述该地区各个农耕文明以及许多不为它们控制的(尽管并非一直不受它们影响的)人类共同体。

第9章会考察农耕时代其他主要世界区的历史。就这个时代而言,划分世界区的做法是合理的,原因在于,虽然不同世界区的历史具有一些重要的共同特征,但是,在最近500年这些世界区才紧密地联系起来,而之前的几千年时间里,它们的历史年表显得很不一样。分别讨论不同世界区的做法,有助于我们认清那些似乎在世界各地推动人类历史的大趋势,以及不同地区的环境和文化社会差异所带来的诸多地方性变化。

什么是农耕文明?一种关于人类共同体的分类法

目前为止,我们已经了解最早的农耕文明是如何出现的,现在,我们可以回过头来研究它们,把它们当作一种新型人类共同体。当然,一切共同体类型的范式都是人为的,不过,当人类历史变得更复杂时,使用一种关于人类社会的简单分类法来突出它们之间的主要不同,或许是有益的。大家或许还记得,在生物学中,分类学是对不同物种进行分类,并且指出它们之间的关联的一种方式。我们现在打算对人类社会的主要类型进行分类。然而,与动物物种不同,人类共同体之间并无明确的边界,它们能够在几乎不被察觉的情况下彼此融合(参见表7.1)。

亲属社会

第4章描述了食物采集社会各种小型的亲属共同体,它们是旧石器时代(也就是人类历史大部分时间)唯一的共同体类型。作为人类共同体的第一种类型,它们贯穿整个人类历史,在当前几乎绝迹,不过,就像真核细胞中的原核细胞一样,它们在一定意义上还存在,那就是目前依然构成所有现代社会的家庭。

表7.1　人类共同体主要类型的简单分类法

共同体类型	主要特征	什么时候？
1.亲属社会	小型的（少于50人），移动的，与邻居有联系	旧石器时代，不过，其中一些持续到21世纪
2.早期农业村庄	农民的独立共同体，几百号人，与邻居有松散联系	大约距今11000年农业肇始之际初次出现，扩展到世界许多地区，覆盖四个世界区，至今还存在于一些地区
3.游牧社会	游牧民的独立共同体，与邻居有松散联系，偶尔能够结盟形成庞大的军队	大约公元前4000年伴随次级产品革命（提高了对大型牲畜的利用效率）而首次出现；只存在于非洲-欧亚大陆不适合农耕的干旱地区
4.农耕社会	人口几百万的大型共同体，将广大地区的村庄和城市联结在一起，出现了国家、税收体系、读写能力以及纪念性建筑	大约公元前3000年之前诸多世纪，最早出现在苏美尔和埃及；也出现在包括美洲在内的农业广为传播的其他地区；19世纪之前主要的社会类型
5.现代全球社会	相互联系的全球共同体，建立在现代工业技术之上	只出现于现代人类世的社会类型

早期农业村庄

第二种类型的共同体由农业时代早期的村庄构成，我们在第5章已经考察过。到农业时代末期，这些共同体或许是地球上最常见的共同体类型，或许绝大多数人居住在村庄。不过，到那个时候，大多数村庄也已经被合并到农耕文明创造的更大型的结构之中。

游牧社会

第三种类型的共同体值得一提，正如我们在前面一章所了解的，这种共同体是次级产品革命的结果。游牧民在某些方面类似于农民。他们的人口数量从来无法与村庄人口相比，但是，在其兴起的世界区，即非洲-欧亚大陆，他们有时候产生与其人口不相称的影响。

农耕文明

在这种简单的分类法之中，我们可以将农耕文明设想为第四种共同体。农耕文明的出现，导致了新层次的复杂性。农耕文明不仅仅更庞大，它们比以往所有人类共同体大很多。它们将几十万甚至几百万人口结合在相对一致的大型共同体之中。它们同样也是非常多样化的，合并了许多较小的共同体，比如从村庄到分散的商人居住区再到作为所有农耕文明之核心的大城市。尽管农耕文明的基础是大量农业生产者的生产力，但是，它们的多元化远远超出了此前所有的共同体。它们包括农民和游牧民、祭司和啤酒工人、商人和艺术家、耍蛇人和奶妈,以及书记官和武士。

我们期待在一切复杂实体中找到的许多特征,农耕文明都具备。就像所有复杂实体一样,农耕文明也是脆弱的。它们的构成要素以精确的方式排列起来;比如,如果农民停止供应物品,城市就无法运转;如果不同群体之间的正常关系遭到破坏,整个文明很快就会崩溃。尽管农耕文明体现出了巨大的多样性,不过,它们之间有一些重要的共同特征。现代人的DNA创造出了彼此十分相似的个体,尽管他们之间会存在一些有趣的差异,同理,农耕文明似乎是由某种社会和历史的DNA创造的,这种DNA确保了它们之间的相似性。随着农耕文明的出现,我们也看到了新的突现特性:从大城市到王宫到庞大的军队再到书面文献。最后,就像一切复杂事物那样,农耕文明需要巨大的能量流。维持这些大型而复杂的社会结构,需要几百万人的努力,他们从周围环境中的动物、植物、河流和风中获取这些快速增长的能量流。

7.2 农耕文明时代

最早的城市、国家和农耕文明的出现,引起了诸多变化,因此,把它们视为人类历史上一个新时代的开端是很有道理的。我们将这个时代称为农耕文明时代。这个时代持续的时间大约从公元前3000年延续到1000年之前。在这段将近4000年时间,城市、国家和农耕文明在世界许多不同地区传播和演进,直到它们成为人类共同体最重要的类型。**农耕文明时代**属于人类历史上的一个时代,在当时所有人类共同体中,农耕文明是最庞大、最复杂和最有影响的共同体。

界定农耕文明的特征

农耕文明在其出现的地方,都显现出相似特征,我们就是以这些特征来界定和识别这种人类共同体。我们此前已经了解到,古生物学家有一份人类骨骼特征的清单,仿照他们,我们现在也提供一份简短清单,它上面所列举的是我们期待从农耕文明中发现的一些内容。这份清单如下。

农 业

农耕文明建立在大量农民或从事农业者(这就是我们称他们为农民的原因)的生产力之上。他们的基本技术是农艺,就好像旧石器时代的基本技术是采集一样。

城 市

城市是人口稠密的居住区,那里的工作类型和专业化远远超过农村。城市吸收了穷乡僻壤的财富和资源，因此，大多数财富都聚集到城市。

国 家

权力也集中在城市。统治者的大部分时间都在城市度过，最宏大的建筑物、最高的城墙以及最美丽的神庙都建在城市中。城市及其领导者是这些大型的强制性权力结构的核心。这些结构就是我们在前一章所说的"国家"。

专业化和劳动分工

农耕文明的一大特征在于，与以往所有社会类型相比，它拥有更多样化的人类职业和角色。这是衡量它们更高程度复杂性的一个标尺，也是这个时代众多观念和集体学习的协同作用出现巨大增长的重要原因之一。

军 队

统治者和国家也专注于权力，这种专注采取的最显而易见的形式，就是军队的建立，军队由大量训练有素的战士构成，他们可以被用来征服邻邦或镇压国内反抗。

文 字

我们在前一章已经提到，所有农耕文明都发展出了某种形式的文字，因为文字本身就是一种控制资源（以计数的方式）和思想观念（以法律或宗教宣言的形式，甚至以统治者在占卜师或天文学家帮助下公布预言的形式）的有力手段。

贡 赋

在农耕文明中，财富的流动通常以贡赋形式体现。我们在第6章已经看到，贡赋与贸易不一样：贡赋是财富、货物和劳力的流动，主要通过武力威胁或事实上的武力来控制。奴隶制是最明显的贡赋形式，但是，在一个收取贡赋的社会，资源的诸多流动都是经由武力威胁控制，在许多情况下，武力被认为是值得赞美的（所有精英都是武士），在家庭内，它被认为是可以接受的，不仅仅适用于奴隶，也适用于家庭成员。

能量流以及诸特征间的相互关联

我们从《吉尔伽美什史诗》中可以了解到城市对于早期文明的意义。这部史诗讲述了乌鲁克的一位半传奇式统治者的故事，我们在第6章曾叙述过。吉尔伽美什在经过漫长的游历之后返回乌鲁克，在走近城市时，他对同伴说道：

> 这就是乌鲁克的城墙，尘世无与伦比。

> 瞧那外壁吧，铜一般光亮。
> 踏上石阶，古老的无法想象，
> 到伊什塔尔居住的埃安纳神庙瞧瞧，
> 它无可媲美，任凭哪家帝王，
> 登上乌鲁克城墙，步行向前，
> 察一察那地基，验一验那墙砖，建造得精美绝伦，
> 俯瞰一下城内；棕榈树、花园，
> 果园、气派的宫殿和神庙，商店
> 和市场，住宅以及公共广场。①

如果乌鲁克、长安、华氏城、丹诺奇迪特兰和罗马这样的城市是声望和权力中心，那么，城镇和乡村就是出产绝大多数资源的地方。农民为城镇和城市提供了大量食物和其他产品。他们有时候在类似种植园的环境中为有权势的地主工作。我们发现，在所有农耕文明中，财富从大多数人流向控制国家的少数富人手中。这种能量流维持着农耕文明的复杂结构。

如果我们想好好理解农耕文明的演进及其内在活动，那么，感知一下这些能量流的运作显得十分重要。毫无疑问，其中一部分能量流是商业性的。也就是说，好比现代社会中的购买活动一样，它们也采取了货物在市场中平等交换的形式。当农民以小麦换取陶器、啤酒或衣物时，就是一种市场交换。不过，在所有农耕文明中，财富的重要流动似乎都以贡赋的形式进行。公元前二千纪晚期埃及新王国的一份书记官资料，生动地说明了勒索贡赋的真实意义（参见图7.1）。资料的作者解释说，这就是人们不愿当农民的原因：

> 他白天削砍农具，晚上编织绳子。甚至中午也在地里干农活……现在，书记官来了。他在调查收成。身后一帮随从手持棍棒，努比亚人（来自埃及南部的雇佣兵）也是一样。一个人（对他）嚷道："交粮食。""什么也没有。"（他回答说。）他被狠狠揍了一顿。然后被捆起来丢进井里，头被摁到水中。他的妻子在他面前被捆绑起来。他的孩子被上了脚镣。他的邻居避而不问。②

尽管这只是一个讽刺作品，但是，它表达的意思很明确。对于纳贡者来说，贡赋通常就像纯粹的勒索。

了解一下贡赋征收（缴纳）的方式，或许有助于我们更好地理解大多数农耕文明中政

---

① Stephen Mitchell, trans., *Epic of Gilgamesh* (New York: Free Press, 2004), 198–199.
② Alfred J. Andrea and James H. Overfield, *The Human Record: Sources of Global History*, vol. 1 to 1700, 4th ed. (Boston, MA: Wadsworth, 2008), 23–24.

图7.1 纳尔迈调色板。这件礼仪性物品是埃及旧王国时期的物件,或许象征性地体现了这位法老对上下埃及的统一。在左边画板中,国王手持权杖,显然想用它来击碎一位战俘的头颅

府的本质。统治者首先是那些能够行使某种武力即强制性权力的人,这也意味着,他们常常控制军队。收藏在埃及国家博物馆的纳尔迈调色板(Narmer Palette)是早期国家政治宣传的典型例子。它所展示的,是一位统治者(可能是纳尔迈,第一个统一埃及的人)抓到一名俘虏,并且威胁要打他或杀死他。这种场景出现在所有早期农耕文明中,它们表明,胁迫者是统治者扮演的最重要角色之一。国家的强制性权力很大一部分被用来维持财富(劳力、物品甚至人)从广大民众流向国家。如果你碰巧属于富有的统治阶级,那么事情往往显得完全不一样,财富流入你囊中好像是天经地义的。著名的《乌尔军旗》(Standard of Ur)是出土于乌尔王陵的镶嵌作品,大约为公元前2500年的物件;它的两面都有图案,一面描绘和平场景,另一面描绘战争场景(参见图7.2)。"和平"面描绘了富人的宴会活动,镶板下方是农民在运送富人食用的食品。

农耕文明时代不同类型共同体的共存

到目前为止,我们在谈论农耕文明时,把它们当作单一的实体,不过,它们实际上从来就不像生命有机体那样具有一致性。与所有的人类共同体一样,它们也具有某种边界,那些很清楚自己人和外人、"我们一员"和"他们一员"之间差异的当代人,也非常了解这些边界。但是,正如我们在本章以及随后两章会注意到的,这些边界从来就不是绝对的,

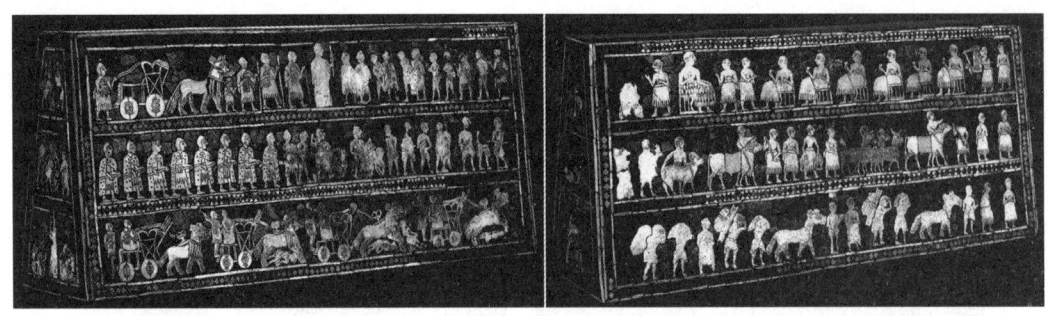

图7.2　乌尔军旗。这些从乌尔王陵出土的军旗,一面描绘了和平时期的活动(右边),一面描绘了战争场景(左边)

因此,不同的农耕文明能够相互渗透,最终融合成更庞大、更统一的文明,或者发生分裂,形成许多各具特色的文明。农耕文明如此复杂,以至于它们包含了许多截然不同的共同体——独立的城市、有时候甚至独立的国家(比如苏美尔地区),当然还有不同的种族和语言共同体。此外,它们之间的边界也很松散,因为农耕文明有充分的理由与那些远离它们中心地带的共同体建立联系,不管是通过贸易还是征服的方式。

在它们的边界之外,我们能够发现一些没有组织成农耕文明的共同体。事实上,我们前面对人类社会进行分类时列举的所有主要共同体的共存,是农耕文明时代的主要特征之一。此前还未曾出现过如此多样化的人类社会。即便在这个时代末期,西伯利亚、美洲和澳大利亚的大片土地与农耕文明几乎没有什么联系。在这个时代肇始之际,地球上大部分地区被更小、更古老的共同体所占据:食物采集群体、游牧部落以及村庄,它们通常与更大的共同体联系在一起。

农耕文明时代的长期趋势

本章以下内容和下一章会考察农耕文明时代最重要的长期趋势,尤其以非洲-欧亚大陆丰富的历史事例进行论证。对大历史学家来说,思考如下问题显得尤为重要:这个复杂的新世界——由许多以多样化方式联系在一起的不同类型的共同体组成——是如何在时间的长河中演进的?它如何为今日世界奠定了基础?

为了回答这些问题,我们首先得找出大约4000年以来在非洲-欧亚大陆发生的巨大变化(在这段时间,人类历史为大型农耕文明所主导)。我们认为,为了帮助我们理解这个时代及其重要性,尤其有必要探究下面的四大趋势。

1. 农耕文明及其行政机构的扩张,它们的规模、权力以及效率的日益增强;
2. 它们之间重要交换网络的建立(非洲-欧亚大陆通过**丝绸之路**联结在一起),由此增强了文明之间的相互联系,并且建立了一种跨非洲-欧亚大陆的世界体系或"网络";

3. 社会关系和性别关系变得越来越复杂；
4. 普遍很缓慢的变化节奏，它与创新、发展以及马尔萨斯循环的速度联系在一起。

本章后面的内容将探讨第一种趋势，即农耕文明在非洲-欧亚大陆世界区的扩张。第8章也在非洲-欧亚大陆的背景下来讨论其他三种趋势。在论述农耕文明时代的这些章节中，我们一方面要从地区性视角来探究不同的文化适应的多样性，另一方面，要从跨地区和全球视野来考察共同模式和趋势，当然，我们会在两者之间做出平衡。

7.3 趋势一：农耕文明及其行政机构的扩张、权力和效率

由第6章可知，到5000年前（也即大约公元前3000年），农耕文明已经出现在美索不达米亚和埃及，不过还未曾在世界其他地区显现。当时的农耕文明是一种新的、非常罕见的人类共同体，它们纳入庞大的、稠密的定居人口，也覆盖了大片地区，因此，即使在公元前3000年，苏美尔和埃及文明也包含好几百万人口，据J. R. 比拉本（J. R. Biraben）的估计，当时世界总人口大约为5000万。[①]

到公元前2000年，农耕文明也出现在中亚、印度次大陆北部以及中国北方的黄河流域。在非洲东北部，农耕文明沿着尼罗河向南扩展到苏丹，在美索不达米亚，农耕文明沿着底格里斯河和幼发拉底河向北扩张，直达地中海沿岸。

到公元前1000年，文明进一步扩张，将地中海盆地许多地区、中亚、中国黄河和长江流域的广大地区纳入其中。新兴农耕文明也出现在中美洲、南美洲以及西欧和西非的部分地区。

到公元前1000年，农耕文明已经覆盖中美洲大块地区、地中海沿岸诸多地方、欧洲大部分地区和西非大片区域。古老地区的农耕文明——比如美索不达米亚和波斯或印度和中国的农耕文明——也扩张到许多新的地区。我们也要注意一些收缩时期，比如公元前三千纪晚期，苏美尔人口大幅减少，尽管如此，长期的趋势显然是扩张。

爱沙尼亚裔美国学者雷恩·塔格佩拉（Rein Taagepera）尝试以统计学方法来测量这种进程（参见表7.2）。他的估算只不过是近似值而已，不过，我们打算掌握的，毕竟只是总体趋势，而不是详尽的细节。[②]

[①] J. R. Biraben, "Essai sur l'évolution du nombre des hommes," *Population* 34 (1979).
[②] Rein Taagepera, "Size and Duration of Empires: Growth-Decline Curves, 3000 to 600 BC," *Social Science Research* 7 (1978):180–196.

表 7.2 农耕文明的面积（平方兆米）

时代	日期	控制的面积（平方兆米）	在国家组织所控制的现代面积中的百分比
农耕文明时代 I	公元前三千纪早期 公元前二千纪到 公元前一千纪中期	0.15（全部位于西南亚） 0.36~1.61	0.2 0.75~2.0
农耕文明时代 II	公元前1年 公元1000年	8 16	6.0 13.0
向现代过渡	13世纪 17世纪	33（主要是蒙古帝国） 44（现在也包括美洲）	25.0 33.0
现代	20世纪	130（近似值）	100.0

塔格佩拉尝试以平方兆米来估算农耕文明所涵盖的土地面积。1平方兆米相当于100万平方千米，或者与现代埃及的领土面积相当。在现代之前，正式的边界并不存在，因此，塔格佩拉的估算包含了大量猜测。不过，他的数据有助于我们理解这些进程的规模。

5000年前，埃及和苏美尔地区的国家（记住，农耕文明是由国家组织起来的）控制着非洲-欧亚大陆大约0.2平方兆米的土地，大致相当于整个地球陆地面积的0.2%。这些土地当然很微小。即使在非洲-欧亚大陆，大多数人还是生活在村庄，过一种早期农业生活，农耕文明显得罕见、引人注目和新奇。2000年之后，也就是大约公元前1000年，农耕文明控制的土地扩大到原来10倍，或者说大约为1.6平方兆米，差不多相当于地球总面积的2%。这是在农耕文明内部的重大扩张，但是，非洲-欧亚大陆还有98%的土地（以及世界其余地区）停留在世界农耕文明之外。不过，从农耕文明地区非同一般的人口密度来看，到公元前1000年，它的人口数量在世界人口总数中占了相当大的比例，或许是四分之一，甚至二分之一。

2000年前，农耕文明的面积为8平方兆米，即大约为地球陆地面积的6%，差不多是5000年前的40倍。那时，农耕文明也开始出现在美洲。到1000年前，农耕文明的面积再次翻了一番，大约为16平方兆米，大致占地球陆地面积的13%。我们可以做出一个合理的假定：到1000年前，或许早在2000年前，农耕文明的人口已经占人口总数的绝大多数，尽管他们的生活区域只占地球表面非常小的比例。

如果这些估算不是很离谱的话，那么，它们象征着大多数人的生活方式发生了显著变化。它们意味着，在几千年时间内，农耕文明从一种新奇陌生的人类共同体扩张成为囊括地球大多数人口的共同体。5000前，独立的农业村庄可能是多数人的生活共同体，3000年之后，大多数人生活在农耕文明之中。确实，许多人依旧生活在村庄中，但是，他们的村庄属于农耕文明范畴，这意味着，他们的生活基本上被来自遥远帝国和城市的力量塑造，尤其由共同体及其地方代理人对劳力和贡赋的需求所塑造。与此同时，越来越多的庞大人口（可能占农耕文明人口 1/10）居住在城市。换言之，仅仅在大约 3000 年时间里，多数人的生活方式都发生了改变。在 5000 年前到 2000 年前这段时间，农耕文明从一种新奇罕见的共同体，转变为多数人生活在其中的标准共同体。考虑到旧石器时代在 20 万年间极其缓慢的变化，农耕文明时代的发展表明，历史变化的速度显著加快了。

同时，人类人口总数从大约 5000 万（5000 年前）增长到约 1.2 亿（3000 年前），再到 2.5 亿（2000 年前）。如果我们假定，到 2000 年前，至少有一半人口居住在农耕文明中，这意味着，生活在这种共同体中的人口数量（1.25 亿）是 5000 年前世界人口总数（大约 5000 万）的 2 倍多。这些变化象征着一种历史活力，它与旧石器时代或农业时代早期的活力完全不一样。

在纵览了农耕文明的扩张性趋势之后，现在我们就可以更详细地考察，这种历史发展是如何在非洲-欧亚大陆的地区间和地方性层面展开的。在第 6 章，我们追溯了大约公元前 3600 年到公元前 2000 年间美索不达米亚文明的历史；大约公元前 3100 年到公元前 2020 年间埃及文明的历史；公元前 3200 年到公元前 1700 年间印度河文明；农业时代早期到大约公元前 1045 年商朝灭亡期间中国文明；以及直到大约公元 1000 年的撒哈拉以南的非洲国家。现在，我们接着上一章继续讨论这些地区（以及一些新地区）的历史，考察它们在接下来 1000 年的三次扩张周期（也是周期性的收缩）中的持续演进。

第一个扩张和收缩周期：约公元前 2000 年到公元前 500 年

美索不达米亚和埃及

我们从美索不达米亚即所谓文明的摇篮开始讨论，到公元前 2150 年，阿卡德的萨尔贡建立的帝国崩溃，美索不达米亚陷入一个混乱时期。来自巴比伦尼亚的征服者汉谟拉比（公元前 1792—前 1770 年在位）重新控制了这个地区，他在国都巴比伦实施统治。汉谟拉比颁布了人类历史上第一部成文法典[①]，宣称自己是"世界四方之王"，以此证明自己的权力。但是，"世界"的财富不断诱使外人进行扩张，其中就包括赫梯人，他们以新式的军事战车开创了属于自己的庞大帝国。到公元前 14 世纪，赫梯帝国包括安纳托利亚（现代土耳其）大片土地、叙利亚以及两河流域上游。

赫梯帝国衰落后，新入侵者亚述人利用他们精良的军队（也是建立在具有摧枯拉朽功效的马拉战车之上）侵入这片土地，并且创建了到当时为止人类历史上地域最庞大的农耕文明。因此，西南亚首先引人注目地证明了军事和帝国扩张趋势是农耕文明时代大部分时间的特征。此前 2000 多年在苏美尔三角洲出现的第一批城市和国家，此时发现它们只不过是一个庞大帝国结构的渺小组成部分，这个帝国从波斯湾一直延伸到地中海。在公元前

---

① 世界上第一部成文法典是《乌尔纳木法典》；《汉谟拉比法典》是至今完整保存下来的最早的一部法典。——编者注

1300年到公元前612年之间，亚述是非洲-欧亚大陆西部两大权力中心之一（另一个是埃及）。亚述最后一位伟大的君主阿淑尔巴尼帕（Assurbanipal，公元前668—前627年）引申了汉谟拉比的主张，他也注意到自己统治着更庞大的疆土，因此自封"宇宙之王"！

埃及在公元前二千纪也呈现出相似的进程。公元前2040年，埃及恢复了集权化统治和稳定性，在接下来四个世纪，强大的法老们专注于以获取资源为动力的国家扩张，他们向南用兵，侵占努比亚矿产丰富的土地。公元前1640年到公元前1550年间，形势发生逆转，埃及受到外族统治，埃及人称之为希克索斯人或"外国统治者"。努比亚人趁机沿河北上大肆劫掠，埃及国家的核心区缩减为一块被包围的土地，夹在虎视眈眈的北部希克索斯人和南部努比亚人之间。到大约公元前1540年，法老雅赫摩斯一世（Ahmose I，大约公元前1550年—前1525年在位）将希克索斯人赶出埃及，在随后500年，重振权威的埃及法老统治着一个富庶的、独立自主的文明。当法老们寻求通过战争手段增加资源时，埃及进入到一个帝国扩张时代。埃及再次进军努比亚；在图特摩斯三世（Tuthmosis III，公元前1479年—前1425年在位）统治时期，埃及17次派兵侵入地中海东部沿岸。在经过一系列代价昂贵、毫无建树的战争之后，埃及法老最终与赫梯人签订和约。这些军事活动体现了这个时代的精英阶层所推行的"零和"扩张政策。由于无法或不愿意通过国内创新增加国家可以获得的资源，赫梯人和埃及人都以军事扩张方式来获取土地和财富，并且互相征战直至陷入僵局。

东地中海地区

当埃及人与赫梯人激烈交战之际，新的国家在地中海沿岸出现。地中海这个称呼来自拉丁语，意思是"地球的中央"。地中海东经达达尼尔海峡连接黑海，西经直布罗陀海峡直通大西洋。地中海海岸线几乎长达46400千米，正是在这片绵长的海滨地区（水陆相接的海岸地区），许多人类共同体最终被纳入新的农耕文明之中。美索不达米亚和埃及文明都影响了这些共同体，它们包括希伯来人、腓尼基人、米诺斯人和迈锡尼人。

我们关于古代希伯来人的知识，都来自源于《希伯来圣经》的《旧约全书》，尽管经文中的许多内容还有待考古学家证实。根据《旧约》的说法，许多希伯来人迁居苏美尔城市；其中一支在大约公元前1800年迁徙到埃及；400年后，他们的后代在摩西带领下离开埃及并迁到巴勒斯坦北部地中海沿岸。这群希伯来人（现在的以色列人）是由十几个部落组成的松散联盟，最后在政治上发展成一个君主国。公元前722年，以色列王国亡于亚述人之手，数以万计的以色列人遭到流放，他们在亚述王国各处重新定居下来，由此开始了犹太人的**离散生活**（Diaspora，希腊语的"四处分散"）。此后2000多年，这块地区及其离散的人民一直受到外族国家的统治。尽管希伯来人在古代非洲-欧亚大陆历史上扮演的政治角色微不足道，不过，他们对宗教思想产生了深远影响。世界上三大一神论宗教——犹太教、基督教和伊斯兰教都深受早期希伯来信仰的影响。

以色列北部有另一个移民群体，即腓尼基人，他们大约于公元前3000年在地中海沿岸定居下来。腓尼基人是远洋贸易能手，他们在那里建立的一系列城邦也由此兴盛起来。大约公元前1200年到公元前800年间，腓尼基人控制了地中海的贸易，在地中海海岸和一些岛屿上建立了许多商业殖民地。这只是我们多次看到的以下现象的早期实例：一个军事弱国建立起一个庞大的商业"帝国"。随着腓尼基人的船只穿越地中海抵达大西洋沿岸的法国、西班牙、非洲乃至英伦三岛等大西洋沿海地区，他们加快了地中海周围地区商业活动的步伐，推动了这一地区所有伟大文明和较小国家之间更高层次的文化交流。

腓尼基的例子预示着一种重要的历史发展，即小型商业国家的活力，这种发展源自农耕文明时代并且延续到现代早期。腓尼基人建立了一系列纯粹的商业性城市国家，根本上，它们非常类似于古希腊的城邦（poleis）、印度洋地区伟大的贸易城市，甚至现代早期意大利的城市国家。商业城邦主要关注贸易，因此，它们在创新方面远远超过庞大的贡赋帝国。因为国内资源有限，再加上高度城市化的商业人口，这些使得它们也倾向于更积极地加入跨地区的交换网络。最终，正如我们在第10章将会看到的，这些通常疆域很小的国家变成政治和军事强国，足以挑战甚至打败庞大老朽的贡赋文明。

在以色列人活跃于美索不达米亚和埃及、腓尼基人在今天黎巴嫩沿海建造他们的商业城邦之际，一个复杂的新社会出现在东地中海克里特岛。与腓尼基人一样，米诺斯人（公元前2700—前1450年，以其传奇开国君主米诺斯命名）也是活跃的海上商人，克里特岛位于地中海中央，优越的地理位置让它成为当地贸易网络重要的商业中心。米诺斯人借鉴了腓尼基人的造船技术和设计，他们的船只遍及东地中海。通过成功商业创造的财富，米诺斯人修建了宏伟气派的宫殿，比如克诺索斯宫。东地中海地区频繁发生地震和火山喷发，这意味着，在公元前1700年之后，板块运动和其他地理进程摧毁了米诺斯文明的许多中心。米诺斯人也进行了重建，不过，他们的财富吸引了很多入侵者，到公元前1400年，克里特岛受到迈锡尼人的控制（参见地图7.1）。

迈锡尼社会（约公元前1600—前1100年）是由讲印欧语的移民在希腊半岛上建立起来的。他们建造了以大量石砌堡垒为特征的农业共同体，模仿了米诺斯人的文字和建筑技术。米诺斯人的文字（线形文字A）至今尚未被解读出来，不过，迈锡尼人写有线形文字B的泥板，已经得到成功释读，对史学家而言，它们是很有价值的资料，记载了约公元前1500年到公元前1100年间发生在该地区的事件。迈锡尼人攻打了邻邦特洛伊，这场军事活动后来因希腊诗人荷马的《伊利亚特》（Iliad）而名垂千古。特洛伊战争之后，整个东地中海地区遭到所谓海上民族的残暴入侵（入侵者至今依然神秘）。这些入侵极具破坏性，迈锡尼、东地中海地区和埃及的青铜文明全部瓦解，陷入一些史学家所说的恐怖的黑暗时代。为何如此多的人突然开始迁移？为何出现如此广泛的崩溃？地中海地区存在某种马尔萨斯灾难吗？我们对此一无所知。正因为这些事件，这个地区出现的新文化和新文明与它们的前任完全不同。

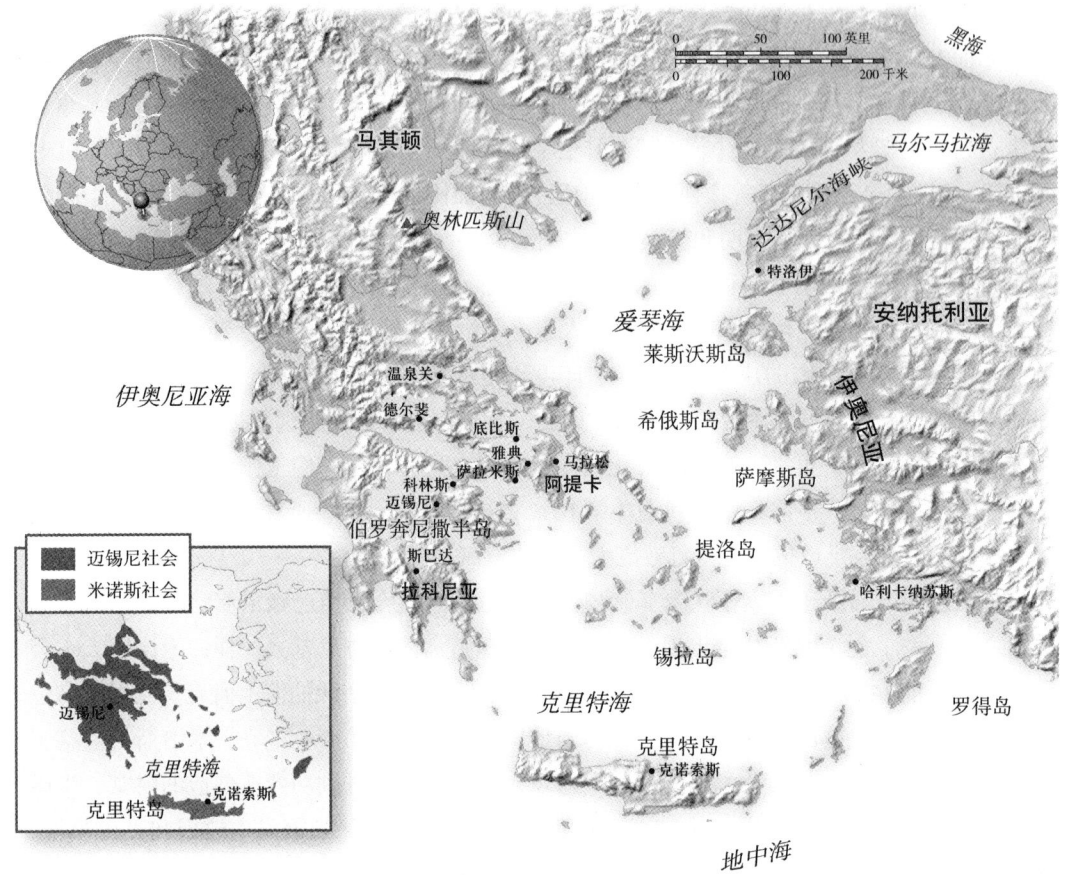

地图7.1　东地中海地区，大约公元前1500年。与米诺斯和迈锡尼文明联系在一起的重要地区和地点

南　亚

当萨尔贡在苏美尔打造他的阿卡德帝国、米诺斯人在克里特岛建构他们的商业国家之际，在今天巴基斯坦地区，印度河文明沿着印度河流域建造了一种庞大的、井然有序的以及精妙复杂的城市文化。印度河文明在公元前2500年到公元前2000年间繁荣兴旺，在鼎盛时期，覆盖大约130万平方千米的土地，这意味着，它在面积上大于美索不达米亚和埃及文明之和。但是，正如我们在第6章所见，到公元前二千纪早期，它的城市开始衰落，到大约公元前1700年，城市都被废弃了。到公元前1500年，整个文明基本上已经瓦解。

最初认为应当为印度文明瓦解负责的是讲印欧语的游牧入侵者，他们在公元前1500年左右开始向这一地区移民（也就是说，在印度城市瓦解之后）。这些人自称雅利安人（Aryans，"高贵的民族"），他们是游牧部落对古代欧亚大陆历史产生深远影响的诸多例子之一。这次入侵无论如何都算不上目的明确，它只不过是一场向印度河流域和印度北部农耕地区进行的零星移民活动。雅利安人基本上以游牧民族的身份抵达印度，不过，他们也很熟悉农业，这些移民经常因土地所有权与当地民族爆发冲突。与世界历史上好战的游牧部落一样，雅利安人也把马匹作为他们策略的有效组成部分，尤其以毁灭性的战争机器即马拉战车来攻击定居的农业社会，公元前1500年到公元前500年间，也即史学家所说的吠陀时代（Vedic age），农业共同体逐渐失去了对印度河流域的控制。

吠陀时代的名称来自一本由雅利安祭司创作的重要诗歌集（收录1000多首诗），即《梨俱吠陀》（Rig-Veda），这本诗集记载了吠陀时代政治和社会生活方面的重要信息。雅利安人经常相互争执，从来没有统一起来，而是形成数百酋邦，受到被称为罗阇（raja，即酋长之意）的强有力统治者的领导。在整个公元前一千纪，雅利安人一直往印度次大陆渗透，直到印度大部分地区被他们占领。印度并没有提供帝国稳步扩张的证据，相反，到公元一千纪中期，它依旧是一个政治上四分五裂的地区，当地群雄四起，硝烟弥漫。

中国

中国的情形完全不一样，在这一时期，那里出现了一系列前后相继的本国王朝，它们成功地扩大了国家的权力和规模。在第5章和第6章，我们考察了古代中国的历史，即从旧石器时代到强大商朝的建立，大约公元前1600年到公元前1045年，商朝统治中国中部和东部相当大一片地区。商朝统治者以武力镇压其他地方政权，要求它们纳贡和提供奴隶。周国是商朝的劲敌之一，到公元前12世纪[①]，周人攻取商的都城。周人指控商纣王沉溺酒色、为政不仁，他们将他的头颅砍下[②]，同时也宣告周朝正式开始，当时为公元前1045年。

中国的经历相当引人注目，它证明了农耕文明时代行政组织的连续发展和政府权力的日益强大，这些又有助于国家规模出现相应的快速增长。为了证明其夺取权力的合法性，周人宣称，尘世事务与天界事务一一对应，上天有能力将权力赋予尘世政权。周人以**天命**（Mandate of Heaven）称之；因此，只要统治者依照良知和道德实施统治，并且奉行维持秩序所需的一切礼仪，那么，他们始终会得到天意的支持。无能的领导者只会扰乱尘世王国和天界，在这种情形下，上天会收回他们的支持。最早由周人阐述的天命观，在随后3000年时间影响着中华帝国的政治，一直到最后一位皇帝于1911年退位。

周朝的疆域远远超过商朝，它实行分权的行政结构，允许地方诸侯统治各自王国，只要他们向周天子纳贡和提供军队即可。这种制度在最初几个世纪运作良好，但是，地方诸侯权力越来越大，他们建立自己的官僚体制和军队。公元前9世纪，冶铁在中国发展起来，地方军事力量得到更好的装备，他们更不愿意支持周天子。到公元前5世纪，任何意义上的统一都不复存在，地方王国之间混战不已。我们后面会看到，公元前221年，这些国家中最强大的秦国终于征服所有竞争对手，建立秦朝，由此终结了血腥残酷的战国时代（公元前480—前256年）。

---

① 应为公元前11世纪。——译者注
② 据《史记·殷本纪》记载，纣王"登鹿台，衣其宝玉衣，赴火而死"。——译者注

第二个扩张和收缩周期：约公元前500年到约公元500年

东地中海地区与波斯

在经历几个世纪的动乱之后，东地中海地区恢复了秩序，新的、坚固的居住区建立起来，它们最终发展成为成熟的城市国家（city-states）。到公元前800年，**城邦**（polis，城市国家）成为新兴的希腊文化的核心，商业活动和政治结构也在这种文化中复兴。这些城邦是兴旺繁荣的城市中心，由不同类型的政府统治，其中包括君主制、贵族制和寡头制；许多城邦也受到野心勃勃的僭主的控制。每一个城邦的历史（尤其雅典和斯巴达），都以贵族、平民以及新兴商人和工匠阶层之间权力关系的发展为特征。两大城邦雅典和斯巴达在政治、军事和文化上差异巨大，这凸显了一个事实，即希腊人从未建立起一个统一的农耕文明，他们只是生活在众多相互竞争的小邦国，这些城邦不但与外部文明（比如波斯人）交战，相互之间也冲突不断。事实上，这种分裂最终导致希腊文化在残酷内战中自我毁灭。

在民选将军伯里克利（Pericles，公元前461—前429年）领导下，雅典成为非洲–欧亚大陆西部最有活力的商业和文化中心之一；正如我们后面会看到的，在公元前5世纪早期，雅典领导希腊城邦击败了波斯皇帝大流士（Darius）的入侵。这次成功以及雅典受到构建帝国的指责，致使它遭到希腊其他城邦的怨恨。最终，雅典同盟与斯巴达同盟之间爆发惨烈的、引起分裂的伯罗奔尼撒战争（Peloponnesian War，公元前431—前404年）。在经过近30年的冲突、阴谋诡计和瘟疫之后，斯巴达人成为名义上的"胜利者"，但是，希腊已经十分虚弱，并且四分五裂，它成为北部邻居马其顿人的猎物。

尽管希腊人从未建立过一个统一的帝国文明，不过，他们确实进行了令人印象深刻的商业扩张，一定程度上，这种扩张通过殖民活动实现。大约公元前750年到公元前250年之间，许多希腊城邦在地中海和黑海沿岸建立殖民地。这些殖民地依靠腓尼基人和米诺斯人建立的贸易网络，进一步统一了整个地区。移居殖民地的希腊移民也促进了文化和知识生活，伊奥尼亚殖民地（位于现代土耳其的爱琴海沿岸）的希腊学者尤其如此，他们开始系统地探究自然和超自然世界。伊奥尼亚殖民地导致希腊人与波斯的阿契美尼德王朝（Achaemenid）发生直接冲突，该王朝当时正在欧亚大陆西部大肆扩张。事实上，本章前面所讨论的各地区的历史——美索不达米亚、埃及、东地中海地区以及南亚部分地区——是由波斯人联结起来的，公元前6世纪，波斯人创建了世界历史上前所未有的最庞大、最富庶和最令人难忘的农耕文明。

伊朗高原位于美索不达米亚东部，它是连接欧亚大陆中部和西部的天然通道，许多移民都途经此地，包括走出非洲的人亚科原人和旧石器时代的人类。那里曾经出现一个令人印象深刻的早期商业国家，即今天所说的阿克瑟斯文明（Oxus civilization），到了大约公元前2000年，该文明在这块地区的绿洲繁荣起来。在青铜时代，两个迁徙民族，即米底人（the Medes）和波斯人，在该地区居住下来，并且组织起松散的部落联盟。米底人和波斯人都是高度军事化的民族，当巴比伦和亚述帝国衰落之际，（尤其是）波斯人利用它们军事上的虚弱，建立了自己的帝国。

在居鲁士（Cyrus，公元前558—前530年在位）统治时期，波斯人击溃了米底人。此后，居鲁士把军队开出伊朗，向东西两个方向开疆拓土。到公元前539年，欧亚大陆西部许多地区被征服，阿契美尼德帝国（以公元前9世纪居鲁士王朝的半传奇式创建者阿契美尼德命名）的领土从阿富汗一直延伸到土耳其。居鲁士的儿子冈比西斯（Cambyses，公元前530—前522年在位）又征服埃及，冈比西斯的继任者大流士一世（公元前521—前486年在位）从四面八方扩大帝国版图，最终，波斯帝国东达印度，西抵东南欧。它控制的地域面积大约为780万平方千米，或者说超过地球陆地面积的10%，是当时世界上出现过的最庞大的农耕文明。

通过在中央和地方行政之间维持精妙的平衡，阿契美尼德王朝的君主统治着他们庞大、文化多元的帝国。统治者宣扬绝对权力，在一群官僚、外交官和书记官的建议和帮助下，他们从国都波斯波利斯（Persepolis）和帕萨尔加德（Pasargadae）发号施令。由于向地方委派总督（satraps），帝国的行政机构进一步被削弱，这些总督管辖不同的、半自治的省份（satrapies，即总督辖地）。统治者没有试着制定一部帝国法典，地方法律存在于各地区甚至村庄层面。为了促进帝国统一，阿契美尼德王朝的君主们修建了总长度将近12800千米的道路网，其中包括设施齐全、令人印象深刻的皇家"御道"，它长达2560千米，将帝国东西部地区联结在一起。如此大规模的道路建设花费巨大，不过，波斯的精英们能够以武力胁迫帝国境内各个被征服地区缴纳大量贡税。通过他们使用的用于处理国家生存关键问题的措施，阿契美尼德王朝学会了管理前所未有的庞大帝国，同时也为此后非洲－欧亚大陆的帝国政府提供了一个模板。

最终，阿契美尼德王朝的精英们非分妄为，试图吞并伊奥尼亚沿海成熟的希腊殖民地，从而招致这些殖民地于公元前500年奋起反抗。波斯人很快做出反应，他们向希腊半岛发动攻击，但是，在公元前490年，大流士派出的波斯大军在马拉松平原被希腊人击溃。10年之后，大流士的继任者薛西斯（Xerxes）再次入侵希腊，当时征调的军队规模可能是世界历史上前所未有的，不过，斯巴达人在温泉关（Thermopylae）对波斯人进行了著名的阻击，雅典人则在萨拉米斯海峡摧毁了波斯舰队。

尽管希腊人同心协力击退了波斯入侵，但是，此后的伯罗奔尼撒战争粉碎了希腊进一步统一的所有希望，在一个世纪时间，意志消沉的希腊人被北部邻居马其顿人——其统治者为腓力二世（公元前359年—前336年在位）——征服。腓力二世被刺杀之后，马其顿的领导权，事实上整个希腊世界的领导权，落入他的儿子亚历山大手中，亚历山大当时年方20，他立刻开始了大胆的军事活动：入侵波斯帝国。亚历山大继承了父亲富有魅力的领导技巧和高超的战略思维，尽管寡不敌众，马其顿－希腊联军还是通过三次战争击溃了波斯人。亚历山大成为波斯的新"皇帝"，随后继续向中亚甚至印度河进军。公元前323年，亚历山大返回巴比伦，同年去世，享年33岁。

亚历山大的帝国被他的将军瓜分，公元前275年以后，希腊文化在所谓的希腊化时期（Hellenistic era）广泛传播到欧亚大陆西部许多地区，这种传播基本上采取商业扩张而不是征服的方式。希腊人的商业和殖民活动，也促进了地中海和黑海盆地的文化融合，希腊商人、外交官和行政人员推动了从印度到欧洲的交流和一体化。希腊最终受到马其顿安提柯王朝（Antigonids）的控制，尽管希腊人怨恨外来的统治，不过，希腊的商业蓬勃发展。埃及变成富庶的托勒密帝国（Ptolemaic Empire），亚历山大（由亚历山大大帝所建）成为当地大都会，以商业活动、文化多元主义和知识融合（以国家资助的图书馆为中心）闻名于世。

波斯、中亚和印度

塞琉古王朝（Seleucids）费力地统治着中亚，他们是亚历山大的将军塞琉古（Seleucus）的后代。希腊殖民者和商人大量涌入中亚，在阿富汗和巴基斯坦等地重新创建了移植的希腊化社会。希腊语广为传播，以至于印度的统治者阿育王（Ashoka）觉得有必要竖立多语言碑文，其中包括东地中海地区的主要语言，即希腊语和阿拉姆语。塞琉古王国的核心是巴克特里亚（Bactria，阿富汗），从公元前250年到一个世纪之后军事化游牧部落到来之前，一些希腊化国王在此统治着独立的希腊-巴克特里亚王国和印度-希腊王国。通过这些不同的地方性政权，庞大的波斯帝国——现在已经被改造为一种松散的、希腊化的商业和文化"文明"——从空间上把欧洲和亚洲连接起来，也从时间上把阿契美尼德帝国的创造与罗马人的来临结合在一起（参见地图7.2）。

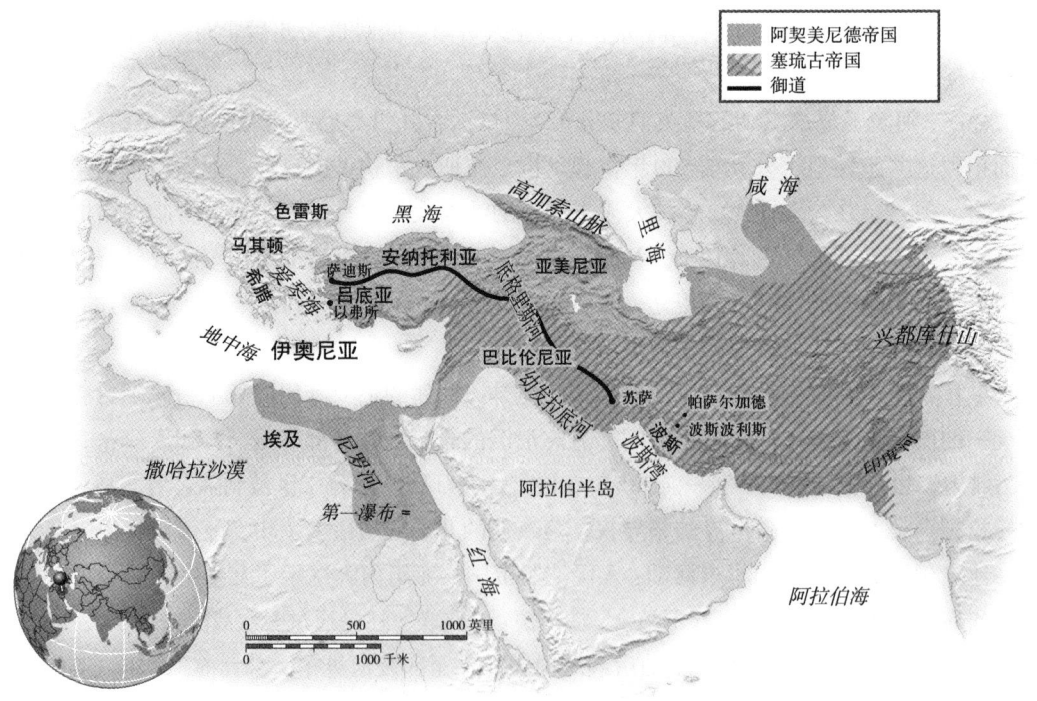

地图7.2 欧亚大陆中部和西部，大约公元前4世纪到公元前3世纪。注意阿契美尼德波斯帝国以及取而代之的塞琉古帝国令人印象深刻的辽阔版图

亚历山大摧毁了阿契美尼德王朝，他的继任者紧接着肢解了波斯帝国，但是，这并不意味着伊朗雄心抱负的终结。在罗马人于公元83年到来之前，塞琉古王朝还能够守住它们日益缩小的领土，不过，公元前3世纪，一个新政权在伊朗出现，它决定创造属于自己的帝国。帕提亚人（Parthians）也是大草原游牧部落的后代，他们居住在伊朗东部，公元前238年，他们起来反抗塞琉古王朝。在米特拉达梯一世（Mithridates I，公元前170—前138年在位？）统治时期，帕提亚人利用他们重要的军事技术建立了一个规模相当可观的国家，其疆域从伊朗高原东部边缘一直延伸到美索不达米亚平原地区。帕提亚人在行政机构上仿效阿契美尼德王朝，尽管常年征战，不过，他们在三个多世纪的时间里维持着帝国的稳定。帕提亚人不仅是当地令罗马人敬畏的对手，他们也促进了第一次丝绸之路时代横跨非洲-欧亚大陆的高水平文化交流（第8章对此会有更多讨论）。

公元3世纪，萨珊人（Sasanians，另一个波斯人群体）取代了帕提亚人，公元224年到公元651年间，萨珊人在400多年时间里统治着他们自己的重要帝国。在鼎盛时期，萨珊帝国的领土从底格里斯河与幼发拉底河源头一直延伸到阿富汗。就像阿契美尼德王朝是欧洲和中亚之间的桥梁一样，萨珊波斯人鼓励跨欧亚大陆的贸易和交往，他们是连接中国和西方的地理纽带，也是把古代文明与新伊斯兰帝国（它将控制这片辽阔的干旱地区）联系在一起的时序桥。尽管萨珊人在公元7世纪被扩张的伊斯兰世界征服，不过，波斯的遗产持续影响这片地区，因为穆斯林采纳了波斯的政府和行政模式。在属于农耕文明时代的1000多年时间，经由三次明显的扩张和收缩周期，波斯人通过他们对资源、权力和有效行政模式的追求，创造了一些令人敬畏的帝国结构。

印度

波斯人和希腊人争夺中亚控制权的斗争，对印度的农耕文明产生了深远影响。公元前520年之后不久，阿契美尼德王朝的国王大流士征服了印度西北部分地区，将它们纳入波斯帝国的版图。两个世纪之后，亚历山大大帝跨越兴都库什山脉远征印度河流域，他击败了许多当地统治者，由此造成的政治真空为一个新王朝的崛起创造了条件，这个王朝首次把印度大部分地区并入一个帝国。

亚历山大大帝于公元前325年从印度撤军，当地雄心勃勃的君主旃陀罗笈多·孔雀（Chandragupta Maurya）抓住时机，利用一支规模小但训练有素的军队征服了印度北部几个地方政权。旃陀罗笈多很幸运，因为他有政治顾问考提亚拉（Kautyala）为他出谋划策；随着他所创建的孔雀帝国（公元前321—前185年）的扩张，有效的行政机构也建立起来。孔雀王朝的精英们证明，通过把贡赋征集、中央官僚体制、地方总督以及强大而灵活的军队结合起来维持秩序和权力，领导者将变得更善于管理庞大的农耕文明：在鼎盛时期，孔雀帝国的疆域面积将近500万平方千米。

旃陀罗笈多的孙子阿育王（公元前268—前232年在位）是印度历史上最成功的统治者之一。阿育王保持着孔雀王朝的扩张动力，不过，在经历了一场极为血腥的战争之后，他厌倦了暴力冲突，转而信奉佛教。在一套高效的行政机构的帮助下，阿育王在新都华氏城统治着帝国。与波斯人一样，阿育王也修建了广泛的道路网，由此促进帝国内部以及印度与巴克特里亚和波斯等邻邦的贸易。阿育王死后，孔雀帝国的经济开始衰落，到公元前185年，帝国瓦解。

此后五个世纪，印度处于四分五裂状态。一系列游牧民族各自在北部建立了相当规模的国家，包括印度-斯泰基王国（Indo-Scythian Kingdoms）和贵霜帝国。贵霜帝国（约公元45—225年）是当时欧亚四大强国之一，与罗马、帕提亚和中国汉朝并列，它覆盖中亚大约380万平方千米土地，囊括整个阿富汗、巴基斯坦和印度北部大片地区。我们在下一章会看到，贵霜帝国的统治者通过控制和有效管理欧亚大陆的交通要道，促进了第一次丝绸之路时代高水平的跨非洲-欧亚大陆的贸易。

随着笈多帝国（约公元320—414年）的建立，印度恢复了帝国统治和统一。帝国开创者旃陀罗·笈多（Chandra Gupta，与孔雀帝国的皇帝旃陀罗笈多毫无关系）在恒河流域建立了一个富有生机的王国，他那些才能出众的后继者不断开疆拓土，最终，笈多帝国版图接近孔雀帝国。孔雀帝国的城市华氏城再次焕发活力，重新被定为国都，德干高原以北大部分地区恢复了稳定。孔雀王朝高度集权的行政体制，被笈多诸王（他们统治着印度历史上政治、经济和思想文化的黄金时代）所控制的松散的地方政府形式取代。5世纪，印度再次遭到游牧部落的入侵，笈多帝国疆域逐渐缩小，直至消亡。戒日王（Prince Harsha，606—648年在位）一度想重新统一印度次大陆，但是，地方诸侯权力很大，不愿意归附于统一的中央权威。戒日王被刺杀之后，印度再次陷入分裂，9世纪到来的穆斯林开创了商业活力的新时代，同时宣告印度进入政治和宗教紧张的新阶段。

罗 马

当居鲁士和阿契美尼德王朝的君主忙着在中亚建立波斯第一帝国之际，意大利中部一个城邦正在驱赶它的外来国王，并且以一个由贵族精英治理的共和国取代了君主政体。那时，即公元前6世纪晚期，与遍布意大利半岛的其他拉丁人、伊特鲁里亚人和希腊人的城市相比，罗马并没有显得更突出。公元前2000年之后不久，一批说印欧语的移民在那里居住下来，他们在台伯河畔拉丁姆平原的七座山丘旁建立村庄。这些居民从事农耕和贸易，到公元前1800年，他们已经使用青铜工具，到公元前900年，已经使用铁器。罗马北部居住着伊特鲁里亚人，他们在托斯卡纳修建了坚固的城市，并且控制意大利北部和中部大片土地。南面的希腊殖民地在沿海和西西里岛繁荣昌盛。伊特鲁里亚人一直想掌控罗马，因为它具有重要的战略地位，不过，他们对罗马的统治于公元前509年终结，罗马人在当年驱逐了最后一位伊特鲁里亚人国王。在接下来1000年时间里，这座城市、这个国家、事实上非洲-欧亚大陆西部大片地区，都牢牢掌握在罗马公民手中。

罗马人在公元前509年采纳的体制，将行政权赋予两位执政官，他们由罗马公民（根据财产和军事阶级加以区分）组成的一个团体选举产生。执政官的决定由元老院批准，元老院是罗马共和国权力的真正来源。在此后两个世纪,争取更平等权力分配的斗争,在平民、骑士和精英贵族之间爆发。贵族被迫放弃对权力的垄断;到公元前3世纪,平民已经有权力选举他们自己的长官(即保民官),保民官可以否决(veto,意为"我禁止")执政官做出的不公平决议。最终,平民大会获得一项重要权力,即批准对所有罗马人有约束力的法律。通过这些妥协,权力基础得到扩大,也暂时避免了全面的社会战争,尽管贵族比以往更加死死地抓住他们残留的特权不放。

在对外事务方面,罗马共和国采取了精明而务实的方式来处理一系列外在威胁,它也因此迅速或许出乎意料地控制了地中海盆地。罗马到底是有意识地创造了一个庞大的贡赋帝国(至少就其早期历史而言)呢,还是它的扩张只不过是对安全威胁做出反应的结果?史学家对此争论不休。公元前309年,一群烧杀掳掠的高卢人(Gauls,来自今日法国境内的凯尔特民族)羞辱了罗马,他们占领罗马,在勒索了大量钱财之后扬长而去。此后,罗马建立了一支令人畏惧的军事力量,在与其他拉丁城市和希腊殖民地的战争中大获全胜。罗马人并没有苛刻对待被打败的民族,而是允许被征服国家保留自治权,只要它们为罗马提供军队以及支持罗马的对外政策。当罗马共和国在与迦太基(Carthage)的重大冲突中遭受最严峻挑战之际,它那开明的霸权形式带来了丰厚回报。

到公元前270年,罗马在地中海中部还有一个竞争对手,即腓尼基人的殖民地迦太基,就当时来说,迦太基可能比罗马更富裕,海军无疑也更具优势。我们又一次看到两大地方政权——一个农业国和一个商业国——都希望通过征服对手来增加自己的资源。地中海过于狭小,不足以同时容纳两个强权。罗马人通过三次布匿战争(Punic Wars,公元前264—前146年)摧毁了迦太基人,不过,这是一场艰辛的胜利。究其原因,是罗马人的务实性(比如决定快速建造一支更强大的海军)、外交政策(意大利的同盟城邦几乎都忠于罗马,即便在罗马共和国看上去要失败时,也是如此)以及韧性(汉尼拔对意大利进行了长达16年的征服战争,罗马人始终坚持抵抗,并且最终获胜)使他们取得了成功。此后,罗马人又发动了许多小规模战争,到公元前133年,罗马成为地中海霸主,控制了一个庞大的贡赋帝国(参见地图7.3)。

为了管理庞大的国家,罗马人采取了类似于波斯总督制度的行省制度,以从元老阶级选出来的总督驻守各省。总督是一个精英群体——他们信奉的哲学为他们提供了无可争议的"权力"来榨取贡赋——的代表,他们借机中饱私囊,腐败由此盛行。元老院成员也夺取布匿战争期间荒芜的意大利农田,种植橄榄和葡萄等有利可图的作物,而不是谷物等生活必需的粮食作物。没有工作的农民涌入城市,居住在肮脏的环境中,贫富差距越来越大。在民怨四起的背景下,公元前1世纪的大部分时间里,强权人物的私家军队在罗马混战不已。当他们中的尤利乌斯·恺撒(Julius Caesar)担任"终生独裁官"之际,罗马共和国事实上已经不复存在;公元前44年,恺撒被刺杀,此后,他的养子屋大维(Octavian)主导了罗马从共和国向帝国的转变。元老院十分感谢屋大维结束内战、恢复和平,因此授予他奥古斯都(Augustus,"神圣者")称号。

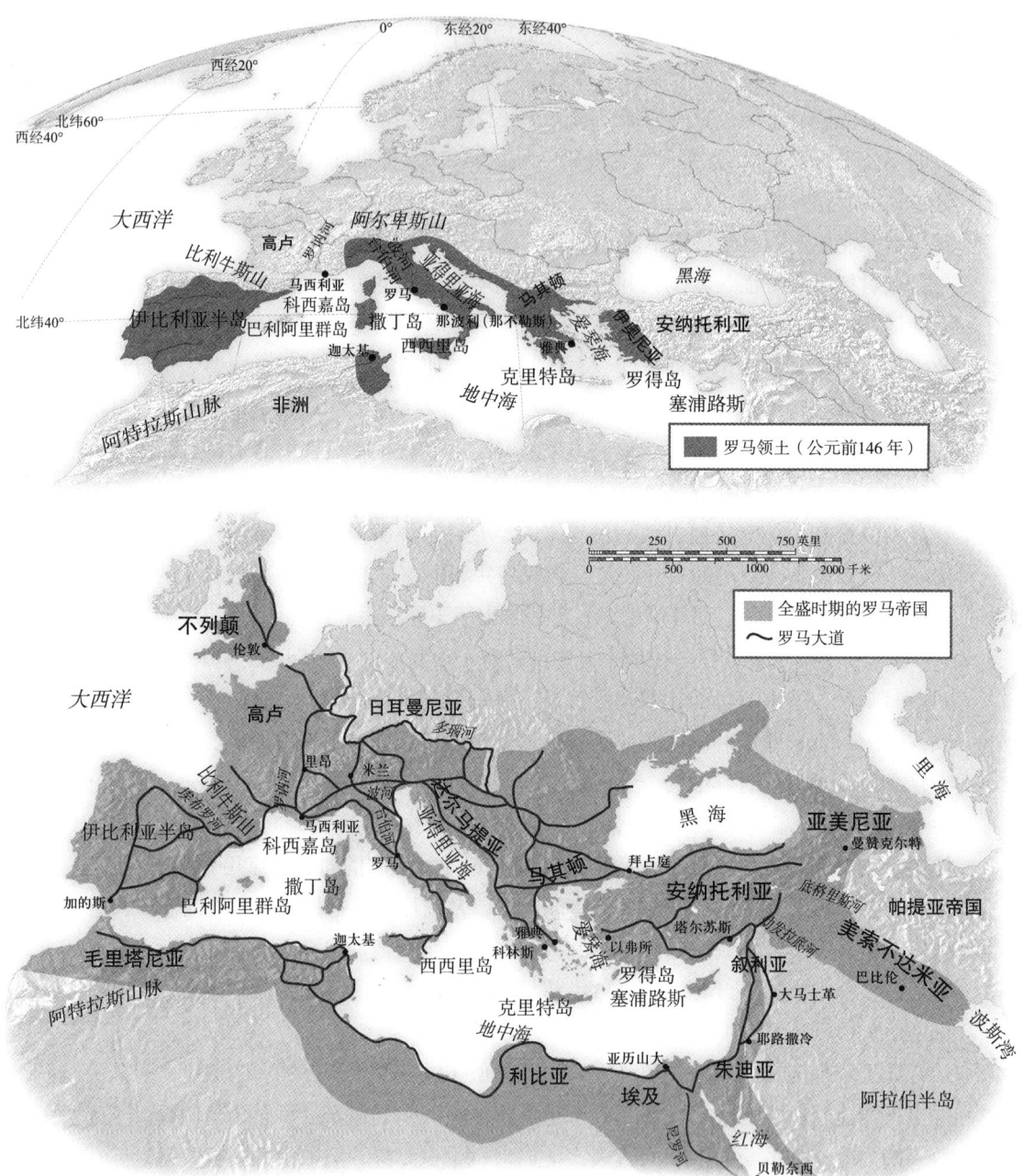

地图7.3 罗马。这两幅地图展示了罗马国家在大约公元前146年到大约公元117年之间的扩张

奥古斯都的后继者都以皇帝身份实施统治,到公元4世纪末期,罗马皇帝总计大约140人,其中既有才华横溢者,也有愚昧无知者。在帝国最初两个世纪,罗马扩张的速度有所减缓,不过并没有停下来。公元2世纪,罗马国家版图达到极致,罗马政府或许管理着1.3亿人的事务,控制的土地面积大约650万平方千米。罗马城人口多达100万,贫富差距悬殊。

与大多数农耕文明一样,罗马行政官员也大力投资交通运输基础设施,以便加快军队的运输和促进通讯交流。罗马大道总长度超过80000千米。就像同时期中国王朝那样，通过将帝国各部分有效连接起来、通过废除国内关税和通行费以及确立习惯法，罗马人将非洲-欧亚大陆辽阔的地区纳入一个相对同质的文化实体之中。我们在下一章会看到，公元1世纪和2世纪，沿丝绸之路展开的密集贸易，也在非洲-欧亚大陆世界区的大部分地区取得了相似效果，因为同时期的农耕文明都融入一张起作用的、半整体性的交换网络（它把地球上最大世界区联结起来）之中。

然而，到3世纪开始之际，罗马帝国面临严重的经济问题，扩张趋势也渐缓。当精英们努力寻找解决之道时，罗马在三世纪危机（235—284年）期间陷入长达半个世纪的几近无政府状态。这一时期出现了20多位皇帝，他们大多数死于非命。通过有效的政府和纯粹的意志力，才华出众的戴克里先（Diocletian，284—305年在位）一度终结了这场危机，为了便于管理，他尝试把帝国一分为二，帝国东西两部分分别由两位皇帝治理，但是，他的努力最终失败。君士坦丁（Constantin，306—337年在位）决定将帝国首都迁到拜占庭（Byzantium，后更名为Constantinople，君士坦丁堡），并且从那里实施对整个国家的治理。

除了这些内部经济和政治问题之外，罗马人还面临严重的外来威胁。从4世纪早期开始，桀骜不驯的日耳曼部落向西迁徙，造成罗马帝国北部边境的紧张状态。5世纪中期，随着中亚半游牧的匈人的到来，压力空前增大，许多日耳曼部落越过边境，在罗马帝国西半部广大地区居住下来。现代欧洲的许多地区就反映了这些日耳曼人的定居模式，其中包括法兰西（法兰克人）和英格兰（盎格鲁人）。公元476年，日耳曼将军奥多亚塞（Odovocar，公元435—493年）被拥立为西部帝国皇帝。在18世纪英国史学家爱德华·吉本（Edward Gibbon）的影响下，许多古典史学家认为，那一年标志着罗马帝国的"解体"。现代史学家不太可能使用"罗马帝国的衰亡"这类表述。当他们关注人类历史上扩张和收缩周期时，"衰亡"或"黑暗时代"这种完全松散的措辞，被"古典时代晚期"之类的强调历史连续性的表达所取代。

中 国

就中国而言，到公元前5世纪，即东周时期，任何意义上的统一都消失了，地方王国之间连年混战。随之而来的，乃是血腥暴力的战国时期（公元前480—前256年），公元前221年，最强大的秦国打败所有竞争对手，建立秦朝，战国时代结束。

在混乱的东周时期，三种重要的哲学出现了，即儒家学说（认为教育是创造道德领袖和出色统治的关键）、道家学说（一种专注于与自然及宇宙和谐相处的精神态度）和法家学说（以法律和严厉甚至残忍的惩罚来建立有序社会），从那时到20世纪，它们一直指导着中国人的思维。孔子出生于鲁国小贵族家庭，为了创造一个道德更高尚的统治阶级，他对社会地位的标准做了新的界定。他宣称，一个优秀的人并非必然出生高贵，而是通过追求更高层次的知识和道德修养，从而跻身**君子**之列。成为**君子**的人，应当具备以身作则以及为中国社会恢复秩序与和谐的知识和道德能力。

儒家、道家和法家在周朝后期的出现，让我们想到，公元前一千纪中期是整个非洲-欧亚大陆哲学思想极其丰富的时代。孔子生活年代大约为公元前551年到公元前479年，差不多与其他几位伟大思想家处于同一时代。现代德国哲学家卡尔·雅斯贝斯（Karl Jaspers, 1883—1969）将这一思想丰饶的时期称为"轴心时代"。正如雅斯贝斯指出的，中亚先知琐罗亚斯德（伊斯兰教之前重要宗教琐罗亚斯德教的创建者）大约生活在公元前620年到公元前551年间；在印度，人们一般认为，成为佛陀的乔达摩·悉达多的生卒年代为公元前563年到公元前483年；在古典时期的希腊，哲学家苏格拉底出生时间大约在孔子去世10年之后，生活年代为公元前469年到公元前399年。

正如雅思贝斯描述的，在轴心时代，"中国、印度、波斯、巴勒斯坦以及希腊等地，同时而又独立地奠定了人类的精神基础。这些基础今天依然滋养着人类。"① 雅思贝斯指出了轴心时代的几大特征：探究人类意义的知识分子相对突然地出现；新的宗教和哲学精英几乎同时出现；以教师和宗教人物身份在不同城市来回穿梭的巡回式（四处游历的）学者出现。不过，这种对普遍道德和哲学原则的探究，在方法上并不完全一样；一些人将之与神灵和宗教联系在一起，一些人认为它与理性思维有关。

后来的史学家认为，这些普遍性思想观念差不多同时出现的事实，显然反映了这一时期农耕文明和文化之间相互联系的日益增强。雅思贝斯指出，这些思想是在社会环境发生急剧变化的时代（比如中国东周时期）被阐述出来的。与悉达多和希腊哲学家一样，孔子最关心的，乃是在社会和政治动乱时代界定正确生活的根本责任和义务，而不是提供任何精神的或宗教的回答。孔子对地球起源之类的精神学说毫无兴趣，也无意为他的同时代人设计某种新的宗教信仰。儒家学说是一种真正的哲学，从未打算成为一种宗教。

不过，最终成功地把中国重新统一起来的，并不是儒家学说。来自中国西北部的强大秦国是"战国"群雄之一，它采纳了法家威权主义思想，这种思想意识主张通过严刑苛法和连坐制度来实现社会团结。法家认为，国家力量的基础在于军事和农业部门，他们想尽一切办法让更多的人从事这些职业，同时远离教育、哲学和商业等对社会"毫无用处的"职业。通过不断使用法家的残酷策略，秦国统一中国，并且为此后国运长久的汉朝奠定了基础。

尽管秦朝（公元前221—前207年）是短命王朝，不过，它极其成功。秦国建立了强大的军队，有计划地扫除了所有对手，为中国大部分地区带来了统一和秩序。秦始皇（公元前221—前210年在位）采取了与波斯人和罗马人相似的行政政策（这是趋同性政治演进的一个例子），建立了中央集权的官僚体制，以地方行政官员取代地方贵族。与阿契美尼德人和罗马人一样，他也修建了全国道路网，以便于调遣军队；他还将北方许多原有的防御城墙连接起来，从而建造了中国的万里长城。秦始皇决定粉碎所有反抗力量，他解除地方武装，以严厉的惩罚来打击反对他的儒家知识分子。他决心统一中国诸多民族，统一度量衡、

---

① Karl Jaspers, *The Way to Wisdom: An Introduction to Philosophy*（New Haven, CT: Yale University Press, 2003）.

法律、货币，或许最重要的，乃是统一文字。最后，他在今西安附近修建自己豪华的陵寝，陵墓里面部署了真人大小的兵马俑来守卫这位死去的皇帝（参见图7.3）。

在秦始皇于公元前210年去死之后，秦朝很快被汉朝（公元前210年—公元220年）取代，汉朝是中国历史上最成功的王朝之一。秦朝疆域面积约260万平方千米，鼎盛时期汉帝国的领土面积大约为650万平方

图7.3　**兵马俑**。秦始皇陵出土的陶俑塑像，公元前3世纪晚期

千米。汉武帝（公元前141—前87年在位）是西汉最伟大的皇帝，他依靠一个庞大的官僚机构来统治大汉帝国。为了确保受过教育的官吏的供应，汉武帝于公元前124年在长安设太学，以儒家学说为核心课程，旨在不断培养受过高等教育的士大夫（scholar-bureaucrats）来管理国家事务。汉武帝也将中国的利益扩及中亚、越南和朝鲜。汉武帝甚至能够牵制一个庞大的游牧部落，即匈人，在公元前第一千纪大部分时间，匈人的先辈就一直从北方大草原威胁中国的定居政权。

在公元1世纪和2世纪，汉朝继续统治中国。通过控制中亚，汉朝确保了有利可图的丝绸之路的畅通。但是，土地不平等的分配导致农民心怀不满不断反抗；再加上派系斗争，汉朝在公元220年终结。此后，中国陷入长达三个半世纪的收缩、混乱以及地方政权你争我夺的局面，其中北方地区完全遭到游牧民族的侵占和蹂躏，情形与同一时期罗马的遭遇非常相似。

在整个非洲-欧亚大陆，农耕文明的规模、力量和效率在第二个扩张和收缩周期的扩张，一直持续到公元一千纪，此后，收缩期在长达几个世纪时间延缓了这种发展趋势。

第三个扩张和收缩周期：约公元500年到公元1000年

罗马和拜占庭

公元5世纪和6世纪，西罗马帝国分裂成许多相互竞争的地方王国，不过，同一时期的东罗马帝国维持相对的稳定和强盛。东部拜占庭帝国又延续了1000年，在公元一千纪后期

的新一轮扩张浪潮中，它与中国唐朝以及伊斯兰世界（Dar al–Lslam）成为非洲–欧亚大陆的三大经济和文化支柱。拜占庭的成功很大程度上要归功于东罗马帝国早期皇帝查士丁尼（527—565在位）。查士丁尼与妻子狄奥多拉（Theodora）粉碎了一次国内叛乱，加强了君士坦丁堡的防御，颁布一套完整的罗马法典，甚至打算重新征服西罗马帝国部分地区（最终没有成功）。7世纪和8世纪，君士坦丁堡经受住了四处扩张的伊斯兰军队的多次围攻，尽管帝国大片领土已经落入穆斯林之手。帝国核心部分还在，在11世纪和12世纪，它打败对手之后，然后利用自己的战略位置，通过贸易和富有创新精神的制造业来扩大领土和增加财富。这样，直到农耕文明时代晚期，拜占庭一直是东地中海地区占主导地位的农耕文明。

中 国

公元220年，汉朝灭亡，此后直到隋朝重新统一之前，中国陷入长达三个半世纪的收缩和混乱期。短命的隋朝（598—618）恢复了秩序，为唐朝的强盛铺平了道路，而唐朝是所有农耕文明中最成功者之一。隋朝进行了广泛的基础设施建设，包括修建大运河，即当时世界上史无前例的浩大水利工程。

唐朝（618—907）统治下的中国或许是世界上最富庶、最强大的国家。唐朝第二位皇帝唐太宗（624—649在位）继续改善中国的运输和通讯基础设施。优良的道路、官方控制的旅馆和驿站、高效的邮递系统，将中国前所未有地统一起来。依照土地肥沃程度和家庭需求，统治者也真心实意地将土地更加平等地重新分配给农民。与汉朝前期一样，唐朝也支持以儒家学说为基础的考试制度（科举制），以确保能够稳定地获得有教养、有道德的政府官员。唐朝随之利用它的军队和行政官员进行帝国扩张，在鼎盛时期，唐朝控制东亚和中亚的土地面积几乎达1170万平方千米（参见地图7.4）。

与大多数帝国的管理相反，唐朝政府积极支持农业创新，在南部地区尤其如此，中国南部变成国家的经济中心。结果，中国人口也增长起来，快速的城市化随之而来。到10世纪为止，唐朝中国是城市化程度最高的农耕文明。首都长安人口达200万，是当时地球上最大的城市。在大城市的作坊里，工艺创新层出不穷，进一步推动了兴旺发达的市场经济。丝绸之路贸易再次兴起，外国商人在中国许多城市大量涌现。事实上，非洲–欧亚大陆所有宗教都在帝国的某处得到传播和信奉。这个最庞大、最国际化、繁荣昌盛的文明，主导着非洲–欧亚大陆世界区的东半部，而西半部则处于正在扩张的伊斯兰王国的文化和政治影响之下。唐朝后期的统治者虚骄自满，导致帝国崩溃，农耕文明历史上辉煌灿烂的篇章就此画上句号。不过，我们在第10章会看到，唐朝之后，宋朝中国走到了一场工业革命的边缘，那场革命如果进行下去的话，很可能会彻底改变现代世界的历史。

伊斯兰文明

公元一千纪后期，本章所讨论的许多地区的历史，因伊斯兰文明的扩张而更加紧密地

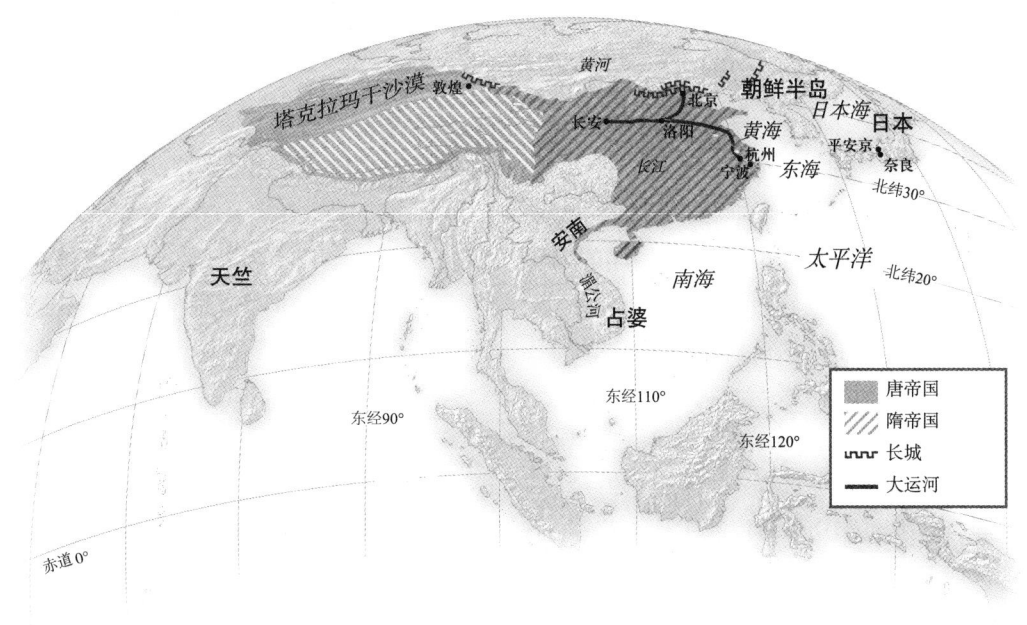

地图 7.4 中国。在经历 350 年的混乱之后，隋朝重新统一了中国；在继之而起的唐朝时期，中国的国家疆域变得非常辽阔

联系在一起，这类似于公元前一千纪中期阿契美尼德王朝波斯人取得的成就。穆斯林战士和行政官员创造的辽阔的**伊斯兰世界**（Dar al-Islam，又称为"Abode of Islam"，即"伊斯兰之域"），乃是公元一千纪后期最重要的经济、思想和文化体制之一；它统治着非洲-欧亚大陆世界区的西部，就像中国唐朝统治东部那样。

伊斯兰信仰及其早期的文化活动，是阿拉伯半岛环境和贝都因人各种传统的产物。大约公元 570 年，穆罕默德·本·阿卜杜拉（Muhammad ibn Abdullah）出生在这块商人和游牧部落出没的干旱之地。在将近 40 岁时，穆罕默德经历了一次深刻的精神体验，不再相信贝都因同胞信奉的各种神灵，他坚信，世上只有一位全能的神，即安拉。穆罕默德的精神信仰很快呈现出政治和社会色彩。他向朋友和家人描述自己的新信仰，吸引了一批信众。他的布道越来越受欢迎，也因此冒犯了麦加当权者的多神论信仰，穆罕默德及其信徒被迫逃亡麦耶斯里卜（Yathrib），并且将其更名为麦地那，即"先知之城"。公元 622 年的这次迁徙，或者说海吉拉（hijira，"出走麦加"之意），标志着伊斯兰历的正式开始，它同时表明，穆罕默德经历的神启，开始转变成一场声势浩大的宗教、社会和政治运动。

穆罕默德及其信徒在麦地那组织了伊斯兰公社或乌玛（umma），使其成为社会中的小社会，有自己的法典（伊斯兰教法）、福利制度、教育体制和收入来源。当乌玛规模扩大、信心十足之际，穆斯林积极寻求皈依者，也发动圣战（jihad）或"战争"来扩大他们的信众和领土。这为农耕文明时代的扩张提供了新的动力——一种精神上的诫命。630 年，穆罕默德率领已经很强大的乌玛返回麦加，推翻当地政府，以他们自己的神权政治取而代之。

穆罕默德死于632年，到那时为止，阿拉伯半岛大片领土都处于穆斯林控制之下。穆罕默德能干的继任者艾布·伯克尔（Abu Bakr）当选哈里发（caliph，或"代理人"）。哈里发是国家首脑、军事指挥官、大法官和主要的宗教领袖，这个头衔或许典型地体现了农耕文明时代世俗、精神和法律权力的演化和合并。在艾布·伯克尔及其后继者统治时期，圣战在继续，在征服阿拉伯半岛剩余的非穆斯林部落之后，穆斯林军队挥师北上，攻击当时处于志得意满和某种停滞不前状态的拜占庭帝国和萨珊波斯帝国。

伊斯兰世界闪电般的扩张速度前所未有，尽管在同一时期，也有许多大帝国在寻求贡赋、土地和帝国荣耀的过程中快速扩大了版图。到637年，也就是穆罕默德去世5年之后，叙利亚、巴勒斯坦以及整个美索不达米亚已经成为伊斯兰教势力范围。在640年到649年之间，北非大块地区也被纳入伊斯兰王国。651年，萨珊波斯帝国的中心地带落入穆斯林之手，当时，伊斯兰世界一直从地中海延伸到阿富汗。8世纪早期，伊斯兰军队重启圣战。711年，印度北部几个印度教王国也陷落；穆斯林在北非的霸权伸展到大西洋海岸的摩洛哥，然后于718年越过直布罗陀海峡直抵西班牙。在一个以物质文明为特征的时代，面积1300万平方千米的伊斯兰王国是当时世界上最大的文明（参见地图7.5）。

与此前的阿卡德、亚述、波斯、孔雀王朝、罗马和汉朝统治者一样，伊斯兰领袖现在也面临相同的挑战：如何有效地管理一个庞大的、多元文化的帝国。争夺伊斯兰王国领导

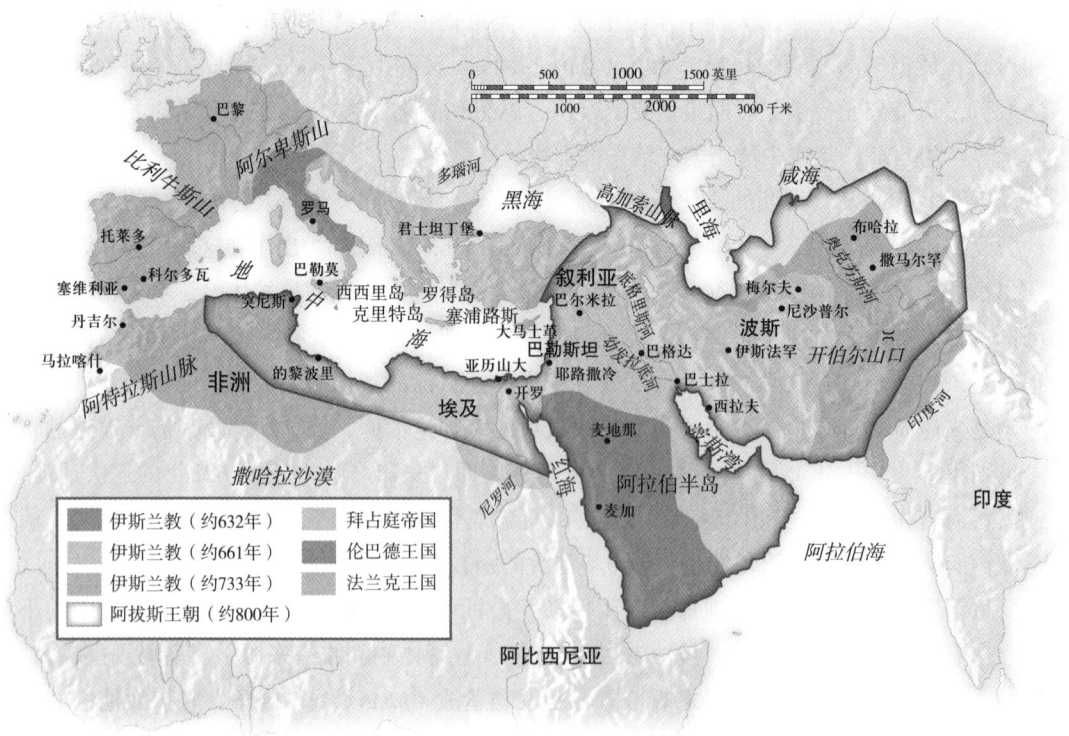

地图7.5　非洲-欧亚大陆中部和西部。这幅图所展示的是伊斯兰王国在7世纪和8世纪的惊人扩张

权的斗争，导致强烈对立的政治派系出现。最终，哈里发辖地统一在两个稳定的王朝之下，它们是倭马亚王朝（661—750）和阿拔斯王朝（750—1258）。倭马亚王朝采取一种非常集权的行政管理机构，以阿拉伯精英担任新征服地区的总督。尽管阿拉伯人允许各族人民保持自己的宗教信仰，但是，他们向非穆斯林征收一种特别宗教税，想以这种方式迫使这些人信奉伊斯兰教。国内怨声载道，倭马亚王朝哈里发众叛亲离，最终无法获得王国任何地区的支持，所有倭马亚家族成员惨遭屠杀。

在接下来500年，阿拔斯王朝哈里发统治着伊斯兰世界，1258年，阿拔斯王朝被蒙古人摧毁。阿拔斯王朝统治者建立了一种更具包容性的政府形式，阿拉伯人、波斯人、埃及人和美索不达米亚人可以更平等地分享权力和行政职务。在思考以更有效的方式统治自己的王国时，阿拔斯王朝的哈里发受到波斯帝国管理经验的影响。巴格达成为伊斯兰世界的新都，总督受命管理遥远的省份。阿拔斯王朝统治者建立中央集权的官僚体制、铸造货币、控制赋税、管理邮政、维持一种职业化的常备军。随着赋税从伊斯兰世界各地稳定地流入，巴格达修建了恢宏的建筑、清真寺以及广场，成为世界上伟大的商业、金融、工业和思想文化都市之一。著名的哈里发哈伦·拉希德（Harun al-Rashid，786—809在位）——他非常慷慨地资助艺术——与欧洲主要统治者建立外交关系，管理着一个稳定而富足的国家。9世纪穆斯林史学家穆罕默德·塔巴里（Muhammd al Tabari）声称，当哈伦·拉希德死去之际，巴格达国库堆积了9亿迪拉姆（dirhams，货币单位），这是一笔巨额财富。

阿拔斯王朝时期，伊斯兰世界的领土扩张还在继续，不过，这种扩张更多来自穆斯林地方自治力量的对外征战，而不是阿拔斯王朝的正式政策。751年，阿拔斯王朝与中国唐朝在中亚腹地进行了一场重要战争。在持续多日的怛罗斯会战（Battle of the Talas River）期间，一支庞大的穆斯林军队争取战胜一支规模小很多的唐朝军队及其联军，以便控制锡尔河河谷。中国军队最终被打败，这次冲突标志着唐朝向西扩张的终结，中亚大片土地为穆斯林的渗透打开了大门，便利了伊斯兰教信仰在当地说突厥语的民族中的持续扩张。

哈伦·拉希德统治时期，阿拔斯王朝达到了鼎盛。阿拔斯王朝受到争夺继承权和内战的困扰，最终，伊斯兰世界的地方总督开始截留赋税，并且构建他们自己独立的权力基础。10世纪，阿拔斯王朝的"王权"被波斯贵族接管，到11世纪中期，真正权力转移到了塞尔柱人（Saljuqs）手中，他们是军事化的突厥游牧部落，早就皈依了伊斯兰教，现在又占据哈里发的大片土地。随着蒙古人在13世纪的到来，这些突厥人退到他们的安纳托利亚新家园，伊斯兰世界变成幅员辽阔的蒙古帝国的组成部分，我们在第10章会看到，这个帝国领土面积达2700万平方千米，是迄今为止世界历史上领土连成一片的最大帝国。

小　结

在本章中，我们追溯了一种新型人类共同体，它就是我们在第6章介绍过的农耕文明。我们认为，农耕文明看似持续不断的（从长时段而言）扩张，其动力在于通过对外征服谋取发展的需求。大多数农耕文明的统治精英通常都不关心商业和农业革新，这意味着，他们只能经由战争来解决发展问题。发展是一场零和游戏，它迫使玩家夺取他人创造的产品，而不是努力提高国内生产力。这有助于解释这个时代特有的现象：常年混战以及通过征服邻邦来实现扩张的企图。在三个明显的扩张和收缩周期中——大约公元前3000年到公元前500年、公元前500年到公元500年、公元500年到1000年，我们探究了非洲-欧亚大陆农耕文明的历史。5000年前，当农耕文明首次出现在西南亚和非洲东北部时，它们只占人类大家族很小一部分。到这个时代末期，人口的绝大多数，当然还有最稠密的人类共同体，都居住在农耕文明某个地区。

然而，文明的发展以及权力在这些文明的行政机构中的演进，仅仅是这个故事的一部分而已。随着这些机构的扩张，它们与其他机构结合起来，从而创造出更庞大的文明联系网络。这种缓慢的联结和相互联系确保了一点：人类这个物种所具备的明确特征——我们交换信息和集体学习的能力——在农耕文明时代获得了巨大的推动力。通过让更多民族和他们多样化的生活方式和文化实践加入集体学习的进程中，农耕文明极大地提升了人类在技术、社会、政治和精神上的创新能力。下一章，我们将考察一些文化活动，作为农耕文明时代跨非洲-欧亚大陆文化交流的产物，这些活动促使人类历史沿着通向现代世界的全新道路螺旋上升。

本章问题

1. 农耕文明时代有哪些明确特征？
2. 讨论农耕文明时代扩张的一些主要动机或原动力。
3. 波斯人如何创建和管理当时世界历史上最庞大的农耕文明？
4. 非洲-欧亚大陆西半部的罗马以及东半部的汉朝是如何管理它们地域辽阔的文明的？
5. 为何在南亚创造持久性帝国结构的努力一再失败？
6. 圣战的含义是什么，它如何造就了地域广阔的伊斯兰世界？

关键词

Dar al-Islam　伊斯兰世界
diaspora　（犹太人的）离散
Era of Agrarian Civilizations　农耕文明时代
Mandate of Heaven　天命
polis　城邦
Silk Roads　丝绸之路

延伸阅读

Andrea, Alfred J., and James H. Overfield. *The Human Record: Sources of Global History*, Vol. 1 to 1700, 4th ed. Boston, MA: Wadsworth, 2008.

Bentley, Jerry, and Herbert Zeigler. *Traditions and Encounters: A Global Perspective on the Past*. 5th ed. New York: McGraw-Hill, 2010.

Biraben, J. R. "Essai sur l'evolution du nombre des hommes." *Population* 34 (1979).

The Cambridge Ancient History. 14 Volumes, 2nd ed. Cambridge, UK: Cambridge University Press, 1970.

Fernandez-Armesto, Felipe. *The World: A History. Upper Saddle River*, NJ: Pearson Prentice Hall, 2007.

Jaspers, Karl. *The Way to Wisdom: An Introduction to Philosophy*. New Haven, CT: Yale University Press, 2003.

Mitchell, Stephen, trans. *Epic of Gilgamesh*. New York: Free Press, 2004.

Strayer, Robert. *Ways of the World: A Global History*. Boston: Bedford/St. Martin's Press, 2009.

Taagepera, Rein. "Size and Duration of Empires: Growth-Decline Curves, 3000 to 600 bc." *Social Science Research* 7 (1978):180–196.

Big History

第 8 章

第二部分

农耕文明时代的非洲–欧亚大陆

考察大图景

公元前 2000 年到公元 1000 年

- 农耕文明时代，大规模交换网络的建立如何增进集体知识？
- 农耕文明时代，为何人口密度的增加导致建立在财富、权力和性别之上的更不合理的等级制度？
- 农耕文明时代，变化和发展的速度有多快？

在第7章，我们介绍了农耕文明时代，考察了这个时代富有特色的四大主题或模式中的第一个：在三个扩张和收缩周期中，农耕文明及其收取贡赋的行政机构的扩张以及它们的规模、权力和效率的增加。

在本章中，我们将探究另外三个主题，它们有助于界定这个时代的非洲-欧亚大陆世界区：文明之间重要的交换网络的建立（主要通过丝绸之路和印度洋）；农耕文明中日益复杂的社会和两性关系；这个时代变化的速度。尽管我们在第7章中曾经指出，与现代的技术大爆炸相比，农耕文明时代技术创新的速度和规模都很缓慢，不过，当时还是存在一些重要变化。主要的发展出现在商业活动、文化交流、哲学思考以及社会和两性关系中，这些变化和发展使这个时代在人类历史上显得魅力十足。这些进程也为现代世界的最终出现奠定了基础。在本章中，我们将探讨这一时期出现在非洲-欧亚大陆世界区的一些发展。

8.1　趋势二：非洲-欧亚大陆农耕文明中重要交换网络的建立

农耕文明并非孤立；随着发展以及向管理区域之外延伸，它们结合起来形成更大的网络。有时候，它们的结合完全是因为边界连接在一起。它们通常在松散的意义上结合在一起；一些居民通过贸易、旅游、思想观念的借鉴或战争，与农耕文明其他地区的人们产生联系。事实上，具有严格边界的、明确的农耕文明的观念，是误导性的。在很大程度上，地图上绘制并且由边防将士守卫的边界，是现代的创造物。农耕文明的边界通常指大片不明确的地区，统治者对它们的控制摇摆不定或逐渐减弱，邻邦或地方统治者也对它们展开争夺。

尽管这些进程很复杂，不过，农耕文明不同地区之间缓慢的结合，是一个极其重要的过程，因为它能够保证集体学习可以扩展到更大范围，并且包含更多的人和更丰富的多样性。不断扩张的交流网络扩大了集体知识的力量，增强了我们人类独特的能力，即寻找新方式与自然世界以及彼此联系起来。到农耕文明时代末期，生活在巨大的非洲-欧亚大陆世界区的所有个体，都连接在一张富有活力的网络中。然而，这种看法只适用于每个世界区的内部。正如我们在下一章将讨论的，在这一时代，美洲、澳大拉西亚以及太平洋也出现了重要发展。不过，在农耕文明时代，这四个世界区彼此隔绝，以至于每个世界区的人完全不知道其他世界区发生的事情。

交换网络与集体学习

随着非洲-欧亚大陆农耕文明的规模和影响范围的扩大，每个世界区不同地区之间货物和思想交流的机会也增加。我们可以将这个时代的大城市与恒星比较，因为它们以相似方式主导着周边区域。它们是当地最强大的实体；它们的"引力"影响大片地区；城镇和乡村就像行星和卫星那样围绕它们转；它们为周边地区注入活力；它们不断吸收思想观念、货物、创新和人口。这样，农耕文明以及位于它们中心的大城市直接促进了交换和集体学习。

最终，尤其在非洲-欧亚大陆世界区，所有文明以及处于它们之外具有不同生活方式的集群，都发现自己被连接在一张巨大的关系网络之中。在这些网络中，不但有商品交换，也有社会、宗教和哲学思想、语言、新技术以及科技交流。农耕文明时代最重要的交换网络，就是今天所说的**丝绸之路**，在许多农耕文明中，一些重要的小型交换网络发展得很早，主要的海上航线最终也在印度洋出现。正因为这些联系的存在，一些世界史学家宣称，自它们出现，农耕文明就深深镶嵌在一个更大的地缘政治结构即世界体系之中。从本质上来说，世界体系就是两个或更多社会之间的独立自足的关系。

20世纪70年代之前，大多数大视野的史学家认为，文明是从宏观角度理解历史的基本单位。20世纪早期，这种思维方式深受奥斯瓦尔·斯宾格勒（Oswald Spengler）和阿诺德·汤因比（Arnold Toynbee）的影响，他们两人宣称，文明可以当作明确独立的实体来研究。这些毫不起眼的实体之间的联系很少受到关注。20世纪70年代，伊曼纽尔·沃勒斯坦（Immanuel Wallerstein）率先提出了一种理论框架，他称之为**世界体系理论**。与早先的理论不同，沃勒斯坦的模式把关注点转向文明之间的相互作用和联系。尽管整个世界直到20世纪才真正连接在一起，不过，这个术语适用于历史上许多时代和地区，只要广大地域的各个社会参与了某种联系即可，不管它是贸易、战争还是文化交流。对农耕文明时代的研究表明，事实上，自这些新的人类共同体出现之际，它们就建立了一些联系，这些联系很快催生了广阔的"世界体系"。

最近，约翰·麦克尼尔（John McNeill）与威廉·麦克尼尔（William McNeill）主张把人类相互联系的网络重新建构成他们所说的"人类之网"。他们认为，自人类历史开启以来，人类就形成了各种网络，有大型的也有小型的，有松散的也有严密的。在这些网络之中，史学家可以找出互动和交换、合作或竞争的模式，正是它们坚持不懈地把历史推进到了现代。与世界体系理论家一样，麦克尼尔父子声称，世界历史分析必须探究那些大型的连通性结构，它们包括从农业文明早期"纤细的地方性"网络，经由伟大的农业文明的"更密集、更多互动的大都市网络"，再到今天的"电气化全球网络"。我们对农耕文明时代做出的大历史分析，借鉴了世界体系理论以及一种正在演进的人类之网概念。

以战争为媒介的跨文明联系

农耕文明时代富有特色的连年混战，乃是将那些彼此相距不远的农耕文明连接在一起的有力方式。比如，罗马人通过战争成为一个庞大帝国的主宰。与边界之外的国家和民族——包括那些从未被真正并入帝国的日耳曼人和帕提亚人——的不断冲突，也把这些外人纳入由罗马人主导的同一个世界体系。当伊斯兰军队建构庞大的伊斯兰世界（从欧洲比利牛斯山一直延伸到大唐帝国位于中亚腹地的边境）之际，他们也将外围各个族群，比如法兰克王国、拜占庭人和中国人等，纳入一个巨大的非洲-欧亚大陆网络之中。

这些军事关系对于建立联系非常重要，不过，最有效和最具影响力的世界体系，乃是通过贸易建立起来的。

非洲–欧亚大陆早期的贸易网络

自农耕文明时代开始以来，通常由商人或各种媒介（"中间人"）从事的贸易，是农耕文明各地区之间，尤其彼此相距比较遥远的地区之间建立联系的最有效方式。到公元前二千纪早期，埃及、美索不达米亚以及印度河文明之间都建立了商业联系。到公元前二千纪中期，东地中海地区形成了一张十分紧密的贸易网络。腓尼基人、埃及人、米诺斯人、迈锡尼人和许多小型文明的人们互相交换大量商品。

一艘沉没海底的商船即乌鲁布伦沉船（the Uluburun Shipwreck）的发现，让我们得以饶有趣味地窥见这种网络。这艘小船于公元前14世纪在土耳其西南海岸附近的海域沉没，当时，它正按照当地传统的商业航道——它连接着腓尼基、南安纳托利亚（土耳其）、爱琴海和埃及——行进。考古学家在船舱中发现了各种货物，包括铜和锡铸块（后来，人类以铜锡合金生产青铜武器）、钴蓝色和青蓝色玻璃、松节油树脂（一种化妆香水的配料）、埃及的圆乌木、象牙、河马牙齿、鸵鸟羽毛和乌龟壳、异域水果和香料、塞浦路斯的精美陶器、埃及王后纳芙蒂蒂（Nefertiti）的一只金甲虫以及迈锡尼的武器。他们还发现了一块空白的书写板，可以用尖笔在表面的一层蜡上刻字，这证明了文字记载（使用的无疑是腓尼基人的字母）对于商业的重要性。

丝绸之路的重要性

尽管这一时代非洲–欧亚大陆许多地区存在大大小小的贸易网络和联系，不过，其中最重要的交换网络是丝绸之路。我们前面已经讲过，自人类历史开始以来，不同民族和文化之间的信息和思想交流，是通过集体学习而促进变化的一种原动力。随着农耕文明时代早期各类小规模交换的扩大，集体学习随之加强，由此带来人类历史上物质、艺术、社会和精神领域越来越多的重要变化。在这些得到加强的交换网络中，最有影响力的网络出现在中亚腹地一个贸易枢纽周围，它沿着把非洲–欧亚大陆大片地区连接起来的丝绸之路展开。这种交换所带来的跨文明联系，最终导致了人类此前未曾体验过的最重要的集体学习过程。

尽管这些路线几千年来就存在着贸易和移民活动，不过，第一次真正重要的"丝绸之路时代"大约介于公元前50年到公元250年间，当时，中国、印度、贵霜帝国、伊朗、干旱大草原游牧部落以及地中海世界之间，出现了广泛的物质和思想文化交流。公元一千纪早期西罗马帝国和汉朝的灭亡，导致几个世纪内定期交往减少，不过，大约公元600年到1000年间，第二次"丝绸之路时代"出现，它将中国、印度、东南亚、伊斯兰世界和拜占庭帝国结合在另一个以陆地和海上贸易为基础的巨大网络之中。在这两个时期中，丝绸之路的主要功能是促进贸易。沿着丝绸之路流通的，不但有货物，也有知识的、精神的、文化的、生态的和技术的观念。可以说，这些无形的交换对世界历史更重要，正如下面几个例子所表明的。

当阿拉伯商人于公元5世纪在印度经商时，这种商业活动促进了一种重要的知识交流。作为世界史学家林达·谢弗（Lynda Shaffer）所说的南方化（物质和非物质产品从非洲和印度向欧亚大陆北部的传播）的产物，阿拉伯商人用他们在印度见到的更灵活的印度数字体系取代了罗马数字。印度数字，尤其印度人创造的0的概念，有助于更快速和更复杂的计算，它们最终传遍世界。由于这些数字通过阿拉伯商人和学者传播到西方，因此，它们在西方被称为阿拉伯数字，尽管阿拉伯人称之为印度数字。这种交流对世界历史极其重要，促进了现代经济的诞生。

经由丝绸之路发生的物质交换所产生的最重要的精神影响，或许是宗教在这个世界区的传播，尤其大乘佛教，它从印度穿越中亚传到中国和东亚。与此相关的一种文化交流——它会增强集体学习——就是艺术观念和技术的传播，特别是调和论（syncretistic）雕刻风格的扩散，这种风格于公元2世纪产生于犍陀罗（Gandhara，位于巴基斯坦）和马图拉（Mathura，位于印度）的作坊中，佛陀的第一尊雕像就创作于此（参见图8.1）。（调和论和调和论者是指把各种文化传统的特征结合起来创造一种新的文化。）

丝绸之路贸易产生的主要生态结果，就是疾病和瘟疫的传播。沿着商人走过的丝绸之路传播的病菌，不但在汉帝国和罗马帝国人口减少以及随后的衰落中扮演了重要角色，而且数百万人感染这些病原体也意味着抗体在整个非洲-欧亚大陆世界区广泛传播，大量人口的免疫力也得以增强。事实证明，这些免疫力在前现代社会极其重要，当穆斯林、中国人尤其欧洲商人和探险家将非洲-欧亚大陆的疾病带到

图8.1 犍陀罗的佛陀，约2世纪的作品。犍陀罗的这尊雕像综合了第一次丝绸之路时代中亚调和型文化的发展

其他世界区时，疾病对土著居民产生了灾难性影响。以上简单列举的四种事例都论证了一种主张，即丝绸之路和印度洋网络深刻影响了整个人类历史后来的形态和发展方向。

丝绸之路的起源

如此大规模的商业和文化交换出现的前提是非洲-欧亚大陆小型而分散的河谷国家结合起来形成了大型农耕文明，这个过程很大程度上是战争的结果（我们在第7章已经讨论过）。到第一次丝绸之路时代，主要文明的持续扩张意味着四大帝国——罗马、帕提亚、贵霜和汉帝国——控制着从中国海直达英国的欧亚大陆大片陆地。这几个庞大国家的巩固，意味着此前广袤而分裂的地缘政治环境建立起了秩序和稳定。广泛的国内道路网络得以修建，冶金和运输技术取得巨大进步，农业生产得到强化，货币铸造首次出现。到公元前1世纪中期，非洲-欧亚大陆已经为更高水平的物质和文化交换，以及更高水平的集体学习准备了条件。

就促进这些交换来说，游牧部落也起了关键作用，它们形成的共同体主要以牛、羊、骆驼或马等家养动物维生。游牧生活的起源和传播的确切时间表尚不清楚，不过，毫无疑问，到公元前四千纪中后期，遍布欧亚大陆内陆大草原的墓冢表明，一些依靠家养牧群生活的共同体，已经变成半游牧的。我们仍然不清楚，这些不同的部落到底具有多大程度的流动性。或许存在不同层次的游牧生活，从那些没有永久性定居地的部落到安德罗诺夫（the Andronovo）那样的共同体，后者很大程度上过一种定居生活，并且生活在永久性居住点。欧亚内陆高度流动的军事化游牧生活或许直到公元前一千纪早期才出现。这种生活方式与斯基泰人（Scythians）和匈人的马背生活有关。

在非洲-欧亚大陆，到第一批城市和国家出现之际，次级产品革命（在第6章讨论过）的技术创造了更多富有成效的方式来利用牲畜，其中一些如此多产，以至于许多共同体几乎完全可以只依靠它们的牧群生活。然而，越是这么做，它们也就变得更具流动性，从而能够在大范围区域放牧动物。最终结果就是，经过几千年之后，一种主要以游牧为基础的生活方式缓慢发展起来，它们能够利用从西北非开始、横跨西南亚和中亚直达蒙古的带状干旱土地。

到公元前一千纪中期，许多规模庞大的游牧部落共同体出现了，它们拥有的军事技能、技术、耐力以及流动性，足以让它们控制毗邻的农耕定居社会，包括斯基泰人、匈人、月氏和乌孙在内的一些游牧部落，在农耕文明之间的大草原建立起类似国家的强大联盟（参见地图8.1）。这些国家算不上农耕文明，因为它们缺少农业社会的一些关键特征，包括主要的城市和大量定居人口。不过，它们表明，游牧部落有能力在非洲-欧亚大陆严酷干旱的内陆地区兴盛起来。一旦这类共同体出现之后，它们就促进了所有不同生活方式和共同体的相互联系。游牧部落在这些比较边缘的地区取得成功之前，农耕文明彼此之间的交往少很多。最终，游牧部落扮演了贸易、交换的促进者和保护者的角色，由此促进了丝绸之

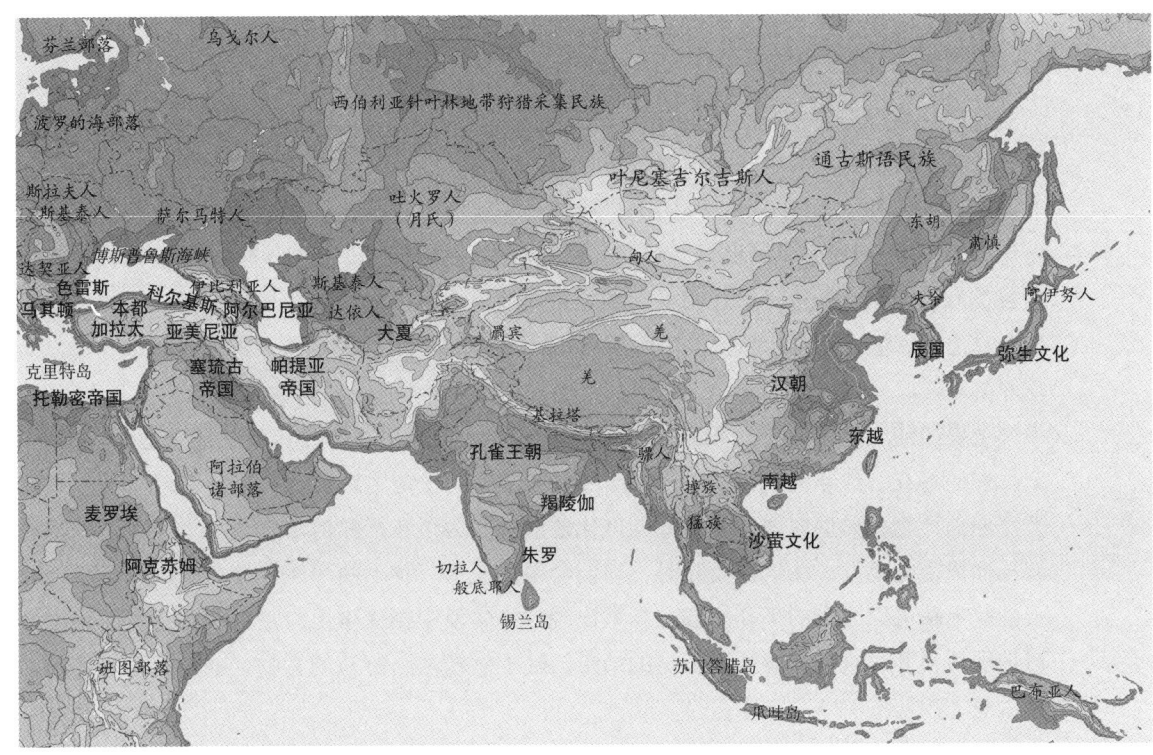

地图8.1 欧亚内陆的游牧和定居国家。这幅图所展示的是,大约公元前200年到公元前100年间,这个地区一些主要的游牧部落联盟和农耕文明

路和其他网络的兴旺繁荣。

第一次丝绸之路时代

随着上述前提条件的出现,汉朝决定与它的西部邻国建立联系,并且致力于远距离贸易,这样,小规模的地区贸易活动转变成一张巨大的跨非洲-欧亚大陆的商业网络。在汉武帝(公元前141—前87年)派遣张骞出使中亚——旨在建立外交关系和进行考察——之后,汉朝参与到这张网络之中。张骞历经磨难,终于在12年之后返回故土,他让汉武帝相信,汉朝可以与中亚许多国家建立友好关系,因为它们"迫切需要汉朝物产"。对于那些对贸易不热心的国家,则以武力降服,迫使它们加入汉朝的贸易和纳贡体系。在短短十年时间,汉朝就与中亚36个城市-国家建立了一种纳贡关系,商品开始沿着古老的移民路线从中国流向中亚。正如我们在前一章所讨论的,在汉朝开始与其西部邻国建立联系半个世纪后,奥古斯都在经过一个世纪内战之后登上罗马权力的顶峰。非洲-欧亚大陆西部广大地区恢复了和平与稳定,罗马对奢侈品的需求,尤其对香料和丝绸这类异域纺织品的需求,也随之剧增。

罗马需要的中国商品,主要是丝绸,这种雅致的、半透明的和性感的物品,很快就成为富有的罗马贵妇的时尚。中国人意识到了垄断丝绸的商业价值,小心翼翼地保守着丝绸生产秘密,边关士兵会盘查离开的商人,确保他们没有携带任何桑蚕出境。汉朝的铁器非常坚硬,也受到罗马人的高度赞扬。上等香料从阿拉伯半岛和印度输入罗马帝国,其中著名的有肉豆蔻、丁香、小豆蔻和胡椒,它们被当作调味品,也被用作春药、麻醉药和香水。罗马人花了大量财富与中国和中亚贸易,以换取这些价格昂贵的货物。公元65年,罗马元老院成员老普林尼(Pliny the Elder)怒斥罗马与亚洲的贸易,认为这种贸易致使罗马国库每年损失钱币约1亿塞斯特贴姆(sestertii,1塞斯特贴姆即1枚大的罗马铜币)。即便普林尼的数据有点夸张,不过,它证明了丝绸之路商业交换不可思议的规模。中国人在输出昂贵的产品之后,输入了农产品(包括葡萄)、罗马玻璃制品、印度和埃及的艺术品以及来自大草原的马匹。

主要的陆上丝绸之路的起点是汉朝都城长安,经由甘肃走廊和塔里木盆地深入中亚。双峰驼的存在,让非洲-欧亚大陆东部和中部地区的丝绸之路成为可能。双峰骆驼是中亚大草原的产物,典型地体现了极好的进化适应性。为了在严酷的冬季生存下来,这种骆驼有长而浓密的毛发,在气候变暖时,它们会很快脱落。背上两个驼峰储存着大量脂肪,长长的睫毛和可以闭合的鼻孔能够在频繁出现的沙尘暴中挡住尘土。足上两个宽大的趾,可以伸展得很开,这是适应沙漠行走的结果。陆上丝绸之路贸易的货物,就由这些非凡的动物驮载(参见图8.2)。

在欧亚大陆西部,主要的陆上路线以巴尔米拉(Palmyra)等罗马叙利亚行省的重要贸易城市为出发点,然后横穿幼发拉底河和底格里斯河,再翻越伊朗高原,最后抵达阿富汗(当时的巴克特里亚)。公元1年创作的文献《帕提亚驿程志》(Parthian stations),为我们提供了与丝绸之路西部地理相关的重要知识,这部作品的作者是帕提亚帝国一位希腊商人,即查拉克斯的伊索多鲁斯(Isodorus of Charax)。大约在《帕提亚驿程志》创作时期,海上进行的跨非洲-欧亚大陆贸易数量也日益增长,罗马埃及行省与印度沿海地区之间的贸易尤为显著。一本保存下来的公元1世纪水手指南——《厄立特里亚航海纪》(The Periplus of the Erythrian Sea)为史学家提供了关于当时海上贸易的详细记载。《厄立特里亚航海纪》表明,水手们已经发现了"贸易"季风这种地理秘密。一到夏季,就刮起西南季风,载满货物的商船从非洲海岸顺着季风横渡印度洋直达印度。到了冬季,就刮起相反方向的季风,这些运载新货物的船只就可以返回红海(参见地图8.2)。不过,我们发现,在第一个丝绸之路时代,

图 8.2 双峰驼。丝绸之路贸易的货物就驮在这些动物的背上,它们完全适应了中亚的环境

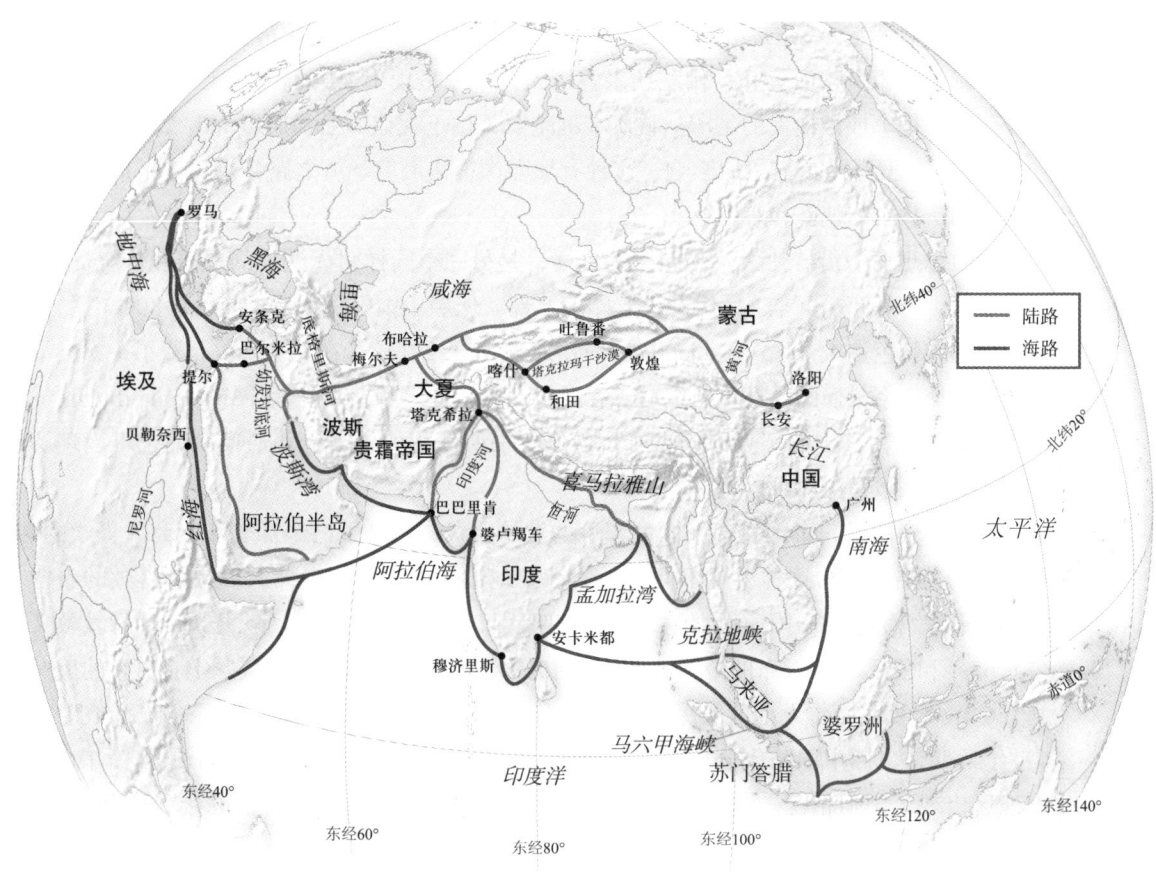

地图8.2　丝绸之路。这幅图所描绘的，乃是大约公元100年陆上和海上贸易和交换路线

不管商人取道海上还是陆地，他们都没有走完全程。事实上，来自东方和西方主要文明的商人把货物运到一个地方，然后转给中间人，其中包括在贵霜帝国或整个印度洋盆地各贸易港口活动的商人。

非洲–欧亚大陆的交通要道

在丝绸之路网络的核心，贵霜帝国（约公元45—225年）跨越、影响陆上和海上路线，它是世界历史上最重要的、同时人们了解得最少的农业文明之一。贵霜帝国的居民能够与罗马人、帕提亚人、中国人、印度人和大草原游牧部落保持一种相对友好的关系。在促进第一次丝绸之路时代富有特色的、高层次的跨文化交流方面，他们扮演了十分重要的角色，以至于这一时期被重新命名为贵霜帝国时代也不为过。贵霜帝国的君主不仅是非常高效的政治和军事统治者；他们也体现出了对艺术的非凡鉴赏力，并且赞助帝国境内富有创新精神的雕刻作坊。这些作坊的产品反映了这一时代的集体学习所具有的典型的综合性。

在贵霜帝国时代，犍陀罗和马图拉的作坊生产的雕刻作品，融合了中亚、印度和（或许）

希腊化时代希腊艺术家的智慧,这些人献身于一种恢复活力的佛教精神,创造了一套全新的崇拜形象。直到当时为止,佛陀还未曾以人体形象呈现出来,不过确实体现在一些符号上,包括一把伞或沙地上的足印。首次在犍陀罗(位于现在的巴基斯坦)出现的佛陀雕像,受到对希腊-罗马神灵描述的影响。这种有形雕像很快沿着丝绸之路传播,南抵斯里兰卡,东达中国、日本、朝鲜和东南亚。

佛教思想意识沿着伟大贸易路线的传播,是另一个同样引人注目的思想和传统交叉渗透的事例。佛教于公元前6世纪产生于印度北部。依照中国古代佛经的记载,800年后,贵霜帝国的迦腻色迦大帝(Kanishka the Great,约129—152在位)在克什米尔召开了一次会议,决定以更加通俗易懂的语言重新编写佛教经典。这就促进了**大乘佛教**(Mahayana Buddhism)的出现和传播,其中的部分原因在于,创作经书所使用的语言,普通民众完全可以理解,而不是只有宗教精英才可以阅读。

从印度经由贵霜帝国直达中国的繁忙的贸易路线,推动了已经深受印度商人喜欢的佛教思想的传播,因为这种思想不问种姓和社会地位,一视同仁地向人们提供得救的希望。积极从事丝绸贸易的中国商人,也被这种信仰吸引,他们回到中国之后就开始传播佛教教义。公元65年和公元70年颁布的中国法令,特别提到佛教的传播以及帝国儒家学者对它的反对。到166年,汉朝皇帝本人也信仰佛教,到179年,关于"完善的灵知"的佛经也被译成中文。4世纪后期,也即中国陷入分裂之时,中国北方大量人口接受了佛教,到6世纪,南方广大地区出现了类似情况。与此同时,东亚以及东南亚等其他也已经做好接受这种宗教的准备。

丝绸之路也促进了基督教、摩尼教以及稍晚出现的伊斯兰教的传播。基督教传教士很好地利用了罗马大道和海上运输网络。基督教传道者、塔尔苏斯的保罗沿着东罗马帝国的陆路和海道向小型基督教共同体布道,他的行程约13000千米。基督教最终沿着丝绸之路向东传播,穿过美索不达米亚和伊朗进入印度,然后抵达中国。基督教的一支,即聂斯托利派(the Nestorians,中国所说的景教徒)在丝绸之路中部和东部地区变得尤为强大。中亚的摩尼教于3世纪产生于美索不达米亚,它也从丝绸之路获益良多。摩尼教创始人摩尼(216—272年)是一位狂热的传教者,他的足迹遍及这个地区,也派遣信徒四处传教。摩尼教建基于这样一种宇宙观,它认为人类历史上一直存在良善的、精神的光明世界与邪恶的、物质的黑暗世界之间的斗争。与佛教一样,摩尼教对商人尤其有吸引力,最终,摩尼教社团出现在大多数重要的丝绸之路贸易城市之中。

第一次丝绸之路时代的衰落

公元3世纪,随着中国和罗马帝国退出跨非洲-欧亚大陆网络,丝绸之路也逐渐被废弃,这也是我们前一章所讲的收缩期的组成部分。丝绸之路贸易本身至少对这种解体负有部分责任,因为它也促进了灾难性传染疾病的传播。天花、麻疹和淋巴腺鼠疫蹂躏了贸易路线两端的人口，因为那里的人们抵抗力较差。古代世界的人口统计一直很困难，不过，在公元1世纪中期到2世纪中期100年时间，罗马帝国人口可能从6000万降到4500万。当天花在公元2世纪晚期肆掠地中海世界时，人口数量再次下降，到公元400年，或许降到4000万。中国人口可能从公元200年的6000万下降到公元600年的4500万。

随着此前稳定的农耕文明的衰落（汉朝终结于公元220年，贵霜帝国随之在萨珊人的入侵下分崩瓦解，罗马帝国在整个3世纪都陷入危机），上述巨大的人口损失几乎同时发生了，这意味着，在接下来几个世纪，非洲-欧亚大陆许多地区主要的政治环境不利于大规模商业交换。不过，随着公元8世纪和9世纪伊斯兰世界的创建，以及同一时期唐朝的建立，重要的陆地和海上丝绸之路贸易重新恢复了活力。

第二次丝绸之路时代

在中国，唐朝（618—907）和宋朝（960—1279）管理着活力十足的市场经济，农业和制造业的专门化、人口增长、城市化以及基础设施的发展，带来了高水平的国内和对外贸易。新的金融工具（包括印刷的纸币）被设计出来，以促进大规模商业活动。同时，在阿拔斯王朝稳定而繁荣昌盛的行政体制下获得大量好处的阿拉伯商人，开始与中国商人进行利润丰厚的商业贸易。事实上，许多穆斯林商人涌入中国，来到重要的贸易城市，加入当地来自拜占庭、印度和东南亚移民的社区。随着海上贸易在总量上逐渐超过陆上贸易，遍及非洲-欧亚大陆的大量商人和水手来到中国南部重要海港城市广州和泉州。

最近在印度尼西亚水域发现了一艘公元9世纪的阿拉伯沉船，在史学家眼中，它是有形的证据，不但表明了中国-伊斯兰贸易高度的商业性质，也指出了促进这种贸易的海上路线的重要性。这艘独桅帆船装满了几万件小心打包的唐朝陶瓷盘子和陶碗，以及许多金银器物。这艘勿里洞残骸（Belitung Wreck）表明，唐朝存在一种批量生产和出口工业，其中大多数产品销往阿拉伯市场。公元一千纪末期非洲-欧亚大陆两大帝国之间的这种商业关系，具有某种引人注目的现代特性。

与那些在乌鲁布伦沉船上发现的昂贵器物不同，勿里洞沉船上发现的唐朝陶碗是实用的，并且面向9世纪的"大众市场"。它们非常类似于工厂生产的产品，这证明了组织良好的商业基础设施的存在（参见图8.3）。陶碗需要用钴上色，中国制造商从伊朗大量购入这类染料。船只的载货单明确记载了陶碗烧制的日期。货物中还有大量标准的墨水瓶、香料瓶和水罐，这些显然都是为特定市场而生产的出口商品。绘制在各种器物上的装饰图案或釉面图案——包括佛教的、伊朗的和伊斯兰教的主题——表明，这些货物是面向特定市场的。第二次丝绸之路时代，中国和伊斯兰世界参与到繁忙的商业交换之中，在公元一千纪晚期，从事远洋航行的阿拉伯水手维持着这种充满活力的跨非洲-欧亚大陆网络。

在第一次丝绸之路时代，尽管物质交换十分重要，也令人印象深刻，不过，文化交

图8.3　**唐代长沙碗**。这些9世纪的长沙碗制造于唐代中国，目的是出口伊斯兰哈里发王权统治下的市场。这些碗在一艘阿拉伯独桅帆船的残骸上被发现，当时那艘船正在现代印度尼西亚的勿里洞岛附近

流似乎比物质交换更重要。其中一个令人迷惑的事例，就是阿拉伯故事集《一千零一夜》。一些学者认为，其中许多故事起源于印度，然后由来往于印度洋的商人传播到波斯。一开始，故事并不多，随着它们传入伊斯兰世界，来自波斯和阿拉伯传统的更多故事汇入其中，最终，《一千零一夜》成为世界文学伟大的综合性汇编之一。

在第二次丝绸之路时代，丝绸之路上的宗教交流没有中断。正如我们前面所述，在唐朝建立之前，许多外国宗教已经传播到了东亚。随着伊斯兰教在7世纪出现，以及此后几个世纪大量穆斯林商人社区的建立，清真寺也开始在中国许多城市现身。在中国所接受的所有外来信仰当中，只有佛教在对抗儒家学说方面取得实质性进展。公元600年到1000年间，中国建造了许多佛教徒的舍利塔（stupas，用来存放死者遗骸的土墩建筑）和寺庙，即使没有几千所，也有数百所。佛教宣扬拯救观念，严重威胁到道家和儒家学说在中国人心灵和精神上的地位。最后，作为大受欢迎的调和产物，一种综合性信仰出现了，这就是禅宗（日本称为Zen Buddhism）。

陆上和海上丝绸之路，典型地体现了农耕文明时代不同文明之间的相互联系。商人和冒险家、外交使节和传道士们沿着这些常常十分凶险的、贯穿地球上一些最严酷地域的路线行走，他们携带商品和思想观念穿过非洲-欧亚大陆世界区。每一种类型的交换都很重要，每一种都推动世界迈向人类历史上另一次伟大革命——现代革命。在许多重大的影响之中，宗教尤其佛教的传播最为重要，它成为那个时代南亚和东南亚众多十分重要的思想意识和精神信仰之一。时至今日，佛教依旧是几百万亚洲人的重要文化纽带之一，是丝绸之路奉献给现代世界的诸多遗产之一。尽管参与者多种多样，不过，这种互动的一个结果，就是非洲-欧亚大陆的历史在某种程度上保持了潜在的统一性，它体现在共同的技术、艺术风格、文化和宗教甚至疾病和免疫模式之中。

8.2 趋势三：不断演进的社会和性别复杂性

日益复杂的社会关系是界定农耕文明时代的第三大趋势。同样，越来越多的人口和生活方式的丰富多样性，创造了人类历史上最具活力的集体学习区域。得到强化的城市化规模、人口密度、相互依存以及跨文化交流，导致社会内部和社会之间人们的联系方式出现了剧烈变化。在本章的这部分内容中，我们会讨论农耕文明时代非洲-欧亚大陆发生的一些重要的社会变化。

我们注意到，随着公元前2000年之后人口密度的增加，人类不得不设计更复杂的集体生活方式。这意味着，大历史的中心主题之一，即广泛出现的渐增的复杂性，也发生在各种社会进程之中。更不合理的、更严格的等级制度——基于财富、性别和依据不同职业和种族划分的认知地位——成为农耕文明的特征。到这个时代末期，地球上所有社会都嵌入一种严密的等级制和家长制体系之中。随着城市和人口的持续增长，首先在苏美尔看到的那种社会和性别趋势得到强化。现在，我们将横跨3000年时间来考察这些趋势。毫无疑问，这种分析的某些内容看起来就像是对这些趋势的笼统概括，我们也相信，这个时代男人们和女人们真实的生活经历更加多变。可以说，这个时代保留下来的证据，显然支持复杂性日益增强的这个趋势。

社会和两性关系的趋势：公元前2000年到公元前500年

美索不达米亚和埃及

在美索不达米亚，财富和权力等级制度在公元前二千纪似乎变得更加森严。巴比伦、赫梯和亚述社会结构都是等级制的，最顶端是一位半神半人的国王，他得到一群强有力的土地贵族的支持，在他的要求下，后者为其提供军队。成文法典首次出现，或许是应对社会紧张关系的一种尝试。汉谟拉比国王刻在一条石柱上的282条法律条文，是对巴比伦国家社会关系的耐人寻味的洞察。汉谟拉比声称，他的法律旨在"让正义之光普照大地"，"防止强者掠夺弱者"，但是，法律条文模棱两可。其中一些似乎主张平等，比如"以眼还眼"或"倘人断他人之骨，则断其骨"，不过，惩罚却因当事人财富和地位不同而呈现出巨大差异。这种模糊性可以得到部分解决，只要我们没有忘记当时尚处于农耕文明时代早期，当时，共识性权力正在演变为彻底的强制性权力。汉谟拉比的法律证明了这两种类型的权力的复杂互动。一方面，统治者承认自己有责任保护所有公民；另一方面，他清楚地认识到，他的权力依赖于向精英阶层提供更多保护和支持，因为他们是他执政地位的基础。这种张力在整个这一时代反复出现。

汉谟拉比的法典也表明，成年男子在巴比伦国家掌握着公共和私人权力，一种关于性别的双重标准也已经出现。女人会因为通奸行为而被淹死，但是，社会却容忍已婚男子与情妇或奴隶发生性关系。妇女被要求在公共场合把头和身体裹起来,这种文化习俗最初出现于美索不达米亚,然后被包括伊斯兰教在内的其他文化所采纳。《汉谟拉比法典》体现了日益复杂的两性关系,其中一些法律为女性提供了明确的保护。男子会因为对女子的虚假指控而受到惩罚;强奸处女会被处死;男子需要为他们的妻子提供充足的食物。在美索不达米亚社会,许多女性担任了很有影响力的职位甚至大权在握。一些成为祭司,并且管理用来为特定男神或女神服务的庞大地产;另一些成为书记官,并因天资而步步高升。许多女性也成为专业人士,比如助产士、啤酒酿造者、面包师或店主。

古埃及社会也发展出了明确的等级制度,作为农业劳动力的农民和奴隶处于社会底层,统治精英则高高在上。整个埃及国家受到一位全能君主的统治,因此,土地贵族几乎没有生存空间,祭司阶层和文书行政人员构成社会上层,地位仅仅次于法老。由于这些高级官僚职位向社会不同阶层的个体开放,因此,从理论上说,出生于中产阶级或社会底层的人,只要他们具备行政才干,也能够通过努力奋斗跻身上流社会。

在公元前二千纪,埃及妇女似乎比美索不达米亚妇女拥有更多机会。她们可以管理、拥有和出售私产,在法庭上提出诉讼、解放奴隶以及收养孩童。如果一位埃及妇女在结婚时带了私产过去,那么,这些财产一直为她所有,在任何离婚协议中,都要归还给她。埃及女孩通常在大约14岁结婚,她们离开父亲的家,进入丈夫的家,以此承认自己的新身份。夫妻双方可以根据各种理由提出离婚,这种事务一般都私下解决,无须政府插手。埃及妇女不但享有这一系列不同寻常的权利,在不同时期,她们也可以成为法老统治国家。最著名的女性统治者有哈特谢普苏特(Hatshepsut,公元前1473—前1458年在位)和克莉奥帕特拉(Cleopatra,公元前69—前30年),后者是罗马控制埃及时期的埃及女王。我们还知道至少三位另外的女性统治者,她们分别属于古王国、中王国和新王国时期(参见图8.4)。

图8.4 **克莉奥帕特拉**。埃及的克莉奥帕特拉女王,托勒密王朝最后一位君主,公元前69年到公元前30年在位

印 度

来自印度河文明的考古证据表明,到公元前三千纪晚期,当地已经发展出一个等级制社会,它可能对1500年之后的印度种姓制度产生了影响。印度河文明的城市精英向下层阶级收取贡赋;专业的工匠生产陶器和工具;商人控制国内和国际贸易。在哈拉帕

和摩亨佐·达罗发掘出来的住房，体现了贫富分化。精英们所住的，是房间众多、带有几个庭院的宽大多层的房子；穷人只能挤在一间房中。不过，在这个复杂的古代社会，所有住房都建有带淋浴和厕所的私密浴室，污水被排入一套设计一流的下水系统中。

随着雅利安人于公元前二千纪中期到来，印度河文明的社会模式与雅利安人的亲缘组织结合在一起，综合性的印度社会由此出现。《梨俱吠陀》（一部诗歌集）描述了早期雅利安人组织成以军事首领或酋长为首的部落社会。当这些移民进入印度广大地区时，部落结构也转变成各种更复杂、相互依存的政治制度，社会等级制度也得以巩固。到大约公元前1000年，一种严格的等级制出现了。印度人称之为瓦尔纳（varna，源自梵语"色彩"一词），不过，葡萄牙商人和传教士后来将之翻译成种姓制度。吠陀宗教的祭司构成最高等级（婆罗门）；其次是世俗统治者和战士（刹帝利）；然后是商人、工匠和平民（吠舍）；最后是无地农民和奴隶（首陀罗）。后来又出现第五个等级，即"贱民"，他们主要指社会上从事最不体面的工作或者处理动物死尸的人。他们被称为"不可接触者"，因为他们的触碰会玷污其他人。从农耕文明时代到现代，瓦尔纳制度一直影响印度社会各个方面，需要记住的是，尽管正式的种姓制度显得等级森严，不过，在印度人的实际生活经历中，始终存在某种灵活性。

印度社会的综合性基础有助于我们理解两性关系以及三代家长制家庭的巩固。在这种家庭中，女性被要求服从于男性。当一个年轻女子结婚时，她自动离开父亲家庭前往公公家庭。在一切婚姻中，依照法律规定，孩子是父亲的专有财产，从来不是母亲的财产。妇女在任何时候都需要一位男性保护人——她的父亲、公公、丈夫、兄弟甚或她的儿子。依照宗教法律，妇女不能继承财产，也不能参与吠陀宗教的仪式，她们的出现被认为会玷污仪式过程。

中 国

公元前二千纪早期，中国也建立了社会和性别等级制度。就我们对夏朝的了解而言，农民受到统治精英的控制，后者学会了利用繁复精致的仪式来巩固他们的地位。紧随其后的商朝精英，尤其国王，都拥有巨大的、基于征收贡赋之上的权力，他们以这种权力强制广大农民为他们修建城市、宫殿和陵墓。国王位于商朝社会等级制顶端，往下依次是王室成员、贵族阶级、宫廷官员、地方贵族、普通百姓和奴隶。就如同埃及社会那样，随着国家规模和复杂性的增长，书吏和其他行政人员学会了以他们的技能来谋取更高的社会身份和地位。因此，从理论上来说，社会流行性是可能的，尽管农民被禁止流动——农民处于无权地位，在原始的状态下生活和工作，但是却构成中国人口的绝大多数，这种情形所有农耕文明概莫能外。商朝实行王位世袭制，国王通过宣称自己是人民与一个平行精神世界——这个世界也有一个至高无上的存在，即"帝"——之间的唯一纽带，来确保自己的家族世代居于社会最顶层。

在中国，最早关于两性关系的文字记载也来自商朝。商朝甲骨文中出现了大约700个

图 8.5　妇好墓。妇好是商朝一位富有而大权在握的女性,妇好墓是考古学家发现的少数几个未曾被盗的商朝陵墓之一

人名,其中170个属于女性名字。妇女精英管理宗教礼仪、向宫廷进献价值不菲的贡品以及负责收成。有一组甲骨文与妇好有关,在商王武丁的宫廷中,妇好是一位很有权势和影响力的女性。有两条铭刻描绘了妇好的将军身份,她在一次重要的军事活动中替国王指挥军队。1976年,妇好墓被发现(参见图8.5)。墓葬的随葬品证实了妇好的财富和权力:400件青铜礼器,600件玉器雕刻装饰品,以及7000枚货贝(货贝是商朝用以交换的媒介)。尽管妇好很富有,也很有权势,但是,另一个例子表明两性关系已经变得自相矛盾:一条与她相关的甲骨文铭刻证明了她在生育上的不幸,因为她生了一个女孩!

东地中海地区

正如我们在前面一章所讨论的,在公元前二千纪,地中海盆地的岛屿和沿海地区已经出现了复杂社会。关于米诺斯社会的考古证据十分模糊。传说中提到一位开国国王米诺斯;考古学家阿瑟·埃文斯(Arthur Evans)基于一位统治祭司-国王的观念重建了克诺索斯宫殿。然而,后来的学者质疑米诺斯文化是否曾经存在过一位男性国王,同时,壁画证据似乎表明,社会中的特定群体甚至个人都有可能负责特定的工作,几乎没有证据证明强大的精英阶层或等级制度的存在。

如果克诺索斯宫壁画上绚烂的女性图像是一种指示的话,那么,米诺斯妇女精英似乎享有很高程度的自由。她们完全没有被局限在家庭内,至少与男子平等地参加体育赛事和宗教节日等公共事务。她们穿着饰有精美图案的礼服,腰部以上一览无余,以展示她们的胸部,她们有一头优美地缠绕和盘起的黑色长发,这表明她们有空闲、资源和社会自由来追随时尚。在壁画中,男人和女人都平等地参加跳牛仪式(bull jumping)等体育活动,这使许多史学家认为当时性别平等,甚至实行母系继承制,尤其因为克里特岛缺少与男性武士阶级相关的任何证据。

米诺斯宗教可能以女神为重点;毫无疑问,在宗教礼仪中,妇女作为官员扮演主角。主神是一位美丽的母神,她通常身穿最时尚的衣服,有时是一条无吊带的紧身胸衣(迄今为止所知的第一件紧身衣服,参见图8.6)。就像印度河生育女神很可能是后来印度教女神的原型那样，米诺斯的母神可能是后来古典时代希腊宗教中诸位女神——包括雅典娜、得墨忒尔和阿芙洛狄忒——的灵感来源。

迈锡尼社会没有那么模糊，它显然建立了一种等级制社会制度，国王高高在上，下面是一系列社会政治群体。例如，迈锡尼城邦皮洛斯（Pylos）的国王拥有大量地产，他可能被当作半神，不但任命一些人担任有权势的行政职务，也得到一群代表和官员（他们被称为hequetai，即"追随者"）的支持。在贵族和行政阶级之下，则是受雇于农业、纺织业和金属生产的工人。货物贸易是迈锡尼社会的一个重要组成部分，不过，迄今为止所有发掘出来的泥板，都没有提到商人阶级，这意味着精英通过垄断这种有利可图的活动来进一步增加他们的财富。

在通过贸易和征服活动了解到米诺斯文化之后，迈锡尼妇女采纳了米诺斯时尚的一些要素，同时以化妆品和珠宝丰富了她们自己的装饰技巧。不过，迈锡尼社会无疑更具父权制特征。尽管在男子外出征战时，妇女有责任照看地产，但是，在各种描述中，上层和下层妇女通常做一些家务活，包括洗衣、收割和碾磨谷物、为男性战士洗澡和抹油。

图8.6 米诺斯母神。米诺斯文化的这位美丽母神，可能是后来希腊女神（比如雅典娜和阿芙洛狄忒）的灵感来源

社会和两性关系的趋势：公元前500年到公元500年

印度

在农耕文明时代的最初几千年，社会和两性关系越来越复杂，到公元前一千纪中期，这种趋势得到加强。印度瓦尔纳制度对公元前一千纪晚期以来印度社会的方方面面产生了深远影响。人们在每个种姓内部通婚、交往和相互照应，由此创造了种姓内部团结一致的强烈感觉。印度的外国人按照职业不同而自动归属于某一种姓，这样，他们很快就在印度社会找到了自己的位置。某种社会流动性也是可能的，如果人们改变自己的职业或与较高或较低阶级的人通婚的话。不过，较低种姓的许多人最终因其社会地位遭到贬低而心生怨恨。这一时期，印度社会进一步城市化，特别是商人开始抵制他们被指定的、低人一等的地位。

此一时期，佛教在印度非常流行，原因之一在于，佛教宣称，婆罗门并没有独占掌握幸福和完满生活的秘密，所有种姓的男男女女都可以达到涅槃（或拯救），这样，它就提出了一种更包容、更平等的社会概念。正因为这个概念，人们尤其商人成为佛教的虔诚信徒，他们沿着通往中国的丝绸之路传播这种信仰。尽管孔雀帝国的阿育王大力弘扬佛教，不过，后来的笈多帝国国王支持更传统的宗教活动，经常将土地赏赐给婆罗门，甚至将皇家矿山的所有权转让给他们。部分因为这个原因，最终发展成为印度教的宗教超越了佛教，成为印度人的信仰，与之相关的瓦尔纳制度及其残余也得以深深镶嵌在印度社会之中。

我们对这一时期印度的两性关系的了解，主要来自《摩奴法典》（the Laws of Manu，大约公元前500年）。许多法律条文是父权制的，不过，还有一些条文似乎为妇女提供了真正的保护。那些推崇寡妇殉夫的法律，说明了人们希望妇女证明自己完全依赖于男子。人们鼓励寡妇心甘情愿地跳入为她们的亡夫架起来的熊熊燃烧的柴堆中，印度道德学家尤其主张著名男子的妻子遵循这种活动，他们希望她们的所作所为能够更广泛地巩固父权制。

中 国

周朝统治者尝试矫正商朝的一些不平等。土地除了世袭继承之外，也可以买卖，这样，一个中产阶级出现，并且对贵族的世袭身份构成了挑战。农民无疑受到排斥；作为精英的佃户，他们被束缚在村庄，通常种植小块土地，根本不可能拥有创造剩余产品的任何机会。为了重新界定社会身份的标准，孔子费尽了心思，他宣称，一个优秀人物并非必然出生高贵，也可以是那些通过追求高层次的文化和道德修养而成为君子（junzu）的人。一方面，孔子似乎主张维持一种由精英领导的等级制社会；另一方面，他认为，通过出色的教育和较高的道德标准，任何人都应当享有跻身精英阶级的机会。

两性关系在东周时期变得更复杂，那时，一些哲学家提出，宇宙是由阴和阳两种主要的相反相成的力量构成。一旦阳与太阳以及一切雄性的、温暖的和积极的事物联系在一起，而阴与月亮以及一切雌性的、昏暗的和消极的事物联系在一起，阴阳观念就具有了社会后果。这是对一种更复杂哲学的简化，这种哲学认为，阴和阳的元素存在于大多数自然力量之中，阴阳两种力量彼此完美互补而不是相互对立。然而，由于雄性的阳被认为是积极的，而雌性的阴被认为是消极的和感官的，因此，中国后来的思想家很容易利用这个观念辩称，男性支配处于服从地位的女性是天经地义的。

尽管妇女在汉朝社会继续扮演重要角色，但是，理想妇女概念的出现，进一步对妇女角色做出了分类和界定。汉朝皇帝通常会听取宫廷中男性和（不多见的）女性学者的不同意见。汉武帝的儒家顾问促使他相信，阳的力量优于阴的力量。最初由东周时期儒家学者编撰的《礼记》，在汉朝得以重新编辑，并且强调年轻女孩和男孩应当接受与具体性别相关的不同类型的训练。公元前1世纪，刘向（公元前77—前6年）编撰的《列女传》出版，该书记叙了历史上125位贞洁的、贤明的和品德高尚的妇女的故事，旨在为汉朝宫廷女性提供典范。

汉朝论述两性关系最重要的文本是《女诫》，作者为曾经被任命为宫廷史官的唯一一位女性——班昭（公元45—116年）。班昭所受的教育以及她的学术才华，让她能够克服女性获取高级官职的障碍，汉和帝（公元89—105年）诏令她讲授历史学、天文学、几何学和文学创作。班昭继兄长遗志，续成《汉书》。在长达2000多年时间，她的《女诫》对中国和更广泛的东亚社会产生了深远影响。尽管这个文本似乎坚决支持父权制和妇女的屈从地位，不过，后世对它做出了非常不同的解释。

班昭认为，理想的妇女应该具备四个条件："妇德"、"妇言"、"妇容"和"妇功"。妇女必须贞洁温和，避免说粗话，保持自身和衣服干净整洁，不说闲话，准备酒食以及从事女红和纺纱织布。不过，班昭也直接挑战了《礼记》，她明确要求为女孩和男孩提供平等的教育，因为她认为，只有通过教育，女性才能够学会得体的行为举止。

古典时代的希腊

与此同时，在地中海地区，主要的社会结构不断受到质疑，贵族和平民之间的紧张关系在长达几个世纪的时间一直主导着古典时代的希腊历史。随着城邦成为最重要的政治和社会制度，贵族群体很快垄断了对国家的控制。这些贵族（"最优秀者"）或寡头（"少数派"）废除了公民大会，将穷苦农民贬低到事实上的债务奴隶地位。城邦的贸易和制造业日益增长，一个商人阶级出现了，他们与平民一样，也非常不满贵族特权。不过，直到公元前508年到公元前502年间克里斯提尼的改革，争取更大程度的社会和政治平等的斗争才取得明显成效。克里斯提尼削减贵族的权力，组建10个新的部落，赋予公民大会通过法律的权力，建立一个新的、民主的500人议事会，其成员由抽签选举产生。这样，雅典建立了农耕文明中前所未有的民主政府，在随后的黄金时代，尤其在伯里克利（公元前469—前421年）统治期间，即使最贫穷的雅典公民也可以在政府中发表自己的意见。然而，这些创造一个更平等社会的努力，是很有限的。只有男性公民才能参与其中；妇女、外邦人和奴隶没有任何选举权。

父权制观念在古典时代整个希腊世界变得根深蒂固。至少从理论上来说，家庭由一位男性家长绝对统治，他甚至有权力决定新生婴儿的生死。妇女精英通常被限制在她们的家里，只有在男性同伴的陪同下，才可以在公开场合出现。许多妇女被迫以面纱遮脸。法律禁止妇女拥有财产，尽管中产阶级或下层阶级妇女的确会管理小生意（比如一家小店），或成为一些宗教仪式中的女祭司。

专属妇女的宗教礼仪成为希腊妇女发泄情感的一种重要方式，除此之外，她们被排除在一切公共身份之外。对谷物女神得墨忒尔（Demeter）的崇拜就只有妇女可以参加。在整个希腊，妇女们每年有好几天聚集在山上，参加献祭和节日盛宴，以确保丰收。在《酒神的伴侣》中，戏剧家欧里庇得斯描述了崇拜酒神狄俄尼索斯（Dionysius，也称巴克斯，Bacchus）的妇女聚会。当妇女发现有人偷窥她们赤身裸体的纵酒狂欢时，她们会将偷窥者撕成碎片！

我们由证据材料可知，雅典和斯巴达对待妇女的态度呈现出一些有意思的反差，它也

图8.7 斯巴达妇女。如图所示，一位年轻的斯巴达女性运动员在参赛前做热身活动

提醒史学家注意一概而论可能存在的危险性。在雅典，妇女几乎没有机会参与公共生活，她们过与世隔绝的生活，被锁在自己的房间，不得与家庭之外的男子说话。在斯巴达，妇女参加各种公共锻炼和体育赛事（参见图8.7）。在雅典，女孩在14岁或15岁结婚；在斯巴达，女孩18岁结婚。在雅典，妇女不得拥有财产；在斯巴达，许多女性拥有财产，并且大多数管理着她们自己的家庭。在斯巴达，女性接受读写教育，而这绝对不是雅典的准则。雅典男子可以嫖妓而不会招致反对（通常情况下，外邦妇女不会受到雅典公民所受的那种社会控制），而女性通奸则完全不可接受。在斯巴达，如果一个妇女的丈夫在外征战长年未归，她有权另觅新婿。不过，我们无意夸大差异，也希望大家不要忘记，斯巴达妇女仍然受到男性精英的控制；而一些墓志铭也表明，许多已婚雅典人过得很幸福，夫妻彼此忠诚。

罗 马

不同社会群体之间为了更大程度的平等而爆发的长期冲突，也是罗马共和国历史上一大特征，这也再次证明这一时代社会关系的复杂和紧张的本质。在驱逐了最后一位埃特鲁里亚人国王之后，罗马贵族精英（或"元老"）通过元老院牢牢控制了权力。平民大会得以保留，但是其成员在贵族的强迫下，不得不依照后者意愿进行投票。公元前287年，平民会议（Concilium Plebis）赢得了批准一些约束贵族的法律的权力，不过，精英们依旧通过以下各种方式维持他们在社会上的特权地位：控制农地、经由各行省的腐败活动不断自肥、有能力"购买"平民官员的选票。但是，贵族无力解决大规模失业人口、数量巨大的城市贫民以及影响力日增的商人阶级的需求，最终导致共和国瓦解和更专制的帝国政治结构的出现。

我们掌握了一些与公元前1世纪中期的罗马城市贫民数量有关的统计数据。当尤利乌斯·恺撒掌权时，他在意大利之外为退伍军人建造了居住区，也颁布法律要求解放元老们地产上1/3的劳动者。这样,接受政府补贴粮食("失业救济")的人口数从32万下降到15万,而当时罗马城总人口大约为50万。在恺撒的解放法律颁布之前,罗马城大约64%的人口是贫民,需要依靠政府的救济品度日。

从罗马共和国早期开始,罗马家庭在法律上也是父权制的;最年长的男性通过家长(pater familias)的所有权力实施统治。尽管关于家长的法律在理论上意味着家长可以安排婚姻、分配职责、给予惩罚、杀死婴儿甚至将家庭成员卖身为奴,但是事实上,共和时期的许多贵族家庭更加平等。妻子通常负责家庭事务的安排,丈夫外出做事和参与政治事务。不过,性别史学家对罗马贵族家庭做出了极具批判性的解释。他们提醒大家,不管妇女的教育状况如何,事实上,她们都被限制在家里,一切有地位的职位都留给了男子,男子忙于国家事务,从而"允许"妻子管理家庭琐事。妇女精英通常也对自身受束缚和缺乏机会非常不满;妇女可以担任的唯一真正有声望的社会公职,就是成为一名维斯塔贞女(Vestal Virgin),即女灶神(Vesta)的圣火保管者之一。

非精英妇女需要应付各种不同的压力。在每1000名新生婴儿中,大约300名会夭折,这种婴儿死亡率意味着,要想维持人口持续增长,每个罗马妇女平均需要顺利生下五到六个孩子。这种严酷的统计数据是农耕文明时代世界各地妇女所面临的核心状况。由于妇女的主要任务就是生养小孩,源源不断地提供新的劳动力、战士和公民,因此,妇女一生大部分时间必然局限于家里。

随着共和国被帝国取代,罗马社会的一些方面也发生了变化,尽管上层和底层之间的鸿沟依旧存在。中产阶级(equestrian,即市民特权阶层)——现在也包括一些在生意上发家致富的被解放的奴隶——不断通过金钱来购买有权有势的职位。在帝国时期,富有的贵族和市民特权阶层很清楚如何控制平民(plebeian)和防止叛乱:确保他们始终有足够的食物、以娱乐消遣转移他们对平等的渴望。公元1世纪讽刺诗人尤维纳利斯(Juvenal)以"panem et circenses"(面包和马戏)这个术

图8.8 莉薇娅·杜路希拉·奥古斯塔(公元前58年—公元29年)。这尊半身像是第一位皇帝奥古斯都的妻子,她是当时最有权势的罗马妇女

语对这种社会控制新机制做了出色而辛辣的描述。

从第一位皇帝奥古斯都的统治开始，罗马妇女精英在帝国早期获得了一些好处，奥古斯都令人敬畏的妻子莉薇娅·杜路希拉·奥古斯塔（Livia Drusilla Augusta）是当时最有权势的罗马妇女（参见图8.8）。不过，在奥古斯都统治时期，罗马面临人口危机，贵族人口严重减少。尽管人口衰落的真正原因是奥古斯都时代之前长达一个世纪之久的内战，不过，妇女还是因为"痴迷"于享乐、通奸以及不愿意生孩子而遭到谴责。在这种"妇女失去控制"的氛围下，奥古斯都努力通过一系列道德法律和通奸审判案来规范贵族妇女的私生活。但是很不幸，这种案子牵连到他自己家庭的一些成员，包括他的女儿和孙女。

农耕文明时代非洲–欧亚大陆各地都发生过性别战争，其中最接近彻底性别战争的事件，于公元前195年在罗马爆发，当时，贵族妇女公然反对元老院保留《奥庇乌斯法》（Lex Oppia）的企图。这项法律于公元前215年颁布，是罗马人在与汉尼拔进行的坎尼会战（Battle of Cannae）中遭遇大败后的余波。这项法律旨在禁止妇女穿金戴银和乘坐马车或昂贵的轿子招摇过市。20年之后，上层妇女坚决反对那些保留这项法令的企图；她们涌入会议广场及其周围街道，阻断通向城市的所有道路。尽管像老加图之类保守的元老院议员对妇女公开聚集的行为暴跳如雷，并且坚称只有男子才有权力决定这种事情，不过，这项法律最终被废除，妇女取得了胜利！

社会和两性关系的趋势：大约公元500年到公元1000年

中 国

在公元一千纪后半期，社会关系继续在新兴农耕文明中演进，后者取代了步入收缩期的文明。正如第7章所论述的，东亚在经历几个世纪的分裂之后，唐朝于公元7世纪在中国恢复了政治稳定。唐朝统治者费尽心思处理社会不平等问题，为了更平等地分配农田而推行均田制。土地现在按照家庭和村庄的需求进行分配，在大约1个世纪时间，这种制度成功地减少了土地集中于贵族手中的现象（汉朝深受其害）。然而，这种制度在8世纪早期瓦解，因为腐败以及大块土地被赠予寺院，导致大量土地脱离均田制，落入特殊利益集团手中。不过，唐朝在打破贵族把持社会所有要职方面，取得了一定的成功。唐朝政府官员从那些通过一系列严格考试的候选人中挑选出来，这个由士大夫组成的富有才干的官员创造了一个由士大夫组成的新阶层，在接下来1300年大部分时间，它将权力紧紧握在自己手中。

在中国，两性关系通常呈现出自相矛盾的本质，唐朝也为此提供了一些引人入胜的、常常互相冲突的见解。法律规范表明，通过严厉惩罚那些不忠甚至敢于反抗的妇女，严格的父权制得到了加强。妇女几乎没有离婚、拥有财产或再婚的权力。这些法律为那种更严酷对待妇女的法律和社会态度（包括缠足）在宋朝的出现奠定了基础。在唐朝，许多妇女在宫廷获得了很有影响的职位。乐妓在宫廷生活中扮演重要角色,她们创作自己的艺术歌曲,以著名男性诗人的诗歌填词。唐朝也出现了中国历史上唯一一位杰出的女皇,即武则天(参见图8.9),她统治中国20年(685—705)。武则天并非一位自满的或不成功的"女性"统治者。在统治期间,她进一步削弱旧贵族、支持佛教、巩固科举制,甚至在一次军事行动中击败朝鲜。她也研究音乐和文学,赞助撰写著名女性的传记。

《木兰辞》是唐朝建立前一个世纪创作的,它为我们提供了另一个耐人寻味的途径来窥探当时社会对待妇女的态度。这首诗讲述一个叫木兰的女孩的故事:天子征兵抗击好战的北方游牧部落,老父榜上有名,木兰代父从军。勇敢而才能突出的木兰女扮男装,与将士一起奋勇杀敌十二年,未曾被怀疑为女儿身。战争结束后,木兰因勇武而赢得天子的当面赏赐。然后她返回故里,脱去战袍,穿上以前的衣裳,同伴都感到十分惊讶,木兰又成了孝顺的女儿。

图8.9 女皇武则天。武则天是中国历史上唯一一位女皇。她作为至高无上的领袖统治了中国20年(685—705)

这里面包含的信息显然是矛盾的。一方面,木兰是一位具有创造力、勇气和军事才能的女性,支配男人的世界绰绰有余。另一方面,在证明了自己的能力(以及子女对父亲的义务)之后,她想做的,就是回到班昭在《女诫》中为妇女阐明的角色。最后,这首辞似乎暗示了一点,即在战场杀敌之际,男性和女性之间似乎并无任何重大的性格或技能差异:

> 雄兔脚扑朔,
> 雌兔眼迷离。
> 双兔傍地走,
> 安能辨我是雄雌?

印 度

同样,在公元一千纪,随着印度教的充分发展,印度的两性关系也变得更复杂。许多强大的女神出现了,她们不但需要得到崇拜,也需要受到敬畏,其中包括湿婆之妻帕尔瓦蒂（Parvati）、毗湿奴之妻拉克西米（Lakshmi）、印度缪斯萨拉斯瓦蒂（Sarasvati）、女战神杜尔迦（Durga）以及从杜尔迦眉毛散发出来的伽梨女神（Kali）。总体而言，这些非凡的女神代表了所有女性的几个理想化形象：家庭（或者忠心耿耿的追随者）的慈母，反抗任何威胁家庭之人的凶猛战士，伟大音乐和艺术的灵感之源，以及性欲和性爱的象征。

尽管这些女神很有威力，而且笈多王朝也支持印度教，但是，与性别相关的法律却变得更具父权制味道。童婚很常见，女孩在8岁到9岁时，家长就替她们订下婚事，她们一到青春期就举行正式婚礼。这样，年轻的妻子（事实上是一些孩子）就受到年长男子的控制，她们全身心地投入到家庭而不是公共事务之中。

伊斯兰文明

在我们对农耕文明时代不断发展的社会复杂性的考察中，最后一个例子来自伊斯兰文明，它也再次提醒我们注意归纳的难度。我们在前一章已经讨论过，非洲-欧亚大陆的大片土地，包括许多比较古老的农耕文明，都被纳入到公元一千纪出现的庞大的伊斯兰世界中。当伊斯兰阿拉伯人把他们的信仰和政治控制扩大到非洲-欧亚大陆父权制历史十分悠久的地区时，这些古老的文化传统也影响了不断发展的伊斯兰教的态度。伊斯兰经书也有大量内容论及妇女在伊斯兰社会的角色和地位，因此，扩张导致了伊斯兰教核心教义与借鉴而来的观念的综合，由此对伊斯兰社会产生的影响延续至今。

就伊斯兰教出现之前阿拉伯半岛的贝都因人社会中妇女的地位问题而言，学者们意见不一。一些人认为两性之间相对平等（他们以先知穆罕默德本人的妻子、成功的商人赫蒂彻作为例证）；另一些人表示，贝都因人社会是严格父权制的（接受杀死女婴以及一夫多妻制）。《古兰经》为伊斯兰教早期阶段妇女的地位提供了混合的观点。妇女通常被描述为可敬的伴侣而不是财产，穆罕默德对自己的妻子很温和，也很尊敬她们。《古兰经》不认可杀死女婴的行为，主张嫁妆应当归妻子而不是丈夫，承认妇女有权管理她们带到夫家的财产。婚姻也被视为一种契约，在这种契约中，妻子的同意是十分必要的。根据这些句子以及其他相关语句，一些性别史学家认为，较之于许多其他同时代的社会，伊斯兰律法同样为妇女提供了大量权力。另一些史学家指出了伊斯兰律法明确无误的父权制本质，这种法律旨在严格规范妇女的性爱和社会生活，妇女只允许有一个丈夫，而男子却可以娶四个老婆。

公元8世纪，伊斯兰教传播到古代波斯和美索不达米亚中心地带，在此后的哈里发王朝统治下，穆斯林采纳了当地早已存在的诸多文化习俗。妇女戴面纱的做法，在美索不达米亚社会已经有几千年历史；上层妇女被限制在家里，只有戴上面纱并且由男伴陪同，她们才可以现身于公共场合。穆斯林男子很关心后代的血统纯正，因此，他们很快接受了这些习俗，并且把它们写入伊斯兰律法之中。

在公元一千纪到公元二千纪的哈里发统治时期，能够接受高水准教育的妇女精英，可以扮演一种半公开角色。公元859年，法蒂玛·菲赫利（Fatima al-Fihri）创建了重要的卡鲁因（al-Karaouine）高等学院；在12世纪和13世纪的大马士革，妇女通过慈善信托基金资助修建了26所清真寺和伊斯兰学校。不过，依照史学家估计，到12世纪，妇女至多只占学者总数的1%，她们出席讲座的行为往往受到保守人士的严厉批评。在伊斯兰世界，中层和下层妇女也能找到工作，她们由此在社会中扮演更加公开的角色。其中一些妇女成为农夫、建筑工人、护士、经纪人以及放贷者；纺织业中的染料、纺纱和刺绣等部门被妇女垄断。女护士也在许多伊斯兰医院工作，在12世纪的阿尔莫哈德哈里发（the Almohad Caliphate）时期，还出现了两位医生。当然，医院需要女性医护人员的原因，在于男性病人和女性病人是严格分离的。

大约公元前2000年到公元1000年间的这些非洲－欧亚大陆农耕文明的例子，证明了农耕文明时代中社会和两性关系的迷人的复杂性。专业化、相互依赖和社会等级制的趋势（我们最初在乌鲁克考察过），在这个时代的大城市和大型国家中得到加强。基于财富、出生、职业和性别的差异，变得更加清晰，从而导致严格的结构得到巩固，在这种结构中，精英通过武力和成文法向社会下层行使强制性权力。现代之前，情况一直如此，进入现代之后，以平等主义和女权主义观念为基础的各种政治意识形态出现，它们在世界广大地区引发了重大的政治和社会革命。

8.3　趋势四：普遍缓慢的变化发展节奏

我们前面已经讨论了农耕文明时代的三大趋势：农耕文明及其行政体制的扩张以及不断增长的规模、权力和效率；它们之间重要的交换网络的建立；这一时代日益复杂的社会和两性关系。现在，我们准备简单考察一下第四种趋势：这一时代普遍缓慢的变化发展节奏（与创新、增长和马尔萨斯循环联系在一起）。在第6章中，我们首次使用了马尔萨斯循环这个术语，它是指我们在所有农耕文明历史中观察到的缓慢的兴衰模式（参见图8.10）。那么，它起源于何处呢？

与此前的农业时代早期相比，农耕文明时代无疑出现了重要发展，与旧石器时代相比，这种发展的速度更快。人口在这个时代增至原来的五倍；还有大量商业和技术创新，在铸币、数学、科学、航海、纺织和军事技术（比如战车和马镫）等方面尤其显著；农业也出现重要革新，其中包括复杂的灌溉工程和新作物。以下因素促进了这一时代的发展和创新：人口增长（它创造了一种正反馈循环需求）、一些政府政策因素（比如道路修建以及寻求远方货物）、城市内部和城市之间的贸易、非洲－欧亚大陆网络中日益扩大的贸易联系，所有这些都促进了更高层次的集体学习。

另一方面，正如我们在后面讨论现代章节中会看到的，依照现代标准，农耕文明时代的发展和创新的速度非常缓慢。为什么这样呢？答案在于，这一时代的一些重大障碍阻碍了发展。最重要的障碍包括普遍而缓慢的增长趋势本身，这种趋势阻碍创新（既然明明知道100年之后才有回报，那么为何要投资创新呢？），鼓励政府通过军事扩张来获取贡赋。

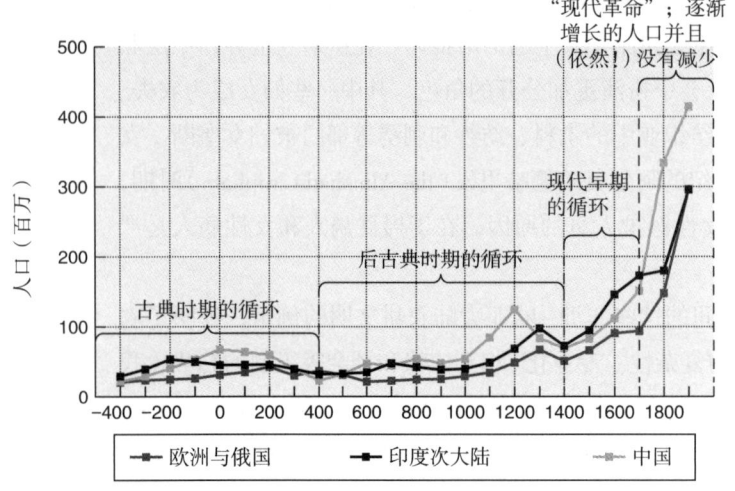

马尔萨斯循环,最近2300年:(1)古典时期;(2)后古典时期;
(3)现代早期;(4)现代革命

图8.10 中国、印度和欧洲的马尔萨斯循环,公元前400年到公元1900年。马尔萨斯循环是农耕文明时代主要的变化模式

第二个重要障碍,就是在城市和城镇定期爆发的疾病,部分因为城市环境很脏,部分在于正在扩张的交换网络促进了疾病的传播——疾病从人们有免疫力的地区传播到毫无免疫力的地区。在这种巨大的灾难中,14世纪爆发的黑死病最著名,不过,在农耕时代更早时期,还存在许多其他例子。

然而,最重大的障碍是前现代国家中大多数精英好战的、收取贡赋的本性。除了少数例外,所有证据都表明,农耕文明时代的精英通常反对商业和农业创新,因为增加资源投入以提高生产力的做法,一般被认为是不可靠的、没有回报的、政治上毫无价值的(当回报只会在将来某个时间变得明显时)。在收取贡赋的社会,变得富足主要被认为是夺取他人资源的问题。因此,绝大多数渴望增加资源的统治精英以战争来解决这个问题。发展被视为一种零和游戏,玩游戏者需要做的,是夺取他人财物,而不是努力提高国内生产力。这就解释了作为这个时代特征的频繁战争和通过征服邻邦实行扩张的尝试。它也说明了为何投资创新的动机如此之少,除非创新有助于提升军事力量。由此导致的结果就是,长期来说,生产力永远跟不上人口增长,这就解释了为何每次繁荣最终都会崩溃:人口减少、城市凋敝、商业衰落、建设停滞、文明本身似乎也在倒退。马尔萨斯循环是农耕文明时代慢节奏创新的一个后果,我们看到它们在这个时代一再出现。

目前为止,我们概述了非洲-欧亚大陆农耕文明的扩张,当它们于5000年前在西南亚和东北非首次出现时,只占人类大家庭很小一部分。它们快速传播,到这个时代末期,非洲-欧亚大陆世界区绝大多数人口——当然也是最密集的人类共同体中的人口——都居住在农耕文明的某个地方。

我们在下一章会考察同一时代其他三个世界区——美洲、澳大拉西亚和太平洋世界区——的历史。我们将描述这些世界区农耕文明的鲜明特征,解释它们历史的一些主要相似性和差异。尽管这四个世界区的历史具有许多重要的共同特征,不过,在这些区域于500年后结合起来之前,这些历史的规模和年表呈现出巨大差别。我们在后面会看到,这些规模和时间上的差别,对后来的全球史有着非常巨大的意义。

小 结

我们用三章篇幅（第7章到第9章）论述农耕文明时代，第7章和这一章考察大约公元前2000年到公元1000年间农耕文明在非洲-欧亚大陆世界区的发展。我们关注联系和交换尤其丝绸之路交换网络的意义——这种交流发生在文明之间、这些共同体之间以及与主要文明共存的许多传统的采集和游牧共同体之间。我们也考察了在农耕文明内部演化而来的复杂的社会和两性关系（人口密度的增强、专业化和相互依存的产物），这种关系导致了建立在财富、身份、种族和性别之上的更加明确的等级制。

本章问题

1. 当史学家使用世界体系和人类之网这些术语时，他们在描述哪些进程？
2. 在推动非洲-欧亚大陆主要交换网络的建立上，游牧部落扮演了什么角色？
3. 中国如何参与丝绸之路贸易？
4. 所发生的最重要的物质和非物质交换是什么？
5. 为何丝绸之路在公元一千纪晚期被相对废弃了？
6. 为何农耕文明的扩张导致了更严格的等级制社会结构？
7. 这一时代的成文法就当时妇女生活和两性关系告诉了我们什么信息？
8. 马尔萨斯循环是什么，它们如何有助于解释农耕文明时代总体上慢节奏的发展？

关键词

Mahayana Buddhism　大乘佛教
Manichaeism　摩尼教
Silk Roads　丝绸之路
southernization　南方化
world-systems theory　世界体系理论

延伸阅读

Anderson, Bonnie S., and Judith P. Zinsser. *A History of Their Own: Women in Europe from Prehistory to the Present.* New York: Harper and Row, 1988.

Anthony, David W. *The Horse, the Wheel, and Language: How Bronze Age Riders from the Eurasian Steppes Shaped the Modern World.* Princeton and Oxford: Princeton University Press, 2007.

The Ballad of Mulan, Asia for Educators, Columbia University, http://afe.easia.columbia.edu/ps/china/mulan.pdf.

Benjamin, Craig. "Hungry for Han Goods? Zhang Qian and the Origins of the Silk Roads." In M. Gervers and G. Long, *Toronto Studies in Central and Inner Asia*, Vol. 8. Toronto: University of Toronto Press, 2007, 3–30.

Bentley, Jerry H., and Herbert F. Ziegler. Traditions and Encounters: *A Global Perspective on the Past*. 4th ed. New York: McGraw-Hill, 2008.

Brown, Chip. "The King Herself." *National Geographic*, April 2009, 88ff.

Christian, David. *A History of Russia, Central Asia, and Mongolia*, Vol. 1. Oxford: Blackwell, 2004.

Garnsey, Peter. *Famine and Food Supply in the Greco-Roman World*. Cambridge, UK: Cambridge University Press, 1988.

Juvenal. *Satires*, Ancient History Sourcebook. Translated by G. G. Ramsay. **www.fordham.edu/halsall/ancient/juv-sat1eng.html**.

Laws of Manu. Indian History Sourcebook. Translated by G. Buhler. **http://hinduism.about.com/library/weekly/extra/bl-lawsofmanu10.htm**.

McNeill, J. R., and William H. McNeill. *The Human Web*. New York: Norton, 2003.

Shaffer, Lynda. "Southernization." *Journal of World History* 5, no. 1 (1994):1–21.

Stearns, Peter N., Stephen S. Gosch, and Erwin P. Grieshaber. *Documents in World History*, Vol. 1, 4th ed. Upper Saddle River, NJ: Prentice Hall, 2006.

Toner, Jerry. *Popular Culture in Ancient Rome*. Cambridge, UK: Polity, 2009.

Wallerstein, Immanuel. "The Timespace of World-Systems Analysis: A Philosophical Essay." *Historical Geography* 23, nos. 1 and 2 (1995).

Weisner-Hanks, Merry E. *Gender in History: New Perspectives on the Past*. Oxford: Blackwell, 2001.

Worrall, Simon. "Made in China." *National Geographic*, June 2003, 112ff.

Big History

第 9 章

第三部分

农耕文明时代的其他世界区

考察大图景

大约公元前 1000 年到公元 1000 年

- 美洲农耕文明在哪些方面独具特色?
- 澳大拉西亚和太平洋世界区的历史的最鲜明特征是什么?
- 较小世界区的历史与非洲 – 欧亚大陆这个最大世界区的历史有何不一样?
- 尽管四个世界区之间缺乏联系,不过,它们的历史在哪些方面具有相似性?

在第5章和第6章，我们介绍了世界区这个概念。世界区是指世界四大地区，即非洲-欧亚大陆、美洲、澳大拉西亚以及太平洋世界区。在旧石器时代和农业时代，它们的历史几乎是独立发展的。在每一个世界区，不同的人类共同体之间存在某种联系，因此，观念、人口、技术、宗教甚至风尚就能够在广大地区传播，有时候从一端传到另一端。然而，在各世界区之间，几乎不存在任何联系（当然，在人类最初从一个世界区迁移到另一个世界区时，它们之间至少有着某种联系）。正如贾里德·戴蒙德（Jared Diamond）在《枪炮、病菌与钢铁》中指出的，世界区之间几乎完全没有任何联系的状况事实上提供了一种自然的实验。当回顾这四个世界区时，我们就能够研究人类历史在这些不同环境中是如何演进的，探寻历史变化在多大程度上归因于环境因素，而在多大程度上归因于所有人类社会共有的特性。

在各自的地理、规模、内部联系、气候以及动植物方面，这些世界区都有所不同。因此，其结果就好像人类已经移民到不同行星，我们可以观察每个星球上人类历史的不同发展。这就解释了为何研究四个世界区的不同历史非常有助于探寻人类历史是否存在长期的普遍特征。一方面，我们或许会提出这些问题：农耕时代的历史存在宏大趋势（它们出现在一切有人类居住的地区）吗？集体学习的基本机制会在不同社会创造出相似的创新模式吗？我们能够观察到更多的能量控制、更庞大的人口、更密集的共同体、不断增长的联系网络以及更多的社会复杂性这种相同趋势吗？另一方面，由于我们具备独特的能力来发明做事情的新方式，因此，我们物种显然已经创造了巨大的多样性：不同的生活、信仰或者相互交流的方式。这些特征证明了我们作为一个物种的非凡创造力，但是，它们并非必然指向整个人类历史的任何其他的基本特征。因此，我们可以探询，不同世界区和地区的历史在何种程度上是由"偶然的"因素——比如个人的决定和品位或者地理上的偶发事件和文化变化——驱动的。

前面两章所关注的，乃是最古老、最庞大、人口最稠密的世界区即非洲-欧亚大陆的农耕文明时代。非洲-欧亚大陆因其规模、年代以及众多的共同体而在人类历史上扮演极其重要的角色。事实上，在历史叙述中，其他世界区发生的一切通常遭到忽视。在本章中，我们会缩小视野来关注其他三个世界区，同时以宏大的历史视角来考察农耕文明时代，以便找出非洲-欧亚大陆的历史在多大程度上是独特的，在多大程度上是所有世界区的人类共有的。

我们的注意力将集中在美洲世界区上，它是第二大和人口第二稠密的世界区，尽管它不是第二古老的世界区（第二古老的是澳大拉西亚，在5万年前到6万年前就有人类居住）。

9.1　美洲区的农耕文明

在这部分内容中，我们将描述美洲四个地区——中美洲（Mesoamerica）、安第斯地区

（Andes）、亚马孙地区（Amazonia）以及北美——酋长制和（或）农耕文明的发展。当地人发展出了他们自身的文化，这些文化完全独立于非洲-欧亚大陆的实验，因为太平洋和大西洋的阻隔直到16世纪10年代早期才完全被打破。与非洲-欧亚大陆世界区相反，美洲区各社会在建构它们的文化时，各主要地区之间只存在断断续续的联系，而且那里也缺少对非洲-欧亚大陆而言至关重要的大型动物和炼铁技术。

中美洲的农耕文明

中美洲——包括墨西哥以及中美洲相邻地区——的地理极富多样性：包括从雾气蒙蒙的雨林到寒冷的高原。在公元纪年开始之际（大约公元1年），中美洲至少有一座5万人的城市以及一种共同文化，其构成要素为主食作物（玉米、豆类、辣椒）、市场交换、纪念性礼仪中心、神灵相似的宗教、对常见的创世和毁灭周期的信仰、人祭、共同的宗教历法（一年260天），以及正在出现的四种不同的象形文字体系。在公元一千纪，这个地区小城邦林立，当精英寻求主导权、谷物歉收或丰收、干旱反复的时候，它们彼此之间混战不已。换言之，到这个时候，我们看到，农耕文明的所有关键要素正在显现出来，尽管美洲与非洲-欧亚大陆之间不存在重要的联系。

在第6章，我们简单地描述了墨西哥湾地区奥尔梅克文化（公元前1500—前300年）。现在，我们将概述在托尔特克人（Toltecs）以及在特奥蒂瓦坎的玛雅人（Maya）当中发展起来的文明，然后讨论墨西哥盆地的阿兹特克人。

尤卡坦半岛与危地马拉

玛雅文明是奥尔梅克文化的最早继承者，玛雅文明位于尤卡坦半岛东部和南部以及危地马拉，面积相当于科罗拉多或英国大小。那里气候炎热潮湿，雨季和旱季分明，没有大的河流，土地贫瘠。早在公元前2000年，玛雅地区就出现了礼仪中心，不过，它们的社会直到公元250年到900年间才达到鼎盛（参见地图6.5，第208页）。

玛雅人的基本食用作物为玉米、豆类、南瓜、辣椒。最近的研究表明，木薯根或木薯可能也是他们的重要食物。他们也种植可可树或可可豆，可可豆在贸易中是昂贵的奢侈品，它通常被当作货币使用。其他奢侈品还有玉器、黄金、贝壳和羽毛，这些物品容易携带，也光彩夺目。在这种艰苦的环境中，通过排干沼泽、平整梯田、建造水利体系，农业也取得了成功。到公元750年，玛雅文明的人口出现了快速增长；他们最重要的城市蒂卡尔（Tikal）大约有5万居民，另外还有5万人生活在周围乡村。

在玛雅人的创世神话《**波波尔·乌**》（*Popol Vuh*，保存下来的是公元16世纪的版本，不过它体现了更久远的信仰）中，神用玉米和水创造了人类，这反映了农业在他们生活中的角色。一些较早的神话故事讲述了神灵以自身鲜血驱动太阳和月亮的第一次运动。玛雅人显然相信，神灵保持世界的运转只是为了换取人类的祭品，尤其是他们的鲜血，人们认为，

图9.1 血祭。在这幅石浮雕中，一位玛雅国王手举火把照着一位王室妇女。她将一条布满刺的绳索拉过舌头上的小孔，以自己的鲜血敬献玛雅神灵

这种鲜血促使神灵降雨。在一种重要的仪式中，国王用一枚骨针或长钉在自己的阴茎或手上放血，让它洒在与烟草和其他引起幻觉的药物一起燃烧的树皮纸上面。国王在吸入这种烟雾时，会产生幻视，通常看见一条蛇从烟雾中升起，而蛇被视为先祖的代言人。在季节变化剧烈的环境中，死亡、再生以及对混乱的控制是玛雅人世界观的主题（参见图9.1）。

玛雅知识分子（可能是萨满教僧人–祭司）创造了包含"0"概念在内的20进位计数法。现在已知最早的含有数字"0"的玛雅铭刻，可以回溯到大约公元357年，不过，有迹象表明，更早的奥尔梅克文化或许已经有了这个概念。（正如第8章所论述的，印度次大陆的学者在公元最初几个世纪就阐发了这个概念，他们使用的最早符号，即一个小圆圈，出现在公元9世纪。）

玛雅祭司对时间循环有着非凡的理解。他们绘制行星的周期，预测日食和月食。他们设计了三种历法：基于地球绕太阳旋转的一年365天的历法；或许基于金星运行周期的一年260天的历法；第三种被称为玛雅长期历（the Long Count），它回溯到时间开端，随意定在距今3000多年前。玛雅人计算出来的太阳年的长度为365.242天，只比现代天文学家得出的数据大约慢17秒。

玛雅人每一天的日子可以用一年365天和一年260天两种历法来计算。每隔52年，两种历法会经历一切可能的重合，然后又回到各自起点（参见图9.2）。

玛雅人发展出了西半球最精致、最具表现力的文字系统，尽管中美洲其他四个群体也发展出了他们自己的文字体系（后奥尔梅克文、米斯特克语、萨巴特克语以及阿兹特克语）。玛雅人的文字——它对玛雅人的重要性类似于楔形文字对美索不达米亚早期精英们的重要性——包括行政和天文记载、系谱、诗歌以及历史。玛雅人在石头上雕刻碑文，在锤平的树皮和鹿皮纸——这些材料经过石灰泥洗涤之后再折叠成册——上书写。超过15000件铭刻保留了下来，但只有4本书留存至今（它们记载的主要是历史和历法问题），因为西班牙征服者和传教士毁掉了他们找到的所有书本，希望以此破坏土著居民的宗教信仰。

玛雅文字使用了象形文字和语音或音节元素，不过没有使用字母元素。解读这种文字是一项艰巨的学术工作，这种解读开始于20世纪60年代，在20世纪90年代取得了完全的成功。这些符号通常是核心图形加上周围一些复杂的前缀或后缀。

图9.2 玛雅历。玛雅历法展示了一年260天的历法（左边）如何与一年365天的历法（右边）啮合在一起。每52年重叠在一起的日子，被视为极具重要性和威胁性的时刻，常常伴有一些精心准备的仪式

　　玛雅遗址的一个共同特征，是一个中间突起、四周形成斜坡的长方形庭院，这可能是对奥尔梅克文化的一种继承。玛雅人在这种庭院玩一种球类游戏，参与者想方设法把一只又重又硬的橡皮球踢进安置在侧墙上面高处的石环中，或者踢到某种球门区，不过，他们不能使用手或脚。橡皮球直径0.3米，重6.8公斤，通过把牵牛花汁液混在黏稠的橡胶树树液中制成。欧洲人和北美人直到19世纪中期才知道如何制造橡胶。

　　没有证据表明妇女也参与了这种球类游戏，这种游戏要么由两个男子一对一对抗，要么分组对抗，每组两人到四人。一些庭院的四周还设置了头骨架子，表明这类游戏的举行有着不祥的原因。考古学家认为，这类游戏必定在许多场合举行，作为一种简单的体育活动、作为一种下了赌注的竞争、作为一种签订条约之后的仪式，有时候作为职位很高的俘虏之间迫不得已的生存竞赛，失败者立马遭到折磨或者被处死。失败者的头颅可能就展示在架子上，这是通过洒下人类的鲜血来愉悦神灵的另一种方式。

　　除了球赛之外，玛雅人还有其他不可思议的娱乐活动。他们用黏土为孩子们制作了美洲豹，它们的腿通过黏土管子连接在一起，管子上面又安装了黏土圆盘或轮子。换言之，他们制作了有轮的玩具，但是没有将这种观念转化为供成人使用的有轮交通工具。当然，如果没有大型的驯化动物牵引的话，有轮的大车也不会得到广泛使用。如果有流动的河流，轮子就可以用作陶轮或水轮来转动磨石。没有证据表明玛雅人将轮子用在玩具之外的事务上。你能想象没有轮子的非洲-欧亚大陆吗？

　　玛雅人也喜欢吸食烟草，他们将烟草用于娱乐消遣和礼仪场合。他们以及他们的神灵

图9.3 一位正在抽烟的玛雅君主。这位君主坐在一张美洲豹的皮上,正看见一条蛇的幻象,它的头正从他脚边一个海螺壳中显现出来。这幅图似乎表明,烟草被用于个人消遣和沉思。其他一些图展现了吸食烟草具有与神沟通的仪式功能。

吸食烟斗的详细图画已经被发现(参见图9.3)。根据植物遗传学家的估计,烟草最早在秘鲁－厄瓜多尔的安第斯地区得到种植,时间为公元前5000年到公元前3000年间。除了北极地区之外,烟草是所有美洲文化的一个共同特征;它被咀嚼、嗅闻、饮用、涂抹在身体上、用作眼药水和灌肠剂以及熏烟。它被吹到出征前的武士脸上、播种前的土地上、性爱前的妇女身上;它被献给神灵。它在萨满的训练中扮演重要角色;如果吸食量较大的话,烟草会引起幻觉、恍惚和几近死亡的体验,使得新萨满能够证明自己克服死亡的能力。

玛雅人以严格的等级制组织他们的社会,王室和贵族位于最顶层,占人口80%到90%的农民处于他们之下。没有证据表明奴隶制的存在。统治者负责与神灵和死者交流、建造仪式中心以及进行战争。国王们——他们在仪式中把神人格化,并为神修建居所——通常取一些威慑性名字,比如大美洲豹之爪、咆哮的天空、美洲豹之鞭(即美洲豹国王的起源)。玛雅人认为,美洲豹是丛林最危险的食肉动物。在没有合适的男性继承人时,女性也可以成为摄政者或女王。

玛雅地区由45个到50个地方性城邦组成,没有中央权威。它们从未实现过政治上的统一,由此形成的文明更像美索不达米亚和希腊的城邦国家,而不是中国或罗马的帝国结构。与非洲－欧亚大陆其他文明一样,玛雅文明也修建了纪念性建筑物。每座城邦都有一个中心,主要特征为:金字塔神庙、恢宏的住宅、宽阔的公共广场以及球场。一些中心的兴旺期不到一个世纪;整个地区经历了玛雅历史上的政治动荡和人口波动以及显著的兴衰循环。

从20世纪40年代到60年代,考古学家把玛雅描绘成一个非常和平的文明。然而,对石刻文字的解读,对防御工事、被蓄意破坏的城市和集体墓葬的发现,揭示了真实的状况。考古学家现在放弃了此前的观点,认为玛雅人之间的战争——包括抓捕对手和人祭——很频繁。随着更多考古证据被发掘出来,玛雅似乎更像其他有文献详细记载的古代农耕文明。

玛雅文明的衰落之迅速世所罕见。到大约公元760年,尤卡坦半岛南部许多玛雅人开始抛弃他们的城市;在一个半世纪时间里,延续了近千年的传统萎缩甚至几乎消失了,尤卡坦半岛北部是另一番景象，那里的奇饮·伊查（Chichen Itza）在大约公元900年到1250年间一直很繁荣。此后，直到西班牙人到来之前，尤卡坦半岛只是混战不已的小型酋邦的舞台，没有书面语言，不过有税收、贸易和金字塔，这是一种大打折扣的玛雅文明。

考古学家和史学家对这种急速的衰落做出了各种解释：土壤侵蚀、森林砍伐、地力耗尽、地震、反叛、疾病以及（最近提出的）干旱。公元840年开始了一场普遍的干旱，但是社会和政治衰落出现在湿润的低地，而不是干旱的北部高原。大多数学者都同意，好几个因素（尤其人口过剩和日益恶化的农业用地）相互作用导致了饥荒、疾病、人口迁移、无限制的战争以及对统治者失去信心。这种证据表明，那里发生了一次典型的马尔萨斯危机，也是农业时代在非洲-欧亚大陆一再出现的那种危机。不管发生了什么，玛雅文明的衰落证明了密集人口的脆弱性，不管他们组成的是中央集权的庞大帝国还是权力分散的城邦。

墨西哥盆地

中美洲另一个可以供养众多人口的地区，是位于墨西哥中部的墨西哥盆地，那里是一块海拔约2100米的高原，有几个大湖，周围高山上的流水不断汇入湖泊。当谷物适应高原气候时，当地人大约于公元前1600年就开始在肥沃的火山灰地面进行农作。到大约公元前400年，盆地人口增加到约8万，他们居住在5到6个不同的城邦（参见地图9.1）。

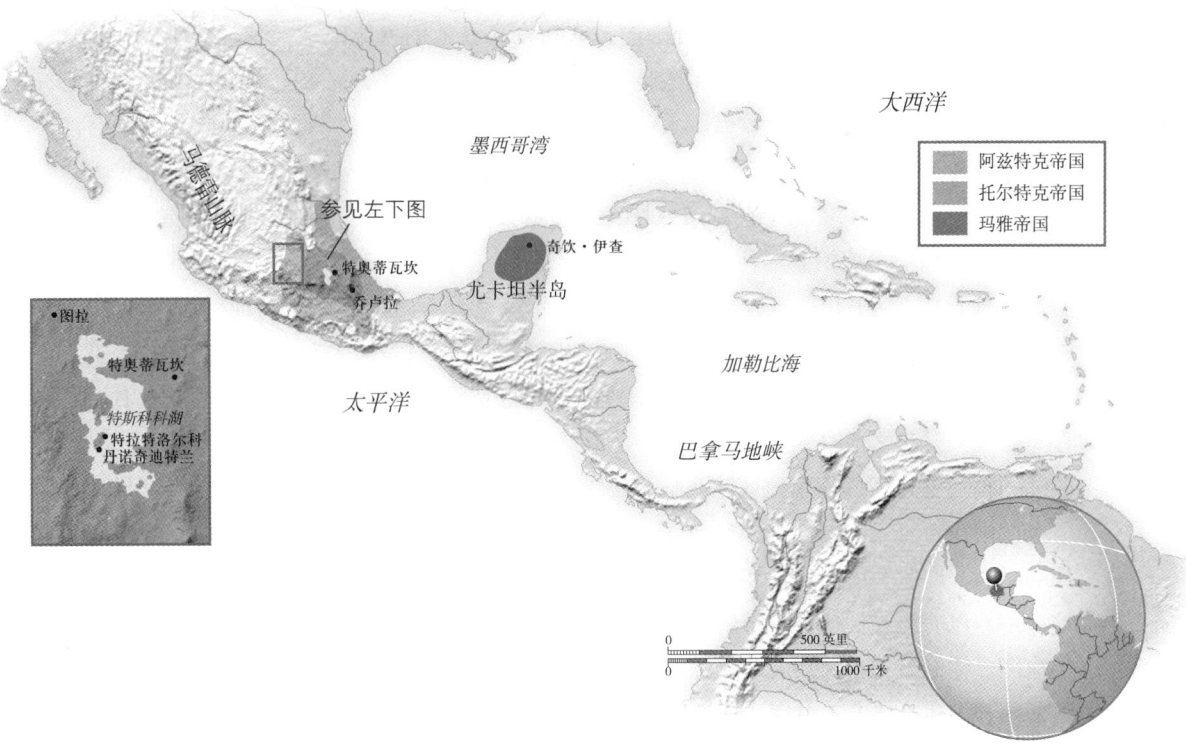

地图9.1 托尔特克帝国和阿兹特克帝国，公元950年到1520年。留意一下玛雅帝国收缩的程度。阿兹特克帝国的统治者如何在他们的领地上征收贡赋呢？

公元前350年到公元前250年间，盆地周围的火山喷发，可能由此导致人们前往现在墨西哥东北50千米处拓殖，那里很快形成一个重要城市，即特奥蒂瓦坎（Teotihuacan）。这座城市发展非常迅速，到公元1年，人口已达5到6万，大约公元500年，它达到鼎盛期，人口近乎20万。它是当时美洲最大的城市，也是世界六大城市之一。

我们都不清楚特奥蒂瓦坎是如何得到治理的；壁画和绘画暗示了一种神权政治，因为它的艺术强调神灵而不是王权。（正如我们在早期苏美尔所见到的，神权政治是指祭司宣称以神的权威实施统治。）从公元300年到600年，特奥蒂瓦坎是一座很有影响力的城市，城内有神庙、宫殿、市集、开阔的公共广场，所有这些依赖于一种灌溉体系以及与中美洲其他地区广泛的贸易联系。由于没有任何文字记载，因此，我们对特奥蒂瓦坎的社会和政治结构一无所知。

大约公元550年到750年间，作为一个主要的权力中心，特奥蒂瓦坎也经历了快速的"崩溃"，当时，入侵者将城市付之一炬，城市人口下降到原来1/4。在将近1000年之后，阿兹特克人将这座城市称为特奥蒂瓦坎或"众神之城"，这就是我们今天所知道的名字。他们将它奉为创世的圣地，这符合一种在中美洲广泛传播的信仰，即信奉一座人丁兴旺、由仁爱祭司和国王统治的神秘大都市——一种他们渴望实现的理想。

在特奥蒂瓦坎衰落之后，墨西哥盆地没有其他政权强大到足以阻止战乱和恢复秩序。在公元700年之后某个时间，特奥蒂瓦坎的继任者图拉城（Tula）出现了，图拉修建在今天墨西哥城西北80千米的两河交汇处。图拉人口众多，他们可能说**纳瓦特语**（Nahuatl），即后来阿兹特克人说的语言。尽管无法与特奥蒂瓦坎相媲美，不过，图拉也向少数几个中心，或许向整个墨西哥盆地征收贡赋。大约公元1150年到1200年间，图拉遭受了某种毁灭性的灾难，被焚毁的建筑揭示了这一点。16世纪早期，它作为一座小城镇臣服于阿兹特克人。

图拉的重要性主要在于它对阿兹特克人的意义，阿兹特克人将图拉视为一座能工巧匠组成的传奇城市，统治者居住在装饰着黄金、白银、绿松石和贝壳的宫殿中。阿兹特克人把图拉称为托兰（Tollan），把图拉居民称为托尔特克人（Toltecs），认为他们信奉一位和蔼的主神，即**羽蛇神**（Quetzalcoatl），这位主神所需的祭品只是水果和坚果。在他的保护下，土地总是富饶多产，种植的棉花也五颜六色。阿兹特克人相信，当一位恶神诱骗羽蛇神前往东方太阳升起之地时，托兰也就衰落了。

图拉瓦解之后，这个地区陷入内部冲突，继而遭到游牧部落的入侵，这种状况持续到著名的阿兹特克人的崛起。在19世纪早期，德国博物学家和探险家亚历山大·洪堡（Alexander Humboldt，1769—1859年）将特斯科科湖（Texcoco）周围三个城邦的联盟称为**阿兹特克**。这些部族以一个神话般的城市阿兹特兰（Aztlan）——意为"白色苍鹭之地"——作为他们的家园。他们最初自称"阿兹特加"（Azteca），当他们开始迁徙到现在墨西哥中部时，他们的部落神即**维奇洛波奇特利**（Huitzilopochtli）为他们取名"墨西加"（Mexica）。

阿兹特克人最初是来自墨西哥北部的一个小型的、四处迁徙的半游牧部族，没有自己的土地。他们不断遭到其他部族的驱赶，1325年，他们在特斯科科湖边缘一座无人居住的小岛安顿下来。周围是几十个混战不休的小型城邦，他们在这种环境下建设了自己的城市和军事力量。他们一开始在邻邦军队做雇佣军，直到他们增强自己的资源，称自己为墨西加－特洛奇卡人（Mexica-Tenochca），称自己的城市为丹诺奇迪特兰，即"仙人掌果实的土地"。短短几代人时间里，这些游牧者就掌控了一个庞大的农耕文明。

他们的小岛位于海拔2100米的湖泊的浅水区，那里是沼泽地带，无法种植棉花和可可，墨西加人必须利用这种非同一般的环境。他们至少拥有大量水资源；也有鱼类、青蛙和水鸟为食；而且很容易防御。

为了扩大农业用地，墨西加人挖掘出湖底肥沃的淤泥和植物，用它们建造小块漂浮在水面的土地，即著名的奇南帕（chinampas，人造湖田），并且在奇南帕四周植上柳树。（关于奇南帕农业，参见第5章。）在这些奇南帕上，墨西加人一年到头种植几种作物：玉米、豆类、南瓜、辣椒、番茄、苋属植物和奇亚（chia，后两者都属于谷物）。这些种子在苇筏上面的苗床发芽生长，苇伐以独木舟牵引，以便奇南帕能够得到重复利用。最早有日期记载的奇南帕出现于公元1150年到1350年间；它们分布在丹诺奇迪特兰周围。

就家养动物来说，墨西加人只有狗和火鸡，这两者都是他们的食物；他们也食用各种昆虫，用精美的网从水面打捞一种蓝绿色的螺旋藻，然后把它们制成高蛋白的蛋糕。他们也有几种天然迷幻剂，像所有古代农民一样，他们也通过含糖分很高的植物发酵酿酒，主要原料是仙人掌。（现在这种仙人掌是龙舌兰酒的原料。）

公元1428年，墨西加人与特斯科科湖周围其他两个城邦（特斯科科和特拉科潘）结成三角联盟，他们开始四处开疆拓土，收取贡赋来支撑不断增长的人口。在西班牙人到来之前91年时间，三角同盟（阿兹特克人）征服了大约400个小城镇和城市，他们在盆地的人口至少达到20万到30万，另外还有大约300万到1000万人生活在他们扩大的帝国中。

阿兹特克人向臣服民族榨取沉重的贡赋——食物和人造物品，包括纺织品、兔皮毯子、有刺绣的衣服、珠宝、黑曜石刀具和橡皮球。职业商人（被称为 pocteca）在帝国境内外从事广泛的贸易。他们有时候经营个人业务，有时候受统治精英的委托，以贡物换取各地产品，包括一些奢侈品如豹皮、鹦鹉羽毛、晶莹剔透的玉器、绿宝石、海贝、香草豆和可可豆。

阿兹特克人利用了中美洲共同的传统和意识形态：球赛、礼仪性的放血和人祭、对宇宙兴衰周期的信仰。在这些因素之外，一位名叫特拉凯利尔（Tlacaelel，1398—1480）的统治者创造了一种十分有利于丹诺奇迪特兰四处征服的意识形态。特拉凯利尔掌管国内事务超过50年，他指导了结盟活动，将阿兹特克人变成宇宙秩序的维护者。长久以来，阿兹特克人相信他们之前出现过四个历史时期，他们称之为太阳期，这些时期都已经遭到破坏，他们生活在第五个太阳期。他们一直信奉战神和人祭之神维奇洛波奇特利，特拉凯利尔让他们相信，维奇洛波奇特利需要鲜血，需要这种生命能量的流动来维持太阳光芒和防止地震与饥荒毁灭第五个世界。由于只有人祭才能够提供丰富的鲜血资源，因此，特拉凯利尔教导他们必须从征服活动中捕获俘虏作祭品。后来，当没有战争时，特斯科科湖四周相邻的城市统治者就会组织"荣冠之战"（war of flowers），每一方都会派遣年轻人到这种预先安排好的战场抓捕祭祀所需的俘虏。

独身的祭司将祭品（俘虏）带到金字塔上，好几个人抓住祭品的四肢，把他摁在一块弯曲的条石上，祭司用黑曜石刀片切开他的胸膛。祭司将手深入胸膛，取出还在跳动的心脏，把它投入一只祭祀盆，然后将淌着鲜血的尸体从金字塔台阶滚下去。精英似乎偶尔也会吃人肉，不过这种现象只发生在受到严格控制的仪式上。没有人能够准确估算出到底有多少人被用于人祭；人祭长久以来就是中美洲和世界其他地区许多文化的组成部分，不过，它在丹诺奇迪特兰显得尤为突出（参见图9.4）。

20世纪70年代，人类学家迈克尔·哈纳（Michael Harner）提出一个假说，他认为，阿兹特克人大规模的人祭，可能源于他们对蛋白质的需求，吃人肉或许不仅仅出于仪式，也是为了弥补蛋白质的不足。这种假说一度引起很多关注，但是现在已经过时；对阿兹特克人食物供应做出的更详细考察显示，他们的食物并不存在明显的蛋白质不足。不过，对人祭的跨文化研究表明，它与人口压力以及争夺土地和资源的战争联系密切；它的直接作用似乎不是为了供应食物，而是为了缓解匮乏和不稳定状况下的人口压力。

阿兹特克人将他们的社会建立在对武士的尊敬之上。100名最成功的武士组成议事会，他们选举两位领导人，分别掌管国内和对外事务。阿兹特克人敬拜两位主神，即战神维奇洛波奇特利和雨神特拉洛克（Tlaloc）。武士被应许在来生与上午的太阳相伴四年；此后，他们就成为啜饮甘露的蜂鸟。（难产而死的妇女具有与武士相等的地位，她们被应许与下午的太阳相伴，然后变成女神。）阿兹特克人没有使用卫戍部队或行政机构来征集贡赋；臣服的部族害怕军事报复，所以他们都服服帖帖。尽管没有常备军，不过，所有成年男子都承担即刻参战的义务。

阿兹特克社会生活的基本单位是卡波利（capolli，复数形式为capoltin），意思为"大家族"，指长期以来由血亲或近亲关系联系在一起的家庭集合。卡波利的精英人物为其他人提供土地和工作，后者提供服务和（或）贡品。卡波利的首领被选出之后，任职终生；丹诺奇迪特兰大约有20个卡波利。每个卡波利要提供士兵

图9.4 阿兹特克的人祭。这幅手绘图画描绘了一位用于祭祀的人（牺牲）躺在祭坛上，祭司切开他的胸膛，取出还在跳动的心脏献给维奇波奇特利。在建筑物底部，一些人正在抬走前一位牺牲品的尸体。你如何解释阿兹特克人大量使用人祭的现象呢？

和军官；也要为男女（有时候是10岁到20岁的孩子）提供普及教育，在16世纪早期，这种做法或许绝无仅有。平民的男孩们学习成为武士；女孩们学习唱歌、跳舞和家务技能。精英的男孩们在第三种学校学习管理、意识形态和识字。

帝国的扩张以及农耕文明的创造，最终为阿兹特克精英带来了秩序、迅速扩张的市场以及繁盛活跃的思想文化生活，不过，代价也是非常昂贵的。社会阶层区分变得更严格，还存在数量巨大的奴隶（他们绝大多数为穷人家迫于经济压力而出售的孩子以及俘虏）；人祭现象更显著；许多人在1450年到1454年间的大旱中悲惨地死去；精英和平民的生活笼罩在征兵的阴影之下。

在阿兹特克文化支持战争的同时，祭司和贵族成员也投身于诗歌和哲学。他们认为，真理偶尔通过"鲜花和歌声"显现出来。"鲜花和歌声"是他们的诗歌语言符号，而诗歌被认为是最高级的艺术。

我们为何对阿兹特克人了解如此之多呢？他们有一种文字体系，不过，它不如玛雅文字那般具有表现力，更像带有文字说明的图画。留下来的碑刻很多，书只有几本，其他的都被西班牙人毁灭了。我们获得的许多信息都来自一部12卷本阿兹特克生活百科全书，这是西班牙圣方济各会修士伯纳蒂诺·德·萨哈刚（Bernardino de Sahagun，1499—1590）在16世纪中期花了40年时间整理编撰的作品。萨哈刚学会了一口流利的纳瓦特语，为了编纂词典、描述风习和收集诗歌与戏剧，他访问了许多阿兹特克人。他这部12卷本作品最早于1829年在墨西哥出版，后来以《佛罗伦萨抄本》（*Florentine Codex*）为名于1950年到1982年在美国出版，这部作品为他赢得了第一位人类学家或人种学之父的美誉。纳瓦特语现在依旧是生活在墨西哥的许多人的日常用语，这些人将阿兹特克语的特点与现代墨西哥文化混合在一起；纳瓦特语也为英语贡献了诸多词汇，比如：ocelot（豹猫）、coyote（郊狼）、tomato（番茄）、chocolate（巧克力）以及tamale（玉米粉蒸肉）。

1517年，西班牙人摧毁了丹诺奇迪特兰，然后在旧址上建造墨西哥城。1978年，墨西哥市电力工人发现了直径超过3米且保存完好的椭圆形石头。这一发现促使墨西哥政府展开挖掘工作，最后发掘出一座巨大的金字塔神庙，即大神庙（Temple Mayor），它是阿兹特克帝国神圣的中心。考古挖掘找到了一些新信息，它们涉及帝国的宗教仪式、来自遥远地方的贡品以及阿兹特克人的宇宙象征主义。一块暴露的石头上雕刻着被斩首和被肢解的女神科尤尔齐圭（Coyolxauhqui），她是战神维奇洛波奇特利的妹妹，战神在她出生后不久就将她肢解。根据描述，她的血十分珍贵，它的象征物是与其联系在一起的珠宝。西班牙人征服之后不久记载下来的一首圣歌，表明了这块石头在阿兹特克人信仰体系中的重要地位。

与中美洲、埃及、印度河河谷以及中国等地更早的文明相比，墨西哥盆地的阿兹特克文明让我们可以考察一种发展中的、距离我们时代更近的农耕文明。阿兹特克文明和更早的文明之间存在惊人的相似性，比如，相似的灌溉体系、严格的社会等级制、神圣的国王、祭司和精致的宗教礼仪、强制性贡赋、金字塔、文字、战争以及奴隶制。随着食物供应的增加、人口增长形成更密集的共同体以及社会复杂性提升，这些创新也随之出现。尽管细节有所不同，不过，大致的模式完全符合我们在非洲-欧亚大陆观察到的普遍趋势。

安第斯地区的农耕文明

与中美洲的历史相比，南美洲的历史更难得到说明，一方面因为南美洲人们并没有发展出文字体系，至少没有通常意义上的文字，另一方面因为西班牙人就像他们在中美洲的所作所为那样掠夺了印加文明的奇迹。

前印加时代的历史

由第6章可知，安第斯地区的地理是世界上独一无二的。两条南北走向的山脉并行，山脉东部因大风盛行而降雨丰富，西部海岸地区降雨稀少。大约50条发源于大山的小河让干燥的海岸地区变得宜居。大山离海岸只有约96千米之遥，太平洋底部的板块向东移动滑入大陆板块，从而造就了安第斯山脉，这片地区因此也成为地震频发区。

正如第6章所描述的，至少自公元前2000年以来，秘鲁海岸和内地就出现了国家。海洋凤尾鱼在晒干和磨碎制成膳食之后，能够提供足够的蛋白质和热量来支持人口增长，另外还有一些来自更遥远内地的农产品，尤其是用来织网的棉花。许多考古学家将这些社会称为"复杂社会"，它们的特点是礼仪中心、金字塔、专门手艺和灌溉。不过，地震、洪水以及暴雨一再摧毁这些正在形成的国家，阻止它们发展成为更大型的国家或帝国。

在内陆地区的查文·德·万尔塔文明（Chavín de Huántar，公元前900—前300年）和莫奇卡文明（Mochica，公元300—700年）消失之后，其他地方性自治国家填补了内陆和高原地区。

在高原地区，大约公元650年到1000年间，两个地域广阔的国家处于主导地位，即北部的瓦里帝国，其中心为山城阿亚库乔（Ayachuco），以及南部的蒂瓦纳科（Tiwanaku），它的首都建造在的的喀喀湖（Lake Titicaca）上面。蒂瓦纳科人居住在海拔3200米的地区，因此，他们的主食只有马铃薯；他们牧养羊驼、美洲驼和小羊驼，这些动物都与骆驼有亲缘关系。瓦里帝国位于海拔较低地区，居民能够种植玉米。大约公元1050年开始，气候变得更干旱，并且持续了好几个世纪。经济压力逐渐破坏了宗教信仰和政府，两个国家最终四分五裂。

沿着今天的秘鲁海岸，公元10世纪出现了奇穆王国（Chimor state），它由奇穆人（Chimu）建造，首都为昌昌（Chan Chan），离现在的特鲁希略（Trujillo）不远。在1470年被印加帝国征服之前，奇穆人的人口数增长到5万至10万。

印加人

印加人最初是一个封闭的部族，他们可能来自的的喀喀湖附近。大约公元1200年，他们在海拔4000米的库斯科（Cuzco）居住下来。在距他们城市100千米的周围，还生活着10多个其他部族。随着人口急速增长，争夺土地的战争频繁爆发，最终，当地居民都渴望和平以及有序地获得土地，即便他们必须为此付出自己的劳动（参见地图9.2）。

印加统治者迎娶其他部族的贵族女子，以此建立地方性同盟。在获得他们的核心地区之后，三代印加国王连续对外扩张：这种征服活动大约始于1438年，即帕查库蒂（Pachacuti，意为"震撼大地者"，其统治年代为公元1438年到1463年）登基之年，结束于他的孙子统治时期。在经历了大约25年戎马生涯之后，帕查库蒂退位，并且居住在库斯科，以便设计帝国政府以及把首都打造成一座与皇帝身份相符的神奇之都。

鼎盛时期的印加帝国沿着南美海岸绵延4000千米，疆域既有海岸也有高原地区，覆盖的纬度达32度，即从现在厄瓜多尔的基多到智利的圣地亚哥，这相当于从圣彼得堡到开罗的纬度，或者从开罗到内罗毕的纬度。印加帝国是美洲曾经出现过的最大帝国，它由80个政治省份组成，每个省在种族和语言上都不一样，总人口大约1000万。从环境

地图9.2　印加帝国，公元1471年到1532年。这是前哥伦布时代美洲最大的帝国。印加人如何控制如此长的国土呢？

多样性和适应性来看，1491年的印加人统治着当时最令人印象深刻的帝国，那时，明代中国正在转向内部，奥斯曼帝国达到了顶点，大津巴布韦和桑海帝国受到地理限制，欧洲海洋帝国（巴塞罗那、热那亚和威尼斯）正在衰落。

印加人将他们的省份划分为四大地理区域，名为"苏尤"（suyu）。他们将自己的王国称为塔万廷苏尤（Tawatinsuyu），意为"四州之地"，其象征是从首都库斯科（意为"肚脐"）向外辐射的四条大道。他们强行把自己的语言Runa Sima——西班牙语称之为 **Quechua**（克丘亚语）——推行到各省的贸易活动中。在Runa Sima中，Inca（印加）一词可被拉丁化为Inka，Cuzco（库斯科）可被拉丁化为Qosqo。我们现在沿用西班牙语用法，不过，这种情况可能正在发生变化，因为世界各地的人们坚持他们自己的用语，比如，使用Beijing而不是

Peking、Rapa Nui（拉帕努伊岛）而不是 Easter Island（复活节岛）、Mount Denali（德纳里山）而不是 Mount McKinley（麦金利山）。今天，从厄瓜多尔到智利的几百万人在使用克亚丘语（Quechua 或 Runa Sima），它是秘鲁第二种官方语言。

在印加王国，皇帝是神圣的，他是创世神维拉科查（Viracocha）的后代，也是太阳神印蒂（Inti）之子。皇帝拥有所有土地、牲畜和财产。他并不向人民征收贡赋，而是要求他们提供服务（mita，即米达制）。普通男女在政府和宗教土地以及分配给自己的土地上耕种和收割作物。另外，妇女得纺纱织布，男子则从事建筑工作。印加民众在纺织和修建石造建筑（不使用灰泥）方面发展出了令人惊叹的技艺。一些"挑选出来的妇女"一生都从事纺织业，男子则修筑3万到4万千米相互连接在一起的大道，以及许多神庙和堡垒（参见图9.5）。

一些印加大道非常宽阔，足以让八位西班牙骑士并行。印加信使通过大道传递信息和货物；皇帝能够在两天之内吃到320千米之外海岸地区的鲜鱼。欧亚大陆那种职业商人没有出现，因为食物和产品由政府官员统一征集和分配。

精英阶层通过平民的工作来供养自己和他们已故的成员（后面有更多讨论）。他们也储备剩余粮食，在和平时期把它们分发给寡妇和穷人，或者在战时和自然灾害时期分发给所有人。另外，统治者觉得有必要举行精致的盛宴，宴会上会消耗大量食物和饮料。这类似于某种中央计划，或纵向社会主义，精英在一种严格的等级制中照顾着平民百姓。

图9.5 一位正在纺织的印加妇女。注意织机的简单性，它系在一棵树上，印加妇女以此纺织精美复杂的毛织品

印加人牧养羊驼、美洲驼以及小羊驼，以便获取羊毛或运载货物。他们的主食是玉米、豆类、马铃薯、藜麦和辣椒。就肉食来说，他们有狗、鸭子和豚鼠。他们往往储存玉米供养军队、朝圣者和皇室成员，也酿造礼仪场合使用的啤酒。他们精心培育马铃薯，开发了几百个品种，并且学着冻干它们以保存更长时间。

印加人不使用货币，也没有各种形式的书面语言（我们通常理解的那种）。他们发展出一种奇普（quipu）记事形式，或结绳语（参见图9.6）。学会奇普需要四年的训练；在这种训练结束之后，接受训练者仍无法充分理解奇普。16世纪几位当地作家已经证明，奇普不但可以记载数据，也可以记载话语。其中一个人叫瓜曼·波莫（Guaman Pomo），他学会了西班牙语，并且给腓力三世写了一封长达1179页的信，建议他恢复印加人的美好政府，他在信中写道，"结绳语内容十分丰富，难以用字母悉数表达。"①

印加祭司来自皇室或贵族家庭；他们显然过一种独身和禁欲生活。印加人崇拜太阳神印蒂和月神玛玛基利亚（Mama-quilla）；男性祭司在太阳神庙主持仪式，妇女则在月神庙举行仪式。（黄金被视为太阳之汗；白银为月亮之泪。）印加人认为他们的地景是神

图9.6 奇普或结绳语。绳索的意义取决于绳结的类型、绳结在绳索上的位置、绳索的颜色、绳索在主绳上的位置以及主绳的安排

圣而充满活力的，大山是降雨和水的来源，需要以珍贵的牺牲（各种食品和美洲驼）在山顶献祭抚慰。在最特殊的场合，牺牲还包括非常纯洁和美丽的孩童，不过，印加的人祭完全无法与阿兹特克人祭的规模相比。

在当地最早的复杂社会的传统中（参见第6章），印加人将他们死去的统治者制作成木乃伊，然后把他们当成活人一样安置在房子里，并且由仆人服侍。皇家木乃伊保持着他们的权力和土地；他们被抬出来安置在高级决策议事会，这样，国家政策就可以在他们在场的情况下得到商讨。

1911年，在秘鲁山区一个激动人心的遗址上，耶鲁大学考古学家海勒姆·宾厄姆（Hiram Bingham）发现了一件印加杰作的遗迹。这就是著名的马丘比丘（"古老山峰"），学者们认为，它是好几代印加统治者的度假胜地。马丘比丘海拔大约2400米，低于库斯科的海拔，也更加暖和，它是从未被西班牙人发现的皇室避难所。

远距离看起来，阿兹特克和印加文明的界限会变得模糊，彼此难以区分。尽管两者确实有许多相似之处，不过，近距离一观察，差异赫然在目。

阿兹特克人和印加人都生活在高海拔环境，尽管我们也可以认为前者的生活环境——海拔2100米——完全不同于后者的生活环境，即海拔4000米高的地区。他们享用的动物蛋白质都很有限，并且都依靠一种主要的农作物，即玉米或马铃薯。从文化上来说，这两个部族都拥有一些基本技术，缺少拱形物、轮子、轮轴或铁器。他们共享着象征宇宙秩序的城市风貌，城市都呈几何对称布局。两个文明领土庞大，足以称为帝国；都发动广泛的战争和举行包括人祭在内的宗教仪式，尽管阿兹特克的人祭规模远远超出印加的人祭规模。两

---

① Gordon Brotherson, *Book of the Fourth World: Reading the Native Americas Through Their Literature* (Cambridge, UK: Cambridge University Press, 1992), 81.

者还具备农耕文明特有的其他特征——纪念性建筑物、严格的等级制、专业性工作以及强迫性贡赋。两者在许多方面都类似于非洲-欧亚大陆早期农耕文明,并且两者都出现于15世纪。

阿兹特克人和印加人在政治、宗教和艺术上存在差异。阿兹特克人通过武士议事会选择统治者;印加国王指定自己的继承人。在墨西哥,政治权力处于分裂状态,特斯科科湖周围阿兹特克的城市网络分享着权力。没有常备军来守卫纳贡地区;阿兹特克人很少迫使被征服者迁徙他处。印加人实施更广泛的、直接的中央控制;他们摧毁充满敌意的城市,不断以武力重新安置人口。阿兹特克人将战神置于他们万神庙的中心;印加人崇拜太阳及其有益能量,将太阳作为他们的主神。阿兹特克人绘制和雕刻生动的、自然主义的图案和雕塑;印加人往往是抽象的和非现实主义的。与它们之间的共同特征相比,这些差异似乎是次要的。

亚马孙地区

亚马孙河是世界上流量最大的河流;全世界注入海洋的所有淡水中,有20%来自这条河流。亚马孙河入海处的河口宽达320千米;远洋船只可以溯行该河三分之二的长度。巴西和秘鲁地理学家认为,它比尼罗河稍长,不过,人们还没有在这一点上达成共识;每次测量结果都不一样(参见地图9.3)。

赤道横贯亚马孙河河口,河流两侧是温暖的热带地区,每个地区年降雨量大约为1000厘米,每天超过7.6厘米。据估计,这片雨林生活着超过1/3的世界物种。不过,亚马孙地区大约1/3不是雨林,而是热带稀树大草原。

考古学家一直忽视亚马孙地区。由于植被繁茂、石头稀缺、河道多变以及炎热潮湿气候的腐化特性,人们似乎很难在那里找到任何证据。

20世纪70年代以来,考古学家开始在亚马孙地区进行考古挖掘,他们一直争论不休的问题在于:亚马孙古地区本身是否可以养活密集的定居人口,它的承载能力一直以来是否遭到严重低估。最近的研究表明,亚马孙地区曾经存在比预期程度更高的文化和生态多样性,在欧洲疾病将当地居民驱赶到狩猎-采集村庄之前,一些地区得到过集约化利用。来访者眼中看似茂密的热带丛林,很可能是被驯化的果园的遗迹。

正如第5章所描述的,到公元前5000年,树薯、甘薯和南瓜在亚马孙地区可能已经得到驯化。到公元前2000年,早期农业村庄出现,随之而来的,是扩大的社会以及地区间的相互作用。鱼类和其他水产品源源不断地提供大量蛋白质。树薯根(有时称为木薯)依旧是一种主要作物。它是一种很重的根茎,可以在任何地方种植,可以烧烤、油炸、发酵或者磨成粉。在今天巴西东北部,人们最后总喜欢在自己的膳食上面撒上烘烤出来的松脆的树薯粉。

公元1000年到1500年间,亚马孙地区的定居区可以被称作某种形式的"文明"(专家们一致同意这种叫法)。它们拥有精致的技术、土堤和围墙以及等级制社会。亚马孙地区的社会似乎并不是建立在强制性贡赋之上,因此,我们宁可称之为酋邦而非农耕文明。

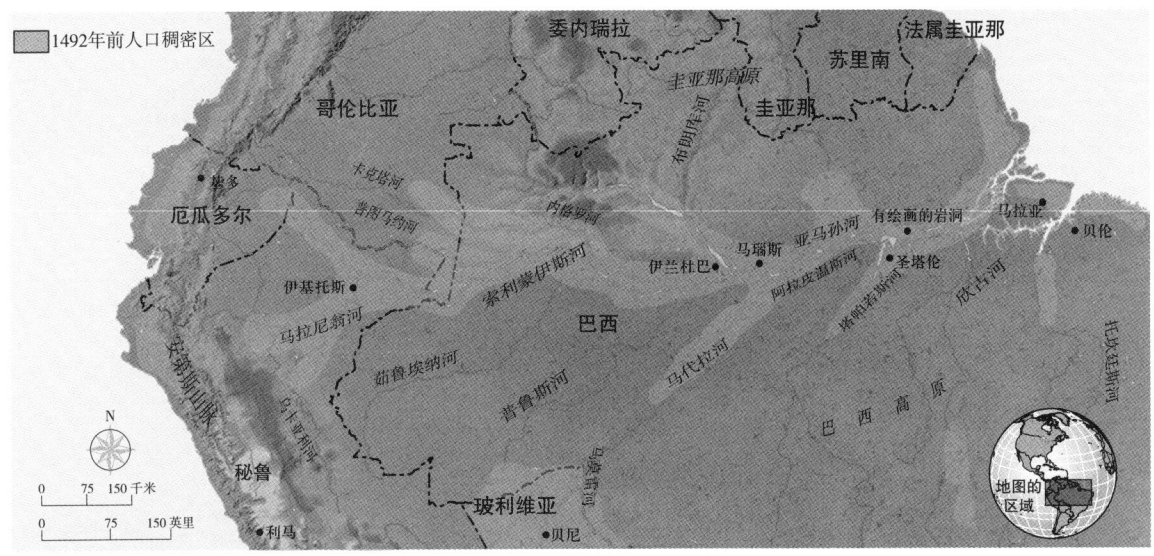

地图9.3　亚马孙地区，或亚马孙河流域。亚马孙河流域面积占整个南美面积的40%，西抵安第斯山区，北达圭亚那高原，南至巴西高原

就农业生产力而言，亚马孙地区的土壤非常贫瘠，因此，早先的一种观点认为，这里根本无法供养密集的人口。土壤呈橘黄色，地表受到暑气和雨水侵蚀；营养成分被冲刷走，剩下的土壤带有强烈酸性。营养储藏在飘落的树叶中，它们被高效的植物根系重新吸收。

不过，公元前350年左右，亚马孙地区的人们学会了制造肥沃的土壤：将树木烧成木炭，然后把木炭块与粪便、鱼和龟的骨头以及蔬菜废料混合起来形成黑土（terra preta）。这种土壤很容易识别出来；黑土遗址——通常2.0到6.1公亩——在亚马孙地区被一再发现。圣塔伦（Santarem）的黑土壤长4.8千米、宽0.8千米。黑土意味着定居区，或者至少附近的定居区，即使我们没有找到其他人造器物。这是长期的小规模定居区，还是大规模社会形态呢？没有人知道答案，不过，一些考古学家认为，亚马孙地区12%到50%森林是古老的果园，种植着水果树和坚果树，它们是早先居住此地的人们的劳动成果。

北美的农业文明

从公元前3000年到公元1000年再到欧洲人到来之际，北美大片地区持续存在着采集生活方式。这些地域包括北极、亚北极、野牛捕猎者生活的大平原、渔业共同体生活的太平洋海岸，以及游牧民族生活的西南干旱地区。与其他地方相似的部族一样，这些人建构了小规模社会；野生食物根本无法供养密集的人口（参见地图9.4）。

在其他一些地区，人们变成**半定居的**（semiseden-tary）——这个词是华盛顿州立大学史学家约翰·E·基克扎（John E. Kicza）创造的。在这些地区，人们从事农业，定居下来形成

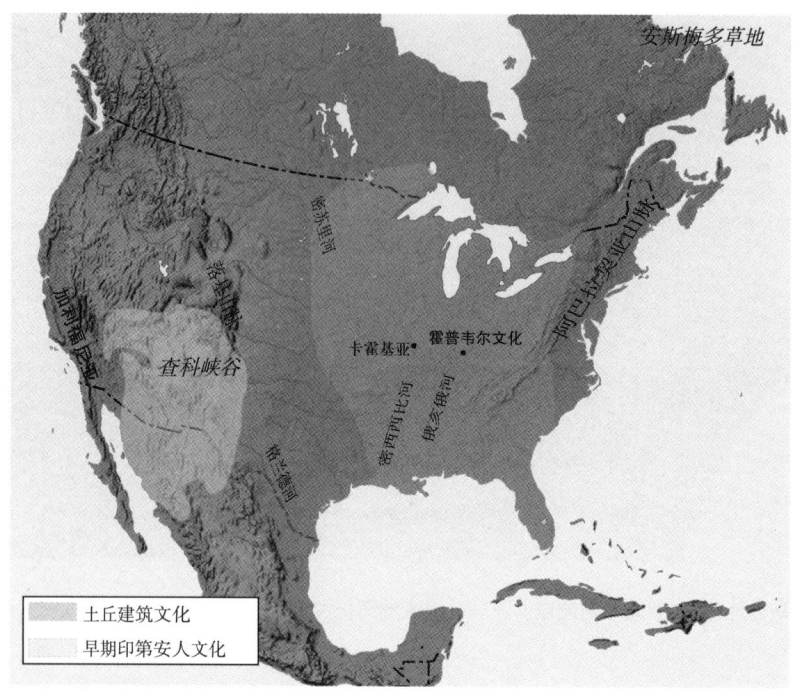

地图9.4　北美洲，公元前500年到公元1200年。最频繁的交换和交流发生在密西西比河流域

永久性或半永久性村庄。不过，与中美洲或安第斯地区相比，他们的农业产量更低；他们继续辅以采集和狩猎，与充分的定居社会相比，供养的人口更少。北美地区这种半定居民族的两个例子如下：今天美国西南部阿纳萨齐人（the Anasazi），现在被称为早期印第安人（ancestral Pueblo），以及今天美国东部森林地区的土丘建筑文化。

早期印第安人

大约公元前2000年到公元前1000年间，西南偏北地区科罗拉多高原的人们获得了来自美洲中部地区的玉米。到公元前1000年，他们掌握了水利系统，然而，为永久性村庄提供足够多的食物花了大约2000年时间。这种村庄出现在大约公元600年到800年间，在接下来400年时间，农业逐步扩张。现在已经发现这类遗址约125个，其中最引人注目的，是新墨西哥西北部圣胡安盆地的查科峡谷（Chaco Canyon）遗址。

在查科峡谷，已经发现了五个主要的早期印第安人村落，那里建造了大型公共建筑，高达四层，房屋几千间，年代为公元860年到1130年之间。根据推测，查科峡谷的人口数从2000到10000不等。查科是绿松石生产中心，可能也是一个地方性礼仪中心，它的建筑物被当作神庙而不是住房；考古学家对此没有达成一致。战争时有发生，一些食人事件被记录了下来。

到公元1300年，人们抛弃了他们在查科峡谷的居住点。此一时期科罗拉多高原上的暴毙现象表明，农业共同体之间存在重大竞争；很显然，1276年到1299年间发生大旱，人们被迫重新过回采集生活，从而与他们领地上的外来采集民族相互竞争。从公元1300年到1500年间，西南部地区农业人口下降70%，这体现了干旱地区农耕的脆弱性。

土丘文化

现在美国东部森林地区最早的土丘，可以回溯到公元前2000年，这种土丘表明，这块地区出现了独立的植物培育和农业。人们除了狩猎和采集之外，还种植向日葵、假苍耳、藜菜、五月草（maygrass）以及某种洋蓟等作物。在以玉米为基础的农业到来之前，霍普韦尔文化（Hopewell，公元200—400年）是最精致、传播最广泛的文化，它以俄亥俄州南部奇利科西市附近一位早期农民的名字命名，正是在那里发现了一座土丘。霍普韦尔土丘以精美的墓葬为主；在出土器物中，有的物件来自2290千米之外，包括阿巴拉契亚山的云母、黄石的火山玻璃（黑曜石）、墨西哥湾的海螺壳和鲨鱼牙齿以及五大湖区的铜。最精致的墓冢埋葬的可能是精英家族的重要男性和女性成员。

大约公元800年，玉米传播到东部森林地带，在随后几代人时间，豆类和南瓜也得以引入。这样，就可以养活更多人口；在200年时间里，酋邦变得很普遍。处于有利生态环境中的酋长，有机会将他们的影响力扩大到环境恶劣的酋邦。密西西比河以东的美国大片地区，成为一个地区性文化集合体，形成了一张礼仪、文化和经济交换网络。

森林地区的人们建造了土丘，把它们当作举行各种礼仪和仪式的活动场所，当作居所的平台和墓地。大多数土丘遭到现代农业、道路建设和房地产开发的破坏；少数得以保留下来，比如俄亥俄州南部皮布尔斯（Peebles）附近的巨蛇丘（the Great Serpent Mound），建于公元1000年左右。

伊利诺斯州东圣路易斯附近的卡霍基亚（Cahokia）地区有100多座土丘，目前保存下来的最大土丘就是其中之一。这座土丘高度超过30米，占地面积将近5.7公亩。土丘上面的平台修建了统治者的住宅、公共建筑、盛放精英们先祖骸骨的建筑以及一个偶尔举行人祭的礼仪场所（参见图9.7）。

大约公元900年到1250年间，卡霍基亚繁荣昌盛，据估计，其人口大概在几千到四万之间。卡霍基亚是一个繁忙的港口城市，位于伊利诺斯河、密苏里河与密西西比河交汇处（这三条河流都是冰川融化形成的）。卡霍基亚人必须应付频繁出现的洪水，不过，13世纪初的一次地震把这座城镇夷为平地；到1350年，人口所剩无几。

卡霍基亚发展出了国家的各种结构了吗，抑或它只能被当作一个酋邦呢？卡霍基亚典型地体现了这种划分所面临的难题。它大于其他土丘社会，也保留了精英墓葬和纪念性工程的证据，这些都是国家的特征。它在结构上是否不同于其他同时代的遗址，或者是否存在征税和强制，对于这些问题，我们很难做出回答。事实上，美洲人提醒我们注意一点，即在更加适中的权力体制（比如酋邦）与我们所描述的农耕文明的庞大体系之间做出截然区分的做法，是非常武断的。

图9.7 卡霍基亚。艺术家根据考古发掘绘制了这幅图画，它描绘的是公元900年到1250年，鼎盛时期的卡霍基亚可能的样子

北美洲的交往

北美与其他地区的交往十分有限，不过，确实存在这种交往。公元1000年，纽芬兰一度建立过一个维京人的殖民地。另外，中美洲和南美洲驯化的两种作物传播到了北方。

其中一种作物是中美洲的玉米，它缓慢地向北美西南部传播，或许是通过由陆路迁移的人带过去的。另一种作物是南美洲的烟草，它迅速传播到北美地区。

在大约公元前5000年到公元前3000年间，秘鲁-厄瓜多尔的安第斯山区就开始培育烟草；公元前2500年之前，烟草的使用传播到了北美，一些遗址中发现的简单烟管证明了这一点。到1492年，烟草已经遍及北美大陆的每一个角落，包括近海岛屿在内。除了冻土世界之外，几乎所有部落都使用烟草，甚至包括阿拉斯加的特里吉特人（the Tlingit）和平原地区的黑脚族（the Blackfoot）、克劳族（the Crow）——他们不从事任何其他类型的农业。印第安人用土管吸食烟草。他们的墓葬就是烟管的艺术储藏室，这些烟管使用的材料是石头，上面雕刻着精美图案，有鸟、鸭子、海狸、青蛙以及面对吸烟者的人头——难道他是在跟死者交流吗？（许多部落只允许男子吸烟。）

北美洲的东北边缘接近北欧。格陵兰岛东部的冰岛离挪威海岸只有800千米，它们处于同一纬度，冰岛离北面的北极圈很近。从大约公元800年到1070年，挪威的维京人文化十分繁荣，也向外扩张。维京人是出色的造船者，他们的商人甚至到过巴格达。他们也去过北美大陆吗？史学家在许多年以前就提出了这个问题。

答案在1960年揭晓。考古学家在纽芬兰海岸的安斯梅多草地（L'Anse aux Meadows）发现了维京人的村落遗址，在浓密的草地上，高出地面的屋墙遗迹十分醒目。挖掘工作找出了八座建筑物，它们可以容纳70人到90人，年代大约为公元1000年。很显然，这些聚居区维持的时间不太长；当维京人离开时，除了修船用的铁钉之外，他们没有留下其他任何东西。考古挖掘显示，兰塞奥兹牧草地已经出现了冶铁，这是北美最早的冶铁活动。

对北美的简单考察表明，北美没有发展出中美洲和南美洲那样的农耕文明。北美气候环境下的作物和动物无法养活稠密的人口，也不可能支撑由此而来的等级制和强迫性贡赋。事实证明，北美与中美洲和南美的交往是毫无规律和十分有限的，引进的玉米缓慢而艰难地适应着更凉爽的气候。引入的另一种作物即烟草很容易种植，也能够让人得到满足，但无法养活人口。

结 论

50年前，史学家往往把1492年之前的西半球描绘成荒凉的两个大陆，那里只有一群群散居各地的采集民族，他们的生活一成不变，文明仅仅在中美洲和安第斯地区初露曙光。

现在，观点已经发生很大变化，史学家认识到，由于天花迅速摧毁了美洲社会，因此，欧洲探险家所发现的，只不过是曾经巨大、有时候十分复杂的社会的遗迹。考古学家和史学家现在会指出，两个大陆的人口远远超出人们以往所认为的数量，那里至少出现了两种农耕文明，它们与许多早期文明同样复杂，同样令人印象深刻。

让我们插上想象的翅膀快速掠过1491年的西半球。从亚马孙河河口开始，我们会发现河口马拉诺岛上的一座大城市。然后会看见圣塔伦（Santarem）以及河流两岸的村落和果园。在今天的玻利维亚上空，我们会观察到贝尼的人们在构建土木工事，随后，我们来到安第斯山区，观看到印加人令人敬畏的首都库斯科，宽阔的石砌大道向四方延伸，南北走向的塔万廷苏尤帝国（即印加帝国）绵延近4000千米。

在中美洲，我们飞过墨西哥盆地，那里的三角联盟（阿兹特克帝国）向帝国（小于印加帝国）各地征收贡赋，击退墨西哥西部敌对的塔拉斯卡人（Tarascans）帝国。在尤卡坦半岛，我们会发现玛雅文明的村落，它们所占的区域比全盛时期要小得多。在北美上空，我们在卡霍基亚找不到什么遗迹，它们已经被地震破坏殆尽。我们会观察到，这里的人口比中美洲和南美洲少很多，许多人仍然过着狩猎和采集生活，驯化的作物只起到辅助作用，而大平原地区完全的采集狩猎部落和北极圈的人们，根本不知道驯化作物为何物。

在这些地区的许多地方，人们四处流动，广泛贸易。坚固的独木舟在北美东部河流以及亚马孙盆地的河流上掠过。玛雅人制造了可以容纳40人到50人的大型独木舟，他们用这种独木舟在中美洲两边的海上航行。加勒比海地区的人们建造了可以远航的独木舟，秘鲁海岸的钦查人（the Chincha）同样如此。较之于在没有任何负重的动物的帮助下翻越高高的、凶险的大山，经由海路从墨西哥前往安第斯地区无疑要容易得多。由于独木舟留下的考古证据很少，因此，我们几乎不可能知道这种航行到底有多频繁。从文化交流来推断，北美五大湖区和密西西比河上游地区与安第斯地区形成的交换网络十分松散，远不如那种在非洲−欧亚大陆发展出来的、有助于长期创新的紧密交换网络。

美洲的人类社会是独自发展起来的，1492年之前，它没有与世界其他地区发生任何定期的或长久的联系——这是一种独立的农耕文明实验，与非洲−欧亚大陆的那些实验形成对比。比较分析显示了普遍模式的趋同性，相似性是如此根本，以至于它们加强了如下结论，即无论发生在何地，人类文化的演化都具有规律性。这些模式包括更复杂的社会、更严格的等级制以及对资源更多的控制。

不过，在比较中，美洲和非洲−欧亚大陆也呈现出一些重大差异。美洲国家征收贡赋、行使强制以及维持稳定的权力，无法与非洲−欧亚大陆帝国的权力相媲美。从覆盖的距离和运载的货物量来说，美洲交换网络的规模也比不上非洲−欧亚大陆的网络。最后，美洲的人口从未像非洲−欧亚大陆那般稠密。根据最近对公元1000年世界人口的估算，北美只占总人口0.8%，南美占6%。这份资料还显示出，非洲占15%，欧亚大陆占77%。这些是十分明显的差异，它们肯定也十分重要。

为何美洲人创造的农耕文明在规模上小于非洲−欧亚大陆的文明呢？我们可以通过已知的证据提出假设。人类在美洲拓殖的时间更晚；留给他们解决问题的时间更少。他们没有发现很容易收割种子的草类或可驯化的大型动物，这类动物的缺乏，致使犁耕和游牧生活变得不可能。与那种很少涉及纬度变化的东西方向的交换相比，南北方向纬度和气候的变化使得交流和贸易变得更困难。或许美洲人面临更加变幻莫测的环境的挑战。当两个半球的人们在1492年相互遭遇时，这些差异会显得十分重要。在欧洲人到来之前数个世纪，美洲农耕社会的规模和人口快速增长，这意味着，就像在非洲−欧亚大陆兴起那样，农耕文明最终也会在美洲兴盛起来，如果它们的发展没有被欧洲征服活动中断的话。

9.2　太平洋和澳大拉西亚世界区

通过比较非洲−欧亚大陆世界区和美洲世界区，我们发现，普遍的历史趋势——人类社会迈向大型的、最终也更复杂的社会共同体——在两个地区都出现了。我们在两个世界区发现，社会复杂性带来了许多相似的现象，即便它们在时间选择上会有所不同。

我们可以在其他任何有人类社会存在的地方找到这种趋势吗？乍看起来，太平洋和澳大拉西亚世界区的历史似乎不符合这种论断。这两个地区都没有发展出大型农耕文明,因此，前面几章以及本章论美洲部分所讨论的趋势，大部分都没有在此显现出来。难道这两个地区的历史反映了完全不同的历史发展轨迹吗？当我们进行更仔细的考察时，就会发现，表面上的深刻差异有点误导性，因为许多可以在非洲−欧亚大陆和美洲世界区找到的复杂性趋势，也存在于这两个地区，即便它们的发展程度没有那么高。如果我们暂且不管那些长期变化在时间上体现出来的重要差异，也不管许多具体的文化差异，那么，我们也会在这些地区观察到相似的长期趋势：对资源更多的控制、更庞大的人口、更密集的共同体、正在扩大的交换网络以及程度更高的社会复杂性。

太平洋世界区

旧石器时代开始的全球殖民进程，结束于人类对太平洋许多小型和不那么小的岛屿的拓殖。太平洋地区经历了两次大型移民潮。第一次出现在旧石器时代晚期，或许可以看做拓殖**萨胡尔**（Sahul）的移民潮的组成部分。萨胡尔是一块冰川时代的大陆，包括新巴布亚几内亚、塔斯马尼亚和澳大利亚，它们构成澳大拉西亚世界区。人类在开拓澳大利亚不久，就到达了菲律宾和西美拉尼西亚群岛，包括俾斯麦群岛和所罗门群岛（有时候被称为"大洋洲附近"）。他们使用的或许是相似的航海技术。现代人类在4000年前就到了所罗门群岛。不过，对太平洋的探索被延缓了好几千年，原因或许在于，向更远处航行所需要的航海技术，直到新石器时代革命之后才发展出来（参见地图9.5）。

大约3500年前（公元前二千纪中期）以来，一轮新的移民潮把人类送到太平洋更远处，送入"遥远的大洋洲"。这次浪潮的动力，是东南亚出现的各种远航文化，它们的成员所说的语言，属于现代语言学家所谓的**南岛语族**（the Austronesian language group）。南岛语族似乎发源于中国，更确切地说，发源于中国台湾。我们发现的证据表明，自公元前二千纪中期以来，东南亚出现了广泛的移民活动，这些移民群体使用黑曜石，掌握了复杂的捕鱼工具，驯化了狗、鸡和猪，使用绘制独特图案的圆形陶器，即考古学家所说的拉皮塔陶器。这些是**拉皮塔文化**（Lapita cultures）的重要特征。到公元二千纪中期，台湾岛、菲律宾群岛和俾斯麦群岛等地区也发现了这些族群的证据。东南亚广大地区的这种移民活动，是我们所知道的最快速的移民潮之一。

此后几个世纪，新的移民携带这些文化的代表性物件进一步深入太平洋更远地区，他们似乎并没有在巴布亚新几内亚大量定居下来，这种现象或许表明，他们在有意识地寻找很容易殖民的、无人居住的岛屿。这些移民与大约同一时期的腓尼基和希腊移民具有惊人的相似性，尽管太平洋地区的移民走得更远。最终，拉皮塔文化传播到大约5000千米之遥的地方。有证据表明，到公元前1000年，拉皮塔文化的传播者已经到达瓦努阿图（Vanuatu）、新喀里多尼亚（New Caledonia）甚至斐济、萨摩亚和汤加。东密克罗尼西亚的拓殖者可能不是来自亚洲，而是来自南部的美拉尼西亚，或许来自所罗门群岛，甚至可能来自斐济或萨摩亚。所有这些深入西太平洋的移民，必定体现了航海和航行技术的巨大进步。这些技术肯定达到了很高级别，因为有证据表明，黑曜石从斐济传到了新不列颠和婆罗洲，因此，我们现在谈论的，可能不是一个单向的殖民之旅。尤其是，这些移民肯定使用了三角帆，这样，他们就可以更好地借强劲的东南风航行，因为只有这样，水手们才能够确保返航的可能性。

地图 9.5 向第四个世界区即太平洋世界区的移民。
(1) 从俾斯麦群岛到太平洋中部岛屿，如斐济、汤加和萨摩亚；(2) 到波利尼西亚人的"家园"，即现在的西波利尼西亚；(3) 从西波利尼西亚到波利尼西亚中东部；(4) 从波利尼西亚中东部到夏威夷、拉帕努伊岛和新西兰；(5) 从菲律宾群岛到密克罗尼西亚西端；(6) 按照移民的主要路线北上密克罗尼西亚，然后向西穿过这片地区

至关重要的技术创新，可能要数能够提供稳定性的单舷平衡体和双舷平衡体的发展，这种创新可以回溯到公元前2000年（参见图9.8）。

太平洋世界区的其余部分是波利尼西亚，那里的殖民者似乎来自美拉尼西亚东端的汤加和萨摩亚。大约公元400年至1200年间，人类最终在波利尼西亚定居下来。这些航行覆盖的距离很远，其中大多数或许是单程的。美拉尼西亚的移民定居在包括塔希提岛在内的学会群岛（Society Islands，库克船长为了纪念皇家学会而命名），然后前往东部皮特卡恩岛和复活节岛；在北面，他们在夏威夷群岛定居；最后，大约公元1000年到1250年间，他们开拓了西南方很远处的新西兰。风的类型解释了为何对新西兰的拓殖如此之晚。正如菲利普·费尔南德斯－阿梅斯托（Felipe Fernandez-Armesto）指出的，如果你自北向南航行的话，新西兰就是"航海上的黑洞"，由于盛行风而难以被发现和达到。这些航行依赖几千年以来积累起来的丰富的航海知识和技术知识。波利尼西亚航海家能够通过星星、风向甚至对大洋浪涌的感觉来操控船只。他们也使用牢记在心的大量地理知识，其中包括覆盖太平洋几千英里的心理地图（mental maps）。

四个不同世界区的存在提供了一种自然的历史实验，波利尼西亚的拓殖同样如此，那里的拓殖者面临千差万别的环境，因此，他们很快发展出了各具特色的文化。尤其值得注意的是，适应能力有时候导致文化的简化而不是日益增长的社会复杂性和技术复杂性。拉皮塔文化特有的陶器似乎止步于萨摩亚，未能传播得更远。这给我们一个很有价值的提醒，

图9.8 波利尼西亚的船只。 Hōkūle'a 是传统的波利尼西亚双体独木舟复制品,由波利尼西亚航海协会于1975年建造。1976年,Hōkūle'a 用波利尼西亚的传统航海技术航行到塔希提岛,这是它在太平洋进行的十次重要航行的第一次

即"适应能力"并非总是意味着逐渐增加的复杂性或对资源的更多控制;在某些环境中,要想长久生存下去,可能需要简化社会和技术资源。

新西兰的历史很好地证明了不同地区进化模式的多样性。在气候温和的南岛(South Island)的许多地区,拓殖者——他们带来了农耕技术和适应热带气候的农作物——回到采集生活方式,这种生活一直持续到欧洲人到来。新西兰东部查塔姆岛(Chatham Island)是一个更加显著的简单化例子。那里的移民转向采集技术,因为当地环境无法种植波利尼西亚人的热带作物。他们放弃农业,转向采集或猎取海洋资源,包括海豹、有壳水生物以及海鸟。共同体的规模缩小,有组织的战争也无影无踪,因此,查塔姆岛的居民很容易成为1835年毛利人大举侵犯的牺牲品(贾里德·戴蒙德以详细的图画形式描绘了这次入侵)。新西兰北岛——岛上可以种植热带农作物——完全不一样。波利尼西亚拓殖者在那里发展出了复杂的农业酋邦,以及数量较大的人口、严格的等级制和有组织的战争。

波利尼西亚地区环境多样、极度封闭,那里也出现了相似的对比。复活节岛或许是波利尼西亚群岛中最遥远的一座岛屿,岛上出现了小型村落,建造了不可思议的重达27200公斤的石像(Ahu,阿胡),复活节岛就是以这些石像著称。这里也独立发展出了一种文字。

鼎盛时期的复活节岛人口总数可能达7000人，后来或许因为砍伐森林而导致衰落。没有木材，就没有供暖的燃料，也无法建造用于捕鱼的船只。在衰落之后，幸存者又回到原始的采集生活。夏威夷群岛的西部岛屿有高山以及能够创造肥沃土壤的溪流，那里人口较多，集约化灌溉农业也成为可能，芋头产量可达54000公斤/公顷，另外，猪和鱼的集约化养殖也成为可能。当地人口密度高达115人/平方千米，酋邦或王国规模堪比苏美尔早期城邦，统治人口多达3万，与此形成鲜明对比的是塔查姆岛，岛上人口密度仅仅为2人/平方千米。

太平洋世界区非常清晰地说明了一点，即环境差异从许多方面塑造了生活方式和社会发展。

澳大拉西亚世界区

正如我们在前面所讨论的，在最后一次冰川期，较低的海平面意味着巴布亚新几内亚、澳大利亚和塔斯马尼亚连接在一起，它们是一个大陆的组成部分，这个大陆有时候被称为萨胡尔。这块大陆的一个地区，即巴布亚新几内亚高原，独立发展出了农业。然而，部分因为高原地区相互阻隔的地理环境，也因为块茎作物无法大量储存，这里的农业似乎永远也没有创造出比单个村落更庞大的政治结构。不过，与巴布亚新几内亚沿海地区的社会相比，这些社会更复杂，也创造了丰富的艺术传统以及各种复杂的战争和礼仪形式。

就澳大拉西亚南端的塔斯马尼亚而言，海平面上升之后该岛与大陆的联系被切断，留下大约4000居民生活在完全与其他人类社会隔绝的状态。有许多迹象表明，这里的社会发生了倒退，变得更小更简单。在欧洲人到来之前大约1000年时间里，岛上曾经存在的一些技术，比如针和其他骨制工具的使用或者捕鱼活动，似乎都已经消失了。原因之一可能在于，对于小规模的封闭人群而言，创新甚至保存新技术更困难，因为集体学习必不可少的协同作用更有限。不过，我们不要想当然地认为这些变化标志着技术的衰落，它们也有可能体现了对气候变化和社会隔离现实的有效适应。比如，放弃捕鱼和专注于脂肪含量更丰富的食物（海豹和海鸟），很可能是一种合理的生态选择。

尽管澳大利亚大陆比塔斯马尼亚岛大很多，不过，它很大程度上也脱离了其他人类社会。农业在这里从未发展起来，尽管昆士兰北部的居民似乎与巴布亚新几内亚居民之间有定期联系。（这个问题的讨论参见第5章。）以下假定是合理的，即那里的农耕显然没有采集生活那么有利。总体而言，澳大利亚的土壤贫瘠，人口密度很低。当欧洲人在18世纪末到达澳大利亚时，这块大陆只不过区区几十万人，尽管一些地区尤其海岸地带的人口密度远远超过内陆。一个很偶然的事实是，与美索不达米亚不一样，澳大拉西亚没有进化出容易驯化的植物物种。澳洲坚果（夏威夷果）是现代驯化的唯一一种当地植物，尽管还存在一些潜在的可驯化物种，包括在巴布亚新几内亚得到种植而澳大利亚人只是采集的各种山药和芋头。

然而，以下看法是错误的，即认为澳大利亚是一个陷入某种旧石器时代时间隧道中的社会。原因之一在于，考古学研究已经发现了一种以创新方式适应变化（包括气候变化）的漫长历史。3万年前到2万年前的岩画艺术向我们展示的生活方式，后来因为对气候变化做出的反应而发生深刻改变。比如，在阿纳姆地（Arnhem Land），随着上升的海平面将一度干燥的地区转变为海岸沼泽和礁湖，山药和有袋动物开始从岩画中消失，鱼类和海龟取而代之。我们也发现了那个时期第一幅描绘人们现在所称的彩虹蛇（参见第1章）的绘画，不过，这幅画描绘的，可能是一种尖嘴鱼。

此外，通过对过去几千年的考古发掘，许多迹象表明，澳大利亚一些地区——尤其降雨较多的地区、西南和东南角以及东部海岸许多地区——出现了各种集约化形式，它们类似于世界其他地区（比如新月沃地）农业出现之前的集约化。在第5章中，我们描述了集约化在澳大利亚呈现出来的一些显著形式，包括在墨累-达令河水系建造精致的鳗鱼池或者更多地使用野生黍的种子。考古遗址数量的增加表明，在欧洲人到来之前的最后2000年，人口数量可能增加了一倍或两倍。新的工具也出现了，比如由贝壳制作的鱼钩，尤其是在捕鱼变得更频繁的地区。另外，有更多证据表明了大范围内相互联系的逐渐加强。澳大利亚南部的遗址中出土了昆士兰南部生产的麻醉品以及来自伊萨山脉（the Mount Isa range）的石斧。西澳大利亚"赭石之地"（Wilgie Mia）巨大的赭石矿山开采了大量赭石，它们的开采似乎是为了满足跨地区的贸易需求而不是当地需求。因此，人们很容易产生这种想法，即如果多留几个世纪任由这个地区的历史自由展开而不受欧洲人的干预，那么，我们很有可能在那里观察到农业最初出现在美索不达米亚时的那种发展（参见图9.9）。

结论：澳大拉西亚和太平洋世界区

总而言之，正如贾里德·戴蒙德有力的证明，忽视地球上这些地区（农耕未能在那里发展起来）或者夸大农耕文明在演化速度上存在的差异的重要性，都是错误的。通过研究农业未能兴盛起来的地区，我们能够更好地了解整个人类历史的发展轨迹。研究农业独立发展起来的地区，我们只了解农业故事的一半内容，甚至农耕文明演化故事的一半内容。对不同世界区历史的系统比较分析表明，人口增长和集约化可能受到不利于它们的环境、地理和社会因素的严重阻碍，不过，对于未能独立发展出农业的许多地区而言，它们所处的进化轨迹表明，它们最终也会步履蹒跚地发展出某种形式的农业，如果这些趋势没有被欧洲殖民者中断的话。

上述观点表明，前面几章所描述的宏大趋势大致是普遍性的，即使它们在世界不同地区的发展速度不一样，即使它们导致了各种不同的文化、艺术和宗教风格。我们发现，创新以及技术和社会变化无处不在。差别仅仅在于，一些地区的创新碰巧发现了农业大创新，然后又导向农耕文明的另一个大创新。如果时间充足的话，其他地区最终似乎也能够发展出它们自身的农业形式。

尽管如此，这种进程中的时机和地理因素确实很重要。它们影响了人口以及权力和财富在全球的分配。因此，它们也有助于解释现代人类所控制的巨大财富在地理上极其不平衡的分布。

现在，我们必须讨论一系列大创新，它们创造了今日世界，一个与农耕文明时代完全不同的世界。

图 9.9 歌舞会。在最近几千年,澳大利亚的创新速度在加快。创新和集体学习的一个动力,就是当地共同体举行的定期聚会,这就是著名的歌舞会(corroborees),在此期间,来自不同族群的礼物、人们、观念、礼仪和舞蹈可以相互交流,可以从一个共同体传播到另一个共同体

小 结

在本章中,我们将公元前1000年之后的其他三个世界区与非洲-欧亚大陆世界区进行了比较。我们考察了美洲世界区两大农耕文明,即中美洲的阿兹特克文明和南美洲的印加文明,并发现它们与非洲-欧亚大陆更早的农耕文明存在许多相似性。我们对北美的考察表明,尽管那里的人口密度不足以支持农耕文明,不过,玉米和烟草得到种植,酋邦兴起。太平洋和澳大拉西亚世界区存在多种生活方式,它们源于多样化的环境以及时常出现的隔绝状态。没有社会达到农耕文明阶段,一些社会也没有发展出农业,不过,创新和适应能力一直存在。我们的结论是,人类进行集体学习的能力和适应能力产生了社会进化的普遍模式,当然,这种模式也取决于地理和地方性动植物这类偶然因素。

本章问题

1. 比较四个不同世界区的做法为何是有帮助的?
2. 人类历史中的普遍性趋势是什么?

3. 不同世界区的地理和生态差异如何影响这些趋势？
4. 比较阿兹特克农业文明和印加农业文明。
5. 太平洋和澳大拉西亚世界区之历史的最显著特征是什么？

关键词

Austronisian（language） 南岛语
Aztecs 阿兹特克人
Huitzilopochtli 维奇洛波奇特利
Inca 印加人
Lapita culture 拉皮塔文化
Nahuatl 纳瓦特人/纳瓦特语

Popol Vuh 《波波尔·乌》
Quechua 克丘亚语
Quetzalcoatl 魁扎尔克亚特尔（羽蛇神）
Sahul 萨胡尔
semisedentary 半定居的

延伸阅读

ellwood, Peter. *The First Farmers: The Origins of Agricultural Societies*. Oxford/Malden, MA: Blackwell, 2005.

Bellwood, Peter, and Peter Hiscock. "Australians and Austronesians." In Chris Scarre, ed., *The Human Past: World Prehistory and the Development of Human Societies*. London: Thames & Hudson, 2005, 264–305.

Brotherson, Gordon. *Book of the Fourth World: Reading the Native Americas Through Their Literature*. Cambridge, UK: Cambridge University Press, 1992.

D'Altroy, Terence N. *The Incas*. Malden, MA: Blackwell, 2002.

Davies, Nigel. *Human Sacrifice in History and Today*. New York: William Morrow, 1981.

Diamond, Jared. *Guns, Germs, and Steel: The Fates of Human Societies*. New York: Norton, 1997.

Fernandez-Armesto, Felipe. *Pathfinders: A Global History of Exploration*. New York: Norton, 2007.

Gately, Iain. *Tobacco: The Story of How Tobacco Seduced the World*. New York: Grove Press, 2001.

Gillmor, Frances. *Flute of the Smoking Mirror: A Portrait of Nezahualcoyotl, Poet-King of the Aztecs*. Salt Lake City: University of Utah Press, 1983.

Leon-Portilla, Miguel. *Fifteen Poets of the Aztec World*. Norman: University of Oklahoma Press, 1992.

Mann, Charles C. *1491: New Revelations of the Americas before Columbus*. New York: Knopf, 2006.

Marcus, Joyce. *Mesoamerican Writing Systems: Propaganda, Myth and History in Four Ancient Civilizations*.

Princeton, NJ: Princeton University Press, 1992.

Milner, George R., and W. H. Wills. "Complex Societies of North America." In Chris Scarre, ed., *The Human Past: World Prehistory and the Development of Human Societies*. London: Thames & Hudson, 2005, 678–715.

Moseley, Michael E., and Michael J. Hechenberger. "From Village to Empire in South America." In Chris Scarre, ed., *The Human Past: World Prehistory and the Development of Human Societies*. London: Thames & Hudson, 2005, 640–77.

Scarre, Chris, ed. *The Human Past: World Prehistory and the Development of Human Societies*. London: Thames & Hudson, 2005.

Smith, Michael E. *The Aztecs*. 2nd ed. Malden, MA: Blackwell, 2003.

Webster, David, and Susan Toby Evans. "Mesoamerican Civilization." In Chris Scarre, ed., *The Human Past: World Prehistory and the Development of Human Societies*. London: Thames & Hudson, 2005, 594–639.

Big History

第 10 章

即将跨越第 8 道门槛

迈向现代革命

考察大图景

公元 1000 年到 1700 年

- 把今日世界与人类历史上之前所有的时代区分开的东西是什么?
- 农耕文明通过什么方式为"现代革命"做了铺垫?
- 什么力量加速了过去 1000 年中"变化"的速度?
- 就我们这个物种经由集体学习实现持续创新的能力而言,现代革命是不可避免的吗?

10.1 现代革命的途径

在这一章，我们将考察第8道主要门槛之前的时代。我们有意使用一个含糊的术语，将那道门槛称为**现代革命**。

在大历史的广角镜头中，现代时期最突出的现象，便是工业革命（下一章将会讲述）以来人类快速增长的对生物圈资源的掌控。在一万年前开始的农业革命中，我们就已经观察到了一些相似现象。人类突然增强了对生物圈的能源和资源的控制。由于可以获取的能源和资源越来越多，人类也得以形成更大规模、更多人口、更复杂以及更多样化的社会，这些社会具有一些前所未见的突现属性（emergent properties）。现代革命与此十分相似，只是它发生的速度更快、涉及的范围更广（参见图10.1）。

可用资源的突然增多，意味着社会比以往发展得更快，它们生产的产品比以往更多，它们也变得更复杂。由此带来的结果是变革性的。2002年，诺贝尔化学奖得主保罗·克鲁岑（Paul Crutzen）指出，地球这颗行星在19世纪早期进入了一个新的地质时代，即人类世（Anthropocene）。他的意思是说，在这个时代，人类已经成为地球上的主导性物种。（我们将在第12章更详细地讨论这个观点。）

不知不觉地，我们开始改变大气的化学成分；改变植物和动物物种的生存范围、多样性和分布情况；改变水循环和其他重要地质进程（比如水土流失）的本质。这些变化会在一个世纪甚至几千年时间里改变生物圈的运转，因为许多变化会带来长期影响，另一些变化，比如物种灭绝，是不可挽回的。在地球的全部历史中，还没有哪个物种具备如此大的威力，而且，我们并不清楚，人类能否控制自己已经释放出来的各种变化力量。

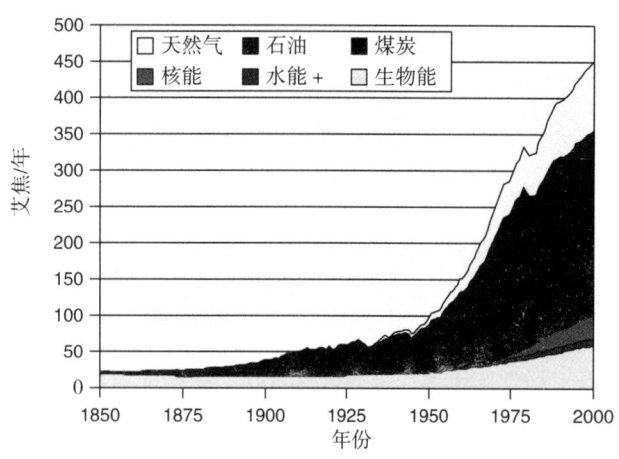

图10.1 世界能源消费，1850年到2000年。1850年，人类使用的能源绝大部分仍然来自传统能源：人力和畜力、水力和风力以及木材中储藏的能量。到2000年，人类使用的能源增加了许多倍，能源基本上来自三种化石燃料：煤炭、石油和天然气

*世界能源消费以艾焦（exajoules）计算。一焦耳相当于一秒钟内产生一瓦特功率所需的能量。一艾焦相当于1018焦耳

在这一章，我们将考察公元1000年以来现代革命的根源。为人类跨越第8道门槛做了铺垫的是什么？为何不同地区受到影响的方式不同？这些变化与集体学习有什么关系？

最后一个问题的答案很简单：密切相关！那些有助于增强人类控制资源能力的技术和社会结构，源自以知识分享（知识分享是人类历史上最鲜明的特征）方式实现创新的古老进程。然而，集体学习的节奏和协同作用（synergy）为何在现代社会增长得如此迅速呢？为何变化的速度呈现出巨大的地区差异？它们是本章的核心问题。为了回答这些问题，我们必须更仔细地考察一些促进或阻碍集体学习和创新的因素。

10.2　创新的速度为何增长：创新的驱动力

我们已经考察了几种要素，它们能够影响不同时代和不同地区创新的步伐和力量。我们把这些要素称为**创新的驱动力**。在最近几个世纪，三种强劲的创新驱动力变得越来越重要，在演化过程中，它们齐心协力创造了强有力的、新的协同效应。

驱动力一：增强的交换网络

人类通过交换网络交换物品和思想。较之于100人构成的共同体，更多的信息会在100万人共同体中交换和储存起来，这是一个合理的假定。从数学上来说，这就好比"节点"（人们），当网络中节点数量增加时，节点间可能的连线数量会更快地增长（参见图10.2）。[从数学上来说，假设网络中的节点数为n，那么连线的数量 $(l)=n*(n-1)/2$。] 因此，通常而言，我们可以说大型共同体中创新（宗教的、艺术的、伦理的或技术的新思想的产生）的速度比小型共同体更快。这就解释了为何大规模人口增长本身往往会促进集体学习。

我们也认为，相互交换信息的共同体中的更大多样性，会增加交换网络中新思想产生的可能性。如果大家都从事食物采集，那么，他们谈论的话题基本上都是彼此熟悉的。但是，如果食物采集者遇见了农民，他们彼此会了解到全新的信息。因此，在我们看来，在大而复杂的社会——具有各种各样的内部结构，拥有不同资源、技术和文化的各地区之间存在广泛联系——中，集体学习具有更大影响。

在城市，尤其商业城市，不同背景的人们彼此相遇，他们不但交换商品，也交流看法和信息。在众多城市广泛联系的地区，这种交换的可能性也增大。所以，一般来说，我们认为，在货物、人口和观念广泛流动和交换的复杂社会，创新也会更多。在非洲-欧亚大陆，商业城邦常常通过丝绸之路这种交换网络来收集广大地区的信息，这就是1000年前布哈拉（Bukhara）和撒马尔罕（Samarkand）这类中亚城市成为世界科学和技术重镇的原因之一。

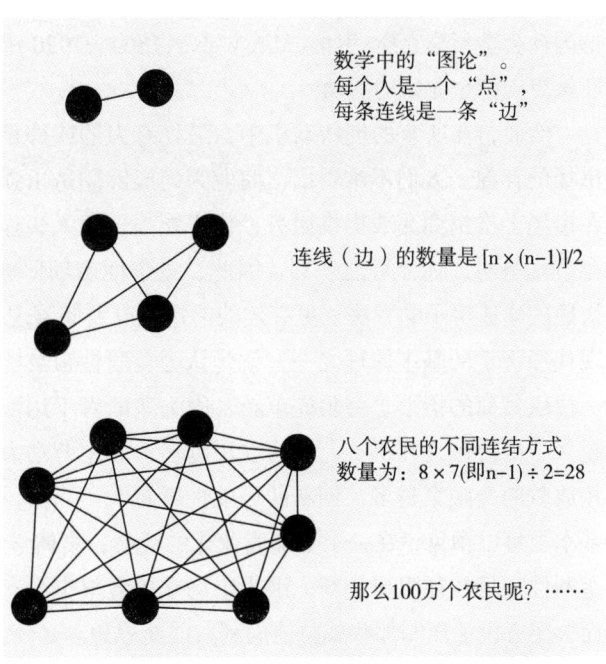

图 10.2　**这个计算很容易**。随着一张网络中人口数量的增加，那张网络中集体学习的潜在协同作用就会更快地增长。一个来自图论的简单计算可以证明这一点

驱动力二：通讯和运输的改善

我们这里所说的**通讯**，是指人们用来交流信息和思想的技术；而**运输**是指把人们和物品从一个地方运到另一个地方的技术。通讯和运输技术的改善，可以增强社会储存和传播信息的能力。如此，它们能够使集体学习加速并促进创新。

驱动力三：创新动机的增加

我们所说的**创新动机**，是指社会中促进或阻碍创新的那些因素。可以预见，在我们发现创新的直接动机或寻找到新信息的任何地方，集体学习的力量都会增强。今天，我们认为创新是理所当然的，因为我们生活的社会能够通过教育和研究以及通过使用许多不同的刺激因素来积极地推进创新。因此，我们很容易忘记大多数早期社会是多么仇视新思想、新的做事方式、新宗教和技术以及通常意义上的创新。保守主义是大多数社会的通则。然而，始终有一些人无法抑制自己的好奇心。我们经常能够找出一些结构、态度和兴趣，它们激励人们去探索新的知识和新的行事方式。

例如，尽管政府和统治者常常怀疑新事物，他们通常也有很好的理由去探索新的军事科技（如战车和枪支），或者为士兵和商人修路，或者寻找新的财富之源。除此之外，一些宗教和哲学传统似乎比另一些更支持创新。事实上，古典时代的希腊在哲学方面极具创新性；德国社会学家马克斯·韦伯（Max Weber，1864—1920）提出了一个著名观点，即相较于天主教，新教更支持企业家的活动。

然而，在所有的创新动机中，最强有力的或许是商业，即货物、服务和劳动力的竞争市场的存在。人们不难看出，商业为何能够创造出强大的创新动机。如果你与其他人一样在市场上推销商品或提供服务，你不能强迫他人买你的产品，只有你的产品比对手更具有竞争优势时，你才可能获利。因此，竞争性市场促进了创新：新颖而廉价的制衣方式、更快捷的建造房子的方法、更有效的治疗，以及储蓄现金或让其在不同地区流动的更好途径。现代经济学的基本原理之一，就是认为竞争性市场能激发创新，而**垄断**（指一种商品只有一位供货商的情形）会阻碍革新，因为垄断者不用面对竞争。在竞争性市场进行交易的人越多、出售粮食和手工艺品的农民越多、雇用劳动力的商人和农场主越多、为了利息而竞相放款的金融家越多，创新的可能性就越大。当然，并非随时随地总是如此，不过，我们基本上可以预见，在一个更加商业化的社会，集体学习更容易引发和传播创新。另一方面，垄断性市场往往阻碍创新，因为市场掌控者根本没有改善产品或降低价格的动力，他们反而会想方设法压制那些威胁他们利益的新思想。

农业时代的许多社会存在大量市场活动。但是，大多数人是农民，他们的食物基本上自给自足，与市场的联系很有限。此外，在农耕文明中，政府通常不支持商业或竞争性市场，因为它们很享受对大量资源和许多社会劳动力的垄断。他们对市场活动充满敌意，因为这种活动威胁到它们通过法律手段或武力征取的"贡赋"。农耕社会的精英通常十分轻视包括商人在内的没有权力或力量索取贡赋的人。这也意味着，他们轻视整个市场活动，基本上不会支持它。这解释了为什么我们有时候称农耕文明为收取贡赋的社会。

在一些社会中，精英和政府非常支持商业活动，我们把这样的社会称为**资本主义**社会。当今，世界上大多数社会都可以被描述为这种意义上的资本主义社会，因为包括税收在内的大量资源都通过市场活动或买卖行为而流动，而个人也向他人出售他们的产品或劳动，政府之所以鼓励商业活动，原因在于他们想从中获利。

总而言之，我们已经找出了三种重要的创新驱动力，它们在现代时期变得越来越重要，也有助于解释最近几个世纪创新的快速增长。

1. 交换网络的规模和种类的增加。
2. 通讯和运输系统变得更加有效。
3. 商业活动、竞争性市场和资本主义的扩张。

10.3 公元 1000 年的世界

在1000年前的农业时代末期，创新的三大动力到底有多重要呢？我们正好借此机会宽泛地考察一下现代之前人们生活、工作、贸易和交换信息的方式。

驱动力一：交换网络

1000年前，大多数交换网络依然是脆弱的和地区性的。世界史学家戴维·诺思拉普（David Northrup）早就指出，从某些目的而言，世界历史可以被划分为两个时期：公元1000年之前和之后的时期。公元1000年之前，人类社会往往变得更加孤立和多样化；公元1000年之后，它们开始再次连接起来，而且速度越来越快。

戴维·诺思拉普首先承认这是一种非常简化的方案，不过，它不无道理。在公元1000年，世界的联系确实比今天少很多。最重要的是，主要世界区仍然是相互隔绝的。个别航海家或许在公元1000年之前横越了大西洋，或者印度尼西亚船员有时候在澳大利亚海岸着陆，或者波利尼西亚航海者出现在美洲海滨。但是，这些联系罕见而短暂，所起的作用有限。在丝绸之路这类主要的贸易网络之外，大多数人生活在与其他地区联系很少的小型共同体中。地球表面大部分土地上居住着采集民族、游牧民族或小规模的农民群体，这些共同体解释了我们这个物种的大多数文化多样性。比如，在人口稀少的居住区，语言往往更加多样化。今天，其他地区许多传统的语言已经消失，不过，据估计，巴布亚新几内亚曾经遥远的农业村落包含了世界上生活语言的25%左右。

然而，事情将发生变化。约翰·曼（John Man）认为，理论上，在公元1000年，一条信息有可能在历史上第一次传遍整个世界。在他的思想实验中，他构想了从非洲-欧亚大陆的伊斯兰心脏地区巴格达发出的一条信息。以巴格达为起点，这条信息可能沿着尼罗河向南，或者跟随骆驼商队穿越撒哈拉沙漠，然后很可能在不同共同体之间传播，从班图族农民和游牧民的村落传到南非科伊桑人（Khoisan peoples）当中。这条信息也可能向北穿过拜占庭抵达俄罗斯，新近在俄罗斯确立统治地位的维京人有可能将它传到斯堪的纳维亚，那里的其他维京人可能将它带到维京人殖民地冰岛和格陵兰岛，然后又传播到刚刚在纽芬兰开拓的文兰（Vinland）殖民地。一旦抵达美洲之后，当地人很可能将它向南传到中美洲，然后通过中美洲热带雨林进入安第斯地区，甚至可能到达南美洲最南端的火地岛。或者他们可能携带着信息北上加拿大，然后因纽特人向西把它传播到阿拉斯加和白令海峡，那里有一条简单而熟悉的连接西伯利亚东部的通道。从西伯利亚东部，它可能向南传播到日本、朝鲜和中国，或者向西穿过欧亚内陆大草原。中国商人也有可能将它传播到东南亚，在澳大利亚北海岸寻找海参的东南亚商人会把它传给澳大利亚土著社会，然后它就在整个澳大利亚传开了。印度尼西亚群岛的航海民族很有可能将它传播到美拉尼西亚群岛，然后有可能从那里传到波利尼西亚，波利尼西亚移民可能（只是可能！）携带着它进入新开拓的岛屿，比如夏威夷或新西兰。同时，这条信息有可能从中国和印度经由欧亚内陆大草原或者阿富汗和伊朗返回巴格达。

当然，这一切都没有发生。不过，曼的意思是说，人们或许可以想象在公元1000年，这种情况有可能在人类历史上第一次发生。那时，编织新的、更庞大的交换网络（它们最终会覆盖整个世界）的千年历程隐隐约约开始了。我们现在称这个进程为**全球化**。

驱动力二：通讯和运输技术

某种程度上，大多数农耕文明之所以缺乏联系，原因在于通讯和运输的传统技术效率太低。

在美洲中部和非洲-欧亚大陆，文字通常只出现于农耕文明的心脏地带和城市，即使在这些地区，它也只是一种精英的技艺，基本上局限于书吏、官员、学者或僧侣和祭司。在纸张传播之前，人们只得在纸莎草（埃及）或羊皮纸或牛皮纸上面书写，这些材料都不便宜，因此，手稿非常珍贵，被收藏起来，而且常常被缓慢而费劲地抄写许多遍。这类书写材料经常重复利用好几次，一条信息被擦除之后，再在上面书写其他内容，由此造成了难以解读的文献，即人们所说的重写本。最早的印刷或机械复制可能于公元8世纪或9世纪在朝鲜发展起来，使用的是经过认真雕刻的木块，尽管中国人早就知道以石块复制大量文献。最早的活字印刷可以回溯到11世纪的朝鲜。① 每个字都刻在一个木块上，而木块则用蜡固

---

① 北宋庆历年间（1041—1048），中国的毕昇发明了泥活字印刷术，成为世界上第一个发明活字印刷术的人（详见肖东发《印刷术在中国的起源、发展及在亚洲的传播》，《北京大学学报：哲学社会科学版》，2000年第6期，96-104）。——编者注

定在印版上。

　　书本，不管是手写的还是印刷的，都是信息的宝库。公元900年的巴格达大约有100名书商。当时的伊斯兰世界可能是世界上主要的知识交换中心，它位于欧亚大陆广泛的交换网络的中心，书本（从《古兰经》开始）在那里受到特别的尊重。11世纪初，开罗的图书馆据说就有藏书150万册。许多图书使用了纸张。纸张是一种新的媒介，由中国人在公元一千纪早期发明。公元751年怛罗斯战役（即塔拉斯河战役）——阿拉伯军队与中国军队的第一次交锋——之后，被俘虏的中国造纸工人向西传播了造纸术。

　　然而，开罗图书馆是一个例外。中世纪欧洲最大的修道院图书馆之一，即德意志地区的赖歇瑙（Reichenau）图书馆只有藏书450册，而且都是羊皮纸图书。在远离农业中心地带的地方，鼓声或山顶烽火也能够在大范围内快速传递简单信息（危险！战争！火灾！）。但仅此而已！那已经是最好的通讯体系。

　　就旅行和运输来说，大多数人选择陆地行走。如果他们比较富有（或者是牧民）并且生活在非洲-欧亚大陆世界区，他们有可能骑马或乘马车或坐轿子。如果他们生活在干旱的沙漠地区，他们可能跟随着骆驼商队旅行，比如13世纪和14世纪由25000头骆驼构成的、携带黄金和白银从廷巴克图（Timbuktu）出发穿越撒哈拉沙漠北上的那些商队。商队循着足迹而行，因为道路很少，而最好的道路是大帝国为其士兵修建的。罗马人在几个世纪里修建了总长度达8万千米的道路，其中一些建造得很好，今天还可以见到。最好的是那些中凸形道路，它们有利于排水，而且逐层建造，厚达几英尺，使用的材料有沙子、扁平的石块、沙砾混凝土以及鹅卵石，这种道路坚固耐用。不过，对大多数人来说，最快的旅行也就是快步行走，因此，走完2560千米的波斯御道（第7章有论述）——从现在伊朗的苏萨到现在土耳其的以弗所——通常需要三个月。古代相当于因特网的事物以及信息传递可能最快的方式，就是驿站制度。在波斯的阿契美尼德帝国，若有必要，分程传递——每隔几英里就更换马匹——可以在一周之内走完波斯御道（速度是徒步行走的12倍）。但是，除了商人、士兵、朝圣者或被抓获的奴隶外，对大多数人来说，他们一生的旅行并没有超出地方市镇范围。

　　经由河流或运河、近海或广阔海洋的水路运输，乃是输送货物和人口最廉价、通常也最快捷的方式。一个搬运工（美洲地区主要的运输方式）可以远距离搬运的货物重量为22.5公斤，一架建造精良的中世纪马拉货车，如果由得到精心照料、钉有上好马掌以及套有马轭的马匹拉拽，它的运货量大约为950公斤。在公元1000年，一艘利用季风穿越印度洋的阿拉伯独桅帆船的货运量，是一架马拉货车运载量的100多倍，在公元1500年是400倍。中国平底帆船的运载量更大，14世纪的穆斯林旅行家伊本·巴图塔（Ibn Battuta）在印度见到过这种船只；它们装载的货物量可达100万公斤，或者一驾马拉货车货运量的1000倍。

　　水上短距离旅行最快捷的方式，就是乘坐划桨的船只。雅典三层桨战船能够在短时间内达到21千米/小时，建造和维护这种战舰花费不菲，因此，它们通常只用于战争（参见表10.1）。

表 10.1　陆路和海路的运输能力

运输形式	最大运载量
搬运工，安第斯地区	22.5公斤
美洲驼，安第斯地区	32公斤
一人驱赶的30头美洲驼商队	950公斤
负重量是其体重30%的驮马	140公斤
阿拉伯北部地区背部安装鞍（大约公元前500年发明）的骆驼	320公斤
罗马马拉货车	320公斤
中世纪马拉货车（马轭发明之后）	950公斤
印度独桅帆船，公元1000年	10万公斤
印度独桅帆船，公元1500年	40万公斤
中国平底帆船，公元1500年	100万公斤

沿运河航行的商船使用风力或由一群人（比如俄罗斯著名的"伏尔加河上的纤夫"）或动物牵引。2000年前，一艘罗马货船在顺风情况下只需一周时间就从西西里航行到埃及；返程是逆风，可能需要一个月或两个月时间。在中国，河流运输可靠而价格低廉，隋朝时期（公元581—618年）开凿了一条连接长江和黄河的大运河，经由这条运河就可以把稻米和其他物资运送到首都北京。然而，12世纪之前，在第一道水闸被发明之前，船只在河流水位变化的地区还得借助岸上的人力或畜力。

总之，在公元1000年，货物、人口以及信息移动的距离和速度与此前1000年没有多大差别。

驱动力三：创新的动机

我们已经看到，依照现代标准衡量，农耕文明时代的创新速度非常缓慢。

农耕时代创新的限制因素

在农耕时代，创新的动机很少。政府和贵族阶级垄断着他们社会的许多资源，因此，他们往往更喜欢传统的行事方式，而不是新奇的方法，后者不太可能奏效，甚至有可能带来意想不到的后果。一般而言，商人和工匠都很保守，在一个没有专利法的世界，努力从事发明创造的人通常发现，他们自己的创新马上被他人模仿，或者受到强大的手工行会（欧洲就是这么称呼的）的压制。在这种环境下，投资新技术没什么价值。

有时候也出现了一些重要发明，但是它们往往受到忽视或没有得到进一步开发。比如，在第9章，我们看到，轮子在美洲出现了，不过仅仅用在玩具上，其中的原因或许在于当地没有可以用来拉车的大型家养动物。到公元1000年，中国人已经知道用硝石（硝酸钾）、硫磺和木炭制作火药，但是研发有效的火药武器还需要等待许多世纪，大多数这类发明出现在欧亚大陆西端连年战乱的环境中。

农业时代技术变化的缓慢节奏本身就阻碍了创新，因为这意味着，投资者根本不可能在有生之年获得任何回报。对企业家来说，与其辛辛苦苦寻找更有效的贸易途径，不如利用武力或法律手段来维护对丝绸或宝石之类商品的垄断权。对政府来说，以夺取邻邦财富的方式来促进经济增长似乎合情合理。在一个没有研究机构和竞争公司的社会，战争的风险（尽管存在风险）通常要小于向不确定的技术进行投资，因为这种投资可能需要几十年甚至好几个世纪才能产生利润。

农民的耕作也妨碍了创新。大多数食物、燃料和纺织品来自小农户，他们使用的技术很传统，也没有什么途径获得资金或新技术。多数农民住在乡村，远离城市的知识中心。他们与市场和新技术的联系很少，因为他们的食物、燃料和纺织品基本上能够自给自足。最后，农民受到政府或土地主的横征暴敛，他们没有改善耕作方法的动机。如果明明知道地主会没收一切剩余食物，那么为何要生产更多呢？根据粗略估算，农民通常要将他们生产食物的一半交给统治者和地主。农民占农耕文明人口绝大多数，也是财富的主要创造者，他们的生产力很低，因此，生产力的整体水平必然低下。农户低下的生产力也限制了城镇和城市的规模，因为一般而言，在农业时代大部分时间里，大约9个农民才能供养一个城市人。这意味着城市人口通常只占人口总数的10%。公元1400年，世界上只有10%的人居住在5000人以上的定居区。

能源的有限供应也阻碍了生产力水平提高。人类社会使用的能源，几乎全部来自晚近时期植物通过光合作用储存起来的阳光。树木为火炉提供木材或木炭，农作物为马、牛、骆驼以及驯化它们的人类提供食物，它们的生长都离不开阳光。阳光也能推动风流，从而为帆船或第一架风磨（大约公元1000年在波斯被采用）提供动力。不过，调集使用太阳能的主要方式，在于开发利用畜力（用它们拉犁、拉车和运载货物）和人力，人一旦沦为奴隶，就完全被当作智能能源的仓库。这也解释了奴隶制在前现代世界的广大地区为何如此重要；奴隶就像多功能电池。不过，这也意味着，要想产生大量能量，你就得把许多人和动物汇聚起来，这么做往往代价昂贵、困难重重。

在一个能源来自晚近的光合作用的世界，调集资源是政治和行政成就，而不是技术创新问题。最成功的国家，是那些能够调集、运输和供养最庞大的军队，并建造令人深刻的纪念性建筑的国家。这是如下现象的另一个原因，即在整个农业时代，发展通常并不意味着生产更多产品或提高生产力，而是意味着夺取邻邦的财富。在一个可用资源似乎大致固定不变的世界，发展被视为一种零和游戏。

商业、市场和创新

然而，即使在农耕文明中，至少也存在这么一个社会生活区域，创新在其中是成功的关键。这个区域就是存在竞争性市场的地方。

我们已经看到，农业世界的经济受到征集贡赋和垄断的支配。不过，即便帝国里最有权势的人也无法控制本国境外生产的产品。当中国的汉武帝（公元前156—前87年）想获得产自中亚拔汗那国（Ferghana）的良驹时，他最初派遣一支军队前往。但是这种做法耗资巨大，最后，他意识到必须以丝绸换取宝马。因此，他雇用那些懂得在竞争性市场进行和平贸易的商人替他办事。即使在国内市场，有时候也存在竞争的空间，而有竞争的地方，效率就显得很重要，因为通常而言，工作最出色、价格最低廉的商人和工匠，最有可能为他们的产品和服务找到买家。

有时候，通常在庞大帝国的边境地区和它们的势力范围之外，会出现一些独立的城市或国家，比如腓尼基人的伟大城邦，它们的精英很擅长处理跨国贸易。这些城市通常是跨地区的商人（他们通过种族或家庭纽带联系在一起）网络的家园。在公元一千纪，亚美尼亚和犹太商人创造了在欧洲、地中海地区从事贸易，并深入中亚和印度的巨大网络。正如我们在第8章所讨论的，13世纪晚期，中国泉州的穆斯林商人向来自伟大的陶瓷制造中心——景德镇的陶工提供波斯釉料，这样，他们就可以制作畅销穆斯林世界的青花瓷。正是在蛮力让位于商业手段的贸易网络时，创新最有可能发生。

使现金的远距离使用和流转变得更方便的创新，是对商业尤为重要的刺激因素。在硬币出现之前，大多数贸易是物物交换，这意味着，双方必须生产彼此需要的物品，否则就没有交易。由统治者官方发行的最早硬币，出现在公元前一千纪中期的安纳托利亚。到公元1000年，硬币已经通行整个欧亚大陆。硬币让贸易变得更加容易，因为它们相当于价值的一般符号。在存在充分信任的地方，有时候只要得到偿还承诺、纸币或欠据（IOUs）——上面通常写明了买家的还款期限和逾期付款应支付给卖家的补偿金，商人就会出售他们的货物。这种欠据通常可以买卖，货币因此可以实现远距离汇兑。公元1024年，为了应对铜币和银币短缺问题，中国宋朝开始发行它自己的纸币，这实际上就是政府支持的欠据或还款承诺。这种纸币可以广泛使用，只要消费者相信政府会信守纸币所代表的还款承诺。当然，事实并非总是如此。不过，在这种方法行之有效的地区，它们就会降低交易成本，扩大市场范围以及政府征税的权力。

因此，尽管市场在整个农业时代都存在，但是它们的影响力十分有限，统治者往往轻视它们，这也解释了为何农耕文明时代的市场对创新产生的影响很小。

缓慢的创新和马尔萨斯循环

总之，我们可以说，在公元1000年，正如在整个农业时代那样，采用新思想、新方法和新技术的动机远远不如今天。之所以这样，部分原因在于，我们前面找出的三大创新驱动力没有今天这么重要。不过，它们从来就没有完全阙如，这也解释了为何我们在整个农业时代察觉到了创新的缓慢发展。

如前所述，农业时代创新的缓慢节奏解释了马尔萨斯循环的普遍性：人口和生产似乎经历长期的增长，然后就是突然的崩溃。一般而言，马尔萨斯循环开始于创新，比如中国南部更高产的稻米作物的引入，或欧洲马轭的改善（马因此可以拉犁、深耕土地以及翻转更坚硬的土壤）。随着提高生产力的创新的传播，人口开始增长，并且拉动需求和促进经济活动，扩大可耕土地的面积，以及增加人力和畜力的供应。这种发展时期一般会刺激以交换网络为媒介的商业活动，推动城镇、建筑甚至艺术和文学活动的发展。

然而，繁荣总是以崩溃结束。人口增长的速度会超出可用资源的增长速度；土地会被过度利用，从而导致饥荒；城镇的污染会加重，最终导致健康水平开始下降。当资源逐渐减少时，国家又会故伎重演，以武力夺取邻邦的资源。战争引起的暴行和破坏会减少许多地区的人口，传播疾病和死亡。从农业时代创新的缓慢节奏中，我们可以找到这个时代主导人类历史的马尔萨斯循环的根源。

在本章接下来的内容中，我们会考察前面讨论过的创新的三大驱动力，探索在两大马尔萨斯周期中，它们如何开始变得重要——首先在非洲-欧亚大陆世界区，随后遍及整个世界。第一次马尔萨斯循环（我们可以称之为后古典时期的循环）开始于公元1000年之前，伟大的古典帝国崩溃之后的非洲-欧亚大陆，并一直持续到14世纪中期的崩溃。这场崩溃与一场毁灭性流行病即黑死病有关。第二次循环，也就是早期现代的循环，开始于14世纪，一直持续到大约公元1700年。

10.4 后古典时期的马尔萨斯循环：公元1350年之前

公元1350年之前的好几个世纪，许多不同地区出现了重要发展，这种发展在最大世界区即非洲-欧亚大陆显得尤为突出。创新并不是扩张的唯一原因。公元800年到大约1200年间，全球气候整体上更加温暖，在许多地区，温暖的气候意味着更多降雨，以及粮食和其他农作物产量的提高。这种情况在主要文明的边缘地区更明显。不过，新技术也促进了发展。比如，新的农作物在欧亚大陆核心地区的伊斯兰世界出现了。高粱、棉花（起源于非洲）、柑橘（起源于东南亚）广泛传播，增加了产量（高粱取代了粟，因为它更加耐旱和高产），扩大了纺织品的生产。

在后古典时期马尔萨斯循环的长期繁荣期间，人口增长也刺激了城市化和新土地的开垦，在东欧和中国西部和南部等边疆地区尤其如此。斯堪的纳维亚的农耕范围扩大，人口的增加推动了维京人大规模的移民。随着农村地区逐渐繁荣起来，欧洲、地中海地区、撒哈拉以南非洲、印度、东南亚和中国的城市也倍增，当时是柬埔寨的吴哥窟、欧洲的哥特式教堂以及西非的马里帝国的时代。

就中国来说，南方的发展尤为显著。公元750年，60%的中国人口居住在北方地区；到公元1000年，这一比例下降到40%，中国的中心已经南移。在撒哈拉以南非洲，随着班图族移民在公元一千纪向南传播冶铁技术和香蕉种植技术，那里的人口从大约1100万增长到2200万。在地中海以北的欧洲和东南亚，人口增长促进了城市化和新兴地方性国家（比如英格兰和法国）的出现。最后，在公元1200年之后几十年里，以中国北部大草原为大本营的蒙古人，创造了前所未有的最庞大的陆地帝国，并且最终征服了伊朗和中国。

在美洲，公元800年之后气候的变暖，很可能刺激了中美洲和安第斯地区人口再次增长。我们在第9章已经讨论过，中美洲地区出现了新的国家体制，首先在10世纪的托尔特克人当中出现。新的国家体制也出现在玻利维亚（的的喀喀湖附近）和更北部的安第斯地区以及秘鲁海岸（10世纪建立的奇穆国家）。

在这次长期的、显然也是全球范围的繁荣期，前面描述过的创新和集体知识的三大驱动力似乎变得越来越有影响力。

不断扩张的交换网络

交换网络的扩张是人口增长的结果，因为人口增长促进了向原来定居区边缘或更远地区的拓殖。

在公元1000年之前的许多世纪，波利尼西亚的拓殖活动以占有夏威夷和复活节岛（大约在公元500年）以及新西兰及其附近岛屿（大约公元1000年）而宣告结束。尽管包括复活节岛在内的一些最遥远岛屿与波利尼西亚交换网络之间没有联系，不过，西太平洋地区受拉皮塔文化支配的岛屿之间依然存在交流。因为根据考古学家的考察，黑曜石顺着贸易路线传播到了4500千米之外。甘薯从南美洲向波利尼西亚西部的传播表明，南美与东太平洋地区必定也存在某种联系。此外，夏威夷在12世纪和13世纪重新建立了与塔希提岛的联系。

在美洲，托尔特克人的城市图拉在中美洲广大地区进行贸易，其中也包括与南距它1500千米的玛雅城市奇琴伊察的贸易。中美洲的玉米和影响（包括著名的球赛）沿着密西西比河向北传播，这说明墨西哥和更北部的土地（现在的美国）至少存在断断续续的交换活动。在安第斯山区，不同海拔所创造的资源多样性促进了从海岸地区（有丰富的鱼类资源）到高原地区（种植玉米、可可、马铃薯以及畜养美洲驼和羊驼）的交换。美洲交换网络最令人意外的是两大人口稠密地区——安第斯山区和中美洲——之间缺少重要的交流。

在北大西洋地区，两大古老的移民潮大约在公元1000年汇合到一起，一度把地球上两大世界区——美洲和非洲-欧亚大陆联结在一起。更温暖的气候有助于解释一支捕鲸和捕海豹的民族（今天所称的因纽特人）向格陵兰岛的移民。他们的旅行工具是小皮划或木架皮艇，后者最多能够容纳10人和他们的备用品。温暖的气候和有利的洋流或许解释了9世纪60年代维京人向冰岛的成功移民（爱尔兰僧侣到达冰岛的时间比他们早），以及10世纪向格陵兰岛和纽芬兰的移民。他们的大西洋探险产生的影响有限，因为这些活动被证明是无利可图的。纽芬兰殖民地无法防御当地居民的攻击；到14世纪，更冷的气候使得格陵兰岛基本上不适合农耕。

维京人在其他地方更为成功。他们袭击了爱尔兰、不列颠、法国和地中海地区，一开始是为了掠夺财富，后来是为了寻找新的殖民地，他们在从诺曼底到爱尔兰再到西西里的广大地区建立了维京人王国。维京商人向东探索了罗斯（今天的俄罗斯）的河流水系，以蜂蜜、琥珀、毛皮和其他北方产品换取中亚和拜占庭的白银和手工品。我们知道这些，因为我们发现从中亚传到斯堪的纳维亚的银币被大量囤积起来。维京人的活动是更庞大的扩张和殖民浪潮的组成部分，这次浪潮塑造了这一时代整个欧洲的历史。东欧农民向他们东部人烟稀少的地方殖民，尼德兰的居民则围海造田。

在非洲，跨撒哈拉沙漠的贸易十分兴旺。到公元800年，穆斯林商人赶着骆驼商队定期穿越撒哈拉沙漠。在撒哈拉以南非洲，他们到达了新兴国家，比如尼日尔河和塞内加尔河之间的加纳王国，公元8世纪的穆斯林作家一开始把它描述为"黄金的国度"。许多货物沿着这些路线交易，包括西非的象牙和奴隶，以此换取马匹、棉花、金属制品和盐等商品。加纳的黄金真正促进了跨撒哈拉沙漠的贸易，这些黄金向北抵达摩洛哥，向东穿过撒哈拉南部大草原到达开罗。当时的西非是整个非洲-欧亚大陆西半部黄金资源最丰富的地区。或许到公元1000年，加纳统治者已经皈依伊斯兰教。13世纪早期，他们被一个新帝国即马里帝国所取代，该帝国由武士国王孙迪亚塔（Sundiata，1230—1255）创建。公元1324年到1325年间，马里帝国皇帝穆萨（Musa，1312—1337在位）进行了著名的开罗朝圣之旅，他带去大量黄金，以至于阿拉伯史学家欧麦里（al-Umari）提到了当地金价的急剧下跌。

公元一千纪，随着航海家学会利用印度洋地区的季风，当地商业也得以扩大（参见地图10.1）。阿拉伯商人活跃在非洲东海岸，他们在那里建立贸易据点和商业殖民地。他们甚至在无意中开始创造一种新的语言，即斯瓦西里语（Swahili），它混合了阿拉伯语、波斯语以及班图语的要素。在8世纪，爪哇船只开始袭扰柬埔寨和越南沿海地区。爪哇著名的婆罗浮屠寺（Borobudur）——利用从当地贸易体系中所获利润于公元8世纪和9世纪建造——中的一些绘画，对其中一些航海活动做了描述。大约在同一时期，属于现在印尼的一些岛屿上的移民径直穿过印度洋前往马达加斯加岛拓殖，他们的航海使用了最初在东南亚发明、后来被大量波利尼西亚移民采用的舷外支架工艺。

到9世纪，穆斯林商人定期从波斯湾出发前往中国和朝鲜，他们在广东建立了一个大型穆斯林商业社区。印度洋贸易体系的主导者，是散布在从东非到中东再到印度和东南亚海滨的小型商业城市国家，而不是大型帝国。令人不可思议的是，这意味着这个地区确实存在商业竞争，它很少受到那些垄断货物或贸易路线的强力统治者活动的扭曲。

这些网络也有利于伊斯兰教在这个地区的广泛传播。这样一来，它们逐渐创造出一个共同的文化区，商人可以从中找到相似的金融和商业活动（包括广泛的信用网）、相似的法律规则和各种相似的礼拜形式。麦加朝圣刺激了穆斯林世界的旅行和文化交换，阿拉伯语

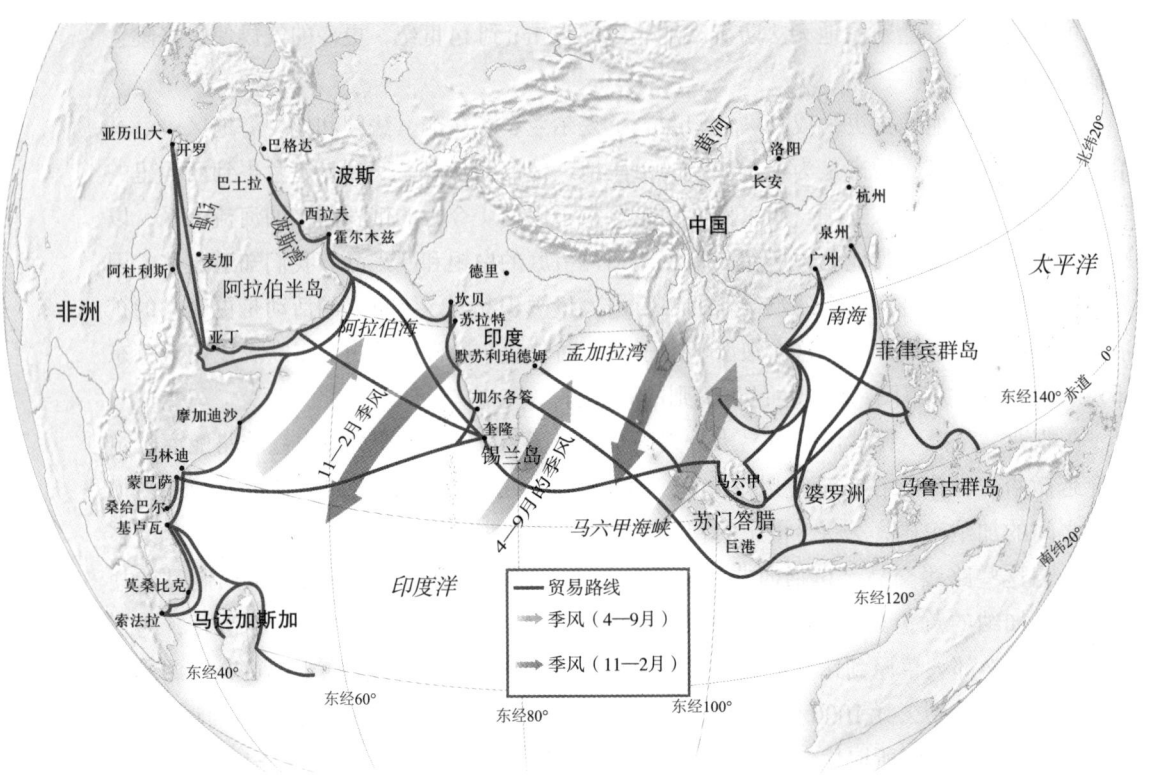

地图 10.1　印度洋贸易网络，公元600年到1600年。印度洋海上通道和陆上丝绸之路相联结，使非洲–欧亚大陆世界区成为到当时为止世界上联系最密切的地区

也开始成为印度洋地区商人们的通用语言。当时的文学作品——包括《一千零一夜》在内——生动地描述了这个丰富的、多样化的以及活力十足的文化世界。大约自公元1000年以来，宋朝的北方竞争者女真和西夏逐渐切断了陆地丝绸之路，宋朝政府开始投资于印度洋贸易，因此，中国商人也开始从东端参与到印度洋贸易之中。瓷器出口扩大，因为与陆路相比，这种易碎的产品更适合海路运输。

到公元1000年，印度洋网络逐渐把中国、印度、波斯、非洲和地中海地区的经济联结成为世界上最丰富和最活跃的贸易体系。

沿丝绸之路的旅行和贸易也在增加（参见地图10.2）。这是几个因素相互作用的结果，其中包括地方统治者不断增长的兴趣：提供保护以及经常（有时候在宗教慈善机构的支持下）修建商队旅馆（路边旅馆）——旅者可以在此休息和补充给养。在陆地丝绸之路沿线，波斯语最终成为商业和贸易的主要语言。在13世纪，蒙古帝国的统治者参与贸易之中，他们保护从中国到地中海地区的商路。这样，商人和旅行家能够往返于从地中海地区到中国的整条线路，这种现象差不多是第一次出现。

在跨欧亚大陆的旅行家之中，最著名的是意大利商人马可·波罗。公元1271年，他跟

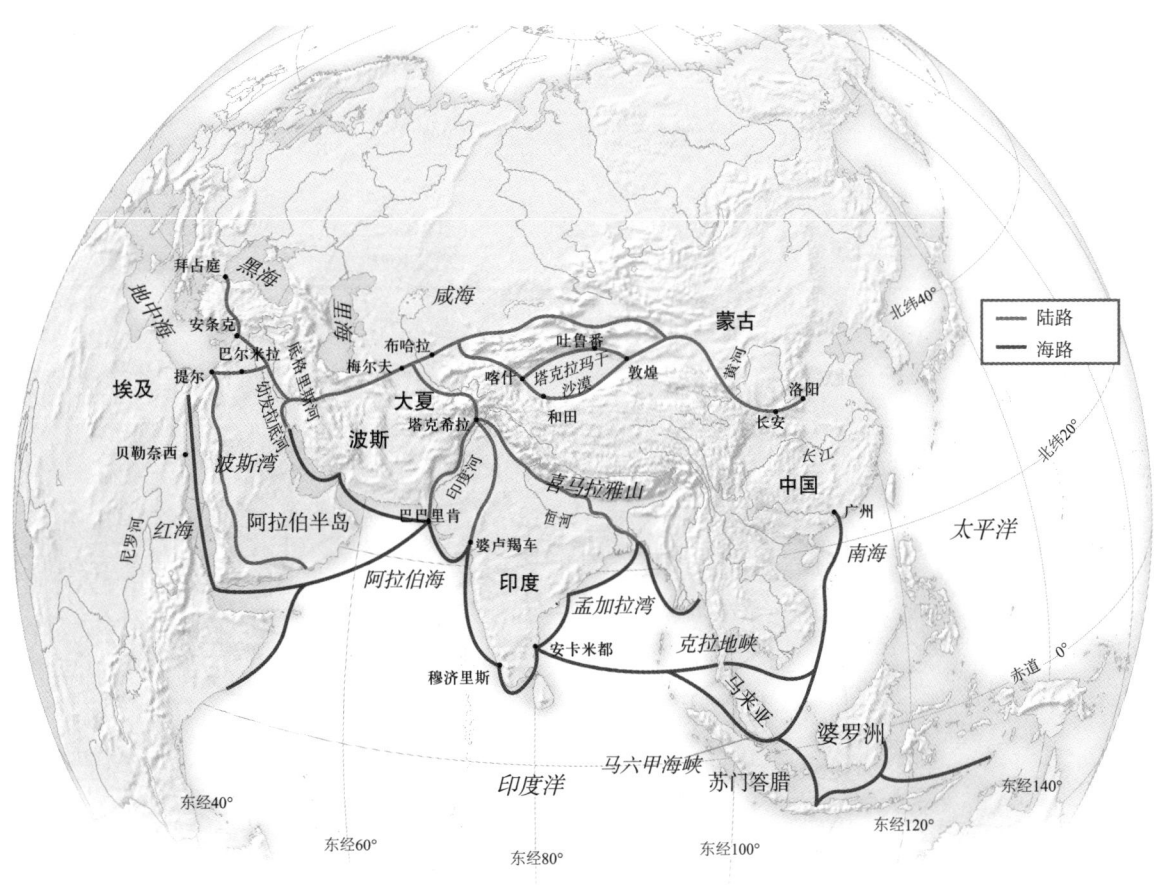

地图 10.2　丝绸之路。通过丝绸之路和印度洋进行的贸易，使得非洲–欧亚大陆世界区成为当时为止所有世界区中，联系最紧密的一个

随叔叔前往中国，在中国生活了17年，最后经由海道穿过印度洋回到意大利（参见地图10.3）。到14世纪早期，意大利出版商为那些计划去中国的商人印刷了许多手册，它们类似于印度洋地区很常见的航海指南。我们知道，至少有一次方向相反的旅行可以与马可·波罗的旅行媲美，那就是13世纪后期来自中国北方的突厥族景教教士拉班·扫马（Rabban Sauma）的旅行。作为波斯的蒙古统治者伊儿汗的大使，拉班·扫马最终访问了罗马和巴黎。

珍妮特·阿布–卢格霍德（Janet Abu-Lughod）早就指出，在蒙古帝国处于全盛时期的13世纪中期，非洲–欧亚大陆大部分地区由这些巨大的、相互交叠的交换网络连接在一起（参见地图10.4）。到13世纪，整个欧亚大陆以及东南亚和非洲大部分地区已经结合在一系列互相联系的交换网络之中。这是地球上人类社会最庞大的联系网络，也是此前未曾出现过的巨大网络。

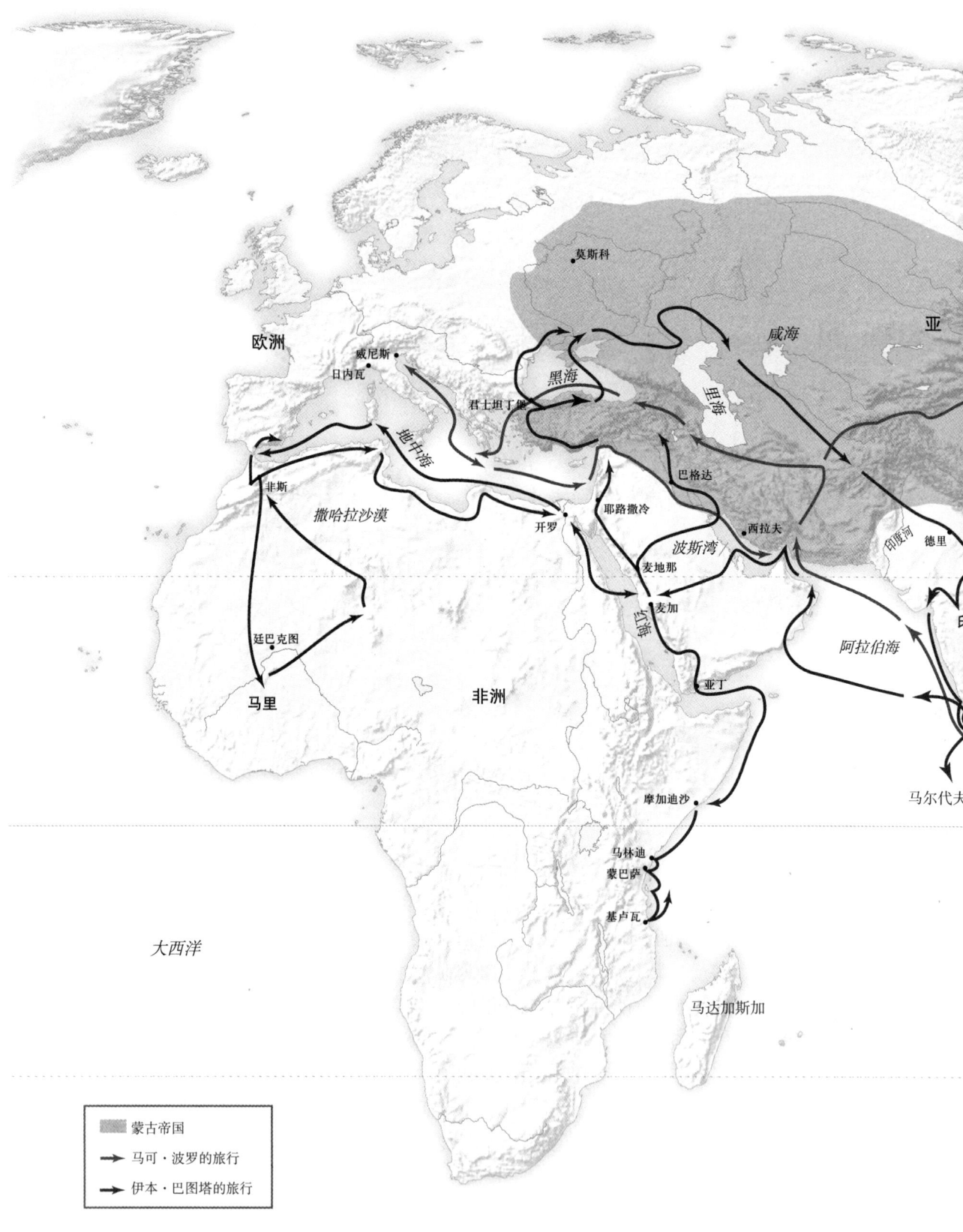

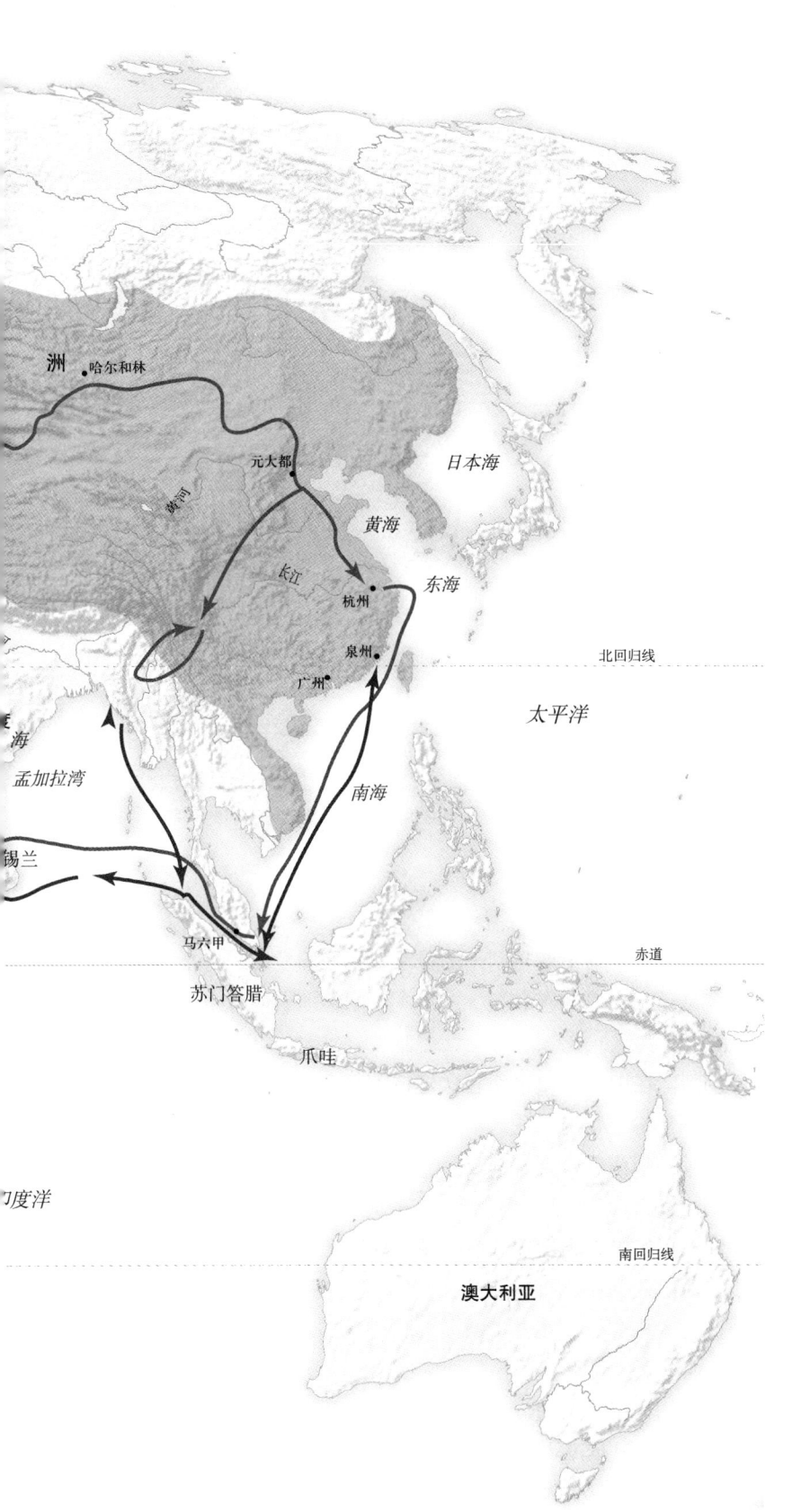

地图10.3 跨非洲-欧亚大陆的旅行。蒙古帝国使得如下现象在历史上首次成为可能，即像马可·波罗（13世纪）和伊本·巴图塔（14世纪）这样的个人能够穿越非洲-欧亚大陆，它也有助于把非洲-欧亚大陆世界区不同部分更加紧密地结合起来

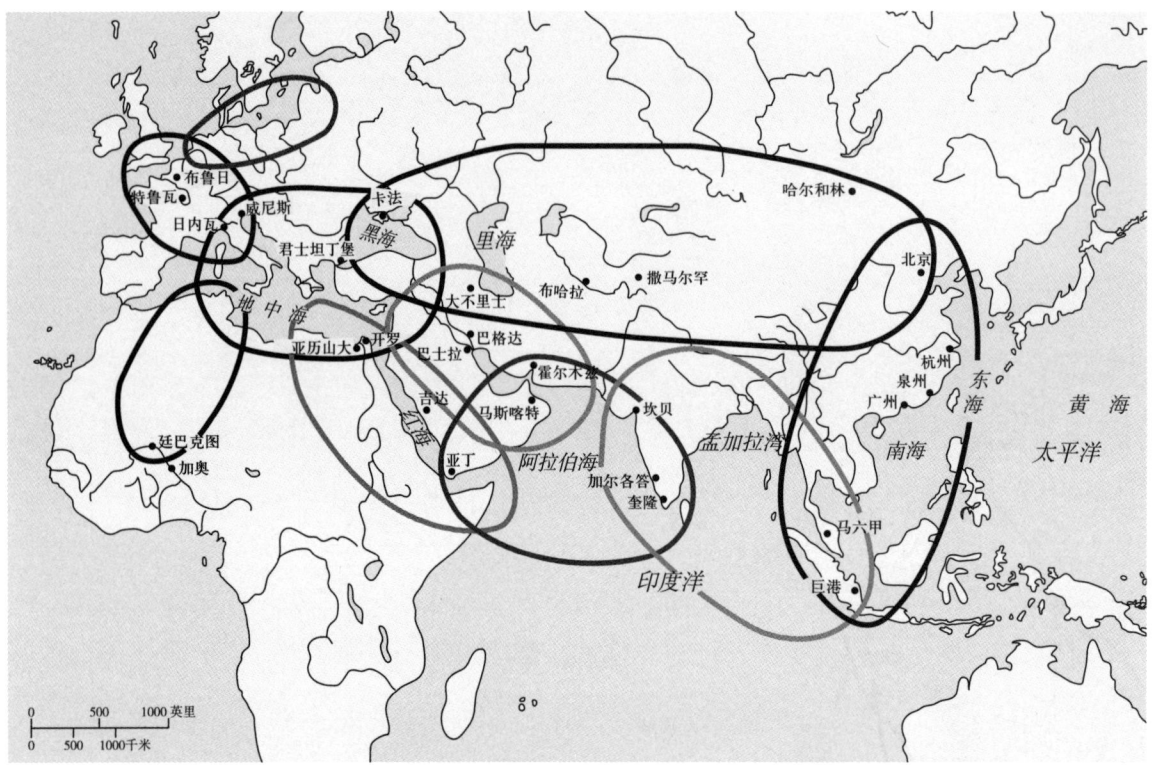

地图 10.4　珍妮特·阿布-卢格霍德绘制的13世纪世界体系图。每个圈都代表一个由充满活力的、相互联系的贸易网络构成的地区。留意一下，非洲-欧亚大陆不同地区的网络彼此之间如何发生越来越密切的联系

通讯和运输的改善

一定程度上，通讯和运输技术的改善推动了贸易网络的扩大。在中国发明、后来传遍整个穆斯林世界的纸张和造纸术，降低了信息储存和传播的成本。木板印刷使得中国政府能够广泛传播关于灌溉和农业改良的知识。

运输方面也出现了一些重要创新。在中国，12世纪首次建造了水闸，由此改善了把南北经济联系起来的广泛的运河体系的运输。指南针让远离陆地或阴云密布状况下的航海活动更加容易。中国在11世纪就开始使用指南针，到13世纪，指南针在整个印度洋体系甚至地中海得到使用，因而那里的人们可以自信地远离海岸航行。在北方，维京人的大船可以在海上和河流中快速行进，必要时，可以由人力把船只从一条河流运送到另一条河流。中国的造船技术也取得了进步，可以建造带有尾舵和防水舱壁的大型平底帆船。

有几种创新也提高了农耕地区马的重要性。燕麦（欧洲）和苜蓿之类的饲料使马的饲养更加廉价。中国发明的改善版马轭（套在肩膀上而不是咽喉上），于公元一千纪末期开始传到欧洲，这种马轭可以更充分地利用马的牵引力。它们增加了马在犁耕和（在改良版四轮马车发明之后，这种马车带有车闸以及能够转动的前轴）运输方面的价值。11世纪以来，中国和欧洲都开始使用钉马掌，由此增强了马的耐力，扩大了马匹被使用的范围。更好的

喂养以及改善的育种提高了马拉货物的重量,降低了陆路运输成本,从而促进了远距离贸易。在罗马时代,重物每运输160千米就会增加100%的成本;到13世纪,成本只增加30%。

不断增长的市场和商业

在世界许多地区的城市和乡村,市场活动也增加了。在伊斯兰世界,商业的地位一直高于它在其他农耕文明中的地位,部分原因在于,先知穆罕默德本人就是一名商人,政府通常很热心地支持商业,并且从中获得经济好处。到10世纪,开罗和亚历山大成为印度洋和地中海之间主要商品贸易中心。在中国,金兵于1125年大举南侵,宋朝统治者被迫迁往商业气息更浓厚的江南地区,并且开始对商业产生更多兴趣,而此前大多数王朝都固守儒家思想轻视商人的传统(参见地图10.5)。为了支付与北方对手即满洲女真的战争费用,宋朝统治者开始从商业中寻找税收,他们向外国商人开放新港口,扩大货币供应,以此促进外贸。市场活动逐渐深入经济之中,进而刺激了农民的专业化,也促进了对农业改良和灌溉技术的投资。

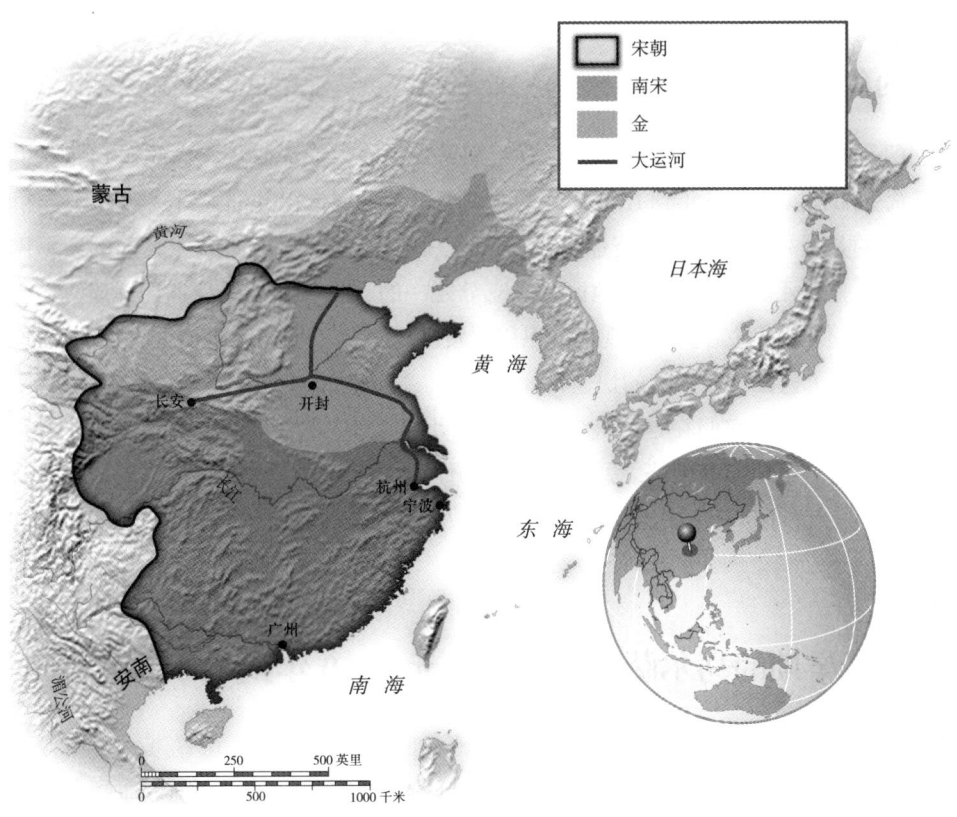

地图10.5　宋朝中国,公元960年到1279年。在两个多世纪,中国分裂为几个相互竞争的帝国。激烈的竞争激发了重要的军事、技术和经济创新

在中国宋朝，政府支持商业活动和快速的经济增长，社会各个层面也商业化，这些因素的综合作用催生了11世纪、12世纪和13世纪一系列引人注目的创新。在11世纪，铁的产量超过工业革命之前世界其他任何地区。官营工厂大规模生产大批盔甲。铜的产量显著增长，宋朝和女真都开始将火药用于战争。纸币大量发行，人们甚至试图让丝绸生产商业化，这些预示着工业革命时期（即700年之后）才真正飞速发展的创新。

在非洲-欧亚大陆其他地区，在经济的快速增长和商人的相对独立性的刺激下，商业化也变得更具有自发性。在欧亚大陆所有人口比较稠密的定居区，城市数量和规模都在增长。公元1400年，世界上最大城市可能是南京，然后依次是印度南部的维查耶纳伽尔（Vijayanagar）、开罗和巴黎。在宋元时代，中国是世界上城市化程度最高的地区，在1400年，中国据有世界25大城市中的9个。在地中海和印度洋地区，最引人注目的现象是威尼斯和热那亚这类城市-国家力量的日益强大，它们的商业影响和军事力量使得它们几乎能够与穆斯林和基督教世界大型帝国进行平等的贸易。也有越来越多迹象表明，在欧亚大陆许多地区，农民在市场出售货物或购买奢侈品。农民被迫参与市场之中；因为税收日益繁重，另外，随着人口增长，土地也更加短缺，许多家庭不得不寻找新的收入来源，他们要么出售手工品，要么将家庭成员送到城镇去找工作挣钱。

14世纪的危机

可悲的是，正如此前一再发生的那样，长期繁荣最终以崩溃收场。气候在14世纪开始变冷，饥荒更加频繁。1315年到1317年间的欧洲大饥荒可能使得欧洲人口减少15%。然而，最具破坏性的是黑死病，这次瘟疫爆发于14世纪30年代，然后沿着欧亚大陆的贸易网络从东向西传播。黑死病消灭了许多地区多达三分之一的人口。关于黑死病的性质，今天依然存在争论；人们不再肯定它就是现代淋巴腺鼠疫。不过，不管它源自何处，很明显的是，有两大原因解释了它在欧亚大陆的快速传播。首先，扩大的交换网络不但促进货物的流通，也促进了疾病的传播，它们穿越了整个大陆和文明。其次，欧亚大陆许多地区对这种瘟疫缺乏免疫力。这是早期交换网络之局限性的一种体现。换言之，黑死病造成的破坏本身就有力地证明了一点，即与以往相比，这一时期欧亚大陆不同地区之间的联系更加广泛和重要。

10.5 现代早期的马尔萨斯循环：公元1350年到1700年

黑死病之后，在非洲-欧亚大陆人口一度密集的许多地区，人口锐减，城镇、城市和乡村凋敝，土地荒芜，经济萎缩。农田的减少非常明显，以至于威廉·拉迪曼（William Ruddiman）宣称，边境地区曾经繁荣的乡村再度为森林覆盖，越来越多的二氧化碳被吸收，从而导致大气中二氧化碳含量明显降低。

然而，正如以前多次出现的那样，发展在接下来一两个世纪重新出现，由此开启了一直持续到17世纪的新一轮马尔萨斯循环。在这次循环的扩张阶段，我们前面讨论过的集体知识的三个驱动力——不断扩大的贸易网络、通讯和运输技术的改善以及商业化的增强——都有了重要的新发展。

交换网络会扩大到把整个世界包含在内，形成前所未有的最大网络，这在人类历史上尚属首次。新的人口增长和新技术——包括通讯（尤其是印刷术）和运输（尤其是深海航行）形式的改善——为不断扩展的交换网络注入了活力。最后，国家之间日益激烈的竞争带来的市场繁荣，以及世界上最早的全球性市场中商业机会的增加，促使商人和他们的领主寻找新的赚钱方式。在那些与新兴全球性交换网络联系最紧密的社会，商业化尤为引人注目。

在创新的三个驱动力之中，交换网络的显著扩大在这一时期最为重要。不过，这种扩大与运输技术的变化以及越来越明显的商业化联系密切，因此，在这一部分内容中，我们会把三种驱动力结合在一起讨论。

创造最早的全球交换网络：公元1500年之前

公元1350年到1700年间，在整个人类历史上，交换网络出现了最重要的扩张。这一时期，人类首次成为一种真正的全球性物种，所有世界区的社会都融入一个交换网络，一个比此前任何网络更大、更多样化的网络。

1500年之前，黑死病之后的新一轮发展刺激了世界许多地区的贸易和旅行（参见地图10.6）。在这个进程中，统治者和精英通常扮演了积极角色。在15世纪早期，中国明朝政府一度派出庞大船队向东南亚、印度次大陆、中东和东非国家宣扬国威以及与它们建立外交关系。从1405年开始，永乐帝（1403—1424在位）多次派舰队进行海外探险，这种活动直到1433年才结束。这些航行由宦官、海军将领郑和领导。郑和第一次下西洋的舰队有船只317艘、士兵28000人。他的旗舰是当时为止最大船只之一，有四层甲板，长120米（参见图10.3）。

组织上的、财政上的和技术上的扶持让这些探险成为可能，无疑也可能促使中国人抵达美洲，前提是他们有这方面的动机或者了解这么做所需的深海风向和洋流知识。然而，印度洋丰富的市场近在咫尺，危险的对手又如此之少（除了来自北方的危险），再加上中国自身的富足，因此，中国政府完全没有动机派遣船只绕过非洲进入大西洋或向东驶入浩渺的太平洋搏击凶险的风浪。这种动机的局限性很快就变得一目了然：永乐帝死后，随后的洪熙帝和宣德帝放弃了这些探险——它们耗资巨大，也促使资源和注意力偏离了受到威胁的中国北部边境。事实上，中国从远洋探险中获得的政治、经济或军事价值很小，因此，这种决定是合情合理的。

世界许多不同地区也出现了规模不一的相似扩张，其中也包括美洲，在那里，强大的阿兹特克帝国在15世纪已经大体建立，与此同时，疆域更广阔的印加帝国正形成于安第斯

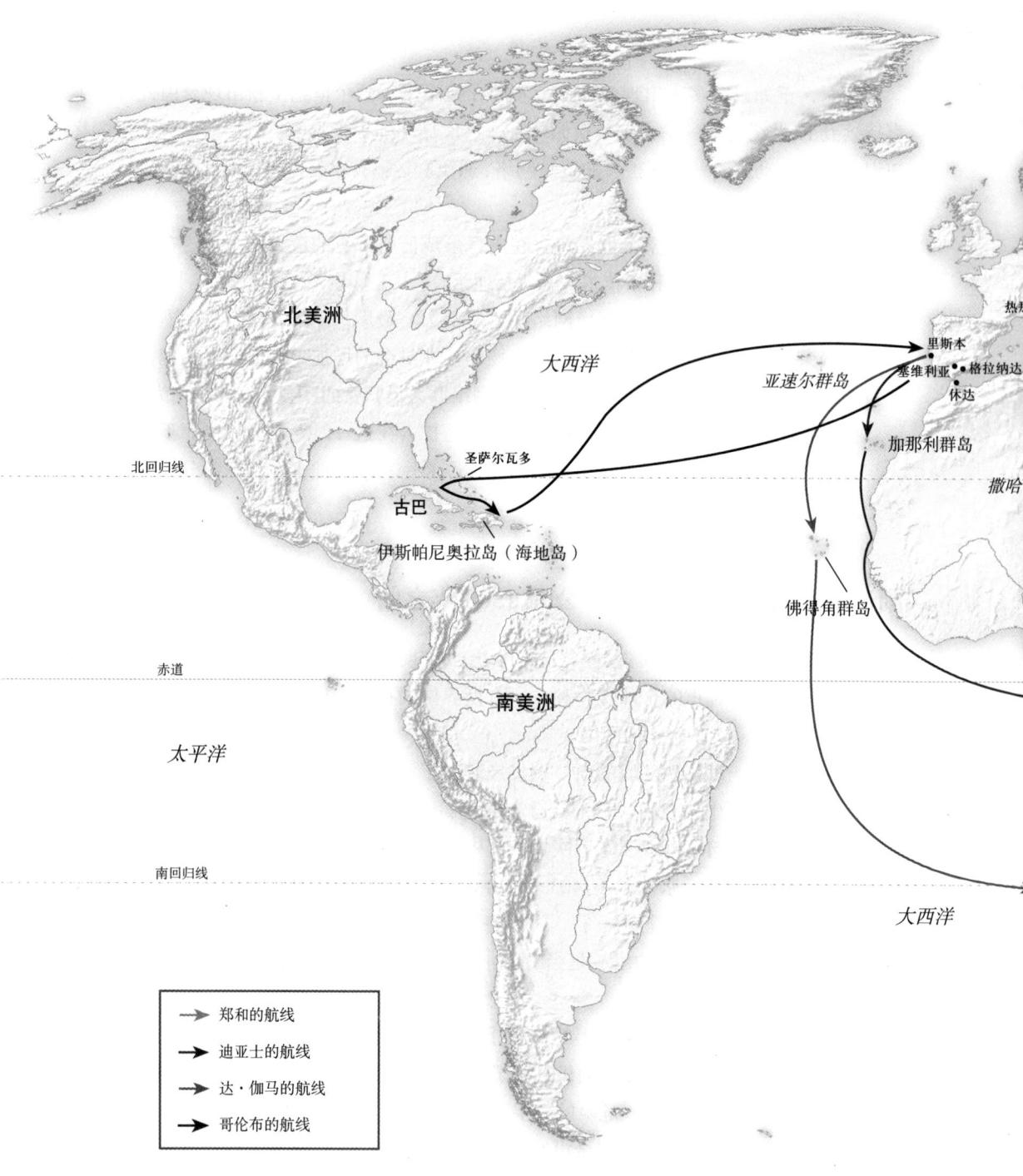

地图10.6 中国和欧洲的航海,公元1405年到1498年。15世纪,欧亚大陆世界区两端都进行了重要的海外探险。这些探险旨在抵达印度洋丰富的贸易路线。这幅地图表明,为何一些欧洲航海家试图向西航行穿越大西洋抵达印度洋的做法是合理的,正是这种尝试使得哥伦布到达了美洲

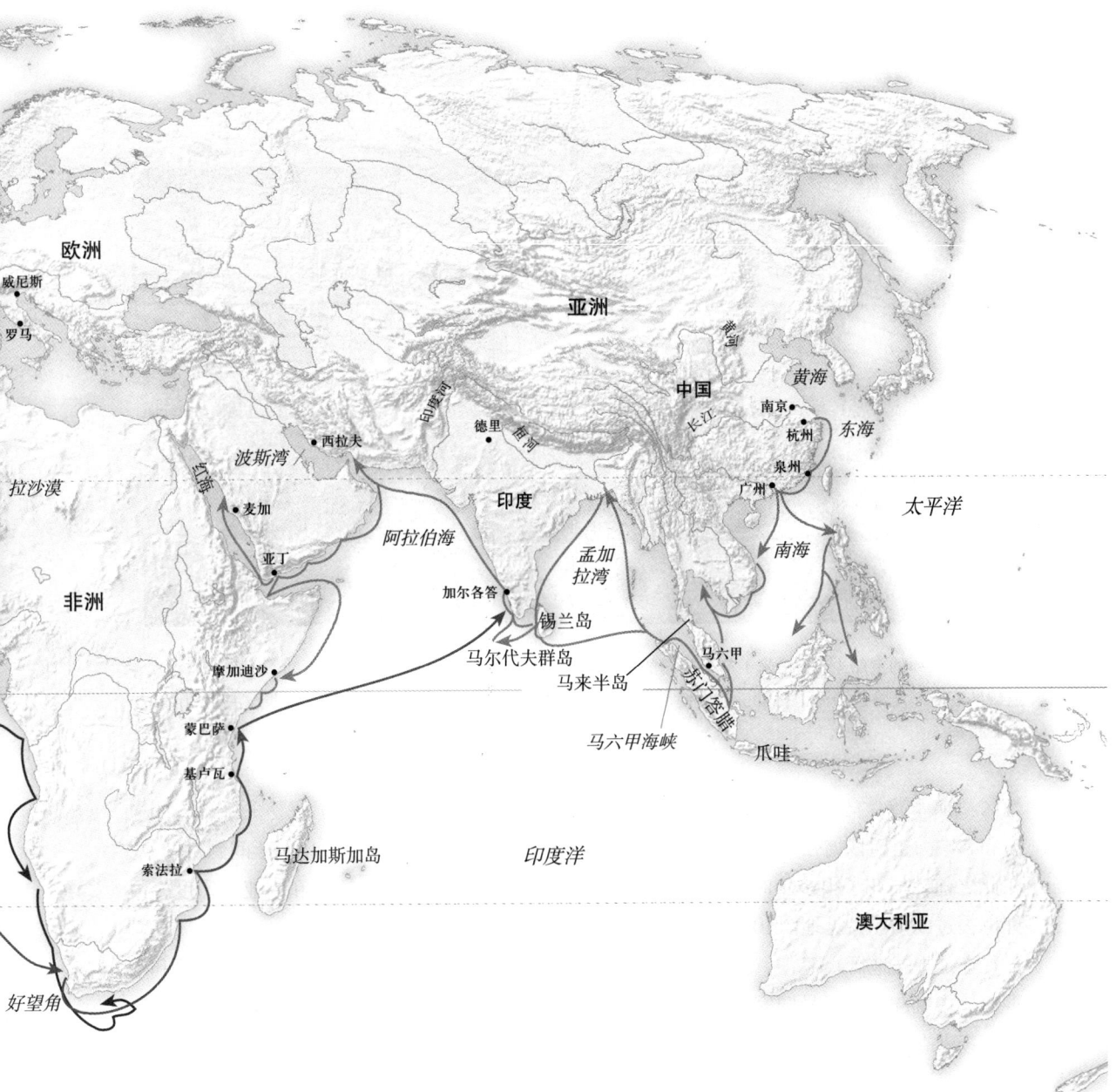

图10.3 郑和的宝船（长120米）与哥伦布的尼娜号（Nina）小船。1404年到1433年间，中国政府多次派遣舰队穿越印度洋进行海上探险。他们使用了一些当时世界上最大和最复杂的船只。这些航海活动由宦官郑和指挥

地区。在非洲，马里帝国与西非热带地区的社会、摩洛哥和埃及建立了贸易关系，它的权力和影响力也得以增强。穆斯林伟大旅行家伊本·巴图塔可能在1352年到1354年间到过马里，在此之前，他花了很多年时间在伊斯兰世界旅行，到过麦加、金帐汗国和中亚、印度，或许也去过中国（参见地图10.3）。

在地中海地区，随着一位名叫奥斯曼（Osman）的统治者在安纳托利亚复杂的政治和军事环境中崛起，奥斯曼国家也在13世纪晚期建立起来。在黑死病之后几十年时间，奥斯曼的继任者夺取了巴尔干部分地区，并且开始组建纪律性很强的"近卫军"：士兵主要是从信奉基督教的巴尔干地区抓来的孩童，因此，他们除了效忠奥斯曼国家之外，没有第二个忠诚对象。1453年，奥斯曼土耳其人攻占君士坦丁堡；16世纪早期，他们征服埃及、阿拉伯半岛以及美索不达米亚大部；奥斯曼帝国的舰队很快又游弋在西印度洋海域。这样，他们就垄断了利润可观的（来自东南亚的）香料贸易。到16世纪早期，奥斯曼帝国控制了地中海世界，成为世界最强大国家之一。欧洲位于非洲-欧亚大陆巨大贸易网络的边缘，远离中国、印度和奥斯曼帝国等超级大国。在黑死病之后，欧洲成为中等规模国家竞争激烈的舞台，统治者通常陷入经济困境，他们友善地看待有可能带来利润的商业活动。市场和资本主义在这种环境下繁荣起来。在地中海地区，最活跃的商人来自意大利的城市，尤其来自热那亚和威尼斯。这两座城市的商人在中东、黑海地区以及新兴的北欧市场经商，他们的商业财富足以建设强大的陆军和海军。奥斯曼帝国兴起之后，威尼斯人继续在东地中海

地区做生意，而热那亚人被迫将眼光转向西方，转向西欧和大西洋。

传教的热情、对马里帝国黄金的了解、欧洲对鱼类需求的增长以及奥斯曼帝国阻断了经由东地中海通往印度洋的贸易路线，所有这些因素促使西欧统治者和企业家以及他们的意大利金融家（通常如此）比以往更加积极地探索大西洋水域。最初在大西洋和非洲海岸做出的小规模探索，促进了船只设计（比如，三角帆的使用，从而航海可以更好地借助风力）、海上射击技术和航海技术的适度改进，这些主要以源自其他地区的技术为基础。最终，机动性很强的葡萄牙船只在15世纪中期被研发出来，这就是著名的轻快帆船（caravels）。

到14世纪40年代，葡萄牙航海家已经在加那利群岛登陆，不过，卡斯提尔的企业家在15世纪夺取了这些岛屿。他们在加那利群岛——岛上有土著居民——发现了适度的商业机会：贩卖奴隶、销售染料等当地产品、捕鱼以及为往返于大西洋海滨的其他船只提供补给。到14世纪80年代，伊比利亚和马略卡岛的航海家也知道了大西洋其他群岛，即马德拉斯群岛和亚速尔群岛。亚速尔群岛的发现表明，许多航海家已经懂得，尽管迎着大风向西南航行很容易抵达加那利群岛，不过，返回西班牙、葡萄牙或地中海的最佳路线，在于首先向北航行深入大西洋寻找西风，然后顺风返航。

15世纪20年代以来，为了摆脱穆斯林中间人，葡萄牙航海家再次尝试直接前往西非的黄金产地；15世纪50年代，亨利王子资助的一艘热那亚船只顺着冈比亚河与塞内加尔河航行到马里帝国。随着更多船只的到来——经营黄金、象牙、胡椒和（有时候）奴隶——黄金商队从蜿蜒曲折、险恶万分的撒哈拉路线转向西非海岸，葡萄牙商人正在那里等着它们。

1482年，西非海岸建立了一座葡萄牙堡垒，葡萄牙商人以纺织品和武器换取黄金、棉花、象牙和奴隶，大部分马里帝国的贸易很快转移到南部。15世纪50年代，受到热那亚投资人资助的葡萄牙殖民者开始在马德拉斯群岛建立蔗糖种植园，种植园使用奴隶劳动，并且迅速带来了丰厚利润。蔗糖种植园也出现在加那利群岛。这些种植园是后来美洲更大规模种植园的模板。

这些早期商业实验的适度成功，解释了欧洲水手为何最终要学会如何在大西洋风向模式和洋流中从事航海活动。1492年，西班牙统治者费迪南和伊萨贝拉支持了一次探险活动，这次活动旨在通过向西航行抵达亚洲的丰富市场，这样就可以绕开由奥斯曼帝国控制的通往印度洋的通道。这次探险活动由热那亚水手克里斯托弗·哥伦布领导。1492年10月12日，哥伦布经由加那利群岛到达了巴哈马群岛，在接下来几个月时间，他又探索了加勒比海许多地区。返航之后，哥伦布声称自己已经到过亚洲。

5年之后，英国资助了意大利人乔瓦尼·卡博兰（英文名字为约翰·卡伯特）从布里斯托尔前往纽芬兰的海外探险，这次旅程很快带来美洲东北海岸丰富的渔业资源的开发。1498年，一次由瓦斯科·达·伽马领导的葡萄牙海外探险到达了印度，尽管没有什么东西可以吸引当地商人和统治者，不过，他们还是带回了以胡椒和桂皮为主的、利润可观的货物。这些货物利润很高，因为达·伽马避开了奥斯曼帝国的商业中间人，并且以极低价格购买他的货物：例如，印度胡椒价格只是欧洲市场上售价的1/20。这次航行所揭示的印度洋巨大的商业潜力，受到财政困难的葡萄牙政府和其他潜在投资者的关注。

1519年,为西班牙君主效力的葡萄牙航海家费迪南德·麦哲伦航行到美洲南部,后来又穿越太平洋。1521年,麦哲伦在菲律宾被杀死,1522年,他的副手胡安·塞巴斯蒂安·德尔·卡诺(Juan Sebastian del Cano)率领仅存的一艘船(出发时有五艘船)和小部分幸存的船员返回塞维利亚,由此完成了世界上第一次著名的环球之旅。然而,德尔·卡诺和他的船员似乎并不是最早环游世界的人,因为他们的船上还有一名马来半岛的奴隶即邦利马·阿旺(Panglima Awang),他在返回家乡之前一直担任翻译工作。① 正如尤里·加加林是第一位太空环球旅行者那样,邦利马·阿旺似乎是第一位海上环球旅行者。

几乎是偶然之间,也几乎完全没有意识到他们行为的影响,欧洲的水手及其他们的商业和政府支持者——尽管处于非洲-欧亚大陆边缘地带——创造了人类历史上最早的全球交换网络。最终,欧洲商人和统治者也会由此获得巨大而潜在的利益。最重要的是,他们发现了许多全球**套利**(arbitrage)的新机会:在世界某个地区廉价购入货物,然后在另一地区高价售出。在接下来几个世纪,这些大幅扩张的、极其多样化的网络,将创造第一个世界经济体系。它们也会让欧洲和大西洋地区成为世界上最早的全球交换网络的中心,让欧洲变得富足,让它变成地球上联系最紧密的地区。

公元1500年之后:一个正在形成的全球交换网络

通过把世界各地的社会联结在一个体系之中,受到欧洲政府资助的欧洲航海家引起贸易网络、知识交流、财富和权力以及全球交换网络在整个地理上的重新布局。这些变化的全部意义直到几个世纪之后才变得明显。正如马克思于19世纪在《共产党宣言》中所写的:"世界贸易和世界市场开始于16世纪,从那时起,资本的现代历史就展开了。"

新的商业机会

欧洲位于世界上最早的全球交换网络的核心,欧洲政府和商人很快找到新方式来利用这种核心地位。

在世界上最丰富的印度洋贸易体系中,欧洲人可以用来吸引当地商人的货物很少。不过,他们所面对的,基本上是小型或中型城市国家,他们很快发现,火药武器有时候能够有效地弥补他们商品质量的不足。在几十年时间里,葡萄牙舰队在印度洋网络的要害之处建立了贸易站,比如东非海岸的基卢瓦、波斯湾的霍尔木兹海峡、印度的果阿(1510年夺取)以及东印度群岛的马六甲。通过这些坚固的贸易据点,葡萄牙人从地区香料贸易中获取了不太大却很重要的份额,因为他们现在可以避开奥斯曼帝国中间人(这些人控制着印度洋和地中海之间的贸易)。

---

① Luke Clossey, "Merchants, Migrants, Missionaries, and Globalization in the Early-Modern Pacific." *Journal of Global History 1* (2006): 58.

17世纪早期，在更大的人力和财力资源支持下，同样通过使用野蛮策略，荷兰人和英国人先后开始把葡萄牙人驱逐出印度洋贸易网络。荷兰东印度公司是世界上第一个大型贸易公司，它体现了政府支持、军事力量以及商业精明结合在一起所具有的许多优势。荷兰人在16世纪晚期推翻了西班牙人的统治，他们最终会在东南亚和印度尼西亚取代葡萄牙人，而英国人将在印度取代他们。不过，在18世纪之前，这些更富侵略性的殖民帝国对亚洲地区贸易网络产生的影响非常有限。

在美洲，欧洲殖民者不仅仅是商人，同时也是征服者。在16世纪和17世纪，西班牙人和葡萄牙人创造了庞大的美洲帝国。通过短暂而野蛮的征服活动——他们常常与当地帝国（比如阿兹特克帝国）的敌人结盟——西班牙人夺取了中美洲和安第斯地区古老美洲文明的心脏地带，葡萄牙人则在巴西建造新殖民地，那里根本不存在可以抵制他们的大型国家。

他们为何能够不费吹灰之力征服这些土地呢，这是那个时代的核心问题之一。这个问题的答案，与主要世界区之间积累起来的差异有关。西班牙人的马匹和火药技术使他们具备暂时的军事优势，尽管美洲土著民后来也获得了马匹和枪支。西班牙人也具有政治优势，因为他们生活在欧洲战乱频繁的残酷军事和政治法则之下，所以，他们正在入侵的社会的道德规范，对他们来说没有约束作用。埃尔南·科尔特斯在墨西哥以及皮萨罗在秘鲁的成功，部分因为他们抓捕和杀害了对手的领袖，违背了他们闯入的社会的外交和道德规则。最后，或许最重要的在于，欧洲人的成功是因为他们带去了新的疾病，而美洲土著民对这些疾病缺乏免疫力。在征服战争期间，阿兹特克帝国和印加帝国都遭受了西班牙人无意间带到美洲的可怕瘟疫的打击。

从17世纪开始，来自欧洲其他地区——尤其来自荷兰、法国和英国的商人和企业家，开始在加勒比海地区和北美洲创立属于他们自己的帝国。

全球套利

到16世纪中期，欧洲人（最早是西班牙征服者）逐渐意识到，他们处于全球网络核心的这种新地位的真正优势，不仅在于开发这些网络的特定部分，也在于通过让货物在不同世界区流动而创造的套利利润之中。他们开始发现世界第一个全球贸易体系的巨大商业潜力。

在这个新兴的全球套利体系中，有两个关键要素，即秘鲁的白银和中国快速增长的经济。在15世纪，随着中国人口增长和商业发展，中国政府需要更多白银来铸币。一开始，他们在日本找到了所需的白银。然而，到了16世纪，人口增长——玉米、甘薯和花生等美洲农作物的引进也促进了这种增长——导致白银供不应求。中国政府开始要求以白银交税，白银的相对价值上涨，日本不再能够满足中国的需求。

与此同时，在太平洋另一边，西班牙人在征服印加帝国之后，于16世纪40年代在波托西发现了一座银山（现在玻利维亚境内）。他们早在墨西哥和秘鲁找到了大量黄金和白银，不过，这一次的财富规模相当之大。他们开始强迫当地人开采波托西银矿（采用了印加帝国传统的强迫劳动制，即米达制），后来又使用非洲的奴隶劳工。波托西迅速扩大，到1600年，它成为世界上最大城市之一。欧洲人终于在这里找到亚洲巨大市场特别需要的一种商品。

白银被运送到墨西哥，大量白银在那里被铸造成西班牙比索（pesos，货币单位）。一些白银从墨西哥经由大西洋运回西班牙，西班牙统治者主要把白银花在军事活动上，以便控制哈布斯堡家族的君主即查理五世和腓力二世的庞大帝国。这样，白银流入西班牙的北欧银行家手中，他们又将很大一部分用来资助与印度洋的贸易，其中相当多白银又由此流入中国。波托西生产的另一部分白银，由马尼拉大帆船经由太平洋运到马尼拉，然后在西班牙控制的马尼拉换取中国丝绸、瓷器以及其他物品。这些白银基本上也流入中国。事实上，据估计，1500年到1800年间，美洲开采的白银有75%最终流入中国。

中国的高银价和美洲的低银价（因为美洲存在大量白银，而且是在恶劣环境下使用奴隶开采的）推动了世界第一个全球交换体系的运转，也为世界第一个全球金融网络的创建提供了条件。世界第一种全球货币，即西班牙比索支配着那个贸易体系。16世纪40年代，中国的银价是欧洲的两倍，而中国的丝绸和瓷器比欧洲相应的产品更便宜（质量也更好）。这就是大规模全球套利所创造的超额利润的机会。

大西洋贸易体系

在大西洋地区——1492年之前根本不存在交换——一个新的交换网络出现了，它最终会成为新的全球贸易的中心。

这个体系也依赖于寻找一些产品：可以在一个地区低价购入，然后在另一个地区高价售出的产品。在推动高额利润的贸易体系的众多商品中，糖是第一个。种植园奴隶劳动意味着糖能够廉价生产出来，同时，欧洲和美洲（那里的甜味剂只有蜂蜜）也存在对这种产品的大量需求。

在15世纪，甘蔗种植园已经出现在地中海塞浦路斯、克里特岛以及西西里岛等地，后来被引入大西洋东部被征服的新土地上。这些早期种植园使用奴隶劳动，为后来美洲的开发提供了残忍而有效的模版。哥伦布的岳父在加那利群岛拥有一个甘蔗种植园。哥伦布在第二次美洲之行时，就将甘蔗带到了圣多明各。到16世纪中期，葡萄牙人在巴西建立了使用非洲奴隶劳动的甘蔗种植园。17世纪早期，荷兰、英国和法国入侵者纷纷将甘蔗引入加勒比海地区。成功的甘蔗种植园需要大量廉价劳动力，同样也需要大量投资来改善设备。正在出现的非洲奴隶贸易很快开始提供美洲所需的劳动力，加勒比海地区尤其需要这种劳动力，因为当地土著人口在欧洲疾病来临之后基本灭绝了。欧洲投资人提供绝大部分资金，非洲奴隶贩子提供劳动力，而欧洲消费者则提供需求。种植园制度在16世纪之后扩大到其他产品的生产上，比如烟草，在18世纪扩大到棉花种植。

种植园制度把非洲、欧洲和美洲连接在一个单独的交换网络之中。非洲奴隶贩子向欧洲商人出售奴隶，换取金属制品、武器、纺织品、酒和其他欧洲产品。随着奴隶贸易的扩大，它重塑了整个非洲社会，创造了好战的、以抓捕奴隶为目的的政权，通常武装以欧洲的武器。

欧洲商人则将奴隶运到美洲。美洲的种植园经济——尤其在加勒比海地区——变得非常专门化，以至于它们不得不进口欧洲食物和衣物或北美农产品，它们的主要产品蔗糖被运到北方酿造成朗姆酒，或者作为一种甜味剂在欧洲快速发展的城市出售。这样，欧洲、非洲海岸以及英国的加勒比海地区和北美殖民地之间，就出现了一种有利可图的三角贸易体系（参见地图10.7）。英格兰和新英格兰的商人和投资者、加勒比海地区的种植园主以及西非、中非和南非的奴隶贩子都获得了丰厚利润。主要受害者是千百万非洲人，他们被当作货物交易，他们的廉价劳动让种植园变得如此有利可图。

全球交换网络的生态和文化影响

古老世界区的联结，不但从商业上，也从生态上和文化上改变了整个世界。

哥伦布大交换

随着货物、思想、财富、人口、技术、宗教、动物、植物和疾病在不同世界区之间的交流，整个世界也开始在生态上连接在一起。阿尔弗雷德·克罗斯比（Alfred Crosby）把动植物和病菌的这种全球交换称为"哥伦布大交换"。正如他指出的，世界最后一次像这样联系在一起是在2亿年前，那时，所有主要的大陆结合成泛大陆。

现在，绵羊、牛、马、猪和山羊第一次来到美洲（马也存在于旧石器时代的美洲，不过，随着最初的人类的到来，它们很快就被消灭了）。由此造成的结果是革命性的。在北美洲，从农耕或采集生活中幸存下来的土著社会在马上打猎，从而创造了大平原地区印第安人的马背文化。随着役畜的到来，马匹也彻底改变了美洲运输和农业面貌，犁耕文化开始取代过去的锄耕文化。输入的牛、猪和山羊在野外或大庄园大量繁殖，它们通常取代了当地物种，也让草场（以前没有喂养过这么多的食草动物）恶化。到17世纪，几千年来未曾见过如此多动物的土地上，生活着700万到1000万头有蹄动物。新的农作物也传到美洲，包括小麦、燕麦和甘蔗。

欧洲的驯化物种的传播有助于殖民者（基本上为欧洲血统）建造一系列"新欧洲"，即农业、政府、文化和生活方式以欧洲为模版的社会。这些新社会最初出现在美洲，不过最终也会出现在澳大拉西亚以及太平洋和非洲部分地区。

这种生态交流也以相反的方向进行：美洲向非洲和欧亚大陆输出本地农作物，如玉米、马铃薯、烟草、西红柿、甘薯以及南瓜。全世界的农业社会可以获得更多样化的农作物，它们可以在最适合的区域内种植。由此带来的一个影响，就是全球农业革命，这场革命是接下来两个世纪人口增长的基础。全世界的消费者都可以得到咖啡、烟草和蔗糖等刺激物，由此创造了一个前所未有的娱乐性药物世界。

疾病也在全球传播，不过，这种交流很大程度上是单向的。疾病曾经肆掠非洲–欧亚大陆的贸易网络，大批消灭对它们没有免疫力的人口，现在，它们在全球传播，后果更具

地图10.7 大西洋奴隶贸易，公元1500年到1800年。一张比较庞大的贸易网络连接着非洲、西欧和美洲，交换着人口、工业品和农产品，而奴隶贸易就是这个网络的组成部分

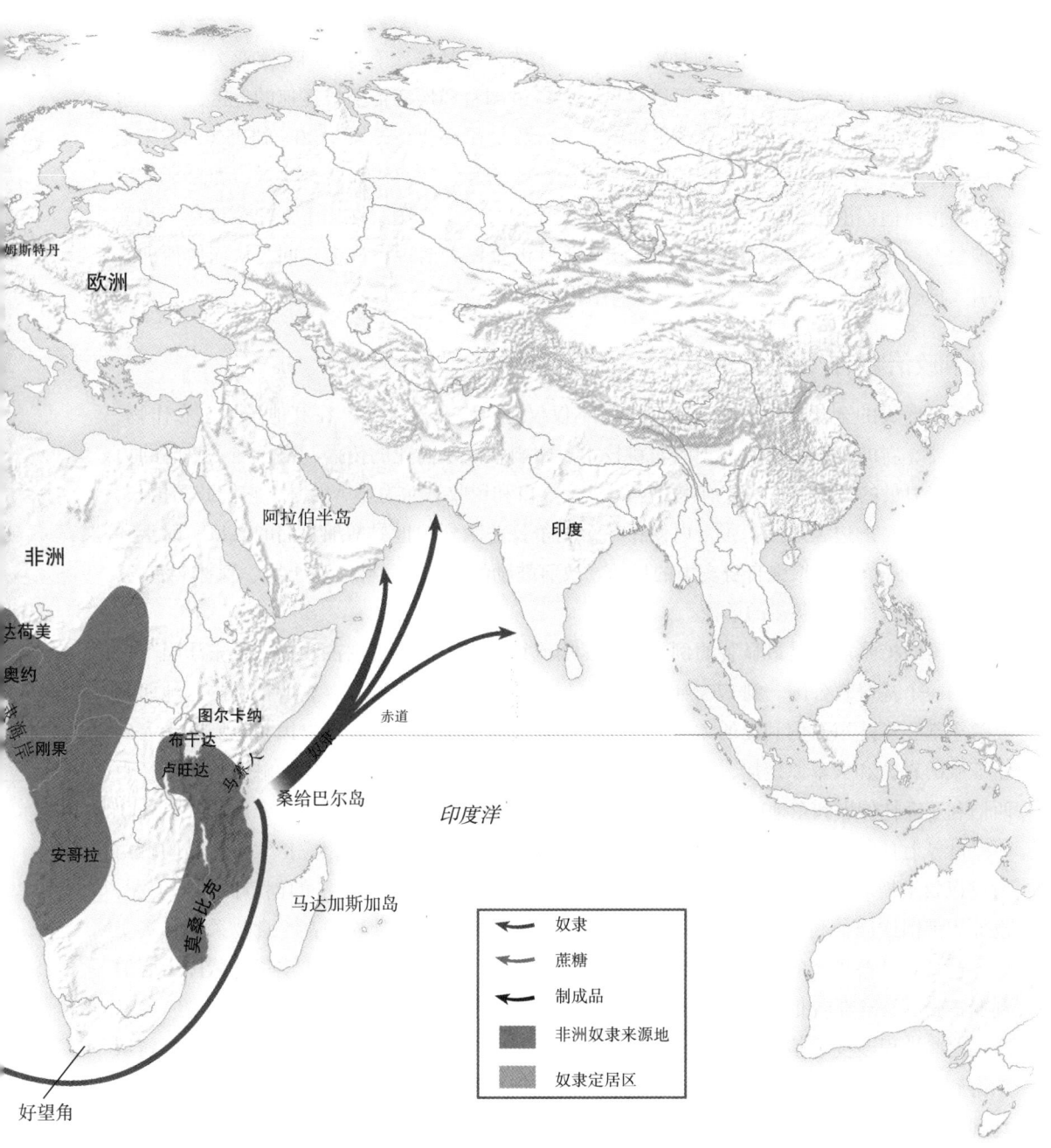

毁灭性。美洲的主要杀手是天花、麻疹和斑疹伤寒，欧洲人对这些疾病已经有了一些免疫力。在所有较小世界区，它们的影响是灾难性的，因为这些地区没有像非洲-欧亚大陆社会那样大规模交换过疾病和免疫力。可以想见，人口最稠密和疾病传播最迅速的地区，破坏也最大。据估计，在中美洲人口最密集地区，人口数量在16世纪下降了90%到95%，安第斯地区下降了70%。随着人口减少，原来的社会、政治和宗教组织崩溃，这样，西班牙人也更容易仿照他们的伊比利亚故土、农作物和文化建造一个帝国。在接下来几个世纪，相同的现象会一再发生。非洲-欧亚大陆的疾病为欧洲殖民者清理出许多空间，从而使他们可以引入自己的农作物、人口、宗教、政府结构和耕作方法。

文化和政治影响：迈向资本主义？

正在形成的全球交换网络所改变的，不仅仅是欧洲和新欧洲。在其他各地，农作物、火药武器、新的组织方法、改善的农耕技术、印刷术以及商业的传播，都增强了政府的力量。随着力量的增加，这些政府竭尽全力扩大人口和税收。尤为显著的是，它们鼓励扩张，特别是向曾经的边缘地区扩张，以便在一个竞争日益激烈的世界增加它们的人口、财富和税收基础，最终达到增强自身实力的目的。政府鼓励的扩张也意味着对土地、森林、渔场、湖泊和其他物种越来越多的掌控。

俄国的扩张或许是最显著的例子。黑死病流行之际，俄国是蒙古政权"金帐汗国"控制下的一个基督教公国。到1700年，俄国已经是世界上最庞大国家，它所控制的土地西起波兰东部、东达东西伯利亚的太平洋沿岸。随着俄国的扩张，它鼓励农民和他们的主人到新征服的森林和大草原定居，它也鼓励贸易，尤其皮货贸易，这种贸易的触角从北京经由西伯利亚森林伸展到东地中海地区和西欧，甚至伸展到北美。

世界上日益扩张的贸易网络创造了许多新的机会，各地市场也相应扩大。贸易的触角通过以奴隶换取欧洲工业品而伸入非洲，通过皮货贸易和种植园经济的创造而伸入美洲，也伸入俄国或西伯利亚或中国僻远的乡村，那里的政府税收迫使农民甚至食物采集者买卖地方产品。日益扩大的市场促使企业家前往更远地方，以便寻找皮货（皮货是俄国向西伯利亚扩张以及欧洲向北美大部分地区扩张的动力）、鱼类、鲸、白银、蔗糖或烟草。

这些进程改变了整个世界的环境，显著增强了人类对生物圈的控制。殖民者在以前从未得到犁耕的土地上定居和耕种，或者以威胁整个物种的规模狩猎和捕鱼，或者将物种驱赶到它们完全陌生的环境中。他们的所作所为几乎总是得到非洲-欧亚大陆政府和企业家的支持，而这些政府和企业家所热衷的，就是从动员森林、大草原、河流和海洋资源的新方法中获取利润。正如约翰·理查兹（John Richards）指出的，1500年之后两个世纪里，世界许多不同地区的生物圈资源被疯狂开采。通过把以往开采方法应用于此前低度开发的地区，并且在一种新能源的帮助下，人类这个物种增强了自身对地球资源的控制。

奇怪的是，信息的传播通常不如商品、人口或疾病那般顺畅。尤其在非洲-欧亚大陆古老的枢纽地区，一个统一的世界所带来的文化影响，在好几个世纪都十分有限。

不过，最早的全球交换所具有的文化影响，对美洲和欧洲这两个地区产生了显著影响。在美洲，它基本上是毁灭性的，因为紧随疾病和征服活动而来的，是文化和政治传统的破坏，有时候甚至被完全清除。以往的宗教传统很大程度被迫隐藏起来，尽管它们会以美洲化天主教（古老的美洲宗教传统以独特的方式重新塑造了它）的形式重新浮现出来。

全球交换网络也影响到欧洲社会，主要因为欧洲已经成为世界各地信息的某种交易中心。由于欧洲位于这些网络的中心，因此，新的信息流在这里产生了最强大的冲击。对美洲的发现、对新恒星的观测以及以前不为人知的民族、文化、宗教和农作物（既没有记载在《圣经》中，也没有记载在古典作家的作品中）的发现，创造了一场思想文化上的地震，破坏了对传统知识的信仰。葡萄牙数学家佩德罗·努内斯（Pedro Nunes）在1537年写道："新岛屿、新土地、新海洋、新民族；更甚者，还有新天空和新恒星。"① 在受过教育的欧洲人当中，对传统知识的不断怀疑，促进了乍看起来有点混乱的尝试：即通过那些有可能为传统知识提供更坚实基础的新方法来组合信息。

在英国学者弗朗西斯·培根（1561—1626）的经验主义之中，我们感觉到，通过调查和直接观察获得的知识，是通向真理的关键。在培根看来，当时的地理发现是科学如何前进的模板：不是研究古代文本，而是考察和仔细研究真实世界（参见图10.4）。在法国哲学家勒内·笛卡尔（1595—1650）的哲学中，我们感觉到了质疑既有权威的重要性，只有这样，知识才有可能在新的、更坚实的基础上重新建立起来。新知识所创造的怀疑主义以及应当通过调查来获取知识的信念，将欧洲不断扩张的思想视野与通常所说的17世纪"科学革命"联系在一起。欧洲在第一个全球思想网络中的位置，或许也解释了那场思想革命的一个基本特征，即它的普适性以及它对一种知识的笃信，这种知识就其范围和应用而言，是全球性的，它不受任何地区性文化传统的束缚。

图10.4 培根《伟大的复兴》的卷首插图。在这个著名作品中，培根坚持认为，科学发现与地理发现一样，以研究真实世界为基础，而不仅仅是研究过去学者对世界的论述。以下引文来自《圣经》的《但以理书》："必有多人来往奔跑，知识就必增长。"

---

① J. H. Elliott, *The Old World and the New 1492-1650* (Cambridge, UK: Cambridge University Press, 1970), 39 - 40.

10.6 公元1700年的世界

我们已经看到，本章开始部分提到的三大创新驱动力的重要性在逐步增强：交换网络扩大、通讯和运输出现重大改善，竞争性市场在世界许多地区变得更重要。理论上来说，这些变化会带来创新的大幅增长以及影响深远的全球变化。确实这样吗？

创新的影响

令人奇怪的是，在一到两个世纪内，本章所讨论的这些变化，似乎并没有对技术创新的速度产生多大影响。欧洲航海家在15世纪和16世纪使用的海运术、射击术和航海术的大部分创新早就存在，还有许多创新——比如三角帆——起源于欧洲之外遥远地区，并且在其他地方得到广泛使用。奥斯曼土耳其人、莫卧儿人和俄国人同样成功地让火药技术适应了不同的环境。在葡萄牙人到来之际，加农炮在印度洋地区已经得到广泛使用，印度洋上马穆鲁克大帆船和奥斯曼帝国舰队都在船首安装了加农炮，尽管无法媲美葡萄牙轻快帆船两侧和肋骨之间安装的协调性很强的炮火。

我们在这一时期所看到的，并不是革命性技术创新，而是不断扩展的交换网络如何使技术、农作物和组织方法更加有效地从一地传播到另一地，它们在传播过程中只经历了微小适应和调整。乔尔·莫基尔（Joel Mokyr）把这个时期描述为"曝光效应时代（age of exposure effects），技术变化的主要形式在于，首先不断观察外国技术和农作物，然后将它们移植过来"。①

或许，真正称得上创新的，乃是欧洲重新发现了金属活字印刷术——1453年，由约翰内斯·谷登堡（Johannes Gutenberg）发明。金属活字印刷术由朝鲜人发明，用这种方法印刷的最古老书籍是1377年的一本朝鲜文佛经。不过，这种技术在使用字母文字的欧洲最兴盛，因为你只需要少数印刷字体即可，因此，印刷术在欧洲促进了断文识字，加速了信息传播。到公元1500年，236个欧洲城镇拥有出版社，2000万册图书得以印刷；一个世纪之后，图书印刷的数量达到原来10倍。印刷术逐渐让欧洲变成全球知识的仓库，就像伊斯兰世界一度是非洲-欧亚大陆世界区的知识仓库一样。一开始在欧洲，随后在整个世界，印刷术将成为集体知识的一种强大动力。

然而，在这个时期，我们并没有看到创新的决定性增长。全球交换网络促进了技术、农作物和商业方法——其中许多早就存在于世界某个地方——的传播和利用。这样，不同世界区在16世纪的汇合加速了技术的传播。不过，新技术的真正大爆炸要到19世纪才会发生。

---

① Joel Mokyr, *The Lever of Riches: Technological Creativity and Economic Progress*（New York: Oxford University Press, 1990), 70.

处于转型的边缘？

缓慢的创新解释了世界大部分地区为何在1700年看起来仍然十分传统。大多数人依旧是农民；大多数政府还是以传统术语进行思考，以传统方式进行统治；能源自古典时代以来变化很小。创新的速度也没有出现显著增长。

公元1700年，信使依然是传播信息最快的途径；绝大部分货物依然使用马车或牛车或船只运输。农民自给自足的程度可能不如2000多年前。与过去相比，他们或许更多地与货币打交道，更频繁地在地方市场出售产品，或者更多地寻找工资工作。不过，大多数农民依旧生产大部分他们自己所需的食物和纺织品。毫无疑问，市场的规模和重要性在不断增长，但是，它们并没有像今天这样主导人们的生活。大多数生产者是农民，这一事实意味着，城市和较大城镇（尽管它们到处都在成倍增长）的居民只占总人口的少数，通常只有10%到20%。可以说，最早的农耕文明的情况也大致如此。

真正发生变化的，乃是现存的思想、货物、人口、农作物、疾病交换和交易的规模。交换和商业规模的这种增长，为18世纪晚期以来比较壮观的创新景象奠定了基础。这种现象的部分原因在于，在一个又一个地区，社会开始遭遇资源极限：可用土地越来越少，木材和能源短缺更加常见，皮货越来越匮乏。到1700年，人类正在以前所未有的规模开发全世界的森林、耕地、河流和海洋，而采用的技术基本上非常传统。日益扩大的市场刺激了世界上许多不同地区的商业，商业化程度的提高把更多商人、政府甚至农民吸引到市场交换之中。正如亚当·斯密（1723—1790）所理解的，更大的市场促进了专门化和与之相随的效率，这个过程在大西洋新兴种植园经济中尤为明显。

我们也注意到，这一时期，全球财富和权力开始出现深刻变化。1500年之前，欧亚大陆大西洋沿岸的社会不重要，它们处于非洲－欧亚大陆世界区庞大的交换网络的边缘。1500年之后，大西洋社会突然发现自己位于前所未见的最大、最多样化的贸易网络的中心。在两或三个世纪里，沿着新发现的路线运输的货物，从价值和总量而言，还不如传统网络输送的货物——比如从地中海经由印度洋到达亚洲的网络——那般令人印象深刻。不过，一旦欧洲政府学会利用它们在全球贸易网络中的核心地位，一旦全球贸易总量增加，一旦欧洲知识分子掌握了前所未有的新信息潮流（流淌在欧洲的学院、大学和商务办公室中），欧洲位于这些网络的核心地位所带来的知识和商业利益，就会逐步增加。

尽管1700年的世界在许多方面看来很传统，不过，接下来两个世纪的创新大爆炸所需要的所有要素，正在汇集起来。变化或许最容易在新兴的大西洋枢纽地区被发现。

在欧洲，在这个由中等规模的国家组成的、竞争激烈的地区，全球交往网络带来的商业、经济和政治影响十分明显。商业受到统治者、银行家和政府的关注。全球市场的套利行为在16世纪维持着西班牙帝国的权力，也在17世纪早期支撑着它的竞争对手荷兰共和国的权力。我们由此看到了后来所谓的资本主义的根源。商业为两个政府及其精英创造了大量税收。许多贵族投资贸易，而政府则发现，当市场对一些产品——盐、酒、纺织品或糖——的需求增长时，这些商品就能够带来巨额利润。到1700年，英国政府的大部分税收来自关税和各种消费税。这解释了英国政府为何大力支持贸易：建设有能力保护海外帝国的庞大海军、成立英格兰银行以支持对新的商业冒险事业的投资。

在英国以及西欧其他地区，随着更多的人口依赖市场和工资，社会结构本身也正在快速发生变化。对英格兰早期统计学家格雷戈里·金（Gregory King）的人口研究做出的现代分析表明，到17世纪末，英格兰农村大约一半人口没有足够土地养活自己。这意味着，他们必须出卖自己的劳动，要么作为乡村劳动力为大农场主工作，要么到城镇寻找工资工作。金的数据显示，到17世纪末，英国国民收入一半以上来自商业、工业生产或租金和各种服务。如果高度商业化的社会确实比商业化程度较低的社会更有可能出现创新的话，那么，这就是即将来临的变化的一个重要预兆。到17世纪晚期，英格兰及其主要竞争对手荷兰似乎越来越具有"资本主义特征"，不但市场主导着它们的经济，而且政府和精英也参与到许多不同的商业活动中。

这一时期交换网络的覆盖范围和多样性，以及商业重要性的不断增加，或许是为创新大爆发——开始于工业革命时期的18世纪——奠定基础的最重要因素。

小　结

本章描述了创新的三大关键驱动力——不断扩大的交换网络、通讯和运输形式的改善以及增强的商业化——如何在两大马尔萨斯循环期间变得更加重要。到1700年，整个世界已经连接在一个全球交换网络之中。不过，从许多方面来说，这个世界仍然十分传统。迈向现代社会的真正突破发生在18世纪和19世纪，我们将在下一章讲述。

本章问题

1. 为何"发展"的三大驱动力——不断扩大的交换网络、改善的通讯和运输技术以及日益增强的商业化——往往会促进集体学习和创新？

2. 16世纪以来主要世界区的统一所带来的最重要影响是什么？

3. 在何种意义上说世界到18世纪逐渐耗尽了资源？

4. 在第一个全球市场于16世纪被创造出来之后，为何欧洲社会的财富和影响力开始增长？

5. 为什么用"传统的"来形容18世纪早期世界的大部分地区依然是合适的？

6. 有什么迹象可以说明1700年的世界处于根本性转变的边缘？

关键词

arbitrage　套利
Anthropocene　人类世
capitalistic societies　资本主义社会
communications　通讯
drivers of innovation　创新的驱动力
exhange networks　交换网络
globalization　全球化
incentives of innovate　创新的动机/刺激因素
modern revolution　现代革命
molopoly　垄断
transportation　运输

延伸阅读

Bentley, Jerry H., and Herbert F. Ziegler. *Traditions and Encounters: A Global Perspective on the Past*. 2 vols. 2nd ed. Boston: McGraw-Hill, 2003.

Clossey, Luke. "Merchants, Migrants, Missionaries, and Globalization in the Early-Modern Pacific." *Journal of Global History* 1 (2006):41–58.

Crosby, Alfred W. *The Columbian Exchange: Biological and Cultural Consequences of 1492*. Westport, CT: Greenwood Press, 1972.

Crosby, Alfred W. *Ecological Imperialism: The Biological Expansion of Europe, 900–1900*. Cambridge, UK: Cambridge University Press, 1986.

Fernandez-Armesto, Felipe. *Pathfinders: A Global History of Exploration*. New York: Norton, 2007.

Headrick, Daniel. *Technology: A World History*. Oxford, UK: Oxford University Press, 2009.

Man, John. *Atlas of the Year 1000*. Cambridge, MA: Harvard University Press, 1999.

Marks, Robert. *The Origins of the Modern World: A Global and Ecological Narrative from the Fifteenth to the Twenty-First Century*. 2nd ed. Lanham, MD: Rowman & Littlefield, 2007.

Northrup, David. "Globalization and the Great Convergence." *Journal of World History* 16, no. 3 (September 2005):249–67.

Pomeranz, Kenneth, and Steven Topik. *The World That Trade Created: Society, Culture, and the World Economy: 1400 to the Present*. 2nd ed. Armonk, ME: Sharpe, 2006.

Richards, John. *The Unending Frontier: An Environmental History of the Early Modern World*. Berkeley: University of California Press, 2003.

Ringrose, David. *Expansion and Global Interaction, 1200–1700*. New York: Longman, 2001.

Ruddiman, William. *Plows, Plagues, and Petroleum: How Humans Took Control of Climate*. Princeton, NJ: Princeton University Press, 2005.

Tignor, Robert, et al. *Worlds Together: Worlds Apart*. 2nd ed., Vol. 1. New York: Norton, 2008.

第 11 章

跨越第 8 道门槛

通向现代性的突破

考察大图景

公元 1700 年到 1900 年

- 什么是工业革命？它为何开始于英国？
- 它一开始如何传播以及传播到什么地方？
- 工业革命带来了什么影响？人类由此有何得失？
- 工业革命在哪些方面看起来更像一种全球现象而非欧洲现象？

到1750年，现代性的前提条件已经准备就绪，创新的刺激因素也在不断增加，不过，世界的主体依然是农业和传统社会。我们需要什么样的火花来点燃现代革命并且推动世界跨越通向现代社会的新门槛呢？

那些火花——煤炭的高效燃烧以及日益增长的创新——闪现在欧亚大陆西北半岛不远处一座小岛上。在1700年，这座岛上的居民不到世界总人口1%，他们是工业革命的先锋，在不到200年时间，他们主导了整个世界，这是其他民族以往从未完成的壮举。结果，工业革命改变了世界。谁预料到了这一切呢？人们还能够想象出更令人惊讶的故事吗？

11.1 门槛8：现代世界／人类世

我们首先要问：什么是工业革命，为什么它成为通向现代世界的突破和人类世的开端呢？

门槛8的理论基础

我们或许可以这样来界定**工业革命**：它指众多的变化，这些变化是在制造业、通讯和运输中系统使用化石燃料代替人力和畜力的结果。**化石燃料**是指煤炭、原油和天然气，它们储存着几百万年前的太阳能。煤炭由大约生活在3亿年前的森林化石构成；原油来自距今1000万年到6亿年之间生活在海洋中的植物和动物化石；天然气的主要成分是有机体化石制造的甲烷，通常可以在原油附近找到。

大量来自化石燃料的新能源的使用，引起了创新和工业生产力（制造业、采矿业和建筑业）的快速增长，这两者改变了社会和经济组织（参见图10.1，第312页）。机器取代了手工工具；工厂里的批量生产取代了小作坊制造生产；化石燃料（一开始是煤炭，然后在20世纪是原油和天然气）取代了水轮、畜力和人力，由此创造了更大规模的能量。新生活方式的有形标志是机器、工厂和黑烟。

在英国，工业革命开始于纺织业，新发明的机器代替了手工纺纱和织布，燃煤蒸汽机的发展足以为织布机提供动力。后来，革命扩及钢铁生产，然后扩及铁路和汽船。工业革命的主要进程在英国花了不到100年时间，大致从1780年到1870年。

把工业革命当作第8道门槛的理论基础，在于它在人类社会引起的快速转变；自1万年前农业的突破（第7道门槛，其动力是可用能源和资源的突然增长）以来，人类社会还没有发生过这种根本性变化。煤炭和石油的燃烧是这种转变的基础；它提供了人类历史上从未取得过的额外能量（门槛8概述）。

这种额外能量打破了马尔萨斯的人口兴衰循环。我们已经看到，在工业革命之前，生活在各种不同社会的人们几乎完全依赖通过光合作用储存在植物和树木中的太阳能。这意味着，人口受到可用土地以及土地上的资源的约束。通过利用储存在化石燃料中的太阳能，

门槛8概述

门槛	成分 ▶	结构 ▶	金凤花环境 =	突现属性
现代世界/人类世	全球化；集体学习的飞快加速；创新；化石燃料的使用。	人类社会的全球联系与快速增长的控制生态的能力	集体学习在全球范围的加速。	人类使用资源的巨大增长→全新的生活方式和社会关系→地球上第一个能够改变生物圈的物种。

工业化的来临一度在全球范围克服了马尔萨斯循环。整个世界在2012年获得了巨大的资源来养活70亿人口；1700年，传统能源可以供养的人口只有6.7亿。由此可见，在300多年时间，工业革命创造了足够多的食物来供养已经增长10倍多的世界人口。

为什么是英国和西欧？全球背景

农业革命在至少七个不同地区独自发展起来，但工业革命只发轫于一个地区，即英国。即便其他几个国家（尤其在大西洋地区）非常接近类似的突破，然而，工业技术的传播如此迅速，以至于其他地方根本不存在独立进行工业革命的机会。在经过大量讨论和争辩之后，史学家和社会学家现在基本同意，各种因素（全球的和地方性的）的汇集导致了这一结果。

工业革命的发生至少需要如下要素：数额巨大的闲散资本（货币）、大量廉价劳动力、新的商品市场、新的发明、新的动力来源、新的原材料以及改善的运输体系。此外，正在变化的社会和思想意识背景也很重要。

工业革命的第一个重要发明是蒸汽机，不过，土耳其一台简单蒸汽机比这种机器在西方的出现早了三个多世纪。根据土耳其工程师达兹·艾-丁（Taqi al–Din）1551年出版的一本著作记载，这种发明被用来驱动一位富人宴席上的烤全羊叉架。这种机器没有流行于土耳其或伊斯兰世界三大帝国（土耳其奥斯曼帝国、波斯萨法维帝国和印度莫卧儿帝国）的其他地方。伊斯兰发明家为富有的精英工作，这些富人拥有他们想要的所有消费品和手工品。社会和意识形态环境为企业家提供的激励很少。

工业革命为何没有率先在中国发生呢？多个世纪以来，中国在许多技术方面一直领先世界。中国甚至在10世纪发展出了燃煤的钢铁业，但是，这种工业到14世纪就消失了。中国官员苏颂于1094年研制了第一架天文钟，不过，它后来毁于北方入侵者之手。正如前一章所讨论的，1433年，中国统治者决定放弃海外贸易探险。中国的民间商人继续从事贸易，不过得不到政府支持。即使在18世纪，如果仅仅从预期寿命或对糖和纺织品的消费来衡量，中国人的生活水平足以与欧洲人的媲美。

许多地理和文化特征也解释了中国为何没有首先开始工业化。下面列举了这些假设的部分内容，随着更多研究的完成，这份单子还会出现变化。

- 1300年到1700年间,中国人口增长超过英格兰,由此降低了使用机器的动机,增加了使用劳动密集型方法的动机。
- 中国也有煤炭储量,但是煤炭主要位于北方,而大量经济活动已经转移到了南方。
- 中国政府塑造了精英的教育和普通民众的信仰;实验和质疑权威的态度没有广泛发展起来。
- 中国关注制度和文化的稳定性;工业化被视为破坏性力量,会引起阶级差别和地方分裂,有悖于儒家价值观。
- 中国一直在应付威胁性或实际入侵,尤其来自北方游牧民族的入侵。
- 中国并不依赖新的大西洋交换和贸易圈及其巨大的发展机会。
- 整个世界在12世纪的联系还不那么紧密,因此,中国的发明没有像18世纪英国发明那样快速传播。

英国和其他西欧国家(比如法国和荷兰)获益于中国的两个主要决定。首先,中国决定退出印度洋贸易,这就为英国东印度公司(成立于1600年)以及荷兰和法国东印度公司提供了进入东南亚市场的机会。其次,15世纪10年代,中国决定以白银作为国家货币体系的基础,英国和其他欧洲国家也从中获益。《乌得勒支条约》(1713年)签订之后,英国有权把非洲的奴隶贩卖到美洲的西班牙殖民地,以此换取在秘鲁波托西(现在属于玻利维亚)和墨西哥萨卡特卡斯(Zacatecas)开采的大量白银的一部分。中国人需要为繁荣的经济供应银币,因此,英国人正好用这些白银大量购买中国的茶叶、丝绸和瓷器。

毫无疑问,在白银背后,就是英国的命运之手掌握的一张重要的全球牌——在1763年赢得主要欧洲国家参与其中的七年战争之后,英国取代西班牙、法国和荷兰,成为新的大西洋世界贸易体系的枢纽。这就为英国提供了数额巨大的新原料和坚实的新市场。除了白银,美洲也为工业工人提供廉价食物(鱼类、糖和马铃薯)、为纺织厂提供奴隶生产的棉花、为殖民地需要的一切东西(摇篮、棺木和衣服,其中包括奴隶所需要的)提供市场。英国企业家在这些冒险事业中积累了资本。另外,英国的北美殖民地为英国提供了它自身无法生产的产品。到1830年,英国的前北美殖民地(即美国)生产的棉花、糖和木材如此之多,以至于英国要想生产出同等数量产品的话,它的本土面积需要增加一倍。史学家肯尼斯·彭穆兰(Kenneth Pomeranz)和罗伯特·马克思(Robert Marks)把美洲的这些土地称为英国的"鬼田"(ghost acres)。

另一个推动英国迈向工业化的重要因素,就是正在变化的全球气候。大约1250年到1900年间,即通常所说的**小冰期**(LIA, Little Ice Age),世界许多地区温度下降(参见图11.1)。原因似乎是普遍的火山喷发以及大气中二氧化碳和甲烷含量的减少。为了取暖,世界各地的人们只得烧掉更多木材。英国人耗尽了小岛上的森林,被迫想办法更加有效

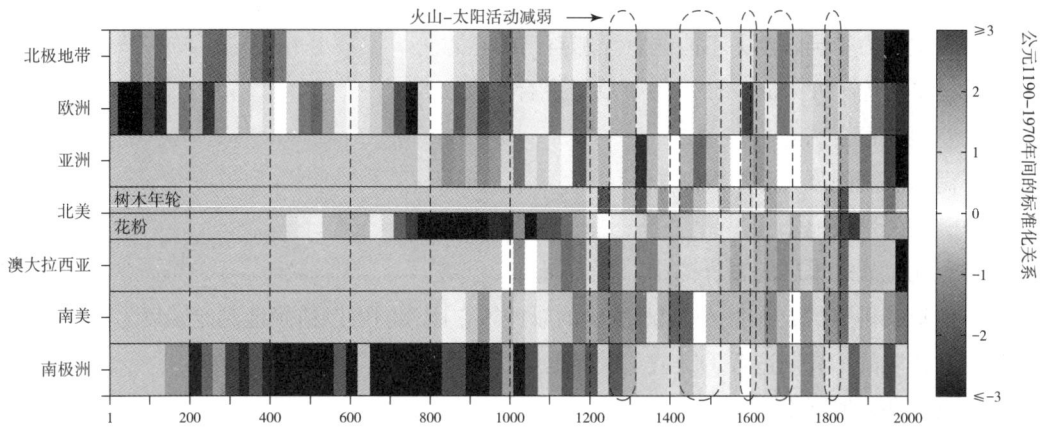

图 11.1　各地区在长达 2000 年时间的气温变化。 这幅图表以 30 年为周期显示了不同地区在 2000 多年时间的气温变化。图表以 24 个国家专家的研究为基础，使用了许多不同类型的资料，包括冰川、花粉以及树木年轮，它是当前可以获得的最全面的解释。突出的特征在于：（a）2000 年前温暖的气温；（b）过去 1000 年长期的寒冷期；（c）最近一个世纪气温突然上升。（由于缺乏充分的数据，因此，包括非洲在内的一些地区没有考虑在内。）

地开采煤炭。[①]

我们还得对英国率先进行工业化的其他可能解释做出更简洁的概述。一方面，在 16 世纪，西班牙未能在欧洲建立起它的帝国，尽管它为战争花费了大量白银。由于没有一个统一的欧洲，因此，竞争性国家和市场体系依旧存在，英国则通过七年战争的胜利取得了优势。由于不存在一个统一的欧洲政府，国家和宗教制度都无法支配人们的思考。宗教宽容、实验态度以及对权威的挑战（启蒙运动）能够大行其道，同时激发了各种创新。正如第 10 章所解释的，金融制度也发展出了动员资本的各种结构（参见表 11.1）。

表 11.1　英国工业化的原因

- 因木材短缺而开采煤炭。
- 煤炭储存在非常有用的地方，因此价格便宜。
- 海岸线与河流相对降低了煤炭和其他产品的运输成本。
- 岛国防范入侵的天然屏障。
- 具有商业头脑的贵族；自由企业制度。
- 政府热心于各种商业项目，比如，建立庞大的海军，要求与殖民地的贸易使用英国船只。

[①] Ji-Hyung Cho, "The Little Ice Age and the Coming of the Anthropocene," in Barry Rodrigue, Leonid Grinin, and Andrey Korotaev, eds., *From the Big Bang to Global Civilization: A Big History Anthology* (Berkeley: University of California Press, forthcoming).

- 君主权力受到限制，不能任意强加自己的意志。
- 早早废除了农奴制（1574年解放了最后一位农奴）。
- 有限的行会制度。
- 商船队受到强大海军的保护。
- 美洲的殖民地。
- 由北美奴隶生产的廉价棉花。
- 创新获得奖赏或利润，比如对准确的船钟（它让人们可以精确地测定经度）的奖励。
- 有技能的工具制造者（制造了世界上最好的怀表）
- 道路和运河网络。
- 许多有价值的移民（荷兰人、犹太人和胡格诺派教徒）
- 高工资：取代工资劳动者的机器偿还了债务、为棉花之类的工业品创造了重要的消费需求。
- 高识字率；中产阶级文化。
- 矿产资源属于地主而非政府。
- 非国教徒（非英国国教）被禁止在大学和政府部门任职，因此涌入商业领域。

经济史学家强调煤炭和殖民地的重要性，以此作为英国优势地位的主要原因。文化史家强调具体的技能、议会制度（它会促进商业）和自由思考的重要性。每一种解释似乎都很重要，所有的变革力量以复杂的方式相互影响，它们在一个多中心的全球舞台上（而不仅仅是在英国）依次展开。让我们看看下面的叙述如何将所有这些变革的力量结合在一起。

11.2　英国的社会、农业和工业革命

在这一部分内容中，我们先描述工业革命之前社会关系和农业的变化，然后讨论工业革命本身。

社会关系的变化

19世纪中期，也即英国工业革命完成之际，它已经变成一个全新的社会：从农业文明转变成工业国家，从收取贡赋的社会转变为商业化社会。在机械工业化之前，一些关键性变化已经发生，并且为这种工业化做了铺垫。

17世纪晚期，英国仍然是一个传统的农业文明，农业是最重要的经济部门，大约有一半人口从事农业（参见第10章，第345页）。许多贵族认为自己是贡赋收取者，有权获得其他人在他们土地上生产的财富。

到18世纪中期，这种社会制度已经发生剧烈变化。许多人迁到城市；伦敦居住着英国10%的人口。仍然生活在农场上的大多数农民已经成为工资劳动者而非纳贡者；他们耕种的不是自己的土地，也不需要向地主缴纳租税，他们现在耕种他人的土地，为自己挣得工资。大多数贵族早就开始把他们的地产视为创造利润的行业而不是维持生存的农场。国家收入至少有一半来自工业、商业、地租和服务。英国政府的收入大部分来自商业，包括关税；它以陆海军保护商业活动。这种商业之所以可能，原因在于英国正在成为新兴的大西洋交换圈的枢纽。简而言之，到18世纪中期，英国已经成为世界上最具商业气息和资本主义特征的国家之一。在促进新的商业和生产形式以及新的创新方面，创新的驱动力（参见第10章）现在扮演了日益重要的角色。

农业的变化

随着农业从基本上自给自足的庄园转变为生产专门农作物的现代资本主义性质的农场，商业方法也逐渐改变了英国的农业。土地所有权得到加强，富有的土地所有者——被称为"改良地主"（improving landlords）——购买了更多土地；许多农民被赶出土地，成为大型农庄或城市的工资劳动者。

议会中的富有地主通过批准几百部圈地法案（它们影响到几百万英亩的土地）来支持这种发展。依照传统，许多个人一直在使用公有土地。圈地法案让地主有权购买公有土地来扩大他们的农地。许多小农的存在依赖公有土地的使用权，他们最终只得成为工资劳动者。

大地主更感兴趣的，是出售他们的农产品，而不仅仅是生产他们自己的消费品。他们更多地为市场生产，这意味着更有效和更廉价地生产农作物。当富有的地主获得大块土地时，他们就可以采用在其他地方（尤其是法国和荷兰）发展起来的农业改良措施。比如，"芜菁"子爵汤曾德（Viscount "Turnip" Townshend, 1674—1738）就在他位于诺福克郡的农庄种植荷兰新农作物——芜菁和苜蓿。通过储存芜菁，子爵就能够在冬天喂养他的牲畜，这样就可以避免像往常那样在入冬时大量屠宰它们。苜蓿可以将氮固定在土壤中，从而提高肥力。汤曾德在同一块土地上施行四年轮作制，即每年分别种植芜菁、大麦、苜蓿和小麦。这种做法很快成为许多地产的标准程序。这些技术中的许多早就存在，现在，随着销售额的增加，越来越多的地主开始采用它们，从而为创新提供了更多刺激因素。

大地主也使用了其他一些技术，这些技术引起了农业产量的巨大变化。一些人解决了如何用马拉播种机而不是人工播种。一些人培育出的绵羊体重可以增加一倍，并且为市场生产颇受欢迎的肥美羊肉。当大地主有更多资金和动机投资于创新时，施肥、灌溉和排水也得到改善。

随着这些技术的应用，英国的农业产量大幅提高。1700年到1850年间，增长了3.5倍，食物供应更廉价，由此降低了农场劳动力的价格。农业人口从总人口的61%下降到29%，从农场解放出来的（被驱逐的）这些人进入城市，成为潜在的工业工人和买家，从而扩大了劳动力供应和消费品市场，因为这些新的城市工人需要购买以前由他们自己生产的产品。英国人口在1750年到1800年间翻了一番。事实证明，农业革命是工业革命这枚硬币的另一面，它开始的时间更早，并且为工业革命铺平了道路。

工业中的革命

两大领域——蒸汽机和棉纺织业的同步发展结合在一起，创造了英国工业化的最早迹象。**蒸汽机**燃烧煤炭，它们的使用促使人类社会跨越了一道门槛，不再受太阳能年径流量的限制。

蒸汽机的发展

煤炭是被储存起来的太阳能，形成于3.45亿年到2.8亿年前的石炭纪（意思是"与炭或煤有关"）。植物储存来自太阳的能量。当它们死亡时，就会腐烂；也就是说，空气中的氧气与它们的有机成分结合起来，把它们转变成二氧化碳和水，同时，细菌和真菌利用植物的其他化学成分实现自己的生长。如果植物掉入水中，腐化就被阻止了，因为水中缺少氧气。当死亡的植物沉到更深处，来自它们上面的各种物质的重量逐渐将它们压成泥煤，泥煤最终变成煤炭。煤炭形成于海岸线发生变化、陆地和海洋在几百万年内相互交替以及树木高达53米的地区。在煤炭形成时代的某个时期，所有大陆被挤压成一个超级大陆，即泛大陆；因此，美国东部的煤炭矿藏与英格兰中部的属同一矿脉。

在地球上少数几个煤炭裸露于地表的地区，人们自然就会使用煤。马可·波罗在中国发现了燃烧的黑色石块，一种他以前从未见过的事物。英国人在16世纪就开始燃烧地表煤炭，用以制造玻璃、冶铁、酿酒以及生产砖瓦，不过，只要木材供应充足，它们就不会被用来做饭和取暖，因为它们看起来太脏，也会产生黑烟。

最终，为了建造房屋和船只，为了用作燃料，为了制作冶铁的木炭，所有的树木被砍倒，英国逐渐耗尽了木材。到1600年，英格兰南部已经没有木材满足伦敦取暖和做饭需求；到18世纪末期，英国森林覆盖率仅仅是5%到10%，政府只好从波罗的海国家购买大量木材来建造海军舰队。

对能源的不断需求，刺激了一些关键的创新。为了把森林用于木材和木炭，英国人用煤炭取暖和做饭。随着矿工耗尽地表附近的煤炭，矿井也越钻越深，最终，地下水渗出淹没了矿井。矿工只得用桶把水运出地面，或者以马拉水泵将水抽出来。人们需要某种更好的设备。

1698年，托马斯·萨弗里（Thomas Savery，约1650—1715）的一项发明获得专利，这种设备通过燃烧煤炭加热水的方式制造出蒸气，然后蒸气被压缩形成真空推动水泵。（大约在同一时间，一位逃亡荷兰的法国胡格诺派教徒德尼·帕潘也发明了这种设备。）大约10年之后，托马斯·纽科门（Thomas Newcomen，1664—1729）设计了第一台真正的蒸汽机（由蒸气推动活塞），但是，它的效率太低，仅仅适应于煤矿等燃料充足的地方。

与此同时，工厂开始在中部地区即伯明翰及其周围的地区发展起来。英格兰第一家工厂即苏豪制造厂（the Soho Manufactory）建于1755年，南距伯明翰不到3.2千米；它有一台水利驱动的金属轧机，机器安放在许多车间，那里有工人400人，主要制造金属和合金、石头和玻璃、陶器以及珐琅。

苏格兰人詹姆斯·瓦特（1736—1819）是格拉斯哥大学一位仪器制造匠，他设计了第

图11.2　瓦特的蒸汽机。瓦特的蒸汽机大大促进了英格兰工业力量的增长。它现在收藏在伯明翰科学博物馆

一台能够在煤矿区以外创造利润的蒸汽机。1765年，瓦特在一次散步中想到了带有分离冷凝器的蒸汽机，不过，这种蒸汽机的第一台模型直到1776年才被制造出来。瓦特是月亮社（the Lunar Society）的成员，月亮社是发明家和地方制造商的社会俱乐部，查尔斯·达尔文的祖父伊拉斯谟·达尔文与外祖父乔赛亚·韦奇伍德都是该俱乐部成员，瓦特通过这个组织认识了伯明翰一些资本主义企业家。（这个俱乐部在离满月最近的星期一晚上聚会，以便与会者可以趁着月色骑车回家。）瓦特后来搬到伯明翰，在当地朋友的帮助下，他在苏豪制造厂研发了一台带有分离冷凝器的蒸汽机，它取代了效率低下的纽科门蒸汽机，用来抽取煤矿积水（参见图11.2）。15年后，瓦特改进了他的蒸汽机，让它可以做圆周运动，从而能够驱动工厂的轮子。瓦特变得很富有，买了三个农场，在欧洲四处游历。

蒸汽机的应用

当瓦特在研制蒸汽机时，其他一些人正在想方设法提高纺织品的产量。由奴隶种植的大量原棉从西印度群岛和美洲殖民地输入英国，随着工资劳动者数量增长，需求也相应增加。传统的生产制度是商人将原棉分发到乡村手工纺纱和织布者手中。18世纪10年代早期，议会禁止从印度输入更廉价的棉纺织品，从而为英国的纺织品生产商扩大了潜在的国内市场。这就刺激了创新。到18世纪10年代中期，英国投资人设计出了几种可以提高纺纱织布效率

图11.3 正在工厂工作的妇女。这幅1835年的版画所描绘的,是正在一家纺织厂工作的妇女。向机器生产的转变通常开始于纺织业,英国、美国和日本都是如此。

的机器。1793年,伊莱·惠特尼(Eli Whitney)的轧棉机(cotton engine)——美国南部一些人将它缩写为cotton gin——出现了,此后,机器可以将棉籽分离。最后一步发生在18世纪90年代和19世纪10年代早期:瓦特的蒸汽机被安装在纺织机上。

蒸汽机改变了棉纺织工业;没有它们,棉纺织品就不可能改变英国的经济。在1780年到1800年间,棉纺织品的价格下降80%,它们进入大众市场。到1850年,英国的棉纺织业使用的原棉是1800年的10倍,从而确保美国南部棉花种植园的奴隶制度依旧有利可图。1820年到1840年间,英国和印度棉纺织业之间的关系彻底改观;英国向印度和东南亚的出口增长1500%。这标志着工业力量的重要变化,因为即使在18世纪早期,印度在世界纺织品生产上的份额依然占到了25%。

蒸汽机促进了新的生产方式即**工厂制**的快速增长,在这种制度下,工人汇聚到工厂,受到监督,而蒸汽机则为大量机器提供动力。这些人以前习惯于在家里按照自己的节奏劳动,他们现在必须要在特定时间出现在某个场所。由于许多工人没有钟表,因此,雇主只得派人在天还未亮的凌晨敲打窗户叫醒工人(参见图11.3)。

在另一波工业化浪潮中,蒸汽机也改变了英国钢铁工业和交通运输业。甚至在工业革命之前,英国就成了铁铸大炮、枪支和机器设备的主要生产者和出口者。英国人把小熔炉修建在森林(提供燃料)和河流(为风箱提供动力)附近,以燃烧木炭来炼铁。

18世纪早期,来自伯明翰附近的亚伯拉罕·达比(Abraham Darby,1678—1717)成功地解决了如何通过燃烧焦煤而不是木炭来冶铁的问题。达比通过煤炭在有限氧气中不充分燃烧来制作焦煤,这样就去除了影响钢铁质量的杂质。英国铁产量在18世纪增长了10倍;铁也开始被用来建造房子和桥梁。19世纪,创新在持续,1856年达到顶峰,那一年,亨利·贝塞默(Henry Bessemer,1813—1898)修建了一座可以廉价生产钢(钢的硬度和强度大于铁)的鼓风炉。

瓦特的蒸汽机用煤太多,难以很好地适应交通运输。他的蒸汽机的专利权在1800年到期,此后,其他人设计了使用燃料更少的高压机。到1835年,蒸汽机车在英格兰北部并不鲜见,到1840年,蒸汽船开始定期穿越大西洋。1830年到1870年间,英国企业家铺设了大约21000千米铁路,用来运载乘客、原料和工业品,以及提供进一步推动工业化的廉价运输。1900年,蒸汽机在效率上是1800年蒸汽机的10倍多,而每瓦特输出功率对应的重量只有以前的五分之一。①1830年到1870年间,英国煤炭产量增长了大约4.5倍。

总之,煤炭被应用到蒸汽机和钢铁生产中,为工厂中的纺织以及随后为铁路和汽船提供了动力,

图11.4 水晶宫,1851年。在这次著名的工业博览会上,参观者可以看到来自大英帝国各地的精美工艺品和工业品

并且在100年时间里引发了英国人生活方式的一场显著革命。简而言之,工业革命的构成要素为:以煤炭为基础的蒸汽动力、改良的机器以及工厂组织。创新的速度在我们看来似乎很缓慢,不过,在当时人眼中是史无前例的。

农业和工业产量的不断增长,颠覆了马尔萨斯循环。当人口增长时,它并没有触及马尔萨斯在1798年预测的死亡点。(正当他推算出过去的模式之际,这种模式至少暂时发生了变化。)生活水平也在提高。18世纪40年代到19世纪60年代之间,英国人口增加两倍多,从600万增长到2000万。英国人均收入在1780年到1860年间翻了一番。1700年,六分之一人口住在城镇;1800年为三分之一;到1851年,大部分人居住在城镇和城市;到1899年,伦敦成为世界最大城市,人口600万。一个新的世界——现代社会——在这个小小的、潮湿的岛屿形成了。

1851年,伦敦举办了第一次世界博览会来庆祝英国的成就和展示它的技术。由维多利亚女王(1837—1901在位)宣布"万国工业博览会"开幕,展览场所为水晶宫,它是建筑工程上的奇迹,全部以铁和玻璃建造,占地7.7公顷,其中也包括海德公园的树木(水晶宫修建在海德公园)。当时,英格兰在纺织、冶金、采矿和机械制造方面领先世界(参见图11.4)。

---

① 重量-功率比是衡量机器引擎性能的标准之一,单位是千克/瓦特,表示每瓦特推动多少重量,比值越小,表明机器的性能越好。——编者注

11.3 工业革命的传播

正如所有智人起源于一个共同的非洲祖先那样，所有工业社会都源自英国这个共同的先驱，每一个都有自身的显著特征。尽管英国工业革命源自人们无法规划的各种力量的会聚，不过，通过精力充沛的企业家或强大的政府推行的计划，或这两种因素的结合，工业革命能够在其他地方被复制出来。

第一批模仿者在地理上和文化上很接近英国——比利时、法国、普鲁士和美国，它们构成了工业革命的第二个阶段。到19世纪80年代，在俄国和日本已经开始了第三个阶段。

西 欧

大不列颠试图阻止本国工业创新的出口。英国法律禁止新技术的输出和技术型人才向外移民。不过，其他国家派人员到英格兰学习它的秘密；他们贿赂企业家建立工厂，用小船偷偷将机械运回国。

比利时是英国之后第一个工业化国家。它的煤炭和铁矿储备彼此相邻；企业家利用走私的机械在比利时开展商业活动。1834年，政府开始建造全国性铁路网。

与欧洲其他国家相比，法国的工业革命要慢一些，不过，工业化进程在其他国家遭受的破坏可能少很多。法国的阻碍因素包括相对落后的农业体系、周期性的革命和战争以及煤炭资源的相对缺乏。在输掉了普法战争（1870—1871）之后，法国被迫把唯一一个煤炭和铁矿资源丰富的地区，即阿尔萨斯-洛林割让给德国。不过，法国在1830年成功地建立了世界第一家百货公司。

事实证明，投资新工业的资金与新技术一样重要。在英国，17世纪末创办的英格兰银行提供了相对廉价的投资资金。当工业化加速时，大银行在工业化中承担了越来越重要的角色。德意志地区的犹太银行家梅耶·阿姆谢尔·罗斯柴尔德（Mayer Amschel Rothschild，1744—1812）的五个儿子是19世纪欧洲金融的开创性人物。他们每一个都在一座重要城市（伦敦、巴黎、法兰克福、那不勒斯和维也纳）站稳了脚跟，并促进了所在国的投资。例如，当法国政府在1842年决定修建国家铁路网时，巴黎的罗斯柴尔德银行家商定以英国资本投资法国铁路，该铁路网在19世纪60年代基本完工。

在1871年统一前，德意志地区不是一个国家。统一前，独立的邦国自行征集货物的关税，这种情况一直持续到1830年关税同盟的成立。到19世纪40年代，德国各邦国才完全废除农奴制。因此，德意志地区的工业革命比法国稍晚，以铁、钢、煤炭和化学工业为主。在政府的大力参与下，铁路网络在19世纪50年代得以修建。大型公司或垄断企业（卡特尔）控制各个部门，这与英国和法国有很大不同。1830年到1840年间，德意志地区煤炭产量翻了一番；1840年到1870年间，又增长了7倍（参见地图11.1）。

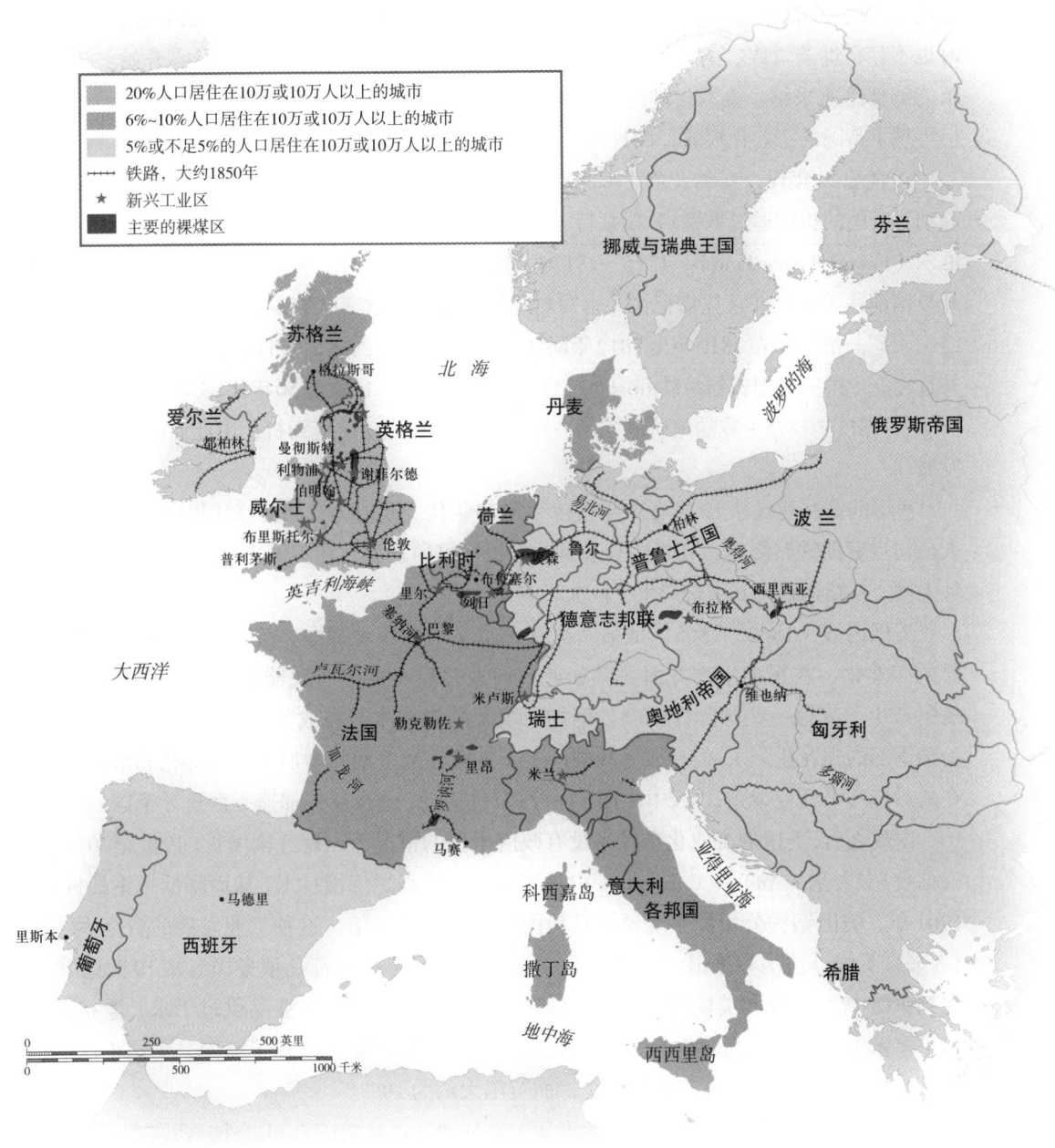

地图11.1 工业的欧洲,大约1850年。到19世纪中期,工业在英国和中欧地区涌现

美国

新建立的美国政府在这一时期具有一些独特的优势。如同英帝国一样,美国也是一个帝国,它占领了土著居民的大片领土。在欧洲人带来的新疾病的侵袭下,这些土著居民的人口已经急剧减少。美国政府所取代的,大多是小农文化(不像西班牙在中美洲和秘鲁所

取代的文化），那里不存在延缓变化速度的农业传统文明，也没有来自传统精英的抵制。同时也不存在世袭贵族、国家教会和法定的阶级差异。殖民者基本上可以从零开始。技术变革能够被迅速采纳。美国相对远离欧洲混乱的政治和战争；殖民者握有很多机会。美国不但再现了英国的工业化模式，而且大大扩展了工业化的范围。

19世纪20年代，在私人企业家而不是中央政府的倡导下，美国的工业化率先在纺织业启动。英国的机密通过塞缪尔·斯莱特（Samuel Slater，1768—1835）和弗朗西斯·卡伯特·洛厄尔（Francis Cabot Lowell，1775—1817）到达美国。1789年，斯莱特在一位商人资助下离开英国前往美国，并且凭借记忆（书写材料很可能被没收了）在罗德岛建立了美国第一家纺织工厂。洛厄尔在1810年至1812年间访问了英国，回国之后设计了第一台动力织布机，并且建立了第一家把机器纺纱和织布结合在一起的工厂。19世纪50年代，艾萨克·辛格（Isaac Singer，1811—1875）成功地研制了第一台在商业上很成功的缝纫机，由此促进了纺织业的发展。

美国的铁路建设从19世纪30年代持续到70年代。政府为铁路的修建提供大量土地；私人公司也资助铁路修建，有时还有来自欧洲银行家的贷款。在美国（以及后来的俄国）这种大国，铁路运输以其廉价产生了巨大影响。

美国内战（1862—1865）是第一次真正意义上的工业战争，它极大地刺激了美国北部的工业化，在军火生产方面尤其如此。内战之后，美国的武器制造商寻找海外市场。战争产生了其他一些国际性影响，例如，埃及的棉花生产在战争期间兴盛起来（取代了美国南部的棉花生产），但在战后却破产了。古巴在战争期间增加了它的棉花和烟草销售，在战后经历了商业萧条，导致国内出现一次反抗运动，这次反抗加速了西班牙帝国的崩溃。

内战之后，美国的工业化在几乎没有政府干预的情况下出现急剧增长。19世纪70年代，安德鲁·卡内基（Andrew Carnegie）引进了贝塞默的高炉炼钢技术，从而降低了钢的价格。1901年，美国钢铁公司的年度预算是美国政府预算的三倍。这种工业发展的资金大约有1/3来自英国、法国和德国；"一战"前，美国在国际上一直都是债务国。从19世纪70年代到90年代，欧洲和美国经历了严重的萧条，那时，美国的工业品供过于求，紧接着引发了多家银行倒闭。到1900年，美国已经在工业品总产量上超越了英国，美国生产的工业品几乎占世界工业品总产量的24%，而英国大约为19%。

截至1870年，除意大利南部、西班牙大部分地区以及美国南部之外，西欧大多数国家和美国都已经走上了工业化道路。在西欧和美国之外，还没有哪个国家热情地支持工业化。俄国贵族仍旧喜欢用粮食和木材换取国外的机械和工业制成品。同样，拉美地主喜欢商业而不是制造业。英国击败埃及之后，迫使埃及降低关税，从而导致埃及工业的破产。在印度，铁路是唯一繁荣起来的工业部门。在中国，英国的限制和中国传统精英的抵制，使得中国的工业化举步维艰。

日本和俄国

1870年之后情况有所改变，日本和俄国政府决定赞助工业化。他们的决定并不完全出于自愿。俄国在输掉了与法国、英国和土耳其的克里米亚战争（1853—1856）之后，不得不面对农奴制似乎与现代生活不相容的问题。在日本，美国舰队于1853年驶进东京湾，用军舰和枪炮要求日本开放港口与工业国家进行贸易。由于原材料严重不足，日本不得不想办法解决。

通过一场没有造成大规模破坏的短暂内战，日本于1868年结束了旧制度；随着15岁的年轻皇帝即明治天皇（1868—1912在位）的登基，日本很快迎来了一个新时代。日本以前没有统一的货币和国家军队；每个领主（大名）都拥有自己的军事力量（武士）、法律和收税系统。在巩固政权和废除封建制度之后，明治政府制定了一项发展计划，通过利用现代西欧提供的一切事物来改造日本；由于几乎没有资本家为发展计划投资，因此，政府提供了绝大部分资金。

一些封建贵族摇身一变，成了成功的商业领袖和一种新的工业精英。农民获得了他们的土地以及肥料和工具，农业产量不断增长。通过丝绸生产的机械化，日本丝织品比手工生产的中国丝织品更便宜。城市工人的游行示威遭到残酷镇压，他们直到1920年才获得选举权。

自然资源尤其石油的匮乏，致使日本很早就具有扩张主义倾向。1894年到1895年，日本打败中国，占领了台湾岛和朝鲜半岛；为了一试身手，与正在进行工业化的俄国进行对抗，1904年到1905年，日本打败俄国，把影响扩张到朝鲜半岛和中国东北，并且在那里搜寻本国缺乏的一些原材料。

到1900年，欧洲（包括俄国）和美国占世界工业总产值的85%，日本为2.5%。（中国超过了6%，这个数值仅仅能反映出中国领土的大小而不是工业化程度，印度不到2%。）不过，通过政府的直接政策和投资，日本在工业化的速度上成功超越了俄国或西欧，并且没有经历大规模集体动乱。同样，日本对它的权威性君主制度也进行现代化改造，从而使得它足以在工业化早期阶段保留下来。

俄国的工业化道路比较坎坷；俄国在开展工业化时，也经历了暴烈的社会和政治革命。俄国是一个根深蒂固的乡村社会，受到一种传统的贡赋型专制政府统治，俄国人直到19世纪才开始现代世界的社会和政治发展。君主或沙皇不受任何人约束。名门贵族主导着整个社会；许多贵族已经西化，法语说得比俄语还要好，尽管他们没有正式参与政治。1861年之前，大多数俄国人是农奴，被束缚在主人的地产上，任由主人宰割，他们的状况与奴隶相差无几。

在克里米亚战争（1853—1856）失败之后，沙皇亚历山大二世在1861年解放了2200万私有的俄国农奴，1866年又解放了2500万国有农奴。他的改革目标指向工业化，在缺乏私人企业家的情况下由国家指导，并且从发展铁路的计划开始。俄国政府建立银行、聘请外国工程师并制定关税以保护国内新兴工业。1892年，财政部启动了连接西伯利亚和远东的大铁路项目。到1900年，俄国在世界工业品总产量中的份额达到8.9%，超过当时的法国，俄罗斯帝国在世界所有国家中排名第四。

然而，俄罗斯帝国存在一个基本的矛盾：在寻求工业化的同时，保留了很无能的沙皇和贵族统治。沙皇专制体制内部也是矛盾重重，主要原因在于，沙皇尼古拉二世没有同工业和商业精英们紧密合作，这与日本明治天皇完全不同。19世纪末期，俄国工业工人的数量仅占俄国总人口的5%，他们每天要工作13个小时，也无法通过合法途径来表达他们的苦难。俄国在1905年日俄战争战败之后，国内就出现了暴动，莫斯科和圣彼得堡也爆发大规模工人罢工。沙皇尼古拉二世粗暴地镇压了暴动，但又被迫进行有限的政治改革，后来又食言，改革也没有带来政治稳定。结果，俄国政府不仅要处理农民和工业工人的不满，也要处理大量受过教育的精英和商业精英的不满。无能的统治在"一战"期间到达危急关头。共产党人通过1917年革命最终获得了政权。在残酷的内战之后，共产党人——他们建立了一个有纪律、有凝聚力的精英组织——开始解决一个两难问题，即在落后的俄国进行工业化（参见第12章）。

回顾一下，我们看到了**工业化的三次浪潮**。第一次浪潮开始于18世纪后期的英国。第二次浪潮开始于1820年至1840年间，工业化扩及比利时、瑞士、法国、德国和美国，一直持续到19世纪末。第三次浪潮大约开始于1870年，工业化传播到俄国和日本。19世纪开始工业化的这些国家，在20世纪都变成了强国。

11.4 政治革命：现代国家的兴起

随着工业化的进程和政府可利用的资源增多，政府的性质也发生了改变，共识性权力和强制性权力之间的平衡也出现变化。农耕文明结构让位于新的结构，这种新结构被称为**国家**或**现代国家**。工业家通过自身提供的服务，获取了足够的财富和政府发言权。较早时候，人口增长（需要更多的中央协调）把酋长体制转变成农耕文明。这一次，不断增长的人口把农耕文明变成了现代国家。早期国家的出现是为了管理早期城市；现代国家的出现是为了管理大量财富和工业经济不断增强的力量。

在现代国家，当国家的权力更直接地延伸到人民的生活之中时，臣民就变成了公民。国家权力机构——常备军，警察，官僚机构，神职人员和司法部门——的影响也在扩大。现代国家在组织公民军队方面，以普遍征兵制取代雇佣兵制。它们增加税收，调节土地用途，控制资金和贷款的供给，强迫父母送孩子接受教育。为了获得必要的忠诚，国家领导人基于共同语言和历史发展出了国家意识形态——一种想象的民族共同体。

除了管理之外，现代国家同样提供服务：基础设施、保护政策、教育机构、救济院和医疗机构。它们在管理和服务之间保持一种平衡，而且始终需要维持公民的忠诚和支持。无论是管理还是提供新的服务，现代国家都需要大幅增强它们的强制性权力（与农耕文明时期相比），同时也得到增进它们的共识性权力。

法国：第一个现代国家

在路易十六和旧制度时期，法国没有民选议会、没有中央财政，也没有管理政府收入和支出的中央会计制度。到1780年，法国政府濒临破产。

1789年，法国开始了一场社会和政治革命，它相当突然地废除了贵族权利（封建领主权）、地方特权、市政和行会垄断权以及各省体制——所有这些制度是传统贡赋国家的典型特征。法国国王在1793年被处死。卡尔·马克思在1871年把法国革命称为一把"大扫帚"，它扫除了以往的政府传统，为国民公会（the National Assembly）时期以及拿破仑和第一帝国时期现代国家的建立清除了道路。

在法国革命和第一帝国（1804—1814/1815）之后，法国政府更加直接地影响了公民的生活，不管他们是否愿意。通过重组公共管理部门，政府增强了动员人力和资源的能力。改革后的政府尽管在许多方面变得更加民主，但是，与被它取代的君主政体相比，它在很多方面也变得更加强大，这个悖论将以各种不同形式反复出现于大多数工业化社会。

拿破仑之后，法国经历了许多政权更迭（复辟的波旁王朝、"资产阶级"君主制、第二共和国、第二帝国以及第三共和国），其中一些政权试图建立自由的议会政治。然而，实权掌握在国家文职机构手中。法国存在一个独特的结合，即中央集权的、专业的官僚机构，与一些大私有财产和许多中小私有财产所有者主导的社会结合在一起。法国工业化的特征在于，政府是塑造工业化的一股主要力量，数量巨大的农民仍旧依附在土地上，因为法国还是一个农业社会，工业化的速度很缓慢。

尽管法国政府在许多方面不太一样，不过，它也体现了通常现代政府的一些重要特征。影响深远的中央官僚体制和代表大会似乎是现代国家的明确组成部分。它们背后掩盖着欧洲人意识的急剧变化，即18世纪发展起来的一种移情能力。不知何故，许多人厌恶此前几个世纪被视为理所当然的暴行，比如奴隶制、拷问以及极端严厉的刑罚。这个现象到现在还没有得到很好的理解，它也引发了很多争论。许多人逐渐以某种方式来感同身受地认识他人的感受和情感，也开始维护普遍的、平等的和自然的人权。托马斯·杰斐逊和美国大陆会议于1776年首先正式宣布了这种权利，1789年法国《人权和公民权宣言》产生了更深远影响。5年之后，法国国民公会在法国所有领土废除了奴隶制。其他国家一开始只是废除它们的奴隶贸易：丹麦于1804年、英国和美国分别于1807年和1808年废除了各自的奴隶贸易。到1842年，大西洋奴隶贸易在法律上被终结，尽管大西洋还存在奴隶走私活动，阿拉伯人和埃及人还在非洲东海岸进行公开的奴隶买卖。

其他地方的现代国家

在大多数史学家看来，法国最早建立了现代国家，部分原因在于，法国在大革命期间迅速而果断地推行了这项工作。在其他地方，旧制度以另外的方式让位于现代国家。

英国在17世纪中期开始了政治革命，英国内战爆发于1642年，由此带来了将近50年的政治动荡。英国议会现在由传统地主和资产阶级性质的地主构成，他们限制君权，利用政府权力来推进自己的商业利益。议会与地方政府联系在一起，后者仍然控制着大多数地方行政。因此，英国比法国早一个世纪建立了行使职权的代议制议会，但是，它的中央行政机器是缓慢发展起来的。

美国革命早于并且推动了法国革命，因为从美洲战场归国的法国士兵满脑子都是自由观念；因为法国政府出于对宿敌英国的敌视，也支持美国独立，致使法国濒临破产。美国革命与法国革命很不一样，前者的动力在于殖民地与遥远宗主国之间的紧张关系，后者是因为国内尖锐的社会矛盾。美国人不需要推翻中世纪制度，不过，由于他们人口稀少，中央官僚制度的发展十分缓慢。

德意志地区在1848年成立了一个议会（*Landtag*），但是君主依旧存在。1871年，奥托·冯·俾斯麦（Otto von Bismarck，1815—1898）成功地统一了德意志各邦国，对民选代表不屑一顾。他操纵舆论来加强国王权力，同时发展了一种现代行政体制。尽管反对社会民主党，但是为了保持工人阶级的忠诚，俾斯麦于19世纪80年代中期颁布了早期的社会立法，向工人提供意外和伤残保险以及养老金。

到1914年，现代国家逐渐重塑了世界上许多国家的政治。甚至阿富汗也开始人口普查，许多国家至少试着征收直接所得税，而不是采用比较陈旧的评估和土地税。民众期待某种回报；例如，国家初级和中级教育的思想在许多地方扎下根来，即便大多数农业工人没有能力送他们的孩子正常入学。

11.5　两个世界的出现——发达世界和发展中世界

我们已经考察了工业革命在英国的起源及其在西欧大部分地区、俄国和日本的传播。其他地方发生了什么呢？工业化国家证明了它们在经济、政治和军事上的强大无比。因此，在19世纪，世界其他地区的大多数民众必须应付新兴的工业化社会，换言之，必须应付美国、欧洲和日本的**帝国主义**——这个术语用来描述工业强国的扩张以及它们对非洲、拉美和亚洲社会的征服和殖民。1800年，欧洲人占领或控制了世界陆地面积的35%；1878年，这一数据上升到67%，1914年超过84%。如果把欧洲人在16世纪和17世纪对美洲的占领算作欧洲征服的第一次浪潮，那么19世纪就是第二次浪潮。

英国是第一个工业化国家，它是19世纪殖民征服的急先锋，到19世纪末，英国成为世界历史上领土未连成一片的最大帝国。英国对其他一些地区——比如中国和奥斯曼帝国——没有进行直接统治，却对它们产生了巨大影响。在另外一些殖民地，比如印度、东南亚以及非洲国家，英国承担了直接控制的费用和风险。在英国和其他工业国家的工业和军事力量面前，各地民众采取了不同反应，他们不是简单的消极受害者或受益者，而是有着自身议程以及反抗或和解方式。

到19世纪末,世界上最富裕国家与最贫穷国家之间的差距变得非常巨大。在前工业化时代,即使一个地区的不同阶级之间存在显著差异,各地的财富差别却并不明显。一些社会的收入是其他社会的三倍到四倍。工业革命之后,世界上最富裕地区和最贫穷地区之间的收入差异为50∶1。尤其引人注目的是中国和印度,1750年,这两个国家引领着世界的经济生产,到1900年,它们是世界上最不发达和最贫穷的地区。西方的兴起颠倒了(或许只是暂时的)一些史学家眼中看似长期的、把世界上大部分财富汇聚到亚洲的历史趋势。

在这部分内容中,我们会简洁地考察一些国家如何成为英国和其他工业国家的正式或非正式殖民地,探究欧洲人在这种进程中的自我认识,并且对欧洲的征服以及发达国家和发展中国家不断拉大的差距做出合理解释。

正式和非正式的殖民地

16世纪10年代中期,印度在政治上得以统一,当时,一个伊斯兰化的突厥部族,即莫卧儿人征服了印度大部分地区。当莫卧儿帝国衰落之时,印度在18世纪10年代中期再次陷入分裂状态。1600年成立的英属东印度公司于1765年在孟加拉取得了征收土地税的权力,这足以让它建立一支军队。到19世纪10年代中期,东印度公司控制了印度大部分土地,并且常常得到地方王公的支持。英国的殖民地行政官员允许比较廉价的英国纺织品进入,这样一来,这些产品涌入印度市场,破坏了印度传统的纺织品生产。许多印度人不是出口制成品,而是转向农业和出口农业经济作物,比如靛青、甘蔗、棉花以及制作鸦片的罂粟。印度成为美国社会学家伊曼纽尔·沃勒斯坦的世界体系理论的典型例子:在这种体系中,工业化国家迫使其他国家成为它的依附者,为它提供比工业制成品更廉价的原料(参见第8章)。"自由贸易"成为英国的计划,因为在19世纪30年代,它在工业品生产上超过了任何一个国家,并能够迫使其他国家进行原料生产。英国从印度鸦片——主要销往中国——获得的利润如此丰厚,以至于世界贸易结构被颠倒过来;白银开始从中国流向英国,而之前几个世纪白银一直以相反的方向流动。

以现代土耳其为核心的奥斯曼帝国横亘在印度和欧洲之间。1258年,蒙古人摧毁了巴格达,终结了伊斯兰世界此前的统治力量,即阿拔斯王朝,奥斯曼帝国趁机崛起。(其他地区兴起了另外两个穆斯林帝国,即印度莫卧儿帝国和波斯萨法维王朝。)我们在第10章已经讨论过,在1453年夺取君士坦丁堡之后,奥斯曼土耳其人就可以阻断欧洲人前往东地中海和黑海的通道,以及通往中国和印度洋的贸易路线。土耳其人在地中海周围大肆扩张,疆域囊括了从埃及到阿尔及利亚的地中海南部沿海地区。奥斯曼帝国是一种农业文明,主要依靠多产的农业经济(它能够创造剩余以供统治者征税)。奥斯曼土耳其人通过一种官僚机构——它由派驻各地的、向皇帝负责的官员组成——来进行统治。

奥斯曼帝国逐渐衰落。通过寻找通往中国、印度和印尼的新航道，欧洲人绕开了君士坦丁堡，到19世纪40年代，他们已经乘坐汽船来到这些地区。奥斯曼帝国中央政府威信扫地，省督和地方军事领袖的权力增大。19世纪20年代，法国夺取了阿尔及利亚，1869年开通了苏伊士运河，欧洲人由此可以更迅速地进入亚洲市场。19世纪70年代，英国获得运河控制权，1882年占领埃及。"一战"期间，奥斯曼帝国加入德国和奥匈帝国阵营，后来被打败。战后，战胜国英国、法国、俄国、塞尔维亚以及美国分解了这个庞大的地中海帝国。

在中国，人口增长迅速，从17世纪中期到19世纪中期，中国人口增加了三倍多，原因在于，从美洲引入的作物——玉米、甘薯、马铃薯和花生——提高了农业产量。由于不存在吸收额外工人的工业化，因此，中国人发展了更集约化的农业来养活不断增加的人口。中国早就种植棉花并且为其民众生产棉衣，同时出口丝绸、瓷器和茶叶。

英国根本没有中国人想要的东西，白银除外，因为中国需要白银铸币，从而为其经济提供通货。到1800年，英国已经向中国输送了大量白银；英国纺织工人和煤矿工人将他们收入的5%花费在中国茶叶上（以银币购买茶叶），而白银则来自英国人的奴隶贸易，即把从非洲抓来的奴隶卖给美洲的西班牙殖民者。在英国废除奴隶贸易之后，它就需要以其他方式来补偿对中国的进口；于是，英国无视中国政府的禁令，开始向中国人销售在印度种植的鸦片。在维多利亚女王统治后期，英国人进行大规模走私活动；在19世纪最后25年，英国在维持世界经济体系免于崩溃方面，扮演了一个重要角色。

到19世纪30年代，英国人建造了一艘铁甲炮舰，即复仇女神号（the Nemesis），用于战争以及从海上进入亚洲的内河。在这艘战舰的帮助下，英国人赢得了两次所谓的鸦片战争（1839—1842，1856—1858），迫使中国为鸦片开放口岸。到19世纪晚期，中国大约有10%的人口成为吸食鸦片的常客，可能有4000万人吸食成瘾。（这些都是粗略估计。）到19世纪末20世纪初，中国正在消费世界鸦片供应总量的95%。

同时，中国政府也衰落了。尽管中国人口在不到200年时间增长了三倍多，不过，它的官僚机构并没有扩大。一场广泛的农民运动即太平天国起义从1850年持续到1864年，将近2000万人因此丧生。1873年到1896年间，国际贸易体系也出现衰退（价格在英国下降了40%），不过，正如前面所说的，鸦片贸易可能阻止了这个体系的崩溃。1899年到1901年间，中国又爆发了另一场农民运动，即义和团运动，在西方列强和日本的帮助下，这场运动被镇压。1911年，中国的帝国政府瓦解。

到1800年早期，美国人通过在土耳其种植的鸦片，也参与到鸦片贸易中。史学家罗伯特·马克斯（Robert Marks）声称："鸦片贸易的利润为东海岸的著名大学补充了捐款，点缀了波士顿皮博迪家族（以及皮博迪博物馆）和纽约罗斯福家族的财富，为亚历山大·格拉汉姆·贝尔的电话研制提供了资金。"[①]

[①] Robert B. Marks, *The Origins of the Modern World: A Global and Ecological Narrative*, 2nd ed. (Lanham, MD: Rowman &Littlefield, 2002): 127–128.

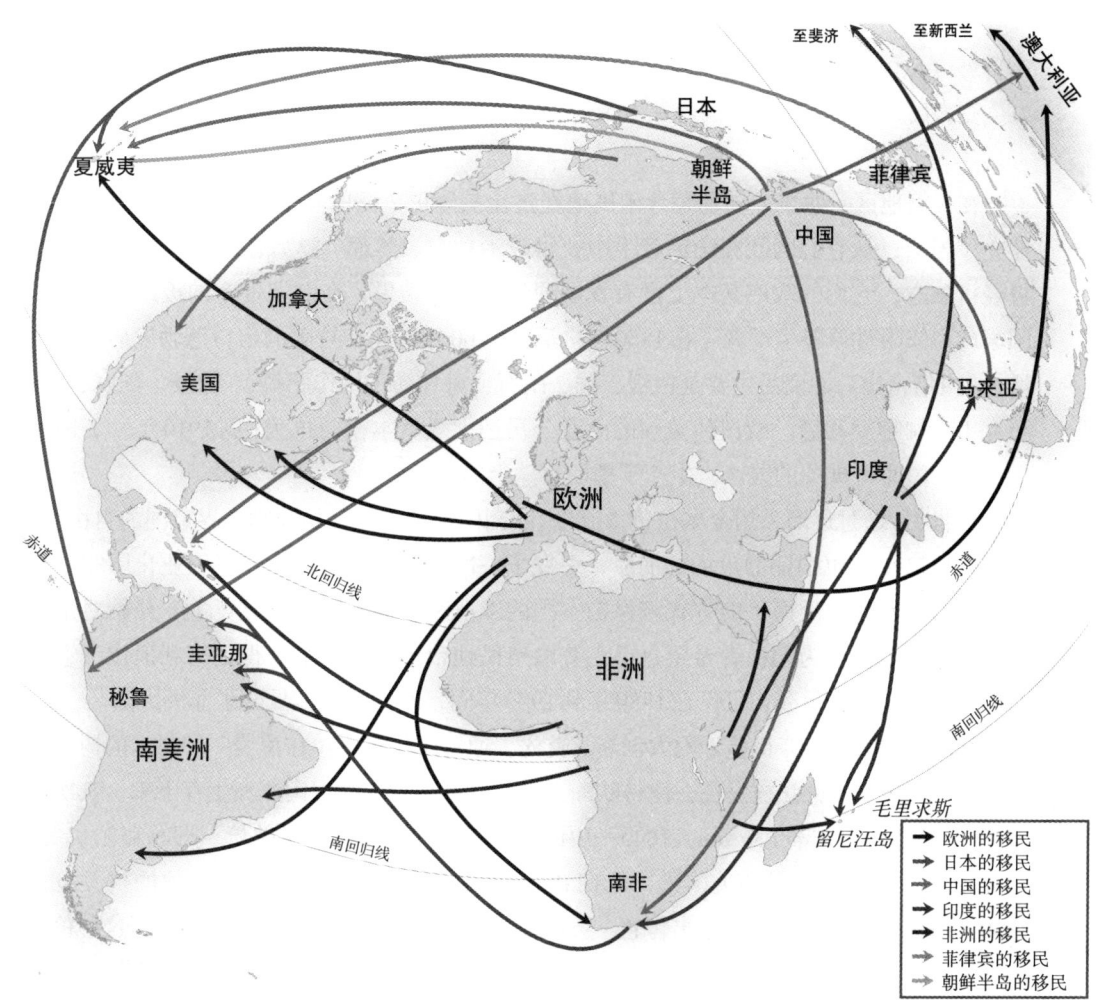

地图11.2　帝国主义和移民，19世纪和20世纪早期。 来自英国的主要移民促进了世界各地温带地区移居殖民地的人口增长，特别是加拿大、澳大利亚、新西兰和南非地区

在整个19世纪，英国本土没有发生重大的社会动乱，部分原因在于英国向海外的大量移民活动，这些移民促进了世界各地温带地区的移居殖民地或新欧洲的人口增长，特别是加拿大、澳大利亚、新西兰和南非地区。英国人向美国的移民是这些移民活动的组成部分；美国成为英国首要的投资对象，而美国的中西部变成了欧洲的粮仓。英国通过资本投资和有利的贸易条约大力支持这些地区，因此，大多数英国移民都获得了成功（参见地图11.2）。

塞西尔·罗兹（Cecil Rhodes，1853—1902）是英国一位众所周知的帝国主义者，他认为，通过为英国殖民者提供新土地，他正在帮助英国阻止一场内战。塞西尔控制着南非钻石业，为英国夺取了大片土地（后来的赞比亚和津巴布韦）。在参加了伦敦失业工人的一次集会之后，他在致朋友的一封信中写道：

> 为了挽救4000万英国居民免遭内战的蹂躏，殖民政治家必须开发新土地来接收过剩的人口，为矿产和工业品创造新的市场……英帝国是面包和黄油问题。如果你想避免内战，那么，你就得成为一名帝国主义者。[1]

在拉美地区，西班牙和葡萄牙殖民地经过比美国更广泛的斗争，在1810年到1825年间建立了国家，从它们的欧洲统治者手中获得政治独立。然而，这些新兴南美国家并没有获得经济独立，它们的政府基本上没有发展现代工业，结果，在欧洲资金的援助下，大多数国家成为依附性原料生产者。在1850年之后大约60年时间，拉美的出口蓬勃发展，差不多增长了9倍，出口的商品主要是白银、铜、硝石、海鸟粪（用作肥料）、橡胶、剑麻、香蕉、巧克力、咖啡豆和糖。欧洲和美国的商业公司把大量资本投向拉美；到1910年，美国企业界控制了墨西哥90%的财产，生产了墨西哥一半的石油。

19世纪，通过逐渐采用金本位货币制度，欧洲国家和美国开始鼓励世界范围的自由贸易。然而，1873年维也纳证券市场的崩溃，引发了一次全欧洲的萧条。许多工业化国家以建立关税（自由贸易的反面）的方式来保护本国的工业和产品。它们彼此竞争，开始对殖民地实施直接统治，因为殖民者希望自己在获取殖民地市场和原料上获得更有利地位。它们对非洲的殖民地展开争夺，仅仅在1880年到1900年间，欧洲国家就瓜分了非洲大陆。

欧洲对非洲的争夺得益于两大创新。首先，通过服用奎宁（在南美一种树木的树皮中找到的）预防疟疾的方法被发现，使得欧洲人可以在撒哈拉沙漠以南非洲生存下来。其次就是海勒姆·马克沁（Hiram Maxim，1840—1916）发明的一种可靠的机关枪，即马克沁机关枪。马克沁是一位移居英国的美国人，他在19世纪80年代中期向外界展示了他的机关枪，到1890年时，他向其他欧洲国家出售它。英国人一开始在印度、然后在非洲使用了这种枪，在非洲进行的一场5小时的战斗中，英国人以损失20名士兵的代价射杀了11000名苏丹士兵。

到1900年，英国、法国、德国和比利时瓜分了非洲大部分地区，葡萄牙继续占据它17世纪在安哥拉的殖民地。英国独自控制非洲约60%的土地。埃塞俄比亚击败了欧洲最弱的国家意大利，它与利比里亚成为保持独立的两个非洲国家（参见地图11.3）。

在瓜分非洲之后，欧洲最终把世界分成两大阵营：工业的发达世界与非工业的发展中世界。让大西洋两岸的国家变得富足的工业进程，摧毁了世界其他大部分地区的经济。这些非工业国家在1750年几乎占据世界制造业总产量的75%，但是到1900年，只占到11%（参见表11.2）。

欧洲的议会在多大程度上倡导帝国主义呢？统治者就殖民地的必要性和帝国主义的代价展开了辩论，不过，政府还有其他许多考量——社会冲突、军事准备以及它们之间的预算平衡。通常的情况是，塞西尔·罗兹之类的帝国主义者采取行动，议会随之认可他们的所作所为。

---

[1] Robert W. Strayer, *Ways of the World: A Brief Global History*, vol. 2 (Boston and New York: Bedford/St. Martin's, 2009): 562.

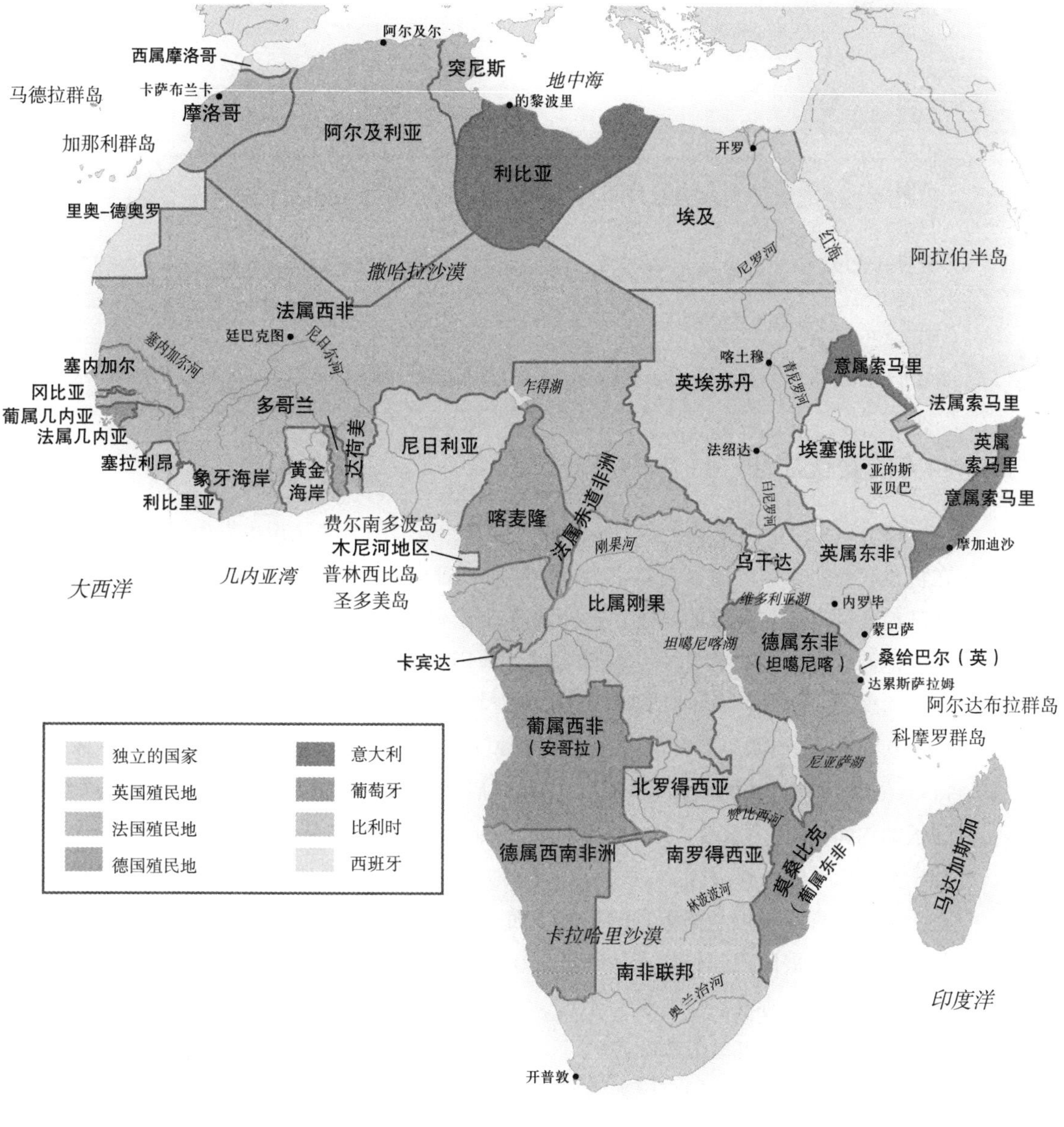

地图 11.3 非洲的帝国主义，大约 1914 年。到 1914 年，非洲几乎完全被欧洲列强所控制

表11.2　各地区在世界制造业总产量中的份额（百分比）

	1750年	1800年	1860年	1900年
整个欧洲	23.2%	28.1%	53.2%	62.0%
英国	1.9	4.3	19.9	18.5
法国	4.0	4.2	7.9	6.8
德国	2.9	3.5	4.9	13.2
俄国	5.0	5.6	7.0	8.8
美国	0.1	0.8	7.2	23.6
日本	3.8	3.5	2.6	2.4
世界其他地区	73.0	67.7	36.6	11.0
中国	32.8	33.3	19.7	6.2
印度/巴基斯坦	24.5	19.7	8.6	1.7

资料来自于 Robert Straye, *Ways of the World: A Brief Global History*, vol. 2, (Boston:Bedford/St. Martin's, 2009), 548

西方的安抚思想

随着欧洲人的力量和生产力在国内外提升，他们的自我认识也发生了引人注目的改变。在积累起前所未闻的财富和军事力量的同时，难道他们不是在揭开自然之谜吗？他们以牺牲其他地区来增加自己的财富，这种做法难道不是在效仿过去国家的行径吗？根据这些标准，他们认定其他民族和文化是低劣的，他们傲慢地认为自己高人一等。在许多场合下，这种信念进一步强化了他们早就怀有的基督教优越性的观点。

欧洲人开始以科学术语表达他们的种族主义思想。1735年，瑞典人卡尔·林奈（Carl Linnaeus）对动植物做出基本分类，由此开启了人种的分类。到18世纪末，德意志地区哥廷根的约翰·布卢门巴赫（Johann Blumenbach）经由头骨测量命名了五个人种，他认为，高加索人是最早的人类，其他人种都起源于高加索人。后来，一些解释认为,肤色较黑的"人种"更接近黑猩猩——可是黑猩猩的毛发下面是浅色的皮肤，大家记得吗？——白人才是最后的、高级的发展阶段。科学家从来没有在"人种"的数量上达成一致，20世纪中期，他们承认这种分类不存在科学根据。不过，在近半个世纪时间，许多欧洲人认为，种族主义思想不但是科学的，也是很常见的。

许多欧洲人——他们忘记了亚洲和地中海地区的社会对世界历史的长久主宰——认为，他们的种族和文明是优越的，一些人觉得自己对"软弱民族"负有一种责任，有必要去教化"劣等民族"。另一些人把达尔文的"适者生存"的观点应用到社会，由此断定，欧洲人取代或毁灭落后民族或"不适应的民族"是天经地义的。

20世纪所谓的社会达尔文主义是指一种假说，它认为，个人在社会中的起伏取决于他的优势和弱点，整个社会可以被视为大体上合适的（参见第12章）。当达尔文第一次提出他的进化论时，正值英国和欧洲工业革命的快速发展期。一些个人迅速崛起，比如达尔文的外祖父乔塞亚·韦奇伍德，他最初只是一名陶工学徒，后来拥有了巨额财富。在这种背景下，人们自然会认为，一些个人和社会在生物学上更适应。

到目前为止，十分明显的是，欧洲国家的殖民政策完全与其本土核心价值和实践活动相冲突。英国和法国国内变得更加民主，越来越多的男性公民参与政治，但是，它们对各自殖民地的管理——这已经违背了它们的民族独立信仰——呈现为一种独裁形式。它们并没有在殖民地鼓励自己在本土所享有的那种现代化，因为害怕那种做法会扰乱殖民统治。这些突出的矛盾将在20世纪加速破坏欧洲殖民统治的基础。

阐释帝国主义和两个世界

当我们回顾欧洲工业革命和世界征服的大图景时，我们会试着解释人类生活中短短两个世纪时间出现的巨大变化。基本的因素似乎是煤炭在新规模上的燃烧；当这种额外的能源——超出了太阳每天提供的能量——与机器结合在一起时，其他所有的一切都随之出现。这种额外的煤炭能源不断流入各种人类体系之中，从而导致了一个漩涡，一个改变世界的工业化漩涡。

一旦煤炭被当作基本因素之后，我们就可以在现代时期观察到一系列影响和这一时期具备的所有全新的突现属性。工业化的生产力创造了对新材料和农产品的需求，就像它创造了对新市场和新投资场所的需求一样。欧洲的人口增长极具爆炸性，数百万人移居世界其他地区，从而避免了国内反叛或残酷的镇压，并且有效地把工业化国家的问题输出到不太发达地区。欧洲的边界得到巩固，现代国家机器出现，它们彼此为了贸易和殖民地展开争夺。这次竞争的动力来自新的、种族主义的自我概念以及强大而可用的新技术——奎宁、铁路、以蒸汽为动力的炮舰、机关枪和其他机器。

另一个因素也塑造了工业化国家的帝国主义，那就是19世纪晚期的气候变化。19世纪70年代晚期开始，在全世界的赤道和近赤道地区发生了三次大旱。在每次干旱的几年时间里，印度和东非并没有迎来季风雨，巴西西北部和中国北方也没有降雨。南美西部海域的海流变化（被称为厄尔尼诺现象）可能是这些降雨变化发生的原因。工业帝国主义导致的社会、经济破坏，进一步放大了消极后果。3000万到6000万人死亡，上述地区的国民产值下降严重，满目疮痍的国家陷入欠发达泥淖。

史学家不断就现代工业化的根本原因提出各种新假说。最近，丹尼尔·斯梅尔（Daniel Smail）提出了一个假说，他认为，这些发展的根本原因，在于人类渴望改变他们身体的化学成分以引起更美好的情绪。在斯梅尔看来，现代社会的一个基本方面，就是世界各地越来越多的改变情绪的实践活动——烟草、茶、咖啡、糖、可可、古柯、鸦片以及大麻。毫无疑问，在找到通往美洲和印度群岛的海道之后，欧洲人遭遇了新型"软"毒品的入侵，包括烟草、糖、巧克力、茶和咖啡，它们已经成为大众市场上的商品。现在有大量改变情绪的物品供人类挑选，这在历史上还是第一次发生；在此之前，每个社会大体上只有这类物品中的一件。在斯梅尔看来，即便购物也会诱发减少压力的神经递质（neurotransmitters），而改变个人自身的化学成分的欲望是现代消费社会的核心。历史的解释在不断变化。今天看起来很怪异的事物，或许未来会大行其道。

11.6 工业革命的其他影响

不管工业革命带来的其他影响是什么，世界总人口的增长速度超过了人类历史上以往任何时代，从1700年6.1亿增加到1900年16亿，在短短200年时间里增长了两倍。人口的这种惊人增长，很大程度上要归因于饮食营养价值（全球动植物交换让饮食变得更丰富）的增加，另一部分原因在于免疫力的分享，这样一来，淋巴腺鼠疫这类疾病在世界大部分地区不再具有那么大的破坏性。

史学家很难对工业革命做出清晰的分析，因为我们仍然生活在工业革命进程中，根本不知道结果会怎样。我们可能迈向全球范围的工业化，也可能走到不可持续发展时代的边缘。不清楚结果就很难评估影响。在后面两部分内容中，我们将先后考察20世纪之前工业革命在工业国家（英国、北欧大部分地区、美国、俄国和日本）及它们的殖民地（即非工业国家）产生的社会、性别和环境影响。

工业革命对工业化国家产生的影响

前文对工业革命的描述，强调了它的政治和经济层面：要赚取的金钱、资本家和中产阶级日益增强的力量、与世界新地区的联系和贸易。这部分内容将关注工业国家的社会和性别问题以及环境影响。

社会问题

不管在哪里发生，工业革命都会引起社会生活的巨大转变。这种转变的标志为：工厂代替农场和田野、时钟代替季节、小家庭代替大家庭、变化代替稳定性。与以往不同，许多人在其一生之中都能够感受到这种社会和技术变革。

工业化的衡量标准之一，就是城市人口的比例。仅仅从1821年到1831年十年时间，英格兰的工厂中心，比如利兹、伯明翰和谢菲尔德的人口就增加了40%。到1899年，伦敦成为世界最大城市，人口从1801年100万增长到600多万。1850年，整个英格兰有50%的人口生活在城市，德国城市人口达到相同水平是在1900年，美国是在1920年，日本是在1930年。

工业化对工业化国家的民众产生的影响，并不完全一样。在英国，相对于商业企业家、制造商和银行家来说，土地贵族阶级衰落了，不过，到19世纪中期，几千个家族仍然控制一半可耕土地，这些土地通常被租赁给佃农。中产阶级从工业化中获得的好处最多，《1832年改革法案》颁布之后，许多中产阶级男性获得了选举权。工人阶级因工业化而遭受最多的苦难，但所得却是最少的，1830年之前的早期阶段尤其如此，那时，他们生活的城市环境烟雾弥漫、拥挤不堪、卫生条件差、用水匮乏、单调乏味，并且受到严密监视，工作稍有懈怠就会被克扣工资。没有养老金，一旦涌入城市之后，也不再有一小块可耕种的土地（参见图11.5）。

查尔斯·狄更斯（1812—1870）的畅销小说十分形象地刻画了英国的上述状况，通过作品创造的一系列人物，狄更斯描述了工业化带来的令人心碎的代价，这类作品包括：《雾都孤儿》（1837—1839）、《圣诞颂歌》（1843年）、《大卫·科波菲尔》（1848—1850）和《艰难时世》（1854年）。狄更斯的写作源于个人经历：在12岁时，父亲因债务问题入狱，狄更斯只得去工作，他一度作为童工为盒子贴标签。

图11.5 怀特查珀尔的温特沃斯街，伦敦。法国插图画家古斯塔夫·多尔绘制的这幅素描，展现了工业化早期以及19世纪大部分时间伦敦的城市贫困和过度拥挤特征

因工业革命而遭受苦难的一些人实施抵制和反抗。雇主想尽各种办法来充分使用昂贵的机器；一些纺织厂每天开工16个小时，星期六也不例外。1810年到1820年间，在从伯明翰开始的一系列骚乱中，英格兰手工工人打砸和破坏纺织机器。他们被称为卢德派，这个名字取自一位虚构的领袖，即内德·卢德，据说他的办公室位于舍伍德森林（Sherwood Forest），这位传奇的罗宾汉式人物就是在那里代表穷人打击富人。卢德派希望取缔机器的使用，但是他们最终失败了。

还有其他许多人反对工业化。英格兰浪漫派诗人威廉·华兹华斯（William Wordsworth）和威廉·布莱克（William Blake）认为，工厂的黑烟是对"绿意盎然和快乐的"英格兰的侵蚀。苏格兰资本家罗伯特·欧文（Robert Owen，1771—1858）以人道的环境经营着他的新拉纳克纺织厂，修建了社区建筑、一所幼儿学校和一家综合商店。欧文被视为社会主义和合作运动的奠基人。

新的资本主义生产方式面临的最长期挑战,不是来自暴乱,而是来自卡尔·马克思(1818—1883)及其终生合作者弗里德里希·恩格斯(1820—1895)的笔头。他们两人都来自德意志地区(普鲁士)。马克思的祖父和外祖父都是拉比(rabbi),父亲为了保持律师工作而皈依新教,恩格斯的父亲与其他人共同经营曼彻斯特一家纺织厂。恩格斯年轻的时候在那里工作,亲眼目睹了工厂的恐怖环境。1844年,24岁的恩格斯出版了《英国工人阶级状况》。同一年,恩格斯在巴黎遇见了马克思,四年之后,也就是1848年2月21日,他们发表《共产党宣言》,在书中向欧洲资本家提出了新的挑战:

> 一个幽灵,共产主义的幽灵,在欧洲大陆徘徊……至今一切社会的历史都是阶级斗争的历史……我们的时代……有一个特点:它使阶级对立简单化了。整个社会日益分裂为两大敌对的阵营,分裂为两大相互直接对立的阶级,资产阶级〔资本家阶级〕和无产阶级〔工人阶级〕……资产阶级……首先生产的是它自身的掘墓人。资产阶级的灭亡和无产阶级的胜利同样是不可避免的。①

在这本小册子中,马克思和恩格斯陈述了他们的基本思想。他们认为,阶级矛盾推动了历史变化过程,社会永远不会把它的财富分给工人,阻碍因素在于财产私有、竞争和阶级对立。这意味着,贫富之间的差距会不断扩大,直到发生一场革命。因此,他们断言,资本主义注定会灭亡,共产主义会随之出现,在共产主义制度下,工业技术所创造的财富将为所有人分享,穷人和富人之间具有历史意义的斗争也会终结。

《共产党宣言》发表第二天,巴黎就爆发了游行示威和骚乱。两天之后,法国国王路易·菲利普退位。法国人制定了一部新宪法,法国再次成为一个共和国。

在1848年的几个月里,马克思和恩格斯的预言似乎正在变成现实。在工人群众的反抗下,意大利各邦国、哈布斯堡帝国以及瑞士的政府纷纷瓦解。起义威胁到了西班牙和丹麦的现有政权,震撼了爱尔兰、希腊和英国。起义的根本原因复杂多样。民族主义激励了德意志人,意大利人寻求政治统一,哈布斯堡帝国的各民族渴望自治。自由主义政治家要求颁布限制君主和废除封建权力的宪法(从而建立现代国家)、选举改革以及(在法国)工作权保证。经济状况加剧了社会苦难——马铃薯出现了枯萎病、1846年西欧谷物歉收、19世纪40年代早期蓬勃发展的铁路建设到1847年也一蹶不振。食物价格和失业率上升。

"1848年革命"被彻底击败了。君主政体得以恢复,因为中产阶级和财产所有者感受到了威胁,他们支持对起义的镇压,士兵仍然忠于俄国沙皇、奥地利帝国的皇帝和拿破仑·波拿巴的侄儿,即路易·拿破仑·波拿巴——他在那一年当选为总统,不过,他很快宣布自己为拿破仑三世皇帝。君主与财产所有者和商业巨头达成妥协,革命者的一些目标大约20年后才实现——德意志和意大利的统一、法国的第三共和国。马克思和恩格斯的思想为后来的一些政

---

① Karl Marx and Friedrich Engels, *The Communist Manifesto* (New York: Washington Square Press, 1964), 57-59, 78-79.

党（比如社会民主党）提供了灵感，它们最终会激发20世纪的共产主义运动。

移民为欧洲的一些穷人提供了一个逃生出口。汽船和铁路诱发了一波巨大的殖民潮，欧洲移民主要前往美国、加拿大、阿根廷、巴西以及澳大利亚和新西兰（参见地图11.2）。这些移民减轻了本国政府的压力，巩固了世界各地的新欧洲。同时，这些移民对他们定居地的土著居民和动物产生了灾难性影响（参见环境问题，第380页）。

与此同时，欧洲的政府制定了新的政治和社会法律，它们最终促使这些政府转变成民主政体，减少了马克思所认为的会引发革命的一些张力。工人的工会合法化，劳动法开始调节工作环境和工资，童工法防止对孩童的滥用，选举权逐渐扩大，或许最重要的，就是公共小学教育变成了义务教育。

美国先后制定了一系列法律来确定最低工资、限制童工和女工的使用、控制工作时间、规范公共卫生以及规定小学义务教育。不过，这些法律是在各州而不是国家层面通过的，各州之间差异很大。1859年，马萨诸塞州通过了第一个义务教育法案。

在俄国和日本，绝对君主统治下的社会立法非常有限。1906年之前，俄国没有议会，也没有代议制政府；1861年之前，60%的人口是农奴。1897年之前，工厂中13小时工作制很常见。日本变成了工业国家，但是没有改变它那种传统的寡头式和绝对主义政治结构。在1883年到1884年间，攻击政府机构的反抗活动达到高潮，但是，镇压法令摧毁了处于萌芽状态的劳工运动。直到"一战"之后，日本才实现选举权的扩大和工会的合法化。

性别问题

工业化在多大程度上降低了性别不平等呢？这个问题没有一个简单的答案，因为存在多种形式的性别不平等，它们的重要性随时间流逝而发生变化。

在农场和手工作坊，至少从理论上来说，妇女过去通常依附于男性，不过，在实践上，两性常常是相对平等的。随着一些妇女在工业化进程中上升为中产阶级，她们也就成了家庭主妇，与男子分离开来，主要任务就是把家打造成远离资本主义残酷竞争的宁静港湾。她们成为道德和善行的核心，也是消费的管理者。然而，到19世纪后期，一些中产阶级妇女开始想方设法摆脱封闭而刻板的家务劳动，投身于教学、神职和医护工作。这样一来，她们就承受了双倍的工作负担，但是，与男性相比，她们在相同职位上的报酬更低、升迁机会更少。

在欧洲工人阶级当中，有许多女孩和年轻妇女在工厂工作或成为女佣。一旦结婚后，她们就离开了有薪工作，不过，她们常常通过提供食宿、洗衣或缝纫工作来补贴家用。

在日本，早期工业化的结果被证明是有害的，它们是日本从武士社会向中央集权的工业国家转变的组成部分。许多乡村农民家庭陷入贫困、被迫杀婴、卖掉女儿以及面临饥饿的威胁。许多城市纺织工人是来自农村的妇女，她们忍受着可怕的环境，通常在身患绝症时被解雇。

随着时间推移，工业化提高了男人和女人的生活水平，因为可支配资源的增长速度超过了人口增长速度。在欧洲，早期的苦难到19世纪中期已经有所减少。当孩童变成开支而不是资产时，生育率也开始下降，这对妇女有好处。当其他国家进行工业化时，它们也经历了相似的过程。

环境问题

作为工业世界的首都，伦敦典型地体现了工业革命带来的环境影响。在19世纪，大伦敦地区的人口增长了三倍。工人上班乘坐由三匹马拉的公共马车。每匹马每年排出的粪便为2700~3600公斤。1859年开始修建的第一条地铁解决了这个问题。

伦敦的污水直接排入泰晤士河，但是，大潮又让污水倒流回来，潮水退后，垃圾留在淤泥中，恶臭难闻。1858年是伦敦的"奇臭年"，国会被迫休会一个星期。1832年、1848年和1865年，饮用水中的排泄物引起了霍乱。到1891年，伦敦改善了城市下水道和供水系统，从而避免了另一次席卷欧洲大陆的霍乱疾病。

伦敦的每个家庭都使用多个壁炉取暖，到1880年，大约有350万个壁炉在燃烧煤炭，此外还有工厂冒出来的黑烟。伦敦为烟雾笼罩；有一年的12月份，死亡率达到正常水平的220%。雨水夹杂烟尘落在树木和灌木上，把它们变成了黑色。

工业革命在殖民地的影响

19世纪发生于欧洲、美国、俄国和日本的工业化，也深刻地影响了世界其他地区。在19世纪，汽船、铁路和电报已经开始建构20世纪的全球体系。没有工业化的国家成为工业国家的原料生产者。

社会问题

工业国家需要廉价原料，因此，它们鼓励或者迫使它们的殖民地开采矿产、生产用来销售的经济作物，而不是提高它们传统的、各种各样的口粮作物的产量。所需矿产包括金、银、铜、锡和钻石；所需经济作物包括更多的咖啡、茶叶、糖、棉花、可可、花生、棕榈油、热带水果、橡胶以及大麻。种植这些作物导致土地的重新分配、地方性饥荒和森林砍伐以腾出土地耕作（参见环境问题，第380页）。欧洲人资助的大种植园发展起来，远道而来的穷困工人在那里种植甘蔗、橡胶、茶叶、烟草和大麻，这些人染上疾病的概率是殖民地发病率的两倍。

随着欧洲人直接或间接接管殖民地，暴力在征服期间和征服之后成为一个显著特征。不过，也存在合作，因为欧洲人不得不依靠当地精英作为中间人来贯彻执行政府的职能。印度王公、非洲酋长和穆斯林埃米尔设法保留他们的地位和特权，由此也强化了传统的阶级结构。

通过政府职员、传教士以及志愿者的工作，欧洲人也带来了他们的价值体系。政府和教会学校为当地人提供了机会，他们由此可以接受西方教育，以及在政府、传教机构和商业公司获得薪酬更好的工作。在19世纪，罗马天主教和新教传道工作有了显著增长。英格兰废除奴隶制的运动一开始激发了西非的传教活动，然后扩展到整个英帝国。1815年之后，罗马天主教恢复了在法国的传教活动，1850年之后，天主教传教士力图保护亚马孙流域的土著民。到1910年，涌入非洲的传教士超过了1万名。

然而，在欧洲人试图激发殖民地教育时，他们也因为种族恐惧而限制它。在东非，欧洲人往往称呼非洲男子为"男孩"。他们甚至不允许哪怕受过高等教育的亚洲人和非洲人担任殖民地行政机构的高级职务。在具有永久性白人定居点的地区，比如南非，欧洲人确立了严格的种族隔离制度，他们建立了单独的"家园"、公共设施以及教育和居住区。在印度，英国人强化了传统的种姓制度，轻蔑地将那些在欧洲受过教育的印度新兴精英阶层称为"非印度人"，并认为这是更平等的看法。

许多殖民地民众拒绝与殖民者合作，有时候也爆发公开的反抗。其中最著名的反抗是印度民族大起义（1857—1858）和中国的两次起义，即前面提到的太平天国起义（1850—1864）和义和团运动（1899—1901）。

印度大起义（英国人称之为印度兵变）的导火索是英国人使用了涂有牛油和猪油作为润滑剂的新子弹。孟加拉的印度军队率先哗变，起义很快传播到其他地区和社会阶层。英国政府摧毁了起义，然后直接控制印度，从而结束了英国东印度公司对印度的统治。

非工业世界也出现了移民活动，它们在规模和时机上非常类似于跨大西洋移民活动。印度和中国南部的许多人移居东南亚、环印度洋地区以及南太平洋地区。许多人从东北亚和俄国前往中国东北、西伯利亚（俄国——编者注）、中亚和日本。19世纪20年代以来，远距离的和跨洋的移民活动逐渐增加，在铁路和汽船发展的刺激下，这种活动在19世纪最后25年显著增长。非欧洲人和欧洲人同样深深卷入到世界经济扩张和一体化进程中（参见地图11.2）。

性别问题

欧洲人与他们殖民地民众的接触，让人们意识到了不同的性别标准和期待，由此导致更多的张力、对标准的修改和（或）对这种修改的抵制。依照欧洲人的即维多利亚时代的性别观，妇女应当待在以丈夫为主的家庭里，完成各种家庭职责。这种价值使得欧洲男性在男性统治问题上与他们殖民地的男子合作，不过，这也带来了一些复杂问题。印度和撒哈拉以南非洲发生的事件证明了这种复杂性。

在印度，穆斯林和印度教传统都不允许离婚、不允许妻子在丈夫死后再婚，也不允许婚姻以外的女性拥有财产权。欧洲人根据他们自己的家庭生活理想，主张丈夫死后妻子可以再婚。这一条被写入1853年颁布的《再婚法》，对这一法案的抵制推动了1857年的印度民族大起义。

在撒哈拉以南的非洲，欧洲人希望妇女待在家里，不要参加她们以往的农业劳作。这种要求与以下事实相悖：许多男子离家前往矿山和种植园工作，留下妇女承担更多的农活。在南非，大约40%到50%的强壮劳动力离开了乡村，妇女成为大多数家庭的一家之主。

非洲妇女采取各种方式来应对这些趋势。她们与娘家保持更紧密的联系；她们成立自助协会并且设法出售粮食和衣料。有时候，她们会利用学校教育来摆脱农村的家长制。非洲男子做出反应，他们呼吁制定法律来惩罚通奸、把妇女限制在村子里。非洲人非常重视性生活，欧洲人对此深感恐惧，他们强迫非洲人接受欧洲人的穿衣习惯，但基本上遭到拒绝，因为这在非洲的气候环境中一点也不实用。

环境问题

在19世纪，三种全球性损失变得越来越明显，即森林、动物和原住民（指那些没有生活在明确的国家结构中的土著居民）的损失。到19世纪中期，除了土著居民对当地问题的认识之外，一些欧洲科学家也认识到，这些都是全球性问题，需要国家的介入。

工业国家对食物和原料的需求，导致大片森林的砍伐和自然生态系统的破坏。单一栽培（连续多年在同一片土地上种植某一种作物）取代了它们，比如印度的咖啡和茶叶种植园；许多单一作物是引入物种。比如，在19世纪，为了种植咖啡树，巴西损失的森林面积超过30000平方千米。土壤的变化致使恢复原貌变得不可能。对出口的需求是如此之大，以至于巴西在20世纪30年代之前一直没有出现对这种状况的反对意见，20世纪70年代之前，政府也没有出台相应政策。

在18世纪晚期，南大西洋圣赫勒拿岛和印度洋毛里求斯岛上的森林砍伐行为，就已经引起人们对环境破坏的早期批评。岛上的英国、法国植物学家观察到了森林砍伐带来的引人注目的影响，他们也开始进行早期实验以保护森林、鱼类以及控制水污染。英国东印度公司聘请的苏格兰科学家在1852年提交了一份报告，内容涉及热带雨林破坏的后果，也提到整个地球正受到森林砍伐、饥荒、物种灭绝和气候变化的威胁。在这些早期保护主义者对殖民统治状况做出的回应中，他们十分准确地预见到了今天的环境问题。

世界范围的动物损失与森林损失一样引人注目。1710年到1914年间，俄国稀树大草原和美洲大草原上的毛皮哺乳动物几近绝种。南部海洋的鱼类和鲸鱼数量大幅减少。由于栖息地的破坏和人类狩猎行为，非洲、印度和太平洋岛屿上的动物和鸟类大量减少。在非洲，英国狩猎者射杀了数千羚羊、大象、长颈鹿和犀牛。英国人最初向非洲本地人提供枪支，诱使他们加入杀戮者行列；后来想方设法自我限制枪支的使用。在印度，英国人坐在大象上射杀老虎，1857年之后才禁止这种猎杀行为。到20世纪初，印度的狮子和老虎数量所剩无几；印度豹在当时已经绝种。

人们采取了一些行动。19世纪70年代，印度的英国人颁布一些条例来保护大象。1900年，位于伦敦的英国外交部举办了第一届非洲野生生物国际讨论会，尽管这次会议没有达成有效的协议，不过，它为20世纪更多的保护努力创造了一个先例。1874年，美国外交官和语言学家乔治·帕金斯·马什（George Perkins Marsh, 1801—1882）出版了一本开创性著作，即《被人类行为改变的地球》，这本书在10年前以《人与自然》的名字出版（2003年出版——编者注）。

除树林和动物之外，原住民在19世纪也遭受了巨大挫折，因为殖民人口的大肆扩张他们被关进了围栏。在美国，殖民者于1830年通过了《印第安人移民法》，决定把所有印第安人迁往密西西比河以西地区。由此导致的结果，就是1838年到1839年间长达1300千米的移民路线，即著名的血泪之路（Trail of Tears），它从东部森林一直延伸到俄克拉荷马州。此后，白人殖民者侵占了密西西比河两岸的土地。苏族、科曼奇族、波尼族和阿帕奇族印第安人以火器和骑术进行抵抗，尽管也取得一些胜利，但是，使用大炮和快速射击的加特林机枪的美国军队最后大获全胜。

移居澳大利亚和新西兰的欧洲人，最开始主要以天花和麻疹之类的疾病来毁灭原住民。澳大利亚原住民人口数量从1800年大约65万下降到1900年的9万；在新西兰，毛利人从1800年大约20万减少到1900年的4.5万。到1900年，英国人取代了绝大多数澳大利亚土著居民，在整个大陆驱赶他们。在新西兰，19世纪中后期一直战乱不断；到19世纪末期，英国人把许多毛利人赶到与欧洲社会分离的贫穷乡村。

我们在下一章将继续讨论工业化，那时，发展和变化的速度在世界各地都加快了。

小　结

向现代化——用政治经济学的术语来说，它体现为工业资本主义和现代民族国家——的突破开始于英国，其标志就是为纺织机器提供动力的燃煤蒸汽机的发明。到1900年，工业资本主义的技术传播到欧洲大部分地区、美国以及日本和俄国。随经济变革而来的，是政治变革：政治参与日益增长以及国家进一步影响到公民的生活。对市场和原料的需求，再加上技术威力，导致欧洲对世界其他大部分地区殖民，其他国家成为依附者，世界上发达国家和发展中国家之间的财富相差悬殊。工业国家和依附地区出现了大量社会、性别和环境问题。到1900年，世界人口增长速度达到了历史最高点，不过，工业革命及其燃烧煤炭的重要决定所产生的后果，有待进一步考察。

本章问题

1. 讲述一下工业革命是如何在英国展开的。
2. 描述这场革命如何传播以及传播到了哪里。
3. 君主政体如何变成现代国家？两者的差别何在？
4. 描述工业革命产生的各种影响——经济的、政治的、社会的、全球性的、性别的以及环境的影响。对这些影响做出评价。
5. 门槛8的重要性何在？
6. 在工业革命的框架下讲述你的家族史。

关键词

factory system　工厂制度
fossil fuels　化石燃料
imperialism　帝国主义
indigenous peoples　原住民
Industrial Revolution　工业革命
Little Ice Age (LIA)　小冰期
modern state　现代国家
steam engines　蒸汽机
three waves of industrialization　工业化的三次浪潮

延伸阅读

Allen, Robert C. *The British Industrial Revolution in Global Perspective*. Cambridge and New York: Cambridge University Press, 2009.

Ansary, Tamin. *Destiny Disrupted: A History of the World through Islamic Eyes*. New York: Public Affairs, 2009.

Bayly, C. A. *Birth of the Modern World, 1780–1914: Global Connections and Comparisons*. Malden, MA: Blackwell, 2004.

Bin Wong, Robert. *China Transformed: Historical Change and the Limits of European Experience*. Ithaca and London: Cornell University Press, 1997.

Cho, Ji-Hyung. "The Little Ice Age and the Coming of the Anthropocene." In Barry Rodrigue, Leonid Grinin, and Andrey Korotaev, eds., *From the Big Bang to Global Civilization: A Big History Anthology*. Berkeley: University of California Press, forthcoming.

Davis, Mike. *Late Victorian Holocausts: El Niño Famines and the Making of the Third World*. London: Verso, 2001.

Headrick, Daniel R. *The Tools of Empire: Technology and European Imperialism in the Nineteenth Century*. New York: Oxford University Press, 1981.

Hunt, Lynn. *Inventing Human Rights: A History*. New York: Norton, 2007.

Marks, Robert B. *The Origins of the Modern World: A Global and Ecological Narrative*. 2nd ed. Lanham,

MD: Rowman & Littlefield, 2002.

McNeill, William H. *The Shape of European History*. New York: Oxford University Press, 1974.

Pomeranz, Kenneth. *The Great Divergence: Europe, China, and the Making of the Modern World Economy*. Princeton, NJ: Princeton University Press, 2000.

Ruddiman, William F. *Plows, Plagues, and Petroleum: How Humans Took Control of Climate*. Princeton and Oxford: Princeton University Press, 2005.

Smail, Daniel Lord. *On Deep History and the Brain*. Berkeley: University of California Press, 2008.

Strayer, Robert W. *Ways of the World: A Brief Global History*, 2 vols. Boston and New York: Bedford/St. Martin's, 2009.

Uglow, Jenny. *The Lunar Men: Five Friends Whose Curiosity Changed the World*. New York: Farrar, Straus and Giroux, 2002.

Big History

第 12 章

人类世

全球化、发展与可持续性

考察大图景

从公元 1980 年到 2010 年

- 工业化如何改变了今日世界?
- 资本主义在 20 世纪是如何变化的?
- 20 世纪最重要的创新是什么?
- 我们世界正在发生的变化尽在人类掌控之中吗?
- 我们面对的主要危险和机会分别是什么?
- 人类世属于地球历史上最重要的转折点之一吗?

12.1 导　论

第 11 章描述了工业革命时期现代革命的开端部分。到 1900 年，工业化西方不但是世界上最富足的地区，也在政治和军事上处于主导地位。世界似乎一分为二，一部分地区（主要为大西洋地区）受益于新技术和新组织方式带来的不断增长的资源，不过，世界上大部分地区经历了衰落、独立丧失、财富损失以及文化颓败。

每个地区的贫富差距似乎在扩大。在英国这类工业化国家，19 世纪早期主要工业城市的环境令人震惊，以至于出现了新的意识形态，即**社会主义**，它的目的，就是通过废除资本主义来终结资本家和无产阶级之间的财富差异。（各种形式的现代社会主义大多受马克思主义的启发，而马克思主义是一种由卡尔·马克思〔1818—1883〕在其作品中阐发的意识形态。）就像人类历史（或许整个大历史）中每一次重要变化一样，现代革命看起来既是创造性的，也是破坏性的。

事实上，20 世纪前半期出现了某种崩溃，当时的工业化社会利用它们不断增长的财富和权力抢占市场、原料和殖民地。全球性网络收缩、世界贸易衰落、全球经济发展速度放缓，尽管工业武器具有可怕的力量，冲突却在升级。这些冲突的高潮是两次世界大战，那是世界历史上最具破坏性的战争，冲突也导致世界分裂为两大敌对阵营，即资本主义世界和**共产主义**世界。（共产主义社会敌视资本主义，受到卡尔·马克思的社会主义意识形态的启发。）在 40 年时间里，世界被**冷战**分裂，冷战是指两个超级大国及其盟友之间的对抗，它始终有转变成使用**核武器**的"热"战的可能性。核武器在"二战"期间被研制出来。它们释放出位于每个原子核核心的能量，威力无比，可以在几小时内毁灭大部分生物圈。

在 20 世纪后半期，全球网络开始重新自我编织起来，全球化和发展再次起飞。事实证明，资本主义制度比大多数社会主义者所想象的更为坚韧。主要帝国主义国家放弃了它们的 19 世纪帝国，新一轮工业化把现代革命传播到更广大的地区。日本的快速工业化表明，发展不是西方的专利；最终，其他亚洲国家——不管属于资本主义世界还是共产主义世界——也会经历快速的工业革命。

1991 年，苏联解体。这就为冷战画上了句号，也推进了世界一体化的速度，资本主义似乎在世界大部分地区取得了胜利。不过，新的动荡也出现了，其中一些由资本主义本身的兴衰周期引起，另一些来自于世界不同地区日益扩大的不平等，还有一些源自根深蒂固的文化差异。

在本章第二部分，我们会考察一些重要的技术，它们是 20 世纪发展的动力，也创造了一或两个世纪之前根本无法想象的物质繁荣。

在本章第三部分，我们将探究不断增长的物质财富如何改变社会和生活。快速的经济发展如何改变大多数人的生活方式？

在本章最后部分，我们将从整个生物圈的视角来审视发展。在 20 世纪，人类对生物圈的影响迅速增强，因此，人类成为生物圈发生变化的支配力量。人类世时代标志着一个物种在40亿年以来首次有能力改变生物圈。我们确实掌控着我们已经获得的巨大力量吗？这些问题导向第13章，我们在那里提出了关于未来的问题：未来将走向何处？

12.2　第一部分：政治和军事变化

我们可以把20世纪的政治和军事史分为两大时期：一开始是激烈的军事竞争和缓慢的工业化时期；然后是再次出现的全球化和发展时期。

帝国主义和军事竞争：公元1900年到1950年

史无前例的全球冲突支配着20世纪前半期。

到底出了什么问题？这个时代的一些悖论会得到更好理解，只要我们记得如下现象，即在整个农耕文明时代，多数国家的统治主要依靠武力的使用或武力威胁，而不是市场的经济手段。在那个时代大部分时间，战争似乎是政府的主要工作。统治者经过很长时间才意识到，政府采用的直接的、通常强制性的方法在过去行得通，但在现代资本主义社会并不那么好使。在经过一段时间之后，政府认识到，在一个资本主义社会，管理和促进发展也就意味着在政府直接干预（维持道路和铁路等基础设施、保护金融体系、以专利法保护新知识、维护法律和秩序）和不干预（避免妨碍为资本主义社会的创新提供动力的企业竞争）之间取得艰难的平衡。政府必须支持市场活动，但是，干预过多的话，它们就会破坏各种竞争性力量，而恰恰是这些力量推动了资本主义令人惊讶的技术创新。

在20世纪，当政府试图在干预和不干预之间取得一种新平衡时，我们观察到了一系列实验。一些政府尝试让市场力量成为经济变化的动力，然而，在另一个极端，一些政府试图通过工业革命的技术和管理方法，更加直接、有时更加强制性地（与农耕文明时代庞大的收取贡赋的帝国相比）管理社会。

不过，就世界各地而言，政府的力量和重要性在增加。政府变得更富有，它们大力兴建繁荣的工业经济所需的物质、金融、教育和法律基础设施，因此，它们更加深入被统治者的生活之中。在美国——许多美国人认为政府应当让自身扮演的经济角色最小化——政府开支与国内生产总值（GDP）的比率从1913年8%上涨到1938年20%，再到1973年31%，1999年稍稍回落到30%。在英国，相应的比率为1913年的13%，然后上升到1938年的29%，再到1973年的42%，1999年下降到40%。在日本和德国，这个比率在"二战"之后出现下降，到1999年，在日本和德国分别上升到38%和48%。共产主义国家的景象更引人注目，在包括苏联在内的一些国家，政府试图管理整个经济，因此，到20世纪30年代晚期，这个比率达到100%。在其他一些共产主义国家，在私人企业得以保存或重新出现的国家，这个比率也很高，不过不如斯大林时代的俄国。

20世纪早期的战争:"一战"

到20世纪初,一种日益流行的倾向是把国际关系视为残酷的、你死我活的竞争舞台。所有主要的工业化国家中出现了一些声音,认为每个民族都必须保护自己的利益,在必要时,不惜使用武力。这是在支持**贸易保护主义**,支持以关税或武力(在必要时)方式将潜在竞争对手排除在有价值的市场之外。亚当·斯密认为,自由贸易和快速发展通过提高生产力和降低成本而惠及每个人,然而,与农业时代保守的统治者一样,贸易保护主义者依然构想着一个资源有限的世界,在那里,每个国家或民族必须寻找属于自己的那份原料和市场,不然就会崩溃。英国议会议员约瑟夫·张伯伦(Joseph Chamberlain)在1889年所说的话,典型体现了这种态度:

> 外交部和殖民部的主要工作,在于寻找新市场和保护原有市场。战争部和海军的主要职责,就是为保护这些市场、保护我们的商业做好准备。①

激进的社会主义者也宣称,发展是有限度的。不过,他们认为这是一种充满希望的迹象,它预示着,当资本家无法为他们正在生产的、日益增加的产品找到更多市场时,资本主义本身也就走向了毁灭。1916年,即俄国1917年革命前一年,弗拉基米尔·列宁(Vladimir Lenin,1870—1924)写了一本书,题为《帝国主义:资本主义的最高阶段》。他在书中借用了英国经济学家约翰·霍布森(John Hobson)的思想,他宣称,1914年开始的世界大战是由主要资本主义国家争夺日益缩小的市场而引起的。他论证道,资本家之间的冲突所付出的真正代价,却不是由资本家承担,而是由世界各地的工人阶级和殖民地承担。

愈演愈烈的贸易保护主义的一个后果,就是国际贸易的急剧衰落。根据一份很有影响力的估算,1870年到1913年间,世界出口总值年均增长率为3.4%;1913年到1950年间,下降到0.9%;然后再次上升到1950年到1973年间的7.9%和1973年到1998年间的5.1%。这些数据很好地把握了国际一体化在20世纪前后期体现出来的差异。20世纪前半期衰落的国际贸易与整个增长率的下降联系在一起。依照一份统计数据,1870年到1913年间,全球人均GDP年均增长率为1.3%,而1913年到1950年间,只有0.91%。然后在1950年到1973年间再次上升到2.93%(参见图12.1和12.2)。

随着贸易保护主义思想在20世纪早期的传播,主要工业化国家的政府也积极备战。欧洲主要大国结成军事同盟体制,由此形成了俄国、法国和英国与中欧强国德国、奥地利和土耳其之间的对抗。

1914年夏,欧洲在经过差不多一个世纪的相对和平之后,两大同盟之间爆发了战争。许多人认为,战争只会持续几个月;而实际上却持续了四年多,直到1918年11月才结束。

---

① Niall Ferguson, *Empire: The Rise and Demise of the British World Order and the Lessons for Global Power* (New York: Basic Books, 2004), 210.

欧洲的帝国规模使得这场战争必然会席卷世界许多不同地区。日本、英国和法国夺取了德国在非洲、中国和太平洋的殖民地；来自印度、非洲、澳大利亚和新西兰的军队在达达尼尔海峡与土耳其军队激战，或者出现在西线战场。1917年，世界最大工业经济体美国加入"一战"，并且产生了决定性影响。工业技术让战争变得血腥无比。得到改善的医疗护理让前线士兵活得比以前更长久；机关枪成千上万地屠杀他们；德国化学家弗里茨·哈伯（Fritz Haber，1868—1934）发现了一种合成氨的方法，批量生产炸药因而成为可能。哈伯也帮助设计了毒气，它在欧洲主要战场上带来了可怕的后果。

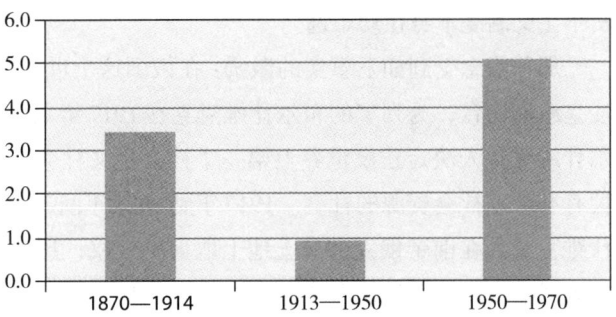

图12.1　国际贸易的年增长率（1870—1970）

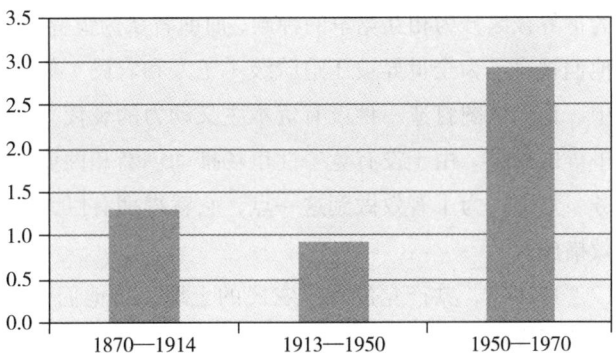

图12.2　全球人均GDP的年增长率（1870—1970）

两次世界大战之间的岁月和"二战"

1918年，中欧大国们投降。然而，"一战"造成了苦难，那些导致战争的分裂断然不会随着战争结束而消失。尽管1918年的《凡尔赛条约》创造了最早的、正式的世界政府结构（国联和其他相关机构），但是，它们太弱小，无法维持和平。在那个时代激烈竞争的氛围中，获胜的列强想尽各种办法来保证自己的优势，把严苛的和平强加给德国和奥地利，要求大量战争赔款。《凡尔赛条约》的苛刻条款破坏了德国和奥地利、匈牙利的政府，动摇了它们的经济，引起了愤怒，最终，这种情绪被法西斯主义政党（比如德国纳粹党）利用，以达到推翻战后安排的目的。**法西斯主义**以一种特别僵化的形式表达了帝国主义时代社会达尔文主义意识形态，把国际关系描述为种族和民族间残酷无情的斗争。20世纪30年代，这种态度支持了阿道夫·希特勒（Adolph Hitler，1889—1945）和纳粹党人重整军备和扩张主义的冲动。它们最极端的表现，就是纳粹分子在人们今天熟知的大屠杀期间对大约600万犹太人有计划的谋杀。

随着国际贸易的衰落和战败国大举外债来偿付战争赔款，国际金融体系也遭受巨大压力。1929年，美国出现金融危机——美国的银行借出了大量美元来维持战后赔款制度——由此导致资本主义世界大部分地区的崩溃。这次大萧条强化了许多社会主义者的信念，即资本主义制度本身在劫难逃。

那种信念受到如下事实的激励：在俄国这个世界最大的国家，"一战"的张力致使传统沙皇政府垮台，为列宁的布尔什维克党在1917年十月革命中夺取政权开辟了一条道路。布尔什维克党人决定建设世界上第一个社会主义社会，一个不平等会被减少、工人阶级集体拥有和管理社会资源的社会。1917年到1921年间，经过残酷的、极具破坏性的内战，布尔什维克党人在前帝俄大部分土地上取得了政权，这也促使他们及其反对者依然把国际关系视为残酷和血腥的竞争问题。

布尔什维克党（1918年改名为共产党）证明，如有必要，它愿意使用强制性方法（这种方法赢得了内战）来建造一个新型社会。不过，共产主义者与纳粹分子不一样。后者认为世界被区分为相互竞争的种族，而前者认为世界被区分为资本主义社会和社会主义社会。他们视自己为全世界被压迫阶级（工人和农民）的领导者。在建立一个更美好社会的努力中，他们试图打造一种没有资本主义动力的现代工业经济，他们把资本主义当作剥削和不平等的源泉。由于没有竞争性市场推动创新和商业，政府本身必须接过管理资源的复杂任务。然而，为了有效做到这一点，它就得拥有巨大的权力，当面临反对时，它必须采取有效措施。

1929年，共产党没收了农民的土地，将他们赶到集体农场。这种做法激起大量反抗，破坏了农业，带来了可怕的饥荒。20世纪30年代，在新领袖约瑟夫·斯大林（Joseph Stalin，1878—1953）统治下，共产党在第一个五年计划时期强制实行严酷的工业纪律，这帮助它建立了一个新的、现代的工业部门。它使用的许多新技术借自资本主义的西方。为了对付反对者，共产党创建了一个由惩戒营和罪犯集中营构成的庞大帝国。苏联工业化造就了一个奇怪的混合型社会，它把收取贡赋国家的强制性和威权性统治方法与20世纪的技术结合在一起。几百万人惨死在集中营或大清洗期间（1937年达到顶峰），不过，某种现代工业社会同时也建立起来。

与资本主义力量和共产主义力量的全球划分相对应的，是帝国主义社会和社会主义社会之间的划分。殖民统治和反帝国主义的言论，激发了亚洲和非洲反殖民主义运动。甚至获胜的殖民帝国——尤其英国和法国——也在"一战"中被削弱，这一事实让这种运动看到最终推翻它们的殖民主人的希望。一些殖民地国家出现了鼓舞人心的民族领袖，比如印度政治家圣雄甘地（Mahatma Ganhdi，1869—1948）。

在远东，日本在19世纪晚期和20世纪早期经历了快速工业化，但是，它自身的原料十分有限。20世纪，日本开始谋求一个能够增加其力量、声望和财富的帝国。在1894年到1895年中日甲午战争中，日本击败中国，并侵占台湾。1904年和1905年，日本在中国东北打败俄国军队，在日本民族主义者看来，中国东北和朝鲜是日本殖民扩张的天然区域。1910年，日本将朝鲜并入日本帝国，1931年，夺取中国东北，并建立傀儡政权伪满洲国。1937年，日本军队在一次非常野蛮的军事活动中入侵中国。1940年，在与德国和其他轴心国家签订同盟条约之后，日本着手在东南亚创建一个帝国，旨在追求声望和夺取原料，比如，对现代军队以及军工业至关重要的石油和橡胶。1942年底，日本军队侵占了法国、荷兰、美国和英国在菲律宾、东南亚和印度尼西亚的殖民地。

在某种意义上说，"二战"开始于1931年日本侵占中国东北。1939年9月，战火在欧洲重新燃起，当时，德国入侵波兰，英国和法国不情愿地向德国宣战。"二战"比"一战"更具有全球性。1941年6月，400万德国军队入侵苏联，同年12月，以东条英机（Hideki Tojo，1884—1948）将军为首的日本政府为了削弱太平洋地区的主要对手，偷袭了夏威夷的珍珠港。世界最大经济体美国随之参战。

"二战"在太平洋、东南亚以及欧洲、北非和苏联展开。1945年8月6日，第一颗原子弹在广岛爆炸，它标志着"二战"血腥场景的顶点。仅苏联就损失了大约700万士兵和2000万平民。战争结束后，苏联控制了东欧大部分地区，包括半个德国。不到五年，世界人口最多的国家即中国加入共产主义阵营，而苏联看起来比以前更强大了。到1950年，世界被划分为三大区域：资本主义阵营、共产主义阵营以及大量其他国家——其中许多是前殖民地，它们需要周旋于两大阵营之间。

新的整合、新的发展以及新的冲突形式：1950年到2010年

美国和苏联都明白，经济增长——比竞争对手动员更多资源来打造军事力量和提供生活水平的能力——是在现代世界取得成功的关键。美国、苏联和它们的盟友在生产上超过了轴心国，那是它们赢得战争的主要原因。

那么，在20世纪维持经济发展的关键因素是什么呢？对于这个问题，冷战的两个超级大国得出了不同结论，它们都认为，"二战"的胜利证明了自己制度的优点。美国是两次世界大战参战国中遭受破坏最小的国家，它在战后成为最强大、最富有的资本主义国家。美国政府着手改革全球资本主义制度，以便再次利用竞争性市场和国际贸易带来的技术创造力来促进发展。与此同时，在"伟大爱国战争"的胜利的鼓舞下，苏联领导人坚持认为，他们的制度（基本上清除了各种市场力量）会在生产、生活水平以及政治和军事力量上超过资本主义世界。

资本主义世界

"二战"结束时，美国的经济、政治和军事力量得到极大提升。它遭受的人员伤亡较小（大约40万人，而苏联士兵和平民死亡人数近2700万，德国为700万到800万），受破坏程度也没有其他主要参战国那么大。1950年，它的经济占全球GDP四分之一多。它也决定不再重蹈"一战"之后的覆辙，因为"一战"之后的安排导致了另一次新的世界大战。事实上，美国豪赌亚当·斯密的核心思想：国际贸易会让每个人受益。美国政府得出结论：维持美国以及整个世界发展的最好方式，就是重振国际贸易和重建其他国家（包括以前的敌人）的经济。它也相信，这种做法是一种策略，最终会证明共产主义的局限性和破坏共产主义平

等意识形态的吸引力。

1944年，世界银行和国际货币基金组织成立，旨在帮助建立一种新的、更稳定的资本主义金融秩序。1945年6月26日，新的国际组织即联合国在旧金山成立。通过"马歇尔计划"——由杜鲁门（Harry Truman，1884—1972）总统任职期间的国务秘书乔治·马歇尔（George Marshall，1880—1959）将军负责的计划——美国积极促进了全球贸易的复兴：贷出或提供100多亿美元来重建被战争毁坏的欧洲和日本经济。

20世纪50年代晚期，包括西德在内的西欧经济繁荣兴旺，大众消费品（比如洗衣机、冰箱和汽车）的生产，逐渐创造出20世纪早期就已经出现于美国的那种大众市场。日本经济也在亲资本主义政府的治理下繁荣起来。被迫接受的非军事化也意味着，日本军事预算很小，因此，日本人可以将资本用于建造一个巨大的、富有成效的民用工业部门。世界贸易也迅猛发展。1913年，商品出口大约占世界贸易总值的8%；到1950年，下降到大约5.5%。到1973年，出口前所未有地占全球GDP的10.5%，1998年，世界贸易份额超过全球GDP的17%。

日本成为世界主要工业资本主义经济体之一，其他东亚国家和地区也遵循相似的发展轨迹。最突出的现象是韩国、台湾和新加坡等"亚洲虎"的发展。1965年到1989年间，亚洲在全球生产总额中的比例从14%上升到25%。在伊斯兰世界、非洲和南美洲其他许多国家，新的工业得以建立，由此创造了经济快速发展的可能性，尽管流入腐败统治者和海外债权人手中的利润损害了其中一些国家的发展。不过，在20世纪后半期，即使世界上最贫穷国家也经历了某种程度的工业化。财富转移的一个显著例子发生在波斯湾，那里曾经是奥斯曼帝国和欧洲的殖民地，在这个地区发现的大量石油为当地带来了巨额财富。

殖民帝国的终结

美国和苏联都正式反对帝国主义，不过，它们的理由并不一样。在某种意义上，美国本身就是一个帝国。它建立在对北美土著民的征服之上，美国政府也于19世纪后期侵占了菲律宾。然而，美国也是反殖民主义的有力象征，因为它是通过18世纪一场反殖民统治的独立战争而创建的。苏联也被视为一个帝国；它纳入了帝俄时期中亚的前殖民地，"二战"结束后，又支持东欧国家的傀儡政权。不过，它的统治者宣称自己代表被剥削和被压迫人们，其中也包括遭受殖民主义压迫的民族。

同时，主要帝国主义国家——英国、法国和德国遭到战争的削弱，它们缺乏资源，也不打算不顾日益增长的反抗而维持它们的殖民地。此外，帝国主义在战后世界似乎也不再是合法的，当反帝运动在从非洲到印度再到东南亚各地风起云涌时，维持帝国主义的做法显得更艰难和代价更昂贵。

战争的失败终结了德国和日本的殖民帝国。"二战"后几十年时间，英国、法国和其他残存的殖民强国放弃了它们的帝国，当然，这通常是在经过漫长而残酷的反殖民战争之后发生的。在中国，日本的战败结束了外国人的直接统治，在经过内战之后，以毛泽东（1893—

1976）为首的共产主义者在1949年取得了最终胜利。在阿尔及利亚和越南，法国想尽各种办法来恢复它的殖民权威。在经过长期的、血腥的反殖民起义之后，法国只得在1960年承认阿尔及利亚独立。在越南，由胡志明（1890—1969）领导的社会主义军队于1954年击败法国人，不过还得面对由美国支持的、亲资本主义的南越政权。1975年，在经过长期的、代价高昂的游击战争之后，越南重新统一在一个共产主义政权之下。在朝鲜，也出现了相似的分裂，即由中国和苏联支持的北方共产主义政权和美国及其盟国支持的南方资本主义政权。这种分裂导致惨烈的内战，最终形成两个对立国家，它们一直存在并进入21世纪。

1947年，英国承认它的印度次大陆殖民地独立。那里的独立运动很大程度上是和平的，部分因为圣雄甘地扮演的角色，他倡导非暴力反抗。不过，独立最终导致两个对立国家的出现，即印度教的印度和穆斯林的巴基斯坦，在随后几十年，它们之间爆发了三次重大战争。英国也放弃了它的非洲殖民地，因为它在那里有时候会遭到暴烈的反抗。1963年，在经过长达10年反殖民战争之后，英国承认肯尼亚独立。肯尼亚新统治者是乔莫·肯亚塔（Jomo Kenyatta，1893—1978），他是民族反抗运动领袖之一。在短短25年时间，即1945年到1970年间，70多个新国家从帝国崩溃中诞生。

新独立的国家很快面临新的问题。尼日利亚等国家的国界，是由19世纪帝国主义列强而不是根据当地居民的习惯和传统划定。对于新独立的民族国家而言，这些边界通常很不合理。就尼日利亚来说，北方是穆斯林居民，南方是基督教徒或传统的民族，这个国家还有许多其他不同的部落，因此，维持国家统一确实十分困难；1967年到1970年间，尼日利亚陷入内战。不过最终，一个统一的尼日利亚得以保存下来。内战之后，近海石油带来的巨大收益有望为建设一个现代工业社会提供滚滚财源。但是，太多的石油财富落入腐败者手中，或者被用来偿还外债，尼日利亚的统一显得不堪一击。

在许多前殖民地，帝国主义的强制性统治似乎被市场微妙的强制所取代。许多新独立的国家发现，它们自己在高度商业化的资本主义世界市场挣扎（机会渺茫），因为主要的工业化国家似乎掌控一切。以往的殖民政府很少花心思平衡地发展殖民地经济，相反，它们在殖民地开发各种最有价值的生产形式，比如马来亚的橡胶或肯尼亚的可可或尼日利亚的棕榈油。它们往往忽略至关重要的基础设施，包括教育和医疗卫生。事实证明，对许多新独立的国家而言，寻找专家、资本、市场以及快速而均衡的工业化所需的政策，是一项巨大挑战。

共产主义世界

对一些新独立的国家来说，苏联是西方资本主义社会之外另一个诱人的选择。难道俄国的债务没有让它成为西方的"半殖民地"吗，难道它不是通过残酷斗争摆脱了资本主义世界的控制，并且在十分不利的环境中建立了一个强大的现代经济体吗？苏联通过向前殖民地盟友（从古巴到尼日利亚再到埃及）提供经济、技术、有时候甚至军事支持，来鼓励上述观点。在一些场合，结果确实很壮观。在中国、朝鲜和东欧部分地区，苏联的方法被用来作为建造现代工业经济的基础。

20世纪中期,在许多人看来,与资本主义相比,共产主义似乎提供了一种可行的、或许更平等的通向现代社会的道路。到20世纪50年代中期,苏联大致已经从战争年代造成的可怕破坏中恢复过来,在新领袖赫鲁晓夫(Nikita Khrushchev,1894—1971)统治时期,它抛弃了斯大林体制一些更具压迫性的特征,大大减少了罪犯集中营的人数。苏联军队看起来与西方军队一样强大;它以一种现代教育体制和强大的工业部门而自豪;在20世纪50年代,通过研发核武器以及在1957年将第一颗人造卫星送入太空,苏联的科学震惊了整个世界。1961年4月12日,苏联第一次将人类送上太空,那个人就是空军飞行员尤里·加加林(Yuri Gagarin)。20世纪60年代早期,随着赫鲁晓夫政府把更多资源投入消费品生产,比如城市住宅、洗衣机、电视以及冰箱,工业发展也提高了苏联公民的生活水平。

中国和东欧部分地区也出现了快速的工业发展。正如赫鲁晓夫宣扬的,通过更快的发展、更多的创新以及更迅速地提高公民生活水平,共产主义制度似乎一度"埋葬了"资本主义制度。前殖民地密切关注这场竞赛,许多国家接受了来自双方的贷款和技术援助。

然而,在20世纪70年代,苏联宣扬的共产主义制度优越性的主张,似乎越来越空洞。现在所讨论的问题,对于理解现代世界而言至关重要。前资本主义世界的管理和强制性方法,有可能像资本主义世界的商业方法那样成功地创造出发展吗?这是苏联计划经济更深层的信息吗?苏联有没有找到发展和创新的新驱动力呢?

20世纪30年代,苏联工业增长尤为迅速,即使在1950年到1973年间,苏联经济的年均增长速度大约为3.4%。然而,增长速度越来越慢,大部分增长的原因,在于发现了大量石油和天然气,而不是因为生产力的提高。1973年到1990年间,经济年均增长率下降到大约0.75%,最终,事实表明,即使这种增长率在某种程度上也是虚假的。20世纪80年代,新领导人米哈伊尔·戈尔巴乔夫(Mikhail Gorbachev,1931—)承认,那时为止,发展的动力主要来自石油出口和酒类销售。苏联的生活水平停滞不前,苏联领导人和军事规划家意识到,苏联在技术和军事上已经落后于资本主义的西方。

苏联的增长速度放缓的原因微妙而深刻,它们向我们透露了一些与现代世界中的增长本质相关的重要信息。部分问题在于,苏联的计划经济并不善于激发集体知识和创新。苏联计划经济的掌控者是一个团结统一的、高度有纪律性的精英团体,他们非常擅长为大型工程(比如,快速工业化或战争)动员世界上最大国家的巨大人力和经济资源。这种体制无法鼓励来自下层的创造精神,苏联经济学家很清楚这个问题。我们在前面几章已经看到,收取贡赋的政治制度从来都不善于激励创新。根本原因在于:你可以通过鞭打让一个人去挖沟渠,但是,你不可能通过同样的方式让他去创新。现代工业经济太过复杂,根本无法像军队那样来管理。另一方面,竞争性市场提供了有力和有效的方式来调整价格和成本,从而反映出几百万人做出的几十亿个决定。计划者完全不了解这种复杂性,他们的一切努力只会歪曲价格,并且大规模地错误分配经济资源。

尽管意识到了提高生产力的需求,但是,苏联政府觉得,它们在放弃对社会控制时,也会丧失权力，这也促使它们甚至把文学和艺术视为制度的潜在威胁。事实上，它们把电子革命及其电子产品（计算机和影印机）当作威胁，因为这些新技术提供了国家无法控制的传播思想和信息的新方法。

到20世纪80年代，十分明显的是，这个制度要想继续生存，就得逐渐重新引入竞争性市场。在20世纪80年代中期掌权的新一代领导人清楚地意识到，苏联经济和苏联军事力量已经衰落，他们尝试弱化政府在经济活动甚至政治活动中扮演的角色。但是，他们改革这个体制的努力导致了崩溃，1991年，苏联解体，各加盟共和国纷纷建立新的、以市场为基础的社会。事实证明，这是一次巨大挑战，因为它们缺乏资本主义社会中支撑市场活动的大多数法律、经济和文化基础设施——财产法、银行制度、信用网络以及企业家习惯。

中国似乎成功地完成了相似的转变，不过没有导致政治瓦解。毛泽东于1976年去世，他的继任者邓小平（1904—1997）在1978年开始进行市场改革。在某种意义上，中国向市场经济的转变相对容易，部分因为资本主义在中国只消失了一代人时间，而在苏联差不多消失了三代人时间，这么长的时期足以让大多数资本主义文化和法律传统完全消失。在中国，市场改革带来了快速的经济增长。1973年到1998年间，中国人均GDP年均增长率达到了惊人的5.4%。

共产主义计划经济的崩溃，突出了竞争性市场在现代世界的重要性，也突出了在政府权威和市场自由之间寻找合适平衡的重要性。正如苏联计划经济所显示的，政府的过度控制会窒息企业家的创造力，而这种创造力是资本主义世界创新的根本动力。到20世纪末，似乎很明显的是，不论好坏，资本主义经济与竞争性市场提供的结构，最有可能确保经济持续发展。

12.3 第二部分：发展——更多人口、更多消费

在我们目前为止已经描述过的政治、经济和军事变化背后，正在发生其他更深刻的变化。尤为重要的是，工业化和经济发展增强了人类控制整个生物圈的生态力量。衡量一个物种生态力量的最明确标准之一，就是其数量的增长，因为只有更多资源的支撑，物种的数量才可能增加。1913年，地球上人口数量大约为18亿；2008年大约有67亿。在不到一个世纪时间，世界人口几乎增加了3倍。世界人口达到10亿几乎花了20万年时间，20世纪的100年时间增加了另外50亿人口。此外，大多数人现在活得更长久，平均寿命在20世纪增长了一倍，从大约31岁增加到66岁。与一个世纪之前相比，现在的人口是原来四倍，寿命是原来两倍，这意味着，即使每个人像1900年那样消费资源，被消费的资源总量差不多也将是原来8倍（参见图12.3）。

但是，每个人的平均消费量也在增加，而且增加量十分引人注目。当然，我们必须牢记，以下数据充满了不确定性，而且它们忽视了经济行为的一些重要方面，这些方面包括大多

396　大历史

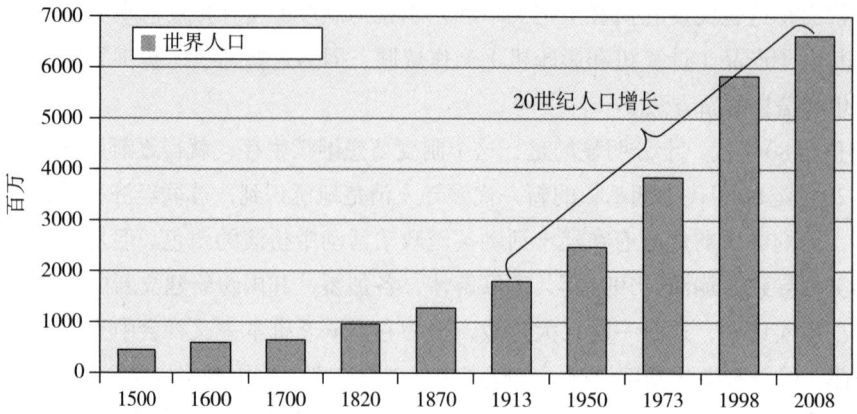

图12.3　世界人口增长，1500年到2008年

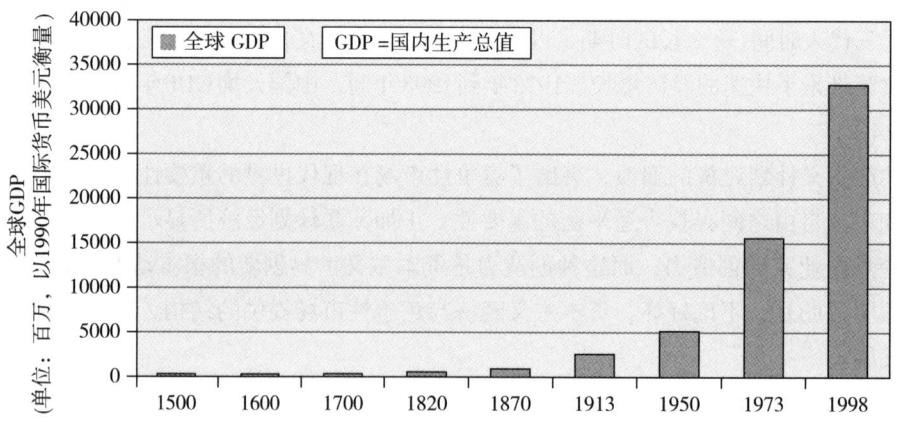

图12.4　GDP的增长，1500年到1998年。这幅图表显示了全球GDP在过去500年的增长。注意，GDP如何在20世纪增长12倍

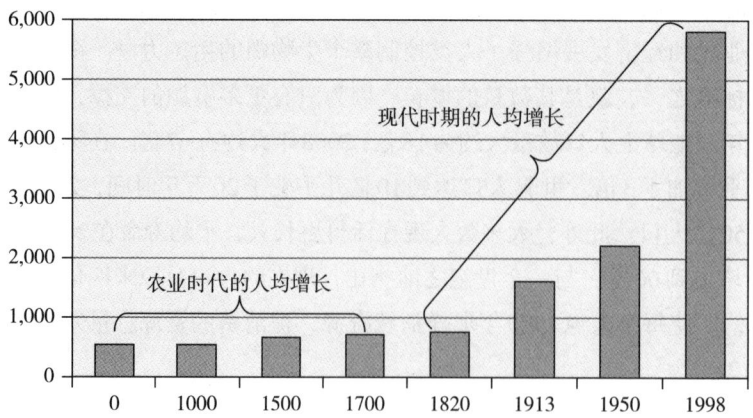

图12.5　人均GDP的增长，零年到1998年

数形式的家务劳动和对孩子的抚养，以及人类活动对环境造成的影响。然而，它们确实为人类消费资源量的变化提供了粗略的衡量，因为不断增加的产量一定需要更多的劳动力和更多的原材料。

依据一份更广泛地为人所接受的统计汇编，所有国家的总产值（GDP，以1990年国际货币美元计算，单位：十亿）从1913年27000亿增加到1998年337000亿美元，同比几乎增长12倍。到2008年，全球总产值再次翻了一番。如果这些统计数据不那么离谱的话，它们表明，作为一个物种，我们在2008年使用的资源几乎是100年前使用量的24倍。这意味着，在短短一个世纪时间里，人类对地球能量和资源的控制能力出现了惊人的增长（图12.4和图12.5）。

消费也出现了增长，因为创新的速度加快了，在20世纪后半期尤为明显。如此普遍、如此迅速以及如此出人意料的创新是前所未见的。创新不仅仅改变了生产方式，也改变了组织和资助生产的方式，以及货物运输、销售和买卖的方式。它也创造了全新的产品、服务和技术：从塑料制品到因特网再到核武器。下面简要描述一些新方法和新技术，它们增强了我们对生物圈资源的集中控制。所有这些新技术都降低了生产成本，从而也扩大了市场，这些反过来又刺激了对生产和研究的投资，在一种强有力的反馈循环中，市场进一步扩大。地图12.1到12.4概述了世界各地财富在过去2000年时间发生的变化。

食 物

1900年以来，食物产量超过了人口增长。人口数量增长到原来3.5倍，谷物总产量增长到原来5倍，从大约每年3600亿公斤增加到每年18000亿公斤。同时，一定面积的可耕土地的生产力差不多也提高到原来3倍。食物产量的这种显著增长，无法通过增加两倍可耕土地来获得，因为与以往许多世纪不一样，新的可耕土地现在已经很少。（一个主要的例外是欧亚大陆大草原，20世纪50年代，在所谓的"处女地规划"期间，苏联政府把这片土地用作农地。）1900年以来，生产力的主要成就，依靠的是提高生产力的新技术。

农业也成为一种工业活动，农耕规模巨大，并且依赖大量投资和先进科学。燃烧化石燃料的机器——从烧煤的蒸汽机到烧汽油的内燃机——逐渐接管了收割之类的艰辛工作。化石燃料革命带来的丰富能源，也使古老的灌溉技术恢复了活力。以化石燃料为动力的挖掘机器降低了修建堤坝和灌溉沟渠的成本，而柴油泵的使用让人们更容易从水井或地下蓄水层取水。1950年到2000年间，受灌溉土地面积从9400万公顷增加到2.6亿公顷，今天，灌溉用水大约占所有用水量的64%。水产业也得到更加有效的开发，因为更强大的机器、更好的航海设备以及更大的渔网让拖网渔船的海上作业更加高效。20世纪后半期，捕鱼量从170亿公斤增加到850亿公斤。我们对捕鱼如此擅长，以至于许多鱼类现在几近绝种。

土地的生产力也提高了。几千年来，恢复土壤的肥力意味着暂时放弃耕作（休耕）或者以动物和人类粪便施肥。但是，自然肥料的储量是有限的，在一些社会尤其如此，比如

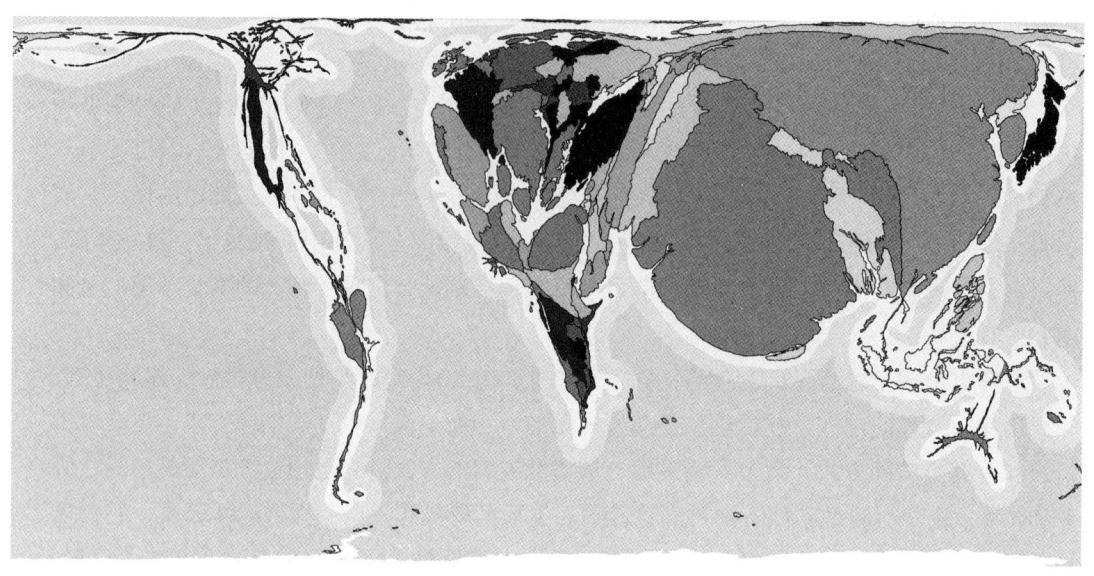

地图12.1　2000年前的全球GDP。领土大小与对它的经济规模做出的估算有关。注意2000年前的超级大国印度和中国

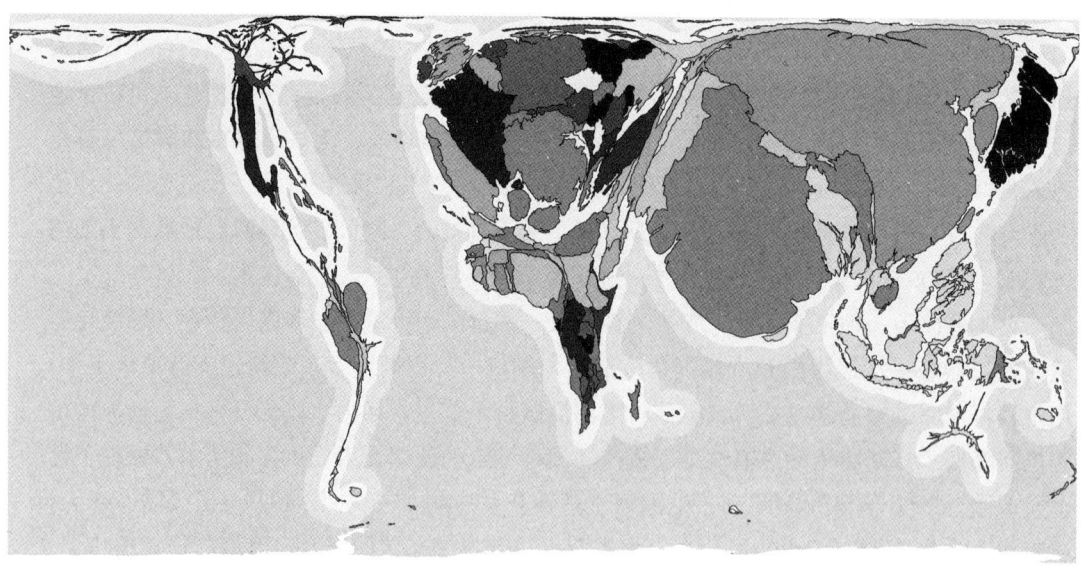

地图12.2　500年前的全球GDP。注意500年前东亚仍然是世界经济的中心

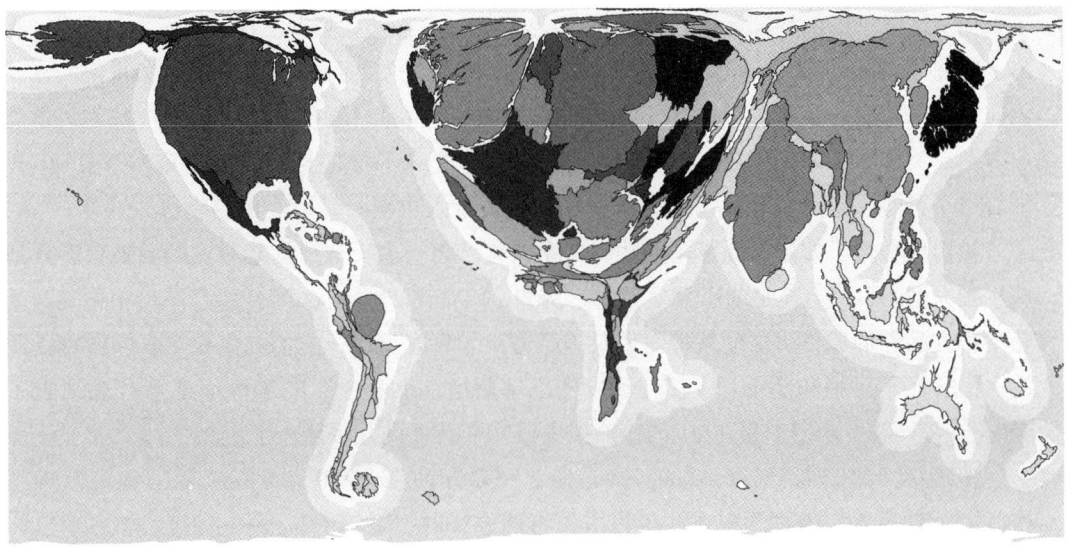

地图12.3　100年前的全球GDP。注意工业革命如何增加了欧洲和北美的财富，并且导致东亚相对财富的急剧下降

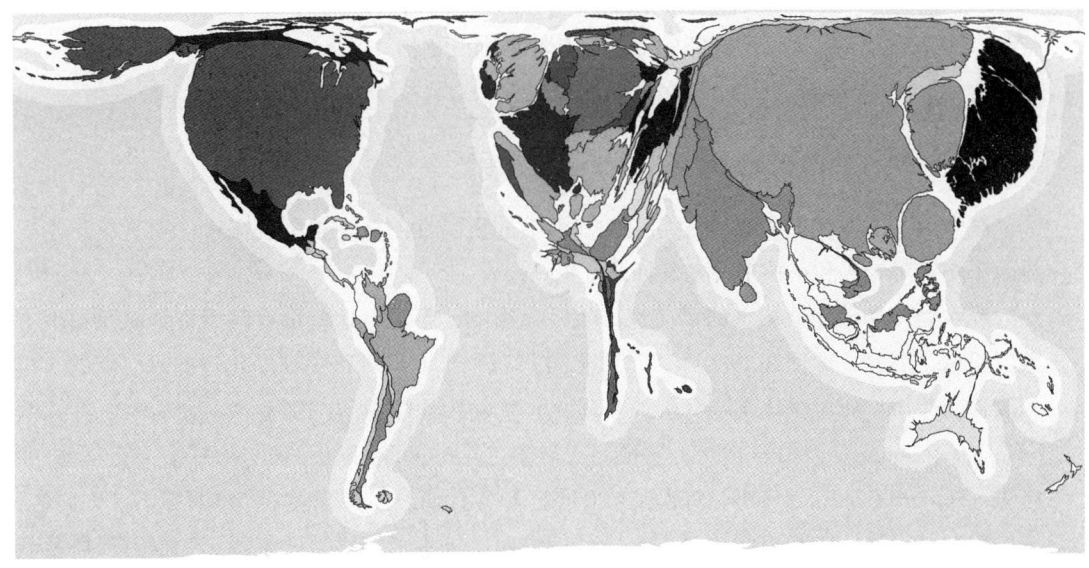

地图12.4　现今的全球GDP（2015年的估算）。注意东亚在21世纪早期迅速重新崛起

不愿意以人类粪便作肥料的西方社会。19世纪早期，南美丰富的海鸟粪储量被人们发现；到1900年，它们基本上被用完了。1909年出现了一项重要突破：弗里茨·哈伯在那一年演示了如何从大气中的氮和氢合成工业用氨，而氨可以用来制造大量硝酸钾，从而为土壤提供肥料。约翰·麦克尼尔认为，与其他任何事物相比，哈伯的发明最有力地扩大了20世纪的食物供应，或许为20亿人提供了粮食，如果可耕农地的产量没有增长30%的话，这些人根本无法养活。[1] 通过研制杀虫的化学药品，工业化学家也提高了农业生产力，尽管许多杀虫剂（比如DDT）最终被证明具有有害的副作用。它们会进入土壤，然后经由食物进入人体。

我们也学会了如何提高家用作物和家畜的生产力。人工选择的老方法开始被更有效地应用到大型的、资金充足的研究项目中，例如，培育出20世纪60年代绿色革命中更高产的新型小麦品种的项目。这些品种对大量施肥做出了良好反应，它们的生长更多转向可食用的产品，而不是根和茎干。仅仅在印度和巴基斯坦，小麦产量在20世纪60年代就增长了50%；在墨西哥，小麦产量在20世纪40年代到70年代之间几乎增长了5倍。

1953年，詹姆斯·沃森（James Watson）和弗朗西斯·克里克（Francis Crick）发现了DNA的活动模式，生物学家由此得以进入自然选择的引擎室（engine room）。自20世纪70年代早期以来，科学家学会了如何将一个物种的遗传物质转移到另一个物种，这样，通过利用其他物种的有用基因，他们就可以有意识地改变农作物和动物的基因结构。例如，他们能够制造出不太需要或根本不需要肥料的谷物，或者对虫害有自然抵抗力的谷物，因此，它们几乎也不需要杀虫剂。转基因谷物产量更高，一些人宣称，它们比那些被取代的谷物更美味。这些新技术在美国受到热情支持，就美国而言，在2000年种植的作物中，15%的玉米、30%的大豆以及超过50%的棉花都是转基因产物。

健康与寿命

医学创新——比如对感染的危险性和清洁的重要性的认识得到提高——对健康产生了显著影响，对老人和小孩来说尤其如此。

废水处理和洁净饮用水的供应也产生巨大影响，不过，这些都有赖于资金充足的地方政府机构，因此，即使在1980年，世界上也只有一半人口可以喝到净化过的水。新的、得到改善的药物（阿司匹林或抗生素）也减少了疾病引起的痛苦。1928年，亚历山大·弗莱明（Alexander Fleming，1881—1955）发现，青霉素之类的细菌可以用来防治感染，霍华德·弗洛里（Howard Florey，1898—1968）在20世纪40年代研发了大规模生产的可靠方法，此后，抗生素在"二战"中被广泛用来保护士兵的健康。抗生素最终帮助改善了几百万人类及其家畜的健康。然而，我们也逐渐意识到，人类与疾病的斗争远远没有结束，越来越多的证据表明，一些携带疾病的有机体——从引起获得性免疫缺陷综合症（AIDS）的人类免疫缺

---

[1] John McNeill, *Something New under the Sun: An Environmental History of the Twentieth-Century World* (New York: Norton, 2000), 25.

陷病毒（HIV）到金黄色葡萄球菌——能够有效地对我们用来对付它们的化学和生物武器产生免疫力。广泛应用的高科技医疗程序——器官移植或脑外科——对人类健康的影响越来越有限，尽管它们保留了希望，即我们最后会解决许多种疾病，或许会消除衰老本身的诸多原因，从而把平均寿命延长几十年。

更多的食物以及更好的健康和卫生条件，使得更多人生活得更健康和更长久。富裕国家的寿命仍然比贫穷国家高出很多。在2000年，世界预期寿命男子为65岁，女子为69岁，而美国分别是74岁和80岁，撒哈拉以南非洲为46岁和47岁。不过，即使较低的数据也体现了我们所理解的人类"寿命"的变化。在10万年时间里，人类平均寿命一直是25岁到35岁。实际上，这意味着大量婴儿和小孩夭折。也就是说，一旦你活过了35岁，你就已经在享受生命的奖赏了。然后，在短短100年时间，世界平均预期寿命增加了一倍。

消 费

人们也比以往消费得更多。在农业时代，绝大多数人是农民，生活勉强糊口。只有一小群精英——通常不会超过人口的5%——消费奢侈品。农业生产力太低，基本上不可能供养超过5%到10%的非农业人口。今天，随着生产力提高，非农业人口的相对规模也在增加，产品的生产与消费超过了人口增长。一个新的、全球范围的中产阶级正在兴起，他们拥有前所未有的财富。

电缆以及石油和天然气管道把化石燃料革命的能源送入我们家庭和工厂，创造了洗衣机之类的机械奴隶，它们比农业时代的人类奴隶更强大、更温顺、往往也更高效。电力让人类能够廉价而数量精准地配备能量，以便驱动小型机器——从灯泡到电话再到洗衣机和计算机。让能量变得如此适合传输的关键，在于1821年迈克尔·法拉第（Michael Faraday，1791—1867）的发现：在磁场移动一个金属线圈，就可以创出电流。到19世纪60年代，在德国和比利时设计的、由蒸汽机或水电站驱动的功能强大的发电机，能够制造出巨大电流。19世纪90年代开发出来的交流电，让电力的远距离配送更容易也更便宜。1889年，尼古拉·特斯拉（Nicola Tesla，1856—1943）设计了第一批廉价电动机，20世纪早期，电灯和电机开始改变消费者的生活。在苏联，布尔什维克政府将电气化视为社会主义建设至关重要的组成部分。20世纪20年代和30年代，电力逐渐改变更多工业化国家普通消费者的生活。到20世纪30年代中期，将近90%的日本家庭用上了电，美国几乎为70%，英国差不多为50%。

廉价的石油和电力可以为私家车、洗衣机、加热器、冷却器、空调、电视以及计算机提供动力。内燃机比蒸汽机更有效，因为燃料直接在驱动发动机的活塞内部燃烧。卡尔·本茨（Karl Benz，1844—1929）在1883年建造了第一辆以汽油为燃料的内燃机。然而，最早的汽车都很昂贵，属于手工制造的奢侈品。1913年，亨利·福特（Henry Ford，1863—1947）开始制造出一辆流水线生产的汽车，它售价低廉，足以让汽车进入正在兴起的中产阶级家庭。通过借鉴那种制造可互换零件的技术——最先应用于枪炮生产领域（可互换零件都是一致的，因此可以大规模生产而不需手工加工）——福特大大降低了费用；他还把这种技术与生产线的使用（率先在肉品加工业使用的生产技术）结合在一起。

越来越多一度被视为奢侈品的产品逐渐被廉价生产出来，它们是如此之多，以至于大多数消费者都有能力购买。新的廉价原料的合成也降低了费用，比如，塑料和合成橡胶（德国是这种原料的先驱，因为德国无法轻易获得天然橡胶）。同时，广告也刺激了有购买力的人购买新的消费品，而银行为无力购买这类产品的人提供贷款。随着市场扩大，货币和信贷变得更便宜。由此带来的结果，就是每一个经济学家都很熟悉的积极的反馈循环：当更多人购买曾经昂贵的消费品时，生产和信贷的成本就会降低，这样一来，更多的人有能力购买它们。

运输和通讯

运输和通讯的创新一直是发展和创新的重要驱动力。运输方式的改善减少了消费品从生产商到零售商再到消费者的流通费用，因而也降低了它们的价格。

随着铁路和汽船的推广，19世纪出现了运输革命。1877年以后，许多汽船都安装了制冷系统，以便把新鲜货物从世界一端运送到另一端。1815年到1900年，仅仅汽船差不多就减少了跨大西洋运费的95%，铁路让陆路运输的成本下降幅度更大。20世纪，新的运输形式包括私家车和卡车。这两种交通工具都需要铺好的道路网络，政府愿意为此买单，因为它们很清楚，改善的运输能够大大刺激经济发展。汽车、卡车和公共汽车让中短程运送人口和货物比以往更容易。"二战"之后，商业航空运输开始加快小容量货物（比如邮件）的运送速度。1950年以后，标准金属集装箱——它们能够在卡车与火车以及轮船之间轻松地装载或卸载——的使用，大大降低了较笨重货物的运输成本。

20世纪，人类发明了可以把人送入太空的火箭。尽管苏联率先将人送入太空，不过，美国是第一个把人送到另一个天体的国家：1969年7月20日，尼尔·阿姆斯特朗（Neil Armstrong，1930—2012）在月球着陆。在某种较小规模上，人类已经成为一个星际物种。观看从太空拍摄的地球图片，有助于千百万人理解我们地球家园的渺小和脆弱。

事实证明，与运输的变化相比，信息交换和储存技术的变化更重要。工业化之前，信息转移的速度不可能快过个人式传递。1837年，人们发现电荷通过电线可以传输信息，信息革命由此开始。同年，塞缪尔·摩斯（Samuel Morse，1791—1872）编制了一种密码，它让电报显得切实可行。1876年，亚历山大·格拉汉姆·贝尔（Alexander Graham Bell，1847—1922）为第一部电话申请了专利。

古列尔莫·马可尼（Guglielmo Marconi，1847—1922）证明了电波在无线状态下可以发送信息，此后，远距离通讯开始迅猛发展。商业货主和海军对无线技术尤为着迷，因为他们不能使用基于固定电缆之上的电报形式。1899年，马可尼以摩斯码发送的无线电报穿过了英吉利海峡，1901年，他发送的无线电报穿越大西洋。到20世纪10年代中期，无线电报已经可以传输声音和音乐。1920年，第一个商业广播电台（KDKA）在匹兹堡被推出。以无线的方式传输移动影像是一项更复杂的挑战,电视直到"二战"之后才蓬勃发展起来,尽管电影中动画的机械投影技术在19世纪末已经出现。

20世纪晚期计算机革命引起通讯的再次变化。计算机技术是在"二战"期间研发出来的,用以计算火箭的弹道或破解密码。然而,早期计算机使用了巨大的、不可靠的真空电子管,它们显得庞大、昂贵、不可靠以及笨重。与汽车一样,只有对大众消费者而言足够便宜时,计算机才会逐渐改变社会。1947年晶体管的问世,让这一切成为可能。当晶体管的尺寸变小、成本降低时,它的性能开始以指数方式猛增。1975年,Altair公司研制了第一台面向大众市场的计算机,它售价400美元。20世纪80年代,计算机开始联网,它们的功能也倍增;1989年,蒂姆·伯纳斯-李(Tim Berners-Lee,1955—)编写了一个程序,此后,即使业余者也可以使用"因特网"——在世界大大小小的计算机之间相互交换信息的巨大网络。光纤电缆降低了计算机连接的成本,让信息传递的费用几乎减少到零。信息逐渐变得几近免费。1930年,从纽约向伦敦打一通三分钟电话需要花费300美元;1970年为20美元;2007年仅仅0.3美元。不过,电子邮件事实上是免费的。现在,集体学习运作的速度和效率甚至在一个世纪之前都无法想象。

战争与破坏性技术

创新也提高了战争机器的效率和生产力。内燃机被用于坦克,飞机和火箭被用来投放炸弹。与此同时,爆炸威力呈指数增加。1866年,阿尔弗雷德·诺贝尔(Alfred Nobel,1833—1896)改进了传统的黑色火药爆炸物,发明了以硝化甘油为主要成分的炸药。

20世纪早期,阿尔伯特·爱因斯坦(Albert Einstein,1879—1955)在他的《广义相对论》中表明,物质转化为巨大的能量是可能的。"二战"期间,交战国双方的政府为各自科学家规定了一项艰巨的任务,即制造能够使用蕴藏在原子核中的惊人能量的武器。1945年7月,美国政府的"曼哈顿计划"研制的第一颗原子弹——以铀的爆炸为基础——在新墨西哥三一试验场试爆成功。曼哈顿计划的科学指导罗伯特·奥本海默(J. Robert Oppenheimer,1904—1967)写道,当他看到第一次爆炸时,他想到了印度教经典《薄伽梵歌》中毗湿奴神的话:"现在,我就是死神,所有世界的毁灭者。"三个星期之后,一颗原子弹摧毁了日本的广岛,几乎立刻杀死了8万人,此后一年,辐射和其他伤害让死亡人数增加到近15万。

20世纪50年代,美国和苏联都开始研制以氢聚变(这种产生能源的机制也为太阳提供了燃料)为基础的、威力更大的原子武器。到20世纪80年代中期,美国和苏联部署了约7万枚核弹头,它们的爆炸力相当于为地球上每个人准备了大约3400公斤TNT炸药。人类已经获得了足够的破坏性力量来打击自身和生物圈,其破坏程度相当于6500万年前导致恐龙灭绝的那颗小行星对地球的撞击。

在人类对资源的掌控力不断增加的背后,有两个根本的变化:对能源掌控力的增强和对创新本身掌控力的增强。

能 源

能够提供廉价电力的发电机（不管是由燃煤的蒸汽机还是由水力驱动）的发明，真正让化石燃料进入个体消费者的生活。内燃机发明之后，化石燃料的第二种主要形式即石油被大量消费。石油比煤炭更容易运输，它蕴含的能量也更集中。1859年，宾夕法尼亚的泰特斯维尔（Titusville）发现了最早的、储量巨大的油田。一开始，它主要被用作油灯的煤油。不过，20世纪早期以来，从原油中提炼出来的汽油为内燃机提供了动力。化石燃料的第三种主要形式是天然气。图10.1展示了20世纪可用能源的巨大增长，以及不同能源的相对比例。在过去100年，化石燃料革命提供的丰富能源——相当于一次淘金热的能源——是发展的一种根本驱动力。事实上，能源如此丰富，以至于人类逐渐像免费食品那样对待它。在20世纪，我们成了能源瘾君子。

其他各种形式的能源也变得日益重要，因为在20世纪晚期，越来越明显的是，完全依赖化石燃料可能是一种缺乏远见的做法。储存在原子核内的能源，不但可以用于战争，也可以用于和平目的，但是我们很难控制这种能源。1954年，第一座民用核电站在苏联建成运营。到2000年，大约有400座核反应堆在工作，在法国，它们的发电量几乎占总发电量80%，在韩国和日本差不多是40%。如果不是因为几次代价昂贵的、危险的事件，核电很有可能扮演更重要角色。最具破坏性的是1986年乌克兰切尔诺贝利核电站一个反应堆的爆炸，2011年3月，由海啸引起的日本福岛核电站事故，再次让世人注意到核反应堆的危险性。至于如何处理核反应堆带来的高辐射、长期存在的副产品，现在也没有明确的解决之道。

与此同时，人类积极研发其他方式来生产能源，包括太阳能和风能，但是，从商业角度而言，这两种能源在价格或产量方面无法与化石燃料相比。此外，许多商业和政治力量已经致力于保护与化石燃料联系在一起的巨大利益。如果能够受到安全的控制和处理，聚变能可以解决许多问题，但是就目前看来，切实可行的聚变能发电似乎依然离我们很遥远。问题在于，我们不知道如何驯服聚变（这种过程也为太阳提供了能量）产生的巨大能量。当前，强大磁场的使用似乎是最有希望的解决方法，但是困难重重。

让创新变得系统化：科学与研究

在20世纪，创新的另一个重要动力，就是系统地刺激创新本身。人类历史上首次出现了这样一种现象：创新成为人类社会的一个主要目标，受到政府、商业和教育机构的支持。

17世纪，最早的现代科学学会成立：1660年的伦敦皇家学会和1666年的巴黎科学院。这两个学会都获得了皇家特许证，这标志着科学的重要性日益得到官方认可。

在英国，为了增进航海知识，格林尼治皇家天文台建立，1714年，英国政府提供了一笔数额不小的奖金，用于奖励任何能够为远洋航行制造出测量经度的精准计时器的人。这个问题直到18世纪60年代才得到解决，当时，约翰·哈里森（John Harrison）制造了一种非常准确的时钟。库克船长在他的太平洋航海中,最早使用了这种时钟。由政府资助的科学组织很快也出现在瑞典、普鲁士、俄国和其他地方。这些机构创造了各种网络来分享科学研究,也创办杂志来发表科学成果。科学应当为人类利益服务,是18世纪启蒙运动的口头禅。然而,即使在工业革命的第一个世纪,大多数重要的科学和技术突破是热情洋溢的个人的成就,像詹姆斯·瓦特那样,他们有时候受到富有企业家的资助。

19世纪,科学和技术开始更系统地结合在一起。科学本身经历了重要转变,因为十分明显的是,一些深刻的思想——比如达尔文的自然选择理论(1859年首次发表)或詹姆斯·克拉克·麦克斯韦(James Clerk Maxwell,1831—1879)在19世纪60年代对电磁能做出的数学叙述或热力学的发展——表明,过去看似相互独立的科学领域存在根本统一性。同时,政府和大型商业公司逐渐把科学视为创新、财富和力量的一个强有力来源,它们开始更系统地组织科学研究。尤其在德国,科学在大学——比如威廉·冯·洪堡(Wilhelm von Humboldt)于1810年创立的柏林大学——获得更重要地位。尤斯图特·冯·李比希(Justus von Liebig,1803—1873)成立了最早的大学化学实验室之一,这种活动不仅激励大学学者进行教学,也激励他们从事创新研究。19世纪后期,商业公司开始建立它们自己的实验室。1874年,拜耳公司(Bayer company)建立了德国最早的商业研究实验室之一,两年之后,托马斯·爱迪生(Thomas Edison,1847—1931)在新泽西的门洛帕克(Menlo Park)建立了他自己的研究实验室。

到20世纪,出色的科学和技术是军事、经济和政治力量的重要组成部分,这一点已经变得十分明显。政府为了改善武器和炸药而支持研究;美国政府的曼哈顿计划是当时为止规模最大的、由政府组织的研究项目。在其鼎盛时期,该计划雇用了4万多名人员在大约40个不同机构从事研发原子武器的工作。苏联政府也迫不及待地资助了相似规模的研究。尤其在资本主义世界更商业化的环境中,主要的政府方案——尽管军事目的是最重要的动因——通常会促进民用技术的显著发展。雷达、电脑芯片、计算机、卫星技术以及电子革命的其他许多要素,都是一开始受到政府军事需求推动的研究带来的产物。

今天,科学是所有工业化社会的一种主要活动。依据一项估计,在所有科学家中,生活在现代的人数占80%到90%。在21世纪早期,欧洲核子研究组织(the CERN)的大型强子对撞机(在第1章讨论过),就是日益主导研究领域的大规模合作研究的典范。参加超环面仪器(Atlas)——欧洲核子研究组织的大型粒子探测器之一——的科学家超过1900人,他们来自35个不同国家的164个不同研究机构。或许,最引人注目的在于,欧洲核子研究组织以纯粹科学研究为宗旨。

12.4 第三部分:发展和工业化对生活方式和社会的影响

发展和工业化已经改变了人们的生活方式。在21世纪早期,尽管还有数百万人生活在贫困之中,不过,数量惊人的人口逐渐享受到物质繁荣带来的好处,在人类历史上一切更早的时代，人们只能够把这种生活当作一种理想而已。

农民的衰落

1994年，伟大的英国史学家埃里克·霍布斯鲍姆（Eric Hobsbawm, 1917—2012）写道："20世纪后半期最显著的、影响最深远的社会变化，也是把我们与过去世界永远区分开的变化，就是农民的消亡。"①

在整个农业时代，大多数人是农民，社会资源的绝大部分由他们生产。如果你恰好出生在那个时代，那么，很有可能的是，你生活在一个农民家庭，家庭成员的食物来自封建领主提供的一小块土地，你的家庭需要向这位领主缴纳贡赋或服劳役或缴纳现金。晚至1800年，大约97%的人口仍旧生活在不足2000人的定居区，大多数人都是农民。但是，事情很快会发生变化，因为无处不在的工业化摧毁了农民阶级，农民无法与商业化的农场主竞争，只得出售他们的土地，被迫成为乡村或蓬勃发展的工业城市的工资劳动者。决定性转变发生在20世纪。到20世纪中期，只有不到75%的人口住在不到2万人的定居区，到2000年，只有一半人口住在小型共同体中，这种现象在人类历史上还是头一次出现。我们已经成为城市物种。农民的生活方式——在此前1万年大部分时间，它塑造了大多数人的生活经历——正在逐步消亡。

对于被赶出土地的农民——他们通常进入贫穷、危险、肮脏和污染严重的城镇和城市环境中——来说，变化是破坏性的和残酷无情的。然而，对于他们的子孙后代来说，变化最终会提高物质生活水平，因为城市会变得更富裕、基础设施会扩大、干净的水和电会得到供应、医疗卫生和教育变得更容易、工作机会也会越来越多。慢慢地，城市——它们一度是农民工的死亡陷阱——提供了比乡村更多的机会和更好的生活条件。

资本主义的发展

越来越多的人的生活水平逐渐提高，为了了解其中的原因，首先考察一种新型资本主义——我们可以称之为**消费资本主义**——的发展不无助益。在19世纪晚期和20世纪早期，马克思之类的社会主义者宣称，资本主义在劫难逃，因为它通过不断残酷地剥削工资劳动者或无产阶级来创造它自身的财富。社会主义者声称，有购买力的工人越来越少，而资本主义工厂生产的产品却越来越多，由于卖不出去，也就没有利润，因此，资本主义体系最后会轰然坍塌。社会主义者还认为，随着生活和工作条件的恶化，作为一个整体的工人阶级会变得更具有革命性。资本主义永远不能让工人富裕起来。

在某种意义上，上述观点背后的思维是农业时代的残留物，与促使欧洲列强激烈争夺

---

① Eric Hobsbawm, *Age of Extremes: The Short Twentieth Century, 1914—1991* (London: Little, Brown, 1994), 289.

殖民地、原料和市场的思维相似。两个群体都认为，可用资源如此有限，以至于不同阶级或国家必须为此展开争夺。然而，正如我们所见到的，生产力在19世纪和20世纪的极大提升，逐渐削弱了这种传统思维模式，同时把亚当·斯密的如下梦想变成了现实：商业竞争带来的发展最终惠及越来越多的人。

20世纪，生产力的增长速度超出所有人的想象。事实证明，随着生产力的提高，一方面，资本家和政府的财富依然在增加，另一方面，财富也扩及更多中产阶级和工人阶级群体。在美国，这些变化在20世纪早期就已经出现。曾经被视为奢侈品的产品，比如汽车，现在价格低廉，足以进入普通工人的家庭，尤其当银行愿意提供宽松信贷，而工资在工会活动的压力下得以增加时，更是如此。消费资本主义是一种如此多产的资本主义，以至于它能够向创造社会绝大多数财富的工人阶级出售价格低廉的产品。当工人阶级的生活水平提高时，消费品市场也扩大，而工人阶级的异化和敌对情绪在减少，革命的社会主义意识形态的魅力也在减弱。这个公式让如下事情成为可能：在20世纪晚期，持续的增长和政治稳定性在最发达的资本主义社会结合在一起。

为了支持消费资本主义，零售网点、广告业以及消费信贷（所有这些早已存在了许多世纪）开始向越来越多的人提供服务。19世纪70年代，第一家广告公司在美国成立。早在19世纪30年代，第一家百货公司就已经在巴黎成立，到19世纪50年代，它们大量出现在俄国的城市，到19世纪90年代，它们也现身东京银座，10年之后，上海也有了百货公司。它们一开始吸引的是富裕的中产阶级消费者，到20世纪，更广大群体成为百货公司的顾客。消费资本主义代表着一种伦理革命，因为它赞美消费和奢华，而不是鼓励克制和节俭，即农业社会的传统美德。

人口的变化

家庭是最亲密的人类共同体，它们在适应现代城市化工业社会时，也发生了改变。

在大多数农业社会，父母尽可能多生孩子是有道理的，原因在于，孩子是农民可以控制的一种生产性资产。孩子很有价值，因为父母可以在他们很小时就派他们去农场工作。不过，在所有农业社会，婴儿死亡率都很高，因此，为了让拥有三到四个孩子的机会最大化，妇女必须尽可能的多生小孩，因为大家都知道，其中一些会夭折。正如我们已经了解到的，这些规则带来的后果就是，在整个农业时代的大多数社会，妇女的大部分时间不是用来生孩子，就是用来养孩子。孩童死亡率很高，生育率也不低。

19世纪以来，得到改善的卫生、食物生产和卫生医疗，以及疾病免疫力的全球交换，提升了工业化程度较高社会的婴儿存活率。在许多农村地区，死亡率下降，随着更多孩童存活到成年，人口数量也开始飙升。最终，人口出生率即出生人数也开始下降。其中的原因很复杂。在工业环境中，孩童对家庭预算的贡献较少，尤其当他们必须上学时，更是如此。随着小孩抚养费用的提高，以及他们存活几率的增加，多生养小孩的动机也减少。

新的避孕形式也有助于降低出生率。自19世纪30年代，工业生产的橡胶避孕套就出现了；20世纪，又有了新的避孕工具，其中包括20世纪60年代首次使用的避孕丸。渐渐地，妇女可以选择她们生养孩子的个数，更多的妇女选择生养更少的小孩。19世纪晚期以来，出生率开始下降，这种现象最初出现在工业化和城市化程度更高的地区。然后在20世纪晚期，出生率再次出现下降，而且更具有决定性，也涉及世界更广泛的地区。这些变化即所谓的**人口转型**（demographic transition），创造了一个新的、低死亡率和低出生率的人口世界。家庭的小孩越来越少，人口增长率（在20世纪60年代达到顶峰）开始回落，到2000年，超过30个国家的人口增长率为零。根据人口学家的预测，在21世纪某个时刻，全球人口增长率会降为零，人口总数大约稳定在90亿到100亿之间。此后，全球人口或许会再次下降。

人权和不断提高的生活水平

生孩子压力的减少、义务教育以及对人际暴力的日益敌视，改变了男女之间的关系。妇女找到了更多机会来承担家庭之外的角色：工资劳动者或者此前为男性主导的职业角色，比如教育、医疗甚至政治上的角色。在民主国家妇女先后获得选举权：首先在新西兰（1893年）和澳大利亚（1902年），然后在芬兰（1906年）、俄国（1917年）、英国（1918年）以及德国和美国（1919年）。到20世纪末，民主国家或伪民主国家的妇女都拥有了投票权。男女之间角色的截然区分——它塑造了农业时代的生活——开始瓦解，在工业化程度较高地区，这种现象尤为明显，然而即便在那里，妇女在21世纪早期的工资水平依旧低于男性。

对这本著作的大多数读者来说，我们已经描述过的长期趋势似乎是积极的。它们为更多的人增进了福利、财富和自由。然而，我们不可以夸大这种成功。正相反，今天的庞大人口意味着，与以往相比，有更多的人生活在可怕的贫穷状态。2005年，31亿人口（即100年前世界人口数的两倍）每天的生活费用不足2.5美元。工业革命以来，贫富之间的差距也在扩大，20世纪更是如此。这种现象的主要原因在于富者愈富。据估计，在1800年，最富裕国家的人均收入是最穷国家的2倍到3倍；1900年是12倍到15倍；2002年为50倍到60倍。2005年，世界最富有的20%人口占了所有私人消费的77%，而最贫穷的20%人口只占1.5%。

即便如此，我们还是有好消息告诉大家：过着中等舒适生活的绝对人口数量以及他们在总人口中的比例，比以往都有较大增长。从我们这个物种的角度来看，这是一种巨大的技术、组织和道德成就。就提高世界人口的生活水平而言，20世纪所做的似乎比过去任何时代都要多。

12.5 第四部分：人类世与人类对生物圈的影响——发展是可持续的吗？

然而，这些成就有多安全呢？发展（growth）一词反映了一种人类的视角：它意味着人类为了自身利益而控制的资源的增长。从生态学视角出发，20世纪的宏大故事所讲述的，是一个物种如何突然开始支配整个生物圈的能源和资源。人类的"发展"意味着其他许多物种在可用土地、食物和栖息地上的损失。人类的活动也逐渐动摇了非生命的地质和气象体系，比如水的运动、气候变化模式或碳和氮古老的生物化学循环。

人们能够源源不断地从生物圈获取更多资源吗？发展是否已经开始威胁到现代社会基于其上的生态基础呢？

人类惊人的科技创造力所产生的巨大能量，是否真的处于人类的控制下，我们对此并不十分清楚。或许，我们物种已经获得的危险能量的最恐怖体现，就是核武器的发展。到1986年，世界上核弹头差不多有7万枚，它们基本上都保存在美国和苏联军火库中。一旦被使用，这些武器会给生物圈带来可怕的破坏。在20世纪，人类社会走到了全面核战争的危险边缘。1962年，苏联政府同意部署核武器来保护它的盟友，即古巴，一个从1959年以后由菲德尔·卡斯特罗（Fidel Castro，1926—）统治的社会主义国家。美国总统约翰·F·肯尼迪（John F. Kennedy，1917—1963）下令封锁古巴，以阻止核武器运入该国，在几天时间里，世界处于核战争边缘。最后时刻，尼基塔·赫鲁晓夫（Nikita Khrushchev，1894—1971）领导的苏联政府做出让步，命令苏联船只返航。此后，超级大国之间还有几次濒临核战争的边缘，有时候仅仅出于误解。这些武器在21世纪早期依然存在。2010年，俄国和美国依旧让数百核武器处于"一触即发的状态"，这意味着它们在15分钟内就会发射出去。迄今为止，我们避免了核战争，但是仅此而已。

我们这个物种日益增长的生态力量还有其他各种体现，它们并不那么明显。19世纪，人类开始人工合成对自己有用的化学产品。在20世纪，合成的新化学制品达到了1000万件，或许其中15万件属于商业上的生产和使用，包括从杀虫剂和肥料到人工橡胶、塑料制品和合成纺织品。20世纪80年代，人类终于认识到，其中一些化学物质——所谓的氯氟烃（chlorofluorocarbons，缩写为CFCs），主要用于气雾剂、空调和冰箱——正在散发到大气中，也正在破坏那层薄薄的、保护地球表面免遭危险的紫外线伤害的臭氧层。关于臭氧层正在出现一个空洞的科学证据，最终促成了一次国际行动，1987年，联合国支持的一项协定敦促全球逐渐停止使用CFCs。自此之后，全球CFCs的生产几乎下降到零，因为人类已经找到了它们的替代物；当前的证据表明，臭氧层空洞没有继续扩大。这个故事不但说明了潜在问题的规模，也说明了解决这些问题可能需要的各种方法。

人类的活动——不仅仅指农耕——也改变了地球的土壤。与侵蚀、冰川作用和造山运动等自然力量相比，在更强大的内燃机帮助下的矿工、道路建设者和堤坝建造者能够在更大规模上移动土壤。在20世纪，人类用水量增长到原来9倍，当前，我们使用蓄水层储水的速度，是它们再生速度的10倍。几十年之内，世界许多巨大的蓄水层会干涸，其中也包括美国的奥加拉拉蓄水层（the Ogallala aquifer），它从达科他州一直延伸到德克萨斯州。

当我们从生物圈获取越来越多资源之际，其他物种感受到了压力。最具破坏性的是人类更多地使用和改变了其他物种的栖息地，因为人类平整地面来修建道路和城市，砍伐森林或者犁耕土地来开展农业。对**生物多样性**（不同物种的数量）下降速度做出的估算是粗略的。不过，最近几十年，许多研究都在探究这个问题。依照国际自然保护联盟在2010年的一项估计，现在生物灭绝的速度，大约是地球晚近历史时期生物灭绝速度的1000倍。这种速度接近过去6亿年发生的5次生物多样性迅速消失时期的速度。在迄今为止受到评估的超出47000种有可能灭绝的物种中，三分之一或17000种物种在不远的将来有灭绝的可能。在大约5500种哺乳动物中，超过700种（13%）是"极度濒危"或"濒危"物种，另外500种（9%）是"脆弱的"（参见图12.6）。此外，大约70%的珊瑚礁——地球上最多样化的环境之一——正在受到威胁或者已经遭到破坏。正在减少的生物多样性不仅仅是一个美学问题，因为许多物种在生物圈的维护中扮演了十分重要的角色。比如，蜜蜂对于粮食作物的授粉至关重要。

稳定的气候让农耕文明兴盛了几千年，现在，我们开始以各种方式改变大气，它们有可能在下个世纪对全球气候和海平面产生深刻影响。关键的变化似乎是大气中温室气体——比如二氧化碳和甲烷——含量的增加。这些气体吸收和保留太阳热量，减少反射到太空的热量，因此，它们含量的增长往往会抬升全球平均温度。更多化石燃料的使用，也意味着在短短几十年把几亿年以来储存在化石燃料中的碳排放到大气中。仅仅在20世纪，二氧化碳的排放量就增长到原来13倍。

对大气成分长期变化的研究表明，

图12.6　正在减少的生物多样性。绒毛原狐猴是一种只生活在马达加斯加北部的狐猿，也是地球上最罕见的哺乳类物种之一，野生的只有几百只，动物园没有它们的身影。猎杀和它们栖息地的破坏似乎让这个物种无法在野外生存

1800年以来，二氧化碳开始超过大约80万年以来的正常水平（参见图11.1和第13章）。1900年到2000年间，大气中二氧化碳的含量从大约295 ppm（parts per million）上升到近370 ppm，含量大大超过过去100万年的标准水平。预测这种变化的长期影响并不容易，不过，气候科学家达成了一种广泛共识，即这种含量肯定会带来平均气温的长期增长，从而导致海平面上升（部分因为极地冰川的融化，部分因为日益变暖的海洋的扩大）和全球气候变化。

最令人感到不安的事情在于，对过去几百万年的气候史研究表明，气候变化并非必然就是和平的过程。这种过程中存在一些临界点，即突然的迅猛变化时刻，那时，积极的反馈循环被抛弃，变化会以极快的速度发生，比如最后一次冰期末期的变化。例如，极地冰川的融化减少了反射阳光的面积，增强了这些地区吸收阳光的能力，也加速了更多冰川的融化。同样，冻原地带的融化会排放大量甲烷，与二氧化碳一样，甲烷也是一种强有力的温室气体，它会加速变暖的过程，反过来，这又会加速冻原地带的融化，如此等等。

我们改变环境的力量在快速增长，而在了解这些变化所造成的影响以及我们改变经济的能力方面，明显滞后很多。

小　结

人类世时代这个观念是一种有力的方式，我们可以据此思考在20世纪所见到的加速变化的深层意义。我们在第4章和第10章已经讨论过，荷兰气候学家保罗·克鲁岑（Paul Crutzen）认为，我们在1800年以后进入了一个新的地质时代，即人类世，在这个时期，我们这个物种开始成为生物圈的主宰。2008年，一群杰出的科学家声称，国际地层委员会（正式鉴定地质年代的机构）应当考虑在地质时间表上采用这个新的时期。他们宣称，人类世与此前全新世的显著区别在于，人类在没有充分理解自己所作所为的情况下，已经开始改变大气的化学成分；动植物的活动范围、多样性和分布；水循环的本质；以及侵蚀和沉降的重要进程。在近40亿年时间，我们成为第一个有能力独自改变生物圈的物种。

现在看来，人类很可能使用了通过光合作用进入生物圈的总能量的25%到40%。换言之，生物圈全部能量预算的四分之一到二分之一，都按照一个物种的怪念头分配。所有这些意味着，我们物种的出现是一道门槛的标志，这道门槛不仅对我们很重要，而且对地球史也相当重要。约翰·麦克尼尔在他的20世纪环境史作品中宣称："在不知不觉之中，人类已经在地球上进行了一次巨大的、不受控制的试验。我认为，这种试验终有一天会成为20世纪历史最重要的内容，其重要性超过"二战"、共产主义事业、大众识字率的增长、民主体制的扩大或者妇女的不断解放。"[①]

[①] McNeill, *Something New under the Sun: An Environmental History of the Twentieth-Century World*. New York: Norton, 2000, 4.

有人对以上数据做出了悲观主义解释，他们认为，我们已经启动了不再受我们控制的变化。詹姆斯·拉夫洛克（James Lovelock）声称，一切已经太晚。事实上，拉夫洛克多年来一直主张，我们不能把生物圈当作消极的客体；它是一种复杂的、不断演化的超级有机体，它会对人类的行为做出反应，而采用的方式可能并非总是让我们感到高兴。用拟人化的方式来说，在必要时，它会保护自己、反抗我们。

如果悲观主义者是正确的，那么，我们现在处于某种全球交通事故之中；事件发生得太快，政府、商业公司和消费者来不及对它们做出适当的反应，也来不及就如何做出反应达成全球共识。这意味着发展本身不再是可持续的吗？如果这样，这是否意味着中国和印度之类的国家——它们的更多人口开始享受到现代革命的好处——需要对创造这种好处的发展做出限制呢？或者率先完成工业化的国家，即对这些生态问题负主要责任的国家，应当为此付出代价（甚至通过部分去工业化的办法）？或者整个世界都放弃现代革命的好处，返回农业时代——那时的可用资源十分有限，最有希望的"发展"形式就是通过战争夺取邻邦的资源？

另一方面，或许集体学习——我们物种的明确特征——使人类能够创造新技术和新策略来避免生态灾难。遗传工程允许我们生产直接将煤炭转变为天然气或将垃圾变成能量或吸收大气中二氧化碳的细菌吗，或者通过核聚变反应生产廉价能源吗？与工业革命创造的大型机器相比，纳米技术可以创造出更强大、运行成本更低的微型机器吗？政治家会提出新的全球合作形式来解决这些问题吗？会出现某种与人口转型（人口增长变慢）相应的"消费转型"（消费变慢）吗？

乐观主义者指出，与以前相比，人类现在拥有更好的知识和更好的装备来处理他们面临的问题。甚至在50年前，人们很少意识到环境问题的紧迫性。今天，这种意识已经遍及全球，世界各地的政府都很清楚，全球合作是解决这些问题的必然途径。这种合作的诸多困难尚有待克服，不过意识已经出现了。如果有一个物种可以解决我们制造问题的一部分，那么，它必定是地球上具备集体学习能力、能够在超过70亿人口的全球共同体中分享观念和知识的物种。

本章问题

1. 你认为20世纪最重要的发展是什么？为什么？
2. 人类与生物圈的关系在20世纪是如何变化的？
3. 从资本主义与共产主义在20世纪展开的漫长竞争中，我们得出的最有意思的经验教训是什么？
4. 资本主义的本质在20世纪发生的最重要变化是什么？
5. 人类社会在20世纪的最突出成就是什么，最重大的损失又是什么？
6. 20世纪最重大的创新是什么，人类生活方式发生的最重要变化是什么？

关键词

Biodiversity　生物多样性
Cold War　冷战
Communism　共产主义
consumer capitalism　消费资本主义
demographic transition　人口转型
fascism　法西斯主义
gross domestic product（GDP）　国内生产总值
Marxism　马克思主义
nuclear weapons　核武器
protectionism　保护主义
socialism　社会主义

延伸阅读

Berkshire Encyclopedia of World History. Edited by W. H. McNeill et al. 5 vols. Great Barrington, MA: Berkshire, 2004.

Bulliet, Richard, et al. *The Earth and Its Peoples: A Global History*. 2nd ed. Boston: Houghton Mifflin, 2003.

Christian, David. *Maps of Time: An Introduction to Big History*. Berkeley: University of California Press, 2004.

Crosby, Alfred W. *Children of the Sun: A History of Humanity's Unappeasable Appetite for Energy*. New York: Norton, 2006.

Crutzen, Paul. "The Geology of Mankind." *Nature* 415 (January 3, 2002):23.

Diamond, J. M. "Human Use of World Resources." *Nature* 6 (August 1987):479–80.

Ferguson, Niall. *Empire: The Rise and Demise of the British World Order and the Lessons for Global Power*. New York: Basic Books, 2004.

Headrick, Daniel. *Technology: A World History*. Oxford: Oxford University Press, 2009.

Hobsbawm, Eric. *Age of Extremes: The Short Twentieth Century, 1914–1991*. London: Little, Brown, 1994.

Maddison, Angus. *The World Economy: A Millennial Perspective*. Paris: OECD, 2001.

McNeill, John. *Something New under the Sun: An Environmental History of the Twentieth-Century World*. New York: Norton, 2000.

Tignor, Robert, et al. *Worlds Together: Worlds Apart*. 2nd ed., Vol. 2. New York: Norton, 2008.

Big History

第 13 章

更多门槛？

未来的历史

考察大图景

从现在开始……

- 我们可以对接下来 100 年有怎样的期待？
- 人类能够对接下来 100 年发生的事情产生多大影响？
- 我们能够对接下来几千年做出怎样的预测？
- 我们了解太阳系或宇宙史的未来吗？如果可以，如何做到这一点呢？

未来的历史这个观念，似乎确实是一个悖论。未来怎么可能有历史呢？描述未来可能如何发展的做法是合理的吗？通常而言，史学家只关注过去，不思考未来。

有小部分人避免去思考未来，传统史学家或许就是这类人。自然选择已经让人类和动物具备了预测能力；事实上，记忆的发展不仅仅可以让我们记住过去，也有助于我们预测未来，因为对许多动物（包括我们的祖先）来说，生存有赖于正确回答一些问题，比如"外面有美洲豹吗？"股票经纪人、赌徒、占星家和赌马的人，都从他们的预测能力中获益。政治家必须预测他们认可的政策可能带来的各种后果：能源税会减少二氧化碳排放吗，抑或会压制经济发展？哪一种结果对我们子孙的幸福更重要呢？人们不可能规避对未来的思考，因为我们的决定和行动会影响我们子孙后代乃至整个社会的生活。

大历史为我们提供了一种极好的视角来严肃思考未来。既然我们已经考察了138亿年时间中一些宏大的趋势，那么，如果我们不想任由人类挂在悬崖上的话，窥探一下未来似乎是自然之举，也是不可避免的。此外，我们现在可以使用大历史视角，这在人类历史上尚属首次。

在本章中，我们将未来分为三部分。第一部分考察近期的未来，即下一个100年，在后两部分中，我们探究中期的未来（接下来几千年）和遥远的未来（接下来几十亿年）。各种趋势很容易用来预测近期的未来；中期未来离我们太远，难以看清楚；然而，令人奇怪的是，天体物理学家能够自信地描述遥远的未来，尽管人类不会体验到它。

不管考察哪一部分未来，我们都得万分小心。未来确实很难预测；不存在把握十足的赌博。甚至当前的现实也是模糊的，未来更是如此。量子物理学告诉我们，最微小的粒子都没有确定的位置。在更大的规模上，复杂性理论家指出，体系越不稳定，偶然性就越大。我们很容易找到一些不着边际的预测；比如：

1900年，当汽车变得更加有效和可靠时，爱德华·W·伯恩（Edward W. Byrn）却认为，没有马匹，人类永远无法融洽相处。（不过，他可能是正确的。）

1952年，一些人认为，电脑（electronic brains）很快就会决定谁跟谁结婚，婚姻也将更幸福。

1976年，赫尔曼·卡恩（Herman Kahn）预测，21世纪是一个美好的高科技世界，所有人达到了他所在的纽约市郊区斯卡斯代尔（Scarsdale）的生活水准。

预测通常不会成功，不过，那些仔细思考未来的人，有时候能够找出它的一些重要特征：

1896年，瑞典化学家斯万特·阿伦尼乌斯（Svante Arrhenius）声称，大气中二氧化碳就像一条毯子那样让地球保持温暖，几年之后，他又意识到，化石燃料的燃烧会让地球变暖。

1962年，蕾切尔·卡逊（Rachel Carson）在她创作的《寂静的春天》中，呼吁人们关注杀虫剂造成的破坏。

1971年，弗朗西斯·穆尔·拉佩（Frances Moore Lappe）出版了《一个小行星的饮食》，她在书中指出，如果人们少吃肉多吃素，那么所有人都有食物可吃。

1974年，莱斯特·R·布朗（Lester R. Brown）——曾经是新泽西州西红柿农场主——在洛克菲勒基金会的资助下创办了世界观察研究所，以监控不断增加的人类足迹或人类对环境的影响。

对未来进行合理思考的基本程序可能如下：从现存的趋势出发，看看我们是否能够利用它们合理地预测未来。毫无疑问，诀窍在于正确分析现存的趋势。那一直是我们这本著作的目标，现在我们把它用于思考近期的未来。

13.1 第一种未来：近期的未来

我们发现，人类历史上农业时代一再出现的模式之一，就是马尔萨斯危机（参见第6章和第10章），危机爆发期间，人口增长在速度上快于食物生产，由此导致饥荒、战争和人口减少。还有一个更大的模式，即复杂性的不断增加，在这个模式中，更多的能量流经各种体系，同时也出现了数量更多的构成部件。我们在现代时期也会遭遇新的马尔萨斯危机吗？人类社会会变得更复杂并且（或许）更容易崩溃吗？

21世纪早期，许多迹象表明，随着支撑全球文明的化石燃料逐渐耗尽，我们将面临一次重大的马尔萨斯危机。从比较宏观的视角来说，地球气候的变化如此迅速，以至于我们可以说，人类已经走到了大约1万年以来相对稳定的气候的终点，这意味着，我们现在处于一个更不稳定的、快速变化的时期的边缘。

与此同时，正如我们在前一章所见到的，人类活动对地球的影响非常巨大，因此，一些地质学家宣称，全新世（最后一次冰期以来的1万年）已经终结，人类世开始了。

为了讨论近期的未来，我们首先得描述我们在长期时刻表中的位置，然后考察积极方面和消极方面，最后探究下一个100年要回答的一些关键问题。

现 状

当前，许多人以大量证据论证道，人类以往的行事方式不会持续太久，工业化社会的整个事业——以燃烧化石燃料为基础、并且致力于无休止的发展——不再是可持续的，或者无法延续到任何长期的未来。

这种结论的原因是复杂的、多维度的和相互联系的。我们在后面"不祥的趋势"部分会更详细地描述它们，不过，这些原因可以概述如下。人口不断增长，尽管速度有所减慢；

食物供应变得更不稳定。石油供应将逐渐减少；一些人认为，现在的石油生产已经达到最高峰。植物、动物和其他生命灭绝的速度很快，以至于有人宣称这是第六次大灭绝。许多生态系统遭受的人为破坏已经超出了可持续性，而化石燃料的燃烧排放出来的二氧化碳，正在促进快速的全球变暖过程。

我们可以用**人类足迹**（human footprint）这个术语来表述上面的段落，它是指人类对地球再生能力——有时候称为地球的"承载能力"——的集体需求。根据美国国家科学院2002年一项研究做出的推断，在大约1980年，人类足迹可能首次超过了地球的承载能力。

许多科学家得出的结论是：在接下来几十年，人类面临一个选择，他们要么一如既往地前进，直到某种全球崩溃；要么寻找方法来避免崩溃，比如，更充分地控制自然，或限制人类的物质欲望，或把这两种策略结合起来。

美国生理学家贾里德·戴蒙德是关注崩溃的一个主要贡献者，他在2005年出版了畅销书《崩溃：社会如何选择成败兴亡》。在这本著作中，戴蒙德列举了几个因崩溃而陷入战争、疾病、饥荒和生态破坏的社会（格陵兰岛的诺斯人、阿纳萨齐人、拉帕努伊岛〔复活节岛〕、古典时期玛雅低地），同时也讨论了避免这种灾难的社会（格陵兰岛的因纽特人、印加、德川幕府时期的日本）。一些历史学家怀疑戴蒙德对过去成败的判断无法得到证实（参见麦卡纳尼和约菲合著的《质疑崩溃》），不过，大多数史学家相信，我们确实面临许多严重危险。

至于下一个100年全球崩溃是什么样子的，我们现在还无从知晓。在接下来的内容中，我们将描述指向崩溃的不详趋势，以及能够避免崩溃的积极趋势。

不详的趋势

新闻媒体为了销售它们的产品会夸大其词，非营利组织为了取悦赞助人也会夸夸其谈，在考虑过这些因素之后，我们也得承认，一些趋势确实是危险的和不祥的。在这部分内容中，我们从四个方面来概述它们：人口增长，化石燃料的有限性，气候的不稳定性以及生态系统的破坏。

人口增长

人口在晚近的增长速度前所未有（参见第12章）。1950年到1990年间，人口在短短40年时间就翻了一番。1990年之后，增长速度下降，人口数量现在每58年翻一番（参见图13.1）。此前的人类历史还从未出现过人口在一个人有生之年增加一倍的现象，然而，在今天，年龄超过60岁的人都见证了这一点。

没有人知道未来人口数会是多少，因此，联合国做了一系列预测。在它的近期预测中，世界人口的中间估计值为2050年的89亿，最高估计值为106亿，最低估计值为74亿，最低值假定世界各地的人们很快会转向低于替代水平的生育率（每对夫妻生育的孩子数）。

如果生育率只是下降到替代水平（或者说每对夫妻大约2.1个孩子），那么，人口还会

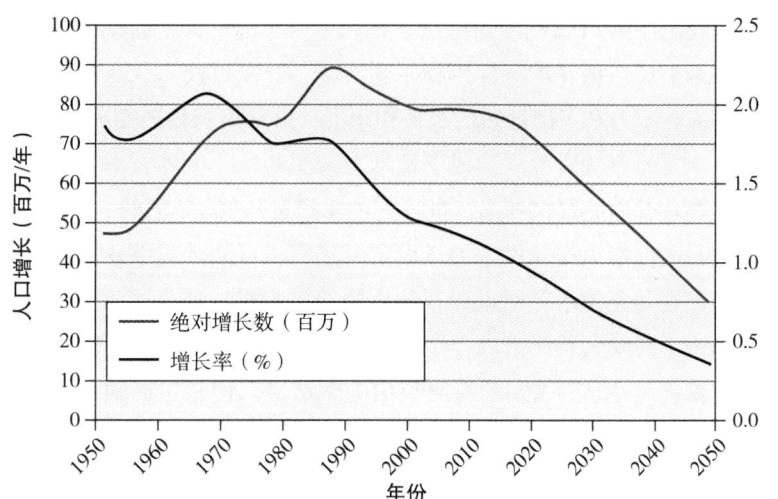

图 13.1 1950 年到 2050 年间世界人口增长率（估计值）。最近几十年，大多数国家的全球人口增长率（人口增长在世界人口中的比例）已经下降。1965 年的增长率大约为 2%，2010 年大约为 1.2%。但是，每年的人口增长数依然与 1965 年相当！

继续增长 70 年。因为孩童和年轻的、处于生育年龄的人，在今天的人口中占较大比例，而这又是最近人口增长的结果。这种现象被称为"人口膨胀"或"人口惯性"。

人口预测在不同国家呈现出巨大差异。在包括西班牙、日本、俄国和德国在内的一组国家（大约有 33 个国家），人口预计会保持稳定或有所下降，因为生育率在下降。在包括莱索托和斯威士兰在内的另一组国家，人口也在减少，因为死亡率在上升。其他一些国家——包括中国和美国——已经把生育率降低到了替代水平，不过，由于前面提到的人口膨胀，它们的人口仍然在增长。还有一些国家，尤其非洲和其他不发达地区，人口继续快速增长，尽管出生率在下降。如果下降趋势持续下去的话，到 2050 年，它们的人口增长会降低到替代水平。

从 2000 年到 2100 年，随着欧洲人口在全球人口中的比例从 12.0% 下降到 5.9%，非洲的比例从 13.1% 增长到 24.9%（几乎增加一倍），世界人口分布将发生引人注目的改变。2050 年之前，北美人口会通过接纳移民而不断增加；此后，联合国的预测排除了进一步的移民人口。到 2100 年，联合国预测的最高人口值为 140 亿，适中的数值为 90 亿，最低数值为 56 亿。

世界人口绝对数是人类足迹的一个因素；另一个因素是个体造成的影响（这取决于他们的消费水平）。发达国家的公民消费远远超出发展中国家的公民消费。如果中国达到 2005 年美国的消费水平，人类对地球的影响有可能倍增。因此，在衡量我们对生物圈的影响时，消费水平与纯粹的人口数量一样重要。

化石燃料的有限供应

直截了当地说，我们可以用"廉价石油的终结"来概述这部分内容。石油生产已经达到最高点了吗？没有人知道。乐观主义者认为，至少 2020 年之前不会。悲观主义者宣称，产量已经达到最高值。石油不会完全耗尽；它的开采成本会越来越高，而供不应求的状况会促使油价飙升。

我们在第11章已经讨论过，在几千万年前的某个时期，当融化的冰川淹没低地时，石油逐渐形成。微小的海洋生物（颗石藻、硅藻以及有孔虫类）沉入海底，形成沉积物，在上部岩石压力和下部地热的双重作用下，这种沉积物转变成石油。

主要的石油资源只形成于地球上某些地区。世界石油储量25%来自沙特阿拉伯，中东占有剩余石油储量60%强。世界石油年产量从100年前约1亿桶增加到现在约200亿桶。

石油价格由市场供求力量设定。然而，石油供应由各产油国的政府决定。1960年，为了与苏联和美国争夺对世界石油市场的控制权，11个国家成立了一个企业联合（一些竞争公司为了共同利益而组成合作性集团），即石油输出国组织（OPEC）。该组织的成员国努力就石油产量达成一致；沙特阿拉伯的储量足以使它生产廉价的石油，因此，它能够通过迅速增加或减少产量来影响油价。在最近几十年，石油产量出现三次急剧下跌——1973年到1974年阿拉伯石油禁运时期（对第四次中东战争做出的反应）、1979年伊朗革命时期以及1991年海湾战争时期——每次下跌都引起美国和世界经济的短暂萧条。

如果我们把所有化石燃料（石油、煤炭和天然气）考虑在内，那么，我们发现，到2009年，它们占全球生产的所有能源的80%，**可再生能源**（来自阳光、风力和水力等可再生资源的各种能源）占12%，核能占8%。美国人口大约是世界人口的4.5%，但是使用了世界石油的20%，同时，美国一半以上的电力以煤炭为燃料。德国和日本不产石油，它们制定了节能政策，鼓励更经济地使用能源，尽管这些社会也会挥霍一些石油。

化石燃料不仅创造了我们的电力、驱动了我们的汽车，它们也有助于供养世界上70亿人口。化石燃料提供的能源被用来制造现代农业的肥料。它们抽出地下水，为那些把农作物送到厨房的拖拉机和其他车辆提供动力。它们被用来生产和配送杀虫剂与除草剂。总有一天，剩下的化石燃料将无法以合理成本加以开采。与石油相比，煤炭和天然气的那一时刻会更遥远一点。在从化石燃料向其他能源形式的转变过程中，世界上的人们等待的时间越长，和平和秩序就越少，转变必然变得更混乱和暴烈。让文明远离正在支撑它的燃料，同时又不破坏现代工业文明，这么做或许困难重重，就像当初发展这种文明那样。

不稳定的气候

碳是地球上生命的核心元素，然而，在我们时代，它已经威胁到过去1万年维系人类社会的相对稳定的气候。怎么会这样呢？

气候研究技术的最新发展——冰核取样、对大气中二氧化碳的长期测量——表明，气候变化是宏大历史的常态，过去1万年是相对稳定期，尽管存在一些波动。20世纪早期，少数科学家预见到了燃烧化石燃料排放出来的二氧化碳会引起全球变暖。他们欢迎这种升温，因为正如前面的模式所显示的，一万年温暖期之后将出现另一个冰期。威廉·拉迪曼（William F. Ruddiman）等当代研究者现在认为，二氧化碳排放量的增加——原因在于农耕以来的森林砍伐以及工业化以来的煤炭燃烧——很可能阻止了地球重新回到增强的冰期。

由于气候通常按照自身的方式改变，因此，人类不愿意承认他们应当对气候在当前发生的任何变化负责。不过,到1970年为止,1958年以来二氧化碳年增长值得到直接的测量(参见图13.2)。科学家开始警告说,人类向大气中排放的二氧化碳(导致了温室效应)正逐渐对气候变化产生重大影响。1988年,联合国环境规划署(UNEP)和世界气象组织(WMO)成立了一个由世界著名气候科学家组成的团体,即政府间气候变化专门委员会(IPCC),旨在监视气候变化。尽管气候变暖现在已经得到政治和经济领袖广泛承认,不过,许多民众还没有接受这个现实。

为了理解**温室效应**,我们可以想一想停在阳光下的一辆汽车,它就像一间温室,因为太阳的能量进入汽车比逸出汽车更容易。地球大气中某些微量气体让地球变成了一间温室;它们保留了到达地球的太阳热量,而不是把它们反射回太空。如果我们的大气中没有这些微量的温室气体(水蒸气、二氧化碳、甲烷、臭氧、氯氟烃以及其他气体),那么,地球平均温度大约为零下11摄氏度,或者说远远低于冰点。其中的原因在于,地球大气的主要成分氮和氧并不吸收地球反射到太空的红外线热辐射。

在现在的地球大气中,二氧化碳的含量很小,仅仅为0.04%,或者说每单位体积380 ppm(干燥空气中二氧化碳分子数与分子总数的比例)。在地球历史中,二氧化碳含量一直在变

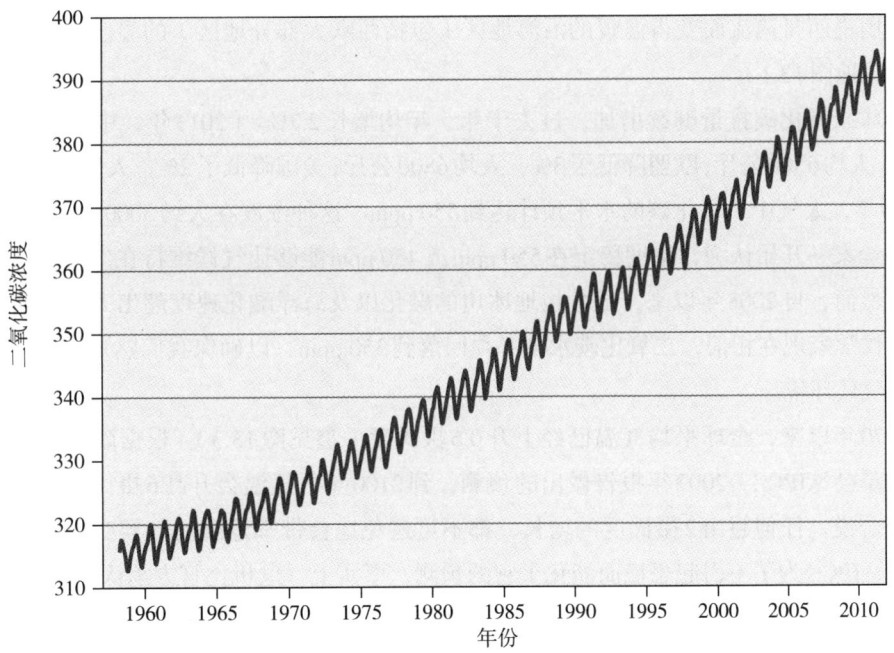

图13.2 大气中的二氧化碳,1957年到2010年。这幅图表——著名的基林曲线(the Keeling Curve)显示的,乃是夏威夷莫纳罗亚天文台(the Mauna Loa)测量到的大气中二氧化碳浓度。查尔斯·戴维·基林(Charles David Keeling,1928—2005)在斯克里普斯研究所(加州大学圣迭戈分校)工作。他是定期测量大气中二氧化碳含量的第一人,也是让世界关注二氧化碳含量增加的第一人。2013年5月,二氧化碳浓度在300万年时间里第一次达到400 ppm

化,从原初时期几乎清一色的二氧化碳到旧石器时代的190 ppm,再到工业革命启动之际的280 ppm。冰核样本——它们内部的气泡含有史前大气的微小样品——表明,在过去80万年,二氧化碳含量的自然变动范围处于180 ppm到300 ppm之间。我们由测量结果可知,2011年大气中二氧化碳含量将近400 ppm,比过去80万年任何时期都高,有可能比过去2000万年任何时期都高。

通过陆地和海洋变暖,地球气候对温室气体的增加做出了反应。海洋是最可靠的升温指示器,因为海洋的气温变化幅度没有大陆那般明显。美国国家海洋和大气管理局(NOAA)于2009年提交的一份报告指出,即使大气中二氧化碳水平突然开始下降,海洋——通过吸收热量而延缓了气候变化——至少还需要1000年才能够将吸收的热量重新释放到大气中。

调节地球气候的各种因素十分复杂,人类当前还无法理解它们。其中包括冰盖和海藻,冰盖直接把太阳光线反射回太空,海藻可以减少大气中的二氧化碳,不过,当气候变暖时,海藻不会大量繁殖。水蒸气让温度升高,云量则相反。当海水结冰时,盐分融入附近的海水中,这些海水重量增加,然后下沉。当它们下沉时,就会有较暖和的海水填补它们原来位置,由此形成一种循环模式,就像一条传输带在全球运行。这种循环也包括让佛罗里达和北欧变得温暖的墨西哥湾流(the Gulf Stream)。进一步的全球变暖将重新塑造洋流传输带,而现在因墨西哥湾流而变得温暖的沿海地区(包括西欧大部分地区)的温度,将会急剧下降(参见地图13.1)。

全球二氧化碳排量继续增加,过去十年,年均增长2.7%。(2011年,中国的排量增加了9%,人均6500公斤;欧盟降低了3%,人均6800公斤;美国降低了2%,人均15700公斤。)到2050年,大气中二氧化碳的水平预计达到550 ppm。这种浓度在大约3000万年前出现过。气候科学家一开始认为,浓度稳定在550 ppm或450 ppm能够让气候维持在生命可以适应的范围。然而,自2008年以来,随着极地冰川的融化以及海洋酸化速度超出人们预期,最主要的气候学家现在相信,二氧化碳水平必须回落到350 ppm,以确保我们熟知的生命有一个安全的气候环境。

1970年以来,全球平均气温已经上升0.6摄氏度(参见图13.3)。根据政府间气候变化专门委员会(IPCC)2007年报告做出的预测,到2100年,气温会升高6摄氏度。然而,科学家警告说,任何超出2摄氏度的增长,都不可避免地会带来危险的气候变化。一些科学家认为,IPCC为了不引起恐慌而淡化了它的预测,事实上,危机比官方承认的更糟糕。

据估计,不断上升的气温产生的影响,将是普遍性的,不过,对一些地区的消极影响大于另一些地区。可以想见,更高的温度会造成更怪异的气候、降低农作物产量、融化冰川(冰川为河流提供了水源,而河流又提供了灌溉用水)、引起海平面上升、带来更具破坏性的暴风雨、增加洪水泛滥、加剧干旱、引发森林火灾、促进热带疾病传播、促使海洋酸化以及改变各地的生态系统。就像个人发烧一样,地球气温每增加一度,就会给目前地球上的栖息者带来更大危险。在更高的温度造成的快速变幻的环境中,要想维持现在的生活水平是不可能的。

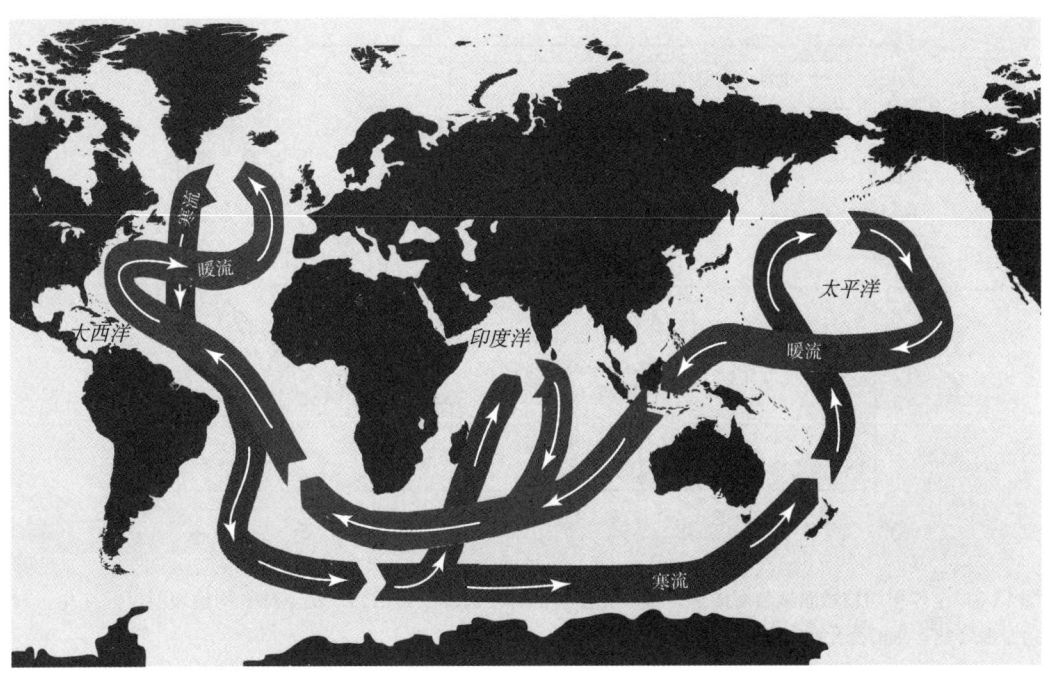

地图13.1　全球水循环。当海水在北极结冰时，它的盐分就会融入其他海水中，由于盐水比淡水重，它就会下沉，而较轻的、温暖的海水就会从热带地区向北流动，由此形成一种全球循环模式，即通常所说的传输带，它温暖了美国东部沿海地区和英伦三岛。如果北极结冰的海水较少，这种循环可能会受到破坏

被破坏的生态系统

人类在把吸收热量的气体排放到大气时，他们也在破坏支撑生态系统的其他部分。在**被破坏的生态系统**名单上，排在最前面的是水和土壤，它们是人类文明的根基。

世界各地的**地下水**正在枯竭和遭受污染。例如，印度食物供应的15%是通过开采地下水生产出来的；在美国中部，由于灌溉的原因，地下水位的下降超过了30米。随着冰川融化，许多地区在不久的将来会遭受洪灾，之后就会出现水资源的极度匮乏。就世界大部分农地来说，表土层的侵蚀速度远远超出地质进程的恢复速度。典型的例子是海地、莱索托、蒙古和埃塞俄比亚。在中国和非洲部分地区，沙尘暴日益频繁。在爱荷华州，表土层的厚度只有最早的欧洲殖民者踏上北美土地时的二分之一；农民已经替换了化肥。人们知道如何以生态进程来避免土壤恶化，但是这么做的成本比使用化肥高出不少。

在被破坏的生态系统的名单上，接下来是海洋和渔业。海洋不仅吸收不断增加的热量，大气中二氧化碳也会融入地表水，让地表水更少碱性和更多酸性。这种酸性干扰了各种有机物——从浮游生物和藻类到珊瑚和螃蟹——的外部骨骼和外壳的形成，从而阻止它们经过大气-海洋系统排放大量的碳。人类正在改变海洋的化学成分，这可能是比全球变暖更重大的问题。同时，渔业因过度捕捞而逐渐崩溃，例如，20世纪90年代加拿大纽芬兰海面的鳕鱼渔场就是如此（参见图13.4）。四分之三的海洋渔场正在满负荷或超负荷捕捞，或者

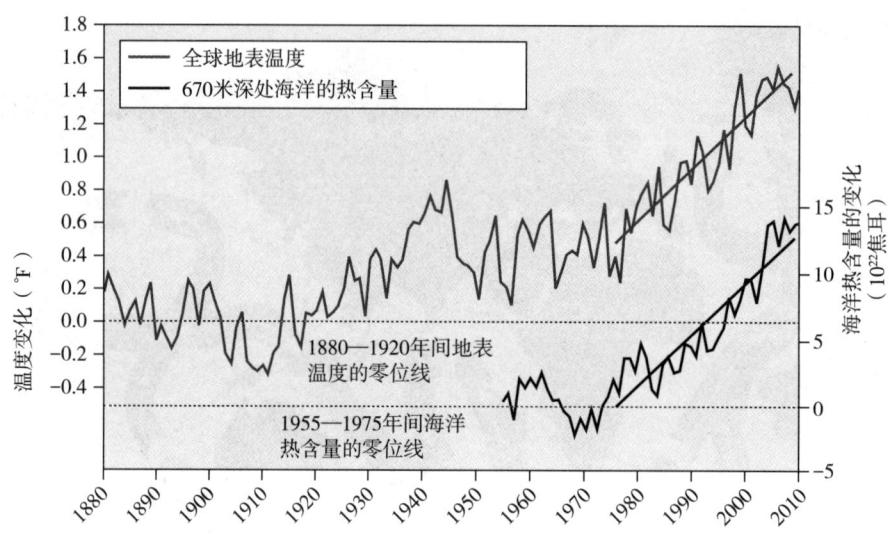

图13.3　全球平均地表温度与海洋热含量。如图所示，左边轴线显示的，是全球平均地表温度的变化，右边是海洋热含量的变化

正处于过度开发的恢复期。1996年以来，海鲜产品供应的增长几乎完全来自养鱼场，这些鱼必须喂养谷物和大豆食品，由此进一步加剧了土地和水资源承受的压力。

另外两个需要关注的领域是森林和灭绝导致的生物多样性的丧失。森林正以惊人的速度变成大牧场和农场。大约一半的林地损失可以通过重新植树造林来弥补，但是，每年700万公顷的净损失威胁着地球上剩余的40亿公顷林地。在21世纪，地球上多达一半的物种面临灭绝的威胁。灭绝是一个自然过程，但是当前的速度几乎前所未有。在过去6亿年时间，出现过五次快速的灭绝（参见第3章）；许多专家相信，人类已经开启了地球历史上第六次主要的物种灭绝进程（参见第12章）。

从许多方面来说，人类的食物供应处于危险之中。正如前面所讲的，表层土和水的供应受到威胁。我们实际上在食用石油，因为我们制造化学肥料的原料来自大气的氮和天然气或石油中的氢。1985年，人类食物大约三分之一的能量源自化石能源；如果没有这种补助，食物只能养活大约25亿人口而不是48亿人口。数量巨大的抗生素（其中一半被美国所用）被用在农场的动物身上，在欧洲许多国家，这种行为是被禁止的，因为它会加快细菌发生变异而抗拒抗生素的速度。1950年以来，世界人口增长已经让人均耕地减少一半，低至四分之一英亩，威胁到了勉强维生的共同体的生存。利比亚、沙特阿拉伯、韩国、中国、印度和埃及等国家，现在需要向别国购买或租赁土地和水资源来种植粮食供养本国人口。从全球层面来看，我们正在耗尽新的土地资源。

生态系统的另一个威胁，来自核弹测试和使用以及核电站残留下来的放射性物质。从积极方面来看，人们可以说，人类在战争中"仅仅"使用了两颗原子弹，核电站事故也较少，其中最糟糕的，就是1986年乌克兰切尔诺贝利核电站爆炸事件。然而，到2000年，30个国家400多座核电站产生了大量放射性废料，它们暂时储存着这些废料，同时希望找到一种更安全的解决方法。2010年，那些着力发展核弹的国家大约有23000枚核弹头，比此前3年减少了大约4000枚，比1986年的7万枚少了许多（参见第12章）。（一些国家销毁了它们的核武器，包括南非、乌克兰、白俄罗斯和哈萨克斯坦。其他一些国家想发展核武器，但是被制止了，其中有巴西、埃及、利比亚、瑞士和瑞典。）

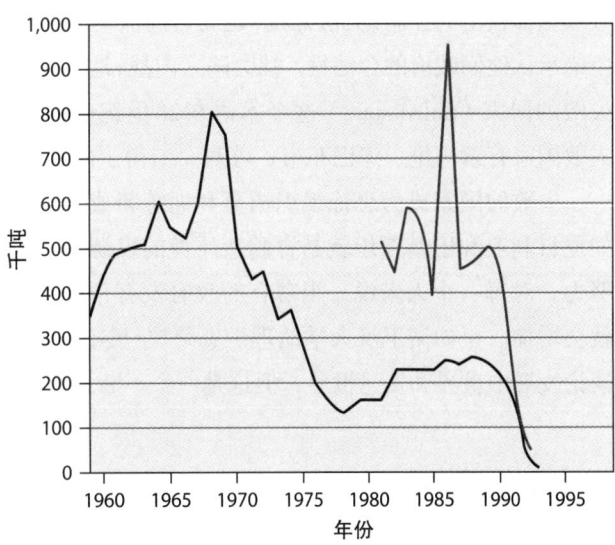

图13.4　纽芬兰鳕鱼渔场的历史。深色线表示每年的收成（单位：千吨）；浅色线表示储量大小

工业化国家的消费水平达到了前所未有的比例。仅1995年，进入全球市场的物资总量将近90000亿公斤，是20世纪60年代早期的2.5倍多。世界各地的人们每年移动的泥土达360000亿公斤，他们在采矿和建筑活动中搅拌泥土，在耕作和采伐树木活动中侵蚀土壤。人类用推土机翻动吨位巨大的土壤，只有河流，或许还有蚂蚁才能够在这方面与人类相比。

我们的行事方式还隐藏着一个问题，即消费品的市场价格并没有包括生态系统的损失和破坏所带来的成本。自由市场并没有认可这些成本，也没有进行相应的价格分配。例如，根据能源成本计算专家的统计，开一辆汽车（在其整个使用寿命期间）的隐性成本包括：1162美元因污染而导致的健康开支，846美元环境破坏费，1571美元燃油费，这笔费用总计3579美元。依照这种估计，一个汉堡的真实费用为200美元。

2009年，地球政策研究所（位于华盛顿特区的一家研究机构）的莱斯特·R·布朗（Lester R. Brown）指出，人类对地球各种自然体系的索取，大致超出了它们持续生产能力的30%。换句话说，人类正在吞噬他们自身的生命支持系统。他和其他人认为，这相当于一场庞氏骗局，一种以基础资产（asset base）本身而不是实实在在的利润来提供回报的欺诈行为。（查尔斯·庞齐是一位意大利裔美国人，因1920年开始的欺诈活动而臭名昭著。）只要有足够多的新投资人向过去投资者提供所谓的回报，这项计划就可以继续下去；当没有新的投资人时，计划就破产了。人类正在以生态系统的资产回报自己，正在偷窃后人的财产（在后人那里，这些资产将不复存在）。

世界前所未有的经济增长给生态系统造成了越来越大的压力，就匮乏资源展开争夺的可能性也在增加。生态危机会降低政府质量，因为随着困难的增长，一些政府丧失了对部分或全部领土的控制，无法征税，也无力确保本国公民的基本安全。绝望中的人们走投无路，拒绝承认他们政府的合法性。社会陷入内战，地方领袖争夺可用的权力。为了描述这种状况，失败的国家（failed state）这个术语在20世纪90年代进入公共话语领域。2008年，主要的失败国家有索马里、津巴布韦、苏丹、乍得、刚果民主共和国、伊拉克和阿富汗。

失败的国家成为恐怖组织招募和训练新成员的温床、毒品的种植地和传染病之源，比如尼日利亚和巴基斯坦就是脊髓灰质炎的发源地，失败的国家阻碍了消灭这种疾病的一切努力。对每一个人来说，当富有的政府没有帮助有可能失败的国家时，犯罪、动乱和疾病就会增加。正如诺丁汉大学地理学家萨拉·奥哈拉（Sarah O'Hara）在2002年所说的："我们谈论发展中世界和发达世界，但这是一个不断恶化的世界。"①

充满希望的趋势

不过，正如我们在前面几章所看到的，人类是一个极其足智多谋的物种，而集体学习也是一种解决问题的非凡手段。人类在以一种令人吃惊的速度学习。近年来，人类对于待办事项的认识，已经有了巨大提升，许多开创性活动和充满希望的趋势也出现了。

如前所述，一个很有希望的趋势就是人口增长率的下降，回落的速度比10年前的预测快很多。世界平均人口增长率从20世纪60年代每年超过2%下降到2005年1.2%，根据现在的预计，人口最终达到的最高值介于80亿到120亿之间。这种缓慢的人口增长的可能原因包括：更高的生活水平和教育水平（尤其妇女教育水平的提高）、父母找到了孩子以外的保障形式、避孕药物的更多使用以及一些地区较高的死亡率。计划生育是一个伟大的成功故事；否则的话，人口压力要大得多。一些人认为，地球的自然系统不会允许人口增长超过约80亿；日益上升的死亡率会控制人口。分析家指出，如果有方法让每个妇女只生养一个小孩，那么，2050年的人口就会降到55亿，2075年为34.3亿，而2100年为16亿，即1900年的水平。

其他有希望的趋势包括（a）稳定气候，（b）恢复生态系统，（c）减少消费和重新规划城市，（d）发展新的民主形式，以及（e）加强全球合作和交流。

稳定气候

气候的变化速度超出了十年前做出的任何预测。现在看来，气候变化不可避免；唯一的问题在于，未来100年气候变化的程度有多大。大多数科学家相信，人类只有10年左右的时间来迅速减少二氧化碳的排放，以便阻止严重而长期的全球变暖。快速的气候变化促使人们寻找化石燃料的替代品，比如太阳能和风能。

保护似乎是一个明显的反应。精心设计的激励机制是鼓励保护的有力手段。一些国家通过向汽油和汽车征税的方式，来劝阻使用化石燃料。欧洲的平均汽油税为4美元/加仑，

---

① Lester R. Brown, *Plan B 4.0 Mobilizing to Save Civilization* (New York and London: Norton, 2009).

而美国为0.46美元。丹麦向每辆汽车征收的税,相当于汽车价格的180%;新加坡征收的税是汽车价格的3倍;中国上海平均每辆汽车的牌照费为4500美元。"二战"期间,美国禁止汽车生产几乎长达4年,并且定量供应汽油、轮胎和燃油,这是一个很少被人提到的可能反应。

世界各地的研究者正在竞相开发替代性能源。由植物制成的生物燃料,可能是充满希望的替代产品,不过,当它们使用玉米或其他可食用植物为原料时,燃料生产与食物生产就会产生竞争。在巴西,通过强制措施,以甘蔗为原料制成的生物燃料已经占汽车燃料的25%。许多正在进行的研究旨在以其他非食物原料来研发生物燃料。可再生能源的其他一些鼓舞人心的趋势,包括用来发电的风力涡轮机、太阳能和热能(地壳9.6千米以内火山活动附近的热量)。

裂变产生的核能也扮演了一个积极角色,因为它不会像化石燃料那样促成全球变暖。核能发电过程如下:把铀燃料棒放在一起,以便创造一种原子的链式反应,这种反应产生的热量把水转变成蒸气,蒸气推动汽轮机带着发电机旋转发电。到2012年,核电站大约提供世界总电量的12%,另外还有66座核电站在建。不过,核能也存在一些问题。开采、提炼和浓缩铀需要使用大量能量,并且会造成很高程度的土地和空气污染。人们还没有找到储存核废料的长久之计,核电站的事故带来了严重的安全问题。此外,还有其他一些重大的安全问题尚未解决:如何防止铀被盗以及在黑市销售,如何防止它被进一步提炼成制造核弹的材料。或许,我们最好把核能视为一种向可再生能源形式过渡的策略。

温室气体之一的臭氧(O_3,带有三个氧原子,而不是更常见的两个氧原子的氧分子)不但促进了地球变暖,也保护人类免遭太多紫外线的伤害。我们在第3章讨论过,大约6亿年前,当臭氧层的厚度足以防止紫外线的伤害时,生命在地球上迅速繁衍。

20世纪80年代,足够多的科学证据表明,冰箱和空调中使用的一类化学物质,即氯氟烃(CFCs),正在破坏臭氧层。当杜邦化学公司(Dupont Chemical Company)找到能够以大致相同成本轻易取代的其他化合物时,逐步停止使用CFCs的国际协定就有可能实现。这个充满希望的故事表明,为了解决环境问题,人类能够进行全球合作(参见第12章)。

对技术方法满怀信心的人们,正在思考许多可能的方法来解决化石燃料带来的影响。其中包括大气工程(向大气喷射二氧化硫以反射太阳辐射)、将二氧化碳注入空旷的地下蓄水层、把煤炭变成石油,以及将生物工程细菌转变成生物工程燃料。通过寻找可替代能源,或者寻找新方法来降低燃烧化石燃料带来的后果,我们或许能够减少全球变暖的影响。

恢复生态系统

人类已经对他们不断增长的生态足迹做出反应,他们开始观察和追踪它;例如,世界野生生物基金会的地球生命力指数(the Living Planet Index)追踪考察了森林、淡水以及海洋生态系统的变化。莱斯特·布朗与他的地球政策研究所每年都提出一个减少人类足迹的计划。这些报告精确地概括了充满希望的趋势;这一节的内容大量使用了布朗于2009年提出的一份报告,即"B计划4.0:紧急动员拯救文明"。

恢复环境从水和土壤开始。通过使用凿孔的橡胶管进行滴灌，"每滴水更多粮食"的主张正在达成。水得到循环使用，雨水也被收集到水塘和储水池中。对水的需求量更少的转基因作物能够被研发出来。海水淡化——从海水提取淡水的方法——需要更多能量；在风能和太阳能的帮助下，大规模的海水淡化是可能的，不过，只有在靠近海岸和主要能源的地区，这种做法才可能是经济可行的。以下各种做法正在保护土壤：用播种机在原状土（undisturbed soil）上播种、种植一排排树木、减少山羊和绵羊的数量以及禁止砍伐森林。

通过采用一些方法，海洋和森林的修复工作正在进行中。海洋修补方法包括：降低二氧化碳排放；建立海洋保护区；取消渔业补助；减少化肥使用以及污水和有害化学品的排放；禁止塑料袋的使用（在海域收集的塑料袋可以覆盖整个德克萨斯州）。森林的恢复，一方面需要限制砍伐林木，另一方面需要植树造林。旺加里·马塔伊（Wangari Maathai，1940—2011）是肯尼亚绿带运动（the Green Belt Movement）发起人，在她的启发下，联合国环境规划署发起"植树十亿"活动。到2009年7月，世界上已经种植了41亿颗新树，另外还有21亿棵树的种植得到了承诺。这项活动的积极参与者有埃塞俄比亚、土耳其、墨西哥、肯尼亚、古巴和印尼。当前，每年损失掉的森林只有大约一半通过植树造林得以恢复。种植的树木只有存活下来才能够吸收碳；当死亡之后，它们就会腐朽，将碳转化为二氧化碳，除非它们被埋藏和石化或用在建筑上，这样就会延缓它们的腐朽。

要想降低物种灭绝的速度，人类就得与其他动植物分享资源。保护区已经建立起来；地球陆地面积约3%成了公园和自然保护区。我们还需要更多的生态廊道和保护区，或许为陆地面积的8%到10%，不过，只有在人口和气候保持稳定的前提下，它们才会生效。

在21世纪的第一个十年，由于水资源短缺和水土流失，一些国家的食物产量逐步下降。一些可喜的趋势包括以转基因技术研发产生杀虫剂和抗病的作物。其他一些尚未实现的生产潜力在于：双季栽培、食物补贴政策和当地花园。然而，没有投入就不可能有食物产出；作物只不过是对可用化学物质的重组。

减少消费和重新设计城市

通过保护能源和循环利用材料，许多国家在减少消费方面取得了很大进展。紧凑型荧光灯（CFLs）耗电量仅仅是白炽灯的25%。它们费用高出一倍，不过寿命是白炽灯的10倍。发光二极管（LEDs）使用的能量只是白炽灯的15%，寿命是白炽灯的50倍。世界各地都使用CFLs和LEDs的话，用于照明的电量份额将从19%降低到7%。巴西已经更换了全国半数白炽灯；到2009年，澳大利亚、加拿大和欧盟等国已经逐步停止销售白炽灯。

许多家用电器的效率也提高了，冰箱尤其如此。绿色建筑已经实现了大规模能效，交通运输系统也电气化，并且使用智能电网来管理电力。

通过重复利用来减少原始材料之使用的做法，正在逐步取代抛弃型经济（throw-away economy）。钢铁和铝可以无限循环使用。在美国，事实上所有汽车都得到了重复利用，家用电器的重复利用率高达90%。建筑领域存在更多循环使用的巨大潜力。人口稳定的发达工业国家，比如日本和德国，能够主要依赖现存的材料。2009年，美国大城市公共垃圾的重复利用率各有不同，纽约市为34%，芝加哥为55%，洛杉矶为60%，旧金山为72%。在整个美国，固体垃圾的33.4%得到循环使用或被制成肥料，12.6%被烧掉，54%被填埋（1980年为89%）。

从2008年开始，世界人口超过一半居住在城市，大东京是最大的城市，人口3600万（比加拿大人口还要多），其次是纽约市，人口1900万（几乎与澳大利亚人口相当）。在人口超过1000万的19个超大城市中，大多数散发出不安全的空气。世界各地的城市需要重新规划，不是为了汽车，而是为了城市居民。巴西的库里蒂巴（Curitiba）是成功的例子，这座城市从1974年开始重建其交通运输体系，在20年时间里，城市居民增加一倍，但是交通事故却减少了30%。另一个例子是阿姆斯特丹，城里40%的旅程由自行车完成。自行车——布朗声称，他从一个土豆获得的能量可以让他骑行11千米——正在重新成为重要交通工具，它们正在返回巴黎（作为租赁方案）、警察局和美国大学校园，美国至少有两所大学为所有大一新生提供自行车，前提是他们把汽车留在家里。看一下绿色城市排行榜，冰岛的雷克雅未克通常出现在榜单首位（参见图13.5）。

城市花园正逐渐生产出数量可观的食物。在加拿大不列颠哥伦比亚省的温哥华，44%的居民为自己生产了部分食物。就上海来说，这座城市猪肉和家禽需求量的50%、蔬菜的60%以及牛奶和鸡蛋的90%来自这座城市本身和近郊。委内瑞拉的加拉加斯（Caracas）有8000个微型花园，每个1平方米；如果不间断种植的话，每个花园每年可以生产330颗莴苣，或18公斤马铃薯，或16公斤卷心菜。

这些事例表明，人们正在提倡许多减少消费和重新规划城市的方法。在世界各地的人们面临生态挑战之际，家用电器的效率提高了，原料比以往得到更频繁的循环使用，自行车骑行和城市花园也带来了重要影响。

发展新形式的民主体制

石炭工业革命把君主政体和帝国转变成现代民族国家，政府的触角日益伸入到国民的生活之中，

图13.5 世界排名第一的绿色城市。在冰岛的雷克雅未克，所有热量和电力都来自可再生的地热和水电资源。交通系统使用以氢为燃料的巴士。这座城市计划到2050年成为不使用化石燃料的城市

越来越多的公民参与政府选举或者为政府选举代表，这类政府通常被称为民主政体。从广大公民定期参与自由、公正和充满竞争的选举这个最低标准来衡量的话，在20世纪后半期，民主政体在世界范围有了显著增长。按照这个界定，1950年，民主国家只有22个，人口占世界总人口14.3%；2002年，在世界192个主权国家中，121个属于民主国家，这些国家的人口占世界人口64.6%。

从化石燃料向可持续发展的过渡，或许为新的政治形式提供了机会。它们可能是什么样的体制呢？

戴维·科腾（David Korten, 1937—）在他的著作《大转折：从帝国到地球共同体》（2006）中提供了一个例子。科腾在国际发展机构工作了近30年，也是跨国公司的批评者。他构想的选择介于帝国和地球共同体之间。他以"帝国"描述那种建立在控制之上的、长达5000年的人类等级制秩序（我们前面所说的收取贡赋的社会），用"地球共同体"指称建立在人类伙伴关系之上的平等而民主的秩序。他声称，**大转折**是一种可能性而不是一种预言，它是世界各地人们为了更强大的民主体制、积极的公民参与以及互惠互利的合作而需要做出的一项选择。他把另一种选择称为"大崩溃"，主要包括正在瓦解的环境系统、对资源展开的激烈争夺、人类的衰败以及凶残的地方统治者。

我们可以找到一些向参与程度更高的民主转变的例子。罗格斯大学（Rugters University）政治科学荣休教授本杰明·巴伯（Benjamin Barber）把参与型民主称为"强势民主"，它将建立在过去200年"弱势"自由民主体制之上。他为强势民主设定的议程包括：全国性邻里大会、实验奠定正义以及普遍的公民服务方案（包括一种军事方案）。马特·莱林格（Matt Leighninger）是商议民主联盟（Deliberative Democracy Consortium）的理事，他讨论了地方层面的共同治理。范达娜·席娃（Vandana Shiva）现在是德里一名环境活动家（以前是一位物理学家），她记录了印度的妇女、小农和小生产者的活动。他们关掉可口可乐公司以免耗尽和污染水资源，阻止种子和作物幼苗被公司垄断，抵制水资源供应的私有化。在席娃看来：

> 跨国公司统治的计划……有可能摧毁大量人口和其他物种的生活环境……独裁统治不再是局部性的。它吞噬着每个社会和每个国家的全部经济、政治和文化生活……我们才刚刚开始开发我们的改造和解放潜力。这不是历史的终结，而是另一个开端。①

从全球层面来说，与以往相比，现在有更多的人生活在民主政府之下，他们有可能更强劲地参与到决策之中。民众的力量，再加上他们达到的以寻找解决方法为导向的集体学习，或许能够通过新的政治形式表达出来。

---

① Vandana Shiva, *Earth Democracy: Justice, Sustainability, and Peace* (Cambridge, MA: South End Press, 2005), 185–186.

增进全球合作与交流

强有力的国际合作开始于"二战"后联合国的成立。另外一些全球框架也在20世纪末建立起来;1992年在里约热内卢举行的联合国地球高峰会签署了三项环境条约,1994年的开罗世界人口与发展大会通过了一项《行动纲领》,2000年签署的联合国《千禧年宣言》提出了八大具体目标。事实证明,2009年哥本哈根世界气候大会不尽人意;与会国没有在二氧化碳排放问题上达成一致,尽管许多国家都提出了自己的目标。

除了政府之外,越来越多的非政府组织(NGOs)正在将大量金钱花在全球性问题上,也在探究行之有效的方法。比如,美国前总统吉米·卡特(Jimmy Carter,1927—)创建的卡特中心致力于社会和经济发展;无国界医生组织(Doctors without borders)为最贫穷地区提供医疗援助;国际特赦组织让人权成为全球议题。阿育王基金会和斯科尔基金会资助社会企业家推动地方变化。世界野生生物基金会和大自然保护协会致力于保护生物多样性。一些具有改革能力的慈善家也扮演了关键角色,比如约翰·洛克菲勒、乔治·索罗斯、戴维·帕卡德、威廉·休利特、比尔·盖茨和梅琳达·盖茨以及沃伦·巴菲特。2007年,一个新的组织即世界未来委员会(World Future Council)建立,它为了后代的利益而在全球从事游说活动。世界未来委员会得到瑞典作家雅各布·冯·尤克斯许尔(Jacob von Uexhuell)的资助,在汉堡、伦敦、布鲁塞尔、华盛顿特区以及埃塞俄比亚首都亚的斯亚贝巴设有办事机构。

1991年万维网(World Wide Web)——发明者是蒂姆·伯纳斯-李,他是日内瓦一个物理研究中心即欧洲核子研究组织(CERN)的数学家——出现之后,各种层面的全球合作得到了加强。世界各地的人们现在可以浏览网上250亿页信息,能够直接进行国际联系。金钱数据化;在美国有4万亿美元在流通,实际上只有10%是现款和银币。数据化和全球计算的发展会继续下去。

以上这些,是日益密切的全球合作和集体知识不断增长的力量体现出来的好兆头,不过,一些迫在眉睫的问题也始终萦绕在我们脑海中。以经济增长为基础的商业主义与可持续发展之间存在固有矛盾吗?人们是动员政治意愿来加速变化呢,还是等待危机降临?任由经济刺激通过市场产生结果呢,抑或政府需要强制实施一些措施(比如定量配给)?富人要不要帮助穷人呢,或者只顾自身利益?当下财富从西方(美国和欧洲)大规模流向东方(中国和印度)意味着什么呢?

为了为下一个100年做好准备,世界各地的人们可以持乐观倾向,并且围绕当前最有前景的活动来规划或重新规划他们的生活,这些活动包括尽可能保护能源、少生孩子、更多地使用自行车以及培育更多的花园。然而,个人生活方式的变化远远不够;公众还需要更积极地参与政治活动以推进广泛的变化。要想领悟一个快速变化的世界,就得具备明晰性、创造性、激情和勇气。大历史视野是清晰观察这些问题的出色方法。

我们休戚与共地生活在拥挤的地球上;人类在文化和集体知识领域的实践,已经让我们掌握了自己的大部分命运。如果我们面临的全球挑战存在解决之道的话,同舟共济的人类肯定可以找到。为人类未来进行的战斗才刚刚打响。不管下一个100年会发生什么,它都会是一个惊喜。

超越近期的未来

思考遥远的未来,完全不同于思考下一个100年。我们可以关心近期的未来,因为它会影响我们所认识的人的生活,其中包括我们的孩子和孙子。我们可能也会对它产生某种影响,因此,我们有必要好好思考如何使用那种影响。最后,它离我们不太远所以预测似乎不会太离谱(尽管没有把握)。

当把目光投向2100年以后的未来,事情立马变得更困难。就超出100年的未来而言,人们不会太在意会发生什么。关心自己的孙子甚至曾孙是一回事;但是我们很难急切地担心自己玄孙的玄孙(我怀疑他们是否会同样地关心我们)。主体变得不那么私人化,而是更加抽象。我们的预测在这种层面上是否重要?对此我们也不是很清楚。我们真的可以影响接下来500年的世界吗(尤其考虑到当前惊人的变化速度时)?

此外,如果因为变化速度的加快而难以预测接下来100年的世界,那么,我们离当下世界越远,各种可能性倍增的速度就会越快,我们的预测也就越离谱。尤其很难就第二种未来(接下来几千年)做出预测,因为我们现在谈论的仍然是人类社会这种极其复杂的实体。

不过,当我们转向第三种未来(离现在几百万年甚至几十亿年)时,我们就会发现,谈论人类社会毫无意义,因此,我们开始讨论其他事物,比如地球甚至宇宙的历史。当我们回到更简单、更缓慢的进程——比如板块构造、行星演化甚至整个宇宙的演化——时,可能性逐渐再次减少,因此,令人奇怪的是,我们做出现实主义预测的机会似乎再次增加。这样一来,我们认为,第二种未来在所有未来之中最难预测,而第三种未来允许我们做出更有信心的思考。

13.2 第二种未来:接下来几千年

500年之后或1000年之后或2000年之后的世界是怎样的?我们发现,人类社会是我们所了解的最复杂的实体之一,这也解释了为何做出这些预测看起来几乎是不可能的。我们思考未来的能力在面临第二种未来时土崩瓦解了。

世人给我们留下了一些有趣的猜想和大量科幻小说。少数几部"关于未来的历史作品"成了迷人的读物。它们都算不上严肃的预测,不过,它们确实体现了作家所想象的各种未来:从十分暗淡的反乌托邦的未来到充满希望的乌托邦的未来。

在20世纪前半期,乔治·奥威尔(George Orwell)和阿道司·赫胥黎(Aldous Huxley)创作了著名的"反乌托邦"小说,描述了极端暗淡的未来。奥威尔的《一九八四》描绘了一种极权主义未来,其时,全球独裁者以粗俗的宣传、刑讯和暴力来保护他们的权力。国际政治是一个持续不断的战争问题，追求的不是明确的道德目标，纯粹为了维护一小撮特权人物的权力。

赫胥黎的《美丽新世界》描述了这么一个世界：在这里，人类就像养殖场的肉鸡那样被孵化出来，并且以毒品为乐，这个世界在某些方面比较接近我们今天的世界——我们控制基因以及在实验室进行人工授精的能力变得越来越强。这是一个奇怪的反乌托邦世界，因为它提供了许多人们渴望的事物，包括不受日常生活中痛苦、苦难和艰辛的折磨；然而，与普通人现在所体验的复杂的、不可预测的、但有时候很有意义的幸福和痛苦世界相比，它所呈现的生活是极其堕落的。我们让痛苦最小化的能力，最终会创造一个情感、身体和精神贫困的世界吗，一个连自由概念也丧失意义的世界吗？

沃尔特·米勒（Walter Miller）的科幻小说《莱伯维茨的赞歌》一开始描述的世界，就像欧洲中世纪那样阴森可怕，它对过去的文明只有零星记忆，大多数技术和技能已经消失。在小说每个部分的叙述推进几个世纪之后，人们才会发现，他们生活的世界经历过一场核战争，即所说的火海泛滥。小说重复了现代世界历史上发生的故事，描述了城市、商业以及（最后几章）现代科学的复兴。最后，科学家再次研制了核武器，可悲的是，核武器又被用于一场战争，人类社会会由此倒退了2000年。现在，我们意识到，小说真正描写的是这么一个世界，在那里，人类永远也无法超越核武器的发明，因为核武器一旦被发明之后，就会用在战争中。由此出发，我们很容易为如下事实找到一个可能的解释，即尽管人们花了几十年时间通过"搜寻外太空智慧（SETI）"这种活动来寻找外星文明的证据，但我们一无所获。一旦像我们这种具有集体知识的物种出现之后，经过几十万年的发展，他们必然会发明十分强大的技术，以至于毁灭了自己，这种事情可能发生吗？人类与技术展开的无休止的、无望取胜的斗争，永远无法超出一定的水平，在所有的未来方案中，这种场景是最惨淡的景象之一。

从某种程度来说，詹姆斯·拉夫洛克（James Lovelock）在他论盖亚（Gaia）的作品中阐述了一些相似观念。拉夫洛克声称，地球上所有的生物协同合作形成了一个巨大有机体。拉夫洛克把这个有机体称为盖亚，他的朋友即小说家威廉·戈尔丁（William Golding）建议他使用这个名字，它同时也是希腊大地母神的名字。拉夫洛克认为，在某种意义上，盖亚成功地保证了地球成为生命有机体的家园。作为科学，这种理论是自相矛盾的。不过，拉夫洛克提出了一个非常引人注目的观点：地球表面处于金凤花之域中，水在这种环境下呈液态，尽管来自太阳的热量在过去45亿年一直稳定地增长。通过改变地球表面的颜色和反射率以及大气成分，地球表面的某种事物——可能是大气和生物圈之间某种复杂的反馈循环系统——似乎确保了地球在生态上的友善，因为它保持在较小的温差区间（足以让液态水流入大海）。至关重要的反馈系统是地质学上的（正如许多地质学家所认为的，这种系统或许基于侵蚀和岩石中蕴含的二氧化碳）呢，还是像拉夫洛克所说的那样受到盖亚的掌控？

拉夫洛克进一步宣称，由于独占了如此多资源，我们这个物种有可能扰乱那种古老的机制。他指出，人类逐渐变得像癌细胞，迅速繁殖，可能破坏他们自身也属于其中一部分的更大有机体。我们面临两种可能，在人类看来，它们都没有吸引力。其中之一就是，人类会消灭生物圈，即盖亚（他们只是其中的一部分），与此同时，在这个进程中，他们像致命的病毒那样杀死自己。另一种可能性就是，盖亚会找到医治自己的方法：通过消灭流氓有机体，或者通过传播可怕的瘟疫，或者静待人类在核战争中自我毁灭。

斯特布尔福德（Stableford）和兰福德（Langford）合著的《第三个千禧年》以及沃伦·沃加（Warren Wager）的《未来的历史》，让人读起来感觉是遥远未来创作的历史作品。在这两部作品构想的未来中，核武器的使用会导致重大危机，人类由此学会了以新方法来组织社会和国际关系。沃加的这部小说——受到H. G. 韦尔斯作品的启发——发表于1989年，在它虚构的未来世界中，人们不断尝试以社会主义、资本主义和无政府主义的方法来组织社会。在这两部作品中，技术都很重要，不过，就像大多数未来主义作品那样，它们事实上在探究当今世界的政治和道德问题。

反乌托邦作品读起来很有趣，而乌托邦作品往往沉闷乏味（一般而言，人类更感兴趣的，似乎是苦难而不是幸福），因此，真正乌托邦的未来主义小说很少。未来技术的专家往往会虚构乌托邦，他们预测了更长久和更健康的生活，而未来技术可以提供源源不断的、实际上免费的能量和资源。许多人也讨论了基因工程和**纳米技术**（一种使用微型的、细菌大小的机器的技术），它们会消除多种身体上的痛苦，确保食物和其他资源持续不断的供应，并且通过研制食用塑料的细菌这类物质来修复我们对生物圈造成的许多破坏。在雷·库兹威尔（Ray Kurzweill）等人构想的未来中，人与机器融为一体，实际上成为不死之身。

考察两类主要的乌托邦未来，或许不无助益。第一类预测了持续的发展，它一直延续到遥远的未来，同时，当前许多经济问题也通过技术手段得到了解决。第二类预测了发展速度的下降，在那种未来中，发展和更多消费不再是衡量美好生活的基本标准。事实上，在这类乌托邦中，未来被想象成一个康乐的世界，然而并非必定是一个不断变化或"发展"的世界。这种乌托邦假设了一种缓慢的变化节奏，也假定了一种人类，他们的数量可能远远少于今天的人口，他们的社会满足于维持一种不需要无休止地寻找更多资源的美好生活。

移民到其他行星可能是反乌托邦或乌托邦未来的组成部分。我们毕竟是一个迁徙物种，因此，太空移民似乎是在仿效以前令人震惊的移民活动，比如太平洋地区航海者向遥远的拉帕努伊岛的拓殖活动，那些移民肯定很清楚，这种旅行往往一去不返。一些技术已经可以用来探索小行星上的矿物或者在月球或火星创造太空站，甚至任由太空站悬浮在空旷的太空。一个太空殖民地模型缓慢地旋转，同时创造某种引力，并且为它内部各地区或"各大陆"创造大致类似于白天和黑夜景象。

火星之类的**外星环境地球化**是更加雄心勃勃的计划，这种计划旨在让这些行星变得适合人类以及其他地球物种居住。这是科学家和小说家阿瑟·C·克拉克（Arthur C. Clarke）的众多未来主义思想之一。地球化可能涉及如下事项：大规模核爆炸，以便融化火星表面以下的冰块，从而创造海洋和一种大气环境；种植能够在火星环境生存的细菌；把巨大的镜子放在轨道上以反射和聚集太阳的热量和光线（参见图13.6）。这些无疑是浩大的工程，它们会耗时几百年，而且不一定成功。

我们很难想象向太阳系以外移民，因为距离太遥远了。在我们当下可以想象到的所有方案中，即使向最近的恒星移民，太空旅行也需要花费数代人时间，一旦出现意外的话，

图13.6 让火星地球化？火星可以通过人为的"全球变暖"而变得宜居吗？如果可以的话，这种进程需要费时数百年

也不可能有补给或修理，并且无法保证最后能够找到可以居住的行星。当然，人类有可能发明速度更快的飞行器，不过，就目前而言，我们完全不知道它们会如何运行。如果我们想象一下人类在银河系缓慢地四处扩张，就像太平洋岛民的移民活动那样，那么，我们不能忘了，由于距离如此遥远以及时间如此漫长，以至于孤立的人们几乎肯定会在不同星系演化和发生变化。最终，我们这个物种会分裂出许多亚物种。没错，3万年前，地球上存在好几种人亚科原人，所以，这种方案并非那么不自然。

以上思考说明我们这个物种在进化，就像所有其他物种那样。不管我们是否通过基因控制逐渐掌控了我们的进化，我们始终会发生变化，最终，我们都不清楚（对一个虚构的、从当前世界穿越到未来的人来说）我们的后代是否称得上人类。可以说，那种情况标志着我们今天熟知的人类历史的终结。

13.3　第三种未来：遥远的未来

现在，我们必须从上述思考转向更遥远的未来，我们人类不复存在的未来。一旦我们开始思考几亿年之后甚至几十亿年之后的未来，我们就得回到在宏大时间尺度演化的客体，回到地球，回到太阳系，甚至回到整个宇宙。在这些尺度上，大多数变化更缓慢，也更简单，奇怪的是，这意味着我们可以再次更加自信地进行预测。事实上，与接下来几个世纪的历史相比，我们更有信心预测十分遥远的未来发生的事件。

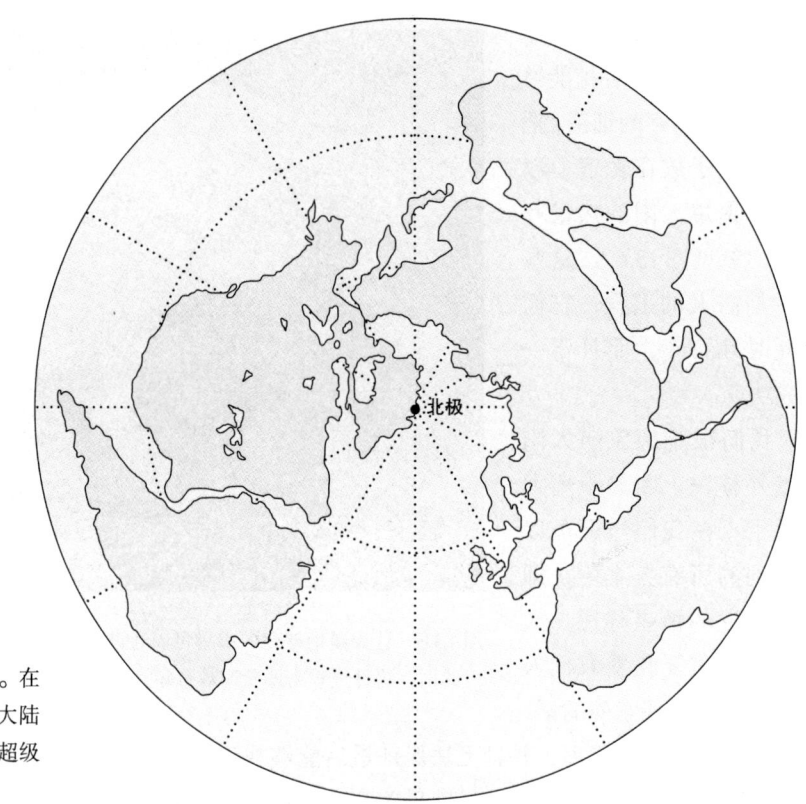

地图 13.2　美亚大陆。在1亿年以内，地球各大陆可能会汇聚起来形成超级大陆，即美亚大陆

　　板块构造是一个很好的例子。我们大致知道几大主要板块的活动方向和速度，也大致了解它们在过去几亿年的活动，因此，我们可以对5000万年或1亿年或2亿年以内地球面貌做出一些合理预测。大西洋会扩大，太平洋会缩小，非洲会沿着东非大裂谷分开。根据一种预测，地球最后会在北极重新汇聚起来，从而形成一块新的超级大陆，即美亚大陆（参见地图13.2）。

　　我们还可以就整个地球的未来做出预测，因为我们了解太阳之类的恒星的演化。或许在未来30亿年到40亿年，我们的太阳会耗尽它的燃料。太阳的外层会脱落，内核塌陷，然后开始燃烧氦，接着再次膨胀，转变成一颗红巨星，变得比现在大很多。在红巨星阶段，太阳外层会扩及地球轨道，地球将被吞没。这意味着，地球以及仍然生活在地球上的一切有机体的终结。然后，太阳最后一次塌陷，形成一颗白矮星，开始慢慢冷却下来，花费的时间比它十分活跃的90亿年更长久。我们的太阳质量太小，不足以形成一个超新星。

　　当我们的太阳逐渐死亡时，我们的星系即银河系将与临近的仙女座星系发生碰撞（参见图13.7）。这次碰撞不会很激烈。几乎没有恒星会彼此接近，不过，它们的引力将会弯曲行星体系并且改变两大星系的整体形状，从而引起局部的混乱。那时，不会有人类观察到这次碰撞；不过，或许存在几百万颗适合居住的行星，它们的居民会看到这次碰撞；其中一些可能是地球移民的后代。

整个宇宙又是怎样的呢？奇怪的是，与人类社会相比，宇宙演化的方式简单许多。宇宙学家由此获得信心，觉得他们可以就宇宙的未来提供一些合理的信息。

我们前面已经讨论过，大爆炸宇宙学假定了一个不断扩张的宇宙。不过，宇宙学家一直都意识到一点，即促使宇宙分裂的力量与基本引力（倾向于将万物聚合在一起）之间必定存在一种张力。长远来看，哪一种力会获胜呢？

图13.7　碰撞！一位艺术家描绘的银河系与仙女座星系的碰撞

20世纪晚期，宇宙学家试图解答这个问题，他们估算了宇宙扩张的速度以及宇宙中所有物质的全部牵引力。一种观点认为，如果宇宙中存在足够多的物质，那么，引力会逐渐降低宇宙扩张的速度，直到它不再扩张，最终，宇宙开始收缩，这或许需要2000亿年时间。崩溃的加速会加快，直到整个宇宙在大爆炸约4000亿年之后再次被压缩成微小的、高密度的能量/物质球。那时候，这个物质球的压力再次促使它炸裂，从而创造一次新的大爆炸，或许也创造一个全新的宇宙（具有它自身的新的生命周期）。这种故事具有一些内在的令人满意的内容。

不幸的是，大多数宇宙学家现在认为，这种关于宇宙未来的循环叙述是错误的。原因在于20世纪90年代晚期一项奇特的发现。那些为了估算宇宙扩张的速度（通过考察遥远的超新星）而做出的努力表明，随着时间推移，宇宙的扩张速度似乎并没有变慢，反而在加快！这与大多数宇宙学家的预测背道而驰。对这种出乎意料的现象做出的各种解释，大多数回到爱因斯坦曾经提出的一个观点：有一种与引力相反的根本性力量，它倾向于分裂事物；它们认为，这种力来自太空本身，因此，随着宇宙的扩张，它也变得更加强大。大约在我们的太阳和地球被创造出来之际，扩张力开始压倒引力，扩张的速度逐渐加快。

这种现象对宇宙的未来意味着什么呢？有一件事情似乎是显而易见的。在十分遥远的未来，距离现在无数亿年的未来，宇宙开始变得越来越乏味（参见表13.1）。星系之间的距离扩大，以至于观察者看不到天空中有什么天体，最终，每个星系本身似乎成为一个独立的宇宙。不再有恒星形成，它们的数量逐渐减少，最后，所有恒星都消失。没有恒星必然意味着没有行星、没有生物圈、没有生命有机体。宇宙再次变得死寂，一切复杂的结构都会慢慢崩溃，一开始是生命有机体，然后是行星，再到恒星。金凤花环境——在这种环境中，行星和生命有可能被创造出来——也消失不见。宇宙之中只有一团团化学元素，其中或许包括一堆堆铁元素。在存在许多物质的地方，这些物质要么形成黑洞，要么被黑洞吞噬（黑洞会吞食日益空旷的宇宙中残留下来的物质）。最后，无数年（顺便提一下，无数年并不是一个专门术语，只是希望大家明白我们的意思）之后，甚至连黑洞也会泄漏能量，并且逐渐消失。宇宙变得越来越简单，越来越大……

表13.1　宇宙的遥远未来的年表

大爆炸以来的时间（单位：年）	重大事件（对这些数字不能太较真！其中有很多猜测）
10^{14}	多数恒星已经死亡；宇宙的成分主要是冰冷的天体、黑矮星、中子星、死亡的行星/小行星以及恒星黑洞；幸存的物质在不断扩展的宇宙中显得很孤立。
10^{20}	许多天体脱离了星系；剩下的天体塌缩到银河黑洞之中。
10^{32}	质子基本上发生了衰变，留下一个由能量、轻子（类似于电子的粒子）和黑洞构成的宇宙。
$10^{66} \sim 10^{106}$	恒星黑洞和银河黑洞消失。
10^{1500}	通过量子"隧道"，残存的物质转变为铁。
$10^{10^{76}}$	残存的物质转变为中子物质，再转变成黑洞，黑洞最终消失。

注：10^{14}看似非常简单，直到你想起它并不意味着14×10，而是10的14次方，或者100,000,000,000,000。最后一行中的数字更加巨大。它意味着10的10次方之后所得数字（即10,000,000,000）的76次方。如果把结果敲打出来的话，肯定要占用本书很多篇幅。这也解释了为何我们在书中使用无数（gazillions）这个不科学的术语。我们想表达的是许多许多许多……年

资料来源于Nikos Prantzos, *Our Cosmic Future:Humanity's Fate in the Universe*,（Cambridge, UK：Cambridge University Press, 2000），263

13.4　结论——故事的结尾：宇宙中的人类

不管你们是否对这个结论感到满意，它是我们目前能够对宇宙最终命运做出的最好描述。从某种意义上来说，当我们从暗淡的前景转而思考今日宇宙时，它是十分令人满意的。经由那些预测，我们可以看到，我们不是生活在一个年老的宇宙（毫无疑问，138亿年对我们来说确实相当古老），而是生活在一个宇宙的春天，这个时候，宇宙拥有大量能量和丰富的梯度，所有这些是创造复杂事物——比如恒星、行星、生命有机体甚至人类——必不可少的。今天，宇宙中存在创造恒星、行星、生命和人类的金凤花环境！现在的宇宙具有创造我们周遭精彩世界所需要的活力，我们就是这个宇宙的产物。

小 结

　　第一种未来,即"近期的未来"虽然很难预测,但是我们还得勉力为之。我们必须找出不详的趋势和充满希望的趋势,并且尽可能想象,如何才能影响到我们认为最有可能的那些趋势。第二种未来,即接下来几千年时间,似乎更难预测,因此,它是科幻小说家想象驰骋的王国。第三种未来,即遥远的未来,从某些方面来说,它更简单、发展更缓慢。因此,十分奇怪的是,我们可以更有信心地对它做出预测。我们的太阳会变成一颗红巨星,然后塌缩成为一颗白矮星;我们的银河系会与仙女座星系发生碰撞。宇宙会变得越来越巨大、越来越冷和越来越简单。我们很幸运地生活在宇宙的春天。

本章问题

1. 描述一些不祥的趋势和一些充满希望的趋势。
2. 作为成年人,你准备如何改变你的生活方式来保护环境?
3. 我们关于太阳系和宇宙之未来的观念有多可信?
4. 你觉得自己可能知道大历史故事的结局吗?

关键词

damaged ecosystems　被破坏的生态系统
failed states　失败的国家
the great turning　大转折
greenhouse effect　温室效应
groundwater　地下水
human footprint　人类足迹
nanotechnologies　纳米技术
terraforming　外星环境地球化
renewable energy　可再生能源
Organization of the Petroleum Exporting Countries(OPEC)　石油输出国组织
350 ppm　百万分之350
Wangari Maathai　旺加里·马塔伊

延伸阅读

Brown, Lester R. *Plan B 4.0: Mobilizing to Save Civilization*. New York and London: Norton, 2009.

Davidson, Eric A. *You Can't Eat GNP: Economics as If Ecology Mattered*. Cambridge, MA: Perseus, 2000.

Diamond, Jared. *Collapse: How Societies Choose to Fail or Succeed*. New York: Viking, 2005.

Huxley, Aldous. *Brave New World*. Originally published 1932.

Kaku, Michio. *Visions: How Science Will Revolutionize the Twenty-First Century*. Oxford, New York, and Melbourne: Oxford University Press, 1998.

Korten, David. *The Great Turning: From Empire to Earth Community*. San Francisco: Berrett-Koehler, 2006.

Kurzweill, Ray. *The Singularity Is Near: When Humans Transcend Biology*. New York: Penguin, 2006.

Lovelock, James. *The Vanishing Face of Gaia: A Final Warning*. New York: Basic Books, 2009.

McAnany, Patricia A., and Norman Yoffee. *Questioning Collapse: Human Resilience, Ecological Vulnerability, and the Aftermath of Empire*. Cambridge, UK: Cambridge University Press, 2010.

Miller, Walter M. *A Canticle for Leibowitz*. New York: Bantam, 1997. Originally published 1959.

Mueller, Richard A. *Physics for Future Presidents: The Science behind the Headlines*. New York and London: Norton, 2008.

Orwell, George. *1984*. Originally published 1949.

Prantzos, Nikos. *Our Cosmic Future: Humanity's Fate in the Universe*. Cambridge, UK: Cambridge University Press, 2000.

Roberts, Paul. *The End of Oil: On the Edge of a Perilous New World*. Boston: Houghton Mifflin, 2004.

Roston, Eric. *The Carbon Age: How Life's Core Element Has Become Civilization's Greatest Threat*. New York: Walker, 2008.

Sachs, Jeffrey D. *Common Wealth: Economics for a Crowded Planet*. New York: Penguin, 2008.

Shiva, Vandana. *Earth Democracy: Justice, Sustainability, and Peace*. Cambridge, MA: South End Press, 2005.

Smil, Vaclav. *Energy in World History*. Boulder, CO: Westview Press, 1994.

Stableford, Brian, and David Langford. *The Third Millennium: A History of the World, AD 2000–3000*. London: Sidgwick and Jackson, 1985.

Wagar, Warren. *A Short History of the Future*. 3rd ed. Chicago: University of Chicago Press, 1999.

词汇表

A

吸收线（absorption lines）：当来自恒星或星系的光线被分光镜分成不同频率时，它通常会显现出暗线，这意味着存在一些特定元素，它们吸收了光的一些能量。吸收线的出现也被用来判断来自遥远天体的光线偏向电磁光谱的蓝端还是红端。

吸积（accretion）：一种过程，在这个过程中，围绕新恒星旋转的物质经由粒子碰撞和吸附而增大，直到它们最终形成星子和行星。

农耕文明（agrarian civilizations）：人口几十万甚至几百万的大型共同体，包括城市、国家及其周围的农业村庄。农耕文明的共同特征包括强制性贡赋、专门化职业、等级制度、国教、国王、军队、文字和数字系统以及纪念性建筑。

农业（agriculture）：通过提高对人类最有利的动植物的生产力来开发环境的一种方式。一种共生形式，随着时间推移，它通常导致"被驯化"物种的基因变化。农业比采集技术更加丰产。它的出现标志着人类历史上一次革命性变革。

人类世（Anthropocene）：一个新时代，目前还没有被地质学家正式接受，在这个时代，我们这个物种成为生物圈变化的主导力量。2000年，气候学家保罗·克鲁岑首先指出，我们在过去200年已经进入一个全新的地质时代，全新世大约在200年前工业革命时期就终结了。

套利（arbitrage）：通过在一个地区廉价购买物品（在那里，它们估价过低），然后到另一个地区高价出售它们（在那里，它们估价过高）来赚钱。

大气（atmosphere）：环绕天体和被天体保留的气团或气层，尤其指环绕地球的气层。

原子物质（atomic matter）：原子、恒星以及人类由以构成的物质类型，除暗物质以外的所有形式的物质。

南方古猿（Australopithecines）：早期一种人科动物，脑容量与黑猩猩的相当，它们在400万年到100万年前兴盛于非洲。

南岛语（Austronesian）：可能起源于中国的一种语系，然后传遍东南亚，并且向东传到太平洋地区，向西传到马达加斯加（大约4000年前开始的海上移民的结果）。今天，说南岛语系的人将近4亿。

阿兹特克人（Aztecs）：一个半流动的部族，大约1325年定居在墨西哥湾特斯科科湖的一座岛屿上，然后在几代人时间里创造出一种农业文明，这种文明在1519年西班牙人到来之前一直存在。阿兹特克文明的基础是令人尊敬的武士，它具有农业文明的一切常见特征，包括文字。

B

大爆炸（big bang）：天文学家弗雷德·霍伊尔最早有点滑稽地使用这个术语，它现在得到广泛使用，指按照大爆炸宇宙学的说法，宇宙由之而来的最初事件。

大爆炸宇宙学（big bang cosmology）：对宇宙起源的现代理解，在20世纪30年代被首次提出，1960年以来，它成为现代宇宙学的核心观念（范式）。

大历史（big history）：从各种尺度——从人类的尺度到宇宙的尺度——建构关于过去的统一叙述的努力；与传统创世故事等价的、现代的、科学的创世故事，也是这本教材的内容！

生物多样性（biodiversity）：地球上或特定时期特定地区不同物种的数量。

黑洞（black hole）：太空中的高密度区域，它的引力甚至连光线都无法逃脱。大型天体（比如巨大的恒星）的塌缩可以形成黑洞。

C

寒武纪生命大爆发（Cambrian explosion）：寒武纪时期（5.42亿~4.88亿年之前），大量化石出现，动物也进化出了数量惊人的结构形式。长期以来，它被认为是生命在地球上首次出现的时期，尽管我们现在知道，单细胞有机物的出现早于寒武纪几十亿年。

资本主义社会（capitalist societies）：在这种社会，市场交换成为货物和资源交换的主要方式，精英和政府支持和鼓励商业活动，因为他们的财富依赖繁荣的商业。

种姓制度（caste system）：一种社会组织制度，依照这种制度，人们被严格地组织在由世系决定的不同等级中。印度的种姓制度一开始由肤色决定，因为外来的雅利安人的肤色比当地达罗毗荼人的肤色浅。

造父变星（Cepheid variables）：一类恒星，它们的亮度会发生有规律的变化；北极星就是一颗造父变星。亨利埃塔·莱维特认识到，它们的变化可以告诉人们它们的质量和真正亮度，这意味着有可能估算出它们的真实距离。因此，造父变星是测量到其他恒星和星系距离的有效方式。通过找到附近星系的造父变星，我们首次证明了宇宙由多个星系组成。

化学分化（chemical differentiation）：由于引力作用，液态重金属会渗入地球核心，从而形成以铁元素为主的高密度地核。

奇南帕农业（chinampa agriculture）：一种耕作方法：以木料和泥土制造漂浮的地皮，并且把它们固定在湖中，然后在上面种植作物。它是中美洲早期农民的一项发明。

城市（city）：数万人的聚集区，有专门的职业，资源依靠外部供应。

强制力（coercive power）：基于强制的权力，也被描述为自上而下的权力。它指一种过程，统治者由此获得控制民众和资源的能力，在必要时，可以动用武力。

冷战（Cold War）：20世纪后半期资本主义社会与共产主义社会之间漫长的敌对时期。双方都拥有核武器，因此，世界似乎从来就没有远离"热"战。

集体学习（Collective Learning）：专属人类的一种能力，指通过符号语言来详尽而准确地分享个体所获得的信息的能力，这样一来，信息就可以在集体记忆中保存下来，一代代积累起来。集体学习或许是我们物种独特的技术创造力之源。

通讯（communications）：它们是指人类用来交换信息和观念的各种技术：从言语到文字到印刷术和因特网。

共产主义（Communism）：一种致力于建设反资本主义社会的意识形态，通常是受马克思的启发而产生。在20世纪，苏联、中国、东欧、东亚以及东南亚共产主义社会一度囊括了世界近半数人口。

复杂事物（complexity）：具有众多内在联结成分和新突现属性的实体，它们的生存依靠自由能的流动。

共识性权力（consensual power）：基于同意的权力，也被描述为自下而上的权力。它指一种过程，人们由此自愿放弃某种个人和家庭自治，同意领袖人物控制他们的生命和资源。

消费资本主义（consumer capitalism）：资本主义历史的最新阶段，在这个阶段，生产力水平非常高，以至于只需把产品卖给生产它们的工资工人就可以赢利。消费资本主义要求为工人提供足够高的工资，以便他们能够购买这些产品，从而稳步促进日益增长的消费水平。消费资本主义起源于20世纪早期，它是当今最富有的资本主义国家的典型表现。

大陆漂移（continental drift）：大陆的运动、形成和再形成。

趋同性进化（convergent evolution）：在毫不相关的世系中出现相同的生物特性（比如眼睛）。

宇宙背景辐射（cosmic background radiation）：宇宙中普遍存在的低能辐射，大爆炸38万年之后被释放出来，那时，宇宙的冷却足以让中性原子形成，从而物质和能量也可以分离。1964年，宇宙背景辐射被发现，它促使大多数宇宙学家接受了大爆炸理论。

宇宙学（cosmology）：一种关于宇宙的历史和演化的解释。

楔形文字（cuneiform）：世界上第一种已知文字系统，以芦苇在湿润的黏土上书写（美索不达米亚地区）；保存下来的最早文本的年代大约为公元前2100年。

D

被破坏的生态系统（damaged ecosystems）：从许多方面来说，人类正在严重破坏支撑着他们的生态系统的许多组成部分——水、土壤、海洋、渔场、森林和生物多样性。这些系统不但受到核辐射的威胁，也受到人类很高的消费水平的威胁。

伊斯兰世界（Dar al-Islam）：阿拉伯语，意思为"伊斯兰地区"。由穆斯林战士和行政官员创造，伊斯兰世界是公元一千纪后半期最重要的经济、思想和文化结构之一。

暗物质与暗能量（dark matter and dark energy）：对恒星和星系运动做出的研究表明，宇宙中存在的能量和（或）物质肯定比我们能够观察到的多很多。目前来说，天文学家完全不知道暗物质或暗能量的构成，这是当代天文学巨大谜团之一。

人口转型（demographic transition）：出生率下降，这减缓了世界各地的人口增长。

散居（diaspora）：希腊语，意思为"四处分散"；用来描述犹太人和许多其他民族在古代的分散居住状态。

DNA：脱氧核糖核酸；双链分子，存在于所有的活细胞中，含有用来合成和维持分子的遗传信息，并且将这种信息传给子代细胞。

驯化（domestication）：人类对物种的基因改造，以便让它们变得更温顺、更高产和更容易受人类控制；一种共生形式，驯化物种从中得到人类的保护。农业取决于驯化过程，这种驯化不仅适用于单个植物或动物物种，也适用于整个地貌。为了养活、保护和繁殖我们这个物种，人类已经驯化了地球和所有生态系统的大部分地区。现在，大约50%的陆地面积得以驯化，以便用来放牧和耕种，世界上超过一半的森林在这种转变中消失了。

多普勒效应（Doppler effect）：由于两个物体的相对运动，波长会出现明显的延伸或收缩。多普勒效应解释了如下现象：当救护车离你越来越近时，它发出的警笛声比它离你越来越远时音调更高。它也解释了来自遥远星系（如果它们离我们越来越远的话）的光为何向光谱红端的位置位移——这是我们宇宙正在扩张的重要证据。

创新的驱动力（drivers of innovation）：指那些往往会促进创新和集体学习的关键因素。创新最重要的驱动力包括：政府行为、人口增长、交换网络的不断扩大、运输和通讯技术的改进、竞争性市场的扩张以及商业化。这些驱动力在互相重叠时尤其有效，会创造出新的、强大的协同作用。

E

农业时代早期（Early Agrarian era）：人类史上大约7000年时间，大致从公元前10000年到公元前3000年——从最早的农业证据到最早城市和国家的出现这段时期。

突现特性（emergent properties）：复杂实体的特性，它们不会呈现在实体的各组成部分中，只有当这些部分结合起来形成一种特定的结构时，它们才会显现出来。汽车具有一些突显特性，但是在拆开之后，它的各部分不具备这些特性。

能量（energy）：由宇宙中各种力构成，这些力可以做功或促使事情发生。目前来说，物理学认定了四种主要的能量：引力、电磁力、强相互作用力和弱相互作用力（在原子层面活动，因此我们很难察觉到它们）。另外还有一种能量形式，即我们现在还不能充分理解的暗物质，尽管它们似乎是一种反引力。正如爱因斯坦所表明的，物质和能量在极端高温情况下可以相互转化。也参见**物质**（matter）。

《吉尔伽美什史诗》（*Epic of Gilgamesh*）：世界最早的书面文学之一。目前流传下来的最早的文本大约出现于公元前2100年。作品讲述了乌鲁克超级英雄、国王吉尔伽美什的故事，其中描述了普遍的人类关怀：城市生活与旧石器时代生活的对比、悲悼死亡、藐视神灵以及环境恶化。

农耕文明时代（Era of Agrarian Civilizations）：这个时代从大约公元前3000年一直延续

到大约公元1000年。它是人类历史上一个时代,那时,农业文明是所有人类共同体中最庞大、最复杂和最强大的。

真核细胞(eukaryotes):比原核细胞更复杂的细胞,它有了显著的"细胞器"(比如"线粒体"),遗传物质也受到细胞核的保护;真核细胞包括许多单细胞有机物和所有多细胞有机物。琳恩·马古利斯认为,最早的真核细胞可能通过原核细胞的共生融合而兴起。

交换网络(exchange networks):以信息、货物和人口交换的方式,把人口、社会和地域连接起来的网络。所有形式的集体知识都通过交换网络发挥作用。

扩张化(extensification):这个词被用来描述创新和发展的各种进程,这些进程会带来更广泛的拓殖,同时又没有导致单个人类共同体在规模上的扩大。扩张化是旧石器时代富有特色的发展形式。也参见它的对立面**集约化**(intensification)。

F

工厂制度(factory system):一种安排,工人由此在监督下进入工厂一起劳动,工厂中的蒸汽机或其他原动机为大量机器提供动力。

失败的国家(failed states):指某些政府,它们无法控制它们的部分或全部领土,无力征集税收或者无法确保本国民众的安全。

法西斯主义(fascism):首先在意大利提出来的一种意识形态,它认为,世界被划分为相互冲突的种族群体。希特勒时期德国纳粹党的主要意识形态。

火棒农业(fire-stick farming):不是一种农耕形式,而是一种采集策略。为了促进新的增长和吸引可以猎杀的食草动物,食物采集者通常会焚烧地面。尽管是一种采集生活形式,不过,它也算是一种控制环境的方式(目的在于提高对人类有用的资源的生产力),因此,它也可以被视为向农耕迈出的一步。

采集(foraging):一些技术,它们依赖对大致处于自然状态的自然资源的使用。狩猎和采集。采集是旧石器时代主要的技术类型。

化石燃料(fossil fuels):煤炭、天然气和石油,它们蕴含着几亿年前吸收和埋藏起来的太阳能。

化石(fossils):死去的有机物的矿物化残骸;保存在岩石结构中的一切动植物的硬化残骸。

聚变(fusion):在恒星的大部分生命中,从氢核到氦核的聚变为它们提供能源,这样,大量能量被释放。氢弹威力的来源。

G

人属(genus Homo):人科的一个种类,最早出现在300万年前到200万年前的非洲,它们比类人猿更像人类。其中包括能人、卢多尔夫人,或许还有匠人。这些种属的特征为:

使用简单工具、脱离了树林的生活和脑容量的快速扩大。

全球化（globalization）：交换网络的扩张，直到它们逐渐覆盖整个世界。

金凤花环境（Goldilocks conditions）：指各种条件刚好适合更复杂事物出现的环境——不是太热也不是太冷、不是太大也不是太小，如此等等。

大转折（the great turning）：发展一种更强大的、积极参与型的民主体制，在这种体制中，民众可以捍卫他们自己的长远利益，这是对企业全球化持批评意见的经济学家戴维·科腾的主张。

温室效应（greenhouse effect）：地球大气中某些微量气体把到达地球的太阳热量保存下来，而不是反射回太空，从而促使地球温度像温室那样升高。

国内生产总值（GDP）：一种指标，被经济学家用来衡量一定时期内一个国家所生产的产品和劳务的市场总价值。尽管是一种十分有用的衡量总产品的近似指标，但是GDP也忽略了其他许多重要的经济活动形式，其中包括没有报酬的家务劳动以及砍伐森林和排放二氧化碳之类的活动。

地下水（groundwater）：储存在地下岩缝或蓄水层的水。这种储备花了几千年时间，因此，当前地下水的使用速度似乎是不可持续的。

H

冥古宙（Hadean eon）：地质上的年代，一直从45亿年前持续到38亿年前。它的名字取自古希腊人的冥界，即死者居住的地方。地质学家把地球历史上这个最早阶段称为冥古地球，因为它是一个异常高温的、"地狱般的"场所。

半衰期（half-life）：一种放射性元素的一半质量衰变为另一种元素所需的时间。

赫罗图（H-R diagram）：通过绘制恒星的不同特征——比如它们的绝对亮度和表面温度——来表现它们生命周期之不同阶段的图表。

象形文字（hieroglyphics）：埃及的文字，希腊文的意思为"神圣的铭刻"，因为埃及人以这种文字来装饰他们的建筑。它使用图画和符号来表达声音和思想，一直被广泛使用到公元4世纪，此后被阿拉伯语所取代。

全新世（Holocene epoch）：地质时代，从13000年前最后一次冰期结束一直持续到大约200年前人类世的开始。参见**人类世**（Anthropocene）。

人亚科原人（hominines）：与黑猩猩的共同祖先分离以后，人类分支的所有物种；最早出现于800万年前到500万年前。这一支的唯一幸存者是智人或现代人。

直立人或匠人（Homo erectus or Homo ergaster）：大约200万年前出现在非洲的人亚科原人。几乎与现代人一样高，它们的脑容量大于能人的脑容量，它们驯服了火，实行配对，制造了更复杂的石器工具。一些直立人迁徙到欧亚大陆，甚至更遥远的中国。

智人（Homo sapiens）：我们这个物种即现代人的生物学名称，似乎在大约20万年前之后某个时间出现于非洲。在本书中，我们认为，我们物种的出现标志着一道新的门槛，因为我们是地球历史上第一个具备集体学习能力的物种。

园艺农业（horticulture）：一种耕作方法，使用人力以及传统的技术和工具——比如装有木柄的石斧——来清除地面；以脚犁和锄头种植；以装有木柄的骨制或石制镰刀收割；以石头碾磨谷物。

维奇洛波奇特利（Huitzilopochtli）：阿兹特克人的战神、太阳神和人祭之神，丹诺奇迪特兰的保护神。

人类足迹（human footprint）：人类对我们地球的再生能力的集体需求，有时候也称为地球的承载能力。

I

帝国主义（imperialism）：工业强国的扩张和工业化国家对非洲、拉美和亚洲社会的征服和殖民。

印加人（Inca）：一个以秘鲁库斯科为中心的部族。15世纪，他们沿南美西部边缘创造了一个大型农业文明。这个文明建立在马铃薯和藜麦之上，也喂养美洲驼以获得驼毛和用于运输，它的主要特征为出色的石造建筑、精美的编织物以及战神崇拜。与大多数农业文明不同，印加人发明了结绳语（奇普）而不是文字作为记录的方法。

创新的诱因（incentives to innovate）：社会中促进或阻碍创新的因素。它们可能包括赚钱或获得政府高位或赢得声望的机会，也可能仅仅是指改善个人和其他人生活的机会。

原住民（indigenous peoples）：一个特定地区最早的居住者。

工业革命（Industrial Revolution）：制造业、通讯和交通领域化石燃料的系统使用（它们取代了人力和畜力）所带来的众多变化。

集约化（intensification）：农业时代和现代时期富有特色的发展或创新类型，在此过程中，创新使得一个特定地区可以供养更多人口，从而创造出更庞大、更稠密的人类共同体。参见它的对立面，即**扩张化**（extensification）。

同位素（isotopes）：指特定元素的原子，它们的原子核中含有不同的中子数，因此原子重量也不同。碳测年技术就是测量碳的不同同位素比例的变化，因为碳-14（在碳的同位素中，只有它是放射性的）会在漫长的时间发生衰变。

L

拉皮塔文化（Lapita culture）：一种绘有独特几何图形的与众不同的陶器，从巴布亚新几内亚到萨摩亚等地均有出土，考古学家通过这种文化来探究深入太平洋地区的早期移民。

最后的共同祖先（last universal common ancestor，LUCA）：现在地球上全部有机物由之而来的最近有机物或有机物群体，被认为生活在大约38亿年前。

生命（life）：生命具有三种公认的属性，第一，通过进食或呼吸或光合作用，它使用来自环境中的能量（新陈代谢）；其次，它自我复制（繁殖）；第三，经过许多代之后，它能够改变特征以适应不断变化的环境（适应性）。

光年（light-year）：光是电磁能的一种形式；没有什么事物比光速更快，光速大约为300000公里/秒。一光年是指光在一年时间走过的距离，大约为9.6万亿公里。

小冰期（Little Ice Age，LIA）：指大约1250年到1900年这一时间段，这一时期，世界许多地区的温度下降。其中的原因似乎是广泛的火山喷发以及大气中二氧化碳和甲烷含量降低。

M

大乘佛教（Mahayana Buddhism）：佛教两大传统或教派中最大的一支，大乘佛教提供了一条通向觉悟的途径。它也被称为大乘（Great Vehicle）。

马尔萨斯循环（Malthusian cycles）：指长期的循环，一开始是经济、人口、文化甚至政治扩张期，随之而来的，通常是危机、战争以及人口、文化和政治衰落期，如此周而复始。循环一般持续好几个世纪，在整个农业文明时代十分明显。它产生的原因或许在于这么一个事实：尽管存在创新（它带来繁荣），但是创新的速度赶不上人口增长的速度，这就解释了最终的崩溃。这种循环以英国牧师兼经济学家托马斯·马尔萨斯（1766—1834）的名字命名。

天命（Mandate of Heaven）：中国人的一种信仰，它认为，只要统治者的统治不违良知与道德，遵守维持秩序所需的一切仪式和礼仪，那么，他们就会一直得到上天的眷顾。

摩尼教（Manichaeism）：古代中亚一种宗教，它认为，人类历史上贯穿着善的、精神性的光明世界与恶的、物质性的黑暗世界的斗争。

马克思主义（Marxism）：受马克思（1818—1883）的作品启发而产生的意识形态。马克思声称，资本主义是现代世界的关键特征，资本主义制造了如此深刻的不平等，以至于它最终必然会在未来社会主义社会中被消灭。

物质（matter）：具有质量并且占据空间的实体。正如爱因斯坦所指出的，依照著名的公式，物质和能量是可以相互转换的：E（能量）=m（质量）×c（光速）^{2}。因此，物质可以被视作凝结的能量；在大爆炸第一秒的大部分时间里，物质和能量依然是可以相互转换的。

大型动物的灭绝（megafaunal extinction）：旧石器时代大型动物物种的灭绝，可能是人类过度狩猎的结果。在人类新近拓殖的澳大拉西亚和美洲世界区，大型动物的灭绝尤为严重，这也解释了为何这些地区很少有大型哺乳动物，因此也很少有可能被驯化的动物。

中美洲（Mesoamerica）：从墨西哥一直延伸到巴拿马的一个文化区，包括整个危地马拉、伯利兹、萨尔瓦多以及洪都拉斯、哥斯达黎加、巴拿马以及尼加拉瓜部分地区。

米兰科维奇循环（Milankovitch cycles）：指地球绕日轨道在三个方面的有规律变化，以首次描述它们的塞尔维亚天文学家米卢廷·米兰科维奇（1879—1958）的名字命名。第一种循环涉及地轴的波动，即地轴所指方向的改变，变化周期大约为21000年。第二种涉及地轴倾斜度的变化，倾斜角度介于22.1度到24.5度之间，每个周期大约为41000年。第三种是由地球绕日轨道的变化引起，由于附近其他行星引力的作用，地球公转轨道不是一个完美的圆形。这种变化以10万年和40万年为周期。

现代革命（modern revolution）：一个有意使用的含糊术语，用来指称创造了现代世界的革命性转变。现代革命迎来了人类历史的现代时期。

现代国家（modern state）：一种新的政治权力结构，也被称为国家（nation），基本特征为国家机构——常备军、警察、官僚体制、神职人员和司法机构——的权力的扩大。现代国家提高税收、管理土地使用、控制货币和贷款供应、实施义务教育以及在共同语言和历史的基础上发展国家意识形态。它们也提供服务以保持公民的忠诚，由此增强它们的强制性和共识性权力。

分子（molecules）：由不同类型的化学键结合在一起的两个或更多的原子。

垄断（monopoly）：指一种商品只有一个供应者的情况。依照经济学理论的说法，垄断会阻碍创新，因为垄断者垄断了市场，因此，他们不需要为了提高他们产品的质量或降低它们的价格而费神。

纪念性建筑（monumental architecture）：大型建筑物，比如金字塔、神庙、公共空间或大型雕像，只要有强大的领导者存在的地方，它们似乎都会出现；所有农耕文明的一大特征。

N

纳瓦特语（Nahuatl）：阿兹特克人所说的语言，现在墨西哥依然有数十万人说这种语言。英语中来自纳瓦特语的词汇包括ocelot（虎猫）、coyote（郊狼）、tomato（番茄）、chocolate（巧克力）和tamale（玉米粉蒸肉）等等。

纳米技术（nanotechnologies）：使用微型的、分子般大小的机器的技术。

自然选择（natural selection）：现代理解生命有机体如何变化的核心概念，19世纪由查尔斯·达尔文提出。达尔文指出，个体发生的微小而随意的变化，可能增加或减少它们生存的机会。机会增多的个体最有可能把它们的基因遗传给自己后代，因此，最终越来越多的个体会继承那些成功的变异。经过漫长的时间，这些微小的变化会导致新物种的出现——这是现代生物学的核心观念（范式）。

尼安德特人（Neandertal）：人亚科原人的一个种类，与我们自己这个物种即智人非常接近。这两个支系可能至少在50万年前就分道扬镳了；距今35000年到30000年间，尼安德特人灭绝。遗传学研究表明，欧亚血统的人们的DNA有1%到4%源自尼安德特人。

努比亚（Nubia）：指尼罗河流域从第一瀑布延伸到第六瀑布的地区，包括今天苏丹北部。公元4世纪以来被称为努比亚，此前被称为库什。

核武器（nuclear weapons）：以铀和钚之类的大型原子的裂变（比如1945年在广岛和长崎投放的原子弹）或以氢原子聚变为基础研制的武器。这种武器威力巨大，如果得到大量使用，它们能够摧毁大部分生物圈。

O

石油输出国组织（OPEC）：相互竞争的产油国为了共同利益而采取合作的一个团体。这种团体也被称为卡特尔（cartel），其目的在于通过减少竞争来提高成员国的利润。

起源的故事（origin stories）：所有社会都会讲述的、关于万物起源的故事：人类、动物、地形、地球、恒星以及整个宇宙的起源。它们是了解万物历史的指南。

臭氧（ozone）：包含三个氧原子而不是更常见的两个氧原子的氧分子。大气上空一层薄薄的臭氧层保护着地球表面免遭紫外线伤害。臭氧层的形成花了几十亿年时间。1980年，人们发现氯氟烃（CFCs）的使用正在破坏臭氧层；国际条约已经促使大部分氯氟烃的生产和使用被禁止。

P

旧石器时代（Paleolithic era）：人类史上第一个明确的时代，从大约20万年前智人出现一直延续到大约12000年前农业开始。旧石器时代有时候又被细分为旧石器时代中期（距今约20万年到距今5万年）和旧石器时代晚期（距今约5万年到距今12000年）。

古地磁学（paleomagnetism）：一门学科，利用磁性矿物来研究地磁场的历史以及板块的运动。

泛大陆（Pangaea）：2亿年前板块构造活动将大多数主要的大陆板块结合起来形成的超级大陆。这种超级大陆在地球历史上可能会周期性形成；一块超级大陆的存在可能降低了生物多样性。

视差（parallax）：观察者的移动所引起的两个固定物体之间明显的关系变化。如果你举起手指，然后晃动脑袋，你就会发现手指似乎在移动。视差测量法可以用来测量最近的恒星的距离。

元素周期表（periodic table）：通过共同特征来分组排列化学元素的一种方法；最早由俄国伟大化学家德米特里·门捷列夫于1869年创造。

光合作用（photosynthesis）：植物或类似植物的有机物通过使用阳光来储存能量。光合作用的最早证据来自约35亿年前。它是生物圈中生命所需要的大多数能量的来源，也是大气中大部分氧气的来源。

等离子（plasma）：一种质子和电子未结合在一起的物质状态。这是大爆炸38万年后整个宇宙的状态，也是恒星内部的常见状态。

板块构造学（plate tectonics）：20世纪60年代以来现代地球科学的核心概念（模式），它建立在如下认识之上：地壳分裂为独立的板块，在来自地球内部的热量的推动下，它们不断运动。

城邦（polis）：希腊语的"城市－国家"之意，复数形式为poleis。

《波波尔·乌》（*Popol Vuh*）：危地马拉基切玛雅人的神话历史故事集。书名的字面意思为"人民之书"。这个起源故事认为，神灵以玉米和水创造了人类。这部著作只有一本留存了下来，即16世纪中期一位多明我会修道士的手抄本。

权力（power）：我们可以将人类社会的权力关系有效地分解成两种基本形式：源自下层的权力（共识性或自下而上的权力），即追随者让与领导者的权力，以便确保团队任务的成功实现（比如选举球队的队长）。来自上层的权力（强制性或自上而下的权力），权力取决于统治者依靠武力强行施加他们的意志的能力。在人类社会的历史中，源自下层的权力早于源自上层的权力，原因很简单：一个人为了支付一群扈从的费用（他们可以通过武力强加个人的意志），他必然已经具备了动员重要资源的能力。

原核生物（prokaryotes）：简单的单细胞微生物，它的遗传物质未包含在细胞核中。

贸易保护主义（protectionism）：这种观念认为，保护国家经济的最好方式，不是自由贸易，而是通过关税以及必要时的武力创建把竞争对手排除在外的贸易区。

Q

克丘亚语（Quechua）：西班牙语对印加人所说语言的称呼，印加人自己称之为Runa Simi。从厄瓜多尔到智利的几百万人口现在还在使用克丘亚语，它是秘鲁第二种官方语言。

羽蛇神（Quetzalcoatl）：托尔特克人的一位和蔼的神灵，它只需要水果和坚果作为祭品；阿兹特克祭司阶层的保护神，也是知识之神。阿兹特克人认为，羽蛇神在一位恶神的哄骗去了东方，留下了将来某一天返回的承诺。

R

放射性（radioactivity）：指不稳定的原子（比如铀）自发地放出亚原子粒子的衰变现象。

放射测年法（radiometric dating）：通过放射性衰变的速度来测量物质（比如骨头或岩石）年代的技术。

拉帕努伊岛（Rapa Nui）：也以复活节岛著称。这座太平洋上的岛屿为智利所有，大约1000年前，岛上出现了最早居民，即波利尼西亚航海者，它也以大量石像闻名于世。

红巨星（red giants）：表面温度相对较低的巨大恒星，这是它们在生命末期扩张所导致的。猎户座的参宿四就是一颗红巨星。

红移（red shift）：20世纪20年代，埃德温·哈勃发现，来自许多遥远星系的光线似乎移向光谱的红端。他将这种现象解释为多普勒效应的结果，这意味着，发射出这些光线的星系正在快速地远离我们而去——这是我们的宇宙正在扩张的第一个证据。

可再生能源（renewable energy）：指那些来自可再生资源（比如阳光和水力）的能源形式。

(有氧)呼吸（respiration〔aerobic〕）：光合作用的相反过程。在呼吸活动中，细胞吸引和利用氧来消化碳水化合物，同时释放细胞消耗的能量以及排放作为废物的二氧化碳和水。光合作用消费二氧化碳，放出氧气；呼吸活动消费氧气，放出二氧化碳，正好与光合作用相反。

核糖核酸（RNA）；类似于脱氧核糖核酸，不过只是单链，而且化学成分也不同。这种细胞执行DNA分子指定的蛋白质合成指令。RNA原来可能有能力为遗传信息编码以及参与新陈代谢，这种功能或许在地球生命的早期进化中扮演了重要角色。

S

萨胡尔（Sahul）：冰川时代一块大陆的名称，这块大陆包括澳大利亚、巴布亚新几内亚和塔斯马尼亚。最后一次冰川时代末期，海平面的上升把它分割成现在的模样。

科学（science）：现代世界知识的主要形式。科学在17世纪的科学革命中开始繁荣。科学知识的影响遍及全球，它的基础在于严格使用受到仔细检验的证据。

海底扩张（seafloor spreading）：来自地幔的熔浆从板块之间的缝隙或海脊涌出并扩张，从而形成新的海底的过程。

定居（sedentism）：指一年大部分时间生活在一个地方。定居在采集社会很罕见，随着农业的采用，它变得更普遍，因为农业使得一个地区可以生产出更多资源，也促使农民待在一个地方以便保护他们的作物。

半定居的（semisedentary）：这个术语被用来描述那些从事农业同时又需要辅以狩猎和采集活动的民族。这些民族不能养活像完全的定居民族那样的庞大人口。

丝绸之路（Silk Roads）：一个现代术语，用来描述贯穿中亚的贸易和交换网络，这种网络在农业文明时代把非洲－欧亚大陆的大片地区连接在一起。

社会主义（socialism）：一种意识形态，致力于建设不存在极端不平等（似乎由资本主义导致的）的社会。

南方化（southernization）：世界史学家琳达·谢弗于1994年创造的一个术语，用来描述物质和非物质产品从非洲和印度北部向欧亚大陆中部、东部和西部的传播。

分光镜（spectroscope）：一个类似棱镜的装置，通过它，光可以被分成不同的频率。由于不同的化学元素吸收不同频率的光，因此，分光镜可以用来测定恒星和星系中不同元素的存在和数量，由此可见，它们是研究恒星之性质和演化的基本工具。

国家（state）：一个从地域上组织起来的社会，在必要时，能够以武力强加它的意志，它的基础在于城市及其周围环境，人口几万到几百万不等。

国教（state religion）：统治者为了实现社会团结和证明他们权威的合法性而接受的宗教，这种做法往往牺牲了各种地方性宗教（尽管如此，它们依然在地方上兴盛起来）。

蒸汽机（steam engines）：通过燃烧煤炭产生蒸汽来做机械功的机器，詹姆斯·瓦特在美国革命期间设计了第一台赢利的蒸汽机。蒸汽机的使用促使人类迈过了一道门槛，不再受制于每年的太阳能流量。

火耕农业（swidden agriculture）：一种农业形式，即烧掉林地，在灰土上种植作物，当土地肥力降低时，再开辟新的地区。由于它是一种半流动生活方式，因此，焚林农业只有在人口稀少的地区才有可能，比如亚马孙流域。也被称为刀耕火种农业（slash-and-burn agriculture）。

共生现象（symbiosis）：不同物种之间的相互依存关系，比如人类与驯化的动植物之间的关系，双方都从这种关系获得好处（程度不同）。这种关系在自然界很常见。

符号语言（symbolic language）：一种交流形式，比其他所有动物使用的都强大，因为它能够更准确地传达更多信息。符号语言十分强大，人类据此可以分享数量巨大的信息，这样，信息就可以通过一代代人积累起来。换言之，符号语言使得集体学习成为可能，而集体学习似乎是理解人类历史那种可变的累积型本质的关键。

T

分类学（taxonomy）：基于共同特征之上的命名和分类体系。生物学家利用分类学把物种归入越来越大的类型，以这种方式来显示它们的关系，并形成一种分类序列。从最高类别到最低类别依次为：域、界、门、纲、目、科、属、种。

地球化（terraforming）：通过类似于融化火星表层下面的冰块或者在那里种植细菌的方式，让其他行星变得适合人类居住。

化学进化理论（theory of chemical evolution）：这种理论认为，复杂的、无生命的化学物质的缓慢变化（运作方式类似于自然选择），导致最早的、真正的生命有机体的出现。

350ppm：大气中二氧化碳含量的上限，根据一些主要科学家的估计，这种含量水平能够为我们所了解的人类文明保持一种安全的气候。

工业化的三次浪潮（three waves of industrialization）：第一次浪潮开始于18时候后期的英国。第二次浪潮开始于1820年到1840年年间，持续到19世纪末，包括工业化向比利时、瑞士、法国、德国和美国的扩散。第三次浪潮开始于19世纪70年代，工业化扩展到俄国和日本。

日益增强的复杂性的门槛（thresholds of increasing complexity）：某种新事物和更复杂事物出现的时刻。在本书中，我们关注日益增长的复杂性/复杂事物的八大门槛。

运输（transportion）：把人口和货物从一地运送到另一地的技术，不管运载工具使用的是人力、马车、轮船还是飞机和集装箱。

贡赋（tribute）：各种资源，可能包括货物、劳动、现金甚至人口，基本上由国家或国家官员或代理人通过武力威胁加以控制。

U

乌鲁克（Uruk）：公元前3000年以前，苏美尔出现的少数几座城市中的第一座，可能也是世界上第一座城市。

W

旺加里·马塔伊（Wangari Maathai）：一位肯尼亚的杰出女性（1940—2011），她发起了在肯尼亚植树造林的绿带运动。

战争（warfare）：农业文明时代的一个特征，比以往更有组织也更专门化，尤其是收取贡赋的统治者统治下的特征，因为他们往往通过战争来扩大领土、资源和贡赋。

前进波模式（wave of advance model）：农耕社会边缘地区的人口增长与当地的移民模式结合在一起，必然会带来人口的四处扩张，即向所有环境适宜的地方迁移，并且稳定地推进。

世界区（world zones）：四个彼此没有联系在一起的地理区域，出现于最后一次冰期末期海平面上升之后。这四个世界区为：（1）非洲–欧亚大陆（非洲和欧亚大陆，再加上英国和日本之类的近海岛屿）；（2）美洲（北美洲、中美洲和南美洲，再加上一些近海岛屿）；（3）澳大拉西亚（澳大利亚、巴布亚新几内亚以及临近岛屿）；（4）太平洋岛屿社会（新西兰、密克罗尼西亚、美拉尼西亚以及夏威夷）。

世界体系理论（world-system theory）：由伊曼纽尔·沃勒斯坦首先提出，世界体系理论探究的是通过贸易或其他交换联系起来的大型国际互动网络。

出版后记

我们很容易想象，中国的学生和美国的学生、德国的学生乃至埃及的学生，学习着同样内容的物理科学、化学科学，尽管他们相距甚远，处于不同国家和地区，具有不同国籍。但是，想象他们学习相同内容的历史，却很难。民族国家诞生于18世纪晚期、19世纪，经过200多年，我们早已习惯以民族国家为前提思考历史，甚至以世界为研究对象的世界史，往往也带有民族烙印，而我们对此安之若素，习以为常。在这互联网统治社会，天涯咫尺，世界变成地球村的21世纪，究竟有没有可能存在一种世界所有地区、所有国家都能教的历史？把所有的人统合到一起，而不是依国籍不同而彼此分开？

《大历史：虚无与万物之间》做出了肯定的回答。《大历史》从宇宙开端开始讲起，从138亿年前宇宙大爆炸、地球出现、生命出现、人类起源，到人类发展的各个阶段，旧石器时代、农业起源、城市出现、国家出现、农耕文明的兴盛，再到未来的发展趋势，包括近期和遥远未来。本书作者吸收了宇宙学、地球与生命科学、化学、物理学以及人文历史等领域的研究成果，将它们融合成具有普遍性的历史叙述，对宇宙以及我们在其中的位置做出了尽可能科学、全面的介绍。

《大历史》考察的是整个过去，不仅仅是人类的过去，还包括地球的过去，乃至宇宙的过去；《大历史》中出现的"人"，不是美国人，不是德国人，也不是俄罗斯人，而是"智人"这一物种的共同成员。

《大历史》不是各国历史的叠加，而是人类整体发展史。作者总结出了人类历史演进中的八大突破（书中命名为"门槛"），每一次突破都意味着某种全新事物的出现，意味着人类完成了一个飞跃。从宇宙到地球，从最初的生命到人类，从农耕文明到现代革命，作者按照从"无"到"有"的顺序，以八次突破为线索，勾勒出世间万物的产生与发展。最后，作者还对我们的近期未来和遥远未来做出了预测。

"大历史"代表的是历史教育的新发展方向。本书作者之一大卫·克里斯蒂安发起、组织了一个为中学生和普通公众免费授课的"大历史项目"，并得到微软公司主要创始人比尔·盖茨的热情资助，比尔·盖茨说："大历史改变了我的思考和学习模式，我非常确信它同样也能改变全世界的老师和学生。希望未来我们会看到越来越多的大历史学家。""大历史项目"已在美国全面展开，我们希望它也能到中国安家落户，希望中国未来会有越来越多的人具有"大历史"思维。

服务热线：133-6631-2326　188-1142-1266
服务信箱：reader@hinabook.com

后浪出版公司
2016年2月

图书在版编目（CIP）数据

大历史 /(美) 克里斯蒂安, (美) 布朗, (美) 本杰明著；刘耀辉译.
— 北京：北京联合出版公司，2016.4（2021.6重印）
ISBN 978-7-5502-7486-0

Ⅰ.①大… Ⅱ.①克…②布…③本…④刘… Ⅲ.①世界史—通俗读物 Ⅳ.①K109

中国版本图书馆CIP数据核字（2016）第068980号

Big History: Between Nothing and Everything
ISBN: 978-0-07-338561-7

Copyright © 2014 by McGraw-Hill Education.

All Rights reserved. No part of this publication may be reproduced or transmitted in any form or by any means, electronic or mechanical, including without limitation photocopying, recording, taping, or any database, information or retrieval system, without the prior written permission of the publisher.

This authorized Chinese translation edition is jointly published by McGraw-Hill Education and Beijing United Publishing Co., Ltd. This edition is authorized for sale in the People's Republic of China only, excluding Hong Kong, Macao SAR and Taiwan.

Copyright © 2016 by The McGraw-Hill Education and Beijing United Publishing Co., Ltd.

版权所有。未经出版人事先书面许可，对本出版物的任何部分不得以任何方式或途径复制或传播，包括但不限于复印、录制、录音，或通过任何数据库、信息或可检索的系统。

本授权中文简体字翻译版由麦格劳–希尔（亚洲）教育出版公司和北京联合出版公司合作出版。此版本经授权仅限在中华人民共和国境内（不包括香港特别行政区、澳门特别行政区和台湾）销售。

版权 © 2016 由麦格劳–希尔（亚洲）教育出版公司与北京联合出版公司所有。

本书封面贴有McGraw-Hill Education公司防伪标签，无标签者不得销售。

大历史

著　　者：[美] 大卫·克里斯蒂安　[美] 辛西娅·斯托克斯·布朗
　　　　　[美] 克雷格·本杰明
译　　者：刘耀辉
出 品 人：赵红仕
选题策划：后浪出版公司
出版统筹：吴兴元
责任编辑：肖　桓
策划编辑：张　鹏
特约编辑：黄　淼　于玲玲
营销推广：ONEBOOK
装帧制造：墨白空间·陈威伸　张　莹

北京联合出版公司出版
（北京市西城区德外大街83号楼9层　100088）
北京天宇万达印刷有限公司印刷　新华书店经销
字数686千字　787毫米×1092毫米　1/16　30.5印张　插页16
2016年8月第1版　2021年6月第7次印刷
ISBN 978-7-5502-7486-0
定价：88.00元

后浪出版咨询（北京）有限责任公司 常年法律顾问：北京大成律师事务所　周天晖 copyright@hinabook.com
未经许可，不得以任何方式复制或抄袭本书部分或全部内容
版权所有，侵权必究
本书若有质量问题，请与本公司图书销售中心联系调换。电话：010-64010019